Aspekte der Allgemeinbildung
Grundlagenbuch

Neu bearbeitet von:
Marlène Baeriswyl, Stefan Ehrenberg, Anita Nixon, Adrian Wirz

13. überarbeitete Auflage 2020
ISBN 978-3-280-04186-4

Druck:
Druckerei Uhl GmbH, Radolfzell

Verlag Fuchs, ein Imprint von Orell Füssli Verlag, www.ofv.ch
© 2020 Orell Füssli Sicherheitsdruck AG, Zürich
Alle Rechte vorbehalten

Abdruck und Vervielfältigung sowie Erstellen von Kopien irgendwelcher Art zu irgendwelchen Zwecken sind – auch nur auszugsweise – nur mit Bewilligung des Verlags gestattet.

Die Deutsche Nationalbibliothek verzeichnet diese Publikation in der Deutschen Nationalbibliografie; detaillierte bibliografische Daten sind im Internet unter www.dnb.de abrufbar.

Inklusive E-Book
Den Freischalt-Code finden Sie auf der Innenseite des Buchumschlags.

Weitere Werkbestandteile zu «Aspekte der Allgemeinbildung»:

Übungsbuch
inkl. E-Book und digitaler Lernkartei

Lehrerhandbuch
inkl. E-Book, PPP und digitaler Lernkartei

Auch separat erhältlich:
Digitale Lernkartei mit Testaufgaben

Orell Füssli Verlag Lernmedien
lernmedien@ofv.ch
www.ofv.ch/lernmedien

Gebrauchsanweisung

www.ofv.ch/lernmedien

■ Grundlagenbuch
- Dieses Grundlagenbuch eignet sich als Lehrmittel für den allgemeinbildenden Unterricht. Es kann aber auch für das Selbststudium und zur Prüfungsvorbereitung eingesetzt werden.
- Es gliedert sich in themenbezogene Kapitel und den Anhang. Zusammenhängende Inhalte sind aus didaktischen Gründen mit der gleichen Farbe versehen.
- Jedes Kapitel umfasst mehrere Unterkapitel, die klar strukturiert sind:
  a) Begriffe werden zuerst definiert.
  b) Anschliessend werden sie in einen Gesamtzusammenhang eingebettet.
  c) Zusätzliche wissenswerte Informationen bieten «Nice to know» und «Tipps».
  d) QR-Codes führen zu weiteren Informationen im Internet. Zur Förderung digitaler Recherchekompetenz sind diese QR-Codes mit einem Suchbegriff und der jeweiligen Website versehen. Weitere Informationen finden Sie auf Seite 8.
- Passend zum Grundlagenbuch sind ein Übungs- und ein Lehrerhandbuch in gedruckter und digitaler Form auf www.ofv.ch/lernmedien erhältlich.

reader.ofv.ch

■ E-Book
- Das E-Book enthält den gesamten Inhalt des Grundlagenbuchs, angereichert mit interaktiven Funktionen und dem Glossar zum Download. (Ihren Freischalt-Code finden Sie auf der Innenseite des Buchumschlags.)
- Im E-Book können Sie direkt zu den entsprechenden Aufgaben im Übungsbuch wechseln. Voraussetzung ist, dass Sie beide Bücher erworben haben.

lernkartei.ofv.ch

■ App «Lernkartei Orell Füssli Verlag»
- Die App ist unter «Lernkartei Orell Füssli Verlag» in den Stores kostenlos erhältlich. Eine Web-Version für jeden PC ist unter lernkartei.ofv.ch zu finden.
- Die digitale Lernkartei bietet ein Angebot an Kursen zum Inhalt des Grundlagenbuchs.
  a) Kostenlos erhältlich sind Kurse zum Üben der prüfungsrelevanten Begriffe und Definitionen. Diese entsprechen dem Glossar.
  b) Kurse mit Testaufgaben in verschiedenen Aufgabentypen können via In-App-Kauf oder unter www.ofv.ch/lernkartei erworben werden. Mit dem Kauf eines Übungsbuchs erhalten Sie direkt den Freischalt-Code für diese Kurse. Lehrpersonen können die Testaufgaben inkl. Lösungen aus dem Lehrerhandbuch herunterladen.

www.ofv.ch/
unterrichtsmaterial/ABU

■ Digitales Unterrichtsmaterial
- Die Webseite bietet kostenlos Unterrichtshilfen an:
  a) Für diverse Kantone sind Übersichten erhältlich, welche die Inhalte des Lehrmittels mit den kantonalen vierjährigen Schullehrplänen verknüpfen.
  b) Alle zentralen Begriffe des Buchs sind im separat verfügbaren Glossar definiert.
- www.ofv.ch/unterrichtsmaterial bietet mit *imPuls* methodisch-didaktisch aufbereitete Unterrichtseinheiten und Material zu Aktualitäten aus Politik, Wirtschaft und Gesellschaft (insbesondere Volksabstimmungen).
- Newsletter-Abonnenten werden über jede Aufschaltung von neuem Unterrichtsmaterial direkt informiert. Melden Sie sich unter www.ofv.ch/newsletter an.

lernmedien@ofv.ch

■ Rückmeldungen
Jede Rückmeldung zu diesem Lehrmittel ist sehr willkommen. Bitte senden Sie Ihre Mitteilung an lernmedien@ofv.ch unter Angabe des Buchtitels.

Inhaltsverzeichnis

1 Recht

1.1 Einführung ins Recht	9
Übersicht	10
Regeln für die Gesellschaft	11
Rechtsquellen	12
Geschriebenes Recht	13
Rechtsgrundsätze	14
Zivilgesetzbuch (ZGB)	15
Begriffe zum Personenrecht	16
Obligationenrecht (OR)	18
Formen der Verträge	19
Vertragsmängel	20
Lösen von Rechtsfällen	21
Lösen von Rechtsfällen: Fallbeispiel	22
1.2 Arbeit	23
Arbeitsrecht: Übersicht	24
Arbeitsverträge: Überblick	25
Berufsbildungssystem der Schweiz	26
Lehrvertrag	28
Einzelarbeitsvertrag (EAV)	31
Stellenbewerbung	32
Form und Entstehung des EAV	34
Rechte und Pflichten der Arbeitnehmer/-innen	35
Rechte und Pflichten des Arbeitgebers	37
Lohnfortzahlungspflicht	38
Lohnabrechnung	40
Beendigung des Einzelarbeitsvertrags	42
Gesamtarbeitsvertrag (GAV)	44
Normalarbeitsvertrag (NAV)	45
Arbeitsgesetz (ArG)	46
1.3 Familie	49
Familienrecht: Übersicht	50
Familie und Zusammenleben	51
Konkubinat	52
Ehe	54
Güterrecht	56
Errungenschaftsbeteiligung	57
Ehescheidung	59
Erbrecht	60
Erbschaft	61
Pflichtteile und freie Quote	63
Verfügungen von Todes wegen	64
Kindesrecht	65
Adoption	68
Kindes- und Erwachsenenschutzbehörde (KESB)	69
Erwachsenenschutz: Behördliche Massnahmen	70
Massnahmen bei einem Todesfall	72
1.4 Kauf	73
Kaufvertrag: Übersicht	74
Begriffe aus ZGB (Sachenrecht) und OR	75
Ablauf eines Kaufs	76
Vertragsverletzungen	78
Verschiedene Kaufarten	81
Konsumkreditgesetz (KKG)	85
Vier Kreditarten	86
Leasingvertrag	88
Betreibung	89
Betreibung auf Pfändung	90
Betreibung auf Konkurs	91
Privatkonkurs	92
Verschuldung	93
Budget (Haushaltsbudget)	94
Sparen	95
Zwei Budgetbeispiele	96
Tipps zum Umgang mit Geld	97
Der einfache Auftrag	98
Werkvertrag	99
Verträge im Vergleich	100
1.5 Miete	101
Übersicht	102
Gebrauchsüberlassung (OR 253–318)	103
Die Miete	104
Wohnungsmiete	105
Pflichten des Vermieters	106
Pflichten des Mieters	107
Beendigung der Miete	109
Mieterschutz	111
Wohnformen: Vom Singlehaushalt bis zur WG	113
Gemeinsames Wohnen	114
1.6 Steuern	115
Übersicht	116
Steuerhoheit, Steuerpflicht, Steuerzwecke	117
Steuerarten	118
Verrechnungs- und Mehrwertsteuer	119
Steuerbares Einkommen	120
Steuerbares Vermögen	121
Der Ablauf der Steuerveranlagung	122
Progression	123
Steuervergehen	124
Rechtsmittel zur Steuerveranlagung	125
Die Bundesfinanzen	126
Staatsquote, Fiskalquote, Verschuldung	128
1.7 Versicherungen	129
Übersicht	130
Das Prinzip der Versicherungen	131
Risiko und Sicherheit	132
Wichtige Grundbegriffe	133
Personenversicherungen	134
Krankenversicherung	135
Unfallversicherung	139
Alters- und Hinterlassenenversicherung	141
Invalidenversicherung (IV)	142
Ergänzungsleistungen (EL)	143
Erwerbsersatzordnung (EO)	144

Arbeitslosenversicherung (ALV)	145
Berufliche Vorsorge (BVG), Pensionskasse	147
Private Vorsorge, 3. Säule	148
Angebote von Lebensversicherungen	149
Das Drei-Säulen-Prinzip	150
Haftpflichtversicherungen	151
Sachversicherungen	152
Wichtige Begriffe bei Sachversicherungen	153
Weiteres zu den Versicherungen	154

2 Staat

2.1 Willensbildung	155
Politik und Pluralismus	156
Massenmedien	157
Die politischen Parteien	159
Das Links-rechts-Schema	161
Die Verbände	162
Politische Partei und Verband im Vergleich	163
Stimmen und wählen	164
Verschiedene Arten von Mehr	165
Majorzwahl	166
Proporzwahl	167
Möglichkeiten bei der Proporzwahl	168
Gültige Wahl beim Nationalratsproporz	169
Sitzverteilung beim Proporz: Beispiel	170
2.2 Institutionen	171
Die drei Staatsformen	172
Die Bundesverfassung (BV)	174
Die Gewaltenteilung	175
Die Bundesversammlung	176
Das Zweikammersystem	177
Die Parteien im Bundesparlament	178
Wichtige Aufgaben beider Räte	179
Fraktionen der Bundesversammlung	180
Kommissionen	181
Vereinigte Bundesversammlung	182
Der Bundesrat	183
Kollegialsystem und Departementalprinzip	184
Zuständigkeiten des Gesamtbundesrates	185
Zusammensetzung des Bundesrates	186
Bundesverwaltung und Bundeskanzlei	187
Die sieben Departemente des Bundes	188
Die Rechtsprechung	189
Straffall, Zivilfall, Verwaltungsfall	190
Die Gerichtsarten	191
Die Gerichte des Bundes	192
Richterlicher Instanzenweg in Grundzügen	193
Straftaten und ihre Folgen im Überblick	194
Die Strafarten im Einzelnen	195
Jugendstrafrecht	196
Die 26 Kantone	197
Kantonale Parlamente und Regierungen	198
Die Gemeinden	200

2.3 Rechtsetzung, Rechte und Pflichten	201
Rangordnung der Rechtserlasse	202
Entstehung eines Gesetzes (schematisch)	203
Referendum	204
Initiative	206
Menschenrechte	208
Rechte und Pflichten in der Schweiz	210
Politischen Rechte	211
Die staatsbürgerlichen Rechte	212
Grundrechte	215
Politische Pflichten	220
2.4 Regierungsformen	221
Die Demokratie	222
Diktatur und Monarchie	224
2.5 Die Schweiz und die Welt	225
Neutralität	226
Die Neutralitätspolitik der Schweiz	227
Die UNO	228
Der Europarat	230
Die Europäische Union (EU)	231
Die wichtigsten Institutionen der EU	233
Die Schweiz und die EU	235
Freier Personenverkehr	236
Entwicklungszusammenarbeit	237
Nichtregierungsorganisationen (NGOs)	238
Globalisierung	239
Migration	241
Migration und die Schweiz	243
Das Fremde und Fremdsein	246
Heimat	247
Politische Europakarte	248

3 Wirtschaft

3.1 Grundlagen der Volkswirtschaft	249
Bedürfnisse	250
Güter zur Bedürfnisbefriedigung	252
Das ökonomische Prinzip	253
Der einfache Wirtschaftskreislauf	254
Der erweiterte Wirtschaftskreislauf	256
Bruttoinlandprodukt (BIP)	258
Wirtschaftswachstum	259
Das BIP im Vergleich	260
Volkseinkommen (VE)	261
Produktionsfaktor Boden	263
Produktionsfaktor Arbeit	264
Arbeitslosigkeit	265
Produktionsfaktoren Wissen und Kapital	266
Die drei Wirtschaftssektoren (Erwerbsstruktur)	268
Markt und Preisbildung	270
Wirtschaft und Umwelt	272
Wirtschaftswachstum und Zielkonflikte	274
Wohlstand und Wohlfahrt	276

Armut	277
Wirtschaftsordnungen	278
Zwei Wirtschaftsmodelle	279
Die soziale Marktwirtschaft	280
Magisches Sechseck	281
Die Finanzierung der AHV	282

3.2 Geld und Konjunktur 283

Das Geld	284
Die Börse	285
Währungen, Devisen und Wechselkurs	286
Aufwertung einer Währung	288
Abwertung einer Währung	289
Die Banken	290
Geldanlagen	292
Geldanlageformen	294
Kontoauszug	297
Geld ausgeben: Direkte Zahlung	298
Geld ausgeben: Indirekte Zahlung	299
Zahlung nach Erhalt eines Einzahlungsscheins	300
Regelmässige Zahlung an denselben Empfänger	301
Landesindex der Konsumentenpreise	302
Der ab 2000 gültige Warenkorb	303
Geldwertstörung: Die Inflation	304
Ursachen der Inflation	305
Folgen der Inflation	307
Konjunktur und Konjunkturzyklus	308

3.3 Wirtschaftsbeziehungen nach aussen 311

Globalisierung der Wirtschaft	312
Zahlungsbilanz	313
Die WTO	314
Entwicklungszusammenarbeit	316
EU-Binnenmarkt	317
Europäische Währungsunion (EWU)	318
Handelspartner der Schweiz	320

3.4 Das Unternehmen 321

Das Unternehmensmodell	322
Zielkonflikte eines Unternehmens	325
Das Unternehmen: Teil der Volkswirtschaft	326

4 Ethik

4.1 Grundlagen 328

Freiheit	330
Gerechtigkeit	331

4.2 Angewandte Ethik 332

Moralische Dilemmas	334
Das Gewissen	335

4.3 Die fünf Weltreligionen 336

5 Ökologie

5.1 Grundlagen 342

Beeinträchtigung von Umweltaspekten	343
Ökobilanz und Energieeffizienz	344
Ressourcenverbrauch	345
Abfall und Abfallstrategie	346
Ressourcenpolitik der Schweiz	347

5.2 Energie und Klima 348

Energieverbrauch	350
Treibhauseffekt	351
Klimawandel: die Erwärmung der Erde	352
Energiepolitik der Schweiz	353

5.3 Luft 354

Die wichtigsten Luftemissionen	355

5.4 Wasser 357

5.5 Boden 359

5.6 Biodiversität 360

6 Gesundheit

Gesundheit und Gesundheitsfaktoren	362
Stress	363
Sucht und suchtgeprägte Verhaltensweisen	364
Alkohol	366
Rauchen	368
Kiffen, Cannabis-Konsum	369
Essstörungen	370
Ernährung	371
Life-Balance	372

7 Kunst und Kultur

Kultur	374
Kunst	375
Kunstepochen im Überblick	376
Malerei	378
Architektur	380
Musik	382
Film	384

8 Sprache und Kommunikation

8.1 Sprachkompetenz 385

Die Funktionen der Sprache	386
Gleichberechtigung in der Sprache	387
Grundregeln der Kommunikation	388
Die Textsorten	390
Beschreibung	391
Bericht	392
Zusammenfassung	393
Erzählung	394
Schilderung	395

Kommentar	396	
Erörterung	397	
Korrespondenz	399	
Bewerbungsschreiben	403	
Lebenslauf	404	
Protokoll	406	
Diskussion	407	
Leitfaden: Diskussion	408	
Das Argument	409	
Gültigkeit von Argumenten	410	
Manipulation	411	
Wortlehre	412	
Das Verb	413	
Die grammatischen Zeiten	414	
Die Aussageweisen von Verben	415	
Das Nomen	417	
Das Pronomen	420	
Das Adjektiv	423	
Partikel	424	
Satzlehre	425	
Haupt- und Nebensätze	427	
Satzzeichen	428	
Komma	430	
Trennregeln	434	
Rechtschreibung (Orthografie)	435	
Stolpersteine	437	
Gross- und Kleinschreibung	439	
Getrennt- und Zusammenschreibung	442	
Stolpersteine	444	

Interview	479	
Umfrage	480	
Grafische Darstellung	481	
Richtig lernen	484	

Stichwortverzeichnis 485

8.2 Selbst- und Sozialkompetenz 445
- Konflikte 446
- Vorgehen bei Konflikten im Lehrbetrieb 448
- Konfliktbewältigungsstrategien 449

8.3 Methodenkompetenz 451
- Datensicherheit 452
- Internet 453
  - Internetrecherche 454
- E-Mail 455
- Lesen und Verstehen 457
  - Fragen zu erzählenden Texten 458
  - Die SQ3R-Methode 459
  - Markierungen 460
  - Notizen 461
  - Visualisierungen 462
- Medium und Medien 463
  - Journalistische Nachrichten 464
  - Social Media 465
- Visualisierung von Präsentationen 466
- Einsatz von Medien 467
- Lese- und Verarbeitungshilfen 469
- Vorgehen bei der Vertiefungsarbeit (VA) 471
- Gestaltung mit Bild und Text: Lesbarkeit 475
- Gestaltung mit Bild und Text: Gliederung 478

Änderungen zur Vorauflage und Dank

■ Änderungen gegenüber der 12. aktualisierten Auflage 2019

Das vorliegende Lehrmittel wurde umfassend überarbeitet. Sämtliche Kapitel wurden inhaltlich geprüft und mit den Vorgaben der (kantonalen) Schullehrpläne abgeglichen. Alle Kapitel werden mit Fragen zum Inhalt und mit einer Diskussionsfrage auf unterschiedlichen Anspruchsniveaus eingeleitet. Folgende Themen sind neu hinzugekommen: Risiko, Menschenrechte, Entwicklungszusammenarbeit, Globalisierung, Das Fremde/Fremdsein, Heimat und Musik. Das Kapitel «Sprache und Kommunikation» ist neu strukturiert und in die Unterkapitel Sprachkompetenz, Selbst- und Sozialkompetenz sowie Methodenkompetenz eingeteilt. Im Bereich der ICT-Kompetenz weist das Kapitel über die Themen Datensicherheit, Internet, Internetrecherche, E-Mail, Medium und Medien sowie Social Media auf. Zudem wurde das Thema Umfrage ergänzt. Politische Ereignisse, die Wahlen 2019, Zahlen und Fakten sind auf dem aktuellen Stand (März 2020). Sämtliche Tabellen und Grafiken sind inhaltlich überarbeitet und neu gestaltet.

■ Dank

Ein besonderer Dank gilt jenen Personen, die bei dieser Neubearbeitung des Lehrmittels mitgewirkt haben. Für das Verfassen neuer Inhalte bedanken wir uns bei Marlène Baeriswyl, Stefan Ehrenberg, Anita Nixon und Adrian Wirz; für die beratende Tätigkeit bei Isabella Hoegger; für die Illustrationen der Kapitelauftakte bei Carlo Ruzzo, für die grafische Gestaltung bei Babs Thommen und für die technische Konzeption bei Samuel Gubler.

Ein grosser Dank gebührt allen Personen, die beteiligt waren:

den Autorinnen und Autoren
Marlène Baeriswyl, lic. phil. I, Berufsfachschullehrerin für Allgemeinbildung und Englisch
Claudio Caduff, Prof. Dr. phil., Inhaber der Professorenstelle Berufspädagogik und Dozent PH Zürich
Roman Capaul, Prof. Dr. oec., Titularprofessor an der Universität St. Gallen
Stefan Ehrenberg, Dr., Berufsfachschullehrer für Allgemeinbildung
Jakob Fuchs, ehemaliger Berufsfachschullehrer sowie Gründer und ehemaliger Inhaber des Verlags Fuchs
Esther Kessler, PhD, lic. oec. HSG, Dozentin an der Zürcher Hochschule für Angewandte Wissenschaften
Anita Nixon, lic. rer. pol., Berufsfachschullehrerin für Allgemeinbildung
Franziska Nüssli, Fachlehrperson IKA
Daniela Plüss, Dr. phil., Dozentin PH Zürich/Sekundarstufe II
Gregor Schläpfer, lic. phil. I, Berufsfachschullehrer für Deutsch und Allgemeinbildung
Susanne Schrödter, Dr., Kunsthistorikerin, Dozentin für Fachdidaktik ABU/HF, Studiengangleiterin HF
Birgit Stalder, Dr., Gymnasiallehrerin und Fachvorsteherin für Geschichte
Roman Steiner, lic. iur., Anwalt, Leiter Rechtsdienst im Bildungs- und Kulturdepartement des Kantons Luzern
Christina Wachter, dipl. Ing. agr. ETH, Berufsfachschullehrerin für Allgemeinbildung, Qualitätsmanagerin HF
Adrian Wirz, Berufsfachschullehrer für Allgemeinbildung und Sport, Fachbereichsleiter Allgemeinbildung
Thomas Zeller (sel.), Berufsfachschullehrer für Allgemeinbildung

den Mitwirkenden
Diana Berger-Aschwanden, RA lic. iur., Mitarbeiterin Rechtsdienst Amt für Zusatzleistungen Stadt Zürich
Christy Doran, Musiker und Komponist
Marianne Doran, Präsidentin SONART Berufsverband Musikschaffende Schweiz
Isabella Hoegger, Berufsfachschullehrerin für Allgemeinbildung, Fachvorsteherin ABU WISS Schweiz
Carlo Ruzzo für die Illustrationen
Christof Schürpf für die Illustrationen
Patrick Spielhofer, Berufsfachschullehrer
Thomas von Burg, lic. theol., Leiter BMS Gewerblich-Industrielle Berufsschule Bern
Christian Waser, Berufsfachschullehrer für Allgemeinbildung

April 2020 　　　　　　　　　　　　　　　　　　　　　　　　　　　　　　　Monika Glavac Kremer, Dr.
　　　　　　　　　　　　　　　　　　　　　　　　　　　　　　　　　　　　　Orell Füssli Verlag Lernmedien

Online lernen

online lernen
ofv.ch

■ **QR-Codes**

Das Buch enthält QR-Codes zu Websites mit weiterführenden Informationen, die einen Mehrwert zu den Themen bieten. Mit einem Smartphone oder einem Tablet können diese QR-Codes eingescannt werden. Verfallene QR-Codes sind aktualisiert verfügbar unter: www.ofv.ch/online-lernen

Zur Förderung digitaler Recherchekompetenz sind diese QR-Codes mit einem Suchbegriff und der jeweiligen Website versehen. Mittels Onlinesuche können damit die Websites aufgefunden werden. Nachfolgend findet sich eine Übersicht aller im Buch vorhandenen Begriffe und Websites:

Recht

Richtig bewerben, arbeit.swiss.ch
Tips on applying for jobs, arbeit.swiss.ch
Formen des Familienlebens, bfs.admin.ch
Vertragsmuster, konkubinat.ch
Konkubinat oder Ehe? konkubinat.ch
Erwachsenenschutz, kescha.ch
KKG, admin.ch
Budgetberatung Jugendliche, budgetberatung.ch
Lernfilm MoneyFit 3, moneyfit.ch
Krankenkassen-Prämien sparen, comparis.ch
Mietrecht, mieterverband.ch
Mängel und Schäden, mieterverband.ch
Lebensdauertabelle, mieterverband.ch
Wohnungstipps, ronorp.net
Suchen und Inserieren, wgzimmer.ch
Steuerwissen für Jugendliche, steuern-easy.ch
Gefährliche Sportarten, suva.ch
Prämienvergleich, comparis.ch
KVG, admin.ch
Prämienrechner, priminfo.admin.ch
Sichere Lehrzeit, suva.ch
Lebenssituation, ahv-iv.ch
Auffangeinrichtung BVG, web.aeis.ch

Staat

Fake News und Manipulation, jugendundmedien.ch
Parteienprofile, parteienkompass.ch
Parteienvergleich, parteienkompass.ch
Wahlempfehlung, smartvote.ch
Voting advice, smartvote.ch
Politische Rechte, Demokratie, ch.ch
Political rights, ch.ch
Bundesverfassung, parlament.ch
Federal constitution, parlament.ch
Gewaltenteilung, Demokratie, ch.ch
Separation of powers, ch.ch
Wie setzt sich das Parlament zusammen? juniorparl.ch
Kommission, juniorparl.ch
Was tut das Parlament? juniorparl.ch
Bundesrat, admin.ch
Federal council, admin.ch
Kriminalstatistik, bfs.admin.ch
Referendum in der Schweiz, ch.ch
Optional referendum, ch.ch
Volksinitative, ch.ch
Federal popular initiative, ch.ch
Menschenrechte, humanrights.ch
Swiss human rights portal, humanrights.ch
Folien, bilaterale Abkommen, eda.admin.ch
Slide presentations, bilateral agreements, eda.admin.ch
Migration, Einreise, Aufenthalt, sem.admin.ch
Migration, entry and residence, sem.admin.ch
Humanitäre Hilfe, eda.admin.ch
Humanitarian Aid, eda.admin.ch
Zusammenleben, bfs.admin.ch
Diversity and coexistence, bfs.admin.ch

Wirtschaft

Bruttoinlandprodukt, bfs.admin.ch
Gross domestic product, bfs.admin.ch
Arbeitslos – was tun? arbeit.swiss.ch
Unemployed – what now? arbeit.swiss.ch
Drei Wirtschaftssektoren, atlas.bfs.admin.ch
Die SNB, snb.ch
Konsumentenpreise, bfs.admin.ch
Konjunkturforschungsstelle, ethz.ch

Ökologie

Labels, labelinfo.ch
Footprint-Rechner, wwf.ch
Recycling, swissrecycling.ch
Energie, bfe.admin.ch
Faktenblätter Energie, energieschweiz.ch
Veloaktion, biketowork.ch

Gesundheit

Gesund leben, bag.admin.ch
Ratgeber Unfallverhütung, bfu.ch
Stress, feel-ok.ch
Abhängigkeit, suchtschweiz.ch
Alkohol abbauen, kenn-dein-limit.info
Rauchstopp, portal.at.-schweiz.ch
Cannabis, feel-ok.ch
Essstörung, feel-ok.ch
Lebensmittelpyramide, sge-ssn.ch

Sprache und Kommunikation

Geschäftsbrief, muster-vorlage.ch
Lebenslauf, europass.cedefop.europa.eu
Curriculum vitae, europass.cedefop.europa.eu

1 Recht

1.1 Einführung ins Recht

Verständnis

- Worin unterscheiden sich rechtliche Bestimmungen und Gesetze von Sitte, Brauch und Moral?

- Was versteht man unter nicht zwingendem (dispositivem) Recht?

- Wie lauten die sechs wichtigsten Rechtsgrundsätze?

- Welche Bereiche des Zusammenlebens werden im Zivilgesetzbuch (ZGB) geregelt?

- Was bedeutet im rechtlichen Sinne, wenn eine Person als «handlungsfähig» gilt?

- Weshalb müssen gewisse Verträge schriftlich und «formgebunden» sein?

Diskussion

- Wie weit geht «Handlungsfähigkeit»? Gibt es auch Grenzen?

Übersicht

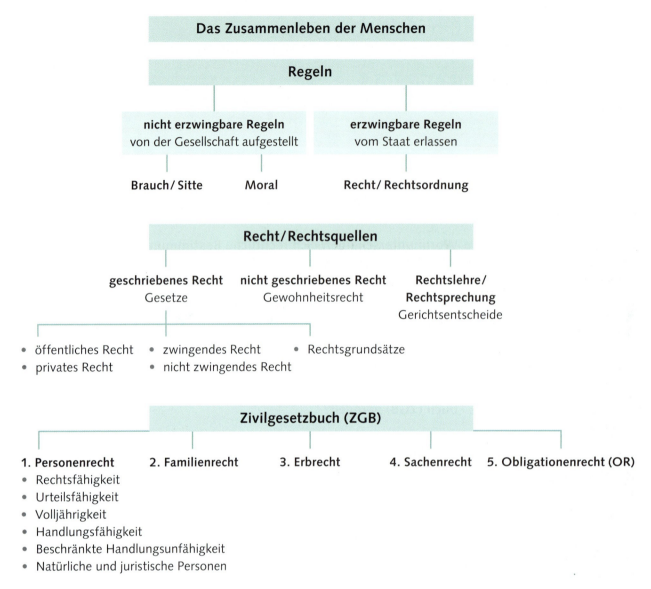

Regeln für die Gesellschaft

Wo Menschen zusammenleben, entstehen eine Gemeinschaft und eine Gesellschaft. Da der einzelne Mensch das Bedürfnis hat, seine Ideen und Überzeugungen durchzusetzen, braucht es in einer Gemeinschaft Regeln. Diese bestimmen das Zusammenleben und gewährleisten, dass kein Chaos entsteht.

Diese Regeln schränken den Einzelnen ein, geben ihm aber auch Sicherheit. Nur dort, wo der Mensch bereit ist, seine Freiheiten einzuschränken, kann jeder in grösstmöglicher Freiheit leben.

■ Nicht erzwingbare Regeln

Es gibt Regeln, die im täglichen Zusammenleben der Menschen entstanden sind. Das sind Sitten/Bräuche und die Moral. Auch wenn die Einhaltung dieser «Verpflichtungen» nicht mit staatlicher Gewalt durchsetzbar ist, kennt jede Gesellschaft eine Vielfalt von «Sanktionen». Werden die Regeln nicht beachtet, wird man gemieden, aus der Gruppe ausgeschlossen, benachteiligt usw.

> **Sitte/Brauch:** Ein zur Gewohnheit (Tradition) gewordenes Verhalten des Menschen. Dieses Verhalten bezieht sich auf die äusseren Umgangsformen in der Gesellschaft.

Beispiele: Weihnachtsfest, «Sechseläuten» in Zürich, sich bedanken und bei der Begrüssung die Hand geben.

Eine Sitte wird oft akzeptiert, ohne sie zu hinterfragen. Sitten sind unabhängig von Werten (z. B. Gerechtigkeit) und sind von Gesellschaftsgruppe zu Gesellschaftsgruppe verschieden.

> **Moral:** Bezieht sich auf das Zusammenleben in der Gesellschaft und orientiert sich an Grundwerten wie Gerechtigkeit, Fürsorge und Wahrheit.

Beispiele: Man ist zu seinen Mitmenschen ehrlich. Man kümmert sich um kranke Familienangehörige.

Ob die Moral angeboren oder ein Produkt der Entwicklung der Menschheit ist oder ob sie ihren Ursprung in der Religion hat, ist eine offene und viel diskutierte Frage.

■ Erzwingbare Regeln

Jede Gesellschaft regelt mit Gesetzen, wie sich die Menschen innerhalb des Staatsgebietes verhalten und welche Regeln eingehalten werden müssen. Diese Regeln werden unter dem Begriff «Recht» bzw. «Rechtsordnung» zusammengefasst.

> **Recht:** Sammelbegriff für alle vom Staat erlassenen Regeln (Gesetze) und für anerkannte Regeln (Gewohnheitsrecht, Rechtslehre), die von staatlichen Organen (Gerichten) auch durchgesetzt werden.
>
> **Rechtsordnung:** Alle Normen und Rechtsvorschriften, die innerhalb eines Staates gelten.

In einem Rechtsstaat werden diese Regeln von der Gesellschaft selber bestimmt, während sie in einer Diktatur durch eine Gruppe (Partei) festgelegt werden.

Rechtsquellen

Rechtsquellen: In der Rechtswissenschaft der Ursprungsort einer Rechtsvorschrift, aus der sich die geltenden Rechtsnormen herleiten.

Es gibt drei Rechtsquellen:
- geschriebenes Recht
- Gewohnheitsrecht
- Rechtslehre und Rechtsprechung

■ Geschriebenes Recht

Geschriebenes Recht: Alle Rechtsregeln, die von der dafür zuständigen Instanz erlassen worden sind. Dazu gehören: Bundesverfassung, Gesetze, Verordnungen und Reglemente.

Gesetze werden von einem Parlament erlassen. Verordnungen (siehe S. 202) dagegen sind Sache der Regierung.

■ Gewohnheitsrecht

Gewohnheitsrecht: Ungeschriebene Regeln, die nach langer Zeit der Anwendung zu Recht geworden sind, weil die Gesellschaft sie als Recht anerkannt hat.

Ein typisches Beispiel für das Gewohnheitsrecht ist die Höhe des Finderlohns. Zwar hält ZGB 722[2] fest, dass jemand, der etwas findet, unter Umständen Anspruch auf einen angemessenen Finderlohn hat, wenn die Sache zurückgegeben werden konnte. Wie hoch dieser Lohn angesetzt wird, steht jedoch nirgends. Das Gewohnheitsrecht hat den Finderlohn auf 10 % festgelegt.

Ortsgebrauch: Die an einem Ort übliche Handlungsweise. Der Ortsgebrauch kann bei Gerichtsverfahren als Entscheidungshilfe dienen.

Der Ortsgebrauch wird unter anderem im Mietrecht angewendet (OR 266c).

■ Rechtslehre und Rechtsprechung

Rechtslehre: Die in der Wissenschaft vom Recht vertretenen Ansichten.

Diese Ansichten helfen den Richtern bei der Urteilsfindung.

Rechtsprechung: Ein Rechtsfall kann immer an das übergeordnete Gericht weitergezogen werden, wenn eine Partei mit dem Urteil nicht einverstanden ist. Das Urteil eines übergeordneten Gerichts ist für ein untergeordnetes Gericht wegweisend, wenn es einen ähnlichen Fall zu beurteilen hat. Die Urteile des Bundesgerichts können nicht mehr angefochten werden.

Wenn ein oberes Gericht ein wegweisendes Urteil fällt, stützen sich untergeordnete Gerichte in der Folge auf dieses Urteil und übernehmen die Begründung des oberen Gerichts.

Geschriebenes Recht

Das geschriebene Recht wird unterteilt in:
- öffentliches Recht und privates (ziviles) Recht
- zwingendes Recht und nicht zwingendes (dispositives) Recht

■ Öffentliches und privates Recht

Öffentliches Recht: Rechtsbeziehungen zwischen dem Staat einerseits und Personen andererseits.

Grundsatz
- Subordination, d. h., die Person ist dem Staat untergeordnet.
- Dient dem Schutz und der Wahrnehmung öffentlicher Interessen.

Anwendung
- Wird von Amts wegen angewendet (z. B. durch Polizei oder ein Gericht).

Beispiele von öffentlichem Recht:
- Bundesverfassung (BV, siehe S. 174)
- Strafgesetzbuch (StGB)
- Umweltschutzgesetz (USG)

Privates (ziviles) Recht: Rechtsbeziehungen zwischen Personen (privat = zivil).

Grundsatz
- Koordination, d. h. Gleichwertigkeit der betroffenen Personen
- Betrifft nur die beteiligten Personen.
- Aushandlung des Rechts; gewisse Vorschriften müssen eingehalten werden.

Anwendung
- Wird nur aufgrund der Klage einer Partei beurteilt.
- Führt zu einem Zivilfall/Zivilprozess (siehe S. 189 ff.).

Beispiele von privatem Recht:
- Zivilgesetzbuch (ZGB)
- Obligationenrecht (OR)

■ Zwingendes und nicht zwingendes Recht

Zwingendes Recht: Die Rechtsregeln sind zwingend, d. h., sie können durch die Vertragspartner nicht abgeändert werden.

Öffentliches Recht ist in der Regel immer zwingendes Recht (man muss sich daran halten). Aber auch im Privatrecht gibt es zwingende Bestimmungen.

Dabei unterscheidet man:
- absolut zwingende Regeln: Die Bestimmungen sind gegenüber beiden Parteien nicht veränderbar (siehe OR 361).
- relativ zwingende Regeln: Zugunsten der schwächeren Partei (z. B. Arbeitnehmer) dürfen Änderungen gemacht werden, nicht aber zu deren Ungunsten.

Beispiel: Nach dem 20. Lebensjahr hat ein Arbeitnehmer 4 Wochen bezahlte Ferien zugute. Der Arbeitgeber darf ihm mehr, aber nicht weniger Ferien gewähren.

Nicht zwingendes Recht (dispositives Recht): Die gesetzlichen Regeln gelten, wenn nichts anderes vereinbart worden ist. Die Parteien dürfen aber etwas Abweichendes vereinbaren.

Der Gesetzgeber hat Regeln aufgestellt für den Fall, dass nichts vereinbart wird.

Beispiele:
- Jemand stirbt und es fehlt ein Testament, also gelten die Bestimmungen des ZGB.
- Der Miet- wie der Arbeitsvertrag können mündlich abgeschlossen werden. Die mündlichen Vereinbarungen sind oft lückenhaft. Entsteht Streit über diese Lücken, gelten die Artikel aus dem OR.

In gegenseitiger Absprache können aber auch Änderungen gegenüber dem Gesetz vereinbart werden.

Beispiel: In einem Einzelarbeitsvertrag wird die Kündigungsfrist während der Probezeit auf 5 Arbeitstage festgelegt.

Rechtsgrundsätze

> **Rechtsgrundsatz:** Rechtsgrundsätze sind Rechtsnormen, die wegen ihrer allgemeinen Tragweite von grosser Bedeutung für die Rechtsordnung sind.

Gewisse Rechtsgrundsätze sind in der Bundesverfassung festgehalten. Auch die Einleitungsartikel im ZGB gelten grundsätzlich für die gesamte Rechtsordnung.

■ Rechtsgleichheit (BV 8)

Rechtsgleichheit bedeutet:
- Vor dem Gesetz sind alle gleich.
- Mann und Frau sind gleichberechtigt.
- Niemand darf aufgrund der Rasse, des Geschlechts, des Alters, der Sprache, der Religion, der sozialen Stellung, sexuellen Orientierung oder geistiger oder körperlicher Einschränkungen diskriminiert werden.

■ Reihenfolge der Rechtsquellen (ZGB 1)

In einem Rechtsfall muss zuerst das geschriebene Recht mit seiner Auslegung herangezogen werden. Wenn sich darin keine Vorschrift befindet, kann das Gericht Gewohnheitsrecht berücksichtigen. Wo auch solches fehlt, hat das Gericht nach der Regel zu urteilen, die es als Gesetzgeber aufstellen würde. Es folgt dabei bewährter Lehre und Überlieferung.

■ Richterliches Ermessen (ZGB 4)

Wo das Gericht nach eigenem Ermessen urteilt, muss es sämtliche Fakten des konkret zu beurteilenden Falles beachten: Streitwerte von über einer Million Franken sind bei Unfälle betreffenden Haftpflichtprozessen sowie bei Bauprozessen, Erbteilungsprozessen usw. durchaus üblich.

■ Treu und Glauben (ZGB 2^1 und BV 9)

Der Gesetzgeber verlangt, dass jeder immer nach bestem Wissen und Gewissen handelt. Es wird also erwartet, dass man in seinem Handeln ehrlich und fair ist. Ein Zusammenleben ist nur möglich, wenn man davon ausgehen darf, dass man vom Gegenüber nicht belogen oder betrogen wird. Dasselbe Verhalten wird aber auch von einem selbst erwartet.

■ Rechtsmissbrauchsverbot (ZGB 2^2)

Missbraucht jemand sein Recht offensichtlich, wird dieser Missbrauch nicht geschützt. Beispiel: Nur um den Nachbarn zu ärgern und diesem vorsätzlich die Aussicht zu nehmen, darf man keine Mauer bauen, die sonst keinen Zweck hat.

■ Beweislast (ZGB 8)

Wer etwas behauptet und daraus etwas zu seinen Gunsten ableiten will, muss seine Behauptung auch beweisen. Beweisen heisst: Man muss das Gericht von der Richtigkeit einer behaupteten Tatsache überzeugen.

Zivilgesetzbuch (ZGB)

Zivilgesetzbuch (ZGB): Enthält privates (ziviles) Recht.

Eines der wichtigsten Gesetzeswerke im Bereich des privaten Rechts ist das ZGB.

■ Die Einteilung des ZGB

Das ZGB regelt viele Bereiche des Lebens, von der Geburt bis zum Tod. Es geht dabei unter anderem um die Namensgebung, die Erziehung, das Zusammenleben, die Eheschliessung (siehe S. 54), die Trennung und die Ehescheidung (siehe S. 59), um das Eigentum (siehe S. 75), das Erbrecht (siehe S. 60 ff.) und um Verträge (z. B. Lehrvertrag, siehe S. 28 ff.; Einzelarbeitsvertrag, siehe 31 ff.; Kaufvertrag, siehe 74 ff.; Miete, siehe S. 102 ff.).

Die fünf Teile des ZGB

Das ZGB ist in folgende fünf Teile gegliedert:
1. Personenrecht
2. Familienrecht (siehe S. 50 ff.)
3. Erbrecht (siehe S. 60 ff.)
4. Sachenrecht (siehe z. B. Eigentum, Besitz, S. 75)
5. Obligationenrecht (siehe S. 19)

Aus dem 5. Teil, dem Obligationenrecht, hat man einen selbstständigen Teil gemacht (ein eigenes Gesetzbuch, das wieder mit dem Artikel 1 beginnt). Daher spricht man auch vom ZGB und vom OR. Dennoch gehört das OR inhaltlich zum ZGB und die Einleitungsartikel 1–10 des ZGB gelten auch für das OR.

Im Folgenden werden wichtige Begriffe aus dem Personenrecht erklärt.

Die Rechte gehören zu einer Person wie ihr Schatten.

Begriffe zum Personenrecht

■ Rechtsfähigkeit

Rechtsfähigkeit (ZGB 11): Fähigkeit, Rechte und Pflichten zu haben.

Alle Menschen sind rechtsfähig. Sie haben unter anderem das Recht, dass ihre Persönlichkeit geschützt wird (z. B. vor Gewalt) und dass sie Eigentum (siehe S. 75) erwerben oder erben können. Jeder hat aber auch die Pflicht, die Persönlichkeit des anderen zu respektieren.

Rechtsfähig ist man unabhängig vom Alter und unter gewissen Voraussetzungen schon vor der Geburt und in beschränkter Weise bis über den Tod hinaus. Schon der Fötus ist bedingt rechtsfähig: Nach Ablauf der 12-Wochen-Frist (Abtreibungsverbot ab 13. Schwangerschaftswoche) hat er das Recht auf Persönlichkeitsschutz, und unter der Bedingung, dass er lebend geboren wird, ist er auch fähig, zu erben.

■ Urteilsfähigkeit

Urteilsfähigkeit (ZGB 16): Fähigkeit, vernunftgemäss zu handeln.

Diese Fähigkeit erreicht man mit etwa 13 bis 14 Jahren. Wer geistig behindert ist, erlangt die Urteilsfähigkeit nicht und bleibt urteilsunfähig. Urteilsunfähige Personen sind handlungsunfähig (ZGB 18, siehe S. 17).

■ Volljährigkeit

Volljährigkeit (ZGB 14): Mit Vollendung des 18. Lebensjahres (also am 18. Geburtstag) wird man volljährig. Bis zu diesem Zeitpunkt gilt man als minderjährig.

Sonderregelung: Mit 16 Jahren erreicht man die religiöse Volljährigkeit (ZGB 303), d. h., man kann die Religionszugehörigkeit selbstständig bestimmen.

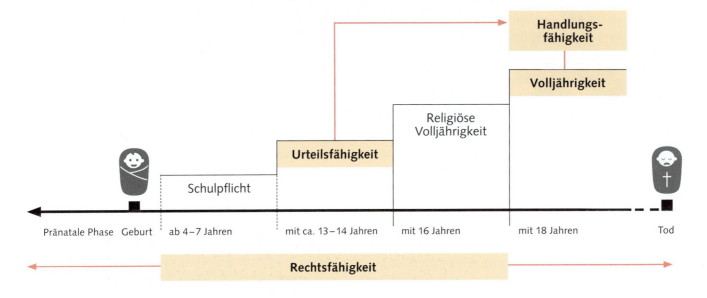

Einführung ins Recht

■ Handlungsfähigkeit

Handlungsfähigkeit (ZGB 12/13): Fähigkeit, durch seine eigenen Handlungen Rechte und Pflichten zu begründen (ZGB 12).

Voraussetzung: Urteilsfähigkeit und Volljährigkeit (ZGB 13).

Urteilsfähigkeit
+ Volljährigkeit
= Handlungsfähigkeit

Die Handlungsfähigkeit umfasst die:
- **Geschäftsfähigkeit**, d.h., durch eigene Handlungen können Rechtsgeschäfte gültig getätigt werden.
- **Deliktsfähigkeit**, d.h., durch rechtswidriges Verhalten kann man zivilrechtlich zur Verantwortung gezogen werden. Deliktsfähig im strafrechtlichen Sinne ist man bereits ab dem 10. Lebensjahr.
- **Prozessfähigkeit** ist das Recht, einen Prozess selbstständig zu führen oder durch eine andere Person führen zu lassen.

Wer handlungsfähig ist, kann z.B. heiraten oder ein Testament aufsetzen.

■ Handlungsunfähigkeit

Handlungsunfähigkeit (ZGB 18): Fehlen der Fähigkeit, durch seine Handlungen rechtliche Wirkungen herbeizuführen. Davon betroffen sind Minderjährige, die noch nicht urteilsfähig sind, sowie Personen unter umfassender Beistandschaft.

Beschränkte Handlungsunfähigkeit (ZGB 19): Fähigkeit, nur mit Zustimmung des gesetzlichen Vertreters (Eltern, Beistand, Vormund) Verpflichtungen einzugehen. Beim Kaufvertrag können Minderjährige auch ohne Zustimmung des gesetzlichen Vertreters Verpflichtungen eingehen.

- **Beschränkt** handlungsunfähig sind Minderjährige, die aber bereits urteilsfähig sind.
- **Beschränkt handlungsfähig** sind Volljährige, die zwar urteilsfähig sind, deren Handlungsfähigkeit aber durch eine Massnahme des Erwachsenenschutzes eingeschränkt worden ist (Vertretungs-, Mitwirkungs- oder kombinierte Beistandschaft, siehe S. 70).

■ Natürliche Personen

Natürliche Person (ZGB 11 ff.): Jeder einzelne Mensch gilt rechtlich gesehen als natürliche Person. Die natürliche Person hat Rechte und Pflichten.

■ Juristische Personen

Juristische Personen (ZGB 52 ff.): Personenverbindungen, die Rechte und Pflichten haben.

NATÜRLICHE PERSON

Die «juristischen Personen» sind Gebilde des Rechts (daher die Bezeichnung «juristisch»). Auch wenn sie sich aus natürlichen Personen zusammensetzen, werden sie rechtlich als eine Einheit, als eine Person behandelt (z.B. Vereine, Unternehmen, Genossenschaften).

Der Gesetzgeber verleiht den juristischen Personen unter bestimmten Voraussetzungen die Rechts- und die Handlungsfähigkeit.

Beispiel: Eine Aktiengesellschaft macht Schulden. Den Gläubigern gegenüber haftet die Aktiengesellschaft mit dem Gesellschaftsvermögen. Die einzelnen Aktionäre haften aber nicht mit ihrem Privatvermögen.

Auch das Steuerrecht kennt natürliche und juristische Personen (siehe S. 117).

JURISTISCHE PERSON

Obligationenrecht (OR)

Obligationenrecht (OR): Enthält ziviles Recht und ist der 5. Teil des ZGB.

Der Begriff Obligation hat zwei Bedeutungen:
- «Obligation» ist ein Wertpapier.
- «Obligation» ist ein Schuldverhältnis.

Im Folgenden bezeichnet der Begriff Obligation ein Schuldverhältnis.

Obligation: Schuldverhältnis zwischen zwei Personen oder Parteien. Die eine Partei (Schuldner) ist verpflichtet, etwas zu leisten, und die andere Partei (Gläubiger) ist berechtigt, diese Leistung zu fordern.

Eine Obligation kann entstehen durch:
- Vertrag
- unerlaubte Handlung
- ungerechtfertigte Bereicherung

■ Obligation durch Vertrag (OR 1 ff.)

Ein Schuldverhältnis entsteht durch Vertrag. Zwei Parteien teilen einander ihren Willen mit. Die Willensäusserungen stimmen überein. Eine Partei verpflichtet sich zu einer Leistung (z. B. Lieferung einer Ware) und die andere Partei verpflichtet sich zur Gegenleistung (z. B. Bezahlung dieser Ware).

■ Obligation durch unerlaubte Handlung (OR 41 ff.)

Wer einem anderen widerrechtlich (unerlaubt) Schaden zufügt, muss der geschädigten Partei den Schaden ersetzen (Haftung, siehe S. 151). Das Schuldverhältnis betrifft sowohl Personen- wie Sachschäden.

Beispiel:
Jemand fährt auf der Skipiste aus Unachtsamkeit in eine andere Person und diese Person erleidet einen Beinbruch und ihre Skier sind beschädigt. Die unachtsame Person wird haftpflichtig.

■ Obligation durch ungerechtfertigte Bereicherung (OR 62 ff.)

Erhält jemand zu Unrecht Geld, muss er dieses Geld zurückerstatten.

Beispiel:
Aus Versehen wird jemandem der 13. Monatslohn doppelt ausbezahlt. Dieser muss zurückgezahlt werden.

Formen der Verträge

> **Vertrag:** Gegenseitig übereinstimmende Willensäusserung von Parteien (OR 1). Im Obligationenrecht sind die verschiedenen Vertragsarten geregelt (Mietvertrag, Arbeitsvertrag, Kaufvertrag usw.).

Der Gesetzgeber spricht von Parteien und nicht von Personen. Es können auf der einen oder auf beiden Seiten mehrere Personen bei der Entstehung eines Vertrages mitwirken. Verträge können formlos entstehen oder an eine bestimmte Form gebunden sein.

■ Formloser Vertrag

> **Formloser Vertrag:** Die Vereinbarung ist an keine Form gebunden. Formlos (auch formfrei genannt) ist der Oberbegriff für mündlich und stillschweigend.

Die meisten Verträge sind formlos gültig (OR 11).

■ Formgebundener Vertrag (Schriftlichkeit)

> **Formgebundener Vertrag:** Die Vereinbarung ist an eine Form gebunden.

Man unterscheidet drei Vertragsformen der Schriftlichkeit:

Einfache Schriftlichkeit	Der Inhalt des Vertrags kann von Hand oder per Computer erfasst werden. Das Gesetz verlangt, dass Verträge unterschrieben werden, entweder durch eine elektronische (zertifizierte) Signatur oder eine eigenhändige Unterschrift (OR 14).
Qualifizierte Schriftlichkeit	Zur Gültigkeit verlangt das Gesetz, dass neben der Unterschrift noch weitere Teile eigenhändig eingesetzt werden oder dass bestimmte Voraussetzungen erfüllt sind. *Beispiele:* • Beim eigenhändigen Testament verlangt der Gesetzgeber, dass der Verfasser den gesamten Inhalt von Hand niederschreiben muss (siehe S. 64). • Bei einer Mietzinserhöhung verlangt das Gesetz, dass der Vermieter ein vom Kanton dafür vorgeschriebenes Formular mit Rechtsbelehrung verwendet (siehe S. 111).
Öffentliche Beurkundung	Der Inhalt des Vertrags ist von weitreichender Bedeutung. Der Gesetzgeber verlangt daher, dass eine urkundsberechtigte Person, z.B. ein Notar, den Vertrag daraufhin prüft, ob alle gesetzlichen Vorschriften eingehalten wurden, was er mit seiner Unterschrift und einem Stempel bezeugt (z. B Ehe-, Erbvertrag).

■ Registereintrag und Veröffentlichung

Registereintrag	Gewisse Rechtsgeschäfte müssen neben der öffentlichen Beurkundung auch noch in ein Register eingetragen werden. *Beispiel:* Ein Hauskauf muss ins Grundbuch und die Gründung einer Aktiengesellschaft ins Handelsregister eingetragen werden.
Veröffentlichung	Noch weiter gehende Bestimmungen verlangen, dass gewisse Rechtsvorgänge zu veröffentlichen sind, um sie allen bekannt zu machen, z. B. im Kantonsblatt (Haus- oder Grundstückskauf).

> **TIPP**
> Unterschreiben Sie nie einen Vertrag, den Sie nicht bis in alle Details gelesen und dessen Inhalt Sie nicht verstanden haben.

Vertragsmängel

In gewissen Fällen kann ein Vertrag angefochten werden oder er ist ungültig.

■ Anfechtbare Verträge

Anfechtbarer Vertrag: Der Inhalt eines Vertrags entspricht nicht dem effektiven Willen einer Partei (Vertragsmangel).

Die Partei, für die der Vertrag mangelhaft ist, kann diesen beim Gericht anfechten. Anfechtungsgründe sind:

Wesentlicher Irrtum (OR 23f.)	Damit das Gericht einen Irrtum als wesentlich einstuft, gelten hohe Anforderungen. *Beispiel:* Ein teures Kunstwerk stellt sich im Nachhinein als billige Kopie heraus, obwohl der Käufer bei Vertragsabschluss von der Echtheit ausgegangen ist.
Absichtliche Täuschung (OR 28)	Ein Vertragspartner macht wissentlich falsche Angaben oder er verheimlicht Tatsachen, von denen er Kenntnis hat. *Beispiel:* Ein Unfallwagen wird vom Verkäufer als unfallfrei verkauft, obwohl er weiss, dass es ein Unfallwagen ist.
Furchterregung (Drohung) (OR 29f.)	Einem Vertragspartner wird das Erleiden eines erheblichen Übels angedroht, falls er den Vertrag nicht abschliesst. *Beispiel:* Jemand weiss von der Steuerhinterziehung eines anderen. Er fordert von ihm den Verkauf etwa eines Bildes und droht, sonst werde er ihn wegen Steuerhinterziehung anzeigen.
Übervorteilung (OR 21)	Man benachteiligt jemanden, um für sich einen unangemessenen Vorteil zu erlangen. *Beispiel:* Jemand verlangt von einer in der Sache unkundigen Person das Fünffache des üblichen Preises.

Liegt ein Anfechtungsgrund vor, hat der oder die Betroffene ein Jahr Zeit, um den Vertrag anzufechten. Bei fehlender Anfechtung gilt er als genehmigt (OR 31).

■ Nichtige (ungültige) Verträge

Nichtiger Vertrag (OR 20): Der Vertrag ist mit einem Mangel versehen, sodass er nichtig ist. «Nichtig» heisst hier: Der Vertrag wird so behandelt, als ob er nicht existieren würde.

Nichtigkeitsgründe sind:

- **Objektiv unmöglicher Vertragsinhalt**
  Beispiel: Jemand verkauft einer Person den Zürichsee.

- **Widerrechtlicher Vertragsinhalt**
  Beispiel: Der Handwerker verpflichtet sich in seinem Arbeitsvertrag zur Leistung von durchschnittlich 75 Stunden pro Woche.

- **Vertragsinhalt gegen die guten Sitten**
  Beispiel: Jemand schliesst mit einer Person einen Vertrag ab, wonach diese bei einer Erbschleicherei mithelfen soll.

Lösen von Rechtsfällen

■ Systematisches Vorgehen

Rechtsfragen sind im Alltag schwer zu beurteilen. Die Probleme betreffen häufig verschiedene Rechtsbereiche, die oft nicht klar voneinander abgegrenzt werden können. Die Gesetzesbestimmungen sind abstrakt formuliert und in einer ungewohnten Sprache abgefasst, weshalb die Anwendung dieser Regeln auf den konkreten Fall Schwierigkeiten bereitet.

Als Hilfsmittel zur «Lösung» von Rechtsfällen empfiehlt sich ein systematisches Vorgehen in vier Schritten:

■ Vorgehen in vier Schritten

1. Sachverhalt feststellen	Zuerst muss genau festgehalten werden, was passiert ist. Die «W-Fragen» sind zu stellen: Wer hat wann was wo, wie und warum getan?
2. Bezug zwischen Sachverhalt und Recht herstellen	Dann gilt es herauszufinden, welche gesetzlichen Regelungen auf den festgestellten Sachverhalt angewendet werden können: Welche abstrakte Regel passt am besten zum konkreten Sachverhalt?
3. Rechtsfolgen feststellen	Anschliessend muss geklärt werden, welche Konsequenzen die Anwendung dieser Regel nach sich zieht: Welche Rechtsfolge sieht die anwendbare Regel vor?
4. Durchsetzung des Rechts planen	Nun kann im letzten Schritt konkret geplant werden, was die vom Sachverhalt betroffenen Personen tun müssen, um zu ihrem Recht zu kommen: Was muss ich tun, damit ich mein Recht durchsetzen kann?

> **TIPP**
> Ist die Rechtsfrage zu schwierig, bleibt nur noch der Beizug professioneller Hilfe. Viele Gerichte bieten Personen, die ein konkretes Rechtsproblem haben und in ihrem Gerichtskreis wohnen, periodisch eine kostenlose Erstberatung an. Auch die meisten kantonalen Anwaltsverbände kennen ähnliche Dienstleistungen.

Lösen von Rechtsfällen: Fallbeispiel

Ein 3-jähriges Kind besucht mit seinem Vater ein Kaufhaus. Als der Vater das Kind kurz unbeaufsichtigt lässt, zerstört das Kind beim Ballspielen eine teure Porzellanvase.

Gegen wen hat der Ladenbesitzer und Eigentümer der Vase allenfalls einen Anspruch (Versicherungen ausgenommen)?

■ Vorgehen in vier Schritten

1. Sachverhalt feststellen

Wer?
- 3-jähriges Kind
- Ladenbesitzer (Eigentümer der Vase)
- Vater des Kindes

Was und wann?
- Vater und Kind besuchen ein Kaufhaus.
- Vater beaufsichtigt das Kind vorübergehend nicht.
- Kind spielt mit einem Ball.
- Kind zerstört eine Vase (Sachschaden).

2. Bezug zwischen Sachverhalt und Recht herstellen

Es kommen zwei Haftpflichtige infrage:
- Das Kind: Das Zerstören von Eigentum ist widerrechtlich, weshalb das Kind aufgrund unerlaubter Handlung nach OR 41 ff. haftbar sein kann. Problem: Das Kind ist urteilsunfähig.
- Der Vater: Haftung des Familienhauptes nach ZGB 333 wegen Vernachlässigung der Aufsichtspflicht.

Die Haftung des Kindes ist kaum durchsetzbar (OR 41 verlangt Urteilsfähigkeit), weshalb sich der Eigentümer der Vase auf ZGB 333 berufen und gegen den Vater vorgehen wird.

3. Rechtsfolge feststellen

ZGB 333: Haftung für den entstandenen Schaden (siehe S. 151).

4. Durchsetzung des Rechts planen

- Der Eigentümer der Vase muss den entstandenen Schaden (Wert der Vase oder Kosten für Reparatur, falls möglich) und die Ursache des Schadens beweisen.
- Der Eigentümer hat die Verjährungsfrist zu beachten (OR 60).
- Für die Haftung ist weder ein Verschulden des Kindes noch ein eigenes Verschulden des Vaters am Schaden nötig. Der Vater kann sich aber von der Haftung befreien, wenn er nachweist, dass er seine Aufsichtspflicht nicht verletzt hat.

1 Recht

1.2 Arbeit

Verständnis

- Aus welchen Gründen kann ein Lehrvertrag aufgelöst werden?

- Welche Regeln gelten bei Kündigung des Einzelarbeitsvertrags?

- Welche obligatorischen, direkt vom Lohn abgezogenen Versicherungsbeiträge werden vom Arbeitgeber mitfinanziert?

- In welchen Berufsbereichen gibt es keine Gesamtarbeitsverträge?

- Was ist der Hauptzweck von Gesamtarbeitsverträgen?

- Das Arbeitsgesetz enthält zwingende Mindestvorschriften zum Schutz von Arbeitnehmerinnen und Arbeitnehmern. Welche Bereiche werden mit dem Gesetz geregelt?

Diskussion

- Der Arbeitgeber, die Arbeitgeberin ist verpflichtet, ein Arbeitszeugnis wohlwollend zu formulieren. Was sind Ihrer Meinung nach die positiven bzw. die negativen Aspekte dieser Regelung?

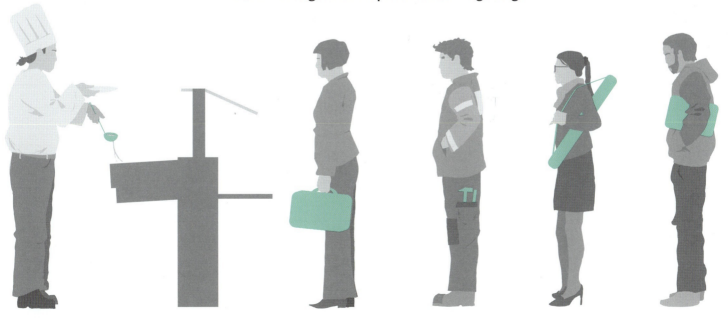

Arbeitsrecht: Übersicht

Arbeitsverträge: Überblick

Der folgende Überblick fasst die wichtigsten Bestimmungen der verschiedenen Arbeitsverträge zusammen. Auf den folgenden Seiten werden die einzelnen Vertragsarten erläutert.

Lehrvertrag (siehe S. 28 ff.)	Einzelarbeitsvertrag (EAV) (siehe S. 31 ff.)	Gesamtarbeitsvertrag (GAV) (siehe S. 44)	Normalarbeitsvertrag (NAV) (siehe S. 45)
Vertragspartner Der Lehrvertrag wird zwischen einer lernenden Person (und bei deren Minderjährigkeit zusätzlich mit dem gesetzlichen Vertreter) und einem Arbeitgeber abgeschlossen.	**Vertragspartner** Der Einzelarbeitsvertrag wird zwischen einem einzelnen Arbeitgeber und einem einzelnen Arbeitnehmer, einer einzelnen Arbeitnehmerin abgeschlossen.	**Vertragspartner** Der Gesamtarbeitsvertrag wird zwischen einem Arbeitnehmerverband (meistens ist dies eine Gewerkschaft) und einem einzelnen Arbeitgeber bzw. einem Arbeitgeberverband abgeschlossen.	**Vertragspartner** Beim Normalarbeitsvertrag handelt es sich um gesetzliche Bestimmungen für gewisse Berufsbranchen (z B. NAV Hauswirtschaft).
Form Der Lehrvertrag muss schriftlich abgeschlossen werden. Er bedarf zusätzlich der Genehmigung durch das kantonale Amt für Berufsbildung.	**Form** Der Einzelarbeitsvertrag kann formlos (also mündlich oder stillschweigend) abgeschlossen werden (die Schriftlichkeit empfiehlt sich aber).	**Form** Der Gesamtarbeitsvertrag muss schriftlich abgeschlossen werden. Die dem Gesamtarbeitsvertrag unterstellten Arbeitsverträge sind Einzelarbeitsverträge.	**Form** Der Gesetzgeber muss beim Erlassen von Normalarbeitsverträgen die vorgeschriebene Form der Veröffentlichung einhalten.
Zweck Beim Lehrvertrag steht die fachgerechte Ausbildung der lernenden Person im Vordergrund.	**Zweck** Beim Einzelarbeitsvertrag steht die bezahlte Arbeitsleistung des Arbeitnehmers, der Arbeitnehmerin im Dienste eines Arbeitgebers im Vordergrund.	**Zweck** Es geht darum, den Arbeitsfrieden zu erhalten, für Konfliktfälle einheitliche Regeln aufzustellen und den Arbeitnehmer, die Arbeitnehmerin zu schützen.	**Zweck** Es geht um das Aufstellen einheitlicher Regeln und den Schutz von Arbeitnehmern, insbesondere von denjenigen, die nicht unter das Arbeitsgesetz fallen.

Berufsbildungssystem der Schweiz

■ Das duale Berufsbildungssystem

Duales Berufsbildungssystem: In diesem System werden die Lernenden einerseits im Lehrbetrieb und andererseits in der Berufsfachschule ausgebildet.

Lernende stehen dem Lehrbetrieb an 3 bis 4 Tagen in der Woche für die praktische Ausbildung zur Verfügung. An 1 bis 2 Tagen werden theoretische und allgemeinbildende Inhalte in der Berufsfachschule vermittelt.

Die nachfolgende Grafik zeigt, wo die Berufsbildung im schweizerischen Bildungssystem einzuordnen ist. Sie macht auch deutlich, wie viele Möglichkeiten zur Bildung oder zur Weiterbildung den Berufsleuten offenstehen.

■ Die Berufsbildung im gesamten Bildungssystem

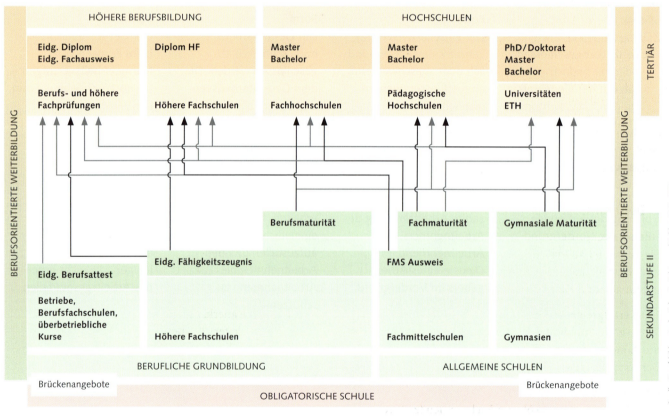

Quelle: Berufsbildung in der Schweiz. Fakten und Zahlen 2019. SBFI

■ Lernorte während der beruflichen Ausbildung

Die Lernenden erhalten ihre berufliche Ausbildung an drei Lernorten:
1. Der zeitlich grösste Teil der Ausbildung findet im Lehrbetrieb statt. Hier erhalten die Lernenden die praktische Ausbildung.
2. Die Lernenden besuchen einen bzw. zwei Tage pro Woche die Berufsfachschule. Dort erhalten sie die theoretischen Kenntnisse zum Beruf, allgemeinbildenden Unterricht und eine Sportlektion.
3. Die überbetrieblichen Kurse (üK) ergänzen die betriebliche Ausbildung und den Unterricht an den Berufsfachschulen. Sie haben den Zweck, die Lernenden in die grundlegenden Fertigkeiten und Kenntnisse ihres Berufes einzuführen. Die Kurse sind obligatorisch.

■ Berufliche Grundbildung auf der Sekundarstufe II

Sie führt zu einer beruflichen Qualifikation.

Grundbildung (3- oder 4-jährig) mit eidgenössischem Fähigkeitszeugnis
Wer diese Grundausbildung erfolgreich abschliesst, erhält die Qualifikation zur Ausübung eines bestimmten Berufs. Sie ermöglicht auch den Zugang zu einer höheren Berufsbildung.

Grundbildung (2-jährig) mit eidgenössischem Attest
Diese Grundbildung ermöglicht einen anerkannten eidgenössischen Abschluss. Im Gegensatz zur Grundbildung mit eidg. Fähigkeitszeugnis ermöglicht die Attestausbildung die Qualifikation für ausgewählte Teilbereiche des Berufes. Attest-Absolventen steht immer noch der Zugang zu einer 3- oder 4-jährigen Grundbildung mit eidgenössischem Fähigkeitszeugnis offen.

Eidgenössische Berufsmaturität (BM)
Sie ergänzt die Grundbildung (eidg. Fähigkeitszeugnis) mit einer erweiterten Allgemeinbildung (Berufslehre mit Berufsmatur). Der erfolgreiche Abschluss der BM ermöglicht den Zugang zu den Fachhochschulen. Die BM kann lehrbegleitend bzw. nach der Lehre in Vollzeit oder berufsbegleitend absolviert werden.

Fachmittelschulen
Die Fachmittelschulen basieren auf der Anerkennung der Erziehungsdirektorenkonferenz (EDK). In der Regel bestehen sie aus einer 3-jährigen schulischen Ausbildung und einem anschliessenden 1-jährigen Praktikum. Die Fachmittelschule «Gesundheit/Soziales» beispielsweise führt zur Berufsmatur. Die Fachmittelschule mit den Profilen Pädagogik und Musik schliesst mit der Fachmatur ab.

■ Berufsbildung auf der tertiären Stufe

Höhere Fachprüfung
Sie verbindet solide praktische Fähigkeiten mit vertieften theoretischen Fachkenntnissen und bereitet auf Führungsfunktionen vor. Dabei unterscheidet man zwischen Berufsprüfungen und Fachprüfungen.

Nach erfolgreichem Abschluss der Ausbildung erhält man einen eidgenössisch anerkannten Titel (z. B. Buchhalter, Automobildiagnostiker, Schreinermeister, Verkaufsleiter), wobei die höheren Fachprüfungen höhere Anforderungen an die Absolventen stellen als die Berufsprüfungen.

Höhere Fachschulen
Die Bildungsgänge an höheren Fachschulen (z. B. Technikerschulen, Tourismusfachschulen, Höhere Fachschule Gesundheit) führen zu einem eidgenössisch anerkannten Diplom (z. B. Techniker TS, Tourismusfachfrau, diplomierte Pflegefachfrau). Sie basieren auf staatlich kontrollierten Mindestvorgaben und sind untereinander vergleichbar.

Fachhochschulen
Für den Zugang zu den Fachhochschulen ist die BM oder die Fachmatur erforderlich. Die sieben Fachhochschulen der Schweiz bieten praxisorientierte Studiengänge in vielen Bereichen an (z. B. Wirtschaft, Technik, Musik, Kunst, Soziales). Das Studium schliesst mit einem Bachelor- oder einem Master-Titel ab.

Lehrvertrag

> **Lehrvertrag (OR 344 ff.):** Ausbildungsvertrag zwischen einem Arbeitgeber (Ausbildner/Ausbildnerin) und einer lernenden Person (Lernender/Lernende). Der oder die Lernende erbringt eine Arbeitsleistung und wird fachgemäss für bestimmte Berufstätigkeiten ausgebildet.

Die Berufslehre ist die am häufigsten gewählte Ausbildung. Über 60 % der Jugendlichen in der Schweiz absolvieren nach der obligatorischen Volksschulzeit eine zwei- bis vierjährige Berufslehre.

■ Gesetzliche Grundlagen

In der Bundesverfassung wird der Bund ermächtigt, im Bereich der Berufsbildung Vorschriften zu erlassen.

Abgestützt auf diese Ermächtigung hat der Bund das Berufsbildungsgesetz (BBG) ausgearbeitet. Zusätzliche Bestimmungen zum Lehrvertrag stehen in OR 344 ff. und im Arbeitsgesetz (ArG).

In der Berufsbildungsverordnung (BBV) werden Gesetzesbestimmungen des Berufsbildungsgesetzes (BBG) genauer umschrieben. Diese Bestimmungen gelten für alle Berufe.

Das Staatssekretariat für Bildung, Forschung und Innovation (SBFI) erlässt die Bildungsverordnung (BiVo) für die einzelnen Berufe. Darin sind Bestimmungen enthalten, die nur für einen ganz bestimmten Beruf erlassen worden sind, und zwar auf Antrag der Organisationen der Arbeitswelt (OdA, siehe Glossar).

■ Entstehung und Form des Lehrvertrags

Im Gegensatz zum gewöhnlichen Einzelarbeitsvertrag muss der Lehrvertrag, um gültig zu sein, schriftlich abgeschlossen werden (OR 344a). Das Gesetz umschreibt den Mindestinhalt des Vertrags: die Berufsbezeichnung, die exakte Dauer der Berufsausbildung im Betrieb, den Lohn (Lohnabrechnung, siehe S. 37 und 40 f.), die Probezeit, die wöchentliche Arbeitszeit und die Ferien.

Es können weitere Bestimmungen in den Vertragstext aufgenommen werden, wie z. B. die Übernahme von Versicherungsprämien, die der Ausbildner oder die Ausbildnerin nicht von Gesetzes wegen tragen muss, oder die Beschaffung von Berufswerkzeugen oder Beiträge an Unterkunft bzw. an Verpflegung.

Der Lehrvertrag trägt die Unterschrift des Ausbildners und des Lernenden. Ist der Lernende noch nicht volljährig, muss der Vertrag vom gesetzlichen Vertreter (Inhaber der elterlichen Sorge oder der Vormund, siehe S. 66) mitunterschrieben werden.

Der Lehrvertrag muss dem kantonalen Amt für Berufsbildung zur Überprüfung eingereicht werden. Dieses bestätigt mit seiner Unterschrift die Gültigkeit der getroffenen Vereinbarungen (BBG 14).

Pflichten der Ausbildner, Ausbildnerinnen und der Lernenden

Die Ausbildung des, der Lernenden und die Lehrzielerreichung sind die zentralen Ziele des Lehrvertrages.

Der, die Lernende erhält einen Lohn, wobei er bzw. sie seine bzw. ihre Arbeitsleistung in erster Linie für eine fachgemässe Ausbildung und nicht gegen Bezahlung erbringt.

Nachfolgend werden die Pflichten der Ausbildner, Ausbildnerinnen und jene der Lernenden einander gegenübergestellt. Es ist klar, dass viele Pflichten der einen Seite als Rechte der anderen Seite angesehen werden können.

Pflichten der Ausbildner und Ausbildnerinnen	Pflichten der Lernenden
• die Lernenden für einen bestimmten Beruf fachgemäss ausbilden (OR 344) • die Lernenden fachgemäss ausbilden oder von einer qualifizierten Fachkraft ausbilden lassen (OR 345a^1) • den Lernenden den Lohn bezahlen (Lernende haben Anspruch auf eine detaillierte Lohnabrechnung! OR 322^1, OR 323b^1) • die Lernenden ohne Lohnabzug für den Besuch der Berufsfachschule, für überbetriebliche Kurse und das Qualifikationsverfahren freistellen (OR 345a^2) • die Lernenden nur für Arbeiten heranziehen, die mit dem zu erlernenden Beruf im Zusammenhang stehen (OR 345a^4) • den Lernenden den Besuch der Berufsmaturitätsschule ermöglichen (Voraussetzung: Leistungen im Betrieb und in der Schule erlauben dies; BBG 17^{2+4}) • den Lernenden den Besuch von Freifächern bis zu einem halben Tag ohne Lohnabzug ermöglichen (Voraussetzung: Leistungen im Betrieb und in der Schule erlauben dies; BBG 22^3 und BBV 20) • Überstunden der Lernenden durch Freizeit von gleicher Dauer ausgleichen oder mit 25 % Lohnzuschlag entschädigen (OR 321c$^{1-3}$) • bis zum Erreichen des 20. Lebensjahres 5 Wochen Ferien gewähren (OR 329a), davon müssen zwei zusammenhängend sein (OR 329c) • das Amt für Berufsbildung bei Auflösung des Lehrverhältnisses informieren (BBG 14^4) • am Ende der Lehre ein Lehrzeugnis ausstellen (OR 346a)	• Arbeit im Dienste des Ausbildners bzw. der Ausbildnerin leisten (OR 344) • alles tun, um das Lehrziel zu erreichen (OR 345^1) • Anordnungen des Ausbildners bzw. der Ausbildnerin befolgen (OR 321d) • die übertragenen Arbeiten gewissenhaft ausführen (OR 321a^1) • den Unterricht in der Berufsfachschule besuchen (BBG 21^3) • die Geräte und Materialien sorgfältig behandeln (Sorgfaltspflicht; OR 321a^2) • an überbetrieblichen Kursen teilnehmen (BBG 23^3)

Beendigung der Lehre

Vertragsauslauf
Beim Lehrvertrag handelt es sich um einen befristeten Vertrag. Das genaue Eintrittsdatum sowie das genaue Enddatum der Lehre sind im Lehrvertrag festgehalten. Daher endet der Vertrag durch Zeitablauf und kann grundsätzlich nicht einseitig gekündigt werden (Ausnahmen nachstehend). In gegenseitigem Einvernehmen kann der Lehrvertrag aber jederzeit aufgelöst werden (Meldung ans Amt für Berufsbildung obligatorisch).

Beendigung während der Probezeit
Das Lehrverhältnis kann während der Probezeit jederzeit mit einer Kündigungsfrist von 7 Tagen aufgelöst werden.

Falls nichts anderes im Lehrvertrag vereinbart wurde, gilt eine Probezeit von 3 Monaten. Die Probezeit darf durch schriftliche Vereinbarung geändert werden, aber nicht weniger als einen Monat betragen. Auf begründetes Gesuch hin kann das Amt für Berufsbildung in Ausnahmefällen einer Verlängerung der Probezeit auf 6 Monate zustimmen.

Auflösung der Lehre aus wichtigem Grund
Sowohl der Ausbildner als auch der Lernende hat das Recht, den Lehrvertrag vorzeitig und einseitig aufzulösen, wenn wichtige Gründe vorliegen.

Gründe, die Lernende zur Kündigung berechtigen:
- Der Ausbildner, die Ausbildnerin bietet keine Gewähr mehr für eine erfolgreiche Ausbildung des bzw. der Lernenden (Mangel an Arbeit, Konkurs usw.).
- Dem Ausbildner, der Ausbildnerin mangelt es an pädagogischen oder menschlichen Fähigkeiten, sodass eine ordentliche Ausbildung nicht mehr gewährleistet ist.
  Beispiele: Schikanöser Führungsstil, Tätlichkeiten oder sexuelle Belästigung am Arbeitsplatz.

Gründe, die den Ausbildner, die Ausbildnerin zur Kündigung berechtigen:
- Dem Ausbildner, der Ausbildnerin ist die Fortführung des Lehrverhältnisses nach Treu und Glauben (ZGB 2) nicht mehr zuzumuten (z. B. der Lernende hat einen Diebstahl begangen, lügt oder hat betrogen).
- Der bzw. die Lernende ist den körperlichen oder geistigen Anforderungen für einen erfolgreichen Lehrabschluss nicht gewachsen.
  Beispiel: Maurer mit Rückenbeschwerden.

Disziplinlosigkeit oder Faulheit gelten jedoch erst nach mehrmaligen Verwarnungen als wichtige Gründe für eine fristlose Kündigung.

> **TIPP**
>
> **Lösen von Problemen im Lehrbetrieb (siehe S. 448)**
> Tauchen Probleme im Lehrbetrieb auf, so empfiehlt sich folgendes Vorgehen:
> - Als Lernender, Lernende sucht man zuerst das Gespräch mit der betreffenden Person. Zu diesem Gespräch bereitet man sich vor und erstellt vorgängig Notizen, um alle Punkte ansprechen und Beispiele nennen zu können.
> - Führt dies nicht zum Erfolg, ist ein Gespräch mit dem Ausbildner bzw. der Ausbildnerin notwendig, allenfalls unter Beizug des gesetzlichen Vertreters.
> - In vielen Fällen hilft auch ein Gespräch mit einer Lehrperson.
> - Sollte auch dies nichts nützen, wendet man sich an das Amt für Berufsbildung.

Einzelarbeitsvertrag (EAV)

> **Einzelarbeitsvertrag (EAV; OR 319 ff.):** Der Arbeitnehmer, die Arbeitnehmerin verpflichtet sich gegen Lohn zur Leistung von Arbeit. Der Einzelarbeitsvertrag kann auf eine festgelegte Dauer oder auf unbegrenzte Zeit abgeschlossen werden.

■ Regelungen zum EAV

Die wichtigsten Regeln sind:

Obligationenrecht (OR) (siehe S. 19)
In OR 319–343 finden sich die wichtigsten privatrechtlichen Bestimmungen zum Einzelarbeitsvertrag. Neben den zwingenden Normen, die in OR 361 f. aufgelistet sind, enthält dieser Abschnitt im OR auch dispositive Regelungen. Lässt sich unter den besonderen Bestimmungen über den Einzelarbeitsvertrag keine zutreffende Regel finden, bieten oft die Regeln des allgemeinen Teils des OR eine Antwort.

Arbeitsgesetz (ArG) (siehe S. 46 ff.)
Das Arbeitsgesetz enthält vorwiegend öffentlich-rechtliche Bestimmungen zum Schutz der Gesundheit des Arbeitnehmers. Zusätzlich gibt es verschiedene Verordnungen, welche die Regeln des ArG genauer bestimmen.

Gesamtarbeitsverträge (GAV) (siehe S. 44)
Für bestimmte Gruppen von Arbeitnehmerinnen und Arbeitnehmern sowie Arbeitgeberinnen und Arbeitgebern gelten Gesamtarbeitsverträge. Sie werden durch Vertreter der Arbeitgeber- und Arbeitnehmerseite ausgehandelt. Die Gesamtarbeitsverträge enthalten Regeln, welche die dispositiven (nicht zwingenden) OR-Normen über den Einzelarbeitsvertrag ersetzen oder daneben Genaueres ausführen.

Normalarbeitsverträge (NAV) (siehe S. 45)
Die Normalarbeitsverträge haben den Schutz der Arbeitnehmenden zum Zweck und dienen der Rechtsvereinheitlichung. Sie werden durch Behörden erlassen und gelten nur für bestimmte Branchen. Sie enthalten dispositives Recht.

Betriebsreglemente
Grössere Betriebe stellen in internen Reglementen gemeinsame Regeln für alle Arbeitnehmerinnen und Arbeitnehmer auf. Die einzelnen Arbeitsverträge enthalten nur noch die speziellen Bestimmungen oder Abweichungen vom Betriebsreglement. Die Betriebsreglemente dürfen nicht gegen zwingendes Recht verstossen.

Sozialversicherungsgesetze
Die meisten Gesetze im Bereich der Sozialversicherungen (AHVG, UVG, BVG, AVlG) verpflichten Arbeitnehmer und Arbeitnehmerinnen sowie Arbeitgeberinnen und Arbeitgeber zu obligatorischen Beiträgen. Daneben werden die Leistungen der Versicherungen festgelegt. Die dazugehörigen Verordnungen enthalten Ausführungsbestimmungen zu den Gesetzen.

Datenschutzgesetz (DSG)
Das Datenschutzgesetz will den Missbrauch von Personendaten verhindern. Sowohl Arbeitgebende als auch Arbeitnehmende, die in ihrer beruflichen Tätigkeit Personendaten bearbeiten oder erfahren, müssen die Normen des DSG beachten. Art. 13 der Bundesverfassung legt grundlegend fest, dass jede Person Anspruch auf Achtung ihres Privat- und Familienlebens, ihrer Wohnung sowie ihres Brief-, Post- und Fernmeldeverkehrs sowie auf Schutz vor Missbrauch ihrer persönlichen Daten hat. Um diesen Schutz gesetzlich zu verankern, wurde das Bundesgesetz über den Datenschutz (DSG) verabschiedet, das seit dem 1.6.1993 in Kraft ist. Die entsprechende Verordnung (VDSG) regelt die Einzelheiten.

Stellenbewerbung

■ Stellenausschreibung

Stellenausschreibungen gibt es z. B. in Tages- und Wochenzeitungen, in Verbandsjournalen, in Fachzeitschriften, in Amtsblättern und vor allem im Internet. Manche Stellen werden allerdings nicht ausgeschrieben, weshalb sich «blinde» Bewerbungen lohnen können.

In der heutigen Arbeitsmarktsituation ist es sehr wichtig, selber aktiv zu werden und sich ein persönliches Netzwerk aufzubauen, indem man mit Freunden und Bekannten spricht und diese Beziehungen nutzt. Von zunehmender Bedeutung sind auch soziale oder berufliche Netzwerke (z. B. LinkedIn, XING etc.).

■ Bewerbung

Richtig bewerben
arbeit.swiss.ch

Tips on applying for jobs
arbeit.swiss.ch

Es ist wichtig, dass eine Bewerbung vollständig ist. Sie enthält:

Bewerbungsbrief (Motivationsschreiben)	Lebenslauf (Curriculum Vitae/CV)	Beilagen
• mit PC schreiben, ausser handschriftlich wird verlangt • auf Inserat eingehen • persönliche Voraussetzungen für diese Stelle beschreiben und mit den eigenen Kenntnissen und Fähigkeiten werben • Motivation der Bewerbung speziell für diese Stelle darlegen (sich zuvor über das Unternehmen informieren) • keine Standardbewerbung verwenden (persönlichen Bewerbungsbrief verfassen) • Wiederholungen (zum Personalblatt) vermeiden • sachlich und ehrlich bleiben • sich kurz fassen (max. eine A4-Seite)	• mit PC schreiben • tabellarische Form verwenden • Übersicht über alle wissenswerten Einzelheiten geben: • Personalien • Ausbildung • berufliche Tätigkeiten (die letzte Tätigkeit zuerst) • besondere Fähigkeiten • Referenzen, z. B. ehemalige Chefin, Ausbildner oder Lehrperson (vorher um Erlaubnis fragen, dessen Funktion und Erreichbarkeit angeben) • Kündigungsfrist • aktuelles Foto	• Zeugnisse (Arbeitszeugnisse, Schulzeugnisse) und Diplome (Fotokopie oder eingescannt)

Der Bewerbungsbrief und der Lebenslauf (auch Personalblatt genannt) sind die Visitenkarte. Wichtig ist eine fehlerfreie, saubere Gestaltung, die den möglichen zukünftigen Arbeitgeber bzw. die Arbeitgeberin anspricht.

Arbeit

■ E-Recruiting

Viele Arbeitgeberinnen und Arbeitgeber nutzen die Möglichkeit, das Bewerbungsverfahren über das Internet abzuwickeln (E-Recruiting).
Im Allgemeinen gilt: Vorsicht beim elektronischen Versand von Personendaten. Man sollte nur vertrauenswürdige Adressen bedienen.

■ Vorstellungsgespräch

Wer zum Vorstellungsgespräch eingeladen wird, hat bereits einen wichtigen Schritt zur Anstellung getan. Über das persönliche Gespräch wählt der Arbeitgeber bzw. die Arbeitgeberin diejenigen Personen aus, die ihm bzw. ihr für die Besetzung der Stelle am geeignetsten erscheinen. Dieser entscheidende Moment will also gut vorbereitet sein.

TIPP

- Sammeln Sie Informationen über den Arbeitgeber und sein Unternehmen (z. B. via Internet) und machen Sie sich ein Bild. Der Arbeitgeber bzw. die Arbeitgeberin erwartet eine klare Antwort auf die Frage, weshalb Sie sich für diese Stelle bewerben.
- Setzen Sie sich mit sich selber kritisch auseinander und überlegen Sie, wo Ihre Stärken, aber auch, wo Ihre Schwächen in Bezug auf die ausgeschriebene Position liegen.
- Bereiten Sie sich auf mögliche Fragen vor, aber wirken Sie natürlich und nicht aufgesetzt. Auswendig gelernte Antworten machen keinen guten Eindruck.
- Überlegen Sie sich, welche Fragen geklärt werden müssen (z. B. Position im Team, Funktion, Arbeitszeiten, Überstundenregelung, Ferien, Kündigungsfrist).
- Bleiben Sie sie selbst. Viele Arbeitgebende lassen einen Teil des Vorstellungsgesprächs durch geschulte und erfahrene Personalberater leiten, die sich nicht täuschen lassen.
- Zu einem Vorstellungsgespräch erscheint man pünktlich.
- Bedenken Sie, dass Sie im Internet Spuren hinterlassen und dass das Internet nichts vergisst. Stellen Sie deshalb nicht unbedacht Informationen über Ihre Person auf Internetplattformen wie Facebook oder Instagram. Ein zukünftiger Arbeitgeber könnte im Zusammenhang eines Bewerbungsverfahrens Ihre Personalien «googeln» und dabei auf unvorteilhafte Fotos, Videos oder Texte stossen und so von Ihnen einen negativen Eindruck gewinnen.

Form und Entstehung des EAV

■ Form

Der Einzelarbeitsvertrag kann ohne besondere Form (auch mündlich) abgeschlossen werden (OR 320[1]).

■ Entstehung

Zugunsten des Arbeitnehmers nimmt OR 320[2] bereits dann einen Vertragsabschluss an, wenn der Arbeitnehmer aufgrund der Umstände einen Lohn erwarten durfte. Selbst wenn sich der Vertrag im Nachhinein als ungültig herausstellt, muss der Arbeitgeber dem Arbeitnehmer für die geleistete Arbeit einen Lohn zahlen (OR 320[3]).

Beispiel: Eine Arbeitgeberin stellt einen ausländischen Arbeitnehmer ohne Arbeitsbewilligung an. Im Gegensatz zum Arbeitnehmer ist sich die Arbeitgeberin bewusst, dass der Abschluss dieses Einzelarbeitsvertrags eine öffentlich-rechtliche Bewilligung brauchen würde. Obwohl das Arbeitsverhältnis ungültig ist und durch die Behörde beendet wird, hat der Arbeitnehmer einen Lohnanspruch für die geleistete Arbeit.

■ Nichtantreten der Stelle (OR 337d)

Tritt der Arbeitnehmer seine Stelle überhaupt nicht an, begeht er eine Vertragsverletzung. Dadurch entsteht dem Arbeitgeber unter Umständen ein Schaden: Er erleidet einen Verlust, da keine andere Arbeitskraft die Arbeit verrichten kann. Er muss auch Aufwendungen für die Neubesetzung der Stelle in Kauf nehmen. Deshalb sieht OR 337d vor, dass der Arbeitnehmer dem Arbeitgeber einen Schadenersatz von einem Viertel des vereinbarten Monatslohns zahlen muss, falls der Arbeitnehmer die Stelle ohne wichtigen Grund nicht antritt.

■ Probezeit (OR 335b)

Wird nicht etwas anderes vereinbart, gilt der erste Monat ab Stellenantritt als Probezeit (OR 335b[1]; Kündigungsfristen während der Probezeit, siehe S. 42). Die Dauer der Probezeit kann auf maximal drei Monate festgelegt werden (OR 335b[2]).

TIPP Es empfiehlt sich, den Einzelarbeitsvertrag in schriftlicher Form abzufassen. Ein guter schriftlicher Vertrag sorgt für klare Verhältnisse und gegenseitiges Vertrauen. Er hilft, Streitigkeiten zu vermeiden.

Rechte und Pflichten der Arbeitnehmer/-innen

■ Arbeitsleistung (OR 321)

Hauptpflicht des Arbeitnehmers ist die Ausführung der ihm zugeteilten Arbeit. Der Arbeitnehmer hat aber nicht alle ihm übertragenen Aufgaben zu akzeptieren: Was klar nicht zu seinem Aufgabenbereich gehört, muss er nicht ausführen. So begeht z. B. der kaufmännische Angestellte keine Vertragsverletzung, wenn er sich weigert, sein eigenes Büro zu reinigen. Aber das Aufräumen seines Arbeitsplatzes gehört als Nebenpflicht zu seinem Aufgabenbereich.

Persönliche Arbeitspflicht
Die Arbeitsleistung ist durch den Arbeitnehmer, die Arbeitnehmerin selber, also persönlich, zu erbringen. Eine Übertragung an eine andere Person ist nur zulässig, wenn sie vorgesehen ist (z. B. Stellvertretungen bei Lehrpersonen in der Schule).

Beschäftigungspflicht
Damit der Arbeitnehmer seine Arbeitsleistung erbringen kann, hat der Arbeitgeber eine Beschäftigungspflicht: Er muss dem Arbeitnehmer im Rahmen der betrieblichen Möglichkeiten auch tatsächlich Arbeit zuteilen.

■ Sorgfaltspflicht bei der Arbeitsleistung

Der Arbeitnehmer, die Arbeitnehmerin muss die ihm zugewiesenen Arbeiten so sorgfältig wie möglich erledigen (siehe OR 321a[1]).

Haftung
Arbeitet er unsorgfältig, hat er dem Arbeitgeber den entstandenen Schaden zu ersetzen (OR 321e). Von einem erfahrenen Arbeitnehmer wird ein höheres Mass an Sorgfalt erwartet als von einem unerfahrenen. Ist die Arbeitnehmerin mit einer Aufgabe überfordert und weiss dies die Arbeitgeberin, so hat diese den Schaden selbst zu verantworten.

■ Treuepflicht (OR 321a)

Einzelarbeitsverträge sind von gegenseitigem Vertrauen geprägt. Damit Vertrauen möglich ist, legt das Gesetz Schutzpflichten fest. Wichtigstes Beispiel dafür ist aufseiten des Arbeitnehmers, der Arbeitnehmerin die Treuepflicht.

Der Arbeitnehmer hat auf die Interessen des Arbeitgebers zu achten. Er darf nicht ohne Grund gegen diese handeln.

Verbot der Konkurrenztätigkeit
Die Treuepflicht erstreckt sich auch auf die Freizeit. So ist es der Arbeitnehmerin untersagt, ohne Erlaubnis des Arbeitgebers einer Nebentätigkeit im gleichen Arbeitsbereich bei einem Konkurrenten nachzugehen (siehe OR 321a[3]).

Schweigepflicht
Selbst nach Beendigung des Vertrags besteht die Treuepflicht weiter: Geschäftsgeheimnisse, die der Arbeitnehmer im Dienst und während seiner Vertragszeit erfahren hat, darf er weder selber auswerten noch an andere weitergeben (siehe OR 321a[4]).

Von der Treuepflicht abgeleitete Pflichten
Viele Pflichten des Arbeitnehmers, der Arbeitnehmerin sind aus der Treuepflicht abgeleitet, so z.B. die Pflicht, Arbeitsgeräte und Betriebseinrichtungen fachgerecht und sorgfältig zu benutzen (OR 321a[2]), für die Arbeitgeberin, den Arbeitgeber eingenommene Geldbeträge zu melden und herauszugeben (OR 321b), besondere Weisungen des Arbeitgebers zu befolgen (OR 321d[2]), und selbst die Pflicht, in einem gewissen Mass Überstunden zu leisten (OR 321c).

■ Überstundenarbeit

Überstundenarbeit (OR 321c): Arbeitsleistung des Arbeitnehmers, der Arbeitnehmerin, die über die vertraglich festgelegten Arbeitsstunden hinausgeht.

Liegen besondere Umstände vor, wie z.B. Personalausfall oder eine ausserordentliche Arbeitsbelastung, ist der Arbeitnehmer verpflichtet, mehr Arbeitsstunden zu leisten, als vertraglich oder durch Gesamt- bzw. Normalarbeitsvertrag (siehe S. 45 f.) vorgesehen sind. Die Pflicht, Überstunden zu erbringen, unterliegt aber Einschränkungen. So müssen die Überstunden dem Arbeitnehmer zumutbar sein: Ausgewiesene körperliche Gebrechen oder familiäre Notsituationen etwa befreien den Arbeitnehmer von seiner Pflicht.

Lohnzuschlag
Überstunden sind in der Regel mit einem Lohnzuschlag von mindestens 25 % zu vergüten, ausser es liegt eine anderslautende, schriftliche Vereinbarung vor. Ist die Arbeitnehmerin einverstanden, können sie auch durch Freizeit von mindestens gleicher Dauer kompensiert werden.

■ Spesenersatz

Spesen (OR 327a): Auslagen, die der Arbeitnehmer im Interesse des Arbeitgebers hat.

Die Arbeitnehmerin, der Arbeitnehmer ist berechtigt, für alle notwendigen Spesen eine Vergütung zu verlangen. Als notwendig gelten Spesen, die in direktem Zusammenhang mit der Arbeitsleistung stehen und die der Arbeitnehmerin, dem Arbeitnehmer nicht in erster Linie persönlich zugutekommen.

Beispiele:
- Die Ausgaben für spezielle Arbeitskleider sind zu ersetzen. Aber Mehrzweckbekleidung, die der Arbeitnehmer auch in seiner Freizeit trägt, müssen vom Arbeitgeber nicht vergütet werden.
- Besondere Fahrtkosten für Arbeitseinsätze ausserhalb des normalen Arbeitsorts sind zu entschädigen.

Die Spesen können durch eine Pauschale abgegolten werden. Doch die Pauschale darf den Arbeitnehmer nicht schlechter stellen. Er muss also mit der Pauschale mindestens gleich viel erhalten wie bei separater Vergütung der einzelnen Spesen. Zudem kann eine Pauschalvergütung nur durch schriftliche Vereinbarung oder durch Gesamt- oder Normalarbeitsvertrag gültig festgelegt werden.

Rechte und Pflichten des Arbeitgebers

> **Lohn (OR 322):** Vertragliche Gegenleistung des Arbeitgebers, der Arbeitgeberin für die Arbeitsleistung des Arbeitnehmers, der Arbeitnehmerin.

■ Lohn

Die Höhe des Lohnes kann durch Übereinkunft zwischen Arbeitnehmerin und Arbeitgeberin frei festgelegt werden. Gesamt- und Normalarbeitsverträge hingegen können Mindestlöhne vorschreiben. Der Lohn ist meist in Geld geschuldet. Aber auch die Leistung von Naturalien (z. B. Kost und Logis, Kleidung) kann Lohn sein (sogenannter Naturallohn, siehe OR 322^2). Auch Mischformen von Geld- und Naturallohn kommen vor. In der Regel hat die Arbeitgeberin den Lohn jeweils am Ende eines Monats nach geleisteter Arbeit zu entrichten (siehe OR 323^1).

Lohnvorschuss Ist der Arbeitnehmer in einer finanziellen Notlage, hat der Arbeitgeber nach seinen Möglichkeiten einen Vorschuss zu leisten (OR 323^4).

13. Monatslohn Viele Einzelarbeitsverträge verpflichten den Arbeitgeber zur Leistung eines zusätzlichen 13. Monatslohnes. Dieser wird in der Regel am Ende des Kalenderjahres ausbezahlt. Ist die Stelle im Verlauf des Kalenderjahres angetreten oder verlassen worden, ist der 13. Monatslohn im Verhältnis zur Anstellungsdauer im laufenden Jahr geschuldet.

Gratifikation Die Gratifikation (OR 322d) ist eine Sondervergütung. Ob, wann und wie diese ausbezahlt wird, ist dem Arbeitgeber überlassen. Die Arbeitnehmerin hat in der Regel keinen Anspruch auf Gratifikation. Selbst wenn eine Gratifikation vereinbart worden ist, hat die Arbeitnehmerin (ohne anderslautende Abmachung) keinen Anspruch, wenn sie die Stelle vorzeitig verlässt.

■ Lohnabrechnung (OR 323b)

Ist Geldlohn geschuldet, muss der Arbeitgeber dem Arbeitnehmer bei jeder einzelnen Zahlung eine schriftliche Abrechnung mit einer detaillierten Auflistung der Vergütungen und der Abzüge übergeben (siehe S. 40 f.).

Grundlohn
+ Lohnzuschlag für Überstunden
+ evtl. Gratifikation
+ evtl. Provision
+ evtl. Anteil am Geschäftsergebnis
= *AHV-pflichtiger Bruttolohn*
+ Kinder- und Familienzulagen (nicht AHV-pflichtig)
= Bruttolohn

AHV/IV/EO-Beitrag
BVG-Beitrag
ALV-Beitrag
NBU-Beitrag
Krankentaggeld
evtl. Quellensteuer
= Nettolohn

+ Spesenentschädigung
= ausbezahlter Lohn

> **TIPP** Kontrollieren Sie Ihre Lohnabrechnung genau.

Lohnfortzahlungspflicht

> **Lohnfortzahlung (OR 324a):** Zahlung des Lohnes, wenn der Arbeitnehmer, die Arbeitnehmerin aus unverschuldeten persönlichen Gründen nicht arbeiten kann.

Ist es dem Arbeitnehmer aus persönlichen Gründen (aufgrund von Krankheit, Unfall oder einer gesetzlichen Pflicht, z. B. Einvernahme als Zeuge vor einem Gericht) nicht möglich zu arbeiten, hat der Arbeitgeber den Lohn für diese Zeit trotzdem auszurichten. Allerdings muss die Verhinderung unverschuldet sein. So hat der Arbeitnehmer, der wegen einer Straftat verhaftet wurde, keinen Anspruch auf Lohnfortzahlung.

Die Lohnfortzahlungspflicht ist je nach Dauer der Anstellung bemessen: Je länger die Anstellung bereits angedauert hat, umso länger ist auch der Lohn auszurichten. Bei der Berechnung der Anstellungsdauer ist die ununterbrochene Gesamtdauer bei der gleichen Arbeitgeberin, dem gleichen Arbeitgeber massgebend. So wird die Lehrzeit zum anschliessenden Einzelarbeitsvertrag hinzugerechnet, wenn es sich um dieselbe Arbeitgeberin handelt.

Für die Dauer der Lohnfortzahlungspflicht ab dem zweiten Anstellungsjahr hat die Rechtsprechung je nach Arbeitsregion drei unterschiedliche Lösungen entwickelt. Man spricht dabei von der Basler, Berner und der Zürcher Skala.

Bei schwangerschaftsbedingter Arbeitsunfähigkeit hat eine Arbeitnehmerin ebenfalls Anspruch auf Lohnfortzahlung gemäss OR 324a. Nach Niederkunft erhält sie während 14 Wochen ein Taggeld der Erwerbsersatzordnung in Höhe von 80 % des durchschnittlichen Erwerbseinkommens vor der Geburt, maximal aber CHF 196.– pro Tag (Stand: 1.1.2020).

Gesetzlich nicht vorgeschrieben ist der Abschluss einer Krankentaggeldversicherung. Einige Gesamtarbeitsverträge sehen eine solche Versicherung vor. Auch schliessen viele Arbeitgeber freiwillig eine Krankentaggeldversicherung für ihre Angestellten ab. Da die Versicherung während einer Zeitdauer von 720 oder 730 Tagen 80 % des Lohnes auszahlt, ist sie gerade bei lang andauernder Krankheit von Vorteil. In der Regel werden die Prämien vom Arbeitgeber und vom Arbeitnehmer je hälftig übernommen.

■ Fürsorgepflicht

> **Fürsorgepflicht (OR 328):** Der Arbeitgeber hat die Persönlichkeit des Arbeitnehmers so gut wie möglich zu achten und zu schützen.

Die Fürsorgepflicht zwingt die Arbeitgeber und Arbeitgeberinnen, die persönlichen Interessen der Arbeitnehmer und Arbeitnehmerinnen zu achten. So hat der Arbeitgeber z. B. dafür zu sorgen, dass das Eigentum des Arbeitnehmers am Arbeitsplatz keinen grossen Gefahren ausgesetzt ist. Der Arbeitgeber ist jedoch nicht verpflichtet, für die persönlichen Gegenstände des Arbeitnehmers eine Versicherung abzuschliessen.

Viele Pflichten der Arbeitgeber und Arbeitgeberinnen sind aus der Fürsorgepflicht abgeleitet, so z. B. ein «wohlwollendes» Arbeitszeugnis auszustellen (OR 330a), den Arbeitnehmerinnen und Arbeitnehmern tatsächlich Arbeit zuzuweisen (Beschäftigungspflicht).

TIPP Ist nicht klar, welche Skala zur Anwendung gelangt oder wie lange die aktuelle Lohnfortzahlungspflicht dauert, geben die Gerichte am Arbeitsort Auskunft.

Arbeit

■ Ferien

> **Ferien (OR 329a):** Entlöhnte Freizeit, die Arbeitnehmern zur Erholung dient.

Der Arbeitgeber muss dem Arbeitnehmer jedes Jahr mindestens 4 Wochen Ferien geben, davon mindestens zwei Wochen zusammenhängend. Bis zum 20. Geburtstag hat der Arbeitnehmer, die Arbeitnehmerin Anspruch auf 5 Wochen Ferien pro Jahr.

Ist der Zweck der Ferien (Erholung) ohne Verschulden des Arbeitnehmers nicht möglich (z. B. durch Krankheit, Unfall), hat er Anspruch auf ein Nachholen der Ferien. Krankheit oder Unfall sind vom Arbeitnehmer nachzuweisen (Arztzeugnis).

Den Zeitpunkt der Ferien bestimmt der Arbeitgeber. Die Wünsche des Arbeitnehmers sind so weit als möglich zu berücksichtigen.

Urlaub für ausserschulische Jugendarbeit (OR 329e)
Für Jugendarbeit (z. B. Pfadilager), Jugendausbildung und Jugendweiterbildung (z. B. J+S-Kurse) hat der Arbeitnehmer, die Arbeitnehmerin bis zu seinem bzw. ihrem 30. Lebensjahr Anspruch auf eine Arbeitswoche Urlaub pro Dienstjahr. Urlaub ist aber nicht zu verwechseln mit Ferien. Während des Urlaubs erhält der Arbeitnehmer keinen Lohn.
Wird der Jugendurlaub mindestens zwei Monate vor Bezug angemeldet, muss der Arbeitgeber, die Arbeitgeberin den Urlaub gewähren.

■ Arbeitszeugnis

> **Arbeitszeugnis (OR 330a):** Gibt Auskunft darüber, während welcher Zeitspanne der Arbeitnehmer was und in welcher Weise gearbeitet hat.

Auf Verlangen hat der Arbeitgeber jederzeit ein Arbeitszeugnis auszustellen. So sollte der Arbeitnehmer beim Wechsel des Vorgesetzten oder beim Wechsel in eine andere Abteilung immer ein Zwischenzeugnis verlangen.

Arbeitsbestätigung Wünscht die Arbeitnehmerin, der Arbeitnehmer es ausdrücklich, hat sich das Zeugnis auf die Dauer und den Inhalt der Arbeit zu beschränken. Dies ist meist der Fall bei einer sehr kurzen Arbeitsdauer, bei der die Arbeitsleistung oft nicht bewertet werden kann. Reine Arbeitsbestätigungen werden im Berufsalltag meistens negativ bewertet.

Inhalt eines Zeugnisses
Ein vollständiges Arbeitszeugnis beinhaltet:
- Dauer der Anstellung
- Funktion und Aufzählung der Aufgabenbereiche
- Qualität der Arbeitsleistung, Arbeitsweise, Fachwissen und Engagement
- Verhalten gegenüber Mitarbeitenden, Vorgesetzten und Kunden, Teamfähigkeit
- Austrittsgrund

Ein Arbeitszeugnis muss «wohlwollend» formuliert sein. Einmalige oder unbedeutende Verfehlungen dürfen bei der Gesamtbeurteilung nicht erwähnt werden.

Interpretation
Genaue Regeln, wie ein Arbeitszeugnis abzufassen ist, gibt es nicht. Und da Sprache immer der Auslegung bedarf, können auch Arbeitszeugnisse je nach Leser oder Leserin verschieden verstanden werden. Aus diesem Grund sind Referenzauskünfte wichtig.

> **TIPP**
> - Bestehen Sie auf jährlichen Mitarbeiterbeurteilungen.
> - Reagieren Sie sofort, wenn Sie mit einem Zeugnis nicht einverstanden sind, und unterbreiten Sie dem Arbeitgeber einen schriftlichen Gegenvorschlag.

Lohnabrechnung

Am Ende eines Monats wird den Arbeitnehmern und Arbeitnehmerinnen Lohn ausbezahlt (OR Art. 323). Je nach Vertrag erhält man einen Jahreslohn in 12 oder in 13 Teilen oder einen vereinbarten Stundenlohn. Entscheidend ist immer die Jahreslohnsumme.

Beispiel: Jahreslohnsumme CHF 60 000.– (brutto)
- Bei 12 Monatslöhnen: CHF 60 000.– : 12 = CHF 5000.– (brutto pro Monat)
- Bei 13 Monatslöhnen: CHF 60 000.– : 13 = CHF 4615.40 (brutto pro Monat); dafür z. B. im Monat November zweimal CHF 4615.40 = CHF 9230.80

■ Lohnabrechnung zum Einkommen

Mit dem Lohn muss der Arbeitgeber den Arbeitnehmern eine schriftliche Abrechnung übergeben, die eine Auflistung der Vergütungen und Abzüge (mit Prozentangaben) enthält.

Beispiel einer Lohnabrechnung

Technika AG, Feinmechanik, 8337 Beltikon

Herr
Milo Dober
Elfenaustrasse 27
8274 Erzwil

Pers.Nr.: 5413
AHV-Nr.: 756.9217.0769.85

Lohnabrechnung Januar 2020

Bezeichnung	Basis	Ansatz	Betrag CHF	Total CHF
Jahreslohn brutto	83200.00			
AHV-pflichtiger Monatslohn 1/13				6400.00
Kinderzulagen (2 Kinder)	200.00			400.00
Bruttolohn				**6800.00**
Abzug AHV/IV/EO	6400.00	5,125%	328.00	
ALV	6400.00	1,10%	70.40	
BVG	4501.90	7,50%	337.65	
NBU	6400.00	1,30%	83.20	
Krankentaggeld-versicherung	6400.00	1,00%	64.00	
Abzüge			883.25	883.25
Nettolohn				**5913.75**
Spesen			250.00	250.00
Ausbezahlter Lohn				**6163.75**

Überweisung an BEZB Bezirksbank AG, Zürich; Kto-Nr. 14–7223–8

Arbeit

■ AHV/IV/EO (siehe S. 141 ff.)

Diese drei Versicherungen sind für alle Personen, die in der Schweiz wohnen oder erwerbstätig sind, obligatorisch. Die Beitragspflicht beginnt für Erwerbstätige am 1. Januar nach vollendetem 17. Altersjahr. Der jährliche AHV/IV/EO-Mindestbeitrag (2020) für Selbstständigerwerbende und Nichterwerbstätige beträgt CHF 496.– (damit keine Zahlungslücken entstehen). Regelmässige Anfragen, ob Zahlungslücken bestehen, sind bei der zuständigen AHV-Ausgleichskasse zu empfehlen.

■ ALV (Arbeitslosenversicherung) (siehe S. 145 f.)

Dem Arbeitnehmer wird bis zu einem Jahresverdienst von CHF 148 200.– vom Lohn 1,1 % ALV abgezogen (ab CHF 148 201.– kommt ein zusätzlicher Solidaritätsbeitrag von 0,5 % hinzu).

■ BVG (Pensionskasse) (siehe S. 147)

Ab 1. Januar nach vollendetem 24. Lebensjahr werden von einem Jahreseinkommen über CHF 21 330.– (Stand 2020) obligatorisch Pensionskassenabzüge getätigt. Die Basis wird wie folgt berechnet: Vom Jahresbruttolohn zieht man den Koordinationsabzug von CHF 24 885.– ab (Stand 2020). Den Rest dividiert man durch die Anzahl der Monatsauszahlungen.

Beispiel:
Jahreslohn brutto: CHF 83 200.00
Koordinationsabzug: – CHF 24 885.00
Versicherter Jahreslohn: CHF 58 315.00

Basis: CHF 58 315.– : 13 =   CHF   4485.80

Die Abzüge sind je nach Beteiligung des Arbeitgebers unterschiedlich hoch.

■ Berufsunfall-Versicherung (BU) (siehe S. 139)

Die Prämien der Berufsunfallversicherung für die Arbeitnehmenden bezahlt in jedem Fall der Arbeitgeber bzw. die Arbeitgeberin.

■ Nichtberufsunfall-Versicherung (NBU) (siehe S. 139)

Als Nichtberufsunfälle gelten alle Unfälle, die dem Arbeitnehmer während der Freizeit oder während des Urlaubs passieren. Die Abzüge sind je nach Tätigkeit (Branche) unterschiedlich hoch. Die Nichtberufsunfallversicherung gilt für Anstellungen mit einem wöchentlichen Pensum von mindestens 8 Stunden. Der Arbeitgeber muss für seinen Arbeitnehmer gleichzeitig mit der BU-Prämie auch die NBU-Prämie bezahlen. Diesen Betrag darf er dem Arbeitnehmer aber vollumfänglich vom Lohn abziehen.

■ Krankentaggeldversicherung (KTV) (siehe S. 136)

Diese freiwillige Versicherung garantiert bei Krankheit eine längere Lohnfortzahlung, als es das gesetzliche Minimum verlangt.

■ Kinderzulagen

Für Kinder bis zum vollendeten 18. und für Kinder in Ausbildung bis zum vollendeten 25. Lebensjahr werden Zulagen ausgerichtet. Kinderzulagen: im Minimum CHF 200.–; Ausbildungszulagen: im Minimum CHF 250.–. Die Kantone können aber höhere Zulagen festlegen.

Beendigung des Einzelarbeitsvertrags

Kündigung (OR 335)

Die Auflösung eines unbefristeten Vertrags bedarf einer Kündigung. Ein befristeter Vertrag dagegen endet zum festgelegten Zeitpunkt, und dies, ohne dass eine Kündigung ausgesprochen werden muss. Vor diesem Zeitpunkt kann der befristete Vertrag nur beendet werden, wenn ein wichtiger Grund vorliegt.

Eine Kündigung ist formlos gültig, muss aber auf Verlangen schriftlich begründet werden (OR 335[2]). Es empfiehlt sich, dem Arbeitgeber die Kündigung mittels eingeschriebenem Brief zuzustellen. Wichtig: Es gilt das Eingangsdatum beim Empfänger und nicht das Datum des Poststempels.

Kündigungsfrist

Kündigungsfrist: Zeitraum, der zwischen der Mitteilung der Kündigung zum Ende des Monats und der Beendigung des Arbeitsverhältnisses liegen muss.

Kündigung während der Probezeit
Während der Probezeit beträgt die Kündigungsfrist 7 Kalendertage.

Kündigung nach der Probezeit
Nach der Probezeit bemisst sich die Kündigungsfrist gemäss OR je nach Anstellungsdauer:
- Im ersten Anstellungsjahr beträgt sie einen Monat,
- im zweiten bis und mit neunten Anstellungsjahr zwei Monate,
- danach beträgt sie drei Monate (OR 335c[1]).

Die Kündigungsfristen können durch schriftliche Vereinbarung, Gesamt- oder Normalarbeitsvertrag verkürzt oder verlängert werden. Für Arbeitnehmerinnen und Arbeitnehmer sowie Arbeitgeberinnen und Arbeitgeber dürfen dabei keine unterschiedlichen Fristen festgelegt werden. Nach der Probezeit darf die Kündigungsfrist nur in einem Gesamtarbeitsvertrag und nur für das erste Anstellungsjahr unter einen Monat herabgesetzt werden.

Kündigungstermin

Kündigungstermin: Zeitpunkt, zu dem das Arbeitsverhältnis beendet wird.

Anders als während der Probezeit hat die Kündigung danach immer zum Ende eines Monats (Kündigungstermin) zu erfolgen. Für die Rechtzeitigkeit ist der Empfang der Kündigung ausschlaggebend. Um sicherzugehen, dass die Kündigung rechtzeitig erfolgt, empfiehlt es sich deshalb, vom beabsichtigten Beendigungszeitpunkt zurückzurechnen.

Wurde die Kündigungsfrist nicht eingehalten, ist die Kündigung nicht einfach ungültig, vielmehr verschiebt sie sich auf den nächstmöglichen Zeitpunkt. Eine Ausnahme bildet die Kündigung, die während einer Sperrzeit ausgesprochen worden ist (z. B. Krankheit, Militärdienst, Schwangerschaft). Sie ist nichtig und somit nicht zu beachten (OR 336c).

Missbräuchliche Kündigung (OR 336, siehe auch Glossar)
Eine Kündigung kann unter Umständen missbräuchlich sein. Das Gesetz zählt in OR 336 auf, wann dies zutrifft (z. B. wenn einem Arbeitnehmer gekündigt wird, weil er einer Gewerkschaft angehört). Eine missbräuchliche Kündigung ist aber trotzdem gültig. Sie beendet das Anstellungsverhältnis. Wer missbräuchlich kündigt, hat auf Klage hin eine Geldstrafe von max. 6 Monatslöhnen zu bezahlen (OR 336a).

Arbeit

■ Sperrfristen für die Kündigung

Sperrfrist: Zeitlich begrenzter Kündigungsschutz, um Notlagen zu verhindern.

Nach Ablauf der Probezeit darf der Arbeitgeber, die Arbeitgeberin das Arbeitsverhältnis unter anderem nicht kündigen (OR 336c):
- während der Arbeitnehmer schweizerischen obligatorischen Militär-, Zivilschutz- oder zivilen Ersatzdienst leistet. Dauert der Dienst mehr als 11 Tage, wird die Sperrzeit auf 4 Wochen davor und 4 Wochen danach ausgedehnt;
- während der Arbeitnehmer unverschuldet durch Krankheit oder Unfall nicht arbeiten kann. Diese Sperrfrist ist im ersten Anstellungsjahr auf 30 Tage, ab dem zweitem bis und mit fünftem Anstellungsjahr auf 90 Tage und ab dem sechsten auf 180 Tage beschränkt;
- während der Schwangerschaft und 14 Wochen nach Niederkunft der Arbeitnehmerin.

Kündigungen, die während einer solchen Sperrfrist ausgesprochen werden, sind nichtig und somit nicht zu beachten.

Wer nach einer korrekt erfolgten Kündigung des Arbeitgebers während der Kündigungsfrist erkrankt, verunfallt oder Militärdienst leistet, muss wissen, dass sich die Kündigungsfrist um die Abwesenheitsdauer, längstens aber um die Dauer der Sperrfrist verlängert. Weil der Kündigungstermin meistens auf ein Monatsende fällt, verlängert sich das Arbeitsverhältnis insgesamt um einen vollen Monat.

Beispiel: Einer Arbeitnehmerin wurde per 31. Mai gekündigt. Während der Kündigungsfrist ist sie 10 Tage krank. Die Kündigungsfrist verlängert sich somit bis zum 10. Juni. Das Arbeitsverhältnis endet aber erst auf den nächstmöglichen Kündigungstermin, also per 30. Juni.

Hinweis: Die Sperrfristenregelung gilt nicht bei einer Kündigung des Arbeitnehmers.

■ Fristlose Kündigung (OR 337)

Liegen schwerwiegende Gründe vor, die eine Fortführung des Arbeitsverhältnisses unzumutbar machen, kann der Einzelarbeitsvertrag ohne Einhaltung einer Kündigungsfrist oder eines Kündigungstermins aufgelöst werden. Auch die fristlose Kündigung ist formlos gültig, muss aber auf Verlangen schriftlich begründet werden.

Eine fristlose Kündigung, die ohne ausreichenden Grund ausgesprochen wurde, ist trotzdem gültig. Sie beendet also das Arbeitsverhältnis. Betroffenen bleibt nur die Klage auf Schadenersatz und Entschädigung (für Arbeitnehmerinnen und Arbeitnehmer: OR 337c; für den Arbeitgeber, die Arbeitgeberin: OR 337d).

> **TIPP**
> Ist ein Arbeitnehmer der Meinung, ihm sei ungerechtfertigt fristlos gekündigt worden, so soll er unverzüglich dem Arbeitgeber einen eingeschriebenen Brief, «Einschreiben (R)», mit folgendem Inhalt zukommen lassen:
> - Kündigungsgrund zurückweisen,
> - Bereitschaft erklären, weiterzuarbeiten.
>
> In gewissen Kantonen gibt das Arbeitsgericht in solchen und anderen Fällen Auskunft. (Streitigkeiten aus Arbeitsverhältnissen werden vom Arbeitsgericht geschlichtet und/oder beurteilt.)

Gesamtarbeitsvertrag (GAV)

Gesamtarbeitsvertrag (GAV; OR 356[1]): Vereinbarung zwischen einem einzelnen Arbeitgeber oder einem Arbeitgeberverband und einem Arbeitnehmerverband über eine gemeinsame Regelung der Einzelarbeitsverträge.

■ Form (OR 356c)

Damit ein Gesamtarbeitsvertrag gültig ist, muss er schriftlich abgeschlossen werden (OR 356c[1]). In der Regel wird bei einer Änderung des GAV nicht ein vollständig neuer Vertragstext angefertigt, sondern es werden nur die neuen Regelungen aufgeführt. So bestehen oft verschiedene Dokumente nebeneinander, was verwirren kann. Da der Arbeitgeber keine gesetzliche Pflicht hat, den Arbeitnehmer über Neuerungen zu informieren, muss dieser sich immer selber auf dem Laufenden halten.

■ Zweck

Neben der Vereinheitlichung der Einzelarbeitsverträge bezwecken Gesamtarbeitsverträge vor allem die Sicherung des sozialen Friedens. Sie legen fest, wie in Krisensituationen zu verfahren ist, und helfen so, langwierige, für das Wohlergehen der gesamten Bevölkerung schädliche Streiks zu vermeiden. Weil die Gesamtarbeitsverträge nicht einseitig festgelegt sind, sondern durch Arbeitnehmer- und Arbeitgeberseite gemeinsam erarbeitet werden, haben sie eine grosse Akzeptanz.

■ Inhalt (OR 356)

Die Gesamtarbeitsverträge regeln häufig jene Bereiche, in denen das OR keine oder nur allgemeine Vorschriften aufstellt (z. B. Umfang der Lohnfortzahlungspflicht, Freizeitbezug, Spesenersatz, Mindestlöhne, Teuerungsausgleich). Die meisten Gesamtarbeitsverträge schreiben den eigentlichen Vertragsparteien (Arbeitgeber- und Arbeitnehmerorganisationen) die Friedenspflicht vor, d.h., die Arbeitnehmer verzichten auf Streiks und die Arbeitgeber verzichten auf eine Aussperrung der Arbeitnehmer. Zudem werden spezielle Schlichtungsverfahren bei Streitigkeiten eingesetzt.

■ Geltungsbereich

Üblicherweise gilt ein Gesamtarbeitsvertrag nur für die Mitglieder der Arbeitnehmer- und Arbeitgeberorganisationen, die den Gesamtarbeitsvertrag abgeschlossen haben. Einem bestehenden Gesamtarbeitsvertrag kann aber beigetreten werden, sofern die Vertragsparteien damit einverstanden sind (OR 356b).

Allgemeinverbindlicherklärung (AVE)

Unter genau festgelegten Voraussetzungen kann der Geltungsbereich eines Gesamtarbeitsvertrags auf sämtliche Beteiligten einer Berufsbranche (also auch auf diejenigen, die nicht Mitglieder von Arbeitgeber- und Arbeitnehmerorganisationen sind) ausgedehnt werden. Es können nur Bestimmungen des Einzelarbeitsvertrags als allgemeinverbindlich erklärt werden.

Der Bundesrat kann einen GAV für die ganze Schweiz allgemeinverbindlich erklären, während kantonale Regierungen (Regierungsrat) dies für ihre Kantone tun können.

Beispiel:
Um die Arbeitnehmer und Arbeitnehmerinnen besser zu schützen, hat der Bundesrat den ersten branchenübergreifenden GAV für Temporärarbeit für allgemeinverbindlich erklärt. Er gilt seit dem 1.1.2012 und regelt u.a. die Mindestlöhne (ab 2020 für Ungelernte CHF 16.79–20.58 pro Stunde, für Gelernte CHF 22.28–25.62, je nach Kanton).

Normalarbeitsvertrag (NAV)

Normalarbeitsvertrag (NAV; OR 359[1]): Gesetzliche Vorschriften über den Inhalt von Einzelarbeitsverträgen für bestimmte Berufszweige.

■ Form

Entgegen ihrem Namen sind Normalarbeitsverträge keine Verträge, sondern durch eine Behörde erlassene Vorschriften. Erstrecken sie sich auf mehrere Kantone, ist der Bundesrat zuständig, in allen anderen Fällen der jeweilige Kanton (OR 359a[1]).

■ Vernehmlassung und Veröffentlichung

Damit ein Normalarbeitsvertrag anwendbar wird, d.h., von den betroffenen Berufszweigen auch einzuhalten ist, muss er das vorgeschriebene Verfahren durchlaufen. So muss der voraussichtliche Inhalt des Normalarbeitsvertrags den betroffenen Berufsgruppen zur Stellungnahme (Vernehmlassung) unterbreitet werden (OR 359a[2]). Der daraufhin beschlossene Text wird amtlich publiziert (OR 359a[3]).

■ Zweck

In Normalarbeitsverträgen werden einheitliche Regeln aufgestellt, um jene Arbeitnehmer und Arbeitnehmerinnen zu schützen, die nicht unter das Arbeitsgesetz fallen. Die Kantone sind verpflichtet, für die land- und hauswirtschaftlichen Angestellten Normalarbeitsverträge zu erlassen (OR 359[2]). Für die anderen Branchen, die ebenfalls nicht dem Arbeitsgesetz unterstehen, hat der Bundesrat Normalarbeitsverträge aufgestellt (z.B. für das Pflegepersonal sowie für die Assistenzärzte).

■ Inhalt

Normalarbeitsverträge können alles beinhalten, was in Einzelarbeitsverträgen geregelt wird. Die Bestimmungen eines NAV dürfen nicht gegen zwingendes Recht verstossen. Von ihnen kann in der Regel durch Vereinbarung abgewichen werden (Ausnahme: Mindestlohnbestimmungen nach OR 360a ff. sind zwingend, d.h., sie können nicht zuungunsten des Arbeitnehmers abgeändert werden).

■ Mindestlohnregelung (OR 360a ff.)

Weil mit dem freien Personenverkehr aus der EU ein Lohndruck auf die inländischen Arbeitnehmer und Arbeitnehmerinnen befürchtet wird, sieht OR 360a unter gewissen Voraussetzungen vor, dass Mindestlöhne festgelegt werden können.

Beispiel: Mindestlohn für Hausangestellte in privaten Haushalten
Im neuen Normalarbeitsvertrag, der vom 1.1.2020 bis 31.12.2020 gilt, hat der Bundesrat alle Hausangestellten eingeschlossen, die mindestens 5 Stunden pro Woche beim gleichen Arbeitgeber arbeiten. Dieser Normalarbeitsvertrag enthält drei verschiedene Ansätze. Der Mindestlohn beträgt:
- CHF 23.20 pro Stunde für gelernte Hausangestellte mit einem Eidgenössischen Fähigkeitszeugnis,
- CHF 21.10 pro Stunde für gelernte Hausangestellte mit einem Berufsattest für eine 2-jährige Berufsbildung sowie für Ungelernte mit vier Jahren Berufserfahrung in der Hauswirtschaft,
- CHF 19.20 pro Stunde für Ungelernte ohne Berufserfahrung in der Hauswirtschaft.

Arbeitsgesetz (ArG)

Arbeitsgesetz (ArG): Zum Schutz des Arbeitnehmers, der Arbeitnehmerin aufgestellte Mindestvorschriften, von denen nicht abgewichen werden darf (zwingendes Recht, siehe S. 13).

Zweck

Die Arbeitnehmer und Arbeitnehmerinnen machen rund 90 % der erwerbstätigen Personen aus. Es besteht deshalb nicht nur das persönliche Interesse der Arbeitnehmer und Arbeitnehmerinnen, sondern ein allgemeines Interesse der gesamten Bevölkerung an der Gesundheit der Arbeitnehmer und Arbeitnehmerinnen (öffentliches Interesse).

Das Arbeitsgesetz hat eine Doppelfunktion: Zum einen richtet sich das Arbeitsgesetz als öffentlich-rechtlicher Erlass vorwiegend an die Arbeitgeber und Arbeitgeberinnen und verpflichtet diese direkt dem Staat gegenüber. Mit Bussen und anderen Massnahmen kann der Staat die Arbeitgeber und Arbeitgeberinnen dazu zwingen, das Arbeitsgesetz einzuhalten. Zum anderen verleihen die Bestimmungen dem Arbeitnehmer direkte privatrechtliche Ansprüche gegenüber dem Arbeitgeber.

Beispiel: Der Arbeitgeber hält eine Gesundheitsvorschrift aus dem ArG nicht ein: Der Staat kann den Arbeitgeber büssen, und der Arbeitnehmer kann sie auf Einhaltung der Schutzbestimmung einklagen.

Geltungsbereich (ArG 1)

Die Vorschriften des Arbeitsgesetzes sind grundsätzlich auf sämtliche Betriebe und alle Arbeitnehmer und Arbeitnehmerinnen anwendbar. Aber gewisse Betriebe und gewisse Gruppen von Arbeitnehmern sind vom Geltungsbereich des Arbeitsgesetzes ausgenommen, z. B. gilt das Arbeitsgesetz nicht für reine Familienbetriebe.

Allgemeiner Gesundheitsschutz (ArG 6)

Bereits aufgrund ihrer Fürsorgepflicht müssen die Arbeitgeber die Gesundheit der Arbeitnehmer und Arbeitnehmerinnen schützen (OR 328). Mit der Umschreibung dieser Pflicht im Arbeitsgesetz kann der Staat den Schutz der Arbeitnehmer und Arbeitnehmerinnen direkt durchsetzen.

Genauer umschrieben wird die Schutzpflicht in einer speziellen Verordnung. Darin wird unter anderem vorgeschrieben, wie die Arbeitsräumlichkeiten zu gestalten sind (z. B. Massnahmen gegen Kälte, Hitze, Lärm; Nichtraucherschutz; sanitäre Einrichtungen).

Arbeit

◼ Arbeitszeitvorschriften

Kernstück des ArG bilden die Bestimmungen über die Arbeits- und die Ruhezeiten. Es werden insbesondere wöchentliche Höchstarbeitszeiten, Mindestpausen und Mindestruhezeiten festgelegt.

Als Arbeitszeit nach dem Arbeitsgesetz gilt die Zeit, während der sich der Arbeitnehmer zur Verfügung des Arbeitgebers halten muss. Der übliche Arbeitsweg gilt also nicht als Arbeitszeit.

Arbeitszeitrahmen pro Tag
Der betriebliche Arbeitszeitrahmen liegt zwischen 6 und 23 Uhr (Ausnahme: Vor- oder Nachverschiebung um max. 1 Stunde) und beträgt 17 Stunden. Innerhalb dieses Zeitraums unterscheidet das ArG zwischen Tages- (6–20 Uhr) und Abendarbeit (20–23 Uhr). Beide Arbeitsarten sind bewilligungsfrei. Der persönliche Arbeitszeitrahmen jedes Arbeitnehmers darf inklusive Pausen und Überzeit 14 Stunden nicht überschreiten (ArG 10).

Wöchentliche Höchstarbeitszeit
Das ArG schreibt wöchentliche Höchstarbeitszeiten vor, die nur ausnahmsweise überschritten werden dürfen (siehe ArG 12[1]).

Die wöchentliche Höchstarbeitszeit beträgt 45 Stunden für Angestellte von industriellen Betrieben, für Büropersonal, für technische und andere Angestellte sowie für das Verkaufspersonal in Grossbetrieben des Detailhandels. Für alle übrigen Arbeitnehmer und Arbeitnehmerinnen (also vor allem Handwerker und das Verkaufspersonal in kleineren Detailhandelsbetrieben) gilt eine wöchentliche Höchstarbeitszeit von 50 Stunden (ArG 9).

◼ Ruhezeitvorschriften

Das ArG regelt drei verschiedene Arten von Ruhezeiten:

Pausen
Die Arbeit ist durch folgende Mindestpausen zu unterbrechen (ArG 15):
- 15 Minuten bei einer Arbeitszeit von mehr als 5½ Stunden
- 30 Minuten bei einer Arbeitszeit von mehr als 7 Stunden
- 60 Minuten bei einer Arbeitszeit von mehr als 9 Stunden

Den Zeitpunkt der Pausen bestimmt grundsätzlich der Arbeitgeber. Er muss dabei auf die Bedürfnisse des Arbeitnehmers achten. Darf der Arbeitnehmer seinen Arbeitsplatz während einer Pause nicht verlassen, gilt diese Zeit nicht als Pause, sondern als Arbeitszeit (ArG 15[2]).

Tägliche Ruhezeit
Alle Arbeitnehmer und Arbeitnehmerinnen haben Anspruch auf eine tägliche Ruhezeit von mindestens 11 aufeinanderfolgenden Stunden (ArG 15a).

Wöchentliche Ruhezeit
Die wöchentliche Mindestruhezeit besteht aus dem Sonntag (ArG 18) und einem zusätzlichen freien Halbtag (ArG 21). Das ArG schreibt vor, dass eine Arbeitswoche nicht mehr als 5½ Tage umfassen darf.

■ Nacht- und Sonntagsarbeit

Nachtarbeit: Arbeit ausserhalb des betrieblichen Arbeitszeitrahmens von 6–23 Uhr.

Sonntagsarbeit: Arbeit von Samstag 23 Uhr bis Sonntag 23 Uhr.

Sowohl die Nacht- als auch die Sonntagsarbeit sind grundsätzlich verboten (siehe ArG 16 bzw. 18). Ausnahmen bedürfen einer behördlichen Bewilligung und brauchen das Einverständnis des Arbeitnehmers, der Arbeitnehmerin.

Die Voraussetzungen für die Erteilung einer Bewilligung sind für die Nachtarbeit in ArG 17 und für die Sonntagsarbeit in ArG 19 geregelt. Der Arbeitgeber muss in beiden Fällen eine Notwendigkeit nachweisen.

Hat der Arbeitnehmer bewilligte Nacht- oder Sonntagsarbeit zu leisten, muss ihm ein Lohnzuschlag von mindestens 25 % (bei Nachtarbeit) bzw. 50 % (bei Sonntagsarbeit) bezahlt werden.

Bei dauernder Nachtarbeit erhält der Arbeitnehmer, die Arbeitnehmerin anstelle des Lohnzuschlags eine Zeitgutschrift von 10 % (ArG 17b^2).

Da die Nachtarbeit erhöhte gesundheitliche Belastungen mit sich bringt, sieht das Arbeitsgesetz zum Schutz der Arbeitnehmer und Arbeitnehmerinnen besondere Bestimmungen vor (z. B. spezielle medizinische Untersuchungen und Beratungen, Transportmöglichkeiten zum Arbeitsplatz).

■ Sondervorschriften

Jugendliche (ArG 29–32)
Bis zum 15. Lebensjahr sind Anstellungen grundsätzlich verboten.
Bis zum 18. Lebensjahr trifft den Arbeitgeber eine verstärkte Fürsorgepflicht und die tägliche Höchstarbeitszeit beträgt 9 Stunden innerhalb eines Zeitraums von 12 Stunden.

Schwangerschaft/stillende Mütter (ArG 35–35b)
Die Gesundheit von Mutter und Kind darf durch die Arbeit nicht beeinträchtigt werden. Die einzelnen Schutzbestimmungen schreiben vor allem Beschäftigungsverbote und Beschäftigungseinschränkungen vor.

Arbeitnehmer und Arbeitnehmerinnen mit Familienpflichten (ArG 36)
Arbeitnehmer und Arbeitnehmerinnen mit Familienpflichten (z. B. Erziehung von Kindern bis 15 Jahren) haben gegen Vorlage eines ärztlichen Zeugnisses Anspruch auf freie Zeit im Umfang von bis zu drei Tagen für die Betreuung kranker Kinder. Zudem müssen sie gegen ihren Willen keine Überzeit leisten und haben Anspruch auf eine Mittagspause von mindestens 1½ Stunden.

1 Recht

1.3 Familie

Verständnis

- Was spricht für das Zusammenleben ohne Ehe (Konkubinat), was dagegen?

- Welche Regeln bezüglich Kindesanerkennung, Vaterschaftsklage und elterlicher Sorge gelten bei der ausserehelichen Geburt eines Kindes?

- Was gilt in einer Ehe in Bezug auf den Familiennamen, den gemeinsamen Wohnsitz, die Auskunft über finanzielle Verhältnisse und die Haftung bei Schulden?

- Wie unterscheiden sich die Regelungen hinsichtlich Einkommen und Vermögen in den drei Güterständen?

- Wie sind bei einer Scheidung die Aufteilung der Vorsorgegelder (Pensionskasse, AHV) und die Unterhaltszahlungen geregelt?

- Welche gesetzlichen Bestimmungen gelten bezüglich Rechten und Pflichten für Eltern und welche für Kinder?

- In welchen Fällen wird eine Beistandschaft errichtet und welche Arten der Beistandschaft gibt es?

- Wie sind die Rangfolge und die Anteile bei einer Erbschaft geregelt und was ist dabei hinsichtlich Pflichtteile zu beachten?

Diskussion

- Soll es erlaubt sein, dass gleichgeschlechtliche Paare Kinder bekommen, sei es durch Leihmutterschaft oder Eizellenspende? Wenn ja, unter welchen Bedingungen?

Familienrecht: Übersicht

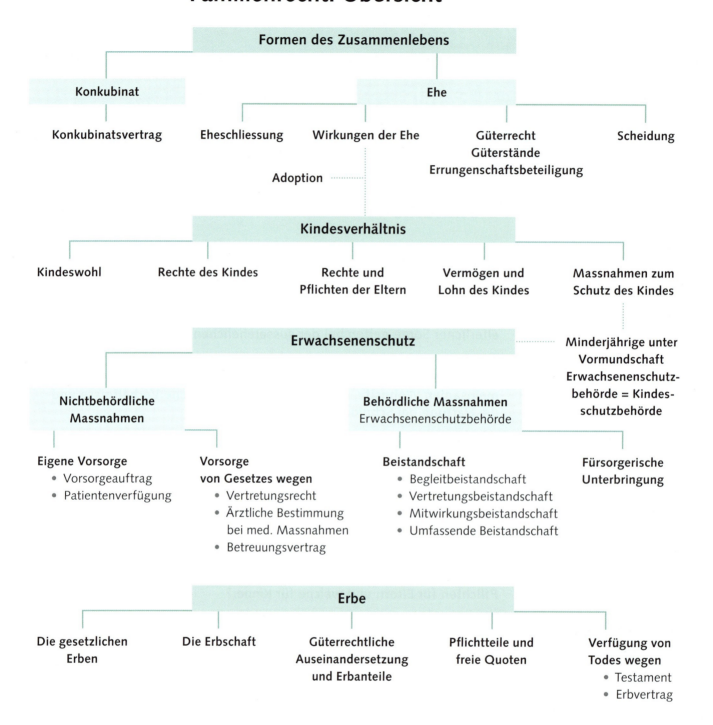

Familie und Zusammenleben

■ Funktion der Familie

Die Familie hatte früher vor allem eine Schutz- und Ordnungsfunktion. Die Familie als soziale Gemeinschaft, in der mehrere Generationen lebten, bot Schutz in wirtschaftlicher Not, bei Krankheit und im Alter.

Formen des Familienlebens
bfs.admin.ch

Der Wandel der Gesellschaft hat unter anderem dazu geführt, dass sich die Familie stark verändert hat: Mann und Frau leben oft unverheiratet zusammen. Die Zahl der Ehescheidungen nimmt zu, und das nicht nur bei jungen Leuten. Alleinerziehende Väter und Mütter sind nichts Aussergewöhnliches mehr. Männer führen den Haushalt und Frauen arbeiten für den Unterhalt der Familie. Die Zahl der Alleinstehenden wächst.

Unabhängig von staatlichen und privaten Versicherungen, die fast in allen Lebensbereichen für finanzielle Sicherheit sorgen, besteht das Bedürfnis nach Schutz und Geborgenheit in einer Familie weiterhin.

■ Formen des Zusammenlebens

Klassische Familie
Darunter versteht man ein verheiratetes Paar mit einem oder mehreren gemeinsamen Kindern.

Konkubinatsfamilie
Die Eltern sind nicht verheiratet und haben gemeinsame Kinder.

Alleinerziehende
Die Mutter oder der Vater sorgt alleine für die Kinder.

Kinderlose Paare
Sie sind verheiratet oder leben im Konkubinat.

Patchworkfamilie
Patchworkfamilien sind zusammengewürfelte Zweit- oder Fortsetzungsfamilien, in denen eine Seite oder beide jeweils Kinder aus einer früheren Ehe und Partnerschaft mitbringen. Die Erwachsenen können verheiratet sein oder auch nicht. Sie können auch das gleiche Geschlecht haben. Der Begriff Patchworkfamilie kommt im Schweizer Recht nirgends vor. Gesetzliche Regelungen gibt es eigentlich nur für Patchworkfamilien, die durch Heirat begründet wurden. Für diese gilt – wie für alle Verheirateten – das normale Eherecht, Erbrecht oder Trennungs- und Scheidungsrecht.

Adoptionsfamilie/Adoptionseltern
Ein verheiratetes Paar oder eine unverheiratete Person adoptiert ein Kind. Adoptionsfamilien sind vor dem Gesetz der klassischen Familie gleichgestellt.

Eingetragene Partnerschaft
2007 trat das neue Partnerschaftsgesetz in Kraft. Danach können gleichgeschlechtliche Paare ihre Partnerschaft im Zivilstandsregister eintragen lassen. Die eingetragene Partnerschaft wird in verschiedener Hinsicht der Ehe angeglichen. So erhalten gleichgeschlechtliche Paare mit der Eintragung das gleiche gesetzliche Erbrecht wie Eheleute. Auch im Bereich der Steuern, der Sozialversicherungen und der beruflichen Vorsorge wird die eingetragene Partnerschaft der Ehe gleichgesetzt. Für sie gelten auch die gleichen Hindernisse wie für eine Eheschliessung (siehe S. 54).

Gleichgeschlechtliche Paare sind berechtigt, einen gemeinsamen Namen zu führen, dürfen aber noch keine Kinder (ausser Stiefkinder) adoptieren (PartG 28).

Konkubinat

BIENE   KONKUBIENE

Konkubinat: Auf längere Dauer angelegtes Zusammenleben von zwei Partnern, die nicht miteinander verheiratet sind.

Das Konkubinat ist im Gesetz nicht geregelt. Fehlt ein Konkubinatsvertrag, greift der Richter bei Streitigkeiten oft auf die Bestimmungen über die einfache Gesellschaft zurück (OR 530–551).

Der Konkubinatsvertrag

Vertragsmuster **konkubinat.ch**

Konkubinatsvertrag: Vertrag zwischen zwei Partnern (verschiedenen oder gleichen Geschlechts), der vor allem die finanziellen Verhältnisse während der Dauer des Zusammenlebens, die Rechte und Pflichten der Partner und die Auflösung des Konkubinats regelt.

Möglicher Inhalt eines Konkubinatsvertrags

1. **Einleitung**
   Namen und persönliche Daten der Vertragsparteien.

2. **Inventar**
   Liste des Eigentums an allen Wertsachen und Gegenständen im Haushalt.

3. **Lebensunterhalt**
   Wer bezahlt wie viel von den laufenden Kosten (z. B. Lebensmittel, Versicherungen)?

4. **Mietverhältnis**
   Wie werden der Mietzins, die Nebenkosten, die Kosten für Reparaturen usw. aufgeteilt?

5. **Arbeit im Haushalt**
   Wer bezahlt wem und wie viel für die Arbeit im Haushalt und bei der Kinderbetreuung?

6. **Änderung der Verhältnisse**
   Was gilt, wenn ein Partner z. B. arbeitslos oder krank wird? Oder eine Weiterbildung machen will?

7. **Todesfall**
   Die Partner haben die Möglichkeit, sich einander im Todesfall zu begünstigen (Testament).

8. **Auflösung**
   Wer bekommt was? Wer bezahlt allfällige gemeinsame Schulden?

9. **Schlussbestimmungen**
   Wie wird bei Konflikten vorgegangen? Beratungsstellen? Gerichtsstand?

10. **Ort, Datum Unterschriften**

TIPP Falls Sie im Konkubinat leben, schliessen Sie unbedingt einen Vertrag ab.

Familie

Vorteile und Nachteile des Konkubinats

Konkubinat oder Ehe?
konkubinat.ch

Vorteile	Nachteile
• Die Gründung und die Auflösung sind ohne amtliche Formalitäten möglich. • Wenn beide arbeiten, fallen weniger Steuern an (Steuerprogression). • Im Alter erhält man eine grössere AHV-Rente, weil zwei einfache Altersrenten (2 × 100 %) höher sind als eine Ehepaar-Altersrente (1 × 150 %). • Eine gemeinsame Wohnung ist günstiger als zwei Wohnungen für Alleinstehende. • Der Lebensunterhalt für ein Paar ist günstiger als für zwei Einzelpersonen.	• Man ist vom Gesetz schlecht geschützt (daher ist ein Vertrag sehr wichtig). • Jeder Partner kann die Verbindung jederzeit auflösen. • Es besteht unter Umständen kein Anspruch auf Renten, wenn ein Partner stirbt. • Der überlebende Partner hat keine gesetzlichen Erbansprüche. • Ärzte informieren in der Regel nur die nächsten Verwandten.

Aussereheliche Geburt eines Kindes

Wird ein Kind ausserhalb der ehelichen Gemeinschaft geboren (z. B. während des Konkubinats), geht es darum, das Verhältnis zum Vater zu regeln.

Kindesanerkennung

Besteht das Kindesverhältnis nur zur Mutter, so kann der Vater das Kind anerkennen (ZGB 260[1]). Die Anerkennung erfolgt durch:
- Erklärung vor dem Zivilstandsbeamten oder
- letztwillige Verfügung (Testament, siehe S. 64). Der Vater erkennt auf diese Weise das Kind erst nach dem Tod an. Dadurch wird das Kind zum gesetzlichen Erben. Oder:
- Erklärung vor dem Gericht, wenn auf Feststellung der Vaterschaft geklagt wird (ZGB 260[3]).

Der Vater muss zur Anerkennung des Kindes persönlich bei einem Zivilstandsamt erscheinen.

Vaterschaftsklage

Sowohl die Mutter als auch das Kind können auf Feststellung des Kindesverhältnisses zwischen dem Kind und dem Vater klagen (ZGB 261[1]). Die Klage kann vor oder nach der Geburt eingereicht werden, ist aber spätestens einzureichen
- von der Mutter: vor Ablauf eines Jahres seit der Geburt,
- vom Kind: vor Ablauf eines Jahres nach Erreichen der Volljährigkeit (ZGB 263[1]).

Elterliche Sorge bei einem Kind unverheirateter Eltern

- Seit 2014 sieht das Schweizerische Recht die gemeinsame elterliche Sorge als Regelfall vor. Nicht miteinander verheiratete Eltern, die das Sorgerecht gemeinsam ausüben wollen, müssen dafür eine entsprechende Erklärung abgeben. Weigert sich ein Elternteil, die Erklärung abzugeben, kann sich der andere an die KESB wenden. Diese erteilt dann die gemeinsame elterliche Sorge, sofern das Kindeswohl gewahrt ist.
- Steht die elterliche Sorge einem Elternteil zu, so erhält das Kind dessen Ledigennamen. Steht sie den Eltern gemeinsam zu, bestimmen sie, welchen ihrer Ledigennamen ihre Kinder tragen sollen (ZGB 270a). Hat das Kind das 12. Altersjahr vollendet, kann sein Name nur geändert werden, wenn es zustimmt (ZGB 270b).
- Sind die Eltern nicht verheiratet und erkennt der Vater das Kind an, so kommt das gemeinsame Sorgerecht aufgrund einer gemeinsamen Erklärung der Eltern zustande. Darin bestätigen diese, dass sie bereit sind, gemeinsam die Verantwortung für das Kind zu übernehmen, und dass sie sich über die Obhut und den persönlichen Verkehr sowie die Betreuungsanteile und den Unterhaltsbeitrag für das Kind verständigt haben.

Ehe

■ Die Ehefreiheit

Ehefreiheit: Niemand kann gezwungen werden, jemanden zu heiraten, den er nicht heiraten will, und niemand kann eine Ehe verbieten, wenn die gesetzlichen Voraussetzungen für eine Heirat erfüllt sind und Ehehindernisse fehlen. BV 14 garantiert die Ehefreiheit (siehe S. 216).

■ Die Eheschliessung (Heirat)

Voraussetzungen zur Ehe
Ehefähig ist man, wenn man urteilsfähig und volljährig ist (siehe S. 16).

Um Scheinehen vorzubeugen, dürfen Ausländerinnen und Ausländer seit dem 1.1.2011 in der Schweiz nur noch heiraten, wenn sie dem Standesamt beweisen können, dass sie ein Bleiberecht haben (z. B. Niederlassungsbewilligung, ein gültiges Visum).

Ehehindernisse (gilt auch für eingetragene Partnerschaften)
- Verwandtschaft und Stiefkindverhältnis: Verboten ist die Ehe zwischen Verwandten in gerader Linie (z. B. zwischen Grossvater und Enkelin oder Grossmutter und Enkel; nicht aber zwischen Cousin und Cousine) wie auch zwischen Geschwistern und Halbgeschwistern. Dabei ist unerheblich, ob es sich um eine Blutsverwandtschaft oder eine Verwandtschaft durch Adoption handelt.
- Frühere Ehe: Bevor neu geheiratet werden kann, müssen frühere Ehen für ungültig erklärt oder aufgelöst worden sein (ZGB 96).
- Ungültige Ehe: Eine Ehe ist nicht aus freiem Willen geschlossen worden (ZGB 105[5]).

Verlobung
Gemäss ZGB 90 ff. ist verlobt, wer sich die Ehe verspricht. Die Verlobung ist an keine besondere Form gebunden (z. B. ein Fest oder Schriftlichkeit), ist gesetzlich auch keine Voraussetzung für eine Ehe und kann auch wieder aufgelöst werden.

Vorbereitung der Ehe
Die Eheleute stellen ein Gesuch beim Zivilstandsamt des Bräutigams oder der Braut (ZGB 98). Dazu müssen sie folgende Unterlagen einreichen, sofern die erforderlichen Angaben nicht bereits elektronisch vorhanden sind:
- Wohnsitzbestätigung
- Personenstandsausweis
- Heimatschein
- Familienbüchlein

Zivilstandsamt
Das Zivilstandsamt stellt die Ehefähigkeit der Brautleute fest. Seit dem 1.1.2020 entfällt die gesetzliche Wartefrist von 10 Tagen. Somit können Trauungen unmittelbar nach positivem Ehevorbereitungsverfahren stattfinden. Bei der Ziviltrauung wird den Brautleuten ein Trauschein ausgestellt.

Kirchliche Trauung
Vor einer allfälligen kirchlichen Trauung muss zuerst die zivile Trauung vorgenommen werden (ZGB 97). Dem Pfarrer oder Priester ist der Trauschein vorzuweisen.

Die Wirkungen der Ehe

Name nach der Heirat

Beispiel: P. Gick und S. Kunz heiraten. Es gibt folgende Möglichkeiten:	Frau	Mann	Kinder
1. Die Brautleute bestimmen, dass sie nach der Heirat den Ledigennamen weiterführen. • Sie bestimmen bei der Trauung, wie die Kinder heissen: Kunz oder Gick. • Ab der Geburt des 1. Kindes haben die Eltern die Möglichkeit, innerhalb eines Jahres auf ihren Entscheid zurückzukommen und den Kindern den Namen des anderen Elternteils zu geben (ZGB 270).	Frau S. Kunz	Herr P. Gick	Kunz *oder* Gick
2. Die Brautleute entscheiden: Der Name des Ehemannes wird zum Familiennamen.	S. Gick	P. Gick	Gick
3. Die Brautleute entscheiden: Der Name der Ehefrau wird zum Familiennamen.	S. Kunz	P. Kunz	Kunz

- Nach dem Tod eines Partners (ZGB 30a) oder nach einer Ehescheidung (ZGB 119) kann die Rückkehr zum Ledigennamen jederzeit beim Zivilstandsamt erfolgen, und zwar ohne Gesuch.
- Die Namensgebung gilt auch für eingetragene gleichgeschlechtliche Paare (Partnerschaftsgesetz 12a, siehe S. 51).

Bürgerrecht Jeder Ehegatte behält sein Kantons- und Gemeindebürgerrecht (ZGB 161). Die Kinder erhalten das Kantons- und Gemeindebürgerrecht des Elternteils, dessen Namen sie tragen (ZGB 271).

Gegenseitiger Beistand Durch die Eheschliessung verpflichten sich die Eheleute, gemeinsam für ihr Wohl und das ihrer Kinder zu sorgen (ZGB 159).

Wohnung Den Wohnsitz bestimmen die Eheleute gemeinsam. Die Kündigung einer gemeinsamen Wohnung setzt die ausdrückliche Zustimmung beider Partner voraus (ZGB 162).

Unterhalt der Familie Mann und Frau sorgen gemeinsam für den Unterhalt der Familie. Sie sprechen sich ab, welchen Beitrag jeder zu leisten hat, sei es durch Geldzahlungen oder Leistungen im Haushalt, im eigenen Betrieb oder durch die Betreuung der Kinder (ZGB 163).

Betrag zur freien Verfügung Der Ehegatte, der die Kinder betreut und den Haushalt besorgt, hat Anrecht auf einen angemessenen Betrag zur freien Verfügung, der ihm periodisch ausgerichtet wird. Dieser Betrag (Taschengeld) richtet sich nach den finanziellen Möglichkeiten des erwerbstätigen Partners, der erwerbstätigen Partnerin (ZGB 164).

Ausübung des Berufs Die Ehepartner nehmen bei der Ausübung des Berufs aufeinander und auf die Kinder Rücksicht (ZGB 167).

Auskunftspflicht Jeder Ehepartner hat das Recht, vom anderen Auskunft über dessen finanzielle Verhältnisse wie Einkommen, Vermögen und Schulden zu verlangen (ZGB 170).

Vertretung der Gemeinschaft Jeder Ehepartner hat das Recht, die eheliche Gemeinschaft gegen aussen zu vertreten. Dies gilt aber nur für die Befriedigung laufender Bedürfnisse. Grössere Anschaffungen müssen gemeinsam beschlossen werden, sofern sie nicht aus dem Eigengut (siehe S. 57) bezahlt werden. Was kleinere oder grössere Anschaffungen sind, richtet sich nach den finanziellen Möglichkeiten des Paares (ZGB 166^1 und 166^2).

Haftung für Schulden Für Verpflichtungen zur Deckung der laufenden Bedürfnisse (Mietzins, Versicherungen, Leasingraten) haften die Ehepartner solidarisch, auch wenn sie von einem Partner ohne das Wissen des anderen eingegangen worden sind (ZGB 166^3).

Güterrecht

Wer eine Ehe eingeht, geht zugleich auch eine Einkommens- und eine Vermögensgemeinschaft ein.

> **Güterrecht (ZGB 181 ff.):** Es bestimmt, was während der Ehe wem gehört und wie das Vermögen bei Scheidung oder Tod unter den Ehegatten aufgeteilt wird.

■ Die drei Güterstände

Die Errungenschaftsbeteiligung (ZGB 196 ff.)
Die Errungenschaftsbeteiligung (siehe S. 57) ist der häufigste Güterstand (auch ordentlicher Güterstand genannt). Er kommt immer dann zur Anwendung, wenn nichts Besonderes vereinbart worden ist.

Die Gütergemeinschaft (ZGB 221 ff.)
Die Gütergemeinschaft ist ein vermögensrechtlicher Zustand, in dem das Vermögen der Eheleute gemeinschaftlicher Besitz ist. Sie ist sehr selten.

Die Gütertrennung (ZGB 247 ff.)
Es existiert kein gemeinsames Vermögen. Jedem Ehegatten gehört sein ganzes Vermögen alleine. Dieser Güterstand wird gewählt, wenn z. B. ein Ehegatte ein Geschäft führt. (Damit bleiben bei der Auflösung der Ehe alle Einkünfte beim Geschäftsinhaber.)

Keinen Einfluss hat die Gütertrennung auf die Steuererklärung. Die Einkommen werden gemeinsam erfasst. Somit werden Ehepaare, die unter einem anderen Güterstand leben, nicht benachteiligt (Steuerprogression, siehe S. 123).

Auch keinen Einfluss hat die Gütertrennung auf die finanzielle Haftung der Ehegatten gegenüber Dritten. Das heisst: Eheleute müssen auch bei Gütertrennung für Schulden einstehen, die der Partner während des Zusammenlebens für die laufenden Bedürfnisse der Familie eingegangen ist. Für Geschäftsschulden des einen Ehepartners muss der andere Ehepartner jedoch nicht einstehen.

■ Der Ehevertrag

Die Ehegatten können die gesetzlichen Anordnungen durch einen Ehevertrag ändern.

Innerhalb von gesetzlichen Schranken können zudem besondere Vereinbarungen getroffen werden (z. B. können gewisse Teile der Errungenschaft dem Eigengut eines Partners übertragen werden).

Form der Eheverträge (ZGB 184)
Eheverträge bedürfen zu ihrer Gültigkeit der öffentlichen Beurkundung (siehe S. 19).

Allgemein gilt: Wenn Vermögen nicht klar zugeordnet werden kann, wird Miteigentum angenommen.

Errungenschaftsbeteiligung

> **Errungenschaftsbeteiligung (ZGB 196 ff.):** Güterstand, der ohne besondere Vereinbarungen gilt (also ohne Ehevertrag), auch ordentlicher Güterstand genannt. Er umfasst das Eigengut und die Errungenschaft jedes Ehegatten.

■ Das Eigengut (ZGB 198 ff.)

Das Eigengut umfasst grundsätzlich alles,
- was den Eheleuten zum Zeitpunkt der Heirat separat gehört (z. B. Ersparnisse, Wertschriften, Liegenschaften),
- was ihnen während der Ehe unentgeltlich zukommt (z. B. Erbschaft, Schenkungen),
- was ausschliesslich zu ihrem persönlichen Gebrauch dient (z. B. Kleider, Schmuck).

■ Die Errungenschaft (ZGB 197)

Die Errungenschaft ist in der Regel alles, was die Eheleute während der Ehe erwirtschaften, z. B.: Lohn, Leistungen von Sozialversicherungen, Leistungen von Pensionskassen, Erträge des Eigenguts (z. B. Zinsen und Mieteinnahmen), Ersatzanschaffungen für die Errungenschaft.

Beispiel: Elias und Lena heiraten. Elias besitzt ein Sparkonto von CHF 50 000.– und Lena Aktien im Wert von CHF 60 000.–. Nach der Geburt des 1. Kindes arbeitet Elias in Teilzeit. Vier Jahre nach der Heirat erhält Lena ein Erbe und eine Schenkung in der Höhe von CHF 90 000.–. Durch ihren Lohn und die Erträge aus ihren Wertschriften wächst ihre Errungenschaft innerhalb von fünf Jahren auf CHF 130 000.– an. Elias erreicht nach fünf Jahren eine Errungenschaft von CHF 50 000.– aus seiner Teilzeitarbeit.

■ Die Errungenschaftsbeteiligung in der Übersicht

Elias	Sparkonto 50000.–		Lena	Aktien 60000.–		Vor der Ehe
						Heirat
	Sparkonto 50000.–			Aktien 60000.–	Erbschaft und Schenkung 90000.–	Eigengut
		Lohn 50000.–	Lohn, Zinsen 130000.–			Errungenschaft

■ Verwaltung – Nutzung – Verfügung

Bei der Errungenschaftsbeteiligung verwaltet und nutzt jeder Ehegatte sein Eigengut und seine Errungenschaft und verfügt auch selber darüber. Jeder Ehegatte kann alle Handlungen, die in Zusammenhang mit seinem Vermögen stehen, grundsätzlich selber vornehmen (ZGB 201).

Im Gegenzug haftet jeder Ehepartner für seine Schulden mit seinem ganzen Vermögen (ZGB 202).

■ Die güterrechtliche Auseinandersetzung

Durch Tod, Ehescheidung, gerichtliche Trennung, Vereinbarung eines anderen Güterstandes oder Gütertrennung wird die Errungenschaftsbeteiligung aufgelöst. Dabei wird wie folgt vorgegangen:

1. Es erfolgt die gegenseitige schuldrechtliche Auseinandersetzung: Jeder Partner begleicht die Schulden beim anderen (ZGB 205³).
2. Beide erhalten ihr Eigengut.
3. Von der Errungenschaft jedes Partners werden die mit der Errungenschaft im Zusammenhang stehenden Schulden abgezogen. Das Ergebnis nennt man Vorschlag. Wurde während der Ehe nichts erspart oder sind die Schulden grösser als die Errungenschaft, beträgt der Vorschlag null.
4. Die beiden Vorschläge werden addiert und je zur Hälfte unter den Partnern geteilt.

Beispiel: Lena verunglückt nach fünfjähriger Ehe mit dem Auto tödlich. Sie hinterlässt ihren Gatten Elias und zwei Kinder. Nun folgt zuerst die güterrechtliche Auseinandersetzung, um die Vermögensteile beider Partner zu errechnen.

	Elias		**Lena**		
Vor der Ehe		Sparkonto 50 000.–		Aktien 60 000.–	
Heirat					
Eigengut		Sparkonto 50 000.–		Aktien 60 000.–	Erbschaft und Schenkung 90 000.–
Errungenschaft		Lohn 50 000.–	Lohn, Zinsen 130 000.–		

■ Auflösung des Güterstandes (durch Scheidung, Tod, Ehevertrag)

	Elias		**Lena**		
Eigengut		Sparkonto 50 000.–		Aktien 60 000.–	Erbschaft und Schenkung 90 000.–
Errungenschaft – evtl. gegenseitige Schulden		Lohn 50 000.–	Lohn 130 000.–		
= Vorschlag		Lohn 50 000.–	Lohn, Zinsen 130 000.–		
			180 000.–		
Gesamter Vorschlag: hälftig teilen	Eigengut 50 000.–	90 000.–	90 000.–	Eigengut 150 000.–	
Anteile der Partner: jetzt neues Eigengut	(neues) Eigengut 140 000.–		(neues) Eigengut 240 000.–		

Ehescheidung

> **Ehescheidung (ZGB 111 ff.):** Auflösung der Ehe vor dem Richter.

Scheidung darf nicht mit Trennung verwechselt werden. Mit der Trennung löst ein Ehepaar lediglich den gemeinsamen Haushalt auf.

Eheschutzmassnahmen: Das Gericht erlässt auf Verlangen eines Ehegatten Massnahmen zum Schutz der Ehe (ZGB 172 ff.). Dies ist etwa der Fall, wenn sich die beiden Ehepartner über die Kosten des Unterhalts für gemeinsame Kinder nicht einig werden können.

■ Voraussetzungen und Verfahren

Eine Scheidung kann auf gemeinsames Begehren der Eheleute erfolgen. Wenn der gemeinsame Scheidungswille fehlt, kann ein Ehepartner nach einer zweijährigen Trennungszeit einseitig die Scheidung beantragen und die Ehe wird aufgelöst.

Scheidung auf gemeinsames Begehren

Verlangen die Ehegatten gemeinsam die Scheidung und reichen sie die vollständige Vereinbarung über die Scheidungsfolgen (z. B. Unterhaltszahlungen) mit gemeinsamen Anträgen hinsichtlich der Kinder ein, so hört das Gericht sie getrennt und zusammen an. Es überprüft, ob das Scheidungsbegehren und die Vereinbarung auf freiem Willen und auf reiflicher Überlegung beruhen und ob die Vereinbarung hinsichtlich der Kinder genehmigt werden kann (ZGB 111). Trifft dies zu, spricht das Gericht die Scheidung aus.

■ Scheidungsfolgen (ZGB 119 ff.)

Güter- und Erbrecht

Das eheliche Vermögen wird durch güterrechtliche Auseinandersetzung zwischen Mann und Frau aufgeteilt. Geschiedene Eheleute haben gegenüber dem jeweils anderen kein gesetzliches Erbrecht mehr (ZGB 120).

Berufliche Vorsorge / AHV

Die während der Ehe erzielten Pensionskassenansprüche werden gemäss Freizügigkeitsgesetz ermittelt und je zur Hälfte auf die Eheleute aufgeteilt (ZGB 122). Das gleiche Vorgehen gilt für die AHV (siehe S. 141).

Nachehelicher Unterhalt

Ist einem Ehegatten nicht zuzumuten, dass er für seinen Lebensunterhalt selbst aufkommt, so hat ihm der andere einen angemessenen Beitrag auszurichten. Dabei sind unter anderem die Dauer der Ehe, die Aufgabenteilung während der Ehe, der Umfang und die Dauer der Kinderbetreuung sowie Einkommen, Vermögen, berufliche Ausbildung und Erwerbsaussichten der Ehegatten zu berücksichtigen (ZGB 125).

Kinder: Elternrechte und Elternpflichten

Nach einer Scheidung erhalten die Eltern das Sorgerecht für ihre Kinder in der Regel gemeinsam (ZGB 296[2] und 298[1]). Entzogen wird die gemeinsame elterliche Sorge einem Elternteil nur, wenn die Interessen des Kindes geschützt werden müssen. Ob einem Elternteil das Sorgerecht entzogen wird, entscheidet bei einer Scheidung das Gericht.

Erbrecht

Erbrecht: Regelt, wem das Vermögen und die Schulden eines Erblassers bei dessen Tod zukommen.

■ Der Nachlass

Das gesamte Vermögen und alle Schulden des Erblassers bilden die Erbschaft, den sogenannten Nachlass. Rechte, Forderungen und Schulden gehören ebenso dazu wie das gesamte Vermögen. War der Erblasser zum Zeitpunkt des Todes verheiratet, muss zuerst die güterrechtliche Auseinandersetzung (siehe S. 58) erfolgen, bevor der Nachlass bestimmt werden kann.

Die Erben erwerben durch den Tod des Erblassers automatisch den Nachlass (das Erbe) zu gemeinsamem Eigentum (ZGB 560). Sie können bis zur Verteilung der Erbschaft unter sich nur gemeinsam über den Nachlass verfügen (Erbengemeinschaft).

■ Die gesetzlichen Erben (ZGB 457 ff.)

Erbe wird man aufgrund
- des Gesetzes
- eines Testaments oder
- eines Erbvertrags.

Das ZGB erklärt bestimmte Verwandte und den überlebenden Ehegatten zu gesetzlichen Erben. Der überlebende Ehegatte ist stets erbberechtigt. Die übrigen gesetzlichen Erben sind aufgrund ihrer Verwandtschaftsnähe zum Erblasser erbberechtigt. Die Erbschaft der Verwandten basiert auf dem Stammessystem. Die Stämme sind wie folgt gegliedert:

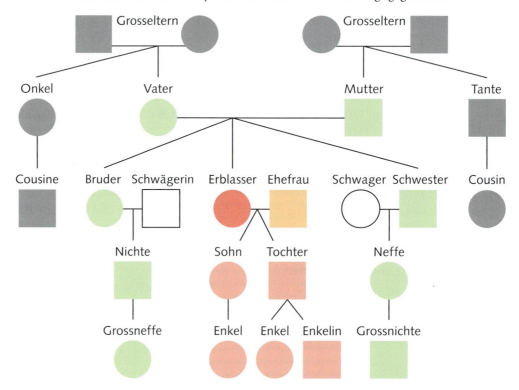

- Den ersten Stamm bildet der Erblasser mit seinen Nachkommen (die Kinder, Enkel, Grossenkel usw.).
- Den zweiten Stamm bilden die Eltern des Erblassers mit ihren Nachkommen (auch elterlicher Stamm genannt).
- Den dritten Stamm bilden die Grosseltern des Erblassers mit ihren Nachkommen (auch grosselterlicher Stamm genannt).

Erbschaft

■ Rangfolge und Anteile

Erster Stamm

Die nächsten gesetzlichen Erben des Erblassers sind seine Nachkommen. Sie erben untereinander zu gleichen Teilen. Ist ein Nachkomme vorverstorben, treten dessen Nachkommen an seine Erbstelle (ZGB 457). Der überlebende Ehegatte muss den Nachlass mit Erben aus dem ersten Stamm hälftig teilen (ZGB 462).

Beispiel: Bei der güterrechtlichen Auseinandersetzung auf S. 58 wurden die Anteile von Lena und Elias errechnet. Das Resultat ergab, dass Elias Eigentümer von CHF 140 000.– ist und der Nachlass der verunglückten Lena CHF 240 000.– beträgt. Dieser wird nun laut Gesetz geteilt, weil kein Testament oder kein Erbvertrag vorhanden ist (= gesetzlicher Erbanspruch).

Vom Nachlass werden zuerst die Todesfallkosten von CHF 20 000.– abgezogen. Der Rest wird geteilt.

CHF 240 000.–	Nachlass der Verstorbenen
CHF – 20 000.–	– Todesfallkosten
CHF 220 000.– = 100% oder ¹⁄₁	= verfügbare Erbschaft (Nachlass)

Gesetzlicher Erbanteil von Elias	Gesetzlicher Erbanteil der Kinder		Die Verstorbene hinterlässt einen Gatten und zwei Kinder.
¹⁄₁ × ½ = ½ CHF 110 000.–	¹⁄₁ × ½ = ½ CHF 110 000.–		
	1. Kind	2. Kind	
	½ × ½ = ¼	½ × ½ = ¼	
	CHF 55 000.–	CHF 55 000.–	

Zweiter Stamm

Sind im ersten Stamm keine Erben vorhanden, gelangt der Nachlass an die Erben des zweiten Stammes. Vater und Mutter des Erblassers erben zu gleichen Teilen. Ist ein Elternteil des Erblassers vorverstorben, treten dessen Nachkommen in seine Erbstellung ein (ZGB 458³). Muss der überlebende Ehegatte mit Erben des zweiten Stammes teilen, erhält er ¾ des Nachlasses, die Erben des zweiten Stammes erhalten ¼ (ZGB 462²).

Gesetzlicher Erbanteil der Gattin	Gesetzlicher Erbanteil der Eltern		Annahme:
½ × ¾ = ¾ CHF 165 000.–	¹⁄₁ × ¼ = ¼		Der Verstorbene hinterlässt Gattin und beide Eltern.
	½ × ¼ = ⅛ CHF 27 500.–	½ × ¼ = ⅛ CHF 27 500.–	Beide Eltern des Verstorbenen erhalten je ⅛.

Gesetzlicher Erbanteil der Gattin	Mutter	Vater †	Annahme:
½ × ¾ = ¾ CHF 165 000.–	= ⅛ CHF 27 500.–	↓	Der Verstorbene hinterlässt die Gattin, seine Mutter und eine Schwester (der Vater ist vorverstorben).
		Schwester = ⅛ CHF 27 500.–	Die Schwester erhält den Erbanteil des vorverstorbenen Vaters.

Mit dem 3. Stamm endet die gesetzliche Erbschaftsberechtigung der Verwandten. Finden sich keine Erben im 3. Stamm und besteht kein Testament, so fällt das Erbe an den Staat.

■ Güterrechtliche Auseinandersetzung und Erbanteile

Im Todesfall eines Ehepartners geht der Erbschaft die güterrechtliche Auseinandersetzung voraus (siehe S. 58). Erst wenn diese stattgefunden hat, ist der Nachlass bekannt. An diesem bestehen die Erbanteile.

Fall Im Beispiel des Ehepaares Elias und Lena (siehe S. 57f.) sieht die güter- und erbrechtliche Aufteilung wie folgt aus:

■ Auflösung des Güterstandes (durch Ehescheidung, Tod, Ehevertrag)

	Elias		Lena		
Eigengut		Sparkonto 50 000.–		Aktien 60 000.–	Erbschaft und Schenkung 90 000.–
Errungenschaft			Lohn 50 000.–	Lohn 130 000.–	
– evtl. gegenseitige Schulden			Hier: CHF 0.–		
= Vorschlag			Lohn 50 000.–	Lohn, Zinsen 130 000.–	
			180 000.–		
Gesamter Vorschlag: hälftig teilen	Eigengut 50 000.–	90 000.–		90 000.–	Eigengut 150 000.–
Anteile der Partner: jetzt neues Eigengut	(neues) Eigengut 140 000.–			(neues) Eigengut 240 000.–	

■ Die Erbteilung

Nachlass der Verstorbenen	CHF 240 000.–			
– Todesfallkosten	CHF – 20 000.–			
= verfügbare Erbschaft (Nachlass)	CHF 220 000.– = 100 % oder ¹⁄₁			
gesetzlicher Anspruch (ohne Testament) des Gatten und der Kinder	**Gatte** ½	CHF 110 000.–	**Nachkommen** ½	CHF 110 000.–

Pflichtteile und freie Quote

Der Erblasser kann über seinen Nachlass nicht völlig frei verfügen. Gewisse gesetzliche Erben, nämlich seine Nachkommen, sein Ehegatte oder seine Eltern (wenn sie erbberechtigt sind) besitzen einen sogenannten Pflichtteilsschutz (ZGB 470 f.).

Pflichtteile

Pflichtteil (ZGB 471): Ist der Teil eines Erbanspruchs, den der Erblasser den gesetzlichen Erben nicht wegnehmen darf.

- Der Pflichtteil des überlebenden Ehegatten und der Eltern beträgt je $\frac{1}{2}$ ihres gesetzlichen Erbanspruchs.
- Der Pflichtteil der Nachkommen beträgt $\frac{3}{4}$ ihres gesetzlichen Erbanspruchs.

Freie (verfügbare) Quote

Freie (verfügbare) Quote (ZGB 470): Ist der Teil des Nachlasses, über den durch Testament oder Erbvertrag frei verfügt werden kann.

Die Grösse der frei verfügbaren Quote ergibt sich aufgrund der Pflichtteile, die der Erblasser zu beachten hat.

$\frac{1}{8}$	$\frac{1}{8}$	$\frac{1}{8}$	$\frac{1}{8}$	$\frac{1}{8}$	$\frac{1}{8}$	$\frac{1}{8}$	$\frac{1}{8}$

CHF 220 000.– = 100% oder $\frac{1}{1}$			**Verfügbare Erbschaft (Nachlass)**
Gesetzlicher Erbanteil des Gatten $\frac{1}{1} \times \frac{1}{2} = \frac{1}{2}$ CHF 110 000.–	**Gesetzlicher Erbanteil der Nachkommen** $\frac{1}{1} \times \frac{1}{2} = \frac{1}{2}$ CHF 110 000.–		**1. Beispiel:** Der Verstorbene hinterlässt Gattin und Kinder **ohne** Testament.
Pflichtteil Gatte $\frac{1}{2} \times \frac{1}{2} = \frac{1}{4}$	**Verfügbare (freie) Quote** $= \frac{3}{8}$ CHF 82 500.–	**Pflichtteil Nachkommen** $\frac{1}{2} \times \frac{3}{4} = \frac{3}{8}$ CHF 82 500.–	Der Verstorbene hinterlässt Gattin und Kinder **mit** Testament.
Gesetzlicher Erbanteil des Gatten $\frac{1}{1} \times \frac{3}{4} = \frac{3}{4}$ CHF 165 000.–	**Gesetzlicher Erbanteil der Eltern** $\frac{1}{1} \times \frac{1}{4} = \frac{1}{4}$ CHF 55 000.–		**2. Beispiel:** Der Verstorbene hinterlässt Gattin und Eltern (2. Stamm) **ohne** Testament.
Pflichtteil Gatte $\frac{1}{2} \times \frac{3}{4} = \frac{3}{8}$ CHF 82 500.–	**Verfügbare Quote** $= \frac{4}{8} (= \frac{1}{2})$ CHF 110 000.–	**Pflichtteil der Eltern** $\frac{1}{8}$ 27 500.–	Der Verstorbene hinterlässt Gattin und Eltern **mit** Testament.
Gesetzlicher Erbanteil des Gatten $\frac{1}{1} \times \frac{3}{4} = \frac{3}{4}$ CHF 165 000.–	**Gesetzlicher Erbanteil der Geschwister** $\frac{1}{1} \times \frac{1}{4} = \frac{1}{4}$ CHF 55 000.–		**3. Beispiel:** Der Verstorbene hinterlässt Gattin und Geschwister (2. Stamm) **ohne** Testament.
Pflichtteil Gatte $\frac{1}{2} \times \frac{3}{4} = \frac{3}{8}$ CHF 82 500.–	**Verfügbare Quote laut Testament** $= \frac{5}{8}$ CHF 137 000.–		Der Verstorbene hinterlässt Gattin und Geschwister (2. Stamm) **mit** Testament.

Die Enterbung (ZGB 477 ff.)

Das Gesetz sieht die Möglichkeit der Enterbung vor und nennt zwei Gründe:

- Der Erbe hat gegen den Erblasser oder gegen eine ihm nahestehende Person eine schwere Straftat verübt (ZGB 477).
- Der Erbe hat eine familienrechtliche Pflicht gegenüber dem Erblasser oder gegenüber einem seiner Angehörigen schwer verletzt. Unverträglichkeiten in der Familie oder die Entfremdung von Scheidungskindern bilden keine Enterbungsgründe.

Die Enterbung muss in einem Testament festgehalten werden. Dort muss auch der Enterbungsgrund genannt werden, damit die Enterbung wirksam wird (ZGB 479).

Verfügungen von Todes wegen

Ein Erblasser, der handlungsfähig ist (siehe S. 17), kann mit einem Testament (letztwillige Verfügung) oder einem Erbvertrag in einem durch das Gesetz festgelegten Ausmass über seinen Nachlass bestimmen und so von der gesetzlichen Erbfolge abweichen. Er kann also bis zu einem gewissen Grad (siehe Pflichtteile) zwischen den gesetzlichen Erben eine andere Beteiligung an der Erbschaft vorsehen oder andere Personen als Erben einsetzen.

■ Das Testament (letztwillige Verfügung)

Testament (ZGB 498 ff.): Einseitige Willenserklärung des Erblassers über die Verteilung seines Nachlasses.

Eigenhändiges Testament
- Das Testament muss vom Erblasser vollständig von Hand geschrieben sein.
- Es muss das Datum der Niederschrift (Tag, Monat, Jahr) enthalten.
- Der Erblasser muss das Testament unterschreiben.

Ist eine dieser Vorschriften nicht erfüllt, besteht ein Formmangel. Anders als bei Formmängeln üblich, wird ein Testament durch einen Formmangel nicht einfach nichtig. Das Testament wird nur auf Klage hin für ungültig erklärt (ZGB 520).

Vorteil: Es ist mit keinen Kosten verbunden und jederzeit änderbar.

Nachteil: Das eigenhändige Testament kann leicht verloren gehen, vergessen oder nicht mehr gefunden werden. Die Kantone sind deshalb verpflichtet, Amtsstellen einzurichten, welche die Aufbewahrung übernehmen (ZGB 505^2).

Öffentliches Testament
Das öffentliche Testament muss unter Mitwirkung einer Urkundsperson (meistens Notar) und zweier Zeugen erstellt werden (ZGB 499). Die Zeugen müssen den Inhalt des Testaments nicht kennen. Sie müssen nur bezeugen, dass der Erblasser das Testament gelesen hat, dass er damit über seinen Nachlass verfügen will und dass er in diesem Moment urteilsfähig war.

Vorteil: Die Urkundsperson muss ein Exemplar sicher aufbewahren und dieses auch beim Tod des Erblassers der zuständigen Amtsstelle übergeben.

Nachteil: Die Erstellung ist mit Kosten verbunden.

■ Der Erbvertrag

Der Erbvertrag verteilt die Erbschaft anders, als das Gesetz es vorsieht.

Erbvertrag (ZGB 512 ff.): Vereinbarung (gegenseitige übereinstimmende Willenserklärung) der Vertragsparteien über ihren Nachlass.

Ein Erbvertrag muss wie ein öffentliches Testament unter Mitwirkung einer Urkundsperson und zweier Zeugen erstellt werden (ZGB 512). Da es sich um einen Vertrag handelt, kann er (anders als das Testament) grundsätzlich nicht von einer Partei einseitig widerrufen werden: Dazu ist eine schriftliche Übereinkunft von allen Vertragsparteien nötig (ZGB 513).

Beispiel: Ein Pflegebedürftiger, der keine Nachkommen hat und nicht verheiratet ist, setzt seine langjährige Pflegerin gegen weitere Pflegeleistungen bis zu seinem Ableben als Alleinerbin ein.

TIPP
- Testamente und Erbverträge sollten an einem sicheren Ort aufbewahrt werden. Notare, Rechtsanwälte und auch die Gemeinde bieten diese Dienstleistung an.
- Besonders wichtig ist, dass Änderungen in einem Testament auch am Aufbewahrungsort nachgetragen werden.

Kindesrecht

> **Kindesrecht:** Gesetzliche Bestimmungen über Rechte und Pflichten der Eltern gegenüber ihren Kindern und der Kinder gegenüber ihren Eltern.

Im Alltag versteht man unter «Eltern» stets die leiblichen, also biologischen Eltern. In der Realität ist diese biologische Beziehung (meist zum Vater) nicht immer bekannt oder umstritten.

■ Die Entstehung des Kindesverhältnisses (ZGB 252 ff.)

Zur Mutter

Das Kindesverhältnis zur Mutter entsteht durch die Geburt oder durch die Adoption des Kindes (ZGB 252/264; siehe S. 68).

Zum Vater (siehe S. 53)

Ist die Mutter bei der Geburt des Kindes verheiratet, gilt der Mann, mit dem sie verheiratet ist, als Vater des Kindes. Stirbt er vor der Geburt des Kindes, gilt er trotzdem als Vater, wenn das Kind innerhalb von 300 Tagen nach seinem Tod geboren wird. Diese gesetzlichen Vaterschaftsvermutungen aufgrund der Ehe mit der Mutter können vom Ehemann und (unter gewissen Voraussetzungen) vom Kind angefochten werden (ZGB 256 ff.).

Ist die Mutter nicht verheiratet, kann der leibliche Vater das Kind anerkennen. Das Kindesverhältnis zum Vater und zur Mutter kann auch durch Adoption entstehen.

Mutter und Kind können auf Feststellung der Vaterschaft klagen. Das Gericht muss bei den Abklärungen mithelfen (evtl. erfolgt eine DNA-Analyse).

■ Kindeswohl

Die elterliche Sorge dient dem Wohl des Kindes (ZGB 296).

Das Kindeswohl ist der oberste Grundsatz im Kindesrecht und muss von den Eltern, aber auch von den Behörden in kindesrechtlichen Angelegenheiten beachtet werden. Am genauesten umschrieben wird das Kindeswohl in ZGB 302: Das Kind hat Anrecht auf körperliche, geistige und sittliche Entfaltung, gemessen an seinen Neigungen und Fähigkeiten (Erziehung, siehe S. 66).

Pflichten des Kindes

Diese Ausrichtung des Gesetzes auf das Kindeswohl bedeutet aber nicht, dass Kinder immer machen können, was sie wollen: Was dem Kind in Anbetracht der gesamten Situation und auch mit Blick auf die Zukunft am besten dient, muss nicht mit dem momentanen Willen des Kindes übereinstimmen. ZGB 272 hält fest: Eltern und Kinder sind einander allen Beistand, alle Rücksicht und Achtung schuldig, die das Wohl der Gemeinschaft erfordert. Und ZGB 301[2] hält fest: Das minderjährige Kind schuldet den Eltern Gehorsam.

Aufenthaltsort des Kindes

ZGB 301a: Die Eltern bestimmen den Aufenthaltsort des Kindes. Üben sie die elterliche Sorge gemeinsam aus und will ein Elternteil den Aufenthaltsort des Kindes wechseln, bedarf er der Zustimmung des anderen Elternteils. Übt ein Elternteil die elterliche Sorge allein aus und will er den Aufenthaltsort des Kindes wechseln, muss er den anderen Elternteil rechtzeitig darüber informieren.

■ Rechte des Kindes

Vornamen des Kindes
Die Eltern geben dem Kind den Vornamen (ZGB 301[4]). Vornamen, die die Interessen des Kindes oder Dritter offensichtlich verletzten, insbesondere anstössige oder widersinnige, sowie Vornamen, die eindeutig dem anderen Geschlecht zugeordnet werden können, werden zurückgewiesen.

Mitbestimmung in der Erziehung
Die Eltern gewähren dem Kind bei wichtigen Entscheiden im Rahmen seiner Urteilsfähigkeit das Mitbestimmungsrecht (z. B. bei der Schul- und Berufswahl) (ZGB 301[2]).

Angemessene Freiheit
Die Eltern lassen dem Kind bei seiner Lebensgestaltung einen Freiraum, der seiner Reife entspricht (ZGB 301). In diesem Zusammenhang stellen sich viele Fragen, die nicht generell beantwortet werden können, z. B.: Wie lange darf ein 13-jähriges Kind am Abend und am Wochenende weg sein?

Unterhalt
Das Kind hat gegenüber seinen Eltern Anspruch auf Unterhalt (ZGB 276 f.).

Religion
Bis zum vollendeten 16. Lebensjahr bestimmen die Eltern über die religiöse Erziehung des Kindes. Mit 16 Jahren kann es seinen Glauben selber bestimmen (ZGB 303).

■ Rechte und Pflichten der Eltern

Elterliche Sorge (Sorgerecht)
ZGB 296[2]: Die Kinder stehen, solange sie minderjährig sind, unter der gemeinsamen elterlichen Sorge von Vater und Mutter. Stirbt ein Elternteil, steht die elterliche Sorge dem überlebenden Elternteil zu (ZGB 297[1]).

Sind die Eltern nicht miteinander verheiratet, so kommt die gemeinsame elterliche Sorge aufgrund einer gemeinsamen Erklärung der Eltern zustande (ZGB 298a[1]). Bis die Erklärung vorliegt, steht die elterliche Sorge allein der Mutter zu (ZGB 298a[5]).

Erziehung
Als Konsequenz der Sorgepflicht haben die Eltern die Aufgabe, die körperliche und geistige Entwicklung des Kindes zu fördern und zu schützen.

Gesetzliche Vertretung
Die Eltern vertreten im Rahmen der Sorgepflicht das minderjährige Kind (ZGB 304). Ist das Kind urteilsfähig (siehe S. 16), haben die Eltern bei der Vertretung Rücksicht auf die Meinung des Kindes zu nehmen.

Unterhaltspflicht der Eltern
Die Eltern müssen für den Unterhalt des Kindes aufkommen, bis dieses das 18. Lebensjahr vollendet oder eine Erstausbildung abgeschlossen hat (ZGB 276/277).

Beispiel: Die Eltern sind grundsätzlich verpflichtet, ein Kind bis zum ordentlichen Abschluss seines Studiums – unabhängig vom Alter – zu unterstützen. Das Kind muss aber nach seinen Möglichkeiten mithelfen, das Studium zu finanzieren. Eine Erstausbildung kann auch so aussehen, dass ein Jugendlicher zuerst eine Berufsausbildung abschliesst, dann die Berufsmaturitätsschule absolviert und anschliessend an der Fachhochschule studiert.

Familie

■ Vermögen und Lohn des Kindes

Kindesvermögen
Hat ein Kind Vermögen, so haben die Eltern dieses im Rahmen ihrer Sorgepflicht zu verwalten.

Die Eltern dürfen in der Regel nur die Erträge (Zinsen, Gewinne) dieses Vermögens für den Unterhalt und die Ausbildung des Kindes gebrauchen. Die Verwendung des eigentlichen Vermögens bedarf im Normalfall der Bewilligung durch die Kindesschutzbehörde (ZGB 318–320).

Schutz des Kindesvermögens
Erachtet es die Kindesschutzbehörde nach Art und Grösse des Kindesvermögens für angezeigt, kann von den Eltern periodisch Rechenschaft über die Verwaltung des Kindesvermögens verlangt werden (ZGB 318³). Im Übrigen kann die Kindesschutzbehörde immer dann eingreifen, wenn die Eltern das Kindesvermögen nicht sorgfältig verwalten (ZGB 324).

Lohn des Kindes
Hat ein Kind ein Einkommen (z. B. einen Lehrlingslohn), bevor es volljährig ist, kann es dieses selber verwalten und nutzen. Im Umfang dieses Einkommens ist es voll handlungsfähig. Lebt es noch bei den Eltern, so können diese verlangen, dass es einen angemessenen Teil zu seinem Unterhalt beisteuert (ZGB 323).

Haftung
Ist ein Kind urteilsfähig (siehe S. 16), aber nicht volljährig, kann es nur mit Zustimmung des gesetzlichen Vertreters Verträge abschliessen. Ohne diese Zustimmung kann es aber einfache Verträge des täglichen Lebens abschliessen (z. B. Brot einkaufen) (ZGB 19¹).

Für Schäden, die das urteilsfähige, minderjährige Kind durch unerlaubte Handlung jemandem zufügt, haftet es selber (ZGB 19³). Daneben steht dem Geschädigten ein Anspruch auf Schadenersatz von den Eltern zu, falls diese ihre Aufsichtspflicht über das Kind verletzt haben (ZGB 333). Ist das Kind allerdings urteilsfähig, ist selten eine Verletzung der Aufsichtspflicht gegeben.

■ Massnahmen zum Schutz des Kindes

Ist das Kindeswohl gefährdet, kann die Kindesschutzbehörde (siehe S. 69) sämtliche Massnahmen treffen, die zum Schutz des Kindes nötig sind. Eine solche Massnahme bedeutet immer auch einen Eingriff in die Rechte der Eltern. Die Kindesschutzbehörde hat deshalb eine Interessenabwägung vorzunehmen.

Entziehung der elterlichen Sorge (Entzug der Obhut)
Sind die Eltern überhaupt nicht in der Lage, ihre Pflichten zu erfüllen, oder misshandeln sie ihr Kind oder lassen es verwahrlosen, so kann ihnen die Kindesschutzbehörde das Sorgerecht entziehen. Das Kind erhält einen Vormund (siehe S. 71) und wird nötigenfalls in einer Pflegefamilie untergebracht. Die Eltern müssen in diesem Fall aber weiterhin finanziell für ihr Kind aufkommen, soweit ihnen das möglich ist (ZGB 311–312).

Kindesschutz im Strafrecht
Das Strafgesetzbuch (StGB) sieht verschiedene Bestimmungen zum Schutz des Kindes vor, insbesondere bei Vernachlässigung der Unterhaltspflicht (StGB 217), bei Verletzung der Fürsorge und Erziehungspflicht (StGB 219) und bei sexueller Ausbeutung (StGB 187–188).

Adoption

> **Adoption (ZGB 264 ff.):** Eine Person wird von einem Ehepaar oder einer Einzelperson als Kind angenommen.

Bei der Adoption entsteht ein Eltern-Kind-Verhältnis ohne Rücksicht auf die biologische Abstammung

■ Die Voraussetzungen für die Adoption

Das entscheidende Merkmal für eine Adoption ist das Wohl des Kindes (ZGB 264[1]). Seine Entwicklung und Entfaltung müssen gewährleistet sein. Die zuständige Kindesschutzbehörde überprüft, ob alle gesetzlichen Voraussetzungen für eine Adoption erfüllt sind.

Gemeinschaftliche Adoption
Ehegatten können unter folgenden Voraussetzungen gemeinsam ein Kind adoptieren: Sie müssen das zu adoptierende Kind mindestens ein Jahr lang als Pflegekind betreut haben, seit mindestens drei Jahren einen gemeinsamen Haushalt führen und beide müssen mindestens 28 Jahre alt sein (ZGB 264, 264a). Mit diesen Vorschriften will man erreichen, dass sich Ehepaare nicht leichtfertig zu einer Adoption entschliessen.

Seit dem 1.1.2018 ist eine Adoption von Stiefkindern eines der beiden Ehepartner, der eingetragenen Partner oder der Konkubinatspartner möglich. Vorausgesetzt wird, dass das Paar seit mindestens drei Jahren einen gemeinsamen Haushalt führt (ZGB 264c).

Einzeladoption
Eine Person, die nicht verheiratet ist und nicht in einer eingetragener Partnerschaft lebt, darf ein Kind allein adoptieren, wenn sie mindestens 28 Jahre alt ist (ZGB 264b[1]).

Adoptivkind
Der Altersunterschied zwischen dem Kind und den adoptionswilligen Personen darf nicht weniger als 16 Jahre und nicht mehr als 45 Jahre betragen (ZGB 264d[1]). Ist das Kind urteilsfähig, bedarf die Adoption seiner Zustimmung (ZGB 265[1]).

Zustimmung der Eltern
Sind die Eltern des zu adoptierenden Kindes bekannt, müssen sie in der Regel ihre Zustimmung zur Adoption geben (ZGB 265a[1]). Ist ein Elternteil unbekannt, genügt die Zustimmung des anderen (ZGB 265c). Das volljährige Kind kann jederzeit verlangen, dass ihm die Personalien seiner leiblichen Eltern bekannt gegeben werden (ZGB 268c[1]).

■ Die Wirkung der Adoption

Mit der Adoption entsteht zwischen Adoptivperson und adoptierender Person ein neues Kind-Eltern-Verhältnis. Die Betroffenen sind durch die Adoption miteinander verwandt und das adoptierte Kind hat die gleichen Rechte, wie wenn das Kindesverhältnis durch Geburt, Anerkennung oder gerichtliche Feststellung entstanden ist. Das Kindesverhältnis zu den biologischen Eltern erlischt (ZGB 267).

Name und Bürgerrecht
Beim Namen und beim Bürgerrecht kommen die Bestimmungen über die Wirkungen des Kindesverhältnisses zur Anwendung (ZGB 267a[2]; 267b; siehe S. 55). Bei der gemeinschaftlichen Adoption und bei der Einzeladoption kann dem minderjährigen Kind ein neuer Name gegeben werden (ZGB 267a[1]).

Kindes- und Erwachsenenschutzbehörde (KESB)

Erwachsenenschutz: Schützt die persönlichen und vermögensrechtlichen Interessen von volljährigen Personen, wenn deren Selbstständigkeit eingeschränkt ist.

Erwachsenenschutz
kescha.ch

Die KESB ist eine Fachbehörde und untersteht der Hoheit der Kantone. Sie fällt ihre Entscheide mit mindestens drei Mitgliedern. Kantone setzen je nach ihrer Grösse dafür ein einziges Gremium oder wenige Fachstellen ein. In der KESB sind Fachpersonen aus den Bereichen Recht, Sozialarbeit, Pädagogik/Psychologie, Medizin/Psychiatrie vertreten.

■ Die eigene Vorsorge

Zum eigenen Schutz sollten ab einem gewissen Alter ein Vorsorgeauftrag und eine Patientenverfügung erstellt werden.

Der Vorsorgeauftrag (ZGB 360 ff.)	Die Patientenverfügung (ZGB 370 ff.)
Für den Fall, dass eine handlungsfähige Person einmal handlungsunfähig werden sollte, kann sie mittels eines Vorsorgeauftrags eine natürliche oder juristische Person (siehe S. 17) bestimmen, damit diese dann für sie die entsprechenden Entscheidungen trifft (z. B. Verlegung in ein Pflegeheim, Auflösung der Wohnung, Verwaltung des Vermögens). Der Vorsorgeauftrag muss von Hand geschrieben, mit Ort, Datum versehen und unterzeichnet werden.	Für den Fall, dass eine urteilsfähige Person einmal urteilsunfähig werden sollte (wegen Krankheit oder Unfall), kann sie mittels einer Patientenverfügung Vorschriften bezüglich medizinischer Massnahmen erlassen (z. B. dass keine lebensverlängernden Massnahmen getroffen werden dürfen). Sie kann darin auch eine Vertrauensperson einsetzen, die dann im medizinischen Bereich Entscheidungen treffen kann. Die Patientenverfügung muss schriftlich verfasst, datiert und unterzeichnet werden.

■ Die Vorsorge von Gesetzes wegen

Hat jemand weder einen Vorsorgeauftrag noch eine Patientenverfügung verfasst oder eine entsprechende Beistandschaft errichtet (siehe S. 70), gelten die gesetzlichen Regeln. Diese umfassen:

Vertretungsrecht des Ehegatten oder des eingetragenen Partners
Eine urteilsunfähige Person wird durch den Ehegatten oder den eingetragenen Partner vertreten (ZGB 374 ff.). Dieses Vertretungsrecht umfasst das Bezahlen von Rechnungen, das Besorgen von Kleidern, das Öffnen von Briefen oder von E-Mails usw.

Ärztliche Bestimmung bei medizinischen Massnahmen
Der behandelnde Arzt bestimmt über die medizinischen Massnahmen (ZGB 377 ff.). Er muss die zur Vertretung berechtigte Person beiziehen.

Betreuungsvertrag
Befindet sich eine urteilsunfähige Person für längere Dauer in einer Pflege-/Wohneinrichtung, so muss ein Betreuungsvertrag erstellt werden (ZGB 382 ff.). Darin wird geregelt, ob z. B. ein Altersheim oder ein Pflegeheim infrage kommt, ebenso die Höhe der Kosten. Die Wünsche der betroffenen Person sind, soweit möglich, zu berücksichtigen.

Erwachsenenschutz: Behördliche Massnahmen

Die Erwachsenenschutzbehörde ordnet eine behördliche Massnahme an, wenn die eigene Vorsorge, die Vorsorge von Gesetzes wegen (siehe S. 69) oder andere Unterstützungsleistungen (z. B. durch die Familie) nicht mehr ausreichen (ZGB 388 f.).

Zu den behördlichen Massnahmen zählen:
- die Beistandschaft und
- die fürsorgerische Unterbringung (siehe S. 71).

■ Die Beistandschaft

> **Beistandschaft:** Schutzmassnahmen für eine volljährige Person, die ihre Angelegenheiten nicht mehr oder nur noch teilweise selber regeln kann (ZGB 390).

Eine Person erhält dann einen Beistand, wenn sie geistig, psychisch oder physisch stark beeinträchtigt ist.

Die Erwachsenenschutzbehörde errichtet die Beistandschaft auf Antrag der betroffenen Person, einer ihr nahestehenden Person oder von Amts wegen.

Beistand
Der Beistand wird von der Erwachsenenschutzbehörde ernannt. Beistand kann eine natürliche Person sein (siehe S. 17), die persönlich sowie fachlich geeignet ist und die erforderliche Zeit einsetzen kann (ZGB 400).

Für wichtige Geschäfte (z. B. den Kauf eines Hauses) muss der Beistand die Zustimmung der Erwachsenenschutzbehörde einholen (ZGB 416 f.).

Man unterscheidet vier Arten der Beistandschaft:

Begleitbeistandschaft (ZGB 393)

Die Begleitbeistandschaft wird mit Zustimmung der hilfsbedürftigen Person errichtet, wenn diese begleitende Unterstützung braucht (z. B. Organisieren der Spitex). Die Handlungsfähigkeit bleibt bei dieser Massnahme vollständig gewahrt.

Vertretungsbeistandschaft (ZGB 394)

Die hilfsbedürftige Person kann bestimmte Angelegenheiten nicht mehr erledigen und muss deshalb vertreten werden, z. B. wenn sie Kinder hat, die sie nicht mehr selbstständig erziehen kann.

Mitwirkungsbeistandschaft (ZGB 396)

Bestimmte Handlungen der hilfsbedürftigen Person brauchen die Zustimmung des Beistands (z. B. Zustimmung zu Abzahlungsgeschäften). Die Handlungsfähigkeit ist bei diesen bestimmten Handlungen von Gesetzes wegen beschränkt.

Umfassende Beistandschaft (ZGB 398)

Wenn eine besondere Hilfsbedürftigkeit, z. B. wegen dauernder Urteilsunfähigkeit, besteht, wird eine umfassende Beistandschaft errichtet.
Die verbeiständete Person ist von Gesetzes wegen vollständig handlungsunfähig.

Familie

■ Fürsorgerische Unterbringung

Die fürsorgerische Unterbringung regelt die Unterbringung einer Person, die an einer psychischen Störung leidet, geistig behindert oder schwer verwahrlost ist (ZGB 426 ff.).

Die fürsorgerische Unterbringung wird verordnet, wenn
- eine Person Widerstand leistet bzw. eine urteilsfähige Person ihre Zustimmung zur Unterbringung nicht erteilt oder
- eine urteilsunfähige Person in einer psychiatrischen Klinik untergebracht werden soll (ZGB 380).

Die fürsorgerische Unterbringung ist nur zulässig, wenn keine weniger einschneidende Massnahme der betroffenen Person genügenden Schutz bietet.
Die Erwachsenenschutzbehörde ist für die Anordnung der Unterbringung und später für die Entlassung zuständig.

Minderjährige unter Vormundschaft

Steht eine minderjährige Person nicht unter elterlicher Sorge (z. B. weil beide Elternteile gestorben oder nicht fähig sind, für das Wohl des Kindes zu sorgen), ernennt die Kindesschutzbehörde für das Kind einen Vormund (ZGB 327a ff.).
Der Vormund hat die gleichen Rechte wie die Eltern. Muss das Kind in einer geschlossenen Einrichtung oder in einer psychiatrischen Klinik untergebracht werden, weil es beispielsweise eine Straftat begangen hat, so sind die entsprechenden Bestimmungen des Erwachsenenschutzes sinngemäss anwendbar.

Massnahmen bei einem Todesfall

■ Benachrichtigung der Behörden

Todesfall am Wohnort
Zuerst muss ein Arzt beigezogen werden, damit dieser den Tod bescheinigen kann. Dann erfolgt die Meldung beim Zivilstandsamt der Wohngemeinde mit der Todesbescheinigung des Arztes und mit dem Familienbüchlein.

Todesfall ausserhalb des Wohnortes
Auch hier ist zuerst ein Arzt beizuziehen. Die Todesmeldung erfolgt jedoch beim Zivilstandsamt des Todesortes.

Unfalltod
In diesem Fall ist zur Abklärung des Unfalls die Polizei zu benachrichtigen.

Weitere Schritte
Je nach Religionszugehörigkeit ist die im vorliegenden Fall zuständige Stelle zu benachrichtigen. Auf Wunsch übernimmt in den meisten Gemeinden das Bestattungsamt die Organisation der Bestattung (Termine, Art der Bestattung usw.).

Nachlassregelung
Der zuständigen Behörde der Gemeinde (Gericht, Teilungsamt) muss ein allfälliges Testament übergeben werden. Die Behörde unterstützt die Hinterbliebenen bei der Regelung des Nachlasses der verstorbenen Person.

■ Private Massnahmen

Man hat die Wahl, ein Bestattungsunternehmen mit Aufgaben, die im Zusammenhang mit einer Beerdigung anfallen, zu betrauen oder diese Aufgaben selbst zu erledigen:
- Leidzirkulare verfassen, drucken lassen und versenden.
- Todesanzeige in der Zeitung aufgeben.
- Einsargung und Überführung der Leiche veranlassen.
- mit der Friedhofsverwaltung bezüglich Grabstätte Kontakt aufnehmen.
- die Bestattungsfeierlichkeiten (Musik, gemeinsames Essen nach der Beerdigung usw.) organisieren.

> **TIPP** Fast alle Gemeinden geben ein Merkblatt zu diesem Thema heraus. Dieses ist auf der Website der Gemeinde zu finden oder bei den Gemeindekanzleien erhältlich.

1 Recht

1.4 Kauf

Verständnis

- Über welche rechtlichen Mittel verfügt die Käuferin, der Käufer bei Erhalt einer mangelhaften oder zu späten Lieferung?

- Welche Marketingtricks setzen Onlineshops ein, um zum Kauf anzuregen?

- Welche Vor- und Nachteile für die Konsumentin, den Konsumenten sehen Sie in Bezug auf die vier Konsumkredite?

- Wie läuft eine Betreibung auf Pfändung ab?

- Welche Voraussetzungen gelten für die Eröffnung eines Privatkonkurses?

- Wie kann man verhindern, dass man in die Schuldenspirale gerät?

- Was ist der Unterschied zwischen einem «einfachen Auftrag» und einem «Werkvertrag»? Können Sie Beispiele nennen?

Diskussion

- Den neuen Kopfhörer, das neue T-Shirt via Onlineshop aus China einfliegen lassen: Finden Sie das in Ordnung? Und: Ist es für Sie wichtig, jederzeit und überall alles einkaufen zu können?

Kaufvertrag: Übersicht

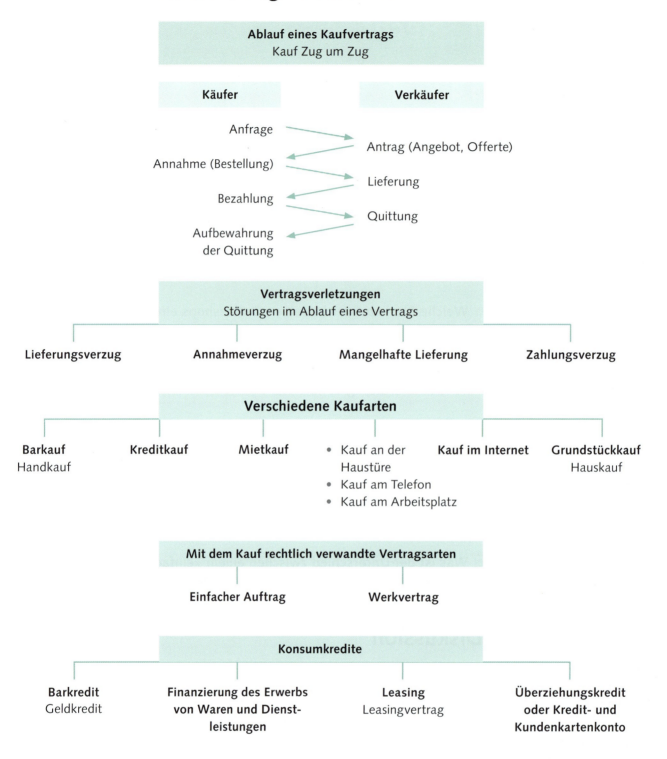

Begriffe aus ZGB (Sachenrecht) und OR

■ Eigentum

Eigentum (ZGB 641 ff.): Der Eigentümer einer Sache kann nach seinem Belieben über diese Sache verfügen, ohne die Gesetze zu missachten.

Über eine Sache nach Belieben verfügen heisst: Man kann die Sache verkaufen, verschenken, verändern oder gar zerstören. Die Rechtsordnung setzt aber Grenzen.

Beispiele:
- Bauvorschriften verbieten es, ohne Bewilligung das Haus aufzustocken.
- Das Umweltschutzgesetz bzw. das Abfallentsorgungsreglement lassen es nicht zu, das eigene Fahrrad im Wald zu entsorgen.

Eigentumsübertragung
Eine Eigentumsübertragung kann je nach Gegenstand z. B. durch blosse Übergabe (bewegliche Sache) oder Eintragung im Grundbuch (unbewegliche Sache) erfolgen. Der Grund einer Eigentumsübertragung kann sein:
- ein vertraglicher, z. B. Kauf, Tausch (OR 237 f.), Schenkung (OR 239 ff.),
- oder ein gesetzlicher, z. B. Erbschaft (ZGB 560; siehe S. 61 ff.).

Der Eigentümer kann seine Sache auch jemand anderem zum Gebrauch überlassen (siehe S. 103). Er bleibt weiterhin Eigentümer. Die andere Person wird dann Besitzer der Sache. Der Besitzer muss mit der Sache sorgfältig umgehen und sie wieder dem Eigentümer auf dessen Verlangen zurückgeben.

■ Besitz

Besitz (ZGB 919 ff.): Der Besitzer einer Sache hat die tatsächliche Gewalt über diese Sache.

In der Regel sind Eigentümer und Besitzer dieselbe Person.
Beispiele, in denen Eigentümer und Besitzer nicht identisch sind: Miete, Leihe, Leasing.

■ Gattungskauf (Gattungsware)

Gattungskauf: Nur die Art oder die Eigenschaft des Kaufgegenstandes ist bestimmt.

Meistens handelt es sich um vertretbare (ersetzbare) Sachen. Das heisst, sie können durch gleiche oder ähnliche ersetzt werden wie z. B. Äpfel, Benzin, Bier, Wein.
Üblicherweise trifft beim Gattungskauf der Verkäufer die Auswahl (siehe OR 71).

■ Spezieskauf (Speziesware)

Spezieskauf (Stückkauf): Der Kaufgegenstand ist individuell bestimmt.

Beim Spezieskauf trifft der Käufer die Auswahl, wie z. B. Occasionsauto, Kunstwerk (Original).

Ablauf eines Kaufs

> **Kaufvertrag (OR 184 ff.):** Der Verkäufer verpflichtet sich, dem Käufer gegen Bezahlung des Kaufpreises das Eigentum an einer Sache oder an einem Recht zu übertragen.

Form

Grundsätzlich können Kaufverträge formlos, d.h. mündlich oder stillschweigend abgeschlossen werden. (Ausnahme: Grundstückkauf, siehe S. 84.)

Kaufgegenstand

Der Kaufgegenstand kann ein Recht (z. B. Geldforderung), eine unbewegliche Sache (z. B. Grundstück) oder eine bewegliche Sache (z. B. Smartphone, Mountainbike, Personenwagen) sein. Letzteres wird Fahrniskauf genannt. Im Alltag hat man es vor allem mit Fahrniskäufen zu tun. Ohne anderen Hinweis versteht man in der Folge unter «Kauf» deshalb den Fahrniskauf (Grundstückkauf, siehe S. 84).

■ Anfrage

Mit der Anfrage will sich der Käufer Informationen beschaffen. So interessieren u. a. Qualität, Quantität, Preis sowie Liefer- und Zahlungsbedingungen. Die Anfrage ist kein Antrag.

■ Antrag (Angebot/Offerte) OR 3 ff.

Der Verkäufer nennt die Bedingungen, zu denen er sich verpflichtet, die Ware zu liefern (auch AGB genannt: Allgemeine Geschäftsbedingungen). Die Zustellung unbestellter Ware (siehe S. 84) wird nicht als Antrag angesehen (OR 6a[1]).

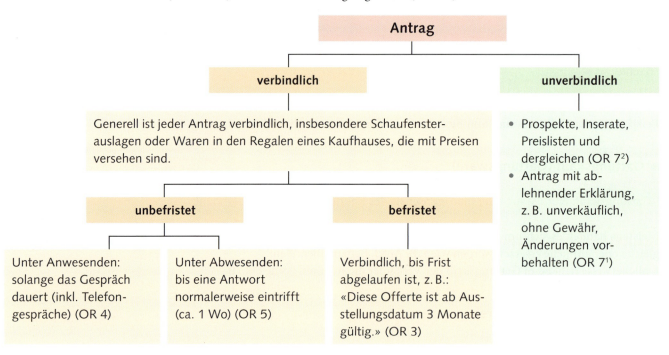

Kauf

■ Annahme (des Antrags)

Eine Annahme erfolgt mündlich oder schriftlich.
- Erfolgt die Annahme aufgrund einer verbindlichen Offerte, gilt der Kaufvertrag als zustande gekommen. Die gegenseitigen Willensäusserungen stimmen überein (OR 1). Käufer wie auch Verkäufer können auf der Erfüllung der vereinbarten Bedingungen beharren.
- Bestellte Ware muss angenommen werden.
- Grundsätzlich gilt: Gekauft ist gekauft (Ausnahme: die Ware ist mangelhaft).

Beispiel: In einem Möbelgeschäft ist eine Matratze für CHF 480.– bestellt worden. Man hat vereinbart, dass diese Matratze in vier Wochen abgeholt und gleich bezahlt wird. Beim Holen der Matratze stellt man fest, dass dasselbe Produkt inzwischen zum Aktionspreis von CHF 350.– angeboten wird. Der Verkäufer kann auf Bezahlung von CHF 480.– beharren. Ist die Matratze in der Zwischenzeit jedoch teurer geworden und kostet nun CHF 550.–, muss der Käufer nur die vereinbarten CHF 480.– bezahlen.

■ Nutzen und Gefahr

Der Zeitpunkt des Übergangs von Nutzen und Gefahr muss nicht mit der Eigentumsübertragung zusammenfallen. Nach dem Übergang von Nutzen und Gefahr gehören die Vorteile des Kaufgegenstandes dem Käufer, z.B. die Erträge. Der Käufer trägt aber auch das Risiko, den Kaufpreis trotzdem bezahlen zu müssen, falls der Kaufgegenstand zwischenzeitlich beschädigt wird.

Beispiel: Jemand kauft ein Haus mit Mietwohnungen. Nach dem Übergang von Nutzen und Gefahr gehören die Mietzinse dem Käufer. Wird die Wohnung durch eine Schlammlawine zerstört, hat der Käufer dennoch den ganzen Kaufpreis zu bezahlen.

Übergang von Nutzen und Gefahr

Ist nichts anderes vereinbart, gelten folgende Regelungen bezüglich des Zeitpunkts des Übergangs von Nutzen und Gefahr:
- Gattungskauf: wenn die Ware zur Versendung abgegeben ist, z.B Transportunternehmen, Post (OR 185).
- Spezieskauf: bei Vertragsabschluss.

■ Lieferung

Der Verkäufer schickt oder übergibt dem Käufer, der Käuferin die Ware. Ist nichts anderes vereinbart, wird die Käuferin mit der Übergabe der Ware Eigentümerin dieser Ware, auch wenn sie diese noch nicht bezahlt hat (ZGB 714).

Ort der Erfüllung (Holschulden)

Warenschulden sind in der Regel Holschulden. Das heisst, der Käufer, die Käuferin muss die Ware beim Verkäufer abholen (OR 74).

Ist nichts anderes vereinbart worden, trägt der Käufer, die Käuferin die Kosten für den Transport der Ware vom Erfüllungs- zum Bestimmungsort (OR 189).

> **TIPP**
> Obwohl der Kaufvertrag grundsätzlich formlos gültig ist, soll man sich wichtige Bestellungen schriftlich bestätigen lassen.

Vertragsverletzungen

■ Lieferungsverzug

Regelfall (Mahngeschäft) Liefert der Verkäufer nicht rechtzeitig, wird er in der Regel durch die Mahnung der Käuferin in Verzug gesetzt. Gleichzeitig mit der Mahnung kann eine angemessene Frist zur nachträglichen Lieferung gesetzt werden. Aus Beweisgründen werden solche Liefermahnungen eingeschrieben geschickt.

Verstreicht auch diese Nachfrist ungenutzt, kann die Käuferin auf der Lieferung beharren und zusätzlich Schadenersatz verlangen. Sie kann aber auch auf die Lieferung verzichten (und verlangen, dass sie finanziell so entschädigt wird, als ob der Verkäufer den Vertrag rechtzeitig erfüllt hätte) oder sie kann vom Vertrag zurücktreten (OR 102 und 107).

Spezialfälle (OR 108) Die Käuferin muss keine Nachfrist ansetzen, wenn
- sich der Verkäufer von vornherein zu liefern weigert,
- eine Nachlieferung für die Käuferin unnütz ist,
- ein genauer Stichtag für die Lieferung festgelegt wurde.

Sie kann dann ohne Nachfristansetzung auf die Lieferung verzichten oder vom Vertrag zurücktreten.

Beispiel: Für eine Geburtstagsparty wurden bei einem Metzger auf den 4. September 100 Bratwürste bestellt. Kann der Metzger nicht termingerecht liefern, darf sofort auf eine nachträgliche Lieferung verzichtet werden. Kauft man die Würste an einem anderen Ort zu einem höheren Preis, muss der Metzger den Mehrpreis übernehmen.

■ Annahmeverzug

Die Käuferin muss die rechtzeitig gelieferte Ware annehmen. Weigert sie sich, kann der Verkäufer die Ware auf Kosten der Käuferin hinterlegen, z. B. in einem Lagerhaus (OR 92).

■ Gewährleistung = Garantie

Die verkaufte Ware muss einwandfrei geliefert werden. Das heisst, sie darf keine Mängel haben, die den Wert vermindern oder die Funktionstüchtigkeit einschränken. Dafür haftet der Verkäufer (OR 197). Diese sogenannte Gewährleistung (Garantie) dauert ab Lieferdatum 2 Jahre (OR 210[1]) und bei Waren für den Hausbau 5 Jahre (OR 210[2], OR 219).

Wichtig: Bei Neuanschaffungen für den Privatgebrauch darf ein Geschäft die 2-jährige Garantiefrist vertraglich nicht kürzen, ausser beim Kauf von gebrauchten Produkten, für die ebenfalls eine 2-jährige Garantiefrist gilt: Hier kann die Garantiefrist bis auf ein Jahr reduziert werden.

Allerdings: Das Gesetz lässt es zu, mit einem Vertrag die gesetzliche Garantie ganz auszuschliessen. Zudem können Kaufverträge andere Garantiebestimmungen vorsehen, etwa dass fehlerhafte Ware nicht ersetzt, sondern nur repariert wird. Solche Einschränkungen sind jedoch nur gültig, wenn der Verkäufer die Kundin vor dem Kauf klar darauf aufmerksam macht und ihr die Garantiebestimmungen zuvor aushändigt.

Ein generelles Umtauschrecht gibt es nicht.

Beispiel: Ein Kunde kauft einen einwandfreien Pullover. Zu Hause stellt er fest, dass die Farbe nicht zu den dafür vorgesehenen Hosen passt. Es hängt nun allein von der Kulanz (dem Entgegenkommen) des Verkäufers ab, ob er den Pullover umtauschen kann. Um den Kunden nicht zu verlieren, wird ihm der Verkäufer in der Regel einen Gutschein ausstellen, sofern er bei ihm keine passende Alternative gefunden hat.

Kauf

■ Mangelhafte Lieferung (mangelhafte Ware)

Die Käuferin ist verpflichtet, die Ware nach Erhalt zu prüfen und einen offensichtlichen Mangel mit einer Mängelrüge sofort dem Verkäufer zu melden (OR 201).

> **Mängelrüge:** Mitteilung der Käuferin an den Verkäufer, welche Mängel die Ware aufweist und dass die Mängel nicht akzeptiert werden.

Mit der Mängelrüge stellt die Käuferin auch einen Gewährleistungsanspruch. Ohne andere Abmachung hat sie dabei die Wahl zwischen zwei (beim Spezieskauf) oder drei (beim Gattungskauf) Möglichkeiten:

Ersatzlieferung (OR 206)	Preisminderung (OR 205)	Wandelung (OR 205)
Bei der Ersatzlieferung wird die defekte Sache gegen eine einwandfreie eingetauscht.	Durch die Preisminderung wird der Kaufpreis reduziert. Die Reduktion erfolgt um die verhältnismässige Werteinbusse, die der Kaufgegenstand aufgrund des Mangels hat.	Mit der Wandelung wird der Kaufvertrag rückgängig gemacht. Dabei gibt die Käuferin die Ware zurück und erhält vom Verkäufer das bereits gezahlte Geld zurück. In diesem Fall darf die Käuferin auf Bargeld beharren. Sie muss keinen Gutschein akzeptieren.
Die Ersatzlieferung kann nur beim Gattungskauf beantragt werden.	Die Preisminderung ist beim Gattungs- und beim Spezieskauf möglich (siehe S. 75).	Die Wandelung ist beim Gattungs- und beim Spezieskauf möglich, jedoch nur, wenn ein erheblicher Mangel vorliegt.

Reparatur

Eine Reparatur sieht das Gesetz nicht vor. Aufgrund der Vertragsfreiheit (OR 19) kann jedoch vereinbart werden, dass der Käuferin bei Vorliegen eines Mangels als vierte Wahlmöglichkeit ein Reparaturanspruch zusteht. Treten im Nachhinein sogenannte versteckte Mängel auf, hat die Käuferin diese umgehend dem Verkäufer zu melden (siehe Mängelrüge). Werden diese versteckten Mängel während der Garantiezeit entdeckt und gerügt, stehen der Käuferin wiederum die Gewährleistungsrechte (Garantierechte) zu.

Korrespondenz einer Mängelrüge   (siehe S. 400)

1. Vermerk	Eine Mängelrüge eingeschrieben schicken.
2. Brieftitel	«Ihre Lieferung vom …» oder «Artikel xy …»
3. Inhalt	Bestätigung, dass man die Ware am (Datum) erhalten hat. Hinweis, dass die Ware sofort geprüft und folgender Mangel festgestellt worden ist (Mangel genau beschreiben). Vorschlag zur Erledigung der Angelegenheit unterbreiten (Ersatzlieferung usw.). Hinweis, dass die Ware abgeholt werden kann (die Ware nicht von sich aus zurückschicken).

■ Zahlungsverzug

Die Käuferin muss innerhalb der vereinbarten Frist den abgemachten Kaufpreis bezahlen. Kommt sie dieser Pflicht nicht nach, kann sie vom Verkäufer gemahnt werden. Mit der Mahnung befindet sich die Käuferin im Verzug und schuldet dem Verkäufer neben dem Kaufpreis auch einen Verzugszins. Wurde nichts anderes vereinbart, beträgt dieser 5 % pro Jahr (OR 104). Ebenfalls gehen zur Eintreibung der Schuld notwendige Auslagen zulasten der Käuferin, falls diese durch den Verzugszins nicht genügend abgegolten sind (OR 103 und 106). Gemäss Gesetz reicht eine einzige Mahnung, um die Käuferin in Verzug zu setzen (OR 102).

Das Mahnwesen ist in der Schweiz gesetzlich nicht geregelt. Das bedeutet: Ein Anbieter darf seinen Kunden schon einen Tag nach Ablauf der Zahlungsfrist mahnen. Er muss dies aber nicht tun. Er kann die Kundin auch gleich betreiben. Eine bestimme Anzahl Mahnungen vor einer Betreibung ist nicht Vorschrift. In der Praxis haben sich jedoch drei Mahnungen eingebürgert. Der Verkäufer könnte auch ein Inkassobüro einschalten, wodurch der Käuferin noch zusätzliche Kosten entstehen.

Ort der Erfüllung (Bringschulden)
Geldschulden sind in der Regel Bringschulden. Die Käuferin muss dem Verkäufer das Geld ohne anderslautende Vereinbarung an dessen Wohnort überbringen (OR 74).

■ Rechnung

Eine vollständige Rechnung enthält: Name und Adresse des Ausstellers und des Empfängers, Bezeichnung der Ware oder der Dienstleistung, Betrag, Zahlungsbedingungen und Datum der Rechnungsstellung. Eine Rechnung sollte nicht unterschrieben werden, es sei denn, es handelt sich um eine quittierte Rechnung.

■ Quittung (Zahlungsbestätigung)

> **Quittung:** Schriftliche Bestätigung des Verkäufers, dass die Käuferin die Ware bezahlt hat. Jede Käuferin hat das Recht, eine Quittung zu verlangen (OR 88).

Üblicher Inhalt

Vorname und Name der Käuferin	
Betrag in Zahlen und Worten	
Kaufgegenstand	
Ort und Datum	
Unterschrift des Verkäufers	

Quittung
Die unterzeichnende Person bestätigt, von Julia Fischer, Hinterbachstrasse 30, 3186 Düdingen CHF 500.– (fünfhundert) für 1 Occasionsmofa (Allegro Alex) erhalten zu haben.

Baden, 16. Mai 2020

Tim Keller

■ Aufbewahrung der Quittung

Da bei den meisten Käufen der Vertragsabschluss, die Übergabe des Kaufgegenstandes und die Kaufpreiszahlung zeitlich zusammenfallen, sollte die Quittung unbedingt aufbewahrt werden. Will man nämlich Garantieansprüche geltend machen, muss man den Kauf beweisen können.

Verjährungsfrist beim Kaufvertrag
Bis zum Ablauf der Verjährungsfrist muss die Käuferin belegen können, dass sie den Kaufpreis bezahlt hat. Die Verjährungsfrist dauert bei den meisten Kaufverträgen mit privatem Zweck 5 Jahre (OR 128) als Ausnahme zur Regeldauer von 10 Jahren (OR 127). Man sollte daher über ein Ordnungssystem verfügen, sodass alle Quittungen der letzten fünf Jahre wieder auffindbar sind.

Verschiedene Kaufarten

■ **Handkauf (Barkauf)**

Handkauf: Die Bezahlung erfolgt gleichzeitig mit der Übergabe des Kaufgegenstandes.

Ohne gegenteilige Abmachung ist jeder Kauf ein Handkauf: Käuferin und Verkäufer erbringen ihre Leistungen gleichzeitig (Zug um Zug; OR 184).

Vorteile

Die Käuferin
- hat besseren Überblick über die Ausgaben,
- erhält allenfalls einen Barzahlungsrabatt.

Der Verkäufer
- kann sofort über Geld verfügen.

Nachteil

Die Käuferin
- Hoher Kaufpreis bedeutet allenfalls ein Sicherheitsrisiko (viel Bargeld in der Tasche).

■ **Kreditkauf**

Kreditkauf: Die Bezahlung erfolgt mit einer zeitlichen Verzögerung (z. B. 30 Tage) nach der Übergabe der Ware.

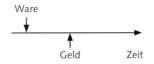

Der Verkäufer vertraut darauf, dass ihm die Käuferin die Ware bezahlt, obwohl er nicht mehr Eigentümer der Ware ist (siehe unten: Nachteile).

Der Verkäufer übergibt der Käuferin die Ware mit Rechnung. Diese ist von der Käuferin innerhalb der vereinbarten Frist zu begleichen.

Vorteile

Die Käuferin
- muss kein Bargeld mit sich tragen,
- erhält Zahlungsaufschub.

Nachteile

Die Käuferin
- muss aufpassen, dass sie sich nicht verschuldet und unüberlegte Käufe tätigt.

Der Verkäufer
- erhält das Geld erst mit zeitlicher Verzögerung.
- Mit der Übergabe der Sache geht zumindest der Besitz (siehe S. 75) an die Käuferin über, in der Regel aber auch das Eigentum. Bezahlt die Käuferin die Ware nicht, kann diese vom Verkäufer nicht einfach zurückgefordert werden (OR 214[3]). Der Verkäufer muss den Weg über die Betreibung beschreiten (siehe S. 89 ff.).

Mietkauf

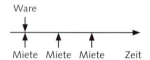

Mietkauf: Ein Gegenstand wird gemietet. Nach Vertrag kann der Mietgegenstand zu einem späteren Zeitpunkt als Eigentum erworben werden.

Diese Vertragsart ist gesetzlich nicht geregelt. Die bereits geleisteten Mietzinse werden beim Mietkauf teilweise auf den Kaufpreis angerechnet.

Wird die Mieterin beim Vertragsabschluss verpflichtet, das Eigentum am Mietobjekt zu erwerben, handelt es sich nicht um einen Mietkauf, sondern um einen Kreditkauf.

Vorteile
Die Käuferin
- muss nicht den gesamten Kaufpreis auf einmal entrichten,
- kann die Ware, z. B. ein Musikinstrument, gebührend testen.

Der Verkäufer
- kann allenfalls Waren verkaufen, die sich die Käuferin beim Handkauf nicht leisten könnte.

Nachteile
Die Käuferin
- Der Endpreis ist höher als beim Handkauf.
- Es besteht die Gefahr der Überschuldung bei mehreren gleichzeitig laufenden Mietkaufverträgen.

Der Verkäufer
- Es besteht das Risiko, dass die Käuferin nach einer gewissen Zeit die Mieten nicht mehr bezahlt.

Mietkaufverträge und Kreditkaufverträge unterstehen je nach ihrer Ausgestaltung dem Konsumkreditgesetz (siehe S. 85 ff.).

Weitere Kaufarten

Für folgende Vertragsarten gibt es gesetzliche Vorschriften zum Schutz der Konsumenten: Kauf an der Haustüre, am Telefon, auf öffentlichen Strassen und Plätzen oder am Arbeitsplatz (OR 40a ff.).
- Die Kundin kann den Vertragsabschluss innerhalb von 14 Tagen schriftlich (am besten eingeschrieben) widerrufen. Es gilt das Datum des Poststempels (OR 40b, 40e).
- Der Verkäufer muss die Kundin schriftlich über dieses Widerrufsrecht informieren (OR 40d). Die Frist zum Widerruf beginnt nicht zu laufen, solange der Verkäufer die Käuferin nicht über das Widerrufsrecht informiert hat (OR 40e).

Diese Schutzbestimmungen gelten nicht, falls
- die Kaufsumme unter CHF 100.– liegt (OR 40a);
- es sich um Versicherungsverträge handelt (OR 40a);
- die Kundin die Vertragsverhandlungen ausdrücklich gewünscht hat (OR 40c);
- die Kundin den Vertrag an einem Markt- oder Messestand abgeschlossen hat (OR 40c).

Kauf im Internet

Auch der Internetkauf ist grundsätzlich formfrei. Er kann daher mit elektronisch abgegebener Willensäusserung (z. B. per E-Mail) abgeschlossen werden. Die Bestell-Mail der Käuferin gilt dabei als Antrag, die automatisierte Antwort des Verkäufers als Annahme, vorausgesetzt, dass sie der Käuferin eine baldige Ausführung ihrer Bestellung zusagt.

Dasselbe gilt für Internetauktionen (Versteigerungen). Wer am Schluss am meisten geboten hat, muss die Ware annehmen und bezahlen. Ein Rücktrittsrecht gibt es im Normalfall nicht.

Vorteile
- Angebote können einfach miteinander verglichen werden.
- Man ist an keine Ladenöffnungszeiten gebunden.
- Räumliche Distanzen zum Anbieter können einfach und schnell überwunden werden.

Gefahren und Probleme
- Aufgrund der grossen Zahl der Betrüger, die sich im Internet tummeln, lauern beim Internetkauf auch Gefahren. Anbieter, die vor Lieferung Zahlung verlangen (sogenannte Vorkasse), sollten genau geprüft werden, da ansonsten der Kunde unter Umständen vergeblich auf die bestellte Ware wartet.
- Ebenfalls Vorsicht geboten ist bei «Schnäppchen». Oft handelt es sich dabei um gefälschte Produkte, um Auslaufmodelle, um Produkte, bei denen kein Service garantiert wird, oder es ist eine nicht deklarierte, gebrauchte Ware usw. Wenn kein seriöser Grund für den tiefen Preis ersichtlich ist, muss damit gerechnet werden, dass der Verkäufer zweifelhaft ist.
- Im Internet werden oft gefälschte Markenartikel oder gestohlene Waren angeboten. Wer gestohlene Ware kauft, kann sich strafbar machen (StGB 160: Hehlerei). *Beispiel:* Es werden 10 Original-Rolexuhren zum Preis von je CHF 700.– angeboten. In diesem Fall lohnt es sich, zuerst beim Hersteller nachzufragen, ob dieses Angebot seriös ist.
- Probleme kann es auch geben, wenn mangelhafte Ware geliefert wird, vor allem aus dem Ausland. In diesem Fall zu seinem Recht zu kommen, ist sehr zeitaufwendig und kostenintensiv, in vielen Fällen gar unmöglich.
- Besonders vorsichtig sollte man bei kostenlosen Angeboten sein. Mit einem einfachen Mausklick kann man in eine Kostenfalle tappen.
- Oft fallen bei Onlinekäufen aus dem Ausland Zollgebühren an, über die man sich am besten im Voraus erkundigt.

Verkaufstricks
Mit diesen Tricks versuchen Onlineshops, die Konsumentinnen und Konsumenten zu unüberlegten und oft überteuerten Käufen zu verleiten:
- künstliche Verknappung («nur noch zwei Stück in dieser Grösse vorhanden»),
- unterschiedliche Preise an unterschiedlichen Wochentagen und Orten,
- im Warenkorb werden nicht nur die Preise addiert, sondern auch der Betrag, den man aufgrund von Sonderangeboten spart. Im Kopf bleibt der gesparte und nicht der ausgegebene Betrag,
- vermeintliche Schnäppchen (das Produkt ist günstig, aber das notwendige Zubehör ist überteuert).

■ Spezialfall: Nicht bestellte Ware

Wird einer Person Ware zugeschickt, die sie nicht bestellt hat, so muss sie diese weder aufbewahren noch zurücksenden und darf ohne Gegenleistung frei über diese verfügen (OR 6a).

Beispiel: Jemand werden von einem Jugendclub zwei Computerspiele zugesandt (inkl. Rechnung), die er nie bestellt hat. Der Empfänger darf die Computerspiele benutzen, ohne die Rechnung bezahlen zu müssen.

Liegt ein offensichtlicher Irrtum vor, muss der Empfänger den Absender benachrichtigen (OR 6a).

Beispiel: In der gleichen Strasse wohnen zwei Personen mit demselben Namen, aber unterschiedlichen Hausnummern. Diese Personen wissen voneinander. Nun wird von einem Onlinehändler ein komplettes Fondue-Set mit Rechnung und Lieferschein an eine der beiden Personen gesandt, die dieses Set gar nicht bestellt hat. In diesem Fall muss der Onlinehändler benachrichtigt werden.

■ Grundstückkauf (Hauskauf)

Unter Grundstück versteht man gemäss ZGB 655 u. a.
- Liegenschaften (unbebaute oder bebaute Landflächen),
- in das Grundbuch aufgenommene, selbstständige und dauernde Rechte (z. B. Wegrecht),
- Miteigentumsanteile an Grundstücken (z. B. Stockwerkeigentum).

Formvorschrift

Damit der Kaufvertrag über ein Grundstück rechtsgültig wird, muss er schriftlich abgefasst und öffentlich beurkundet werden (Mitwirkung eines Notars, OR 216, siehe S. 19 ff.).

Eigentumsübertragung

Das Eigentum an einem Grundstück wird erst mit dem Eintrag ins Grundbuch übertragen (ZGB 656).

Finanzierung

Zum geforderten Eigenkapital und zur Hypothek, siehe Glossar.

Bauhandwerkerpfandrecht

Beim Kauf eines neu erstellten Hauses ist das Bauhandwerkerpfandrecht (ZGB 839 ff.) zu beachten. Dies ist eine Sicherheit für die Handwerker, falls der Bauherr die Rechnungen nicht bezahlen kann. Damit das Bauhandwerkerpfandrecht seine Wirkung erreichen kann, muss es im Grundbuch eingetragen werden.

Beispiel: Ein Bauunternehmen baut auf seinem Grundstück unter Mithilfe eines Handwerkers ein Einfamilienhaus. Zur Sicherung seiner Forderung lässt der Handwerker im Grundbuch ein Bauhandwerkerpfandrecht eintragen. Nach erfolgtem Eintrag kauft eine Familie das Grundstück und bezahlt den Kaufpreis. Weil das Bauunternehmen die Forderung des Handwerkers nicht bezahlt und einen schlechten Ruf bezüglich Zahlungsfähigkeit hat, betreibt der Handwerker das Bauunternehmen auf Pfandverwertung des Grundstücks. Zur Abwendung der Verwertung bleibt der Familie allenfalls nur die Bezahlung der Bauhandwerkerforderung.

> **TIPP** Beim Grundstückkauf sind die Lasten und Rechte, die im Grundbuch eingetragen sind, genau zu prüfen.

Kauf

Konsumkreditgesetz (KKG)

> **Konsumkreditgesetz (KKG):** Vorschriften über Kreditverträge zum Schutz des privaten Konsumenten. Unter Kreditverträgen werden alle Rechtsgeschäfte verstanden, die eine ähnliche oder gleiche Wirkung haben wie ein Zahlungsaufschub oder ein Darlehen.

KKG
admin.ch

Kreditverträge werden abgeschlossen, wenn man für den privaten Konsum kein Geld zur Verfügung hat. Oft werden dafür bei einem Kapitalgeber sehr hohe Zinsen in Kauf genommen.

■ Ziel des Gesetzes

Das KKG soll den Konsumenten vor Überschuldung schützen (Konsumentenschutz).
In den letzten Jahren hat die Überschuldung vor allem bei jungen Erwachsenen massiv zugenommen.

■ Schutz des Kreditnehmers

Der Gesetzgeber hat eine ganze Reihe von Vorschriften zum Schutz finanzschwacher Konsumenten aufgestellt:
- Vor Vertragsabschluss muss die Kreditgeberin eine vorgeschriebene Kreditfähigkeitsprüfung durchführen (siehe KKG 28 bis 31).
- Die Kreditgeberin ist verpflichtet, einen Konsumkredit, den sie gewähren will, der Informationsstelle für Konsumkredite (IKO) zu melden. Auch gewisse Zahlungsausstände des Konsumenten hat die Kreditgeberin der IKO zu melden.
- Die Kreditgeberin darf den vom Bundesrat festgelegten Höchstzinssatz (zurzeit 10 % für Barkredite und Leasingverträge; 12 % für Überziehungskredite) nicht überschreiten.
- Dem Kreditnehmer wird ein Rücktrittsrecht von 14 Tagen nach Erhalt der Vertragskopie eingeräumt. Der Poststempel ist massgebend.

■ Bereichsausnahmen (KKG 7)

Nicht unter das KKG fallen:
- zins- und gebührenfreie Kredite
- Kreditverträge unter CHF 500.– und über CHF 80 000.–
- Kredite, deren Rückzahlung innerhalb dreier Monate erfolgt
- grundpfandgesicherte Kredite
- Kredite, die durch bankenübliche Sicherheiten (z. B. Faustpfand) abgedeckt sind, und Kredite, die durch hinterlegtes Vermögen gesichert sind
- Verträge über fortgesetzte Erbringung von Dienstleistungen (Wasserwerk, Elektrizitätswerk)

■ Die 4 Arten von Konsumkrediten (KKG 9–12)

Das Gesetz unterscheidet vier Kreditarten:
- KKG 9: Barkredite
- KKG 9 und 10: Verträge zur Finanzierung des Erwerbs von Waren und Dienstleistungen
- KKG 11: Leasingverträge
- KKG 12: Überziehungskredit auf laufendem Konto oder Kredit- und Kundenkartenkonto mit Kreditoption

Vier Kreditarten

	Bar- bzw. Geldkredit	Finanzierung des Erwerbs von Waren und Dienstleistungen
Inhalt, Funktion	Die Kreditgeberin gewährt einem Konsumenten einen Bar- bzw. einen Geldkredit zu privaten Zwecken, ohne dass sie den Verwendungszweck des Kredits vorschreibt.	Die Kreditgeberin schliesst mit einem Konsumenten einen Kreditvertrag ab, um den Kauf einer bestimmten Ware oder Dienstleistung für den privaten Konsum vorzufinanzieren. Die Rückzahlung erfolgt üblicherweise in Form von monatlichen Ratenzahlungen.
Formvorschriften	Das KKG schreibt Schriftlichkeit mit zwingenden Angaben über die Ausgestaltung des Kredits vor und verlangt die Zustellung der Vertragskopie an den Konsumenten.	Das KKG schreibt Schriftlichkeit mit zwingenden Angaben über den Vertragsinhalt vor und verlangt die Zustellung der Vertragskopie an den Konsumenten.
Pflichten der Kreditgeberin	• Kreditfähigkeitsprüfung • Meldung des Kreditvertrags an die Informationsstelle für Konsumkredit (IKO) • Meldung an IKO auch bei Ausstehen von grösseren Teilzahlungen	• Kreditfähigkeitsprüfung • Meldung des Kreditvertrags an IKO • Meldung an IKO auch beim Ausstehen von grösseren Teilzahlungen
Recht der Konsumenten	Vorzeitige Erfüllung des Vertrags mit Kosteneinsparung	Vorzeitige Erfüllung des Vertrags mit Kosteneinsparung
Vertragsauflösung	• Widerrufsrecht des Konsumenten innerhalb von 14 Tagen • Rücktrittsrecht der Kreditgeberin bei Ausstehen von grösseren Teilzahlungen • Bei vorzeitiger Rückzahlung des Barkredits besteht Anspruch auf Erlass der Zinsen und auf eine angemessene Ermässigung der Kosten	• Widerrufsrecht des Konsumenten innerhalb von 14 Tagen • Rücktrittsrecht der Kreditgeberin beim Ausstehen von grösseren Teilzahlungen • Bei vorzeitiger Rückzahlung (d. h. bei vollständiger Bezahlung der Waren oder der Dienstleistungen) besteht Anspruch auf Erlass der Zinsen und auf eine angemessene Ermässigung der Kosten
Beispiele	Der Barkredit entspricht den sogenannten Kleinkrediten, Kleindarlehen und Konsumkrediten, die für alle möglichen Verpflichtungen oder Konsumwünsche verwendet werden können.	Waren (z. B. Auto, TV) oder Dienstleistungen (z. B. Ferien, Kurse) werden gekauft oder in Anspruch genommen, die durch die Kreditgeberin mit dem Barkredit vorfinanziert werden.

Leasing	Überziehungskredit oder Kredit- und Kundenkartenkonto	
Die Leasinggeberin finanziert dem Leasingnehmer die Nutzung einer Leasingsache zu privaten oder geschäftlichen Zwecken.	Die Kreditgeberin gewährt einem Konsumenten zu privaten Zwecken einen Überziehungskredit auf laufendem Konto oder auf einem Kredit- und Kundenkartenkonto mit Kreditoption (d.h., der Kredit kann in Raten zurückgezahlt werden).	**Inhalt, Funktion**
Das KKG schreibt Schriftlichkeit mit zwingenden Angaben zur Ausgestaltung des Leasings vor und verlangt die Zustellung der Vertragskopie an den Leasingnehmer.	Das KKG schreibt Schriftlichkeit mit zwingenden Angaben zum Vertragsinhalt vor und verlangt die Zustellung einer Vertragskopie an den Konsumenten. Der Konsument muss über jede Änderung des Zinses und der Kosten unverzüglich informiert werden.	**Formvorschriften**
• Kreditfähigkeitsprüfung • Meldung des Leasingvertrags an IKO • Meldepflicht an IKO auch beim • Ausstehen von drei Leasingraten	• Das Gesetz verlangt nur eine summarische Kreditfähigkeitsprüfung, d.h., die Kreditgeberin stützt sich auf die Angaben der Vermögens- und Einkommensverhältnisse des Kontoinhabers. Bei der IKO gemeldete Kredite sind zu berücksichtigen • Meldung des Überziehungskreditvertrags an IKO bei dreimaligem Überziehen	**Pflichten der Kreditgeberin**
• Widerrufsrecht des Konsumenten innerhalb von 14 Tagen • Rücktrittsrecht der Leasinggeberin bei Zahlungsrückständen von mehr als drei monatlichen Leasingraten • Der Leasingnehmer kann mit einer Frist von mindestens 30 Tagen auf Ende einer dreimonatigen Leasingdauer kündigen	• Widerrufsrecht des Konsumenten innerhalb von 14 Tagen (bei bestehendem Vertrag löst die Information über die Kontoüberziehung kein Widerrufsrecht aus) • Rücktrittsrecht der Kreditgeberin beim Ausstehen von grösseren Teilzahlungen	**Vertragsauflösung**
Autoleasing, Computerleasing	MasterCard, VISA-Kreditkarte, verschiedene Kundenkarten (z.B. Pluscard von Globus)	**Beispiele**

Leasingvertrag

> **Leasingvertrag:** Der Leasinggeber überlässt dem Leasingnehmer gegen Bezahlung von Leasingraten eine Sache für eine begrenzte Zeitdauer zur Nutzung und/oder zum Gebrauch.

Leasing ist eine moderne, zeitgemässe Form der Finanzierung eines Konsum- oder Investitionsgutes («Leasingobjekt»). Dabei stehen der Gebrauch und die Nutzung eines Leasingobjektes und nicht das Eigentum an diesem im Mittelpunkt.

Bei vielen Leasingverträgen erwirbt der Leasinggeber auf Anweisung des Leasingnehmers den Leasinggegenstand auf eigene Kosten (Finanzierungsleasing).

■ Die Vertragspartner beim Finanzierungsleasing

Beim Finanzierungsleasing sind drei Partner beteiligt, wobei nur zwischen dem Leasinggeber und dem Leasingnehmer sowie zwischen dem Leasinggeber und dem Lieferanten ein Vertrag besteht.

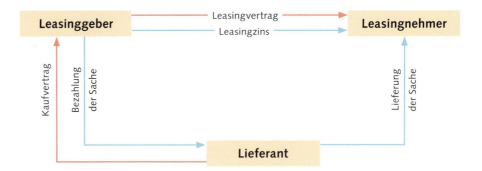

■ Wichtige Aspekte beim Autofinanzierungsleasing

- In der Regel führt der Lieferant (der Autohändler) die Verhandlungen mit dem Leasingnehmer und mit dem Leasinggeber. Nachdem der Leasinggeber die Kreditfähigkeit des Leasingnehmers überprüft hat, übergibt der Autohändler das Auto nach einer Wartefrist von ca. 10 Tagen dem Leasingnehmer.
- Der Leasingnehmer muss während der Vertragsdauer den Service und die Reparaturen des Autos beim Lieferanten (oder einer Vertragsgarage) ausführen lassen.
- Der Leasinggeber bleibt während der Vertragsdauer Eigentümer des Autos.
- Meistens muss der Leasingnehmer für die gesamte Dauer des Vertrags eine Vollkaskoversicherung abschliessen.
- Oft ist im Vertrag eine jährliche Kilometerzahl festgelegt, die nicht überschritten werden darf. Allfällige Mehrkilometer müssen bei Vertragsende zusätzlich bezahlt werden.
- Die Leasingraten können von Privatpersonen nicht von den Steuern abgezogen werden.
- Nach Ablauf der vereinbarten Laufzeit stehen dem Leasingnehmer in der Regel drei Möglichkeiten offen:
  - Er gibt dem Lieferanten das Auto in tadellosem Zustand zurück.
  - Er schliesst für das gleiche Auto einen neuen Leasingvertrag ab. Die Leasingraten werden günstiger, da das Fahrzeug einen geringeren Wert hat.
  - Er bezahlt dem Leasinggeber den Restwert und wird Eigentümer des Autos.

Betreibung

> **Betreibung:** Verfahren, um Geldforderungen zwangsweise einzutreiben. Die Betreibung wird vom Gläubiger eingeleitet und durch den Staat vollzogen. Geregelt ist die Betreibung im Bundesgesetz über Schuldbetreibung und Konkurs (SchKG).

Schuldet man Geld, wird man normalerweise zuerst gemahnt. Begleicht man seine Schulden immer noch nicht, kann der Gläubiger am Wohnort des Schuldners das Betreibungsverfahren einleiten. Dies macht er, indem er beim entsprechenden Betreibungsamt schriftlich ein Betreibungsbegehren einreicht. Das Formular erhält man beim Betreibungsamt oder im Internet. Danach stellt das Betreibungsamt dem Schuldner einen Zahlungsbefehl zu. Damit beginnt die Schuldbetreibung.

Der Gläubiger kann die Betreibung aber auch einleiten, ohne zuvor gemahnt zu haben. Er muss seine Forderung bei der Einleitung der Betreibung auch nicht nachweisen. Zudem kann der Gläubiger ein Inkassobüro (siehe Glossar) mit der Eintreibung der Schuld beauftragen.

■ Betreibungsarten

Betreibung auf Pfändung	Betreibung auf Konkurs	Betreibung auf Pfandverwertung	
SchKG 42; 89–150	SchKG 39; 159–176; 197–270	SchKG 41; 151–158	**Artikel im SchKG**
Schuldner, die nicht im Handelsregister eingetragen sind (praktisch alle Privatpersonen).	Schuldner, die im Handelsregister eingetragen sind (z. B. Inhaber einer Einzelfirma, Aktiengesellschaft, Verein).	Schuldner, die eine pfandgesicherte Schuld begleichen müssen. D. h., der Gläubiger hat seine Forderung durch ein Recht an einem Pfand (z.B. ein Grundstück als Grundpfand oder Schmuck als Faustpfand) abgesichert.	**Wer wird betrieben?**
Es wird nur so viel gepfändet, wie zur Deckung der Schulden inklusive Zinsen und Betreibungskosten notwendig ist (SchKG 97).	Das gesamte pfändbare Vermögen kommt in die Konkursmasse. Daraus werden die Schulden bezahlt (SchKG 197).	Es wird nur das Pfand, das die Forderung sichert, verwertet. Aus dem Erlös werden die Kosten für das Betreibungsverfahren und die Schulden beim Gläubiger beglichen (SchKG 157).	**Wie viel wird gepfändet?**
Zuerst vollzieht das Betreibungsamt eine Nachpfändung. Reicht deren Erlös immer noch nicht aus und kann nichts mehr gepfändet werden, erhält der Gläubiger einen Verlustschein, der als Schuldanerkennung gilt. Die in einem Verlustschein aufgeführten Forderungen verjähren nach 20 Jahren, gegenüber den Erben des Schuldners nach einem Jahr. (SchKG 145 und 149 f.)	Der Gläubiger erhält einen Verlustschein. Die im Verlustschein aufgeführte Forderung verjährt nach 20 Jahren, gegenüber den Erben des Schuldners nach einem Jahr. Der Gläubiger kann den Schuldner aber erst wieder betreiben, wenn dieser zu neuem Vermögen gekommen ist (SchKG 265). Der Konkurs einer juristischen Person führt zu deren Auflösung.	Der Gläubiger erhält einen Pfandausfallschein. Danach hat er die Möglichkeit, den Schuldner auf Pfändung oder auf Konkurs zu betreiben (SchKG 158).	**Was passiert, wenn der Erlös zur Tilgung der Schulden nicht ausreicht?**

Betreibung auf Pfändung

> **Betreibung auf Pfändung:** Sie ermöglicht die Zwangsdurchsetzung einer Geldforderung gegen Personen, die nicht im Handelsregister eingetragen sind.

■ Ablauf der Betreibung auf Pfändung

Betreibungsbegehren an Betreibungsamt
Um jemanden zu betreiben, muss man zunächst beim Betreibungsamt am Wohnort des Schuldners ein Betreibungsbegehren stellen (SchKG 69).

Zahlungsbefehl des Betreibungsamtes an den Schuldner
Ist das Betreibungsbegehren gestellt, überreicht das Betreibungsamt dem Schuldner einen Zahlungsbefehl. Er wird aufgefordert, innert 20 Tagen zu bezahlen; sonst wird die Betreibung fortgesetzt (SchKG 69–73).

Die betriebene Person hat drei Möglichkeiten zu reagieren:

Forderung bezahlen
Der Fall ist abgeschlossen.

Nicht reagieren

Rechtsvorschlag erheben
Wer betrieben wird, kann innert 10 Tagen Rechtsvorschlag erheben. Dies kann sehr einfach erfolgen, indem man z. B. direkt auf den Zahlungsbefehl das Wort «Rechtsvorschlag» schreibt und diesen, versehen mit Datum und Unterschrift, dem Zustellbeamten wieder mitgibt (SchKG 74–78).

Rechtsöffnung
Der Gläubiger kann den Rechtsvorschlag aufheben lassen. Dazu braucht er eine Schuldanerkennung oder ein Urteil über die Forderung. Hat er dies nicht, muss er in einem Prozess beweisen, dass ihm die Geldforderung zusteht.

Fortsetzungsbegehren
Frühestens 20 Tage und spätestens 1 Jahr nach Zustellung des Zahlungsbefehls kann der Gläubiger beim Betreibungsamt eine Fortsetzung der Betreibung verlangen (SchKG 88).

Pfändung
Unmittelbar nach dem Fortsetzungsbegehren erscheint der Betreibungsbeamte beim Schuldner und pfändet so viele Vermögensteile (Bargeld, Möbel, Lohn usw.), dass mit deren Erlös die Schuld bezahlt werden kann. Nicht gepfändet werden darf, was für den Schuldner und seine Familie «unbedingt notwendig» zum Überleben ist («Existenzminimum», siehe S. 93, darf nicht unterschritten werden; SchKG 89–115).

Pfandverwertung
Frühestens einen Monat nach Pfändungsvollzug kann der Gläubiger verlangen, dass die Pfandgegenstände verwertet werden. Diese werden dann in der Regel versteigert. Mit dem Erlös wird die Schuld bezahlt (SchKG 116–150).
Für den Rest erhält der Gläubiger einen Verlustschein. Die im Verlustschein aufgeführten Forderungen verjähren nach 20 Jahren, gegenüber den Erben des Schuldners aber schon nach einem Jahr.

Betreibung auf Konkurs

> **Betreibung auf Konkurs:** Zwangsweises Eintreiben von Geldforderungen gegenüber Schuldnern, die im Handelsregister eingetragen sind.

Bis und mit dem Fortsetzungsbegehren läuft die Betreibung auf Konkurs gleich ab wie die Betreibung auf Pfändung.
Nach Erhalt des Fortsetzungsbegehrens schickt jedoch das Betreibungsamt dem Schuldner die Konkursandrohung. Anschliessend fordert der Gläubiger die Weiterführung des Verfahrens mit dem Konkursbegehren. Nachdem das Konkursgericht die Unterlagen geprüft hat, eröffnet es den Konkurs. Das Konkursamt nimmt alle Vermögenswerte auf (Inventur) und erlässt einen Schuldenruf. Nun haben zusätzliche Gläubiger die Möglichkeit, sich zu melden.

■ Kollokationsplan (SchKG 146)

> **Kollokationsplan:** Die vom Konkursamt aufgestellte Rangfolge der Gläubiger, wenn nicht alle Gläubiger bei der Verteilung des Erlöses befriedigt werden können.

Die Gläubiger werden gemäss SchKG 219 in folgender Reihenfolge befriedigt:

A) Pfandgesicherte Forderungen

Ein Pfand (beim Grundpfand die Immobilie) wird durch das Betreibungs- oder das Konkursamt zuerst verwertet. Sofern nach der Deckung der pfandgesicherten Forderungen noch Geld aus dem Erlös der ganzen übrigen Konkursmasse vorhanden ist, kommen die nicht pfandgesicherten Forderungen zum Zug. Sie werden in drei Klassen eingeteilt.

B) Nicht pfandgesicherte Forderungen

1. Klasse	• Forderungen der Arbeitnehmer (Löhne und Entschädigungen bis 6 Monate vor der Konkurseröffnung) • Forderungen der Pensionskassen (2. Säule) usw.
2. Klasse	• Beitragsforderungen der Sozialversicherungen (AHV, IV usw.) • Prämien- und Kostenbeteiligungsforderungen der sozialen Krankenversicherung usw.
3. Klasse	Alle übrigen Forderungen, Darlehen, Warenlieferungen usw.

Die Gläubiger der gleichen Klasse erhalten alle denselben prozentualen Anteil ihrer anerkannten Forderungen. Die Gläubiger der nachfolgenden Klasse werden erst berücksichtigt, wenn die Gläubiger der vorhergehenden Klasse vollständig befriedigt sind.
Für die nicht gedeckten Forderungen erhalten die Gläubiger einen Verlustschein. Die im Verlustschein aufgeführten Forderungen verjähren nach 20 Jahren, gegenüber den Erben des Schuldners aber schon nach einem Jahr.

Sonderfall von Kundenguthaben beim Konkurs einer Schweizer Bank: Ein gesetzlicher Einlegerschutz laut Bankengesetz sichert alle Kundenguthaben bis CHF 100 000.– pro Kunde (z. B. Lohnkonto, Sparkonto) und Vorsorgeguthaben (Säule 3a) nochmals mit CHF 100 000.–. Höhere Forderungen fallen in die 3. Konkursklasse.

Privatkonkurs

> **Privatkonkurs:** Eine Privatperson kann bei Zahlungsunfähigkeit (Insolvenz) beim zuständigen Gericht (Amts- bzw. Bezirksgericht) die Konkurseröffnung beantragen (Insolvenzerklärung, SchKG 191).

■ Voraussetzungen

Damit der Richter den Privatkonkurs eröffnet, müssen vier Voraussetzungen erfüllt sein:

Keine Aussicht auf einvernehmliche Schuldensanierung
Dies ist unter anderem dann der Fall, wenn die Schulden so hoch sind, dass sie bei einer Lohnpfändung innerhalb von 24 Monaten nicht getilgt werden können, oder wenn ein Gläubiger einer aussergerichtlichen Schuldensanierung nicht zustimmt.

Bezahlter Kostenvorschuss
Die überschuldete Person muss die Kosten des Verfahrens vorschiessen. Die Kosten sind kantonal verschieden. Sie betragen zirka CHF 3000.– bis CHF 5000.–.

Keine «Einrede des mangelnden neuen Vermögens» hängig
Besitzt ein Gläubiger aus einem früheren Konkurs einen Verlustschein, kann er den Schuldner wieder betreiben, falls dieser zu neuem Vermögen gekommen ist. Der Schuldner kann sich gegen die erneute Betreibung wehren, indem er erklärt, gar kein neues Vermögen zu besitzen. Ist eine solche Einrede hängig, kann er nicht selber den Privatkonkurs beantragen (SchKG 265b).

Kein rechtsmissbräuchlicher Privatkonkurs
Ein rechtsmissbräuchlicher Konkurs liegt dann vor, wenn es dem Schuldner nicht darum geht, einen wirtschaftlichen Neuanfang zu machen, sondern nur darum, unangenehme Gläubiger loszuwerden.

■ Durchführung des Privatkonkurses

Nachdem der Konkursrichter den Privatkonkurs eröffnet hat, nimmt das Konkursamt das Inventar auf, d.h., es werden alle Vermögenswerte aufgelistet. Eine allfällige Lohnpfändung wird aufgehoben, alle laufenden Betreibungen werden gestoppt. Anschliessend erfolgt der Schuldenruf. Es können sich alle Personen, die vom Schuldner noch Geld bekommen, melden.
Abgesehen von den unpfändbaren Vermögensstücken (Kompetenzstücke, siehe SchKG 92) wird alles versteigert. Aus dem Erlös erhalten die Gläubiger einen Teil ihrer Forderungen und für den Rest einen Verlustschein.

2018 wurden in der Schweiz rund 1,7 Millionen Pfändungen vollzogen (BFS).

Verschuldung

Die Schweiz gilt als eines der reichsten Länder der Welt. In unserer Gesellschaft sind Kaufen und Konsumieren ein weit verbreitetes Verhalten. Von der Rückzahlung und den Zinsen spricht man nicht. Mit dieser Einstellung wächst seit Jahren die Verschuldung von Privatpersonen.

■ Fakten

Typische Schweizer Schuldner, Schuldnerinnen (Quelle: Radar 2019, Intrum AG)
- waren zwischen 18 und 40 Jahre alt,
- wohnten in einer Stadt,
- hatten nur eine obligatorische Ausbildung,
- wechselten häufig die Adresse.

Ursachen der Verschuldung und Schuldenfallen:
- Arbeitslosigkeit
- Familiäres Umfeld, Ehescheidung
- Einfache Finanzierungsmöglichkeiten (Leasing, Kreditkarten)
- Konsumzwang durch Werbung, Kaufsucht, Gruppendruck

■ Folgen der Verschuldung

Das Schuldenmachen ist heute üblicher als früher geworden. Trotzdem belasten Schulden das tägliche Leben:
- Partnerschaften und Ehen gehen unter anderem auch wegen Schulden auseinander.
- Rechnungen, Mahnungen, Betreibungen und Privatkonkurse belasten die verschuldete Person.
- Betreibungen bleiben auch nach Abschluss nicht folgenlos. Einträge im Betreibungsregister wirken sich negativ aus, u. a. bei der Wohnungs- und bei der Stellensuche. Der Eintrag bleibt grundsätzlich für 5 Jahre sichtbar.

Beispiel: Berechnung des Existenzminimums
Luca Dober, Vater von zwei Kindern, verdient im Monat netto CHF 6300.–. Er hat CHF 5000.– Schulden, für die er betrieben und deshalb auf das Existenzminimum gesetzt wird. Seine Frau ist nicht erwerbstätig.

Einkommen	Nettolohn		6300.–
Monatlicher Grundbetrag	Ehepaare	1700.–	
	2 Kinder unter 10 Jahren je 400.–	800.–	
	Mietzins (inkl. Nebenkosten)	1800.–	
	Krankenkasse, Versicherungen	800.–	5100.–
Monatl. Berufsauslagen	Fahrkosten	100.–	
	auswärtige Verpflegung	200.–	300.–
Ausserordentliche Betreuungskosten Kinder	Schulmaterial		80.–
Betreibungsrechtliches Existenzminimum			5480.–
Pfändbarer Betrag			**820.–**

Quelle: arbeit.swiss

Die Zahlen können von Kanton zu Kanton variieren.

> Rechtzeitig eine Schuldenberatung in Anspruch nehmen (siehe Glossar). TIPP

Budget (Haushaltsbudget)

> **Budget (Haushaltsbudget):** Plan, bei dem die zu erwartenden Einnahmen sowie die zu erwartenden Ausgaben für ein Haushaltsjahr aufgelistet und einander gegenübergestellt werden. Mithilfe dieses Finanzplans gewinnt man einen Überblick über die eigenen finanziellen Verhältnisse (Einnahmen und Ausgaben) und man kann bestimmen, wofür man wie viel Geld ausgeben will.

Ein Haushaltsbudget erstellen

Bei der Erstellung des Haushaltsbudgets muss man auf wichtige Punkte achten:
- Geld muss zuerst eingenommen werden, bevor es ausgegeben werden kann.
- Sinnvollerweise setzt man nur realistische Zahlen ins Budget ein.
- Wer Übersicht über seine finanzielle Lage haben will, muss mit seinen eigenen Zahlen rechnen.
- Jedes Budget ist ein Spezialbudget. Der Lebensstil eines jeden Menschen ist individuell. Die einen gehen gerne essen, andere legen mehr Wert auf schöne Kleider. Wieder andere gehen gerne in Bars und Clubs und weitere Personen bleiben am liebsten zu Hause.
- Disziplin und Ehrlichkeit sind beim Thema Budget von grosser Bedeutung. Wer es ständig überzieht, strapaziert seinen Haushaltsplan und auch seine Nerven.

Massnahmen ergreifen

Je nachdem, wie das Budget aussieht, müssen Massnahmen ergriffen werden.

«Plus» nach dem Budgetieren
Man nimmt mehr ein, als man ausgibt. Nun gibt es zwei Möglichkeiten: Entweder kann man sich mehr leisten oder man kann mehr sparen. Die Finanzen stimmen, weil die Ansprüche nach den finanziellen Möglichkeiten ausgerichtet sind.

Die Einnahmen entsprechen den Ausgaben
Einem solchen Budget fehlt der Spielraum. Bei der nächstgrösseren, unvorhergesehenen Ausgabe ist dieser Haushaltsplan in den roten Zahlen.
Die Aufgabe ist nun, dieses Budget nach möglichen Ausgabeposten zu durchsuchen, die reduziert oder gar gestrichen werden können.

«Minus» nach dem Budgetieren
Die Ausgaben übertreffen die Einnahmen. Die Budgetposten müssen einzeln überdacht und ein mögliches Sparpotenzial ausfindig gemacht werden, denn ein Budgetdefizit kann nur wirksam bekämpft werden, wenn die Ursachen bekannt sind.

Sparen

Sparen heisst verzichten (siehe S. 282), um später mehr ausgeben zu können.

Man unterscheidet zwischen freiwilligem Sparen und Zwangssparen.

■ Wichtige Gründe für das freiwillige Sparen

Defizit im Budget	Im Budget sind die Ausgaben grösser als die Einnahmen (siehe S. 92).
Grössere Anschaffungen	Motorfahrzeug, Wohnungseinrichtung, Grundstock für ein Eigenheim usw.
Luxusgüter	Zweitwagen, teurere Ferienreisen, teure Hobbys usw.
Sicherheit	Vorsorge für das Alter, für Verdienstausfall bei Krankheit oder bei Unfall trotz Versicherungsschutz.
Familiengründung	Kinderbetreuung (durch Teilzeitarbeit weniger Einkommen, durch Fremdbetreuung mehr Ausgaben), Mehrausgaben für Kleidung und Essen, Versicherungen usw.
Geldvermehrung	Investitionen in Sparguthaben, Wertpapiere usw.

Gefahren der Konsumgesellschaft

Vielen Leuten gelingt es nicht zu sparen, weil sie den Verlockungen der Konsumgesellschaft erliegen. Die Gefahr besteht vor allem im Grundsatz: Kaufe heute, zahle morgen! Gefördert wird dieser Grundsatz durch Kreditkarten, Leasingverträge, Ratenzahlungen usw.

■ Sparpotenzial und Ratschläge beim Kauf von Gütern

Sparpotenzial findet sich vor allem bei den variablen Kosten und den persönlichen Auslagen (siehe S. 97):
- Notwendigkeit eines Kaufs hinterfragen
- Folgekosten budgetieren (z. B. beim Autokauf: Amortisation, Versicherungsprämien, Servicekosten, Reparaturen, Parkplatzkosten usw.)
- Preisvergleiche machen
- Spontankäufe vermeiden, zuerst überlegen (nicht einkaufen, nur weil es billig ist)
- Aktionen nutzen

> **TIPP**
> - Das Budget gilt für ein ganzes Jahr und wird nur bei grösseren Einnahmen oder massiven Ausgabenverpflichtungen angepasst.
> - Aus der Differenz zwischen Einnahmen und Ausgaben ergibt sich der jeweilige finanzielle Spielraum.
> - Lassen Sie sich von den Budgetberatungsstellen beraten.

Zwei Budgetbeispiele

Budgetberatung Jugendliche
budgetberatung.ch

Lernfilm MoneyFit 3
moneyfit.ch

	3500.– alleinstehend	6500.– Familie, 2 Kinder
Nettolohn pro Monat		
Fixkosten (feste Verpflichtungen)		
Wohnen (Empfehlung: max. ⅓ des Lohns)	1100.–	1900.–
Steuern	280.–	600.–
Krankheit, Unfall (Grundversicherung)	280.–	800.–
Hausrat-, Privathaftpflichtversicherung	30.–	40.–
Radio, TV, Internet	150.–	150.–
Zeitungen, Zeitschriften-Abo	40.–	40.–
Total	1880.–	3530.–
Variable Kosten		
Energie	40.–	80.–
Fahrkosten	100.–	140.–
Nahrung, Getränke	450.–	1150.–
Reinigungsmittel + andere Nebenkosten	50.–	200.–
Total	640.–	1570.–
Persönliche Auslagen		
Kleider, Wäsche, Schuhe	180.–	360.–
Coiffeur, Freizeit, Sport, Kultur	220.–	300.–
Total	400.–	660.–
Rückstellungen		
Zahnarzt, Selbstbehalt KK, Optiker	40.–	150.–
Geschenke	50.–	70.–
Anschaffungen, Unvorhergesehenes	110.–	250.–
Total	200.–	470.–
Verfügbarer Betrag		
Sparen, Ferien, Weiterbildung	380.–	270.–
Total	380.–	270.–
Total aller Ausgaben	3500.–	6500.–

TIPP: Um Ihr Budget zu planen oder die eigene finanzielle Situation fachlich einzuschätzen, können Sie sich an eine Beratungsstelle wenden.

Tipps zum Umgang mit Geld

■ Planung

Budget
Ein Budget zeigt auf, was man jeden Monat bezahlen muss (z. B. Essen, Handy-Rechnung, Miete, Krankenkasse, Steuern usw.) und was zur freien Verfügung bleibt. Somit kann man sich auf seine Möglichkeiten einstellen.

Rückstellungen
Rückstellungen bilden finanzielle Sicherheiten für unerwartete Ausgaben wie Zahnarzt, Ferien und Anschaffungen.

Steuern
Am besten spart man die Steuern monatlich mit einem Dauerauftrag.

Wichtig: Die Gemeinden zahlen in gewissen Kantonen für vorzeitig entrichtete Steuern manchmal einen höheren Zins, als ihn die Banken gewähren.

■ Ausgaben

Mieten
Der Mietzins für eine Wohnung sollte 30 % des Nettolohnes nicht übersteigen.

Krankenkassenprämien
Hierbei kann man sparen. Es lohnt sich, sich einen Überblick über die günstigsten Krankenkassen und Prämienreduktionen zu verschaffen (siehe S 137 f.).

Krankenkassen-Prämien sparen
comparis.ch

Kreditkarten
Sie sind praktisch, doch verliert man schnell den Überblick über die Ausgaben. Deshalb sind Karten ohne Überziehungsmöglichkeiten zu empfehlen.

Mobiltelefonkosten
Diese Kosten werden oft unterschätzt. Es lohnt sich daher, die unterschiedlichen Anbieter zu vergleichen.

Einkaufen
Beim Einkaufen sollte man eine Einkaufsliste erstellen, Preise vergleichen, das Nötige vom Wünschbaren trennen und auf Unnötiges verzichten.

Autofahrkosten richtig berechnen
Gemäss Touring Club Schweiz (TCS) kostet jeder mit dem Auto gefahrene Kilometer durchschnittlich rund 70 Rappen. (Annahme: Der Wagen kostet neu CHF 35 000.– und es werden damit pro Jahr 15 000 km zurückgelegt.) Das belastet das Budget pro Monat mit rund CHF 870.–. Von diesem Betrag sind rund 60 % Fixkosten (für Service, Versicherungen, Steuern und Miete der Garage) sowie rund 40 % flexible Kosten (für Treibstoff, Reparaturen, Reifen und Wertminderung). Der durchschnittliche Kilometerpreis eines Occasionsautos ist nicht unbedingt geringer, da die «Lebensdauer des Autos» kürzer und die Reparaturkosten im Allgemeinen höher sind.
Leasing beim Autokauf ist in jedem Fall teuer und für Privatpersonen wenig sinnvoll (Überschuldungsgefahr). Bei Barzahlung kann man oft noch einen Rabatt aushandeln.

Konsumkredite oder Barkredite
Sie verpflichten oftmals zu monate- oder jahrelangen Rückzahlungen. Die Zinsen sind sehr hoch: 10 % bei Barkrediten und 12 % bei Überziehungskrediten. Kreditgeschäfte aller Art (Barkredite, Leasingverträge usw.) erschweren zudem die Übersicht über das Budget und die Budgetplanung.

> Kredite sollten niemals dazu dienen, andere Kredite zurückzubezahlen. **TIPP**

Der einfache Auftrag

Einfacher Auftrag (OR 394 ff.): Der Beauftragte besorgt die ihm vom Auftraggeber übertragenen Geschäfte oder Dienste. Dafür erhält der Beauftragte neben der Entschädigung für seine Auslagen in der Regel eine Vergütung.

Beim einfachen Auftrag steht die Erfüllung einer Dienstleistung im Vordergrund. Typische Beispiele dafür sind:
- einen Zahnarzt oder Arzt konsultieren
- sich beim Coiffeur die Haare schneiden lassen
- bei einem Fahrlehrer Fahrstunden nehmen
- sich von einem Taxichauffeur nach Hause fahren lassen
- sich von einem Anwalt vor Gericht vertreten lassen

■ Formvorschrift

Der einfache Auftrag ist formlos gültig.

■ Persönliche Auftragsausführung

Der Beauftragte muss in der Regel den Auftrag selber ausführen (OR 398). Er darf von dieser Regelung abweichen, wenn er dazu vom Auftraggeber die Erlaubnis hat.

■ Entschädigung

Eine Vergütung muss dann bezahlt werden, wenn sie abgemacht wurde oder üblich ist. Für die notwendigen Auslagen erhält der Beauftragte ohne anderslautende Vereinbarung stets eine Entschädigung (OR 398).

■ Haftung

Anders als beim Werkvertrag ist beim einfachen Auftrag kein konkretes Resultat, sondern eine sorgfältig ausgeführte Dienstleistung geschuldet. Der Beauftragte haftet deshalb für sorgfältiges Handeln bei der Ausführung des Auftrags.

■ Auflösung

Der einfache Auftrag kann von beiden Vertragsparteien jederzeit aufgelöst werden (OR 404). Geschieht dies jedoch für die Gegenseite zu einem ungünstigen Zeitpunkt, ist allenfalls Schadenersatz geschuldet.

Beispiel: Man hat für Samstagmorgen um 8 Uhr eine Fahrstunde abgemacht, überhört jedoch den Wecker und erwacht erst um 7.45 Uhr. Sofort wird der Fahrlehrer telefonisch über das Missgeschick informiert. Weil es diesem nicht gelingt, in der verbleibenden Viertelstunde einen Ersatz zu finden, muss man die Fahrstunde bezahlen.

Werkvertrag

> **Werkvertrag (OR 363 ff.):** Der Unternehmer errichtet für den Besteller gegen Bezahlung ein Werk.

Beim Werkvertrag steht die Herstellung eines Gegenstandes, also ein konkretes Resultat (Erfolg), im Vordergrund. Im Gegensatz zum Kaufvertrag, bei dem eine fertige Ware gekauft wird, lässt der Besteller beim Werkvertrag eine Sache nach seinen Wünschen herstellen, abändern oder reparieren. Typische Beispiele dafür sind: Bau eines Hauses, Herstellen einer Spezialkommode, Reparatur eines Autos.

■ Formvorschrift

Der Werkvertrag ist formlos gültig.

■ Werkherstellung

Der Unternehmer hat das Werk in der Regel selber herzustellen oder unter seiner persönlichen Leitung herstellen zu lassen.

■ Entschädigung

Haben sich die Parteien im Voraus auf einen Preis (Festpreis) geeinigt, ist dieser zu bezahlen, ungeachtet, ob der Aufwand des Herstellers grösser oder kleiner ist (OR 373). Wurde der Preis hingegen noch nicht oder nur ungefähr bestimmt, richtet er sich nach Arbeits- und Materialaufwand (OR 374).

Haftung

Der Unternehmer haftet für die sorgfältige und termingerechte Ausführung des Werks (OR 364 und 366). Ebenfalls ist er dafür verantwortlich, dass das Werk die vertraglich zugesicherten Eigenschaften und keine Mängel aufweist (OR 368). Der Besteller muss das vollendete Werk sofort prüfen und dem Unternehmer allfällige Mängel mitteilen (Mängelrüge, siehe S. 79). Bei sehr grossen Mängeln kann er die Annahme verweigern (Wandelung, siehe S. 79). Bei Bauten geht das jedoch nicht. Bei kleineren Mängeln kann der Besteller eine Preisminderung oder eine Nachbesserung fordern (OR 368). Wurde nichts anderes vereinbart, dauert die Garantiezeit 5 Jahre bei Bauwerken (OR 371) und 2 Jahre für alle übrigen Werke (OR 371).

■ Auflösung

Solange das Werk noch nicht vollendet ist, kann der Besteller jederzeit vom Vertrag zurücktreten. Er muss dem Unternehmer jedoch bereits geleisteten Materialaufwand, Löhne und entgangenen Gewinn bezahlen (OR 377). Wird der Werkpreis, von dem die Parteien ohne verbindliche Abmachung ausgegangen sind, unverhältnismässig stark (in der Regel um mehr als 10 %) überschritten, kann der Besteller auch noch nach der Vollendung des Werkes vom Vertrag zurücktreten (OR 375). Der Besteller hat dem Unternehmer die bereits ausgeführten Arbeiten angemessen zu vergüten.

> **TIPP**
> Man überlege sich genau, ob man einen Festpreis oder eine Vergütung nach Aufwand vereinbaren soll. Beim Festpreis weiss man exakt, wie viel man bezahlen muss. Der Unternehmer rechnet im Normalfall jedoch eine Sicherheitsmarge ein. Man bezahlt diesen Betrag, auch wenn der Aufwand kleiner war. Bei der Vergütung nach Aufwand trägt man jedoch ein grösseres Risiko.

Verträge im Vergleich

	Arbeitsvertrag (siehe S. 34 ff.)	Kaufvertrag (siehe S. 76 ff.)	Einfacher Auftrag (siehe S. 98 ff.)	Werkvertrag (siehe S. 99 ff.)
Vertragsparteien	Arbeitnehmer + Arbeitgeber	Käufer + Verkäufer	Auftraggeber + Beauftragter	Besteller + Unternehmer
Definition nach OR	OR 319: «Durch den Einzelarbeitsvertrag verpflichtet sich der Arbeitnehmer auf unbestimmte oder bestimmte Zeit zur Leistung von Arbeit im Dienste des Arbeitgebers und dieser zur Entrichtung eines Lohnes.»	OR 184: «Durch den Kaufvertrag verpflichtet sich der Verkäufer, dem Käufer den Kaufgegenstand zu übergeben und ihm das Eigentum daran zu verschaffen, und der Käufer, dem Verkäufer den Kaufpreis zu bezahlen.»	OR 394: «Durch die Annahme eines Auftrages verpflichtet sich der Beauftragte, die ihm übertragenen Geschäfte oder Dienste vertragsgemäss zu besorgen.»	OR 363: «Durch den Werkvertrag verpflichtet sich der Unternehmer zur Herstellung eines Werkes und der Besteller zur Leistung einer Vergütung.»
Entschädigung	Arbeitslohn	Kaufpreis	Honorar, Vergütung	Werkpreis, Werklohn
Merkmale	Eine Arbeitsleistung über eine längere Zeit soll erbracht werden.	Das Eigentum am Gegenstand soll übertragen werden.	Eine Dienstleistung soll erbracht werden.	Ein Werk (Erzeugnis) muss hergestellt und abgeliefert werden.
Pflichten	Arbeitgeber: Dem Arbeitnehmer Arbeiten zuweisen und den Lohn dafür rechtzeitig bezahlen.	Verkäufer: Die Ware rechtzeitig und frei von Mängeln liefern.	Beauftragter: Die Dienstleistung persönlich und sorgfältig erbringen.	Unternehmer: Das Werk rechtzeitig und sorgfältig erstellen.
	Arbeitnehmer: Die Arbeiten sorgfältig ausführen gemäss den Anweisungen.	Käufer: • Kaufpreisleistung • Ware sofort prüfen und allfällige Mängel melden, genau beschreiben und Vorschlag zur Erledigung unterbreiten. Ware aufbewahren.	Auftraggeber: • Vergütung für Auslagen und evtl. Aufwendungen leisten. • Das Ergebnis sofort annehmen bzw., wenn man nicht einverstanden ist, an Ort und Stelle reklamieren.	Besteller: • Werkpreisleistung • Das Werk sofort prüfen und allfällige Mängel melden, genau beschreiben und Vorschlag zur Erledigung unterbreiten.
Rücktritt	Bei Vertragsauflösung müssen die Kündigungsfristen beachtet werden. (Nur in ganz besonderen Fällen ist eine fristlose Auflösung möglich.)	Grundsätzlich gilt: Gekauft ist gekauft. Wenn der Gegenstand rechtzeitig geliefert worden ist und keinen Mangel aufweist, ist kein Rücktritt möglich.	Ein Rücktritt ist jederzeit möglich. Die bis zum Zeitpunkt der Vertragsauflösung geleisteten Auslagen (evtl. auch Aufwendungen) sind zu vergüten. Es bestehen keine Kündigungsfristen.	Ein Rücktritt durch den Besteller ist jederzeit möglich. Der Unternehmer hat aber Anspruch auf bereits geleisteten Materialaufwand, bezahlte Löhne und entgangenen Gewinn. Es bestehen keine Kündigungsfristen.

1 Recht

1.5 Miete

Verständnis

- Welche Arten von «Mieten» (Gebrauchsüberlassung) kennen Sie und worin unterscheiden sich diese?

- Für welchen Unterhalt der Mietwohnung ist die Mieterin, der Mieter selber verantwortlich?

- Welche rechtlichen Mittel haben Mieterinnen und Mieter, wenn die vermietende Partei ihrer Unterhaltspflicht nicht nachkommt?

- Was müssen Mietende beachten, wenn die Wohnung untervermietet werden soll?

- An welche Regeln müssen sich Mieterinnen und Mieter halten, wenn sie Änderungen an der Wohnung vornehmen wollen?

- Welche Mietverhältnisse sind beim gemeinsamen Wohnen möglich und wie beurteilen Sie diese bezüglich Solidarhaftung?

Diskussion

- Soll der Staat mehr Mittel dafür aufwenden, um die Mieten für Menschen mit niedrigem Einkommen zu senken?

Übersicht

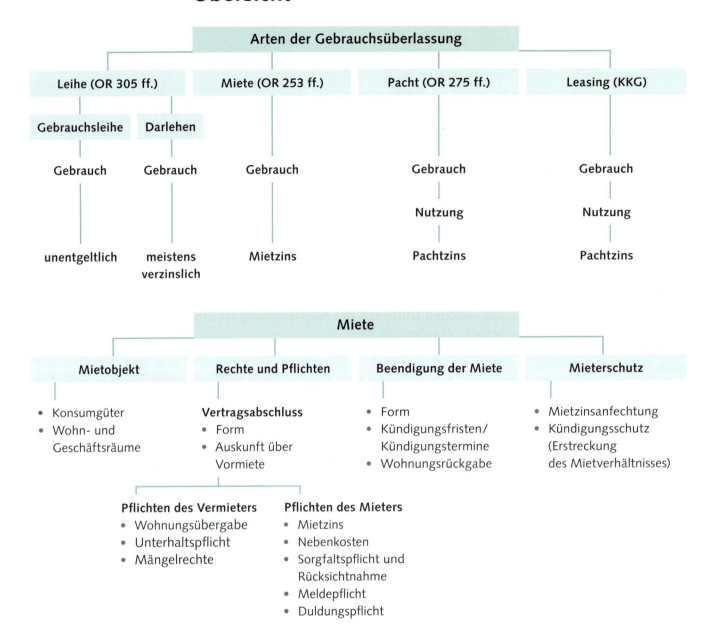

Gebrauchsüberlassung (OR 253–318)

Gebrauchsüberlassung: Eine Sache oder ein Recht wird einer Person zur Bewirtschaftung (Nutzung) und/oder zum Gebrauch überlassen, ohne dass ein Eigentumsübergang stattfindet. Die Überlassung kann auf eine festgelegte Dauer oder auf unbestimmte Zeit erfolgen.

Arten von Gebrauchsüberlassung
Die vier wichtigsten Arten von Gebrauchsüberlassung sind:
Leihe (Gebrauchsleihe, Darlehen), Pacht, Miete, Leasing (siehe S. 88)

■ Die Gebrauchsleihe

Gebrauchsleihe (OR 305 ff.): Eine Sache wird unentgeltlich zum Gebrauch überlassen (auch nur Leihe genannt).

Die überlassene Sache kann beweglich (z. B. Buch, CD, DVD-Gerät) oder unbeweglich (z. B. Wohnung, Geschäftsraum, Parkplatz) sein. Nach dem Gebrauch ist die Sache wieder zurückzugeben (OR 305 ff.). Ist nichts anderes vereinbart, kann der Verleiher die Sache jederzeit zurückverlangen (OR 310). Unterleihe ist verboten (OR 306[2]).

■ Das Darlehen

Darlehen (OR 312 ff.): Eine Geldsumme oder eine andere vertretbare Sache (z. B. Wertpapiere) wird dem Borger (meist gegen Zinszahlung) überlassen.

Ein Darlehen ist nur dann verzinslich, wenn ein Zins verabredet ist. Im kaufmännischen Verkehr sind auch ohne Verabredung Zinsen zu bezahlen (OR 313).
Ein Darlehen, für dessen Rückzahlung z. B. weder ein bestimmter Termin noch eine Kündigungsfrist vereinbart wurde, ist innerhalb von sechs Wochen von der ersten Aufforderung an zurückzubezahlen (OR 318).

Zinsvorschriften sind im OR 314 geregelt.

■ Die Pacht

Pacht (OR 275 ff.): Eine Sache oder ein Recht wird gegen Bezahlung des Pachtzinses zum Gebrauch und zur Bewirtschaftung (Nutzung) überlassen.

Wie bei der Leihe kann die überlassene Sache beweglich oder unbeweglich sein. Zusätzlich muss sie aber nutzbar sein, d. h., sie muss einen Ertrag abwerfen können.

Beispiele:
- Bewegliche Sache, die gepachtet werden kann: Milchkuh, Rennpferd
- Unbewegliche Sache, die gepachtet werden kann: Obstgarten

Die Pacht ist der Miete sehr nahe. Der Hauptunterschied zur Miete besteht darin, dass der Pächter verpflichtet ist, die überlassene Sache so zu nutzen, dass sie ihre natürlichen Erträge auch tatsächlich abwirft, und dafür zu sorgen, dass dies auch in Zukunft so bleibt (OR 283[1]).

Beispiel: Die Milchkuh muss so gehalten werden, dass sie wirklich Milch gibt. Die Kuh darf während der Pachtzeit aber nicht ausgebeutet werden: Der künftige Milchertrag muss garantiert bleiben.

Die Miete

Miete (OR 253 ff.): Eine Sache wird gegen Bezahlung eines Mietzinses zum Gebrauch überlassen.

Die Miete kann für eine festgelegte Dauer oder auf unbestimmte Zeit erfolgen. Der Mietvertrag ist formlos gültig. Die Schriftlichkeit wird jedoch empfohlen und ist mehrheitlich üblich.

Mietobjekte

Mietrecht
mieterverband.ch

Gegenstand der Miete (Mietobjekt) können sein:
- bewegliche Sachen = Fahrnis (z. B. DVD, Buch, Snowboard),
- unbewegliche Sachen = Immobilien (z. B. Wohnung, einzelnes Zimmer, Parkplatz, Geschäftsraum). Je nach Mietobjekt sieht das Gesetz verschiedene Regelungen vor.

Die wichtigsten zwei Objektarten im alltäglichen Leben sind die Miete von Konsumgütern und die Miete von Wohn- und Geschäftsräumen:

Konsumgüter

Unter Konsumgut wird eine bewegliche Sache für den privaten Bedarf verstanden (z. B. Plasma-Bildschirm, Carvingskis). Ist der Vermieter ein gewerbsmässiger Anbieter, kann der Mieter unabhängig von der festgelegten Vertragsdauer mit einer Frist von 30 Tagen auf Ende einer 3-monatigen Mietdauer kündigen (OR 266k).

Wohn- und Geschäftsräume

Weitaus wichtigstes Mietobjekt ist die Wohnung: In der Schweiz leben ca. 60 % der Bevölkerung in einer Mietwohnung. In der Folge wird deshalb unter «Miete» die Wohnungsmiete verstanden.

Regeln zur Wohnungsmiete finden sich im OR (253–273c) sowie in der Verordnung über die Miete und Pacht von Wohn- und Geschäftsräumen (VMWG). Die grundsätzlichen Pflichten von Mieter und Vermieter gelten allerdings auch für die anderen Mietarten.

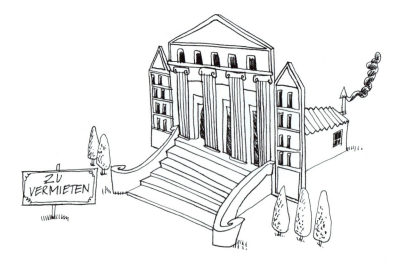

TIPP Das Recht ist bezüglich der Wohnungsmiete unübersichtlich und gerade für den Mieter, die Mieterin oft schwer verständlich. Scheuen Sie sich deshalb nicht, bei Unklarheiten und Problemen frühzeitig professionelle Hilfe zu beanspruchen. Die in jedem Kanton und zum Teil in grösseren Ortschaften speziell für Miete und Pacht vorgesehenen Schlichtungsbehörden für Mietangelegenheiten sind verpflichtet, Sie ausserhalb eines eigentlichen Streitverfahrens und sogar vor Abschluss eines Mietvertrages zu beraten. Diese Beratungen sind in der Regel kostenlos. Zudem bieten Mieterverbände ihren Mitgliedern oft kostenlose Hilfe an.

Wohnungsmiete

Der Vertrag über die Wohnungsmiete wird durch gegenseitig übereinstimmende Willenserklärung der Parteien abgeschlossen und nicht etwa erst bei Wohnungsübergabe (Mietantritt).

■ Vertragsabschluss

Ein Mietvertrag ist formlos gültig. Herrscht jedoch Wohnungsmangel (d.h. weniger als 1% Leerbestand in der betroffenen Wohnungskategorie), können die Kantone für die Mietzinsvereinbarung die Verwendung eines amtlichen Formulars vorschreiben (OR 270²). Schliesst ein Ehepaar einen Mietvertrag für eine Wohnung ab, genügt die Unterschrift eines der beiden Ehegatten.

Formularverträge und Hausordnung

Die meisten Vermieter verwenden die Formulare des Hauseigentümerverbandes als Vertragsgrundlage. Daneben wird meist eine separate Hausordnung für verbindlich erklärt. Inhalte sind z.B. Ruhezeiten, in denen keine lauten Tätigkeiten ausgeübt werden dürfen, und die Benutzung der allgemeinen Anlagen wie Waschküche usw.

■ Auskunft über Vormiete (OR 256a)

Wurde die Wohnung zuvor bereits vermietet, kann die Mieterin, der Mieter Auskunft über die Höhe des vorangegangenen Mietzinses verlangen. Ebenso kann die Mieterin verlangen, dass ihr spätestens bei Wohnungsübergabe das Rückgabeprotokoll des Vormieters gezeigt wird, um auf frühere, nicht behobene Mängel aufmerksam zu werden.

■ Kaution (OR 257e)/Mietkautionsversicherung

Wird eine Geldkaution (Sicherheitsleistung) vom Vermieter verlangt, muss er diese auf einem Sparkonto bei einer Bank hinterlegen. Das Konto hat auf den Namen des Mieters zu lauten. Während der Mietdauer ist die Bank nicht berechtigt, die Sicherheitsleistung ohne Zustimmung von Mieter und Vermieter herauszugeben (rechtskräftiger Zahlungsbefehl oder Gerichtsurteil ausgenommen). Die Höhe der Sicherheitsleistung ist auf maximal drei Monatszinse beschränkt. Nach Ablauf eines Jahres seit Beendigung des Vertrags kann der Mieter die Sicherheitsleistung zurückverlangen, wenn er nachweist, dass gegen ihn vonseiten des Vermieters kein Betreibungs- oder Gerichtsverfahren hängig ist.

Neu bieten Versicherungen eine Mietkautionsversicherung an. Der Mieter zahlt eine jährliche Prämie und versichert sich damit gegenüber allfälligen Forderungen des Vermieters, z.B. für nicht bezahlte Mietzinsen und Nebenkosten sowie für Schäden am Mietobjekt. Dadurch entfällt für den Mieter die Zahlung von mehreren Tausend Franken Kaution zu Beginn des Mietverhältnisses.

TIPP

- Die Formularverträge sind vor der Unterzeichnung genau zu lesen, gerade weil sie viel Kleingedrucktes enthalten.
- Nehmen Sie zur Wohnungsübernahme eine standardisierte Mängelliste mit für den Fall, dass der Vermieter kein Übernahmeprotokoll erstellen will. Die Mängelliste muss unbedingt vom Vermieter unterschrieben werden. Diese Liste kann für Sie beim Auszug wichtig sein.
- Ungültige Klauseln in Mietverträgen sind u.a.:
  - die Verkürzung der gesetzlichen Kündigungsfristen auf weniger als drei Monate
  - ein generelles Untermieterverbot
  - das Verbot von Kleintieren wie Hamster oder Kanarienvögel
  - Rauchverbot in der Wohnung
  - das uneingeschränkte Zutrittsrecht des Vermieters ohne Voranmeldung

Pflichten des Vermieters

■ Wohnungsübergabe (OR 256)

Der Vermieter muss die Wohnung dem Mieter zum vereinbarten Zeitpunkt übergeben. Der Vermieter hat auch dafür zu sorgen, dass die Wohnung ab Übergabe tatsächlich bewohnbar ist.

Verletzt der Vermieter die Pflicht zur rechtzeitigen Übergabe oder übergibt er die Wohnung in unbewohnbarem Zustand, so kann der Mieter die Wohnungsübernahme verweigern und unter gewissen Voraussetzungen vom Vertrag zurücktreten (OR 258[1]).

■ Unterhaltspflicht (OR 259a ff.)

Der Unterhalt der Wohnung ist grundsätzlich Sache des Vermieters. Eine Ausnahme bildet nur der sogenannte «kleine Unterhalt», der vom Mieter zu besorgen ist. Als Faustregel gilt: Alle Wartungsarbeiten (inkl. Reinigung), die ohne Hinzuziehung von Fachleuten selbst ausgeführt werden können, sind «kleiner Unterhalt». Üblich ist eine Kostengrenze für Material von CHF 150.– oder CHF 200.– pro Reparatur, je nach Ortsüblichkeit.

■ Mängelrechte (OR 259a, b, d, g)

Kommt der Vermieter seiner Unterhaltspflicht nicht nach oder wird die Wohnqualität in anderer Weise vermindert, kann sich der Mieter wehren, wenn er keine Schuld an der Situation trägt.

Beseitigungsanspruch
Die Mieterin, der Mieter kann vom Vermieter die Beseitigung des Mangels verlangen (z. B. Ausfall der Zentralheizung). Unternimmt der Vermieter innerhalb eines vernünftigen Zeitraums nichts, kann die Mieterin je nach Grösse des Mangels entweder fristlos kündigen oder den Mangel auf Kosten des Vermieters beseitigen lassen.

Mietzinsreduktion
Der Mieter kann vom Vermieter die verhältnismässige Reduktion des Mietzinses verlangen, z. B. bei Lärmimmissionen durch Umbau oder Renovierung des Miethauses.

Mietzinshinterlegung
Die Mieterin kann den künftigen Mietzins bei einer vom Kanton vorgesehenen Stelle (meistens bei einer von der Schlichtungsbehörde bezeichneten Bank) hinterlegen. Die korrekte Hinterlegung gilt als Mietzinszahlung. Damit die Hinterlegung korrekt erfolgen kann, muss die Mieterin den Vermieter schriftlich zur Beseitigung des Mangels innerhalb vernünftiger Frist auffordern und ihm gleichzeitig die Hinterlegung androhen.

Pflichten des Mieters

■ Mietzins (OR 253 und 257)

Hauptpflicht des Mieters ist es, den vereinbarten Mietzins zu zahlen. Dieser ist die Gegenleistung für die Überlassung des Mietobjekts zur Bewohnung. Die Höhe des Mietzinses kann von den Vertragsparteien in der Regel frei bestimmt werden. Der Mieter einer Wohnung wird jedoch unter gewissen Voraussetzungen vor der Bezahlung übersetzter Mietzinsen geschützt (OR 269 ff., siehe S. 111).

■ Nebenkosten (OR 257a f.)

Nebenkosten sind Kosten, die dem Vermieter in Zusammenhang mit der Gebrauchsüberlassung, also durch den «Betrieb» der Wohnung, entstehen (z.B. Betriebskosten für die zentrale Warmwasseraufbereitungs- oder Heizungsanlage, Hauswartkosten, Kosten für den Betrieb der gemeinsamen Waschmaschine etc.). Das Entgelt für die Nebenkosten ist kein Mietzins.

Nebenkosten sind vom Mieter nur dann zu bezahlen, wenn dies im Mietvertrag für die jeweilige Nebenkostenposition tatsächlich vereinbart worden ist. Die Berechnung der Entschädigung muss für den Mieter transparent sein. Er kann deshalb Einsicht in die Originalbelege verlangen. Ist eine Akontozahlung vereinbart, muss der Vermieter dem Mieter zusätzlich eine jährliche Abrechnung zustellen.

■ Zahlungsrückstand (OR 257d)

Mietzinse sind in der Regel periodisch zu einen genau festgelegten Termin geschuldet, nämlich zum letzten Kalendertag eines Monats. Leistet der Mieter einen Mietzins nicht zu diesen Zeitpunkt, befindet er sich im Zahlungsverzug. Der Vermieter hat dann die Möglichkeit, dem Mieter schriftlich eine 30-tägige Nachfrist zur Zahlung anzusetzen. Mit der Nachfristansetzung kann er die Kündigung für den Fall androhen, dass die Nachzahlung nicht rechtzeitig erfolgt.

■ Untermiete (OR 262)

Die Mieterin darf die Wohnung untervermieten, braucht dazu aber die Zustimmung des Vermieters. Dieser darf die Zustimmung nur aus einem der drei folgenden Gründe verweigern:
- Die Mieterin legt die Bedingungen der Untermiete nicht offen.
- Die Bedingungen der Untermiete sind missbräuchlich (v.a., wenn die Mieterin übermässigen Gewinn erzielt).
- Dem Vermieter entsteht durch die Untermiete ein grosser Nachteil.

Die Mieterin ist gegenüber dem Vermieter verantwortlich, z.B. für Schäden, die der Untermieter verursacht hat.

■ Sorgfaltspflicht und Rücksichtnahme (OR 257 f.)

Der Mieter muss mit dem Mietobjekt sorgfältig umgehen und Rücksicht auf die Nachbarn nehmen. Der Mieter ist auch dafür verantwortlich, dass sich seine Mitbewohner und Mitbewohnerinnen und Gäste ebenso verhalten.

Mangelnde Sorgfalt
Verletzt der Mieter seine Pflicht zur Sorgfalt oder zur Rücksichtnahme, kann ihn die Vermieterin, der Vermieter mahnen. Hält der Mieter seine Pflichten trotz schriftlicher Mahnung weiterhin nicht ein, kann die Vermieterin unter gewissen Voraussetzungen den Vertrag mit einer Frist von 30 Tagen zum Monatsende kündigen.

Schwere Beschädigung
Zerstört der Mieter die Wohnung oder Teile davon mutwillig, kann der Vermieter den Vertrag jederzeit, ohne Mahnung, fristlos kündigen.

Mängel und Schäden
mieterverband.ch

■ Meldepflicht (OR 257g)

Damit der Vermieter die Wohnung ausreichend instand halten kann, ist er auf Informationen des Mieters angewiesen. Der Mieter hat die Mängel, die nicht vom ihm selber zu beheben sind (kleiner Unterhalt, siehe S. 106), dem Vermieter zu melden.

Meldet der Mieter einen Mangel nicht, obwohl es ihm möglich gewesen wäre, begeht er eine Vertragsverletzung und er kann auf Ersatz des dadurch entstandenen Schadens belangt werden.

■ Duldungspflicht (OR 257h)

Unterhalt und Mängelbeseitigung
Die Instandhaltung und Mängelbeseitigung durch die Vermieterin kann oft nur mit Einschränkungen für den Mieter erfolgen. Der Mieter hat deshalb die dazu notwendigen Eingriffe in sein Gebrauchsrecht zu dulden. So hat der Mieter z. B. die mit dem Ersatz einer defekten Toilette oder Badewanne verbundenen Unannehmlichkeiten zu tolerieren.

Besichtigung
Die Besichtigung der Wohnung durch den Vermieter muss geduldet werden, wenn dies notwendig ist (z. B. für Weitervermietung der Wohnung, für Verkauf des Hauses). In der Regel muss sich der Vermieter vorher anmelden (Ausnahme: Notfall).

■ Veränderungen durch den Mieter (OR 260a)

Der Mieter darf Veränderungen an der Wohnung nur vornehmen, wenn der Vermieter schriftlich zugestimmt hat. In diesem Fall kann der Vermieter die Wiederherstellung des ursprünglichen Zustandes nur verlangen, wenn dies ebenfalls schriftlich vereinbart worden ist. Eine Wertsteigerung durch die Veränderung hat der Vermieter zu entschädigen. Wurde die Veränderung aber ohne Zustimmung vorgenommen, besteht kein Entschädigungsanspruch und der Vermieter kann auf der Wiederherstellung des ursprünglichen Zustands bestehen.

Beendigung der Miete

■ Form (OR 266l)

Bei der Wohnungsmiete verlangt das Gesetz eine schriftliche Kündigung.
- Die Kündigung des Vermieters muss auf einem amtlichen Formular erfolgen, das Auskunft über das Vorgehen zur Kündigungsanfechtung oder Erstreckung des Mietverhältnisses gibt. Verletzt eine Kündigung die Formvorschriften, ist sie nichtig und entfaltet keinerlei Wirkung.
- Auf Verlangen ist eine Kündigung zu begründen.
- Der Vermieter muss bei der Wohnung einer Familie beiden Eheleuten die Kündigung getrennt zustellen.
- Eine Wohnungskündigung durch ein Ehepaar oder eine eingetragene Partnerschaft muss von beiden unterzeichnet werden.

■ Kündigungsfristen und Kündigungstermine (OR 266 ff.)

- Ein auf eine bestimmte Dauer abgeschlossenes Mietverhältnis endet mit dem Zeitablauf, und zwar ohne dass eine Kündigung ausgesprochen werden muss.
- Ein unbefristetes Mietverhältnis kann unter Einhaltung der gesetzlichen Fristen gekündigt werden. Sofern die Parteien keinen anderen Termin vereinbart haben, hat die Kündigung auf den im OR vorgesehenen Termin zu erfolgen.
- Werden Kündigungsfristen und Kündigungstermine nicht eingehalten, gilt die Kündigung auf den nächstmöglichen Zeitpunkt.

Ordentliche Kündigung (OR 266c) Wohnungsmieten können vom Vermieter und vom Mieter mit einer Frist von 3 Monaten auf einen ortsüblichen Termin gekündigt werden. Fehlt ein ortsüblicher Termin, ist die Kündigung jeweils auf Ende einer 3-monatigen Mietdauer möglich (3 Monate nach Mietantritt ist der 1. Kündigungstermin, 6 Monate nach Mietantritt ist der 2. Kündigungstermin usw.). An den meisten Orten gilt mit Ausnahme des 31. Dezember der letzte Tag jedes Monats als ortsüblicher Kündigungstermin. Auskunft erteilt die kantonale Schlichtungsbehörde am Wohnort.

Mietobjekt	Kündigungsfrist	Zeitpunkt/Termin
Bewegliche Sache (z. B. Velo) (OR 266f)	3 Tage	auf jeden beliebigen Zeitpunkt
Möbliertes Zimmer (OR 266e)	2 Wochen	auf Ende einer 1-monatigen Mietdauer
Möblierte und unmöblierte Wohnung (OR 266c)	3 Monate	auf Ende einer 3-monatigen Mietdauer

Ausserordentliche Kündigung (OR 266g) Ist die Fortführung der Wohnungsmiete für eine Partei aus einem triftigen Grund untragbar geworden, kann sie mit einer Frist von drei Monaten kündigen, ohne einen Termin einhalten zu müssen.

Tod des Mieters (OR 266i) Stirbt der Wohnungsmieter, sind seine Erben berechtigt, das Mietverhältnis ordentlich zu kündigen.

Vorzeitige Rückgabe Der Mieter kann das Mietverhältnis ohne Einhaltung von Fristen und Terminen auflösen, wenn er einen zumutbaren und zahlungsfähigen Ersatzmieter bringt, der bereit ist, den Vertrag zu den gleichen Konditionen zu übernehmen. Für das Kriterium der Zumutbarkeit gilt als Faustregel: Der Vermieter darf an den Ersatzmieter nicht andere oder höhere Anforderungen stellen als an den scheidenden Mieter. Ein Ehepaar ohne Kinder muss auch ein Ehepaar ohne Kinder suchen. Ein geeigneter Ersatzmieter genügt.

Lebensdauertabelle mieterverband.ch

■ Wohnungsrückgabe (OR 267)

Zustand nach vertragsgemässem Gebrauch

Der Mieter muss die Wohnung in einem Zustand zurückgeben, wie es nach Vertragsdauer erwartet werden darf. Für die Abnützung durch den normalen Gebrauch hat der Mieter nicht einzustehen. In der Praxis haben sich Richtwerttabellen entwickelt, welche die Lebensdauer der Mietgegenstände bei normaler Nutzung festhalten. Übergibt der Mieter die Wohnung nicht in korrektem Zustand, haftet er dem Vermieter für den daraus entstandenen Schaden.

Prüfungspflicht durch Vermieter

Der Vermieter muss den Zustand der Wohnung bei der Rückgabe prüfen und die sichtbaren Mängel sofort rügen. Die Mängelrüge ist formlos möglich. In der Regel dient dazu jedoch ein von beiden Parteien unterzeichnetes Rückgabeprotokoll, von dem die Mieterin eine Kopie erhält. Versteckte Mängel, die erst später entdeckt werden, sind der Mieterin umgehend (innerhalb von ca. 14 Tagen) zu melden.

TIPP

- Der Mieter sollte die Kündigung mit eingeschriebenem Brief zustellen. Achtung: Kündigung rechtzeitig senden, weil das Datum des Poststempels nicht gilt.
- Die örtlichen Mieterverbände bieten auch Hilfe bei der Wohnungsübergabe an. Wenn Sie sicher sein wollen, dass bei der Wohnungsübergabe alles rund läuft, können Sie eine Wohnungsabnahme-Fachperson beiziehen. Diese achtet darauf, dass das Protokoll der Wohnungsabnahme korrekt ausgefüllt wird, und unterstützt die ausziehende Mietpartei, dass sie nicht ungerechtfertigte Forderungen des Vermieters für Schäden anerkennt. (Kosten für Mitglieder des Mieterverbands ab CHF 130.–, für Nichtmitglieder ab CHF 185.–, kann je nach Kanton variieren.)
- Unterschreiben Sie ein Rückgabeprotokoll nur, wenn Sie mit dem Inhalt einverstanden sind. Sind Sie dagegen, den Vermieter für einen bestimmten Mangel zu entschädigen, notieren Sie auf dem Protokoll «nicht einverstanden». Sie können dann das gesamte Protokoll dennoch unterzeichnen. Verlangen Sie zudem unbedingt eine Kopie des Protokolls.
- Falls Sie ein Putzinstitut für die Reinigung engagieren, sollten Sie Preis und Termin unbedingt vorher schriftlich vereinbaren. Verlangen Sie, dass ein Vertreter der Reinigungsfirma bei der Wohnungsabgabe anwesend ist. Sollte eine Nachreinigung nötig sein, besorgt diese das Putzinstitut ohne zusätzliche Kosten für Sie.
- Die meisten Privathaftpflichtversicherungen decken Schäden, welche die normale Abnützung übersteigen. Im Schadenfall sollte daher sofort die Versicherung benachrichtigt werden. Viele Mieterverbände offerieren ihren Mitgliedern eine günstige Mieterhaftpflichtversicherung (Prämie: CHF 10.– bis CHF 20.– pro Jahr).

Mieterschutz

> **Mieterschutz:** Gesetzliche Bestimmungen zum Schutz des Mieters als «schwächere Partei».

Luxus- und Ferienwohnungen sind von den Schutzbestimmungen ausgenommen (OR 253a^2 und 253b^2).

■ Mietzinsanfechtung (OR 270 ff.)

Missbräuchlicher Mietzins
Als missbräuchlich gilt ein Mietzins, wenn sich der Vermieter auf Kosten des Mieters bereichert oder einen übersetzten Kaufpreis der Liegenschaft auf den Mieter abwälzt.

Anfangsmietzins
Der Mietzins kann von den Parteien grundsätzlich frei festgelegt werden.
OR 270^1 regelt die Voraussetzungen für eine Herabsetzung des Anfangsmietzinses:
- Der Mieter befindet sich bei Vertragsabschluss in einer Notlage (persönlich oder aufgrund des Wohnungsmarktes).
- Der vereinbarte Mietzins liegt wesentlich über demjenigen des Vormieters (in der Regel etwa 10 % und darüber).

Den Herabsetzungsanspruch hat der Mieter spätestens 30 Tage nach Wohnungsübernahme vor der Schlichtungsbehörde für Mietangelegenheiten einzuklagen.

Veränderte Verhältnisse
Der Mietzins kann während der Mietdauer missbräuchlich werden, wenn sich dessen Berechnungsgrundlage ändert (z. B. starke Hypothekarzinssenkung). Der Mieter muss zuerst den Vermieter schriftlich um eine Herabsetzung ersuchen. Kommt der Vermieter dem Ersuchen nicht innerhalb von 30 Tagen nach, kann der Mieter wiederum innerhalb von 30 Tagen die Herabsetzungsklage bei der Schlichtungsbehörde einreichen.

VERÄNDERTE MIETVERHÄLTNISSE

Mietzinserhöhung
Mietzinserhöhungen können vom Vermieter grundsätzlich immer zu dem Zeitpunkt festgelegt werden, auf den die nächste ordentliche Kündigung möglich wäre. Die Ankündigung der Erhöhung muss 10 Tage vor Beginn der Kündigungsfrist beim Mieter eintreffen. Sie hat mit amtlichem Formular zu erfolgen und die Erhöhung muss begründet werden. Fehlt eine der letzten beiden Voraussetzungen oder wird sie mit einer Kündigungsandrohung verbunden, ist die Mietzinserhöhung nichtig.
Eine Mietzinserhöhung kann vom Mieter innerhalb von 30 Tagen seit der Mitteilung bei der Schlichtungsbehörde als missbräuchlich angefochten werden.

Kündigungsschutz

In der Regel braucht eine Kündigung keinen besonderen Grund, um gültig zu sein. Das kann aber für den Wohnungsmieter einschneidende Folgen haben. Deshalb sieht das Gesetz Schutzbestimmungen vor.

Anfechtung der Kündigung
Verstösst eine Kündigung gegen Treu und Glauben, ist sie missbräuchlich und kann angefochten werden.

Kündigungen sind unter anderem in folgenden Fällen anfechtbar:
- Vergeltungskündigung (z. B. weil der Mieter Mängelrechte geltend gemacht hat),
- Änderungskündigung (der Vermieter will eine Vertragsänderung zuungunsten des Mieters durchsetzen),
- Kündigung während eines Schlichtungs- oder Gerichtsverfahrens in Zusammenhang mit dem Mietverhältnis,
- Kündigung innerhalb von 3 Jahren nach einem Schlichtungs- oder Gerichtsverfahren, in dem der Vermieter unterlegen war, die Klage zurückgezogen, auf den Weiterzug ans Gericht verzichtet oder einen Vergleich abgeschlossen hat.

Die Anfechtung hat innerhalb von 30 Tagen seit Empfang der Kündigung bei der Schlichtungsbehörde zu erfolgen.

Erstreckung des Mietverhältnisses
Hat die Kündigung für den Mieter schwerwiegende negative Folgen, die in keinem Verhältnis zu den Interessen des Vermieters an der Beendigung des Mietverhältnisses stehen, kann der Mieter eine Erstreckung verlangen. Das Gericht nimmt dabei eine Interessenabwägung vor (z. B. Umstände des Vertragsabschlusses; persönliche, familiäre und wirtschaftliche Verhältnisse der Parteien; Eigenbedarf des Vermieters).

Ausschluss der Erstreckung
Die Erstreckung des Mietverhältnisses ist nur in folgenden Fällen ausgeschlossen:
- Kündigung wegen Zahlungsrückstand des Mieters,
- Kündigung wegen schwerer Verletzung der Sorgfaltspflicht des Mieters (z. B. wenn der Mieter zu ständigen berechtigten Klagen Anlass gibt),
- Kündigung wegen Konkurs des Mieters,
- Kündigung eines Mietverhältnisses, das wegen eines konkreten Umbaus oder Abbruchs der Wohnung ausdrücklich bis zur Realisierung des Projekts befristet abgeschlossen worden ist.

Dauer der Erstreckung
Eine Wohnungsmiete kann maximal um vier Jahre erstreckt werden.

Schlichtungsbehörde für Mietstreitigkeiten

In jedem Kanton gibt es eine Schlichtungsbehörde für Mietstreitigkeiten. Sie ist verpflichtet, Mieter und Vermieter auch dann kostenlos zu beraten, wenn kein Schlichtungsgesuch vorliegt, ganz speziell vor Abschluss eines Mietvertrags.

Bei Streitigkeiten muss zuerst immer die Schlichtungsbehörde mit einem Schlichtungsgesuch angerufen werden. Dieses Gesuch kann mündlich oder schriftlich gestellt werden. Das Verfahren ist kostenlos.

Die Schlichtungsbehörde muss in erster Linie versuchen, die Parteien zu versöhnen. Gelingt dies nicht, stellt sie eine Klagebewilligung aus. Die Klage ist innerhalb von 30 Tagen an das Zivilgericht zu richten.

Wohnformen: Vom Singlehaushalt bis zur WG

Wer die elterliche Wohnung verlassen will, muss sich einige Gedanken zur geeigneten Wohnform, zur Wohnungssuche und zum Wohnungsmarkt machen.

■ Wohnformen

> **Singlehaushalt:** Dieser Haushalt wird von einer Einzelperson bewohnt.
>
> **Wohngemeinschaft (WG):** Bezeichnet das Zusammenleben mehrerer unabhängiger, meist nicht verwandter Personen in einer Wohnung.

Allgemeine Räume wie Badezimmer, Küche oder auch ein Wohnzimmer werden in einer Wohngemeinschaft gemeinsam genutzt. Bei dieser Wohnform stellt sich grundsätzlich die Frage, wer wie viel von der Wohnungsmiete bezahlt und wie die anfallende Hausarbeit (besonders die regelmässige Reinigung der Wohnung) aufgeteilt wird.

> **Wohnen im Konkubinat:** Ein Konkubinatspaar führt gemeinsam einen Haushalt (siehe S. 52 f.).

Hier stellt sich die Frage, wer wie viel von der Wohnungsmiete bezahlt und welche Form des Mietverhältnisses für das Paar am sinnvollsten ist (siehe S. 114).

■ Wohnungssuche

Zu Beginn müssen folgende Bedürfnisse geklärt werden:
- Ort und Lage (Nähe zum öffentlichen Verkehr, Nähe zu einer Stadt, Agglomerations- oder Landgemeinde, Schulweg, Einkaufsmöglichkeiten, Wohnlage usw.)
- Grösse (Anzahl Zimmer, Nasszellen, Wohnfläche)
- Ausstattung (Balkon/Terrasse, Garage/Parkplatz, Lift, Keller/Estrich)
- Höhe des Mietzinses inklusive Nebenkosten (siehe S. 97)

Wohnungstipps
ronorp.net

Suchen und Inserieren
wgzimmer.ch

Möglichkeiten zur Wohnungssuche
- Inserate im Internet suchen oder dort selber aufgeben
- Inserate in Printmedien (Zeitungen) lesen oder selber ein Inserat aufgeben
- Social Media nutzen (z. B. Facebook, Instagram)
- Suchauftrag an Makler geben (Immobilienfirma ist kostenpflichtig und teuer)

Wohnungsbewerbung
Folgende Dokumente gehören zu einer Wohnungsbewerbung:
- ein vollständig ausgefülltes Formular «Mietgesuch». Dieses wird meistens vom Eigentümer oder der Immobilienverwaltung verlangt
- aktueller Auszug aus dem Betreibungsregister
- persönliches Begleitschreiben mit Begründung des Interesses an der Wohnung

■ Wohnungsmarkt

Wie jeder Markt unterliegt auch der Wohnungsmarkt stetiger Veränderung. Da das Wohnen ein Grundbedürfnis ist, greift der Staat lenkend in den Wohnungsmarkt ein (z. B. durch Mieterschutzbestimmungen, aber auch durch das eigene Angebot von günstigen Wohnungen).

Gemeinsames Wohnen

Gemeinsam eine Wohnung zu mieten (Wohngemeinschaft und Konkubinat) ist der Traum vieler junger Menschen, die von zu Hause ausziehen. Woran aber viele nicht denken, sind die Folgen bezüglich Haftung, die aus der gemeinsamen Miete von Wohnraum entstehen können, da in der Regel das Prinzip der Solidarhaftung gilt.

> **Solidarhaftung:** Gegenüber einem Gläubiger haften mehrere Schuldner. Der Gläubiger hat dabei die Wahl, die Zahlung der vollständigen Schuld von allen beteiligten Schuldnern, von einigen Schuldnern oder von einem einzigen Mitschuldner zu verlangen.

Bei der Miete von Wohnraum gelten die Mieter als Schuldner und die Vermieter als Gläubiger. Wenn mehrere Mieter gemeinsam Wohnraum mieten, spricht man von der sogenannten Solidarhaftung. Folglich haften mehrere Mieter gemeinsam gegenüber den Forderungen eines Vermieters.

Die üblichsten Wohnformen sind Wohngemeinschaften und Wohnen im Konkubinat (siehe S. 52). Nachfolgend sind die möglichen Mietverhältnisse für gemeinsames Wohnen aufgeführt.

Situation	Mietzins	Kündigung durch Vermieter	Kündigung durch Mieter	Solidarhaftung für Schäden und Miete
Ein Partner ist alleiniger Mieter, der andere geniesst Gastrecht (ohne Entgelt oder Abeitsleistung für das Gastrecht).	Nur der Mieter schuldet dem Vermieter den Mietzins.	Kündigung durch den Vermieter muss nur an den Mieter erfolgen. (Der Mieter kann den Gast jederzeit und fristlos aus der Wohnung weisen.)	Der Mieter kann die Wohnung alleine kündigen. Der Gast hat kein Mitspracherecht.	Der Gast hat keine Solidarhaftung.
Ein Partner ist alleiniger Mieter (Hauptmieter), der andere ist Untermieter. Es bestehen zwei getrennte Rechtsverhältnisse: a) Vermieter – Hauptmieter b) Hauptmieter – Untermieter	• Nur der Hauptmieter schuldet dem Vermieter den Mietzins. • Der Untermieter schuldet dem Hauptmieter den Mietzins.	• Kündigung durch den Vermieter muss nur an den Hauptmieter erfolgen. • Dem Untermieter muss der Hauptmieter kündigen.	• Der Hauptmieter kann die Wohnung alleine kündigen. Der Untermieter hat kein Mitspracherecht. • Der Untermieter muss das Untermietverhältnis beim Hauptmieter kündigen.	• Der Untermieter hat keine Solidarhaftung. Für Schäden ist immer der Hauptmieter dem Vermieter gegenüber haftbar. • Für Schäden, die der Untermieter verursacht hat, haftet dieser dem Hauptmieter gegenüber.
Beide Partner sind gemeinsam Hauptmieter. Beide unterschreiben den Mietvertrag.	Beide Mieter haften solidarisch für den Mietzins (siehe oben Solidarhaftung).	Eine Kündigung durch den Vermieter muss beiden Mietern getrennt und gleichzeitig mitgeteilt werden.	Beide Mieter müssen die Kündigung unterschreiben. (Ein Streit über den Verbleib in der Wohnung nach einer Trennung kann vor Gericht enden.)	Beide Mieter haften solidarisch.
Ein Partner ist alleiniger Mieter, der andere bezahlt ohne Vertrag einen monatlichen Beitrag.	Diese Situation ist rechtlich gesehen sehr ungünstig, weil der Gast über keine Rechte verfügt und weil auch ohne einen formellen Mietvertrag ein Untermietverhältnis angenommen werden kann. Von dieser Form wird abgeraten.			

1 Recht
1.6 Steuern

Verständnis

- Wozu dient die Steuerprogression?

- Wie trägt die Verrechnungssteuer zur Bekämpfung der Steuerhinterziehung bei?

- Welche Auswirkungen hätte es auf Personen mit niedrigem Einkommen, wenn die Steuern vermehrt über indirekte Steuern bezahlt würden?

- Welche Abzüge können in der Steuererklärung geltend gemacht werden?

- Für welche drei Bereiche werden auf Bundesebene am meisten Subventionen gezahlt?

Diskussion

- Finden Sie es in Ordnung, dass die Steuern unterschiedlich hoch ausfallen, je nachdem in welchem Kanton oder welcher Gemeinde man wohnt?

Übersicht

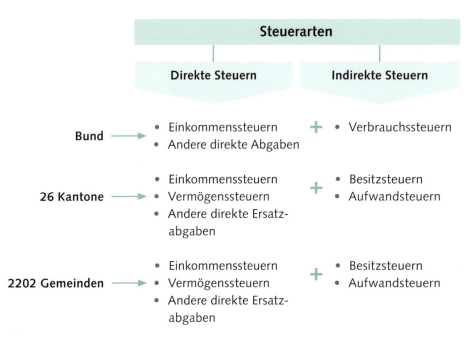

Steuerhoheit, Steuerpflicht, Steuerzwecke

Steuern: Steuern sind Geldleistungen von natürlichen und juristischen Personen, die von der öffentlichen Hand (Bund, Kantone, Gemeinden) erhoben werden.

Steuern dürfen nur auf der Grundlage der Bundesverfassung und der kantonalen Verfassungen sowie auf der Grundlage von Gesetzen erhoben werden.

■ Steuerhoheit

Steuerhoheit: Das Recht, Steuern zu erheben und über den Ertrag zu verfügen. Dieses Recht besitzen der Bund, die Kantone und die Gemeinden.

Steuerwissen für Jugendliche
steuern-easy.ch

Ausser dem Bund erheben auch die 26 Kantone und die 2202 Gemeinden (Stand 1.1.2020) Steuern. Dies führt zu vielen unterschiedlichen Gesetzgebungen und vor allem zu grossen Unterschieden bei der Steuerbelastung.

In fast allen Kantonen haben die anerkannten Religionsgemeinschaften (Landeskirchen) das Recht, Kirchensteuern zu erheben, und zwar nur von jenen Personen, die einer anerkannten Kirche angehören. Als Berechnungsgrundlage für die Kirchensteuer dient die Veranlagung der Kantons- und Gemeindesteuern.

■ Steuerpflicht

Wer ein Einkommen erzielt, ist steuerpflichtig, und zwar unabhängig vom Alter.
- Natürliche Personen, die in der Schweiz ihren Wohnsitz oder ihren Aufenthalt haben, sind unbeschränkt steuerpflichtig.
  - Die Familie bildet bezüglich Einkommen und Vermögen eine wirtschaftliche Einheit. Somit wird das Einkommen, das die Ehefrau erzielt, zum Einkommen des Ehemannes gerechnet (auch bei Gütertrennung).
  - Das Einkommen Minderjähriger wird dem Inhaber der elterlichen Sorge zugerechnet. Eine Ausnahme bildet das Erwerbseinkommen, für das eine selbstständige Steuerpflicht besteht.
- Juristische Personen, die ihren Sitz oder ihre Betriebsstätte in der Schweiz haben, sind steuerpflichtig.

■ Steuerzwecke

Auf Gemeinde- und Kantonsebene entscheidet das Volk über die Höhe der Steuersätze und oft auch über die Verwendung der Steuererträge. Dies gilt ebenso für die Kirchgemeinde.

Die eingenommenen Steuergelder werden für drei verschiedene Zwecke verwendet:

Fiskalpolitischer Zweck
Er deckt den Bedarf der Allgemeinheit in den Bereichen Schulen, Verkehr, Umweltschutz, Armee usw.

Sozialpolitischer Zweck
Er erfüllt die sozialen Verfassungsaufträge, z. B. Sozialversicherungen (siehe S. 134), Spitäler, Verbilligung der Krankenkassenprämien (siehe S. 137 f.).

Wirtschaftspolitischer Zweck
Er schützt wirtschaftliche Interessen (Subventionen, Direktzahlungen an die Landwirtschaft, Wirtschaftsförderung usw.).

Steuerarten

■ Direkte Steuern

> **Direkte Steuern:** Diese Steuern werden auf Einkommen, auf Erträge (z. B. Zinsen aus Erspartem) und auf Vermögen erhoben. Sie werden mit der Steuererklärung erfasst.

Der Steuersatz ist in der Regel progressiv (siehe S. 123) und nimmt auf die wirtschaftliche Leistungskraft des Steuerpflichtigen Rücksicht.

Direkte Bundessteuern	Z. B. Einkommenssteuer, Verrechnungssteuer, Stempelabgaben, Wehrpflichtersatz
Direkte Kantonssteuern	Z. B. Einkommens- und Vermögenssteuer, Erbschafts- und Schenkungssteuer, Grundstück- und Liegenschaftssteuer
Direkte Gemeindesteuern	Z. B. Einkommens- und Vermögenssteuer, Kopf-, Personal oder Haushaltssteuer, Grundstück- und Liegenschaftssteuer

Die Steuerveranlagung und der Bezug der direkten Bundessteuer werden von den Kantonen für den Bund durchgeführt. (Der Bund erhebt keine Vermögenssteuer.)

■ Indirekte Steuern

> **Indirekte Steuern:** Sie belasten den Verbrauch (z. B. Benzin), den Besitz (z. B. das Motorfahrzeug) oder den Aufwand (z. B. Kehrichtgebühren).

Sie sind für alle gleich hoch. Wer mehr kauft, bezahlt mehr.

Indirekte Bundessteuern	Z. B. Mehrwertsteuer, Tabaksteuer, Mineralölsteuer, Biersteuer, Steuer auf Spirituosen
Indirekte Kantonssteuern	Z. B. Motorfahrzeugsteuer, Stempelsteuer (Wertschriftenhandel, Versicherungen), Vergnügungssteuer (Billettsteuer)
Indirekte Gemeindesteuern	Z. B. Kehrichtgebühren, Abwassergebühren, Hundesteuer, Vergnügungssteuer

■ Quellensteuer

Die Quellensteuer wird vor der Auszahlung des Lohns vom Einkommen abgezogen. Dieser Steuer sind alle ausländischen Staatsangehörigen unterworfen, welche die fremdenpolizeiliche Niederlassungsbewilligung (Ausweis C) nicht besitzen.
Der Arbeitgeber muss die Steuer, die diese Personen bezahlen müssen, direkt der Steuerbehörde abliefern.

■ Kopfsteuer (auch Personal- oder Haushaltssteuer genannt)

Diese Steuer wird meistens zu einem fixen Satz zusätzlich zur Einkommens- und Vermögenssteuer erhoben. Dieser beträgt in der Regel zwischen CHF 10.– und CHF 50.–. Die Kantone AG, AI, BE, BS, BL, JU, NE, SG, FR und TG erheben diese Steuer nicht.

Verrechnungs- und Mehrwertsteuer

■ Die Verrechnungssteuer (VSt.)

Verrechnungssteuer: Eine vom Bund erhobene Steuer von 35 % auf den Ertrag des beweglichen Kapitalvermögens (Zinsen und Dividenden) und auf schweizerische Lotteriegewinne (Sport-Toto, Lotto, Pferdewetten).

Da in der Schweiz das Bankgeheimnis gilt, kann die öffentliche Hand nicht in Erfahrung bringen, über wie viel Vermögen der Einzelne verfügt. Die Verrechnungssteuer ist somit ein Instrument zur Bekämpfung der Steuerhinterziehung.

Das Prinzip der Verrechnungssteuer

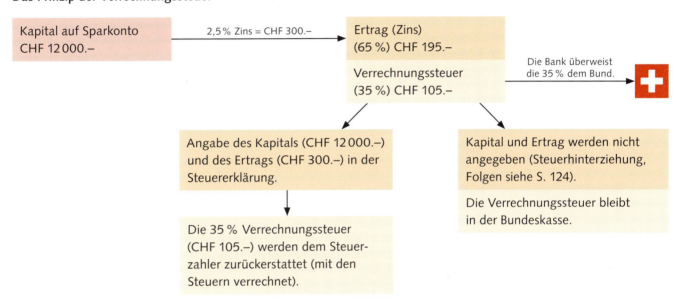

Die Zinsen von allen Kundenguthaben sind von der Verrechnungssteuer ausgenommen, sofern der Zins im Kalenderjahr CHF 200.– nicht übersteigt. Diese Kundenguthaben dürfen im Kalenderjahr nur einmal abgerechnet und dem Kunden vergütet werden.

Ausnahme: Die Verrechnungssteuer im Lotto, Sport-Toto usw. wird ab einem Gewinn von CHF 1000.– abgezogen. Gewinne müssen jedoch immer versteuert werden.

■ Die Mehrwertsteuer (MwSt.)

Mehrwertsteuer: Eine allgemeine Verbrauchs- und Konsumsteuer.

Die Mehrwertsteuer wird vom Konsumenten bezahlt.

Steuersätze (MwSt., gültig seit 1.1.2018)
Es gibt unterschiedliche Steuersätze. Der Normalsatz beträgt 7,7 %. Lebensmittel, Bücher, Tourismus (Beherbergung) usw. unterliegen einem reduzierten Steuersatz.

Steuerpflicht (MwSt.)
Wer eine selbstständige berufliche oder gewerbliche Tätigkeit ausübt, ist grundsätzlich mehrwertsteuerpflichtig (Ausnahme: Der von der eidg. Steuerverwaltung festgesetzte Umsatz wird nicht erreicht).

Viele Güter werden mehrmals verkauft. Damit für die Sachgüter und die Dienstleistungen nicht mehrfach MwSt. entrichtet werden muss, gibt es den Vorsteuerabzug.

Beispiel: Ein Schreiner zahlt von seinem Umsatz 7,7 % MwSt. Davon kann er die MwSt., die er beim Kauf von Holz usw. bezahlt hat, abziehen.

Steuerbares Einkommen

■ Einkommenssteuer

Einkommenssteuer: Sie belastet grundsätzlich einmalige und wiederkehrende Einkünfte (Löhne, Zinsen, Naturalleistungen usw.).

Jeder Kanton hat seine eigenen Steuerformulare. Grundsätzlich sind sie jedoch alle gleich aufgebaut.

I. Einkommen
- Erwerbseinkommen aus unselbstständiger Erwerbstätigkeit (Nettolohn gemäss Lohnausweis)
- Erwerbseinkommen aus selbstständiger Erwerbstätigkeit
- Nebenerwerb
- Ersatzeinkommen (z. B. Renten)
- Einkommen aus beweglichem Vermögen (z. B. Zinsen/Dividenden)
- Einkommen aus unbeweglichem Vermögen (z. B. Eigenmietwert)
- Übriges Einkommen (z. B. Alimente)

Total der Einkommen

II. Abzüge
- Berufsunkosten (Berufsauslagen) Unselbstständigerwerbender
- Gewinnungskosten (Berufsunkosten) Selbstständigerwerbender
- Private Schuldzinsen
- Unterhaltsbeiträge (z. B. Alimente)
- Freiwillige Beiträge an die berufliche Vorsorge (2. Säule)
- Beiträge an die gebundene Selbstvorsorge (Säule 3a)
- Versicherungsprämien
- Aufwendungen für Vermögensverwaltung
- Weitere allgemeine Abzüge

Total der Abzüge

III. Reineinkommen
   I. Total der Einkommen
− II. Total der Abzüge
= Reineinkommen (Nettoeinkommen)

IV. Sozialabzüge und weitere Abzüge
- Kinderabzug
- Drittbetreuungsabzug
- Unterstützungsabzug
- Krankheits- und IV-Kosten
- Sonderabzug bei Erwerbstätigkeit beider Ehegatten
- Freiwillige Zuwendungen (z. B. Spenden)

Total Sozialabzüge und weitere Abzüge

V. Steuerbares Einkommen
   III. Reineinkommen
− IV. Sozialabzüge und weitere Abzüge
= Steuerbares Einkommen

- Wer die Steuererklärung nicht ausfüllt, wird gemahnt und dann gebüsst. Es erfolgt eine Ermessensveranlagung durch die Steuerbehörde, sodass die Steuerbelastung höher ausfällt.
- Für Einkünfte und gewisse Abzüge verlangt die Steuerbehörde Belege.

Steuerbares Vermögen

■ Vermögenssteuer

Vermögenssteuer: Sie belastet alle Werte, die im Eigentum des Steuerpflichtigen sind.

Die Vermögenswerte müssen zum Verkehrswert, Lebensversicherungen zum Rückkaufswert versteuert werden. Die meisten dieser Vermögenswerte sind früher als Einkommen versteuert worden (Ausnahmen: Erbschaften und Schenkungen sowie steuerbefreite Einkünfte gemäss den Steuergesetzen). (Siehe Glossar)

I. Aktiven
- Grundeigentum
- Geschäftsvermögen
- Wertschriften und sonstige Kapitalanlagen
- Bargeld, Gold und andere Edelmetalle
- Rückkaufsfähige Lebens- und Rentenversicherungen (Rückkaufswert)
- Anteil am Vermögen von Erbengemeinschaften
- Übrige Vermögenswerte (z. B. Auto, Sammlungen)

Total der Aktiven (Bruttovermögen)

II. Passiven
- Private Schulden
- Schulden auf Geschäftsvermögen

Total der Passiven

III. Reinvermögen
   I. Aktiven
− II. Passiven
= **Reinvermögen (Nettovermögen)**

IV. Steuerfreie Beträge
- Persönlicher Abzug/Abzug für Verheiratete
- Kinderabzug

Total steuerfreie Beträge

V. Steuerbares Vermögen
   III. Reinvermögen
− IV. Steuerfreie Beträge
= **Steuerbares Vermögen**

TIPP

- **An die Steuerbehörde einen Dauerauftrag erteilen**
  Berechnen Sie, wie viel Steuern Sie pro Monat etwa zahlen müssen. Überweisen Sie jeden Monat einen genügend hohen Betrag per Dauerauftrag an die Steuerbehörde Ihrer Wohngemeinde. (In gewissen Kantonen gewähren die Steuerbehörden einen höheren Zins als die Banken.)

- **Unterlagen aufbewahren**
  Bewahren Sie alle Steuerunterlagen (z. B. in einem Ordner) auf. So können Sie später bei Bedarf darauf zurückgreifen.

- **Steuerabzüge vornehmen**
  Die Anleitung der Steuererklärung hilft, Abzüge direkt in die Steuererklärung einzutragen. Falls die pauschalen Abzugsmöglichkeiten überschritten werden, benötigt man entsprechende Belege (z. B. für Weiterbildung).

Der Ablauf der Steuerveranlagung

Steuerpflichtige Person	Fristen	Steuerbehörde
Über das Jahr sammelt die steuerpflichtige Person Formulare, Belege und Bescheinigungen (Lohnausweise, Wertschriftenerträge, Berufsauslagen, Krankenversicherungen usw.).		
Im Februar erhält die steuerpflichtige Person die Steuererklärung. ←		Die Steuerbehörde verschickt die **Steuerformulare** per Post.
Mithilfe sämtlicher gesammelter Unterlagen füllt die steuerpflichtige Person die Steuererklärung aus, entweder auf den offiziell zugestellten Formularen oder sie benützt das digitale Formular. Am Ende muss die Steuererklärung unterschrieben und mit den Belegen der Gemeindesteuerbehörde eingereicht werden.		
Falls nötig beantragt die steuerpflichtige Person eine Fristverlängerung für die Einreichung der Steuererklärung. Das begründete Gesuch kann mündlich oder schriftlich beim Gemeindesteueramt eingereicht werden.	→ Im Begleitbrief oder in der Wegleitung nennt die Steuerbehörde die Frist zum Einreichen der ausgefüllten Steuererklärung. Im Normalfall beträgt die Frist 30 Tage (Mitte bis Ende März). Wenn eine Verlängerungsfrist gewährt wurde, dann gilt diese.	Das Gemeindesteueramt erhält die Steuererklärung und nimmt die Steuerveranlagung vor. Das heisst: • Die Steuererklärung wird kontrolliert. • Allfällige Änderungen werden in einem Protokoll festgehalten. • Der Steuerbetrag wird festgesetzt. (Einkommens- und Vermögenssteuer für die Staats- und Gemeindesteuer, evtl. Kirchensteuer) • Der Steuerbetrag für die direkte Bundessteuer wird berechnet.
Die steuerpflichtige Person erhält die **Steuerveranlagungsverfügung** samt Rechnung. ←	Die Einsprachefrist beträgt 30 Tage nach der Zustellung der Veranlagungsverfügung (siehe S. 125). Die Einsprache ist an das Steueramt der Gemeinde zuhanden der Steuerkommission zu richten.	Die Steuerbehörde schickt die Veranlagungsverfügung mit dem Hinweis auf die Zahlungsfrist. Die Veranlagungsverfügung enthält – wenn nötig – Korrekturen mit Begründung der Abweichungen und eine Rechtsmittelbelehrung für eine Einsprache gegen diese Steuerverfügung.
Die steuerpflichtige Person begleicht die **Steuerrechnung** (Staats-, Gemeinde- und evtl. Kirchensteuer). →	Der allgemeine Fälligkeitstermin ist der 31. Dezember.	Die Gemeindesteuerbehörde erhält das Geld. Sie behält ihren Teil und überweist dem Kanton und der Kirchgemeinde deren Anteile.
Bei finanziellen Problemen kann ein Steuerstundungsgesuch eingereicht werden, z. B. mit dem Vorschlag, den Steuerbetrag in Raten zu bezahlen (siehe S. 125).		
Die steuerpflichtige Person erhält die Rechnung für die direkte Bundessteuer. ←		Die kantonale Steuerbehörde verschickt die Rechnung für die **direkte Bundessteuer.**
Sie bezahlt diese fristgerecht. →	Der allgemeine Fälligkeitstermin ist der 1. März.	Die kantonale Steuerbehörde erhält die direkte Bundessteuer und leitet sie an das eidgenössische Finanzdepartement weiter.

Progression

■ Die Steuerprogression

Steuerprogression: Prozentuale Zunahme der Steuerbelastung bei steigendem Einkommen.

Die Steuerprogression führt zu einer unterschiedlichen Steuerlast für verschiedene Einkommen. Diese Last ist an die wirtschaftliche Leistungsfähigkeit der Steuerpflichtigen gebunden. Damit erfolgt eine Umverteilung der Vermögen in der Bevölkerung.

Direkte Bundessteuer für Alleinstehende im Jahr 2019

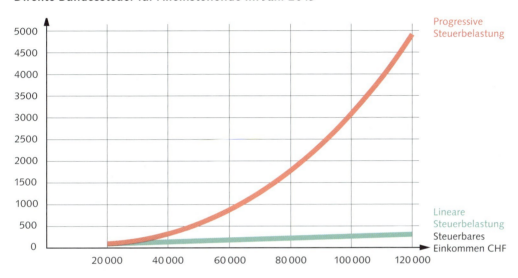

Im Jahr 2019 zahlt eine alleinstehende Person mit einem steuerbaren Einkommen von CHF 20 000.– rund CHF 40.– direkte Bundessteuer. Eine alleinstehende Person mit einem steuerbaren Einkommen von CHF 120 000.– (das 6-Fache von CHF 20 000.–) müsste bei linearer Besteuerung CHF 240.– (das 6-Fache von CHF 40.–) Steuern zahlen. Tatsächlich zahlt sie rund CHF 4500.– (das 112,5-Fache von CHF 40.–).

■ Die kalte Progression

Kalte Progression: Wird durch die Steuerprogression und durch die Inflation (Teuerung) verursacht.

Steigen die Lebenshaltungskosten und wird am Ende des Jahres beim Lohn nur gerade die Teuerung (Inflation) ausgeglichen, so kann man sich bezüglich der Kaufkraft mit diesem «höheren» Lohn nicht mehr leisten. Man rutscht aber in eine höhere Einkommensklasse und zahlt somit mehr Steuern.

Beispiel:
Ein alleinstehender Arbeitnehmer erzielte im Jahr 1970 ein steuerbares Einkommen von CHF 48 200.–. Dafür zahlte er 1,5 % direkte Bundessteuer (CHF 729.35). In den folgenden Jahren erhielt der Arbeitnehmer jeweils den jährlichen Teuerungsausgleich. Sein Lohn blieb real jedoch gleich hoch. Im Jahr 2000 betrug sein steuerbares Einkommen CHF 89 400.–. Dafür zahlte er 4,34 % direkte Bundessteuer (CHF 3087.30). Wegen der höheren Steuerbelastung konnte er sich im Jahr 2000 weniger leisten.

Steuersatz Der Steuersatz ist der Prozent- oder Promillesatz, zu dem das steuerbare Einkommen bzw. das steuerbare Vermögen besteuert wird.

Steuerfuss Dieser ist variabel. Kantone und Gemeinden legen ihn jährlich fest.

Steuervergehen

In der Schweiz unterscheidet man zwei wichtige Formen von Steuervergehen:
- Steuerhinterziehung
- Steuerbetrug

■ Steuerhinterziehung

Steuerhinterziehung: Verschweigen (nicht in der Steuererklärung aufführen) von Einkünften und Vermögensteilen.

Dieses Vergehen wird allein durch die Steuerbehörde geahndet. Es führt nicht zu einem Gerichtsfall. Das Gesetz sieht folgende Massnahmen durch die Steuerbehörde vor:

Busse	Die Busse beträgt das Einfache der hinterzogenen Steuer.
+ Nachsteuer	Die hinterzogenen Steuern (einschliesslich Zinsen) müssen nachbezahlt werden (evtl. über mehrere Jahre hinweg).
+ Strafsteuer	Je nach Schwere des Falls kann die Strafsteuer bis das Dreifache der Nachsteuern betragen.

■ Steuerbetrug

Steuerbetrug: Fälschen von Dokumenten und Urkunden, die der Steuerveranlagung dienen (Lohnausweis, Bilanz usw.).

Dieses Verhalten ist strafbar und hat ein Strafverfahren zur Folge. Es wird je nach Schwere des Falls mit einer Freiheitsstrafe oder mit einer Busse geahndet. Das Strafmass wird durch ein Gericht festgelegt.

Auf Druck des Auslands, das den Unterschied zwischen Steuerhinterziehung und Steuerbetrug nicht kennt, wird in der Schweiz die Abschaffung dieses Unterschieds heftig diskutiert. Im Ausland gelten auch hinterzogene Steuern als Straftatbestand.

■ Verjährung

Grundsätzlich verjähren Steuerhinterziehung und Steuerbetrug nach 10 Jahren.

■ Steueramnestie

Steueramnestie: Erlass von Nach- und Strafsteuern (ist nur bei Steuerhinterziehung möglich).

Wer sich bei den Steuerbehörden erstmalig selber anzeigt und eine Steuerhinterziehung gesteht, wird grundsätzlich nicht gebüsst. Meistens ist jedoch eine Nachsteuer zu entrichten.

Rechtsmittel zur Steuerveranlagung

■ Einsprache

Der Steuerpflichtige, der seine Veranlagungsverfügung nicht akzeptiert, kann die Überprüfung der Veranlagung verlangen. Dafür muss er einen begründeten Antrag stellen. Dieses Begehren, das meistens als Einsprache bezeichnet wird und das binnen 30 Tagen schriftlich eingereicht werden muss, soll zu einer eingehenden Prüfung der Veranlagung führen.

Der Steuerpflichtige kann auch eine mündliche Einspracheverhandlung bei der Steuerkommission der Gemeinde verlangen.

Einspracheentscheid
Das Ergebnis dieser Prüfung wird dem Steuerpflichtigen in einer neuen Verfügung mit einer Rekurs- oder Beschwerdefrist von wiederum 30 Tagen eröffnet.

■ Rekurs oder Beschwerde

Ist der Steuerpflichtige auch mit dieser Veranlagungsverfügung nicht einverstanden, kann er sich je nach Vorgaben des kantonalen Rechts mit einem Rekurs oder mit einer Beschwerde an die nächsthöhere Instanz wenden (es ist ein begründeter Antrag zu stellen).

■ Steuerstundungsgesuch

Darunter versteht man den Antrag, die Steuerzahlung zu einem späteren Zeitpunkt erfüllen zu dürfen. In der Regel beantragt der Steuerzahler, die Steuern in Raten abzuzahlen.

TIPP

- Nach dem Einreichen der Steuererklärung erhält man die Steuerrechnung mit dem Veranlagungsprotokoll zugestellt. Weicht das steuerbare Einkommen gemäss Veranlagungsprotokoll von der Steuererklärung ab, sollte man sich die Änderungen vom Steueramt erklären lassen.
- Ist man mit Änderungen, wie sie das Steueramt vorgenommen hat, nicht einverstanden, schreibt man innerhalb der 30-tägigen Frist eine Einsprache, in der man einen begründeten Antrag stellt.
- Entdeckt man eigene Fehler, korrigiert man sie auf dem Doppel, um die gleichen Fehler ein Jahr später zu vermeiden.

Die Bundesfinanzen

Die Finanzierungsrechnung

Finanzierungsrechnung: Spiegelt den Zustand der Bundesfinanzen wider und gibt Auskunft über die Einnahmen und die Ausgaben des Bundes.

- BV 126–135 regelt die Finanzordnung des Bundes und hält vor allem die Einnahmequellen fest: direkte Bundessteuer, Mehrwertsteuer, Verrechnungssteuer usw.
- In BV 126 ist der Grundsatz festgehalten, wonach der Bund seine Ausgaben und Einnahmen auf die Dauer im Gleichgewicht zu halten hat.
- BV 167 hält fest, dass die Bundesversammlung über die Ausgaben des Bundes beschliesst, den Voranschlag festsetzt und die Staatsrechnung abnimmt.
- BV 183 besagt, dass der Bundesrat den Finanzplan erarbeitet, den Voranschlag entwirft und die Staatsrechnung erstellt.

Die Einnahmen

Die wichtigsten Einnahmenbereiche 2020 (Voranschlag, gemäss Bundesbeschluss)

a) Direkte Steuern:		
• Direkte Bundessteuer[1]	24 042 Mio. CHF	31,8 %
• Verrechnungssteuer[2]	7 873 Mio. CHF	10,4 %
b) Indirekte Steuern:		
• MwSt.	23 590 Mio. CHF	31,2 %
• Mineralölsteuer	4 575 Mio. CHF	6,0 %
• Stempelabgaben	2 170 Mio. CHF	2,9 %
• Tabaksteuer	2 000 Mio. CHF	2,6 %
• Übrige Fiskaleinnahmen	6 901 Mio. CHF	9,1 %
c) Andere Einnahmen	4 515 Mio. CHF	6,0 %
Gesamteinnahmen	**75 666 Mio. CHF**	**100,0 %**

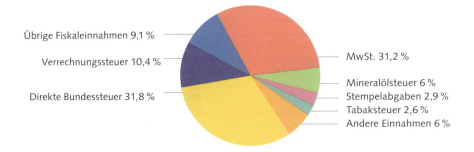

Quelle: EFV

[1] Die direkte Bundessteuer ist eine Einkommenssteuer für natürliche Personen sowie eine Steuer auf dem Reinertrag für juristische Personen (z. B. Aktiengesellschaften). Rund 51 % der Erträge stammen von den natürlichen Personen und 49 % von juristischen Personen.

[2] Die Verrechnungssteuer ist eine vom Bund an der Quelle erhobene Steuer auf den Ertrag von beweglichem Kapitalvermögen (insbesondere Zinsen und Dividenden), auf die Lotteriegewinne und auf bestimmte Versicherungsleistungen. Mit der Steuer soll die Steuerhinterziehung bekämpft werden. Beim ordnungsgemässen Deklarieren der Verrechnungssteuer in der Steuererklärung wird sie dem Steuerpflichtigen zurückerstattet. Der Steuersatz beträgt 35 %.

Die Ausgaben

Die wichtigsten Ausgabenbereiche des Bundes 2020 (Voranschlag, gemäss Bundesbeschluss)

- Soziale Wohlfahrt (AHV, IV, Krankenversicherungen usw.)   24 150 Mio. CHF   32,2 %
- Finanzen und Steuern (u. a. Schuldzinsen)   11 075 Mio. CHF   14,8 %
- Verkehr   10 372 Mio. CHF   13,8 %
- Sicherheit   6383 Mio. CHF   8,5 %
- Landwirtschaft und Ernährung   3663 Mio. CHF   4,9 %
- Bildung und Forschung   8095 Mio. CHF   10,8 %
- Beziehungen zum Ausland (u. a. Entwicklungshilfe)   3651 Mio. CHF   4,9 %
- Übrige Aufgaben   7688 Mio. CHF   10,2 %

Gesamtausgaben   **75 077 Mio. CHF**   **100,0 %**

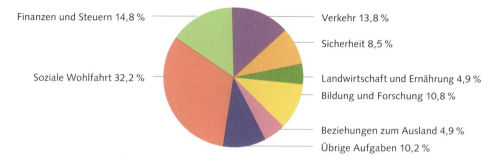

Quelle: EFV

Einnahmenüberschuss in der ordentlichen Finanzierungsrechnung 2020

Einnahmen abzüglich Ausgaben ergeben für das Jahr 2020 einen Überschuss von rund CHF 0.6 Milliarden.

Subventionen des Bundes

> **Subvention:** Zweckgebundene Unterstützung aus öffentlichen Mitteln. Diese Mittel müssen nicht mehr zurückgezahlt werden, dürfen aber nur für einen bestimmten Zweck verwendet werden.

2018 zahlte der Bund Subventionen in der Höhe von CHF 41 466 Millionen. Die fünf grössten Ausgabeposten machen 93,0 % aus:

- Soziale Wohlfahrt: CHF 18 691 Mio. (AHV, Krankenversicherungen usw.)
- Bildung und Forschung: CHF 6948 Mio.
- Verkehr: CHF 6302 Mio. (Strassen, öffentlicher Verkehr usw.)
- Landwirtschaft und Ernährung: CHF 3527 Mio. (Direktzahlungen usw.)
- Beziehungen zum Ausland: CHF 3137 Mio.

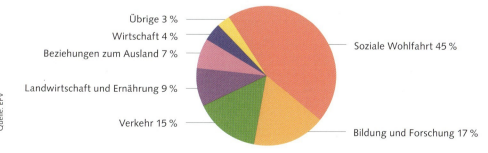

Quelle: EFV

Staatsquote, Fiskalquote, Verschuldung

Die Gesamtheit von Bund, Kantonen und Gemeinden bilden «die öffentliche Hand». Um alle ihre Aufgaben erfüllen zu können, benötigen sie Geld. Zwei Begriffe spielen in der politischen Diskussion eine zentrale Rolle: die Staats- und die Fiskalquote.

■ Staatsquote

Staatsquote: Sie ist das Verhältnis in Prozenten zwischen den öffentlichen Ausgaben (Bund, Kantone, Gemeinden und Sozialversicherungen) und dem Bruttoinlandprodukt.

Durch die wachsende Bedeutung von Infrastrukturleistungen (z. B. Verkehr, Umweltschutz) und von Umverteilungszielen (soziale Wohlfahrt, Subventionen) ist der Anteil der Staatsausgaben am BIP, die Staatsquote, in den letzten Jahrzehnten beträchtlich gestiegen. 2020 erreicht sie gemäss Prognosen 32,5 % (1970: 24,3 %). Im Jahr 2003 war sie mit 35,3 % am höchsten.

■ Fiskalquote

Fiskalquote: Sie zeigt, wie gross der Anteil aller Steuern und der obligatorischen Sozialversicherungsbeiträge im Verhältnis zum BIP ist.

Den steigenden Geldbedarf kann der Staat nur mit der Erhöhung der Zwangsabgaben (Steuern und obligatorische Sozialversicherungsbeiträge) decken. 2020 beträgt die Fiskalquote der öffentlichen Hand (Bund, Kantone, Gemeinden) geschätzte 28,1 %.

■ Zunehmende Verschuldung

Die Schulden von Bund, Kantonen und Gemeinden betrugen per Ende 2018 gemäss Schätzung rund 191.6 Milliarden Franken. Sie erhöhten sich damit seit 1990 um 83 % (Stand 1990: CHF 104.7 Milliarden). Gegenüber dem Höchststand von 2004 (CHF 231.8 Milliarden) baute der Staat die Gesamtschulden bis 2018 um 17,3 % ab.

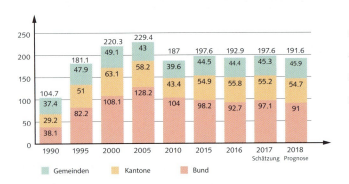
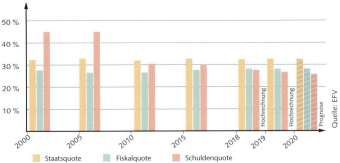

1 Recht

1.7 Versicherungen

Verständnis

- Wie hilft das Solidaritätsprinzip, die finanziellen Folgen von möglichen Risiken abzufedern?

- Welche persönlichen Schäden aufgrund risikoreichen Verhaltens lassen sich nicht mit einer Versicherung abdecken?

- Welche Risiken werden durch die obligatorischen Sozialversicherungen abgedeckt?

- Wie wird beurteilt, ob ein Ereignis als Unfall oder Krankheit eingestuft wird, und wie wirkt sich das Ergebnis auf die Versicherungsleistungen aus?

- Welche Kostenanteile für medizinische Behandlungen müssen selbst bezahlt werden?

- Weshalb ist es ratsam, eine Privathaftpflichtversicherung abzuschliessen?

- Was passiert mit den Versicherungsleistungen, wenn ein Schaden durch grobe Fahrlässigkeit verursacht wird?

Diskussion

- Für welche medizinischen Leistungen soll die Allgemeinheit aufkommen? Was soll alles in der Grundversicherung angeboten werden und welche medizinischen Leistungen soll man selber bezahlen müssen und warum?

Übersicht

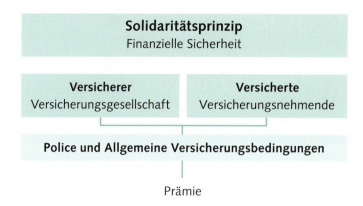

	Personenversicherungen	Sachversicherungen	Haftpflichtversicherungen
	Mit den Personenversicherungen kann man ausschliesslich die eigene Person versichern.	Mit den Sachversicherungen kann man ausschliesslich die eigenen Sachen versichern.	Mit den Haftpflichtversicherungen kann man fremde Personen und deren Sachen versichern, denen man selber einen Schaden zugefügt hat.
Eidgenössisch obligatorisch	Sozialversicherungen • Krankenversicherung (KVG) • Unfallversicherung (UVG) • Alters- und Hinterlassenen-Versicherung (AHV) • Invalidenversicherung (IV) • Ergänzungsleistungen (EL) • Erwerbsersatzordnung (EO) • Arbeitslosenversicherung (ALV) • Berufliche Alters-, Hinterlassenen- und Invalidenvorsorge (BVG; Pensionskasse) • Familienausgleichskasse (FAK) • Militärversicherung (MV)		• Haftpflichtversicherung für Motorfahrzeuge
Kantonal obligatorisch		• Gebäudeversicherung • Hausrat-/Mobiliarversicherung (in einigen Kantonen)	• Haftpflichtversicherung für Wasserfahrzeuge
Freiwillig	• Private Vorsorge, z. B. Lebensversicherungen	• Hausrat • Diebstahl • Glasbruch • Fahrzeuge: Teil- und Vollkasko • Wasserschaden • Tiere usw.	• Privathaftpflicht • Hauseigentümerhaftpflicht • Betriebshaftpflicht usw.

Das Prinzip der Versicherungen

Versicherung: Schutz gegen wirtschaftliche Risiken und deren finanzielle Folgen.

Menschen haben das Bedürfnis, sich gegen die Folgen von finanziellen Risiken abzusichern.

Schweizerinnen und Schweizer geben im Jahr pro Kopf rund CHF 6750.– für private Versicherungen aus, und zwar ohne die Ausgaben der Sozialversicherungen. Damit belegte die Schweiz bei den privaten Versicherungsausgaben hinter den Caymaninseln und Hongkong den dritten Platz weltweit (Quelle: Swiss Re).

■ Solidaritätsprinzip

Solidaritätsprinzip: Dies bedeutet, dass ein Bürger nicht allein für sich verantwortlich ist, sondern sich die Mitglieder einer definierten Solidargemeinschaft gegenseitig Hilfe und Unterstützung gewähren.

Bedenkt man, welche finanziellen Mittel aufwendige medizinische Operationen, der Eintritt einer Invalidität oder die Folgen von Arbeitslosigkeit erfordern, so hat ein einzelner Mensch kaum mehr die Möglichkeit, seine Risiken finanziell abzudecken. Aus diesem Grund schliessen sich Menschen, die einem gleichartigen Risiko ausgesetzt sind, zu einer «Gefahrengemeinschaft» zusammen, um einander Schutz zu geben nach dem Prinzip «einer für alle, alle für einen». Dieses Solidaritätsprinzip geht vom Gedanken aus: «Wer Glück hat und von negativen Ereignissen verschont bleibt, zahlt für jene, die von negativen Ereignissen betroffen sind».

TIPP

Umgang mit Versicherungsvertreterinnen und -vertretern
- Zum Gespräch mit einem Vertreter immer noch eine weitere Person hinzuziehen.
- Sich von den wichtigsten Aussagen des Vertreters Notizen machen.
- Sich vom Versicherungsvertreter die Unterlagen aushändigen lassen und sich genügend Zeit nehmen, um diese Unterlagen sorgfältig zu studieren. (Sich nie bezüglich einer Unterschrift unter Druck setzen lassen!)
- Auch das Kleingedruckte durchlesen und Unverstandenes notieren.
- In Anwesenheit eines Vertreters nie etwas unterschreiben, es sei denn, man hat die Unterlagen bereits studiert und Unklarheiten sind ausgeräumt worden.
- Sich Versprechungen des Vertreters schriftlich geben lassen.
- Um eine unverbindliche Offerte zu bekommen, bedarf es nie einer Unterschrift.
- Falls ein Gesundheitsfragebogen ausgefüllt werden muss, diesen immer wahrheitsgetreu ausfüllen.

Risiko und Sicherheit

Versicherungen decken jeweils nur die finanziellen Risiken und Schäden ab in den Bereichen, für die eine Versicherung abgeschlossen wurde (z. B. bei Krankheit, Unfall, Arbeitslosigkeit, Diebstahl usw.).

Eigenes Verhalten

Neben den finanziellen gibt es noch andere Schäden, die sich jedoch nicht mit dem Abschliessen einer Versicherung, sondern nur durch ein bestimmtes Verhalten verhindern lassen.

Zu diesen persönlichen und primär nicht finanziellen Schäden, welche die Lebensqualität einschränken und die Lebenserwartung verkürzen können, gehören etwa die Folgen von schädlichen Gewohnheiten wie Rauchen, übermässiger Alkoholkonsum, ungesunde Ernährung, Bewegungsmangel, zudem psychische Belastungen usw.

Um das Risiko von solchen Schäden zu vermeiden, müssen sie zuerst erkannt werden. Das heisst, dass man sich zunächst über diese Risiken und die damit verbundenen Folgen informieren muss.

Gefährliche Sportarten
suva.ch

Welches Risiko will man eingehen?

Das Wissen um die Schädlichkeit eines bestimmten Verhaltens führt aber nicht automatisch dazu, dass man sich im Alltag nicht risikohaft verhält.

Das persönliche Verhalten ist immer das Ergebnis einer (mehr oder weniger bewussten) Entscheidung. Wichtig ist somit, dass man sich immer wieder die Frage stellt, ob man ein bestimmtes Risiko eingehen will oder nicht und wie das Risiko und der damit verbundene Schaden vermieden werden könnte.

Diese Fragen können zur Selbstreflexion dienen:
- Wie kann ich aufhören zu rauchen, um die damit verbundenen Krankheitsrisiken zu vermeiden?
- Wie kann ich mich dazu motivieren, regelmässig Sport zu treiben, um fitter und gesünder zu werden?
- Wie muss ich mich in bestimmten risikoreichen Situationen verhalten, um z. B. Gewalt im öffentlichen Raum, Gefahren im Internet und Ansteckung durch sexuell übertragbare Krankheiten zu vermeiden?

Das Ziel all dieser Massnahmen ist ein sicheres, gesundes und gutes Leben.

Jeder und jede hat es selber in der Hand, wie viel Risiko er oder sie eingehen will.

Wichtige Grundbegriffe

■ Versicherer und Versicherter

> **Versicherer:** Vertragspartei, die sich dem Versicherungsnehmer gegenüber verpflichtet, im Versicherungsfall Leistungen zu erbringen.

Man spricht in diesem Zusammenhang auch von Versicherungsgesellschaft. Der Versicherer ist für die Entschädigung nach Eintritt eines Schadenfalls zuständig.

> **Versicherter:** Vertragspartner des Versicherers.

Er wird auch als Versicherungsnehmer bezeichnet. Der Versicherte erhält beim Abschluss des Vertrags den Versicherungsvertrag in Form einer «Police», die ihn berechtigt, im Schadensfall vom Versicherer die versicherten Leistungen zu beziehen.

■ Police

> **Police:** Urkunde über den Abschluss eines Versicherungsvertrags, welche die Vertragsbedingungen festlegt.

In der Police werden die versicherte Leistung sowie die Rechte und Pflichten der Vertragsparteien (Versicherer und Versicherungsnehmer) umschrieben. Die Police kann auch weitere Personen in die Leistungspflicht miteinbeziehen, etwa Familienangehörige (Familienpolice). Die Details wie Leistungsumfang, Vertragsdauer, Prämien (Höhe und Fälligkeit) usw. sind in den «Allgemeinen Versicherungsbedingungen (AVB)» festgehalten.

■ Allgemeine Versicherungsbedingungen (AVB)

> **Allgemeine Versicherungsbedingungen:** Regeln, die für alle Vertragsparteien in gleicher Weise gültig sind.

Die Allgemeinen Versicherungsbedingungen sind ein integrierter Bestandteil des Versicherungsvertrages. Sie unterliegen der Genehmigung durch das Bundesamt für Privatversicherungswesen (BPV), das seit 2009 in die Eidgenössische Finanzmarktaufsicht (FINMA) integriert ist. Da die AVB zum Vertragsinhalt gehören, müssen sie zum Zeitpunkt der Antragstellung dem Versicherungsnehmer mitgeteilt werden.

■ Prämie

> **Prämie:** Entgelt für den Versicherungsschutz, den der Versicherte bezahlt, damit der Versicherer im Schadensfall die vereinbarten Leistungen erbringt.

Prämien können monatlich, halbjährlich oder jährlich geschuldet sein oder als einmalige Einzahlung getätigt werden.

Prämienvergleich
Nicht jede Versicherungsgesellschaft verlangt für die gleichen Leistungen gleich hohe Prämien. Das Vergleichen ermöglicht erst, die günstigste oder eine günstige Versicherungsgesellschaft zu finden. Ein typisches Beispiel ist der Vergleich der Prämien bei den Krankenkassen, vor allem in der Grundversicherung. Da die Grundversicherung ja für alle die gleichen vom Bund festgelegten Leistungen erbringen muss, lohnt sich ein Vergleich.

Prämienvergleich
comparis.ch

Personenversicherungen

Personenversicherungen: Sammelbegriff für Versicherungen, bei denen eine Person versichert ist:
- für Heilungskosten (bei Krankheit und bei Unfall),
- gegen vorübergehenden oder dauernden Lohnausfall im erwerbsfähigen Alter,
- gegen finanzielle Folgen im Todesfall.

Die wichtigsten Personenversicherungen in der Schweiz sind die Sozialversicherungen.

Sozialversicherungen

Sozialversicherungen: Die Sozialversicherung ist in der Schweiz die wichtigste Institution der sozialen Sicherung. Sie ist meistens eine obligatorische Versicherung; für die Bewohner besteht also oft eine Versicherungspflicht. Mit Ausnahme der Krankenversicherung richtet sich die Höhe der Prämien nach der Höhe des Einkommens der Versicherten.

Folgende zehn Versicherungsbereiche zählt man in der Schweiz zu den Sozialversicherungen:
- Krankenversicherung (KVG: Krankenversicherungsgesetz)
- Unfallversicherung (UVG: Unfallversicherungsgesetz)
- Alters- und Hinterlassenenversicherung (AHV)
- Invalidenversicherung (IV)
- Ergänzungsleistungen (EL)
- Erwerbsersatzordnung (EO)
- Arbeitslosenversicherung (ALV)
- Berufliche Alters-, Hinterlassenen- und Invalidenvorsorge (BVG; auch Pensionskasse genannt)
- Familienausgleichskasse (FAK)
- Militärversicherung (MV)

Man weiss nie, wann man einen Rettungsring braucht.

Krankenversicherung

Die Krankheit darf nicht mit dem Unfall verwechselt werden, obwohl beide dieselben Folgen nach sich ziehen können: ärztliche Behandlung oder Spitalaufenthalt. Die Leistungen bei einem Unfall unterscheiden sich von jenen bei einer Krankheit.

> **Krankenkasse:** Versicherer, die die obligatorische Krankenpflegeversicherung (Grundversicherung) anbieten. Die Krankenkassen müssen vom Eidgenössischen Departement des Innern (EDI) anerkannt sein.

KVG
admin.ch

Die Krankenkasse gewährt den notwendigen Versicherungsschutz bei Krankheit und bei Mutterschaft (Schwangerschaftskontrolle, Entbindung usw.).

Bei einem Unfall zahlt die Krankenkasse, wenn keine Unfallversicherung die Kosten übernimmt. Sie behandelt unfallbedingte Kosten jedoch wie Krankheitskosten. Wer keine obligatorische Unfallversicherung hat, muss bei der Krankenkasse gegen Unfall versichert sein.

Prämien
Jede Person bezahlt ihre eigene Prämie. Die Prämien sind unabhängig vom Einkommen einer Person und variieren von Kasse zu Kasse, von Kanton zu Kanton und sind sogar regional unterschiedlich.

▪ Grundversicherung/Krankenpflegeversicherung

Obligatorium
Die Grundversicherung ist für alle in der Schweiz wohnhaften Personen obligatorisch. Diese Versicherung gewährleistet eine qualitativ hochstehende und umfassende Grundversorgung. Sie bietet allen Versicherten dieselben Leistungen. Eltern müssen ihr neugeborenes Kind innerhalb von drei Monaten bei einer Krankenkasse versichern.

Freizügigkeit
Der bzw. die Versicherte kann die Krankenkasse der Grundversicherung frei wählen. Diese muss ihn vorbehaltlos aufnehmen (Freizügigkeit).

Leistungen
- Behandlungen, die durch einen Arzt sowie durch anerkannte Leistungserbringerinnen und -erbringer (z. B. Physiotherapeuten, Hebammen, Ernährungsberater) vorgenommen werden.
- Behandlung und Aufenthalt in der allgemeinen Abteilung «Listenspital», das auf einer Liste des Wohnkantons erwähnt ist. Diese Liste gilt für die ganze Schweiz (freie Spitalwahl).
- Kosten für die Medikamente, die in der Arzneimittel- und Spezialitätenliste aufgeführt sind.
- Komplementärmedizin in der Grundversicherung: Die Kosten für die Leistungen der Akupunktur, der Anthroposophischen Medizin, der Arzneimitteltherapie, der Traditionellen Chinesischen Medizin (TCM), der klassischen Homöopathie und der Phytotherapie werden übernommen, wenn der Arzt bzw. die Ärztin über einen Facharzttitel und eine Weiterbildung in der entsprechenden komplementärmedizinischen Disziplin verfügt.
- Kosten verschiedener Massnahmen: Gesundheitsvorsorge (Impfungen, Untersuchungen von Kindern im Vorschulalter, gynäkologische Vorsorgeuntersuchungen, Untersuchungen zur Erkennung von Brustkrebs), Transport- und Rettungskosten usw.

Zusatzversicherungen

Freiwilligkeit

Die Zusatzversicherungen sind freiwillig und unterstehen dem privaten Recht: Die Krankenkassen können jemandem die Aufnahme verweigern oder einer risikobehafteten Person kündigen. Die Prämien richten sich dementsprechend auch nach dem Risiko einer Person (Alter, bestehende Krankheiten, Extremsportarten usw.). Mit Zusatzversicherungen kann man wahlweise weitere Behandlungsarten (z. B. Naturheilverfahren, Zahnpflege) und/oder einen gewissen Komfort (halbprivate oder private Abteilung im Spital) abdecken.

Arten

Die bekanntesten Zusatzversicherungen sind:
- Spitalzusatzversicherung: halbprivate (2er-Zimmer) oder private Abteilung (1er-Zimmer) und freie Arztwahl
- Zusatzversicherung für Zahnfehlstellungs-Korrekturen bei Kindern
- Zusatzversicherung für Alternativmedizin
- Zusatzversicherung für nichtärztliche Psychotherapie
- Zusatzversicherung für nicht kassenpflichtige Medikamente
- Zusatzversicherung für Ambulanz- und Rettungstransporte
- Zusatzversicherung für Auslandsaufenthalte (teurere Spital- und Arztkosten)
- Zusatzversicherung für Brillengläser und Kontaktlinsen

Krankentaggeldversicherung

Eine wichtige Zusatzversicherung ist die Krankentaggeldversicherung. Sie ist eine freiwillige Zusatzversicherung für Selbstständigerwerbende und Angestellte. Im Krankheitsfall übernimmt sie den Einkommensausfall oder einen Teil davon. Arbeitnehmerinnen und Arbeitnehmer haben zwar einen gesetzlichen Anspruch auf Lohnfortzahlung bei Krankheit; da die Lohnfortzahlung im ersten Anstellungsjahr nur drei Wochen beträgt, schliessen viele Arbeitgeber für ihre Angestellten von sich aus eine Krankentaggeldversicherung ab.

Kostenbeteiligung

Ein Teil der Behandlungskosten (ambulante und stationäre Behandlung) geht zulasten der Versicherten. Dieser Teil setzt sich zusammen aus der Jahresfranchise und dem Selbstbehalt.

> **Franchise:** Grundbetrag, den eine versicherte Person pro Jahr selber tragen muss. Die Franchise ist in verschiedene Betragsstufen eingeteilt. Die niedrigste Stufe beträgt CHF 300.–, die höchste Stufe CHF 2500.–. (Kinder und Jugendliche bis 18 Jahre bezahlen keine Franchise.)

> **Selbstbehalt:** Nach dem Abzug der Jahresfranchise muss der Versicherte zusätzlich 10 % des Rechnungsbetrags (Erwachsene max. CHF 700.–/Kinder max. CHF 350.–) pro Kalenderjahr bezahlen. Bei einzelnen Medikamenten (Originalpräparate anstelle von Generika) kann der Selbstbehalt 20 % betragen.

Bei minimaler Jahresfranchise beträgt die ordentliche Kostenbeteiligung somit maximal CHF 1000.– pro Jahr für Erwachsene (CHF 300.– Franchise und max. CHF 700.– Selbstbehalt) und CHF 350.– für Kinder und Jugendliche. Bei einer freiwilligen Erhöhung der Franchise steigt der Betrag der Kostenbeteiligung. Dafür reduziert sich die zu bezahlende Prämie (siehe S. 137 f.).

Aufenthalt im Spital

Mit Ausnahme von Kindern, Jugendlichen in Ausbildung und bei schwangeren Frauen zahlen alle volljährigen Personen bei einem Spitalaufenthalt CHF 15.– pro Tag.

Versicherungen

■ Weitere Begriffe der Krankenversicherung

Ambulante Behandlung
Der Patient sucht eine Ärztin auf oder vereinbart mit einem Spital einen Termin, wird dort behandelt und kann das Spital am selben Tag wieder verlassen.

Stationäre Behandlung
Sobald im Spital übernachtet werden muss, gilt dies als stationärer Spitalaufenthalt. Man benötigt dazu ein Zimmer.

Karenzfrist
Dies ist die Zeitspanne zwischen dem Eintritt in die Versicherung und dem Beginn der Versicherungsleistungen durch die Krankenkasse.
Die Karenzfrist läuft ab Vertragsbeginn für eine vertraglich vereinbarte Dauer. Diese Frist kann nur bei Zusatzversicherungen festgesetzt werden. Karenzfristen sind beispielsweise im Zusammenhang mit Versicherungsleistungen infolge Mutterschaft von Bedeutung.

Beispiel: Eine junge Frau stellt einen Antrag auf halbprivate Versicherung beim Spitalaufenthalt. Die Krankenkasse bewilligt diesen Antrag mit der Auflage, dass für die Mutterschaft eine Karenzfrist von neun Monaten besteht. Die Krankenkasse will sicherstellen, dass die Frau ihre Schwangerschaft nicht ahnt oder gar davon weiss und sich noch rasch halbprivat versichern will.

Vorbehalt
Nur bei Anträgen auf Zusatzversicherungen können die Krankenkassen einen zeitlich befristeten oder einen unbefristeten Vorbehalt anbringen, wenn beim Antragsteller bereits ein gesundheitlich ungünstiges Risiko vorliegt. Dies bedeutet für den Versicherten, dass er für die Behandlung der im Vorbehalt aufgeführten Krankheit keinen Anspruch auf Leistungen hat.

Beispiel: Ein herzkranker Patient möchte im Fall eines Spitalaufenthalts neu privat versichert sein. Nun kann die Krankenkasse einen Vorbehalt bei Herzerkrankungen anbringen. Sollte der Versicherte mit einer Herzerkrankung ins Spital eingeliefert werden, zahlt die Krankenkasse die Kosten in der Privatabteilung nicht. Für diesen Fall müsste der Versicherte mit der allgemeinen Abteilung vorliebnehmen, die durch die Grundversicherung abgedeckt ist.

Hausarzt-Modell
Der Versicherte bzw. die Versicherte verpflichtet sich, im Krankheitsfall immer zuerst den aus einer Liste gewählten Hausarzt aufzusuchen. Die freie Arztwahl bleibt somit eingeschränkt (Prämienreduktion bis 10 %).

HMO-Modell
Die HMO-Praxis ist ein Gesundheitszentrum in städtischen Gebieten mit fest angestellten Ärzten und Ärztinnen und weiterem medizinischen Personal. Die HMO-Praxen werden vorwiegend von den Krankenkassen betrieben. Im Krankheitsfall wird man immer von diesem Gesundheitszentrum betreut (Prämienreduktion bis zu 25 %).

Prämienverbilligung
Der Bund stellt den Kantonen finanzielle Mittel zur Verfügung, damit diese die Versicherungsprämien von Familien und Personen mit tiefen Einkommen verbilligen (eigener Antrag notwendig). Dies gilt auch bei einer Berufsausbildung oder einem Studium. Die Verbilligung ist je nach Kanton verschieden geregelt. Informationen erhält man bei der Krankenkasse oder auf der Gemeindekanzlei der Wohngemeinde.

Prämienrechner
priminfo.admin.ch

■ Prämienreduktion

Prämien sparen kann, wer
- eine höhere Jahresfranchise wählt,
- sich für ein Sondermodell entscheidet (HMO, Hausarzt, Telemedizin) und/oder
- zu einer günstigeren Krankenkasse wechselt.

■ Kündigung der Grundversicherung

Wer die Krankenkasse wechseln möchte, muss seine Grundversicherung auf Ende Dezember kündigen. Die Kündigungsfrist beträgt einen Monat. Dabei muss die eingeschriebene Kündigung spätestens am letzten Arbeitstag im November bei der Krankenkasse eingetroffen sein.

Ausnahme: Versicherte mit einer Jahresfranchise von CHF 300.– können unter Einhaltung einer dreimonatigen Kündigungsfrist auch auf Ende Juni kündigen. Die eingeschriebene Kündigung muss spätestens am letzten Arbeitstag im März bei der Krankenkasse eingegangen sein. Diese Möglichkeit steht nur Versicherten in der Standard-Grundversicherung zu.

Kündigung der Zusatzversicherungen

Zusatzversicherungen sind mit einer dreimonatigen Frist auf Ende Dezember zu kündigen. Die eingeschriebene Kündigung muss spätestens am letzten Arbeitstag im September bei der Krankenkasse eingegangen sein.

Teilt die Krankenkasse jedoch eine Prämienerhöhung bei Zusatzversicherungen vor dem 31. Oktober mit, kann der oder die Versicherte bis zum 30. November auf Ende Dezember kündigen.

TIPP
- Alle Rechnungen der Krankenkasse zustellen.
- Europäische Krankenversicherungskarte: Krankenkassen geben eine persönliche Versichertenkarte im Kreditkartenformat ab, welche die wichtigsten Angaben und Informationen zur Krankenversicherung enthält. Diese Karte kann sowohl im Inland (z. B. in einer Apotheke) als auch in den europäischen Staaten verwendet werden.
- Um Behandlungsleistungen ausserhalb eines EU-/EFTA-Staates abzudecken, sollte man vorgängig mit dem Versicherer Rücksprache nehmen. Für Mehrkosten (z. B. bei einem Spitalaufenthalt in der privaten Abteilung) kann man bei der Krankenkasse eine Reiseversicherung abschliessen.
- Falls man mindestens 8 Stunden pro Woche bei einem Arbeitgeber beschäftigt ist, kann man die Unfalldeckung aus der Krankenversicherung ausschliessen, da man obligatorisch beim Arbeitgeber gegen Berufs- und Nichtberufsunfall versichert ist.
- Bevor man eine Zusatzversicherung kündigt, sollte man die Zusicherung von einem neuen Versicherer einholen, falls man die Zusatzversicherung auch weiterhin beibehalten will.
- Für die Dauer eines längeren Militärdienstes (mehr als 60 Tage) kann die Rückerstattung der Prämien verlangt werden.

Unfallversicherung

> **Unfall:** In Artikel 4 des Bundesgesetzes über den Allgemeinen Teil des Sozialversicherungsrechts heisst es: «Unfall ist die plötzliche, nicht beabsichtigte schädigende Einwirkung eines ungewöhnlichen äusseren Faktors auf den menschlichen Körper, die eine Beeinträchtigung der körperlichen, geistigen oder psychischen Gesundheit oder den Tod zur Folge hat.»
>
> **UVG:** Unfallversicherungsgesetz

Sichere Lehrzeit
suva.ch

■ Die fünf Voraussetzungen für einen Unfall

Damit ein Ereignis als Unfall gilt, müssen fünf Bedingungen erfüllt sein:
- medizinisch feststellbarer Körperschaden (Sachschäden sind ausgeschlossen)
- Einwirkung von aussen
- ungewöhnlicher Vorfall
- plötzlich auftretender Vorfall
- unfreiwilliges Ereignis

Fehlt eine dieser Voraussetzungen, wird das Ereignis nicht als Unfall eingestuft.

Die obligatorische Unfallversicherung befasst sich mit den wirtschaftlichen Folgen von Berufsunfällen, Nichtberufsunfällen und Berufskrankheiten (siehe Leistungen).

■ Berufsunfall (BU)/Nichtberufsunfall (NBU)

> **Berufsunfall (BU):** Unfall, der sich während der Arbeitszeit oder in Arbeitspausen ereignet, wenn sich der Verunfallte auf dem Betriebsgelände aufhält.

Jeder Arbeitgeber hat die Pflicht, seine Arbeitnehmer gegen Berufsunfall zu versichern, und muss die Versicherungsprämie zu 100 % übernehmen.

Wer gegen Berufsunfall versichert ist, ist automatisch auch gegen Berufskrankheiten versichert.

> **Berufskrankheit:** Krankheit, die ausschliesslich oder vorwiegend durch das Ausführen einer beruflichen Tätigkeit hervorgerufen wird, verursacht durch schädigende Stoffe oder bestimmte Arbeiten.

Im Anhang zur Verordnung über die Unfallversicherung (UVV) befindet sich eine Liste schädigender Stoffe. Zudem sind dort auch arbeitsbedingte Erkrankungen wie erhebliche Schädigung des Gehörs, Staublunge usw. erwähnt.

> **Nichtberufsunfall (NBU):** Jeder Unfall, der nicht zu den Berufsunfällen zählt.

Gegen NBU sind Arbeitnehmer nur dann obligatorisch versichert, wenn ihre wöchentliche Arbeitszeit bei einem Arbeitgeber mehr als 8 Stunden beträgt.

Der Arbeitgeber schuldet der Unfallversicherung die gesamte Prämiensumme für die Berufs- und die Nichtberufsunfallversicherung. Der Arbeitgeber kann dem Arbeitnehmer die NBU-Prämie ganz oder teilweise vom Bruttolohn abziehen (siehe S. 40).

Arbeitslose
Wer Anspruch auf Arbeitslosenentschädigung hat, ist bei der SUVA (Schweizerische Unfallversicherungsanstalt) obligatorisch gegen Unfall versichert.

Versicherungsdauer

Die Versicherung beginnt an dem Tag, an dem der Arbeitnehmer die Arbeit antritt oder hätte antreten sollen, jedenfalls zu dem Zeitpunkt, da er sich auf den Weg zur Arbeit begibt. Die Versicherung endet mit dem 31. Tag, an dem der Anspruch auf mindestens den halben Lohn aufgehört hat. Als Lohn gelten auch Taggelder der obligatorischen Unfallversicherung, der Militärversicherung, der Invalidenversicherung, der Arbeitslosenversicherung, der Erwerbsersatzordnung sowie jene der Krankenkassen oder privaten Kranken- oder Unfallversicherung, welche die Lohnfortzahlung ersetzen.

Solange versicherte Personen Anspruch auf mindestens den halben Lohn haben, bleibt der Versicherungsschutz auch bei Urlaub bestehen. Fällt mehr als 50 % des Lohnes weg – wie z. B. bei unbezahltem Urlaub – muss ab dem 31. Tag, nachdem die letzte Lohnzahlung für mindestens den halben Lohn fällig war, eine Abredeversicherung abgeschlossen werden. (Quelle: www.uvz.ch)

Abredeversicherung Nach Ablauf der 31 Tage kann sich der Arbeitnehmer freiwillig und sehr günstig (zwischen CHF 25.– und CHF 45.– pro Monat) für max. 180 weitere Tage beim bisherigen UVG-Versicherer gegen NBU versichern, und zwar auf der bisherigen Lohnbasis.

Leistungen

Heilbehandlungskosten und Hilfsmittel Die Unfallversicherung kommt für folgende Leistungen auf: Arzt-, Arznei- und Spitalkosten (ohne dass eine Jahresfranchise oder ein Selbstbehalt von 10 % wie bei der Krankenversicherung bezahlt werden muss), Reise-, Transport- und Rettungskosten, Leichentransport- und Bestattungskosten und Hilfsmittel bei Körperschäden

Taggeld (Lohnausfallentschädigung) Ab dem 3. Tag nach dem Unfalltag wird ein Taggeld von 80 % des versicherten Verdienstes ausbezahlt.

Invalidenrenten Neben der staatlichen IV entrichtet die Unfallversicherung bei Vollinvalidität eine Invalidenrente von höchstens 80 % des versicherten Verdienstes. Bei Teilinvalidität wird die Rente entsprechend gekürzt.

Integritätsentschädigung Erleidet ein Arbeitnehmer durch einen Unfall eine dauernde körperliche oder geistige Schädigung, so hat er Anspruch auf eine einmalige Kapitalzahlung von max. einem versicherten Jahresverdienst, höchstens aber CHF 148 200.–.

Hilflosenentschädigung Wer infolge eines Unfalls invalid ist und eine dauernde Betreuung benötigt, erhält neben den übrigen Versicherungsleistungen einen monatlichen Zuschuss.

> **TIPP**
> - Falls man mindestens 8 Stunden pro Woche bei einem Arbeitgeber arbeitet, kann man die Unfalldeckung aus der Krankenversicherung ausschliessen, da man obligatorisch beim Arbeitgeber gegen Berufs- und Nichtberufsunfall versichert ist.
> - Alle Nichterwerbstätigen (Kinder, Schüler und Schülerinnen, Studierende, Rentnerinnen und Rentner) und Erwerbstätigen, die weniger als 8 Stunden pro Woche bei einem Arbeitgeber arbeiten, aber auch alle Selbstständigerwerbenden sind nicht obligatorisch gegen Unfall versichert. Sie müssen sich selber bei der Krankenkasse oder zusätzlich bei einer Unfallversicherung versichern.
> - Die Unfallversicherung kann die Leistung verweigern, wenn man sich in aussergewöhnliche Gefahr begeben hat (z. B. ausländischer Militärdienst), oder kürzen, wenn man ein Wagnis eingegangen ist (z. B. beim Sport). Bei gewissen Risikosportarten muss eventuell eine zusätzliche Versicherung abgeschlossen werden.

Versicherungen

Alters- und Hinterlassenenversicherung

> **Alters- und Hinterlassenenversicherung (AHV):** Sie soll bei Wegfall des Erwerbseinkommens infolge Alter oder Tod die Existenz sichern. Die AHV erbringt Leistungen im Alter (Altersrente) oder an die Hinterlassenen (Witwen- und Waisenrenten).

3-Säulen-Prinzip (siehe S. 150)

Die AHV ist die staatliche Alters- und Hinterlassenenvorsorge des eidgenössischen Sozialversicherungsnetzes. Sie ist obligatorisch und wird auch 1. Säule genannt. Die AHV basiert in erster Linie auf der Solidarität zwischen den Generationen, d. h., die heute wirtschaftlich aktive Generation finanziert die heutigen Rentner (Umlageverfahren).

■ Wichtige Aspekte

Beitragspflicht
- Erwerbstätige: ab dem 1. Januar nach erfülltem 17. Lebensjahr
- Nichterwerbstätige: ab dem 1. Januar nach erfülltem 20. Lebensjahr

Rentenanspruch
- Männer: 65. Altersjahr (ab dem auf den Geburtstag folgenden Monat)
- Frauen: 64. Altersjahr (ab dem auf den Geburtstag folgenden Monat)

Beiträge (2020)
Wer AHV bezahlt, zahlt auch IV und EO, die Arbeitnehmer zusätzlich ALV.
- Arbeitnehmer: Der Beitragssatz für AHV/IV/EO und ALV von insgesamt 12,75 % wird aufgeteilt in ½ Arbeitgeber- und ½ Arbeitnehmerbeitrag, also je 6,375 % (siehe S. 40 f.).
- Selbstständigerwerbende: Sie bezahlen für sich den vollen Beitrag (abgestuft nach ihrem Einkommen).
- Nichterwerbstätige: Sie zahlen Beiträge von mind. CHF 496.– im Jahr.
- Der Mindestbeitrag für die freiwillige AHV/IV beträgt CHF 950.– im Jahr.

AHV	8,70 %
IV	1,40 %
EO	0,45 %
ALV	2,20 %*
Total	12,75 %
½	6,375 %

* Für einen Lohnanteil über CHF 148 200.– beträgt der ALV-Beitrag 1,0 %. Der Abzug auf diesen Lohnanteil beläuft sich somit auf 11,5 % bzw. auf 5.75 %.

Leistungen (2020)
Bei vollständiger Beitragsdauer:

Altersrente	min. CHF 1185.–	max. CHF 2370.–
Altersrente für rentenberechtigte Ehepaare		max. CHF 3555.–
Witwenrente	min. CHF 948.–	max. CHF 1896.–
Waisen- und Kinderrente	min. CHF 474.–	max. CHF 948.–

- Ergänzungsleistungen (EL): Sie werden auf Gesuch bedürftigen Personen entrichtet, wenn die AHV zur Existenzsicherung nicht ausreicht (siehe S. 134).
- Hilflosenentschädigung: Bezugsberechtigt ist, wer in schwerem oder mittlerem Grad hilflos ist (z. B. wer dauernd auf Hilfe von Dritten angewiesen ist).

Der Versicherungsnachweis
Er bestätigt dem Arbeitnehmer, dass er von seinem Arbeitgeber bei der zuständigen Ausgleichskasse angemeldet wurde. So hat der Arbeitnehmer die Gewissheit, dass die ausstellende Kasse sein individuelles AHV-Konto führt.

> **TIPP**
> - Achten Sie stets darauf, dass keine Beitragslücken entstehen, sonst erfolgt im Alter eine Kürzung der Rente. Die Ausgleichskassen erteilen Auskunft.
> - Wenn Sie eine Rente beanspruchen, müssen Sie sich etwa 3–4 Monate vor Erreichen des Rentenalters bei der zuständigen Ausgleichskasse melden.

Invalidenversicherung (IV)

3-Säulen-Prinzip (siehe S. 150)

Invalidität: Als Invalidität gilt die
- voraussichtlich bleibende,
- längere Zeit dauernde oder
- die teilweise Erwerbsunfähigkeit

als Folge von Geburtsgebrechen, Krankheit oder Unfall.

Die IV ist eine obligatorische staatliche Versicherung. Zusammen mit der AHV und den EL bildet die IV im Drei-Säulen-Prinzip die 1. Säule. Sie basiert ebenfalls auf dem Umlageverfahren (siehe S. 141). Das oberste Ziel der IV ist es, die versicherte Person wieder ins Erwerbsleben einzugliedern. Erst wenn dies nicht möglich ist, erfolgen Rentenzahlungen (Arbeit vor Rente).

Wichtige Aspekte

Beitragspflicht
Die Beitragspflicht ist gleich geregelt wie bei der AHV (siehe S. 141).

Rentenanspruch

Invaliditätsgrad	Rentenanspruch
40–49 %	Viertelrente
50–59 %	Halbe Rente
60–69 %	Dreiviertelrente
ab 70 %	Ganze Rente

Die Rente beginnt frühestens zu dem Zeitpunkt, zu dem die versicherte Person während mindestens eines Jahres durchschnittlich zu mindestens 40 % arbeitsunfähig gewesen ist und weiterhin mindestens in diesem Ausmass erwerbsunfähig bleibt.

Der Anspruch auf IV-Renten erlischt, wenn die Voraussetzungen nicht mehr erfüllt sind, spätestens aber, wenn der IV-Rentner das AHV-Alter erreicht bzw. Anspruch auf die AHV hat (die AHV-Rente löst die IV-Rente in jedem Fall ab).

Leistungen
- Sachleistungen: Eingliederungsmassnahmen (schulisch, beruflich) sowie Hilfsmittel (z. B. Rollstuhl)
- Geldleistungen: Taggelder (Lohnersatz) während der Eingliederung (z. B. während der Umschulung), Renten (gemäss Invaliditätsgrad) sowie Hilflosenentschädigung und Pflegebeiträge

TIPP Ansprüche an die IV müssen bei der IV-Stelle des Wohnkantons angemeldet werden. Eine frühzeitige Anmeldung ist wichtig, sobald sich abzeichnet, dass die Behinderung von Dauer sein wird.

Ergänzungsleistungen (EL)

> **Ergänzungsleistungen (EL):** Leistungen, die in Ergänzung zur AHV oder IV bezahlt werden, sofern diese Renten zusammen mit eigenen Mitteln (Einkommen, Erspartes usw.) die minimalen Lebenskosten nicht zu decken vermögen. Zusammen mit der AHV und der IV bilden die EL die 1. Säule der Alters-, Hinterlassenen- und Invalidenvorsorge.

3-Säulen-Prinzip (siehe S. 150)

Die Ergänzungsleistungen sind Bedarfs- und keine Fürsorgeleistungen. Wer bedürftig ist, hat somit einen Rechtsanspruch auf Ergänzungsleistungen. Rechtmässig bezogene Ergänzungsleistungen sind – im Gegensatz zur Sozialhilfe – nicht rückerstattungspflichtig.

Wichtige Aspekte

Voraussetzungen zum Bezug
- Jemand muss Anspruch auf eine AHV- bzw. eine IV-Rente haben
- oder nach vollendetem 18. Altersjahr Anspruch auf eine Hilflosenentschädigung der IV haben
- oder ununterbrochen während mindestens 6 Monaten ein Taggeld der IV beziehen.
- Antragstellende müssen Wohnsitz und Aufenthalt in der Schweiz haben.
- Die gesetzlich anerkannten Ausgaben (für Wohnung, Krankenversicherung usw.) müssen die anrechenbaren Einnahmen übersteigen.

Der Pauschal-Grundbetrag, der im Rahmen der Ergänzungsleistungen zur Deckung des allgemeinen Lebensbedarfs vorgesehen ist, beträgt CHF 19 450.– pro Jahr für Alleinstehende und CHF 29 175.– für Ehepaare (Stand 1.1.2020).

Ausländer und Ausländerinnen können Ergänzungsleistungen beanspruchen, wenn sie mindestens 10 Jahre ununterbrochen in der Schweiz gelebt haben und die oben angeführten Voraussetzungen erfüllen. Für Flüchtlinge und Staatenlose beträgt diese Frist 5 Jahre. Staatsangehörige von Mitgliedstaaten der EU und der EFTA (Norwegen, Island und Liechtenstein) sind in der Regel von dieser Karenzfrist ausgenommen.

Finanzierung
Die Ergänzungsleistungen werden durch Bund, Kantone und teilweise durch Gemeinden mit Steuermitteln finanziert. Es dürfen keine Lohnprozente erhoben werden.

Arten von Ergänzungsleistungen
Ergänzungsleistungen werden durch die Kantone ausgerichtet. Es bestehen zwei Kategorien von Ergänzungsleistungen:
- jährliche Leistungen, die monatlich ausbezahlt werden
- Vergütung von Krankheits- und Behinderungskosten

Antrag
Wer seinen Anspruch auf eine Ergänzungsleistung geltend machen will, muss sich bei der zuständigen EL-Stelle melden. Diese Stellen befinden sich in der Regel bei den kantonalen Ausgleichskassen (Ausnahmen: Kantone BS, GE, ZH).

Die Ergänzungsleistungen werden mit dem Ausfüllen des EL-Anmeldeformulars geltend gemacht.

Erwerbsersatzordnung (EO)

Erwerbsersatzordnung (EO): Bietet einen angemessenen Ersatz für den Erwerbsausfall bei Dienstpflicht (Militärdienst, Zivilschutz, Ersatzdienst) und Mutterschaft.

Die EO beruht ebenfalls auf dem Solidaritätsprinzip. Sie erfasst die ganze Bevölkerung, auch Ausländerinnen und Ausländer, ungeachtet dessen, ob die Einzelnen je Leistungen der EO beansprucht werden. Beiträge leisten somit all jene Personen, die auch Beiträge an die AHV und die IV entrichten (Arbeitgeber und Arbeitnehmer).

Den Dienstleistenden soll ein Teil des Verdienstausfalls ersetzt werden. Dies gilt auch für Mütter, die sich nach der Geburt eines Kindes im Mutterschaftsurlaub befinden.

Beitragspflicht
Die Beitragspflicht ist gleich geregelt wie bei der AHV (siehe S. 141).

■ Wichtige Aspekte

Leistungen
- Es werden Entschädigungen in der Höhe von 80 % des versicherten Erwerbseinkommens entrichtet. Die Rekrutenentschädigung sowie die Grundentschädigung für Nichterwerbstätige beträgt CHF 62.– pro Tag. Studierende gelten in der Regel als Nichterwerbstätige.
- Erwerbstätige Mütter erhalten nach der Geburt eines Kindes während 14 Wochen 80 % des durchschnittlichen Erwerbseinkommens vor der Geburt, max. aber CHF 196.– pro Tag (Stand 1.1.2020).

Anspruchsberechtigt sind erwerbstätige Frauen, die vor der Geburt mindestens 9 Monate bei der AHV versichert waren und davon mindestens 5 Monate gearbeitet haben. Das Arbeitspensum ist dabei nicht massgebend.

Seit 2005 ist der Mutterschaftsurlaub in der Schweiz gesetzlich verankert.

Arbeitslosenversicherung (ALV)

Arbeitslosenversicherung (ALV): Garantiert einen angemessenen Ersatz für Erwerbsausfälle wegen Arbeitslosigkeit, Kurzarbeit, witterungsbedingter Arbeitsausfälle sowie bei Insolvenz (Zahlungsunfähigkeit) des Arbeitgebers.

Die Versicherung gewährt auch Beiträge an Massnahmen zur Verhütung von Arbeitslosigkeit.

Die Arbeitslosenversicherung (ALV) hat in erster Linie zum Ziel, Arbeitslose möglichst schnell wieder in den Arbeitsprozess einzugliedern. Zudem will sie die wirtschaftliche Not – entstanden als Folge der Arbeitslosigkeit – lindern.

Arbeitnehmerinnen und Arbeitnehmer sind obligatorisch gegen Arbeitslosigkeit versichert. Für Selbstständigerwerbende ist diese Versicherung freiwillig.

Versicherte Personen können sich an das Gemeindearbeitsamt, ein Regionales Arbeitsvermittlungszentrum (RAV, siehe Glossar), die Arbeitslosenkasse usw. richten.

■ Wichtige Aspekte

Beitragspflicht

Die Beitragspflicht ist gleich geregelt wie bei der AHV (siehe S. 40 f. und S. 141). Ausnahme: Arbeitnehmer und Arbeitnehmerinnen zahlen auf den Lohnanteil, der über dem Jahreslohn von CHF 148 200.– liegt, zusätzlich 0,5 % an die ALV (sogenannter Solidaritätszuschlag).

Anspruch auf Arbeitslosenentschädigung

Man muss:
- ganz oder teilweise arbeitslos sein und die obligatorische Schulzeit zurückgelegt haben,
- vermittlungsfähig sein, d. h. bereit, berechtigt und in der Lage sein, eine zumutbare (auch unterqualifizierte) Arbeit binnen Tagesfrist anzutreten und an Eingliederungsmassnahmen teilzunehmen,
- in der Schweiz wohnen und angemeldet sein,
- innerhalb der letzten 2 Jahre mindestens 12 Monate gearbeitet, d. h. Beiträge entrichtet haben, oder von der Erfüllung der Beitragszeit befreit sein,
- noch nicht im Rentenalter stehen,
- den Aufgeboten und den Anweisungen des Regionalen Arbeitsvermittlungszentrums (RAV) Folge leisten.
- Die ALV sieht bei der Auszahlung des Taggeldes in gewissen Fällen Wartezeiten vor:
  - für Personen mit Kindern 5 Tage ab einem Einkommen von CHF 5001.– pro Monat,
  - für Personen ohne Kinder 5 Tage ab einem Einkommen von CHF 3001.– bis CHF 5000.– pro Monat, bei höherem Einkommen 10, 15 oder 20 Tage,
  - für Schul- und Studienabgänger 120 Tage.

Leistungen/Taggeld

Die Arbeitslosenentschädigung besteht aus einem Taggeld.
- Es beträgt 80 % des versicherten Verdienstes, wenn man Unterhaltspflichten gegenüber eigenen Kindern unter 25 Jahren hat, der versicherte Verdienst unter CHF 3797.– pro Monat liegt oder jemand invalid ist.
- In allen übrigen Fällen beträgt es 70 %.
- Zum Taggeld kommt ein allfälliger Kinderzuschlag hinzu.
- Vom Taggeld müssen die Beiträge an die AHV, die IV, die EO, an die obligatorische NBU sowie Beiträge an die berufliche Vorsorge entrichtet werden.
- Zur Verhütung und Bekämpfung von Arbeitslosigkeit kann die ALV an versicherte Personen Beiträge für Umschulung und Weiterbildung leisten.

Arbeitslosenversicherung: Beitragszeit und Bezugsdauer	Taggelder
Von der Beitragspflicht befreite Personen	90
Jünger als 25 Jahre, mind. 12 Beitragsmonate, ohne Unterhaltspflicht	200
Jünger als 25 Jahre, mind. 12 Beitragsmonate, mit Unterhaltspflicht	260
Älter als 25 Jahre, mind. 12 Beitragsmonate	260
Älter als 25 Jahre, mind. 18 Beitragsmonate	400
Älter als 55 Jahre, mind. 22 Beitragsmonate	520

Pflichten
Man muss sich gezielt um eine neue Stelle bemühen, in der Regel in Form einer ordentlichen Bewerbung (Bewerbungsnachweis), und eine zugewiesene, zumutbare Arbeit annehmen (bis 30-jährig auch Arbeiten, die nicht den Fähigkeiten oder den bisherigen Tätigkeiten entsprechen).

Einstelltage
Verletzt man Pflichten, erhält man für eine gewisse Zeit keine Taggelder mehr:
- bei leichtem Verschulden: 1 bis 15 Einstelltage
- bei mittelschwerem Verschulden: 16 bis 30 Einstelltage
- bei schwerem Verschulden: 31 bis 60 Einstelltage

Kontrollfreie Tage
Pro Woche werden 5 Taggelder entrichtet. Nach 60 Tagen kontrollierter Arbeitslosigkeit hat man eine Woche «Kontrollferien» zugute. Diese kann man auch aufsparen, um z. B. nach 120 Tagen Arbeitslosigkeit zwei Wochen «Kontrollferien» zu beziehen.

Insolvenzentschädigung
Die Insolvenzentschädigung deckt bei Zahlungsunfähigkeit des Arbeitgebers (Insolvenz) Lohnforderungen für maximal 4 Monate und wird nur für geleistete Arbeit ausbezahlt.

Kurzarbeitsentschädigung
Die Arbeitslosenversicherung übernimmt für den von Kurzarbeit betroffenen Arbeitnehmer über einen gewissen Zeitraum einen Teil der Lohnkosten. Damit soll verhindert werden, dass infolge von vorübergehenden Arbeitsausfällen Kündigungen ausgesprochen werden.

Schlechtwetterentschädigung
Wie bei der Kurzarbeit will die Schlechtwetterentschädigung dazu beitragen, dass Arbeitsverhältnisse nicht gekündigt werden. Sie wird für Arbeitsausfälle ausbezahlt, die dem Arbeitgeber infolge schlechter Witterung zwingend entstanden sind (z. B. in der Baubranche).

TIPP
- Eine Stelle nicht ohne triftigen Grund kündigen und erst dann, wenn man den Vertrag für eine neue Stelle unterschrieben hat.
- Sich möglichst frühzeitig, spätestens jedoch am ersten Tag, für den man Leistungen der ALV beansprucht, persönlich bei der Wohngemeinde (oder beim zuständigen RAV) melden und folgende Unterlagen mitbringen: Wohnsitzbescheinigung der Gemeinde, amtlicher Personalausweis (ID oder Pass), AHV-Ausweis, Arbeitsvertrag, Kündigungsschreiben, Zeugnisse der letzten Arbeitgeber, Nachweis der Arbeitsbemühungen.
- Schon während der Kündigungsfrist eine neue Stelle suchen und Kopien von Bewerbungen bzw. von Absagen aufbewahren.

Berufliche Vorsorge (BVG), Pensionskasse

Berufliche Vorsorge (auch Pensionskasse oder 2. Säule genannt): Soll Pensionierten, Hinterlassenen und Invaliden zusammen mit der AHV-Rente die Fortsetzung der gewohnten Lebensführung ermöglichen. Versichert werden die Risiken Tod und Invalidität; gleichzeitig wird eine Altersvorsorge aufgebaut.

BVG: Bundesgesetz über die berufliche Alters-, Hinterlassenen- und Invalidenvorsorge

3-Säulen-Prinzip (siehe S. 150)

Im Gegensatz zur AHV beruht die Pensionskasse auf dem sogenannten Kapitaldeckungsverfahren, d.h. auf einem individuellen Sparprozess, der mit dem Erreichen des Rentenalters endet. Das während der Jahre auf dem individuellen Konto der Versicherten angesparte Altersguthaben dient der Finanzierung der Rente.

Zusammen mit der ersten Säule (AHV/IV) soll mit der Pensionskasse ein Renteneinkommen von rund 60 % des letzten Lohnes erreicht werden, damit die Versicherten die gewohnte Lebensführung in angemessener Weise fortsetzen können.

■ Wichtige Aspekte

Beitragspflicht
Für Arbeitnehmer, die einen AHV-pflichtigen Lohn von mehr als CHF 21 330.– (seit 2019) erzielen, ist die Pensionskasse obligatorisch:
- ab dem 1. Januar nach Vollendung des 17. Lebensjahres für die Risiken Tod und Invalidität
- ab dem 1. Januar nach Vollendung des 24. Lebensjahres zusätzlich für das Risiko Alter

Prämien
Die Arbeitgeber und die Arbeitnehmer zahlen gemeinsam die Lohnbeiträge in die Pensionskasse des Arbeitnehmers ein, wobei der Beitrag der Arbeitgeber mindestens gleich gross sein muss wie die Beiträge der Arbeitnehmer.

Selbstständigerwerbende können sich freiwillig versichern.

Rentenanspruch/Leistungen
Zahlungen aus dem angesparten Alterskapital erhalten die Versicherten bei Erwerbsaufgabe infolge Pensionierung oder bei Invalidität. Ebenso erhalten Witwen, Witwer und Waisen Rentenzahlungen.

TIPP
- Das BVG enthält die minimal zu erfüllenden Bestimmungen, die jede Pensionskasse erfüllen muss. Sie kann aber auch bessere Lösungen treffen. Massgebend für den Einzelfall ist immer das Reglement der betreffenden Pensionskasse. Lesen Sie das Reglement Ihrer Pensionskasse.
- Es kommt vor, dass Arbeitgeber ihre Arbeitnehmer bei einer Pensionskasse nicht versichern. Daher ist es wichtig, dass Arbeitnehmer und Arbeitnehmerinnen regelmässig nachprüfen, ob die Pensionskassen-Beiträge auch tatsächlich einbezahlt worden sind. Dies geschieht am besten schriftlich bei der Pensionskasse (aus Datenschutzgründen werden keine telefonischen Auskünfte erteilt).
- Wenn Arbeitnehmer und Arbeitnehmerinnen nicht mindestens einmal pro Jahr einen Versicherungsausweis von der Pensionskasse erhalten, ist dies ein schlechtes Zeichen (möglicherweise hat die Pensionskasse dem Betrieb wegen ausstehender Zahlungen gekündigt).
- In diesem Fall verlangt man vom Arbeitgeber den Versicherungsausweis oder zumindest den Namen der Pensionskasse. Verweigert der Arbeitgeber diese Angaben, empfiehlt es sich, bei der AHV-Ausgleichskasse nachzufragen, ob der Betrieb eine Pensionskasse hat. Falls er dies nicht hat, sollten sich Arbeitnehmer und Arbeitnehmerinnen sofort bei der Stiftung Auffangeinrichtung melden.

Auffangeinrichtung BVG
web.aeis.ch

Private Vorsorge, 3. Säule

3-Säulen-Prinzip (siehe S. 150)

Private Vorsorge/3. Säule: Alle finanziellen Vorkehrungen, die eine Person freiwillig trifft, um für Alter, Tod oder Invalidität vorzusorgen (Selbstvorsorge).

Zur 3. Säule gehören alle Sparprozesse und Risikoversicherungen, die als Ergänzung zu den ersten beiden Säulen gedacht sind, um im Vorsorgefall individuelle Wünsche befriedigen zu können. Diese Vorsorgeformen lassen sich in zwei Gruppen aufteilen:
- gebundene Vorsorge: Säule 3a
- freie Vorsorge: Säule 3b

■ Gebundene Vorsorge: Säule 3a

Unter der Säule 3a versteht man eine steuerlich begünstigte Vorsorgeform. Selbstständigerwerbende sowie Arbeitnehmer und Arbeitnehmerinnen mit einer Pensionskasse können sich freiwillig einer Versicherungseinrichtung oder einer Bankstiftung anschliessen und dürfen jährlich einen maximalen Betrag in die Vorsorge 3a einbezahlen. Dieser Betrag kann vom steuerbaren Einkommen abgezogen werden. Auch die Zinsen sind steuerfrei. (Seit 2019: Für Personen, die bereits eine 2. Säule haben, beträgt der max. erlaubte Steuerabzug für die Säule 3a CHF 6826.– und für Personen ohne 2. Säule max. CHF 34 128.–.)

Die Spargelder in der Säule 3a sind gebunden, d. h., sie können frühestens 5 Jahre vor dem Erreichen des AHV-Alters bezogen werden. Vorzeitige Barauszahlungen sind jedoch möglich, und zwar bei Erwerb von Wohneigentum, bei der Aufnahme einer selbstständigen Erwerbstätigkeit, bei endgültigem Verlassen der Schweiz oder wenn eine ganze IV-Rente bezogen wird.

Das Kapital aus der Säule 3a kann als einmaliger Betrag bezogen werden. Damit eine gestaffelte Auszahlung erfolgen kann, braucht es verschiedene 3a-Konten. Das ausbezahlte Kapital ist als Einkommen zu versteuern, wobei ein reduzierter Steuersatz angewendet wird (das Kapital wird gesondert vom übrigen Einkommen besteuert). Zudem entfällt die Vermögenssteuer.

Für Guthaben auf Freizügigkeitskonten sowie auf Vorsorgekonten 3a gilt ein Einlegerschutz von CHF 100 000.– pro Kunde (dies gilt zusätzlich zum Einlegerschutz von ebenfalls CHF 100 000.– für alle Arten von Bankkonten im Falle des Konkurses einer Bank, siehe S. 294).

■ Freie Vorsorge: Säule 3b

Zu den Sparprozessen der Säule 3b (Vorsorge 3b) gehören alle Vorsorgeformen, über die man frei verfügen kann. Dazu gehören das klassische Sparkonto, Geldanlagen in Aktien und Obligationen, Erwerb von Wohneigentum, Lebensversicherungen.

Angebote von Lebensversicherungen

Die Lebensversicherungen unterteilt man in vier verschiedene Gruppen:

■ Todesfallrisiko-Versicherung

Stirbt der oder die Versicherte während der Vertragsdauer, zahlt der Versicherer das Kapital an die vom Versicherten begünstigte Person.

Beispiel: Ein Ehemann stirbt. Es erfolgt eine Kapitalzahlung an die Witwe.
Erlebt der Versicherte den Ablauf der Versicherung, erhält er keine Kapitalauszahlung.

■ Erwerbsunfähigkeitsversicherung

Wenn das Erwerbseinkommen wegen teilweiser oder vollständiger Erwerbsunfähigkeit durch Krankheit oder Unfall wegfällt, kompensiert eine Rente die fehlenden Mittel.

■ Gemischte Lebensversicherung

Diese Versicherung zahlt sowohl im Todesfall (an die begünstigte Person) als auch im Erlebensfall bei Vertragsablauf (in der Regel an den Versicherungsnehmer selbst). Ausbezahlt werden die Summe der einbezahlten Prämien inkl. sogenanntem technischen Zins (ein von der Versicherung garantierter Zins) sowie von der Versicherung in ihrer Höhe nicht garantierte Überschussanteile.
Mit dieser Versicherung kann jemand seine Familie im Fall eines vorzeitigen Todes besserstellen, gleichzeitig aber auch eine steueroptimierte Altersvorsorge betreiben.

Rückkaufswert
Eine gemischte Lebensversicherung kann vorzeitig aufgelöst werden. Dem Versicherungsnehmer wird der Rückkaufswert ausbezahlt. Dieser Wert ist jedoch oft geringer als die bereits einbezahlten Prämien.
Lebensversicherungen müssen zum Rückkaufswert versteuert werden und können bis zur Höhe des Rückkaufswerts als Pfand hinterlegt werden.

■ Alters- oder Leibrentenversicherung

Der Versicherte übergibt dem Versicherer ein namhaftes Kapital. Der Versicherer bezahlt dem Versicherten eine lebenslange Rente. Somit kann der Rentenbezüger seine Renten aus der ersten und aus der zweiten Säule mit dieser zusätzlichen Rentenversicherung erhöhen.

Auszahlungsmodus
Entsprechend dem Auszahlungsmodus unterscheidet man bei Lebensversicherungen zwischen:
- Kapitalauszahlung (einmalige Auszahlung eines bestimmten Kapitals) und
- Rentenzahlung (es erfolgt eine periodisch wiederkehrende Leistung, z. B. monatlich).

3-Säulen-Prinzip (siehe S. 150)

Das Drei-Säulen-Prinzip

Drei-Säulen-Prinzip: In der Verfassung verankertes Konzept zur finanziellen Vorsorge im Alter, für Hinterlassene und bei Invalidität.

Gemäss Artikel 111 der Bundesverfassung trifft der Bund Massnahmen für eine ausreichende Alters-, Hinterlassenen- und Invalidenvorsorge. Diese beruht auf drei Säulen:

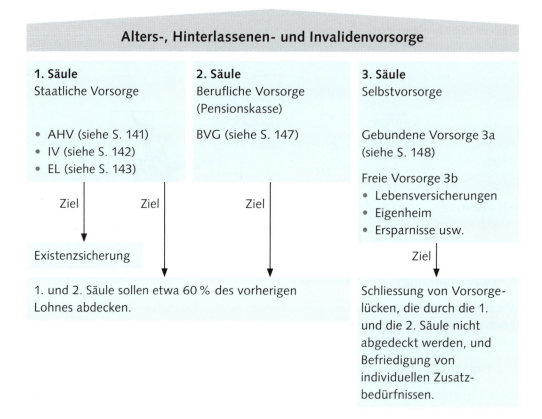

■ Probleme bei der 1. und bei der 2. Säule

Probleme bei der AHV/Pensionskasse

Wie die meisten Länder Europas sieht sich die Schweiz wegen des Geburtenrückgangs und der zunehmenden Lebenserwartung mit einer Überalterung der Gesellschaft konfrontiert (siehe S. 282). Diese Situation stellt eine enorme Herausforderung dar, weil sie neben den Auswirkungen auf AHV und BVG auch den Gesundheits- und den Pflegesektor betrifft.
Zur Illustration: 1970 kamen auf jeden Rentenbezüger 4,6 Beitragszahlende. 2002 waren es nur noch 3,6 und 2030 werden es noch 2 sein.

Probleme bei der IV

Die IV ist wegen der Zunahme der Rentenbezüge stark verschuldet. Während 1990 drei von 100 Personen im erwerbsfähigen Alter eine IV-Rente bezogen, sind es heute bereits fünf. Dies dürfte im Wesentlichen darauf zurückzuführen sein, dass der Arbeitsmarkt immer anforderungsreicher wird, psychische Krankheiten häufiger zu dauernder Erwerbsunfähigkeit führen und auch unter den Erwerbstätigen der Anteil der älteren Menschen wächst.

Haftpflichtversicherungen

> **Haftung:** Man muss für den Schaden einstehen, den man einem Dritten zugefügt hat.
>
> **Haftpflichtversicherungen:** Sammelbegriff für Versicherungen, die Schäden decken, die man Drittpersonen und/oder deren Sachen zugefügt hat.

Mit Erstperson ist die eigene Person gemeint. Zweitpersonen sind die Angehörigen (Personen, die im gleichen Haushalt leben wie der bzw. die Versicherte), alle anderen gelten als Drittpersonen.

■ Haftungsarten

Man unterscheidet zwei Arten der Haftung:

Verschuldenshaftung
Man haftet, wenn man für ein Ereignis die Schuld trägt (OR 41). In diesem Fall hat man absichtlich oder fahrlässig jemandem Schaden zugefügt.

Kausalhaftung
Es gibt Fälle, bei denen man haftet, obwohl man keine Schuld trägt. Dies nennt man Kausalhaftung (z. B. haften Eltern für ihre Kinder; Tierhalter für Schäden, die ihre Tiere anderen gegenüber verursachen).

■ Regress (Rückgriff)

Grobe Fahrlässigkeit
Verursacht eine Person einen Schaden durch grobe Fahrlässigkeit, kann die Versicherung auf den Versicherten zurückgreifen. Nachdem der Versicherer den Schaden, der einem Dritten zugefügt worden ist, bezahlt hat, verlangt er vom Versicherten Geld zurück.

Grob fahrlässig handelt, wer die einfachsten Vorsichtsmassnahmen verletzt. Besonders streng wird die Beurteilung von leichter bzw. grober Fahrlässigkeit bei Lenkern von Motorfahrzeugen ausgelegt. Wer z. B. ein Rotlicht überfährt, handelt bereits grob fahrlässig.

Absicht
Wird ein Schaden absichtlich herbeigeführt, erbringt die Versicherung keine Leistungen.

■ Haftpflichtversicherung bei Fahrzeugen

Bei Fahrzeugen ist die Haftpflichtversicherung obligatorisch.

Mit dem Velo verursachte Schäden werden durch die private Haftpflichtversicherung abgedeckt. Hat der Unfallverursacher keine private Haftpflichtversicherung oder kann er nicht identifiziert werden, entschädigt der Nationale Garantiefonds die Opfer.

■ Privathaftpflichtversicherung

Obwohl die Privathaftpflichtversicherung freiwillig ist, sollte man eine abschliessen.

Für Schäden ihrer Kinder können die Eltern haftbar gemacht werden. Wenn die Eltern eine Privathaftpflichtversicherung haben, bezahlt diese. In der Privathaftpflichtversicherung ist ein Selbstbehalt von 200 Franken häufig, kann aber je nach Versicherung auf Wunsch auch reduziert, ausgeschlossen oder erhöht werden. Separat geregelt sind meist die Selbstbehalte bei Mieterschäden und bei der Zusatzversicherung «Führen fremder Motorfahrzeuge».

Sachversicherungen

> **Sachversicherungen:** Sammelbegriff für Versicherungen, die Schäden decken, welche entstanden sind durch:
> - Beschädigung, Zerstörung oder Wegnahme von beweglichen Sachen oder
> - Beschädigung und Zerstörung an Gebäuden.

Es gibt folgende Sachversicherungen: Gebäudeversicherung, Hausratversicherung (Mobiliar), Diebstahlversicherung sowie Kaskoversicherung bei Fahrzeugen.

Gebäudeversicherung

In den meisten Kantonen ist diese Versicherung für die Eigentümer von Gebäuden obligatorisch. Sie deckt Feuer- und Elementarschäden. Als Elementarschäden werden z. B. Schäden im Zusammenhang mit Stürmen, Hagel, Überschwemmungen, Lawinen sowie Schnee- und Erdrutschen verstanden. Wasser- und Glasbruchschäden am Gebäude können freiwillig versichert werden.

Hausratversicherung

> **Hausrat:** Versichert sind alle beweglichen, dem privaten Gebrauch dienenden Gegenstände des Haushalts, die nicht Bestandteil des Gebäudes und nicht bauliche Einrichtungen (z. B. Einbauschränke) sind.

Diese Versicherung ist in den meisten Kantonen freiwillig. Sie übernimmt Schäden, die durch Feuer, Wasser, Diebstahl oder Glasbruch am Hausrat entstanden sind.

Diebstahlversicherung
In der Hausratversicherung ist in der Regel eine Diebstahlversicherung enthalten. Gedeckt sind Schäden bei Einbruchdiebstahl, Beraubung und einfachem Diebstahl.

Kaskoversicherung bei Fahrzeugen

Man unterscheidet zwischen Teil- und Vollkaskoversicherung. Beides sind freiwillige Versicherungen. Bei Leasingfahrzeugen ist der Abschluss einer Vollkaskoversicherung obligatorisch.

Teilkaskoversicherung
Sie deckt die vom Fahrer nicht selbst verschuldeten Schäden am Fahrzeug, z. B. Brand, Glasbruch, Diebstahl, Kurzschluss sowie durch Blitz, Hagel und Tiere verursachte Schäden.

Vollkaskoversicherung
Neben den Teilkasko-Schäden deckt sie die Kollisionsschäden am eigenen Auto, die aus eigenem Verschulden entstanden sind.

> **TIPP**
> - Beim Bezug einer eigenen Wohnung sollte eine Hausratversicherung abgeschlossen werden.
> - Es empfiehlt sich, eine Vollkaskoversicherung für Neuwagen abzuschliessen, bis diese etwa 3-jährig sind (Zeitwert des Autos).
> - Die Wahl eines Selbstbehalts von CHF 1000.– bei einer Vollkaskoversicherung ist von Vorteil (Prämienreduktion).

Wichtige Begriffe bei Sachversicherungen

■ Neuwert/Zeitwert

Versichert wird gewöhnlich der Neuwert der Gegenstände.

> **Neuwert:** Notwendiger Betrag, um Gegenstände wieder neu anzuschaffen.

Der Hausrat wird immer zum Neuwert versichert. Es gibt jedoch Gegenstände, die im Haftpflichtfall nur zum Zeitwert versichert werden können, z. B. Motorfahrzeuge.

> **Zeitwert:** Betrag, der für die Neuanschaffung von Gegenständen erforderlich ist, abzüglich der Abschreibung (Wertverminderung) infolge Abnutzung, Alter oder aus anderen Gründen.

■ Überversicherung

Bei Überversicherung lautet die Versicherungssumme auf einen höheren Wert, als der tatsächliche Wert der Gegenstände ist.

Beispiel:
Der Hausrat hat einen Wert von CHF 100 000.–. Die Versicherungssumme lautet auf CHF 150 000.–. Wer überversichert ist, bezahlt zu viel Prämie, weil ihm die Versicherungsgesellschaft nur den tatsächlichen Schaden ersetzt.

■ Unterversicherung

Die vereinbarte Versicherungssumme ist niedriger als der tatsächliche Wert der versicherten Sache.

Beispiel:
Der Hausrat hat einen Wert von CHF 100 000.–. Die Versicherungssumme lautet auf CHF 50 000.–. Somit besteht eine Unterversicherung von 50 %. Entsteht am Hausrat nun ein Schaden von CHF 20 000.–, wird zuerst abgeklärt, ob eine Unterversicherung besteht. Wenn dies zutrifft, wird die Schadenssumme von CHF 20 000.– auf CHF 10 000.– gekürzt.

■ Doppelversicherung

Die gleichen Sachen werden gegen dieselbe Gefahr gleichzeitig bei mehr als einer Versicherungsgesellschaft versichert (dies ist zum Teil bei Personenversicherungen möglich).

Im Schadensfall bekommt man ein Formular, das mit der Frage endet: «Sind Sie gegen dieses Schadenereignis noch bei einer anderen Gesellschaft versichert? Wenn ja, bei welcher?». Beantwortet man die Frage bei einer Doppelversicherung wahrheitsgetreu, dann wird einem die Schadenssumme nur einmal ausbezahlt. Die beiden Versicherungsgesellschaften teilen sich die Kosten. Antwortet man mit «Nein», ist dies ein Betrug, der strafrechtliche Konsequenzen hat. Eine Doppelversicherung bei Sachversicherungen nützt daher nichts.

TIPP
- Von Zeit zu Zeit sollte man den Wert des Hausrats neu schätzen lassen, um einem Unterversicherungsverhältnis vorzubeugen.
- Bei wertvollen Gegenständen (z. B. Schmuck) bewahrt man die Quittungen auf (Belege gegenüber dem Versicherer).

Weiteres zu den Versicherungen

■ Rechtsschutzversicherung

> **Rechtsschutz:** Verhilft dem Versicherungsnehmer in einem Schadensfall mit Fachleuten/Juristen zu seinem Recht. Die Rechtsschutzversicherung übernimmt die Kosten für den Anwalt und das Verfahren.

Beim Rechtsschutz wird zwischen Privat-Rechtsschutz und Verkehrs-Rechtsschutz unterschieden.

Privat-Rechtsschutz

> **Privat-Rechtsschutz:** Hilft Privatpersonen, Schadenersatzforderungen mit juristischer Hilfe durchzusetzen.

In folgenden Fällen kann die Rechtsschutzversicherung für Privatpersonen eine Hilfe sein:
- bei einem drohenden Strafverfahren
- bei Differenzen mit Versicherungen
- bei nachbarschaftlichen Streitigkeiten

Verkehrs-Rechtsschutz

> **Verkehrs-Rechtsschutz:** Verteidigt die Rechte bei Streitigkeiten im Zusammenhang mit einem Ereignis im Strassenverkehr.

Nach einem Verkehrsunfall kann die Unterstützung eines erfahrenen Juristen sehr wichtig sein.

■ Bonus-Malus

Die Versicherungsanbieter belohnen oder belegen die Versicherungsnehmer mit dem Bonus-Malus-System.
Versicherte ohne Schadenereignis werden von der Versicherung mit einer Prämienreduktion belohnt. Wer aber eine Leistung der Versicherung beansprucht, muss in der Folge höhere Prämien zahlen.

Beispiel: Versicherungen im Zusammenhang mit Motorfahrzeugen (Vollkasko- und Haftpflichtversicherung)

■ Regress (Rückgriff)

Die Versicherer machen im Bereich Motorfahrzeugversicherung (Haftpflicht und Kasko) am meisten von der Möglichkeit des Regresses (Rückgriff auf den Versicherten) Gebrauch.

Auch bei anderen Versicherungsbranchen (z. B. Unfallversicherung) nehmen die Versicherer bei grobem Verschulden auf den Versicherten Rückgriff, d. h., sie verlangen je nach Situation Geld zurück oder bezahlen weniger Leistungen.

Beispiele: Unfallfolgen nach dem Überfahren eines Rotlichts oder einer Stoppstrasse, Unfallfolgen wegen überhöhter Geschwindigkeit oder unter Alkoholeinfluss.

> **TIPP** Wer ein Motorfahrzeug lenkt, sollte eine Verkehrs-Rechtsschutzversicherung abschliessen.

2 Staat

2.1 Willensbildung

Verständnis

- Weshalb werden die Medien auch die vierte Gewalt (Macht) im Staat genannt?

- Welche Aufgaben erfüllen die politischen Parteien?

- Welche Haltungen vertreten eher linke und welche eher rechte Parteien?

- Was unterscheidet einen Verband von einer Partei?

- Welche Arten von «Mehrheiten» gibt es?

- Was sind die Vor- und Nachteile von Proporzwahlen?

Diskussion

- Welchen Einfluss üben die sozialen Medien auf die Meinungsbildung der Bevölkerung aus? Ist es überhaupt noch möglich, Fake News von Real News zu unterscheiden?

Politik und Pluralismus

Politik

> **Politik:** Menschen versuchen das öffentliche Leben (in Gemeinde, Kanton und Bund) nach ihren Vorstellungen und Interessen zu gestalten.

Als Teil der «Öffentlichkeit» (z. B. als Arbeitnehmer, als Familienmitglied, als junger Mensch) sollte man Probleme hinterfragen und dazu Stellung nehmen. Dadurch können eigene Interessen verwirklicht werden. Entscheidungen werden von der Mehrheit aufgrund stichhaltiger Argumente errungen, meistens ist die Lösung ein Kompromiss. Politik wird in drei Dimensionen definiert: Prozess, Form und Inhalt der Politik.

Polity – Politics – Policy

Polity umfasst die Form des Politischen. Dies beinhaltet die feststehende Struktur und die Ordnungen einer Gesellschaft (Regierungssysteme, Parlamente, politische Parteien, Interessenverbände usw.) und die Rechtsordnung (Verfassung, Gesetze, Verordnungen usw.), welche die Handlungsspielräume, Zuständigkeiten und Abläufe bei Auseinandersetzungen festlegen.

Politics fokussiert auf den Prozess. Dabei geht es nicht um Inhalte, sondern um Methoden die zwischen den Institutionen genutzt werden (z. B. Wahlen, Abstimmungen, Lobbyismus).

Policy beinhaltet die konkreten Inhalte politischer Auseinandersetzungen. Policy dient der Problemlösung und gestaltet die gesellschaftlichen Interessen und Bedürfnisse.

Durchsetzung von Interessen

In der Politik geht es um die Durchsetzung von Interessen. Dies kann erreicht werden durch folgende Massnahmen:
- Überzeugung: Die besseren Argumente dringen durch und entscheiden.
- Kompromiss: Argumente verschiedener Standpunkte führen im Entscheidungsprozess zu einem Mittelweg, der von beiden Seiten anerkannt wird.

Um zu einer Mehrheit zu kommen, schliessen sich Leute mit gleichen oder ähnlichen Erwartungen zusammen. Es entstehen Interessengruppen: Parteien, Verbände usw.

Pluralismus

> **Pluralismus:** Vielfalt, Vielgestaltigkeit.

Pluralismus beutet, dass in einem Land eine Vielfalt an gesellschaftlichen Kräften wirken. Der wesentliche Aspekt des Pluralismus ist, dass die Macht nicht zentral gebündelt, sondern auf verschiedene, voneinander relativ unabhängige Gruppen der Gesellschaft verteilt ist. Pluralismus gibt es in der Geografie (z. B. städtische Agglomerationen, ländliche Gegenden), Geschichte (z. B. 26 Kantone, verschiedene Konfessionen), Gesellschaft (z. B. Unterschicht, Mittelschicht, Oberschicht), Kultur (z. B. vier Landessprachen mit vielen Dialekten), Politik (Parteien), Wirtschaft.

Politischer Pluralismus

> **Politischer Pluralismus:** Vielfalt von gleichberechtigten Meinungen und Ideen, die auch frei geäussert werden dürfen (Meinungspluralismus).

Freie Wahlen und die Meinungs- und Informationsfreiheit sowie die Medienfreiheit sind zentrale Bestandteile des politischen Pluralismus.
Das demokratische Prinzip verlangt, dass sich die Minderheit der Mehrheit fügt.

Massenmedien

> **Massenmedien:** Aktuelle und schnelle Informationsträger, durch die Nachrichten schnell grosse Massen erreichen, z. B. Fernsehen, Radio, Presse, Internet und soziale Medien. Oft spricht man von den Medien oder den Massenmedien, meint aber eigentlich Medienorganisationen (auch Medienhäuser genannt).

■ Die vierte Gewalt im Staat

In einer Demokratie kontrollieren die drei Gewalten Parlament (1. Gewalt), Regierung (2. Gewalt) und Gerichte (3. Gewalt) einander gegenseitig (siehe S. 175). So kann das Parlament beispielsweise das Budget festlegen, das der Regierung zur Verfügung steht. Die Massenmedien berichten darüber, was sich in der Politik abspielt. Parlament, Regierung und Gerichte wissen, dass sie beobachtet werden. Die Massenmedien bestimmen sowohl die Themen als auch die Art und Weise, wie diese dargestellt werden. Sie erreichen grosse Massen und erhalten dadurch grossen Einfluss auf die Meinungsbildung der Bevölkerung. Deshalb werden sie auch als die 4. Gewalt im Staat bezeichnet.

Sie müssen drei Hauptaufgaben erfüllen: Information, Mitwirkung an der Meinungsbildung, Kontrolle und Kritik.

Information

Die Massenmedien sollen möglichst sachlich, vielfältig und verständlich informieren, damit die Bevölkerung darüber in Kenntnis gesetzt wird, wenn etwa neue Gesetze geplant sind. Dank der Informationen aus den Medien können die Bürgerinnen und Bürger die politischen, wirtschaftlichen und sozialen Zusammenhänge nachvollziehen, ihre eigenen Interessenlagen erkennen und über die Absichten und Handlungen der Personen, die öffentlich tätig sind, unterrichtet werden.

Unter dieser Voraussetzung können die Menschen selbst am öffentlichen Geschehen teilnehmen, sei es als Wählende und Abstimmende, als Mitglieder einer Partei oder sei es als Unterzeichnende von Initiativen, Referenden und Petitionen.

Mitwirkung an der Meinungsbildung

> **Öffentliche Meinung:** Die in der Bevölkerung vorherrschende Meinung zu Themen, welche die Allgemeinheit betreffen.

Die Demokratie lebt davon, dass Fragen des öffentlichen Interesses in freier und offener Diskussion erörtert werden. Die Massenmedien bieten dabei die öffentliche Arena, in der dieser «Kampf» der Meinungen ausgetragen wird, damit die Bürgerinnen und Bürger ihre eigene Meinung bilden können. Bei Abstimmungen zeigt sich die öffentliche Meinung, also jene Meinung, welche die Mehrheit der abstimmenden Bevölkerung zu einem Thema vertritt.

In unserer Gesellschaft gibt es eine Vielzahl von Interessengruppen, die zum Teil in scharfer Konkurrenz zueinander stehen. Auch hier kommt den Medien die Aufgabe zu, die unterschiedlichen Standpunkte dieser verschiedenen Gruppen angemessen widerzuspiegeln, also keine Gruppen zu bevorzugen.

Kontrolle und Kritik

Massenmedien spüren Ungereimtheiten und Missstände in der Politik auf und bringen sie ans Licht.

Die Tatsache, dass die Medien beobachten und jederzeit berichten können, wirkt präventiv. Neben der Kontrolle und Kritik der staatlichen Institutionen wie Parlament und Regierung berichten die Medien auch über andere gesellschaftliche Bereiche wie z. B. über Geschehnisse in der Wirtschaft oder über gesellschaftliche Trends.

■ Internet und Soziale Medien

Soziale Medien: Technologien, die es Nutzern ermöglichen, sich über das Internet zu vernetzen und auszutauschen.

Technologische und gesellschaftliche Entwicklungen wie die stärkere Vernetzung und die Community-Bildung im Internet verändern die Art, wie die klassischen Aufgaben der Medien wahrgenommen werden.

Während die klassischen Massenmedien von sogenannten Medienhäusern, also publizistische Unternehmen wie z. B. Schweizer Radio und Fernsehen (SRF), NZZ Mediengruppe, Tamedia betrieben werden, werden soziale Medien von Technologiefirmen (wie Google, Facebook oder Amazon) entwickelt. Medienhäuser erstellen Nachrichten und Reportagen, Technologiefirmen kreieren Software. Aber die klassischen Medienhäuser nutzen auch Vernetzungstechnologien, damit Leserinnen und Leser mitdiskutieren und Kommentare setzen können. Auf der anderen Seite kaufen Technologiefirmen journalistische Inhalte oder gar ganze Medienkonzerne und Redaktionen ein.

Mitredemöglichkeiten

Online-Netzwerke, Blogtechnologien und Kommentarfunktionen erlauben es der Bevölkerung, in politischen Diskussionen mitzureden, ihre Meinung einer grossen Masse mitzuteilen und sogar politische Bewegungen schnell und mit grosser Reichweite zu organisieren. Die Anonymität und der Kampf um Aufmerksamkeit im Internet können dazu verleiten, dass extremen Positionen mehr Beachtung geschenkt wird. Ausserdem können Kommentare von Maschinen (Social Bots) stammen, ohne dass diese als solche erkannt werden.

Fake News
und Manipulation
jugendundmedien.ch

■ Fake News

Fake News: Meist über das Internet und soziale Medien verbreitete, frei erfundene oder halbwahre Nachrichten und Geschichten, die zum Ziel haben, die Empfänger zu täuschen und damit ihre Meinung zu beeinflussen.

Wie manche Online-Kommentare, Likes und Posts vortäuschen, von Menschen gemacht zu sein, aber in Wahrheit von Computerprogrammen stammen, gibt es auch Geschichten, die vorgeben, echt zu sein. Schon vor der Zeit des Internets wurden erfundene Nachrichten (Gerüchte) verbreitet, um politische Gegner zu täuschen. Aber im Internet und in den sozialen Medien können Fake News viel schneller verbreitet werden.

Um Falschmeldungen rasch zu entlarven und ihrer Verbreitung entgegenzuwirken, entwickeln Medienhäuser und Technologiefirmen neue Methoden. Eine funktionierende demokratische Gesellschaft bedingt gut recherchierte und glaubwürdige Nachrichten.

Die politischen Parteien

Politische Partei: Verein (siehe ZGB 60 ff.), in dem sich gleichgesinnte Menschen zusammenschliessen mit dem Zweck, an der «Meinungs und Willensbildung des Volkes mitzuwirken» (BV 137) und wichtige Bereiche des öffentlichen Lebens in Gemeinde, Kanton und Bund nach ihren Vorstellungen und Interessen zu gestalten.

Aufgaben der Parteien

Die Parteien erfüllen vor allem drei wichtige Aufgaben:
- Die Parteien suchen geeignete Personen (Kandidatinnen und Kandidaten) für öffentliche Ämter (Bundesparlament, Kantonsparlamente, Regierungen, Kommissionen usw.). Das sind schweizweit rund 35 000 Personen.
- Die Parteien leisten einen wesentlichen Beitrag zur politischen Meinungsbildung, indem sie verschiedene Interessen vertreten und die Öffentlichkeit sowie die Medien informieren.
- Die Parteien werden bei der Entstehung eines Gesetzes im sogenannten Vernehmlassungsverfahren angehört.

Parteiporträts

Die Meinungen, Ziele und Forderungen der wichtigsten von 2019–2023 im National- und im Ständerat vertretenen Parteien werden gemäss ihrer Stärke im Nationalrat kurz vorgestellt.

Parteienprofile
parteienkompass.ch

Schweizerische Volkspartei (SVP)
1936 wurde die Partei gesamtschweizerisch unter dem Namen Bauern-, Gewerbe- und Bürgerpartei (BGB) gegründet und 1971 in SVP umbenannt. Die SVP nimmt eine rechtsbürgerliche Position ein und ist die wählerstärkste Partei der Schweiz. Sie vertritt Gewerbetreibende und Bauern, aber auch einfache Angestellte und Unternehmer. Die SVP setzt auf den Alleingang der Schweiz.

Nationalrat: 53 (13♀, 40♂)
Ständerat: 6 (♂)
Bundesrat: 2 (♂)
Wähleranteil 2019: 25,6 %

Sozialdemokratische Partei (SP)
Die Partei wurde gesamtschweizerisch 1888 gegründet. Die SP ist sozialdemokratisch ausgerichtet und vertritt Bürgerinnen und Bürger aus allen Gesellschaftsschichten und Einkommensklassen. Sie ist die grösste nicht bürgerliche Partei und setzt sich für eine soziale, offene und ökologische Schweiz ein, aber auch für faire Löhne, eine gerechte Familienpolitik und Chancengleichheit in der Bildung.

Nationalrat: 39 (25♀, 14♂)
Ständerat: 9 (3♀, 6♂)
Bundesrat: 2 (1♀, 1♂)
Wähleranteil 2019: 16,8 %

FDP. Die Liberalen
Die FDP wurde 1894 als gesamtschweizerische Partei gegründet. Der FDP gehören überdurchschnittlich viele Arbeitgeber, Gewerbetreibende und Kaderleute an, vor allem auch Personen mit einem hohen Einkommen. Sie ist eine bürgerliche Partei. In ihrer Politik orientiert sich die FDP an den liberalen Grundwerten der Freiheit, Verantwortung und Gerechtigkeit jenseits von Herkunft, Geschlecht oder Gesinnung.

Nationalrat: 29 (10♀, 19♂)
Ständerat: 12 (1♀, 11♂)
Bundesrat: 2 (1♀, 1♂)
Wähleranteil 2019: 15,1 %

Grüne Partei der Schweiz (GPS)
1983 unter dem Namen Grüne Partei der Schweiz (GPS) gegründet und 1993 in «Grüne» umbenannt. Die Grünen sind die grösste jener Parteien, die nicht im Bundesrat vertreten sind. Sie stellen eine ökologische, soziale und weltoffene Schweiz ins Zentrum. Die Grünen wollen, dass alle Menschen in einer gesunden Umwelt in Würde und Frieden leben können. Ebenso wichtig ist ihnen aber auch ein respektvolles Zusammenleben zwischen Frauen und Männern, zwischen Jung und Alt und anderen Bevölkerungsgruppen.

Nationalrat: 28 (17♀, 11♂)
Ständerat: 5 (4♀, 1♂)
Wähleranteil 2019: 13,5 %

Nationalrat: 25 (7♀, 18♂)
Ständerat: 13 (4♀, 9♂)
Bundesrat: 1 (♀)
Wähleranteil 2019: 11,4 %

Christlich-demokratische Volkspartei (CVP)

Die Partei wurde 1912 unter dem Namen Katholisch Konservative (KK) gegründet und 1970 in CVP umbenannt. Die CVP deckt eine breite Wählerschicht ab: Arbeitnehmende, Arbeitgebende, Bauern, Gewerbetreibende usw. Sie ist eine bürgerliche Partei. Ihre Mitglieder sind vorwiegend Katholiken und Katholikinnen. Die CVP sucht den Ausgleich zwischen Mensch und Gemeinschaft, Eigenverantwortung und Solidarität und gestaltet das Zusammenleben gemäss einem christlichen Menschen- und Gesellschaftsbild.

Nationalrat: 16 (8♀, 8♂)
Wähleranteil 2019: 7,8 %

Grünliberale Partei Schweiz (glp)

Ehemalige Mitglieder der GPS haben sich 2004 von der Partei abgespalten und im Kanton Zürich die glp gegründet. Heute ist die glp in nahezu allen Kantonen vertreten. Grünliberale Politik will das Nachhaltigkeitsdreieck Umwelt, Soziales und Wirtschaft im Gleichgewicht halten. Im Gegensatz zu den Grünen sehen sich die Grünliberalen nicht als linke Partei. Sie definieren sich als neue dynamische Kraft in der Mitte des Parteienspektrums, als bürgerliche Partei.

Nationalrat: 3 (1♀, 2♂)
Wähleranteil 2019: 2,4 %

Bürgerlich-Demokratische Partei (BDP)

Die Partei wurde am 1. November 2008 gegründet. Bei den Erneuerungswahlen des Bundesrates im Jahre 2007 wählte das Parlament anstelle des Amtsinhabers (Christoph Blocher) die Bündner SVP-Regierungsrätin Eveline Widmer-Schlumpf. Weil sie die Wahl angenommen hatte, schloss die schweizerische SVP die Bündner Sektion aus der SVP aus. Dies war der Auslöser für die Entstehung der BDP. Die BDP sagt: «Aus Unmut über den Entscheid der schweizerischen SVP und aus Protest gegen Stillosigkeit im politischen Schlagabtausch wurden verschiedene Kantons- und Ortssektionen gegründet. Die BDP steht für eine bürgerliche Politik ohne Tabuthemen, Berührungsängste und Personenkult.»

Nationalrat: 3 (2♀, 1♂)
Wähleranteil 2019: 2,1 %

Evangelische Volkspartei (EVP)

Die Partei wurde 1919 gegründet. Möglicherweise war ihre Entstehung eine Reaktion auf die in den Nachbarländern beobachteten Gräuel des Ersten Weltkriegs. An die Stelle von Krieg sollten nun menschliche Werte treten. EVP versteht sich als Wertepartei, die in der politischen Mitte politisiert. Sie will auf der Grundlage des Evangeliums eine sachbezogene und am Menschen orientierte Politik betreiben.

Nationalrat: 2 (1♀, 1♂)
Wähleranteil 2019: 1,0 %

Partei der Arbeit der Schweiz (PdA)

Die Partei wurde 1944 gegründet und war ein Sammelbecken von linken Sozialdemokraten, Angehörigen der ehemaligen Kommunistischen Partei der Schweiz, unabhängigen Linken und der seit 1941 verbotenen Fédération socialiste suisse (FSS). Die Partei steht für ein Gesellschaftsmodell, das auf internationaler Solidarität und den Grundsätzen des Sozialismus beruht. Zusammen mit einem Mitglied der SolidaritéS verfügt die Partei seit den Wahlen 2019 über zwei Sitze im Nationalrat.

Nationalrat: 1 (♂)
Wähleranteil 2019: 1,0 %

Eidgenössisch-Demokratische Union (EDU)

Die EDU existiert seit 1975. Die rechtskonservative Partei legt ihre politischen Schwerpunkte auf die Gesellschaft. So stellt sie sich zum Beispiel gegen die Revision des Ehe- und des Sexualstrafrechts. Sie leitet ihre Positionen dabei meist aus der Bibel ab. Nach acht Jahren ohne Nationalrat ist sie nun wieder mit einer Person im Parlament vertreten.

Nationalrat: 1 (♂)
Wähleranteil 2019: 0,8 %

Lega dei Ticinesi (Lega)

Die Partei wurde 1991 gegründet. Sie besteht seit ihrer Entstehung nur im Kanton Tessin, politisiert aber auch auf eidgenössischer Ebene. Die Lega entstand Anfang der 1990er-Jahre aus einer allgemeinen Unzufriedenheit über die Politik im Kanton Tessin. Sie fühlt sich dem Geist der Unabhängigkeit verpflichtet und versteht sich deshalb auch als Bewegung und nicht als Partei.

Das Links-rechts-Schema

Das vorliegende Spektrum versucht, die Parteien im Nationalrat zu situieren. Dass die Einordnungen nicht immer stimmen, ist in unserem Staat mit einem Bundes- und 26 Kantonsparlamenten verständlich. Partei X ist im einen Kanton mehr rechts, im anderen mehr links anzusiedeln. Es geht hier also nicht um eine absolut gültige Aussage, sondern um einen groben Überblick, der zum besseren Verständnis beitragen soll.

■ Tendenzen in der Grundhaltung der Parteien

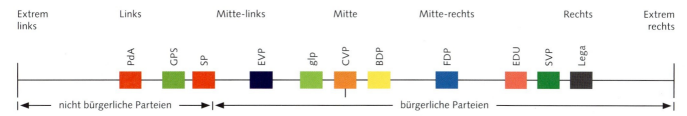

PdA = Partei der Arbeit; GPS = Grüne Partei Schweiz; SP = Sozialdemokratische Partei;
EVP = Evangelische Volkspartei; glp = Grünliberale Partei; CVP = Christlich-demokratische Volkspartei;
BDP = Bürgerlich-Demokratische Partei; FDP = Die Liberalen; EDU = Eidgenössisch-Demokratische Union;
SVP = Schweizerischer Volkspartei; Lega = Lega dei Ticinesi

Links	Rechts
Sozial (den benachteiligten Menschen helfen, Probleme der Gemeinschaft gezielt angehen)	Liberal (die Freiheit und die Selbstverantwortung der einzelnen Person erhalten/fördern)
Progressiv (Neues schaffen)	Konservativ (bestehende Ordnung bewahren)
Mehr staatliche Eingriffe und Hilfen	Staatliche Eingriffe auf das Notwendigste beschränken
Vermehrt einheitliche Bundeslösungen (Zentralismus)	Möglichst unabhängige Kantone (Föderalismus)
Steht auf der Seite von Arbeitnehmerinnen und Arbeitnehmern	Steht auf der Seite der Arbeitgeberinnen und Arbeitgeber
Starke Kürzungen der militärischen Ausgaben, vermehrt Friedenspolitik	Glaubwürdige Landesverteidigung, daher gut gerüstete Armee
Weitgehende staatliche Vorschriften (Gebote, Verbote) beim Umweltschutz	Verantwortung der einzelnen Person im Umweltschutz; möglichst wenig staatliche Eingriffe
Befürwortet eher einen EU-Beitritt	Lehnt einen EU-Beitritt eher ab
Wirtschaftsplanung, Protektionismus, Preiskontrolle, Service public	Freies Unternehmertum, Deregulierung, ökonomische Anreize

- Für die SP sind die rechts von ihr stehenden Parteien (also BDP, CVP, FDP, SVP) die «bürgerlichen Parteien». Spannen diese zusammen, spricht sie vom «Bürgerblock».
- Innerhalb der Rechts- und Links-Parteien kann es starke unterschiedliche Schwerpunkte geben: So geht es den Liberalen z. B. um die Freiheit des Individuums, den Nationalkonservativen um den Nationalstaat als zentralen Wert.
- Innerhalb jeder Partei gibt es Leute, die nach links oder nach rechts tendieren oder in der Mitte sind. Zuweilen steht ein «linkes» CVP-Mitglied dem «rechten Flügel» der SP nahe und wird in einigen Sachfragen die SP unterstützen.

Parteienvergleich
parteienkompass.ch

Wahlempfehlung
smartvote.ch

Voting advice
smartvote.ch

> **TIPP**
> Um herauszufinden, welche Partei, welche Politikerin oder welcher Politiker einem politisch nahesteht und die gleichen Interessen vertritt, kann man Online-Wahlhilfen verwenden.

Die Verbände

Verbände pflegen bei Wahlen keine eigenen Listen aufzustellen, sondern delegieren ihre Vertreter und Vertreterinnen in ihnen gesinnungsmässig nahestehende Parteien. Dabei werden die eigenen Leute und die entsprechenden Parteien finanziell stark unterstützt, um sie in die Behörden zu bringen.

Parlamentarierinnen und Parlamentarier vertreten demnach nicht bloss ihre Parteien, sondern sind auch ihren Verbänden verpflichtet. Im Parlament verfolgen die Interessenvertreter der Verbände ihre Ziele und arbeiten dabei parteiübergreifend zusammen.

■ Wichtige Verbände

Arbeitgeberverbände	Arbeitnehmerverbände	Weitere Verbände (Beispiele)

Verband der Schweizer Unternehmen
	
	Schweizerischer Gewerkschaftsbund (SGB), grösster Dachverband
		• Schweizerischer Hauseigentümerverband (HEV)
		• Schweizerischer Mieterinnen- und Mieterverband
		• Pro Natura – Schweizerischer Bund für Naturschutz
		• Greenpeace Schweiz
		• diverse Sportverbände
		• Automobilverbände: ACS, TCS
		• Verband öffentlicher Verkehr (VöV)
		• Konsumentenverbände:
		  • Konsumentenforum Schweiz (KF)
		  • Stiftung für Konsumentenschutz (SKS)
		• Verband Schweizer Presse
		• Spitex Verband Schweiz
		• Branchenverbände wie z. B. ICTswitzerland

 Schweizerischer Gewerbeverband	 Grösste Gewerkschaft innerhalb des SGB	
 Schweizerischer Arbeitgeberverband	Travail.Suisse Zweitgrösster Dachverband für Arbeitnehmerorganisationen	
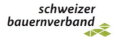 Schweizerischer Bauernverband (SBV)	 Grösste Gewerkschaft innerhalb des Travail.Suisse	

NICE TO KNOW

Man kann nur einer politischen Partei angehören, aber ohne Weiteres gleichzeitig Mitglied in mehreren Verbänden sein.

Beispiel: Frau K. ist
- als Arbeitnehmerin im Schweizerischen Gewerkschaftsbund
- als Autofahrerin im Verkehrsclub der Schweiz
- als Naturfreundin im Schweizerischen Bund für Naturschutz
- als aktive Sportlerin im Schweizerischen Volleyballverband

Politische Partei und Verband im Vergleich

Politische Partei	Verband	
Politischer Verein, in dem sich gleich gesinnte Menschen zusammenschliessen mit dem Zweck, wichtige Bereiche des öffentlichen Lebens in Gemeinde, Kanton und Bund nach ihren Vorstellungen und Interessen zu gestalten	Zusammenschluss von Menschen, die auf einem begrenzten Interessengebiet (meist wirtschaftlicher Art) ihre Vorstellungen durchzusetzen versuchen.	Definition
Ortspartei, Kantonalpartei, schweizerische Dachorganisation	Regional und gesamtschweizerisch organisiert	Organisation
• Stellungnahme zu allen wichtigen politischen Fragen, d.h., die Bürgerinnen und Bürger informieren; das Gesamtwohl steht im Vordergrund • Beteiligung an Wahlen • Mitarbeit bei Gesetzgebung und Regierung	• Teilinteressen vertreten (z.B. Automobilverbände wie TCS, ACS, VCS) und die Interessen der Mitglieder wahrnehmen (gegenseitige Information, gemeinsame Interessenwahrnehmung nach aussen) • Keine selbstständige Beteiligung an Wahlen • Mitarbeit bei der Gesetzgebung im Vernehmlassungsverfahren • Verhandlungen mit wirtschaftlichen Partnerinnen und Partnern und mit Behörden	Ziele und Aufgaben
Freiwillig, keine Notwendigkeit (oft aber erforderlich wegen politischer Karriere). Es braucht keine offizielle Beitrittserklärung (Ausnahme: SP).	Meist notwendig, oft gar Verpflichtung durch den Arbeitgeber	Beitritt
Die Mitgliedschaft basiert auf einem gemeinsamen Ideal. Daher erfolgen keine direkten materiellen Gegenleistungen.	Die Mitgliedschaft basiert auf einer fühlbaren, oft unentbehrlichen Gegenleistung. In Gesamtarbeitsverträgen werden Mindestlöhne, Reduktion der Wochenarbeitsstunden, Ferien usw. ausgehandelt. Das Mitglied kann sogar unentgeltlich rechtliche Beratung und Vertretung in Anspruch nehmen.	Leistungen

■ Lobbyismus

Lobbyismus (auch Lobbyarbeit) bezeichnet jene Form der Interessenvertretung, die durch persönliche Verbindungen vor allem zu Parlamentarier und Parlamentarierinnen zu beeinflussen versucht. Da die Parlamentarier und Parlamentarierinnen ihr politisches Amt nebenamtlich ausüben (Milizparlament), sind sie auf Expertenwissen angewiesen. Dadurch können Firmen, Verbände und Organisationen ihre Sonderinteressen durch Gesetzesbeschlüsse durchbringen.

Stimmen und wählen

Aktives Wahlrecht

Stimmen: Zu einer Sachvorlage als Ganzes Ja oder Nein sagen.

Wählen: Personen in ein Amt einsetzen.

Man kann jemanden wählen.

Wer in der Schweiz das Wahlrecht besitzt, hat sowohl das aktive als auch das passive Wahlrecht. Auf Bundesebene sind rund 5 Millionen Menschen stimm- und wahlberechtigt. Man spricht dabei auch vom Souverän und meint damit diese 5 Millionen Personen.

Das Stimm- und Wahlrecht (siehe BV 34, 39, 136, 143) ist ein politisches Recht. Von diesem kann in der Schweiz auf Bundes-, Kantons- und Gemeindeebene Gebrauch machen, wer:

Passives Wahlrecht

- das Schweizer Bürgerrecht hat und
- volljährig (mind. 18 Jahre alt) ist. (Im Kanton Glarus: aktives Wahlrecht auf Kantons- und Gemeindeebene bereits ab 16 Jahren)

Man kann selbst gewählt werden.

Nicht stimm- und wahlberechtigt sind Personen:
- die dauerhaft urteilsunfähig sind oder
- die durch eine vorsorgebeauftragte Person vertreten werden (siehe S. 70).

Politische Rechte, Demokratie
ch.ch

Political rights
ch.ch

■ Stimmabgabe

Stimmen und wählen kann man:
- an der Urne (Öffnungszeiten der Urnenbüros beachten) und
- brieflich (Unterschrift auf der Stimmkarte nicht vergessen).

Im Einvernehmen mit interessierten Kantonen und Gemeinden erlaubt es der Bund, dass diese versuchsweise die elektronische Stimmabgabe einführen (z. B. SMS, Internet). Dieses E-Voting dürfte die Abstimmungsmöglichkeit der Zukunft werden.

Verschiedene Arten von Mehr

Absolutes Mehr: Mindestens die Hälfte aller gültigen abgegebenen Stimmen +1

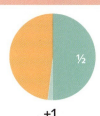

Beispiel: 800 Wahlzettel wurden in die Urne gelegt. 12 davon waren ungültig und 37 leer. 800 − 12 − 37 = 751 gültige Wahlzettel

751 : 2 = 375,5 (0,5 wird abgerundet). 375 + 1 = 376 (absolutes Mehr)

Relatives Mehr: Wer am meisten Stimmen erhält, ist gewählt.

Beispiel: Es erhalten Stimmen: A 4085, B 2218, C 2659, D 811 und E 754. Gewählt ist A. Das absolute Mehr wird nicht ermittelt, da es keine Rolle spielt.

Qualifiziertes Mehr: Erforderlich ist eine Zahl, die über dem absoluten Mehr liegt, zum Beispiel eine Mehrheit von ⅔, ¾, ⅘.

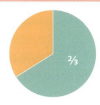

Beispiel: In Vereinsstatuten kann man oft lesen: «Die Statuten können nur geändert werden, wenn ⅔ aller Mitglieder der Änderung zustimmen.»

Volksmehr: Die Mehrheit der gültig stimmenden Personen.

Beispiel: Das Abstimmungsresultat zu einer eidgenössischen Vorlage ergibt: 1 557 483 Ja-Stimmen gegen 823 621 Nein-Stimmen.

Ständemehr: Die Mehrheit der Kantone (Stände).

Beispiel: Damit das Ständemehr erreicht wird, muss die Summe der Standesstimmen, welche die Vorlage bejahen, mind. 12 betragen. Das Volksmehr im jeweiligen Kanton entscheidet, ob dieser Kanton als «Ja-» oder als «Nein-Kanton» gewertet wird. Die Kantone AR, AI, BS, BL, OW und NW zählt man als halbe Stimme. Es gibt keine Abstimmung, bei der nur das Ständemehr allein erforderlich wäre. Ein Unentschieden bei den Ständen bedeutet bereits Ablehnung der Vorlage.

Doppeltes Mehr: Volks- und Ständemehr zusammen.

Beispiel: Volksmehr: 1 557 483 Ja gegen 823 621 Nein; Ständemehr: 15½ Kantone Ja gegen 7½ Nein. Bei Änderungen der Verfassung (BV 140, 195), bei dringlichen Bundesgesetzen ohne Verfassungsgrundlage (BV 140, 165) und für den Beitritt zu gewissen internationalen Organisationen (BV 140) ist das doppelte Mehr erforderlich.

Majorzwahl

> **Majorz:** Wahlverfahren, bei dem die Mehrheit entscheidet, wer gewählt ist, während die Minderheit nicht berücksichtigt wird.

■ Anwendung

Der Majorz wird angewendet, wenn nur ein einziger Sitz zu vergeben ist.

Beispiele:
- Bundespräsidentin oder Bundespräsident
- Bundeskanzlerin oder Bundeskanzler
- UR, OW, NW, GL, AR, AI: einziges Mitglied des Nationalrates

Das Majorzwahlverfahren kommt auch zur Anwendung, wenn eine Behörde aus mehreren Mitgliedern besteht. Jedes Mitglied wird aber einzeln gewählt.

Beispiele:
- Mitglieder des Bundesrates und des Bundesgerichts
- Mitglieder einer kantonalen Regierung (Regierungsrat/Staatsrat)
- Mitglieder einer Regierung auf Ebene Gemeinde/Stadt
- Mitglieder des Ständerates (für Jura und Neuenburg gilt der Proporz)

Ein Kandidat, eine Kandidatin darf nur 1× auf den Wahlzettel geschrieben werden.

■ Wer ist gewählt?

Wer im 1. Wahlgang das absolute Mehr erreicht, ist gewählt. Erreicht niemand das absolute Mehr, findet ein zweiter statt, bei dem dann meistens das relative Mehr gilt.

Ausnahmen
- Die Vereinigte Bundesversammlung wählt so oft, bis jemand das absolute Mehr erreicht hat. Grund: Das Wahlprozedere kann ohne grossen Aufwand wiederholt werden. Das Amt ist zudem so bedeutungsvoll, dass die gewählte Person von der Mehrheit getragen werden soll.
- Bei Nationalratswahlen in kleinen Kantonen mit nur 1 Sitz gilt bereits im 1. Wahlgang das relative Mehr. Es gibt keinen 2. Wahlgang.

■ Vorteile

- Es ist ein sehr einfaches Wahlverfahren.
- Da es sich um Persönlichkeitswahlen handelt, haben auch Leute eine Chance, die keiner Partei angehören.

■ Nachteile

- Starke Parteien werden bevorzugt, Minderheiten gehen leer aus.
- Wenig bekannte Personen haben praktisch keine Aussicht auf eine Wahl.

■ Stille Wahl

Stille Wahlen kann es geben, wenn für eine Wahl nur so viele Personen vorgeschlagen werden, wie Sitze zu verteilen sind, d. h., es muss nicht gewählt werden. Dies in folgenden Fällen:
- bei Nationalratswahlen mit genau gleich vielen Kandidaten wie Sitze in einem Kanton
- auf Kantons- und Gemeindeebene, wenn das kantonale Recht dies zulässt

Proporzwahl

> **Proporz:** Wahlverfahren, bei dem die Sitze annähernd im Verhältnis zu den erzielten Parteistimmen auf die Parteien verteilt werden.

■ Anwendung

Der Proporz kommt mit wenigen Ausnahmen dann zur Anwendung, wenn das Volk seine Vertreter ins Parlament wählt. Dabei stehen mehrere Sitze zur Wahl. Im Proporz werden folgende Behörden gewählt:
- Nationalrat: Volksvertretung auf Bundesebene, BV 149)
  Grundsatz: Jeder Kanton hat gemäss BV Anspruch auf mindestens einen Sitz. Die Kantone AR, AI, OW, NW, UR und GL können aufgrund ihrer Einwohnerzahl nur ein Mitglied in den Nationalrat entsenden. Bei diesen Kantonen wird im Majorzwahlverfahren gewählt.
- Grosser Rat/Kantonsrat/Landrat: Volksvertretung auf Kantonsebene
  Je nach Kanton heisst das Parlament Grosser Rat, Kantonsrat oder Landrat.
  (Die Kantone AI, AR und GR wählen ihr Kantonsparlament noch im Majorz.)
- Einwohnerrat/Grosser Gemeinderat/Grosser Stadtrat: Volksvertretung auf Gemeindeebene

■ Wer ist gewählt?

Zwei Voraussetzungen sind notwendig:
- Die Partei muss prozentual genügend Parteistimmen erhalten, um einen oder mehrere Sitze zu erobern.
- Innerhalb der Partei erhalten jene Kandidatinnen und Kandidaten die Sitze, die am meisten Kandidatenstimmen erzielt haben.

■ Vorteile

- Das Abbild des Volkes im Parlament ist beim Proporzwahlverfahren genauer.
- Auch kleine Parteien haben eine Chance, Sitze zu gewinnen.
- Es ist nur ein einziger Wahlgang nötig.

■ Nachteile

- Es ist ein kompliziertes Wahlverfahren.
- Für die Wählenden ist es meistens unmöglich, alle vorgeschlagenen Kandidatinnen und Kandidaten persönlich zu kennen.

■ Begriffe beim Proporzwahlverfahren

Parteistimmen
Stimmen, die alle Kandidaten einer Partei zusammen erhalten, plus die Zusatzstimmen.

Kandidatenstimmen
Stimmen, die für eine Kandidatin oder einen Kandidaten abgegeben werden.

Wichtig: Jede kandidierende Person ist auch Trägerin einer Stimme für ihre Partei.

Zusatzstimmen
Stimmen, die auf keine Kandidatin oder keinen Kandidaten lauten, aber der Partei gegeben werden. Leere oder durchgestrichene Zeilen gelten für die Partei als Zusatzstimmen, sofern der Wahlzettel eine Parteibezeichnung trägt.

Möglichkeiten bei der Proporzwahl

Liste 1	Partei A
1.1	Ella M.
1.2	Shawn T.
1.3	Baban M.

■ Keine Veränderung

Man legt einen vorgedruckten Wahlzettel (Parteiliste) unverändert in die Wahlurne ein.

Stimmen erhalten:
Partei A: 3 Parteistimmen
Jeder Kandidat, jede Kandidatin: 1 Kandidatenstimme

Liste 2	Partei B
2.1	Tim D.
~~2.2~~	~~Luca G.~~
2.3	Nora D.

■ Streichen

Man darf auf dem vorgedruckten Wahlzettel einen Namen streichen. Der Wahlzettel muss aber mindestens eine wählbare Person enthalten.

Stimmen erhalten:
Partei B: 3 Parteistimmen
Tim D. und Nora D.: je 1 Kandidatenstimme
Die nun leere Zeile verbleibt der Partei B als eine Parteistimme (Zusatzstimme).

Liste 3	Partei C
3.1	Novalee K.
3.2	Sandro W.
~~3.3~~	~~Alessia E.~~
3.2	SANDRO W.

■ Kumulieren

Man darf auf dem vorgedruckten Wahlzettel handschriftlich einen Namen ein zweites Mal aufführen oder den Namen beim Panaschieren zweimal hinschreiben. (Sofern keine leeren Zeilen vorhanden sind, müssen Sie zuvor aber noch einen Namen streichen.)

Stimmen erhalten:
Partei C: 3 Parteistimmen
Kandidatenstimmen: für Sandro W. 2, für Novalee K. 1.
Alessia E. erhält keine Kandidatenstimme mehr.

Liste 4	Partei D
4.1	Noé S.
~~4.2~~	~~Luisa T.~~
4.3	Nina P.
1.1	ELLA M.

■ Panaschieren

Man schreibt einen Namen, der auf einer anderen Liste steht, auf die ausgewählte vorgedruckte Liste.

Stimmen erhalten:
Partei D: 2 Parteistimmen Partei A: 1 Parteistimme
Jeder Kandidat: 1 Kandidatenstimme (ausgenommen Luisa T.)
Partei D verliert somit eine Parteistimme an die Partei A der Kandidatin Ella M.

2.2	LUCA G.

■ Leere Liste ohne Parteibezeichnung

Stimmen erhalten:
Partei B: 1 Parteistimme
Luca G.: 1 Kandidatenstimme
Die zwei leeren Zeilen gelten als «verloren», da die Liste keine Parteibezeichnung trägt. Die Stimmkraft wurde nicht voll ausgenutzt.

LISTE 3	PARTEI C
2.1	TIM D.

■ Leere Liste mit Parteibezeichnung

Stimmen erhalten:
Partei C: 2 Parteistimmen
Partei B: 1 Parteistimme
Tim D.: 1 Kandidatenstimme
Die leere Liste trägt eine Parteibezeichnung. Daher werden die leeren Zeilen dieser Partei zugerechnet (= Zusatzstimmen).

Gültige Wahl beim Nationalratsproporz

■ Vorschriften

- Man darf nur einen amtlich gedruckten (offiziellen) Wahlzettel verwenden.
- Man darf den Wahlzettel nur handschriftlich ausfüllen oder verändern.
- In Kantonen mit mehreren Sitzen sind nur die Namen gültig, die auf einem der vorgedruckten Wahlzettel stehen.
- Auf jeder Liste muss mindestens ein gültiger Kandidatenname stehen.
- Es dürfen nicht mehr Kandidatennamen aufgeführt sein, als im Kanton Mitglieder für den Nationalrat zu wählen sind. Enthält ein Wahlzettel mehr Namen als Sitze zu vergeben sind, werden überzählige Namen in folgender Reihenfolge gestrichen: Zuerst werden die letzten vorgedruckten Namen, die nicht von Hand kumuliert worden sind, gestrichen. Dann werden die letzten handschriftlich ausgefüllten Namen gestrichen.
- Bei allen Kandidatennamen, die von Hand eingesetzt werden, muss man klar angeben, wen man meint (Name und Vorname, wenn nötig Adresse, Beruf usw.), um Verwechslungen auszuschliessen.
- Sind leere Zeilen vorhanden, so kann darauf kumuliert und /oder panaschiert werden, ohne dass dabei ein anderer Name gestrichen werden muss.
- Beim Kumulieren dürfen keine Gänsefüsschen («), «dito» und dergleichen verwendet werden.
- Kein Kandidatenname darf mehr als zweimal aufgeführt werden.

Hinweis: Änderungen und Ergänzungen mit Bleistift sind gültig.

■ Ungültige Wahlzettel

- Wahlzettel mit ehrverletzenden Äusserungen
- Wahlzettel mit offensichtlichen Versuchen einer Verletzung des Stimmgeheimnisses (offensichtliche Kennzeichnungen)
- Unterschriebene Wahlzettel
- Wahlzettel ohne einen gültigen Kandidatennamen
- Verwendung eines nicht offiziellen (nicht amtlichen) Wahlzettels
- Mehr als ein Wahlzettel in einem Wahlkuvert

■ Die Verteilung der 200 Nationalratssitze bis Oktober 2023

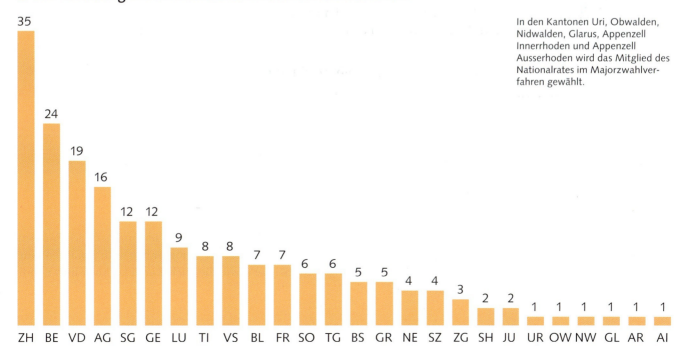

In den Kantonen Uri, Obwalden, Nidwalden, Glarus, Appenzell Innerrhoden und Appenzell Ausserhoden wird das Mitglied des Nationalrates im Majorzwahlverfahren gewählt.

ZH	BE	VD	AG	SG	GE	LU	TI	VS	BL	FR	SO	TG	BS	GR	NE	SZ	ZG	SH	JU	UR	OW	NW	GL	AR	AI
35	24	19	16	12	12	9	8	8	7	7	6	6	5	5	4	4	3	2	2	1	1	1	1	1	1

Sitzverteilung beim Proporz: Beispiel

■ Annahme

Ein Kanton hat 3 Nationalratssitze zu vergeben. Um diese 3 Sitze bewerben sich 3 Parteien mit insgesamt 8 Kandidatinnen und Kandidaten. Sie haben folgende Stimmenzahlen erhalten:

Liste 1 Partei X		Liste 2 Partei Y		Liste 3 Partei Z	
Morris W.	11 204	Lorenzo A.	8444	Mia L.	6534
Amanda H.	13 400	Lena S.	5519	Bianca D.	6009
Marianne D.	9412			Baban M.	4421
Zusatzstimmen	1523	Zusatzstimmen	402	Zusatzstimmen	1189
Total Parteistimmen:	**35 539**	Total Parteistimmen:	**14 365**	Total Parteistimmen:	**18 153**

■ Sitzverteilung

Die Sitzverteilung erfolgt nach folgender Berechnung:
1. Das Total aller Parteistimmen wird ermittelt.

Partei X	Partei Y	Partei Z	Total Parteistimmen
35 539 +	14 365 +	18 153 =	68 057

2. Das Total aller Parteistimmen wird durch die Anzahl der zu vergebenden Sitze + 1 dividiert. 68 057 : (3 + 1) = 17 014,25.
   Die nächsthöhere ganze Zahl ist dann die Verteilerzahl: 17 015.

3. Die Verteilung der Sitzzahl wird errechnet, indem das Total der jeweiligen Parteistimmen durch die Verteilerzahl dividiert wird.

Parteistimmen		Verteilerzahl	Anzahl Sitze
Partei X	35 539 :	17 015	= 2 Sitze
Partei Y	14 365 :	17 015	= kein Sitz
Partei Z	18 153 :	17 015	= 1 Sitz
	68 057 : (3+1) =	17 014,25	

■ Gewählte

Sofern die Partei Sitze erhalten hat, sind die Kandidatinnen und Kandidaten mit den höchsten Stimmenzahlen gewählt.

Partei X	**Partei Y**	**Partei Z**
Amanda H.	niemand	Mia L.
Morris W.		

■ Fazit

Beim Proporzwahlverfahren werden in erster Linie Parteien und innerhalb der Parteien die Kandidatinnen und Kandidaten mit der höchsten Stimmenzahl gewählt, während die Majorzwahl stark personenbezogen ist, bei der ausschliesslich Kandidatinnen und Kandidaten gewählt werden.

2 Staat

2.2 Institutionen

Verständnis

- Welche Probleme treten auf, wenn das Prinzip der Gewaltenteilung («Machtteilung») missachtet wird?

- Welche Aufgaben nimmt das Bundesparlament wahr?

- Was sind die Hauptaufgaben des Bundesrates?

- Im Gegensatz zu den meisten anderen Ländern besteht die Schweizer Regierung aus sieben Personen. Welche Vor- und Nachteile hat ein solches Kollegialsystem?

- Wie unterscheiden sich Strafgericht, Zivilgericht und Verwaltungsgericht?

- Wozu dienen Ihrer Einschätzung nach die verschiedenen richterlichen Instanzen?

Diskussion

- Wie wird die Legislative in unseren Nachbarländern organisiert? Gibt es Verbesserungsvorschläge für die Schweiz?

Die drei Staatsformen

Staat: Staatsvolk, Staatsgebiet und Staatsgewalt ergeben zusammen völkerrechtlich einen Staat.

Ein Volk (Staatsvolk) schliesst sich innerhalb eines bestimmten Gebietes (Staatsgebiet) zusammen. Für das Zusammenleben muss jemand Gesetze aufstellen, diese Gesetze dann ausführen und Handlungen gegen die Gesetze ahnden. Dies ist die Aufgabe der Staatsgewalt. Sie ist das wichtigste der drei Elemente. Hier wird bestimmt, ob ein Volk Rechte hat, sich frei fühlen und sich frei äussern kann oder ob es unterdrückt und ausgebeutet wird.

▪ Der Einheitsstaat

Einheitsstaat: Staat, der von einem Zentrum aus einheitlich regiert wird (daher auch «Zentralstaat» genannt). Im ganzen Land gibt es nur eine einzige Regierung. Überall gelten die gleichen Gesetze.

Die staatliche Organisation beruht auf dem Zentralismus.

Zentralismus: Der Staat ist bestrebt, von seinem politischen Zentrum aus möglichst alle bedeutenden Aufgaben in eigener Kompetenz zu lösen. Er wird einheitlich gelenkt und verwaltet. Es existiert eine einheitliche Gesetzgebung.

Frankreich ist ein zentralistischer Staat, der von Paris aus gelenkt wird.

Vorteile
- Leicht zu regieren.
- Alle Aufgaben werden einheitlich gelöst (Klarheit).
- Entscheide können schneller gefällt und ausgeführt werden.

Nachteile
- Die Regierung vernachlässigt oft Minderheiten im Staat (Sprache, Religion, wirtschaftliche Randgebiete).
- Grosser, wenig übersichtlicher Verwaltungsapparat.

Beispiele: Frankreich, Italien, Schweden, Griechenland, Japan, Volksrepublik China

▪ Der Bundesstaat

Bundesstaat: Zusammenschluss von Teilstaaten, die nach aussen einen Gesamtstaat bilden.

Die Schweiz ist ein föderalistischer Staat.

Die einzelnen Teilstaaten können nicht mehr aus dem Gesamtstaat austreten; sie würden militärisch daran gehindert. Ausnahme: Die anderen Teilstaaten sind einverstanden, dass ein Teil austritt. Aufgrund eines Vertrages (foedus = Bündnis) werden die Aufgabenbereiche zwischen dem Gesamtstaat und den Teilstaaten aufgeteilt. Der Gesamtstaat löst Aufgaben, die im Interesse aller Teilstaaten liegen (Auswärtige Angelegenheiten, Geld- und Währungspolitik, Zölle usw.).

Die Teilstaaten haben sich aber Aufgabenbereiche vorbehalten, die sie in eigener Kompetenz lösen wollen, zum Beispiel das Schulwesen, die Steuerhoheit, die Polizeihoheit. Nebst der Regierung des Gesamtstaates besteht in jedem Teilstaat eine eigene Regierung und eine eigene Verfassung.

Grundsätzlich geht das Recht des Gesamtstaates dem Recht der Teilstaaten vor. Daher ist jeder Teilstaat nur so weit selbstständig, als dies mit dem Recht des Gesamtstaates vereinbar ist. Diese staatliche Organisation beruht auf dem Föderalismus.

Institutionen

> **Föderalismus:** Die Teilstaaten (z. B. Kantone) innerhalb eines Gesamtstaates (z. B. des Bundes) sind bestrebt, möglichst selbstständig zu bleiben und ihre Eigenart zu bewahren.

Vorteile
- Jeder Teilstaat kann seine Interessen besonders zur Geltung bringen.
- Ein föderalistisch regierter Staat kann Rücksicht auf Minderheiten nehmen.
- Die Verwaltung ist persönlicher, übersichtlicher, volksnaher (z. B. kleinere Wahlkreise, Kandidatinnen und Kandidaten sind besser bekannt).

Nachteile
- Die Vielfalt in den Teilstaaten kompliziert das Zusammenleben (z. B. verschiedene Schulsysteme) und wird bis zu einem gewissen Grad auch als ungerecht empfunden (z. B. verschieden hohe Steuerbelastungen).
- Ein föderalistisch organisierter Staat arbeitet langsamer, schwerfälliger. Entscheide müssen erst durchdiskutiert und mit Kompromissen errungen werden.

Beispiele: Schweiz (26 Kantone), Deutschland (16 Bundesländer); Österreich (9 Bundesländer), USA (50 Staaten)

■ Der Staatenbund

> **Staatenbund:** Zusammenschluss von selbstständigen Staaten, die eine oder mehrere Aufgaben (z. B. wirtschaftliche, militärische) gemeinsam lösen wollen. Die miteinander verbündeten Staaten bleiben grundsätzlich souverän.

Der Staatenbund besteht nicht aus einem einzigen, in sich abgeschlossenen Staatsgebiet und ist daher auch kein eigentlicher Staat. Die einzelnen Staaten können wieder aus dem Staatenbund austreten, indem sie den Vertrag kündigen. Jeder Staat entscheidet auch allein darüber, welche Befugnisse er dem Staatenbund abtreten will. Die Beschlüsse des Staatenbundes sind für die einzelnen Mitgliedsstaaten nicht verbindlich. Die nationalen Parlamente müssen Beschlüsse im Nachhinein genehmigen, damit diese rechtskräftig werden.

Vorteile
- Aufgaben können effizienter gelöst werden (z. B. wirtschaftliche).
- Gegenüber den am Bund nicht beteiligten Staaten kann stärker aufgetreten werden.

Nachteile
- Entscheidungen sind für die einzelnen Staaten nicht bindend. Es können daher trotz Bündnis uneinheitliche Lösungen bestehen bleiben.
- Um tragfähige Lösungen zu finden, einigt man sich oftmals auf den kleinsten gemeinsamen Nenner. Somit werden Probleme nur langsam gelöst.

Beispiele:
- UNO (Vereinte Nationen, siehe S. 228 f.)
- Europarat (Europäischer Staatenbund, siehe S. 230)
- NATO (Nordatlantikpakt; westliches Militärbündnis)
- OPEC (Organisation Erdöl exportierender Länder)
- Commonwealth (Gemeinschaft der Staaten des ehemaligen britischen Weltreichs)
- AU (Afrikanische Union)

Die Bundesverfassung (BV)

Bundesverfassung
parlament.ch

Federal constitution
parlament.ch

Bundesverfassung: Sie ist das Grundgesetz unseres Staates, gleichermassen das rechtliche Fundament.

■ Geschichte der Bundesverfassung

Die heutige Bundesverfassung stammt aus dem Jahr 1848. Sie ist das Ergebnis eines langen (kurzzeitig auch kriegerischen) Prozesses, der die vormals souveränen Kantone von einem Staatenbund zu einem Bundesstaat zusammengeführt hat. Die Verfassung hat seither viele Veränderungen und Anpassungen erfahren. Gesamtrevidiert wurde sie aber nur 1874 und wieder 1999.

■ Merkmale

Die Bundesverfassung ordnet das öffentliche Leben in grossen Zügen und nicht in allen Einzelheiten:
- Sie bestimmt die Träger der Macht (Volk, Stände, Parlament, Regierung, Gerichte) und deren Verhältnis zueinander.
- Sie sorgt für die Ausbalancierung der Gewalten.
- Sie ist das Grundinstrument, um Macht an Recht zu binden.
- Sie garantiert den Bürgerinnen und Bürgern Rechte und Freiheiten und erlegt ihnen Pflichten auf.
- Sie verteilt die Kompetenzen (wer macht was?) zwischen
  - Bund und Kantonen,
  - den Bundesbehörden.
- Sie ist die Basis für alle Gesetzbücher. Sie erteilt dem Bund die Erlaubnis, Gesetze zu schaffen, wie das Zivilgesetzbuch (ZGB, in BV 122), das Obligationenrecht (OR, in BV 122), das Strassenverkehrsgesetz (SVG, in BV 82), das Strafgesetzbuch (StGB, in BV 123), das Berufsbildungsgesetz (BBG, in BV 63), das Arbeitslosenversicherungsgesetz (in BV 114) usw.

■ Die neue Bundesverfassung

Ende 1998 haben die Eidgenössischen Räte eine neue Bundesverfassung verabschiedet, die am 18.4.1999 von Volk (969 385 Ja gegen 669 179 Nein) und Ständen (13 Ja gegen 10 Nein) gutgeheissen wurde. Die Stimmbeteiligung betrug 35,8 %. Die neue BV wurde am 1.1.2000 in Kraft gesetzt. Vorteile gegenüber der ehemaligen Version sind unter anderem eine bessere Verständlichkeit und eine klarere Gliederung.

Institutionen

Die Gewaltenteilung

Gewaltenteilung: Die Ansammlung von zu grosser Machtfülle in der Hand einer einzelnen Person soll verhindert werden, indem die Staatsgewalt aufgeteilt und drei voneinander unabhängigen Funktionsträgern zugeordnet wird.

 Gewaltenteilung, Demokratie
ch.ch

 Separation of powers
ch.ch

■ Zweck der Gewaltenteilung

Die Erfahrung zeigt: Macht führt zu Machtmissbrauch. Macht ist jedoch ein wichtiges Element der Politik. Damit Machtmissbrauch vermieden werden kann, müssen verschiedene Mächte einander begrenzen und kontrollieren.

Staatsgewalt			
Parlament Legislative Rechtsetzung • Gesetze geben • Kontrolle von Regierung/Verwaltung	**Regierung** Exekutive Rechtsanwendung • Gesetze ausführen • regieren • Staat lenken	**Gerichte** Judikative Rechtsprechung • richten • strafen • schlichten	
Bundesversammlung Nationalrat mit 200 und Ständerat mit 46 Mitgliedern	**Bundesrat** 7 Mitglieder	**Bundesgericht** 35–45 Mitglieder	Bund
• **Grosser Rat** (AG, BE) • **Kantonsrat** (LU, ZH) • **Landrat** (NW, UR) • **Landsgemeinde** (AI, GL)	• **Regierungsrat** (SG, ZH) • **Staatsrat** (FR, VS) 5–7 Mitglieder	• **Obergericht** • **Kantonsgericht**	Kanton
		• **Amtsgericht** • **Bezirksgericht** • **Kreisgericht**	
• **Gemeinde-versammlung** • **Einwohnerrat** • **Grosser Gemeinderat** • **Grosser Stadtrat**	• **Gemeinderat** • **Kleiner Stadtrat**	**Schlichtungsbehörde** Friedensrichter oder Vermittler	Gemeinde

NICE TO KNOW

Im modernen Staatsrecht spricht man nicht mehr von Legislative, Exekutive und Judikative/Justiz. Diese Begriffe werden ersetzt durch Parlament, Regierung und Gerichte. Der Grund liegt darin, dass die Gewalten nicht strikte voneinander getrennt sind (daher reden wir ja auch von Gewaltenteilung) und dass jede der drei Staatsgewalten auch vereinzelt Funktionen der anderen Gewalten wahrnimmt.

Die Bundesversammlung

Wie setzt sich das Parlament zusammen?
juniorparl.ch

Bundesversammlung: Höchste gesetzgebende Behörde auf Bundesebene, die sich aus zwei gleichberechtigten Kammern zusammensetzt (BV 148 ff.), dem National- und dem Ständerat. Andere Bezeichnungen für die Bundesversammlung sind: Schweizer Parlament oder Eidgenössische Räte.

■ Halbamtsparlament

Halbamtsparlament: Parlamentarierinnen und Parlamentarier üben ihr politisches Mandat halbamtlich aus (50–70 % Beschäftigung). Man spricht in diesem Zusammenhang auch oft vom «Milizparlament». In den meisten Ländern ist das Parlamentarieramt ein Vollamt. Die Schweiz und Liechtenstein gehören zu jenen wenigen Ländern Europas, die nicht mit Berufsparlamenten arbeiten. Aber auch in der Schweiz nimmt der Anteil an Männern und Frauen, die sich nur mit Politik beschäftigen, zu.

■ Legislaturperiode

Legislaturperiode: Amtsdauer eines Parlaments.
- Beim Nationalrat dauert die Legislaturperiode 4 Jahre.
- Der Ständerat kennt keine Gesamterneuerungswahl und demnach auch keine Legislaturperiode (bezüglich der Wahl gilt kantonales Recht: BV 150).

■ Sessionen (BV 151)

Session: Sitzungsdauer eines Parlaments.

Ordentliche Session
Die Eidgenössischen Räte versammeln sich regelmässig zu ordentlichen Sessionen. Pro Jahr finden 4 ordentliche Sessionen zu 3 Wochen statt, jeweils von Montagabend bis Donnerstag/Freitagvormittag. Es müssen beide Räte zusammentreten. Man spricht von der Frühjahrssession (März), der Sommersession (Juni), der Herbstsession (September) und der Wintersession (November/Dezember).

Die beiden Räte tagen jeweils gleichzeitig, aber in verschiedenen Räumen (BV 156). Gesetze und wichtige Beschlüsse müssen von jeder Kammer beraten werden.

Die Verhandlungen in den Räten sind in der Regel öffentlich (BV 158). Es stehen Tribünen für Journalisten sowie für Besucher und Besucherinnen zur Verfügung.

Im National- und im Ständerat müssen bei Verhandlungen mindestens 101 bzw. 24 Parlamentsmitglieder anwesend sein (BV 159).

Sondersession
Jeder Rat entscheidet selbst, ob er zu den ordentlichen Sessionen noch eine weitere abhält. Dies geschieht, wenn die ordentlichen zur Erledigung der Geschäfte nicht ausreichen.

Ausserordentliche Session
Ein Viertel der Mitglieder im National- oder im Ständerat oder der Bundesrat können die Einberufung der Räte oder der Vereinigten Bundesversammlung zu einer ausserordentlichen Session verlangen. Gründe können sein: Wahlen; Erklärung des Bundesrates; in beiden Räten eingereichte gleich lautende Motionen usw. Eine ausserordentliche Session findet in beiden Räten in der Regel in derselben Kalenderwoche statt.

Institutionen

Das Zweikammersystem

Das Schweizer Parlament besteht aus zwei gleichberechtigten Kammern, dem National- und dem Ständerat.

Der Nationalrat (BV 149)
Die Grosse Kammer, die Volksvertretung

200 Abgeordnete des Volkes
- Die Sitze werden auf die Kantone gemäss ihrer Einwohnerzahl (inkl. Ausländer und Ausländerinnen) verteilt.
- Die Bundesverfassung schreibt vor, dass jeder Kanton Anspruch auf mindestens einen Sitz im Nationalrat hat.
- Im Nationalrat stellen die 5 bevölkerungsreichsten Kantone (Zürich, Bern, Waadt, Aargau, St. Gallen) mehr als die Hälfte der Abgeordneten, nämlich 106.

Proporzwahlverfahren (seit 1919)
Ausnahme: AI, AR, GL, NW, OW, UR entsenden je ein Mitglied in den Nationalrat, das im Majorzwahlverfahren gewählt wird.

Es gilt das eidgenössische Recht:
- Die Wahlen finden alle 4 Jahre jeweils am zweitletzten Sonntag im Oktober statt. Jeder Kanton bildet einen Wahlkreis.
- Die Amtsdauer beträgt 4 Jahre (BV 145), Wiederwahl ist möglich.
- Tritt ein Mitglied vorzeitig zurück oder stirbt es, rückt automatisch jene Person auf der entsprechenden Parteiliste nach, die bei den Wahlen das beste Resultat der Nichtgewählten erzielt hatte. Es erfolgt kein Urnengang.

Der Ständerat (BV 150)
Die Kleine Kammer, die Kantonsvertretung

46 Abgeordnete der Kantone
- 20 Kantone stellen je 2 Mitglieder.
- Je ein Mitglied des Ständerates stellen: Obwalden, Nidwalden, Basel-Stadt, Basel-Landschaft, Appenzell Ausserrhoden und Appenzell Innerrhoden.
- Der Ständerat wurde als Ausgleich zum Nationalrat geschaffen. Hier sind die 5 bevölkerungsreichsten Kantone mit 10 Ständeratsmitgliedern in der Minderheit.

Majorzwahlverfahren
Ausnahmen: Die Kantone Jura und Neuenburg bestimmen ihre Vertretung im Proporzwahlverfahren.

Es gelten die kantonalen Vorschriften:
- Die Kantone bestimmen ihre Abgeordneten in den Ständerat am gleichen Tag wie jene in den Nationalrat.
- Ausnahme: Der Kanton Appenzell Innerrhoden wählt sein Ständeratsmitglied an der Landsgemeinde im April vor den Nationalratswahlen.
- Die Amtsdauer beträgt 4 Jahre, Wiederwahl ist möglich.
- Beim vorzeitigen Rücktritt eines Ständerates oder in einem Todesfall findet für den Rest der Amtsperiode eine Ersatzwahl statt.

■ Das höchste Amt in der Schweiz

- Das Amt der Nationalratspräsidentin bzw. des Nationalratspräsidenten ist das höchste in der Schweiz zu vergebende Amt (Präsidium der Volksvertretung, BV 148); es ist aber nicht mit mehr Macht als andere Ratsmitglieder ausgestattet.
- Sie bzw. er gibt bei Stimmengleichheit im Rat den Stichentscheid.
- Jeder der beiden Räte wählt seinen Präsidenten bzw. seine Präsidentin selber.

Die Parteien im Bundesparlament

1. Der Nationalrat (200 Mitglieder)

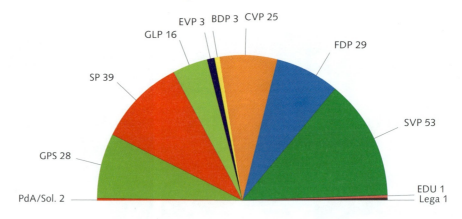

2. Der Ständerat (46 Mitglieder)

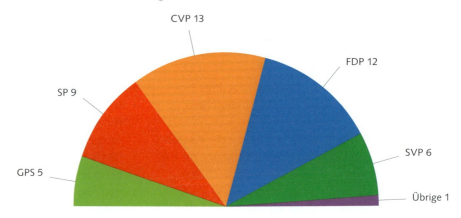

Parlamentarische Instrumente

Parlamentarische Instrumente: Die Mitglieder des Parlaments verfügen über verschiedene Instrumente. Diese erlauben es ihnen, den Anstoss für ein neues Gesetz oder eine Gesetzesänderung zu geben, aber auch Informationen oder Bericht zu verlangen.

Motion
Eine Motion verpflichtet den Bundesrat dazu, innerhalb von zwei Jahren ein Gesetz auszuarbeiten oder eine bestimmte Massnahme zu ergreifen.

Postulat
Ein Postulat verpflichtet den Bundesrat dazu, ein Gesetz zu überprüfen und allfällige Änderungen vorzuschlagen.

Parlamentarische Initiative
Mit einer parlamentarischen Initiative kann ein Ratsmitglied einen Entwurf für ein Bundesgesetz einreichen oder anregen. Eine parlamentarische Initiative kann von jedem Ratsmitglied, jeder Fraktion und jeder Kommission vorgelegt werden.

Interpellation
Eine Interpellation verpflichtet den Bundesrat dazu, dem Parlament mündlich oder schriftlich über wichtige Ereignisse oder Angelegenheiten des Bundes Auskunft zu geben. Wenn der Bundesrat geantwortet hat, kann im Rat eine Diskussion darüber verlangt werden. Wird eine Interpellation für «dringlich» erklärt, so wird sie, wenn möglich, noch in derselben Session behandelt, in der sie eingereicht wurde.

Wichtige Aufgaben beider Räte

- **Gesetzgebung (BV 164/165)**

Die Mitglieder von National- und Ständerat beraten Gesetze und fassen dazu Beschlüsse. Zur Zustimmung genügt die Mehrheit der anwesenden Mitglieder des National- und des Ständerates. Wenn ein Gesetz wegen ausserordentlicher Umstände unbedingt sofort wirksam werden muss, können die Räte auch ein «dringliches Bundesgesetz» beschliessen. Dazu bedarf es der Zustimmung der absoluten Mehrheit beider Räte, d.h., mindestens 101 Mitglieder des National- und mindestens 24 Mitglieder des Ständerates müssen der Dringlichkeit des Gesetzes zustimmen.

- **Beziehungen zum Ausland/völkerrechtliche Verträge (BV 166)**

Die Bundesversammlung gestaltet die Aussenpolitik mit und genehmigt Bündnisse und Verträge mit dem Ausland.

- **Finanzen (BV 167)**

Die Räte beraten das Budget und befinden darüber. Sie nehmen zudem die vom Bundesrat vorgelegte Staatsrechnung ab.

- **Oberaufsicht (BV 169)**

National- und Ständerat üben die politische Kontrolle über den Bundesrat und die Bundesverwaltung aus. Das Parlament kann Genugtuung oder Kritik äussern oder auch Empfehlungen für künftiges Handeln abgeben. Die kontrollierten Behörden dürfen keine Auskunft mit dem Argument der Geheimhaltungspflicht verweigern.

- **Überprüfung der Wirksamkeit (BV 170)**

Die Räte können veranlassen, dass Massnahmen des Bundes auf ihre Wirksamkeit überprüft werden.

- **Beziehungen zwischen Bund und Kantonen (BV 172)**

Das Parlament pflegt die Beziehungen zwischen Bund und Kantonen. Es ist dafür zuständig, Interventionen zum Schutz der Aufrechterhaltung der verfassungsmässigen Ordnung in einem Kanton zu beschliessen. Die Bundesversammlung gewährleistet die Kantonsverfassungen. Dadurch soll sichergestellt werden, dass kantonales Verfassungsrecht dem Bundesrecht nicht widerspricht (BV 51).

- **Planung (BV 173^{1g})**

Das Parlament wirkt bei der Planung von Staatstätigkeiten mit, indem es
- Planungsberichte des Bundesrates berät,
- dem Bundesrat Aufträge erteilt, eine Planung vorzunehmen oder die Schwerpunkte einer Planung zu ändern,
- Grundsatz- und Planungsbeschlüsse fasst.

- **Einzelakte (BV 173^{1h})**

Das Parlament erlässt Einzelakte. Darunter versteht man eine einmalige Handlung bzw. eine einmalige Massnahme. Einzelakte sind zum Beispiel Genehmigung der Staatsrechnung, Bewilligung für Atomanlagen usw.

Fraktionen der Bundesversammlung

Fraktion: Zusammenschluss von Ratsmitgliedern gleicher Parteizugehörigkeit. Parteilose und Angehörige unterschiedlicher Parteien können, sofern sie eine ähnliche politische Ausrichtung haben, eine Fraktion bilden.

■ Voraussetzung zur Bildung einer Fraktion

BV 154 sagt: «Die Mitglieder der Bundesversammlung können Fraktionen bilden.» Zur Bildung einer Fraktion braucht es mindestens 5 Ratsmitglieder aus einem Rat.

■ Bedeutung einer Fraktion

- Fraktionen haben das Recht, parlamentarische Initiativen, Vorstösse, Anträge und Wahlvorschläge einzureichen.
- Die Fraktionen haben vor allem im Nationalrat eine grosse Bedeutung. Ihre Präsidenten sind Mitglieder des Büros des Nationalrates.

■ Die Fraktionen 2019–2023

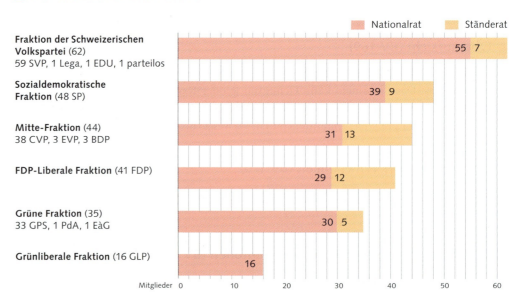

■ Zweck einer Fraktion

- Nur wer einer Fraktion angehört, kann Einsitz in Kommissionen nehmen und dort seinen Einfluss geltend machen.
- In den Fraktionssitzungen werden die Ratsgeschäfte und die Wahlen vorbesprochen. Die Kommissionsmitglieder informieren ihre Fraktionskolleginnen und -kollegen über die entsprechenden Vorlagen. Dabei wird versucht, zu einer einheitlichen Fraktionsaussage zu gelangen, was bisweilen schwierig ist, wenn die Partei vielfältig zusammengesetzt ist.

Kommissionen

Kommission: Parlamentarischer Ausschuss, der ein Geschäft, z. B. einen Gesetzesentwurf oder die Finanzausgaben, prüft und im Detail berät. Jeder Rat setzt seine eigenen Kommissionen ein (BV 153).

Kommission
juniorparl.ch

Zweck von Kommissionen

- Kommissionen werden gebildet, weil nicht alle 246 Parlamentarierinnen und Parlamentarier sich mit jeder Vorlage umfassend auseinandersetzen können.
- Aufgrund der Beratungen soll die Kommission ihrem Rat einen Antrag stellen. Folgende Anträge können gestellt werden:
  - auf das Geschäft nicht eintreten,
  - auf das Geschäft eintreten,
  - das Geschäft an den Bundesrat oder die Kommission zurückweisen.

Die Zusammensetzung der Kommissionen

- Die parteipolitische Verteilung der Kommissionssitze richtet sich nach der Grösse der Fraktionen. Entsprechend sind die Kommissionen Abbilder des Parlaments. Daher folgen die Räte sehr oft den Anträgen ihrer Kommissionen.
- In die entsprechenden Kommissionen delegieren die Fraktionen ihre «Spezialisten».
- In beiden Räten gibt es:
  - zwei Aufsichtskommissionen: die Finanz- und die Geschäftsprüfungskommission
  - neun Legislativkommissionen: aussenpolitische Kommission/Kommission für Wissenschaft, Bildung und Kultur/Kommission für soziale Sicherheit und Gesundheit/Kommission für Umwelt, Raumplanung und Energie/Sicherheitspolitische Kommission/Kommission für Verkehr und Fernmeldewesen/Kommission für Wirtschaft und Abgaben/Staatspolitische Kommission/Kommission für Rechtsfragen.

Aufgaben der Kommissionen

- Die ihnen zugewiesenen Geschäfte vorberaten, dem Rat Bericht erstatten.
- Aufgrund der Beratungen stellt die Kommission ihrem Rat einen Antrag. Folgende Anträge können gestellt werden:
  - auf das Geschäft nicht eintreten,
  - auf das Geschäft eintreten,
  - das Geschäft an den Bundesrat oder die Kommission zurückweisen. Danach kann auch die Kommissionsminderheit einen Antrag stellen.
- Änderungsvorschläge gegenüber dem Entwurf vornehmen.
- Vorschläge in ihrem Zuständigkeitsbereich vorbereiten.

Vereinigte Bundesversammlung

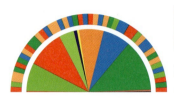

Vereinigte Bundesversammlung: Gemeinsame Sitzung beider Räte unter dem Vorsitz der Nationalratspräsidentin oder des Nationalratspräsidenten (BV 157).

Für bestimmte Aufgaben tagen die beiden Räte gemeinsam im Nationalratssaal; in der Regel am 2. Mittwoch einer Session.

Was tut das Parlament?
juniorparl.ch

■ Aufgaben der Vereinigten Bundesversammlung

Wahlen vornehmen
Sie wählt Mitglieder des Bundesrates und des Bundesgerichts, den Bundespräsidenten bzw. die Bundespräsidentin, den Bundeskanzler bzw. die Bundeskanzlerin, den Bundesanwalt bzw. die Bundesanwältin und im Kriegsfall den General bzw. die Generalin.

Begnadigungen aussprechen
Die Vereinigte Bundesversammlung kann Strafen aus Urteilen, die von einem der Bundesgerichte gefällt worden sind, ganz oder teilweise erlassen.

Zuständigkeitskonflikte entscheiden
Treten zwischen den Bundesbehörden (Parlament/Bundesrat/Bundesgericht) Zuständigkeitskonflikte auf (wer ist wofür zuständig?), so entscheidet die Vereinigte Bundesversammlung endgültig.

Die Vereinigte Bundesversammlung versammelt sich ausserdem bei besonderen Anlässen und zur Entgegennahme von Erklärungen des Bundesrates.

Die Vereinigte Bundesversammlung: An der Rückwand (ohne Pulte) im Saal des Nationalrats haben sich die Ständerätinnen und Ständeräte eingefunden. Hinter dem Nationalratssaal befindet sich die Wandelhalle, auch Lobby genannt.

Institutionen

Der Bundesrat

> **Bundesrat:** Oberste vollziehende und leitende Behörde der Schweiz, die sich aus 7 Mitgliedern zusammensetzt und von der Vereinigten Bundesversammlung im Majorzwahlverfahren jeweils für vier Jahre gewählt wird. Eine Wiederwahl ist üblich. Der Bundesrat ist die Landesregierung der Schweiz (BV 174).

Parlament | Regierung | Gerichte
Souverän

Bundesrat
admin.ch

Federal council
admin.ch

Der Gesamtbundesrat 2020 (von links nach rechts): Bundeskanzler Walter Thurnherr, Bundesrätin Viola Amherd, Bundesrat Guy Parmelin (Vizepräsident), Bundesrat Alain Berset, Bundespräsidentin Simonetta Sommaruga, Bundesrat Ignazio Cassis, Bundesrat Ueli Maurer, Bundesrätin Karin Keller-Sutter.

■ Regieren

In einem demokratischen Staat heisst «regieren» nicht nur, Parlamentsbeschlüsse auszuführen, sondern auch, den Staat zu lenken und zu führen, also Ideen und Ziele für die Zukunft zu entwickeln, gemeinsame Werte zu schaffen, Koalitionen zu bilden und Menschen zu überzeugen sowie zu motivieren. Zudem vertritt die Regierung den Staat nach innen und nach aussen.

■ Planen

Zu Beginn der Legislaturperiode unterbreitet der Bundesrat der Bundesversammlung einen Bericht über die Legislaturplanung. Die Legislaturplanung besteht aus den Richtlinien der Regierungspolitik und dem Legislaturfinanzplan. Die Richtlinien legen die politischen Leitlinien und die wichtigsten Ziele dar, die der Bundesrat in der neuen Legislaturperiode verfolgt. Die Bundesversammlung nimmt von der Legislaturplanung nicht bloss Kenntnis, sondern sie fasst Beschluss zum Entwurf des Bundesrates über die Ziele der Legislaturplanung.

Zu Beginn der Wintersession gibt der Bundesrat der Bundesversammlung seine Jahresziele für das nächste Jahr bekannt. Diese sind auf die Legislaturplanung abgestimmt.

■ Informieren

Der Bundesrat muss die Öffentlichkeit rechtzeitig und umfassend über seine Politik informieren. Insbesondere muss er bei eidgenössischen Vorlagen das Stimmvolk vollständig, sachlich und klar informieren. Er legt dabei die wichtigsten im parlamentarischen Entscheidungsprozess vertretenen Positionen dar. Die Haltung des Bundesrates darf nicht von der Abstimmungsempfehlung der Bundesversammlung abweichen.

Kollegialsystem und Departementalprinzip

■ Der Bundesrat als Kollegialbehörde (BV 177)

Kollegialbehörde: Behörde, die einen gemeinsamen Willen bildet, nach aussen als Einheit auftritt und die Verantwortung auch gemeinsam trägt.

Kollegialsystem

Kein Mitglied hat mehr Rechte als ein anderes. Jedes Mitglied vertritt nach aussen die Meinung der Mehrheit, auch wenn es bei der Sitzung selber anderer Meinung gewesen ist (siehe Konkordanzdemokratie, S. 223). Der Bundesrat, aber auch Regierungs- und Gemeinderäte sind Kollegialbehörden.

Vorteile

- Ein Mitglied einer Regierung (Behörde wie Bundesrat, Regierungsrat, Gemeinderat usw.) kann seine Entscheidungen freier treffen, ohne dabei Rücksicht auf die Medien und seine Partei nehmen zu müssen. (Kompromisse sind so eher möglich.)
- Versuchen von aussen, Druck auszuüben, kann somit eher begegnet werden.
- Auch stehen der Einheitsgedanke und die Geschlossenheit im Vordergrund, was vor allem bei heiklen Entscheiden die Durchsetzung erleichtert.

Nachteile

- Wenn ein Mitglied einer Regierung anderer Meinung ist, darf es dies nach aussen nicht kundtun. Dadurch kann dieses Mitglied allenfalls in einen grossen seelischen Konflikt geraten, vor allem wenn es sich um Grundsatzfragen handelt.
- Die einzelnen Mitglieder können sich nach aussen weniger profilieren.

■ Departemente/Direktionen

Departement/Direktion: Ein Sektor in der Verwaltung, der eine Fülle von Aufgaben umfasst (siehe S. 188). Gewisse Kantone sprechen nicht von Departementen, sondern die Mitglieder der Regierung führen sogenannte Direktionen.

Departementalprinzip

Die Mitglieder des Bundesrates sind Vorsteher eines Departements (BV 177). Das Departementalprinzip verteilt die Fülle von Aufgaben auf die einzelnen Mitglieder des Bundesrates und legt die Zuständigkeiten fest. Die Departemente bereiten die Geschäfte zuhanden des Kollegiums vor und führen die Beschlüsse des Kollegiums aus.

Das Kollegialsystem hat gegenüber dem Departementalprinzip Vorrang, d.h., die Entscheide des Kollegiums gehen gegenüber den Entscheiden des Departementschefs vor.

Zuständigkeiten des Gesamtbundesrates

■ Regierungspolitik (BV 180)

Der Bundesrat muss vor allem regieren, d. h., vorausblicken, zukünftige Probleme erkennen und abklären, welches die Bedürfnisse der nächsten Jahre sein werden. Er erarbeitet Lösungsvorschläge und unterbreitet diese dann dem Parlament. Zu Beginn einer Legislaturperiode (4-jährige Amtszeit, siehe S. 183 veröffentlicht der Bundesrat das Regierungsprogramm (Legislaturplanung, siehe S. 183), worin er seine Politik darlegt. Grundsätzlich muss der Bundesrat die Öffentlichkeit rechtzeitig und umfassend informieren.

■ Initiativrecht (BV 181)

Der Bundesrat leitet die vorparlamentarische Phase bei der Entstehung eines Gesetzes (siehe S. 203). Dabei kann er aus eigenem Antrieb oder aufgrund eines parlamentarischen Auftrags hin der Bundesversammlung Vorschläge zu Verfassungsänderungen, Bundesgesetzen und Bundesbeschlüssen unterbreiten.

■ Rechtsetzung und Vollzug (BV 182)

Soweit er dazu ermächtigt ist, erlässt der Bundesrat nähere Ausführungsbestimmungen zu einzelnen Gesetzesartikeln, sogenannte Verordnungen. Der Bundesrat ist für den Vollzug (die Ausführung) der Gesetze verantwortlich. Er legt den Termin für die Inkraftsetzung eines Gesetzes fest. Meistens sind dies der 1. Januar und der 1. Juli.

■ Finanzen (BV 183)

Der Bundesrat ist zuständig für:
- die Finanzplanung: Ein Staat muss mehrjährige Finanzpläne erstellen;
- den Budgetentwurf: Über den Entwurf stimmt die Bundesversammlung ab, ohne an die Anträge des Bundesrates gebunden zu sein;
- die Erstellung der Staatsrechnung: Diese hat er dem Parlament vorzulegen;
- eine ordnungsgemässe Haushaltführung.

■ Beziehungen zum Ausland (BV 184)

Der Bundesrat vertritt die Schweiz nach aussen. Er allein darf gegenüber anderen Staaten und internationalen Organisationen rechtsverbindliche Erklärungen abgeben. Der Bundesrat bestimmt und koordiniert die schweizerische Aussenpolitik und setzt sie um. Er handelt Verträge mit dem Ausland aus, unterzeichnet (ratifiziert) sie und legt sie zur Genehmigung der Bundesversammlung vor.

■ Äussere und innere Sicherheit (BV 185)

a) Äussere Sicherheit: Der Bundesrat muss für die Unabhängigkeit sowie für die Neutralität der Schweiz sorgen.
b) Innere Sicherheit: Es geht um den Schutz der Polizeigüter (insbesondere Leben, Freiheit, Gesundheit, Sittlichkeit), aber auch um den Schutz der Natur.

In dringenden Fällen darf der Bundesrat Truppen bis zu 4000 Personen aufbieten.

■ Beziehungen zwischen Bund und Kantonen (BV 186)

Der Bundesrat pflegt die Beziehungen zu den Kantonen und überprüft interkantonale Verträge.

Zusammensetzung des Bundesrates

Grundregeln der Bundesratswahlen

- In den Bundesrat wählbar ist, wer das Schweizer Bürgerrecht hat, volljährig und urteilsfähig ist.
- Die Vereinigte Bundesversammlung wählt die Mitglieder des Bundesrates (im Majorzwahlverfahren) jeweils im Dezember des Jahres, in dem die Nationalratswahlen durchgeführt worden sind, und zwar für 4 Jahre (BV 175).
- Die Wiederwahl ist möglich und auch üblich.
- Während der vierjährigen Amtsdauer kann ein Mitglied des Bundesrates weder abgewählt noch zum Rücktritt gezwungen werden, doch kann es freiwillig zurücktreten.

Die Bundespräsidentin / der Bundespräsident

Bundespräsidentin/Bundespräsident: Führt den Vorsitz im Bundesrat; von der Vereinigten Bundesversammlung jeweils für ein Jahr gewählt (BV 176).

Ihre bzw. seine Stellung ist nicht mit jener eines Staatschefs oder einer Staatspräsidentin im Ausland vergleichbar. Sie bzw. er hat nicht mehr Machtbefugnisse als die übrigen Bundesratsmitglieder. Sie bzw. er ist «prima/primus inter pares», also «Erste/Erster unter Gleichen».

Aufgaben
- Die Bundesratssitzungen vorbereiten, leiten sowie bei strittigen Fragen schlichten. Diese Aufgabe verlangt das Aktenstudium aller Geschäfte, wobei die Bundeskanzlerin oder der Bundeskanzler behilflich ist.
- Bei Sachentscheiden: Wenn bei Bundesratssitzungen Stimmengleichheit herrscht, den Stichentscheid geben.
- Repräsentationsaufgaben erfüllen wie Vorsitzende anderer Staaten sowie Botschafterinnen und Botschafter empfangen.
- Sich an besonderen Tagen an die Bevölkerung wenden (Neujahr, 1. August, Tag der Kranken).
- In beiden Räten den Geschäftsbericht des Bundesrates vertreten.

Konkordante Zusammensetzung des Bundesrates

Bei der Bundesratswahl werden verschiedene Faktoren wie die Parteienstärke, die regionale Vertretung und seit einiger Zeit auch die Ausgewogenheit zwischen Männern und Frauen berücksichtigt. Gemäss der Zauberformel sollte die Zusammensetzung des Bundesrates die Parteistärken nach Wähleranteil widerspiegeln. Seit dem rasanten Aufstieg der SVP ab Ende der 1990er-Jahre und der Grünen 2019 gibt es immer wieder heftige Auseinandersetzungen um die Zusammensetzung des Bundesrates. Dabei prallen verschiedene Grundpositionen aufeinander:

Arithmetische Konkordanz
Die Befürworter der Zauberformel fordern je nach Partei:
a) Die drei wählerstärksten Parteien im Nationalrat sollen je 2 Sitze, die viertgrösste Partei einen Sitz erhalten. Der Bundesrat setzt sich seit den Wahlen von 2008 gemäss dieser Zauberformel zusammen. Bei den Wahlen 2019 hat die Grüne Partei der Schweiz entsprechend einen Sitz für sich beansprucht, es war jedoch kein Bundesratssitz frei.
b) Sowohl die Wähleranteile und die Sitze im Nationalrat als auch die Anzahl der Sitze im Ständerat sollen berücksichtigt werden.

Verteilung nach Blöcken
Für die dritte Position ist die Verteilung nach politischen Blöcken entscheidend: Im Bundesrat sollten die Blöcke Rechts, Mitte und Links entsprechend ihrer Stärke vertreten sein. Dabei wird die FDP dem rechten, die CVP dem Mitteblock zugeteilt.

Bundesverwaltung und Bundeskanzlei

> **Verwaltung:** Alle Angestellten, die im Dienste des Parlaments, der Regierung und der Gerichte beschäftigt sind.

Die Parlaments- und die Gerichtsverwaltung sind allgemein verschwindend klein neben der Verwaltung, die im Dienst der Regierung tätig ist.

■ Die drei Verwaltungsebenen

Man unterscheidet:
- Bundesverwaltung (auch «eidgenössische Verwaltung» genannt)
- kantonale Verwaltungen
- Gemeindeverwaltungen

■ Die Gliederung der Bundesverwaltung

Die Bundesverwaltung gliedert sich in:
- 7 Departemente
- die Bundeskanzlei
- die Parlamentsdienste (Parlamentsverwaltung)
- die Verwaltung der Bundesgerichte

Jedes Mitglied des Bundesrates ist für ein Departement verantwortlich. Ihm steht innerhalb und ausserhalb des Bundeshauses eine grosse Anzahl von Angestellten zur Seite.

■ Die Bundeskanzlerin / der Bundeskanzler

> **Bundeskanzlerin/Bundeskanzler:** Stabschefin bzw. Stabschef des Bundesrates, mit der Leitung der Bundeskanzlei betraut (BV 179). Der offizielle Titel lautet «Kanzler der Schweizerischen Eidgenossenschaft».

Bundeskanzler Walter Thurnherr

Die Bundeskanzlerin oder der Bundeskanzler wird von der Vereinigten Bundesversammlung gewählt und wie die Mitglieder des Bundesrates alle 4 Jahre bestätigt; mehr als diese ist sie bzw. er zu politischer Neutralität verpflichtet und muss ohne Rücksicht auf die eigene Parteizugehörigkeit jedem Bundesratsmitglied die gleichen Dienste leisten.

Die Bundeskanzlerin oder der Bundeskanzler nimmt an Bundesratssitzungen mit beratender Stimme teil, d.h., sie bzw. er darf sich zu allen Geschäften äussern, am Schluss jedoch nicht abstimmen.

Die Bundeskanzlei ist die oberste Stabsstelle des Bundesrates. In ihr laufen gewissermassen alle Fäden zusammen (BV 179).

Wichtige Aufgaben der Bundeskanzlei
- die Sitzungen des Bundesrates vorbereiten und das Protokoll führen
- die Bundespräsidentin oder den Bundespräsidenten bei der Leitung der Regierungsgeschäfte unterstützen
- die Öffentlichkeit über Absichten und Entscheide des Bundesrates informieren
- für die Verbindung zum Parlament sorgen
- eidgenössische Wahlen und Abstimmungen durchführen
- Volksinitiativen und Referenden betreuen
- Texte aus der Verwaltung, aus dem Parlament und von Volksinitiativen in die 3 Amtssprachen (Deutsch, Französisch und Italienisch) übersetzen und die Texte sprachlich kontrollieren
- Gesetze, Beschlüsse und Entwürfe des Bundesrates veröffentlichen

Die sieben Departemente des Bundes

Departement	Wichtige Aufgabenbereiche	Bundesrat/Bundesrätin
Eidgenössisches Departement für auswärtige Angelegenheiten (EDA)	• Beziehungen zum Ausland • Staatsverträge • Entwicklung und Zusammenarbeit • Internationale Organisationen • Völkerrecht • Direktion für europäische Angelegenheiten	**Ignazio Cassis** 1961/Kanton Tessin FDP/Bundesrat seit 1.11.2017
Eidgenössisches Departement des Innern (EDI)	• Sozialversicherungen • Gesundheit • Kultur • Statistik • Landesbibliothek, Landesmuseum, Bundesarchiv • Meteorologie und Klimatologie	**Alain Berset** 1972/Kanton Freiburg SP/Bundesrat seit 1.1.2012
Eidgenössisches Justiz- und Polizei-Departement (EJPD)	• Justiz und Polizei • Asyl- und Ausländerfragen • Flüchtlinge • Zuwanderung, Integration und Auswanderung • Geistiges Eigentum • Bundesanwaltschaft	**Karin Keller-Sutter** 1963/Kanton St. Gallen FDP/Bundesrätin seit 1.1.2019
Eidgenössisches Departement für Verteidigung, Bevölkerungsschutz und Sport (VBS)	• Landesverteidigung (Generalstab, Heer, Luftwaffe, Rüstung) • Ziviler Bevölkerungsschutz (Zivilschutz, Friedensförderung und Sicherheitskooperation) • Sport (mit Eidg. Turn- und Sportschule) • Landestopografie (swisstopo)	**Viola Amherd** 1962/Kanton Wallis CVP/Bundesrätin seit 1.1.2019
Eidgenössisches Finanzdepartement (EFD)	• Finanz- und Steuerverwaltung • Bauten und Logistik • Informatik und Telekommunikation • Zollverwaltung • Personalamt • Privatversicherungen	**Ueli Maurer** 1950/Kanton Zürich SVP/Bundesrat seit 1.1.2009
Eidgenössisches Departement für Wirtschaft, Bildung und Forschung (WBF)	• Staatssekretariat für Wirtschaft (seco = Secrétariat d'Etat à l'économie) • Staatssekretariat für Bildung, Forschung und Innovation (SBFI) • Eidgenössische Technische Hochschule (ETH) • Bundesamt für Landwirtschaft (BLW) • Wirtschaftliche Landesversorgung • Wohnungswesen • Zivildienst • Preisüberwachung • Konsumentenfragen	**Guy Parmelin** 1959/Kanton Waadt SVP/Bundesrat seit 1.1.2016
Eidgenössisches Departement für Umwelt, Verkehr, Energie und Kommunikation (UVEK)	• Umwelt (Bundesamt für Umwelt: BAFU) • Verkehr • Zivilluftfahrt • Wasser und Geologie • Energie (Bundesamt für Energie: BFE) • Raumentwicklung • Kommunikation • Strassen	**Simonetta Sommaruga** 1960/Kanton Bern SP/Bundesrätin seit 1.11.2010

Institutionen

Die Rechtsprechung

Parlament | Regierung | **Gerichte**
Souverän

Gesetze zu erlassen genügt allein nicht, sie müssen auch durchgesetzt werden, wenn:
- Menschen gegen sie verstossen,
- Menschen sich in rechtlichen Angelegenheiten nicht einigen können,
- Menschen glauben, staatliche Stellen hätten ihre Kompetenzen überschritten.

Gesetze durchsetzen, also Recht sprechen, ist Aufgabe der 3. Gewalt im Staat, also der Gerichte. Im Rechtsstaat müssen die Gerichte von den beiden anderen Gewalten, dem Parlament und der Regierung, unabhängig sein.

■ Die Prozessarten

Prozess: Durchführung eines Gerichtsverfahrens.

Man unterscheidet drei Prozessarten:

Strafprozess	Zivilprozess	Verwaltungsprozess
Staat ▶ Bürgerin/Bürger	Bürgerin/Bürger ◀▶ Bürgerin/Bürger	Bürgerin/Bürger ▶ Staat
Schutz der Einwohner vor Straftätern	Schutz der Einwohner gegen Übergriffe Privater	Schutz der Einwohner vor Machtübergriffen des Staates
Im Strafrecht sind die strafbaren Handlungen und die dafür vorgesehenen Strafen festgehalten.	Das Zivilrecht regelt die rechtlichen Verhältnisse zwischen den Bürgerinnen und Bürgern.	Ein Bürger ist mit einem Entscheid der Behörde (Gemeinde, Kanton usw.) nicht einverstanden und beschwert sich über diesen.
Beispiele: • Strafgesetzbuch (Beispiele: Raub, Diebstahl, Mord) • Strafbestimmungen des Strassenverkehrsgesetzes	*Beispiele:* • Eherecht • Erbrecht • Sachenrecht • Vertragsrecht	*Beispiele:* • Steuerrecht • Baurecht • Gewerbepolizeiliche Vorschriften

In der ganzen Schweiz gelten eine einheitliche Strafprozessordnung (StPO) und eine einheitliche Zivilprozessordnung (ZPO).

■ Informationspflicht der Polizei

Ein Polizist muss einer verhafteten Person gegenüber erklären, dass
- gegen sie wegen … (strafbaren Grund nennen) ein Vorverfahren eingeleitet worden ist,
- sie die Aussage und die Mitwirkung verweigern kann,
- sie jederzeit eine Verteidigung nach freier Wahl und auf eigenes Kostenrisiko beiziehen oder in gewissen Fällen eine amtliche Verteidigung beantragen kann (es gibt Fälle, bei denen zwingend ein Anwalt beigezogen werden muss),
- sie eine Person zum Übersetzen verlangen kann.

Straffall, Zivilfall, Verwaltungsfall

	Straffall	**Zivilfall**	**Verwaltungsfall**
Gesetzliche Grundlagen	• Strafgesetzbuch (StGB) • Strassenverkehrsgesetz (Strafbestimmungen)	• Zivilgesetzbuch (ZGB) • Obligationenrecht (OR) • Strassenverkehrsgesetz (Haftpflicht)	Die für das betreffende Sachgebiet massgeblichen Verwaltungsgesetze, z. B. Baugesetz, Steuergesetz
Verbindlichkeit der Gesetze	Verbindlich	In der Regel: nur für den Streitfall verbindlich (sonst Abweichungen möglich)	Verbindlich (Vorbehalt: Ausnahmebewilligungen)
Grund für ein Verfahren	Verstoss gegen das Gesetz	Streit oder Forderung	a) Gesuch um eine Bewilligung b) Verstoss gegen ein Gesetz
Parteien	Staatsanwaltschaft (Anklägerin) und Beschuldigter	Kläger und Beklagter	Beschwerdeführer und Beschwerdegegner
Gerichtsorte	In der Regel: Tatort	In der Regel: am Wohnort der beklagten Person	Ort der zuständigen Behörde
Beweislast	Staatsanwaltschaft	Kläger	In der Regel: Staat bzw. die zuständige Behörde

Verlauf des Verfahrens	1. Untersuchung (Polizei, Staatsanwaltschaft)
	• Beschuldigter hat Sachverhalt zugegeben und die Freiheitsstrafe beträgt max. 5 Jahre: Staatsanwaltschaft kann mit dem Beschuldigten/Verteidiger eine Absprache treffen. Diese gilt als Anklage und kann vom Gericht zum Urteil erhoben werden.
	• In klaren Fällen und bei einem Strafrahmen bis höchstens 6 Monate: Staatsanwaltschaft erlässt einen Strafbefehl. Dies ist eine Urteilsofferte. Bei Annahme durch Beschuldigten: Strafbefehl erlangt Rechtskraft. Bei Ablehnung: Strafbefehl = Anklage vor Gericht.
	2. Gerichtsverhandlung
	3. Urteil
		Der Kläger muss einen Kostenvorschuss zahlen, wenn er zivilrechtlich gegen jemanden Klage erhebt.
		1. Schlichtungsverfahren (in der Regel obligatorisch), evtl. Mediation
		• Streitwertsumme bis zu CHF 2000.–: Schlichter kann auf Verlangen des Klägers ein Urteil fällen.
		• Wenn Streitwertsumme geringer als CHF 5000.–: Schlichter kann einen Urteilsvorschlag machen
		• Falls Klagebewilligung erteilt:
		2. ordentliches oder vereinfachtes Verfahren
		3. Gerichtsentscheid
			a) Bei Gesuch:
			  1. Gesuch
			  2. Abklärung
			  3. Entscheid
			b) Bei Gesetzesverstoss:
			  1. Abklärung
			  2. Stellungnahme
			  3. Entscheid

Urteil	Schuldig oder unschuldig? Wenn schuldig, welche Strafe?	Wer ist im Recht, wer im Unrecht? (Wer kann sein Recht beweisen?)	Wurden die Gesetze beachtet?

Institutionen

Die Gerichtsarten

Ordentliches Gericht: Gericht, das im Regelfall für Straf-, Zivil- oder Verwaltungsrecht zuständig ist, soweit für einen speziellen Bereich kein Fachgericht besteht.

Man unterscheidet drei Formen von ordentlichen Gerichten:

Strafgericht	Zivilgericht	Verwaltungsgericht
Es ist zuständig, wenn eine Privatperson gegen die vom Staat aufgestellten gesetzlichen Bestimmungen des Strafrechts (Strafgesetzbuch, Strassenverkehrsgesetz usw.) verstossen hat.	Es ist zuständig, wenn es Streitigkeiten über Rechte und Pflichten gibt, die das Verhältnis von Privatpersonen und juristischen Personen untereinander betreffen (Zivilgesetzbuch, Obligationenrecht usw.).	Es ist zuständig, wenn sich eine Privatperson von einer staatlichen Stelle (der Steuerbehörde, dem Gemeinderat, einem kantonalen Amt usw.) in rechtswidriger Weise behandelt fühlt.
Nur wer schuldig ist, darf bestraft werden.	Die Richterinnen und Richter sollen entscheiden, wer im Recht oder wer im Unrecht ist.	Die Privatperson kann in der Regel die Entscheide der Verwaltungsbehörden überprüfen lassen.
		Nur der Rechtsstaat erlaubt es Privatpersonen, Entscheidungen staatlicher Institutionen überprüfen zu lassen.

Neben den ordentlichen Gerichten gibt es auf kantonaler Ebene verschiedene Fachgerichte.

Fachgericht: Gericht, das für einen ganz bestimmten Sachbereich zuständig ist. Die Richterinnen und Richter sind auf diesem Gebiet gewissermassen «spezialisiert». Dadurch soll die Qualität der Urteile verbessert werden.

Arbeitsgerichte
Können z. B. ein Arbeitgeber und ein Arbeitnehmer einen arbeitsrechtlichen Streit nicht lösen, rufen sie das Arbeitsgericht an. Dieses muss paritätisch (d. h. zu gleichen Teilen) aus Arbeitgeberinnen bzw. Arbeitgebern sowie Arbeitnehmerinnen bzw. Arbeitnehmern zusammengesetzt sein.

Versicherungsgerichte
Ihre Zuständigkeit umfasst alle sozialversicherungsrechtlichen Fragen wie AHV, IV, EO, ALV usw.

Mietgerichte
Gewisse Kantone haben Mietgerichte. Sie sind zuständig für Streitigkeiten aus Mietverhältnissen.

Handels- und Gewerbegerichte
Nur vier Kantone kennen für Streitigkeiten im Handelsrecht dieses Fachgericht (AG, BE, SG, ZH).

Jugendgerichte
In gewissen Kantonen sind spezielle Jugendgerichte für Straftaten von Kindern und Jugendlichen bis zum vollendeten 18. Lebensjahr zuständig. In den anderen Kantonen befassen sich die ordentlichen Gerichte damit.

Die Gerichte des Bundes

Oberstes Gericht

Bundesgericht

Sitz: Lausanne (und einzelne Abteilungen in Luzern)
Richter: 35–45
Amtsdauer: 6 Jahre
Wahlgremium: Vereinigte Bundesversammlung

Das Bundesgericht ist die oberste Recht sprechende Behörde des Bundes. Seine Entscheide sind endgültig (Ausnahme: Beschwerden an den Europäischen Gerichtshof für Menschenrechte).

Das Bundesgericht beurteilt Beschwerden gegen Urteile des Bundesstrafgerichts und des Bundesverwaltungsgerichts. Der weitaus grössere Teil der Fälle betrifft aber Urteile kantonaler Gerichte (Straf-, Zivil- und Verwaltungsgerichte).

↑ Beschwerde in Strafsachen

↑ Beschwerde in öffentlich-rechtlichen Angelegenheiten

Untere Gerichte

Bundesstrafgericht

Sitz: Bellinzona
Richter: 15–35
Amtsdauer: 6 Jahre
Wahlgremium: Vereinigte Bundesversammlung

Beurteilt nur Strafsachen des Bundes. Weiterzug ans Bundesgericht möglich. (Die allermeisten Straftaten werden von kantonalen Gerichten beurteilt und können von dort direkt ans Bundesgericht weitergezogen werden.)

↑

Die Bundesanwaltschaft führt Ermittlungen in Strafsachen des Bundes durch. Das betrifft etwa Geldfälschung, gewisse Sprengstoffdelikte usw. Gegebenenfalls erhebt sie Anklage.

Es gibt kein eidgenössisches Zivilgericht. Alle zivilrechtlichen Streitigkeiten (also Streitigkeiten unter Privatpersonen) werden zuerst von kantonalen Gerichten beurteilt. Von der letzten kantonalen Instanz können die Fälle direkt weitergezogen werden ans Bundesgericht. Bei vermögensrechtlichen Streitigkeiten ist dies aber nur ab einem Streitwert von CHF 15 000.– in arbeits- und mietrechtlichen Fällen und ab einem Streitwert von CHF 30 000.– in allen übrigen Fällen zulässig (Bundesgerichtsgesetz, BGG Art. 74). Für ein Bundeszivilgericht besteht somit keine Notwendigkeit, da es keine Zivilrechtsstreitigkeiten gibt, die nur auf Bundesebene beurteilt werden.

Bundesverwaltungsgericht

Sitz: St. Gallen
Richter: 50–70
Amtsdauer: 6 Jahre
Wahlgremium: Vereinigte Bundesversammlung

Beurteilt Streitigkeiten, die ein Bundesamt oder ein Departement betreffen (also eine Verwaltungsstelle des Bundes). Die Entscheide können ans Bundesgericht weitergezogen werden.

↑

Bundesämter und eidgenössische Departemente erlassen Verfügungen des Bundes. Gegen diese kann Beschwerde ans Bundesverwaltungsgericht geführt werden.

Begnadigungsgesuche
- Wer vom Bundesgericht verurteilt worden ist, kann bei den Eidgenössischen Räten um Begnadigung nachsuchen. Die Vereinigte Bundesversammlung (siehe S. 182) befindet darüber.
- Wer von einem kantonalen Gericht letztinstanzlich verurteilt worden ist, muss das Gesuch bei dem entsprechenden kantonalen Parlament einreichen, das dann darüber entscheidet.

Richterlicher Instanzenweg in Grundzügen

Instanz: Zuständige Stelle bei Behörden oder Gerichten.

Die dargestellten Instanzenwege gelten nur im Regelfall und sind grob vereinfacht.

Stafprozess	Zivilprozess	Verwaltungsprozess	
Bundesgericht (strafrechtliche Abteilung)	Bundesgericht (zivilrechtliche Abteilung)	Bundesgericht (verwaltungsrechtliche Abteilung)	Letzte, oberste Instanz
Beschwerde in Strafsachen	Beschwerde in Zivilsachen	Beschwerde in öffentlich-rechtlichen Angelegenheiten	
Obergericht/ Kantonsgericht	Obergericht/ Kantonsgericht	Kantonales Verwaltungsgericht	Zweite Instanz
Berufung	Berufung/Beschwerde	Verwaltungsgerichtsbeschwerde	
Amtsgericht/Bezirksgericht/Kriminalgericht	Amtsgericht/Bezirksgericht/Kriminalgericht	Regierungsrat/Rekurskommission/Amt/ Bezirk/Kreis	Erste Instanz
Anklage	Klage	Verwaltungsbeschwerde	
Staatsanwaltschaft	Schlichtungsbehörde (Friedensrichter/ Vermittler)	Gemeinderat/Amtsstelle/ Departement erlassen Verfügungen	

■ Rechtsmittel

Rechtsmittel: Mittel, um Gerichts- oder Verwaltungsentscheide anzufechten und von einer nächsthöheren Instanz beurteilen zu lassen.

In einem Gerichtsentscheid wird erwähnt, bei welcher Instanz welches Rechtsmittel eingereicht werden kann. Daher ist es wichtig, einen Entscheid sorgfältig zu lesen.

Berufung im Straf- wie im Zivilprozess (an Fristen gebunden)
Mit der Berufung kann der Fall umfassend überprüft werden (ob der Sachverhalt vollständig und richtig erfasst bzw. ob das Recht falsch angewendet wurde). Im Zivilprozess muss zudem die Streitsumme mehr als CHF 10 000.– betragen.

Beschwerde im Zivilprozess (an Fristen gebunden)
Im Gegensatz zur Berufung kann mit der Beschwerde der Sachverhalt nur dann angefochten werden, wenn dieser offensichtlich falsch erfasst worden ist. Eine Beschwerde im Zivilprozess ist bis zu einer Streitsumme von CHF 10 000.– möglich.

Revision (an keine Frist gebunden)
Meist kann ein abgeschlossenes Verfahren beim Auftauchen neuer Tatsachen oder Beweismittel bei der Instanz wiederaufgenommen werden, die zuletzt entschieden hat.

Straftaten und ihre Folgen im Überblick

Straftaten	Beispiele	Strafart	Strafrahmen
Übertretungen (StGB 103–109)	• Tätlichkeiten, StGB 126 (z. B. Ohrfeige) • Untergeordnete Verkehrsdelikte (z. B. geringfügige Geschwindigkeitsübertretung) • Nachtruhestörung	Busse	CHF 1.– bis 10 000.–
		Gemeinnützige Arbeit (anstelle der Busse)	Bis 360 Stunden Arbeit (mit Zustimmung des Täters)
		Ersatzfreiheitsstrafe (bei Nichtbezahlung der Busse)	1 Tag bis 3 Monate (CHF 100.– Busse ≙ 1 Tag Freiheitsentzug)
Vergehen (StGB 10)	• Fahrlässige Tötung, StGB 117 • Sachbeschädigung, StGB 144 (z. B. absichtliche Beschädigung eines Autos) • Verleumdung, StGB 174	Freiheitsstrafe	Bis 3 Jahre
		Geldstrafe	Bis 360 Tagessätze zu max. je CHF 3000.– (max. Geldstrafe: 360 × CHF 3000.– = CHF 1 080 000.–)
		Gemeinnützige Arbeit	Anstelle von max. 6 Monaten Freiheitsstrafe oder 180 Tagessätzen Geldstrafe können max. 720 Stunden Arbeit angeordnet werden. 1 Tag Freiheitsstrafe ≙ 1 Tagessatz Geldbusse ≙ 4 Stunden Arbeit.
Verbrechen (StGB 10)	Mord, Vergewaltigung, Raub, Freiheitsberaubung und Entführung (StGB 112, 190, 140 und 183)	Freiheitsstrafe	3 Jahre bis 20 Jahre, evtl. lebenslänglich
		Geldstrafe	Siehe oben

Kriminalstatistik
bfs.admin.ch

■ Strafmass

Richter und Richterinnen sind an die Strafart und den Rahmen gebunden, die das Gesetz für eine bestimmte Tat vorsieht. Das Strafgesetz lässt ihnen grossen Spielraum zwischen der minimalen und der maximalen Strafe. Die Höhe der Strafe richtet sich nach dem Verschulden der straffälligen Person, wobei die Richter die Beweggründe, das Vorleben sowie die persönlichen Verhältnisse der Person berücksichtigen müssen (StGB 47 ff.).

■ Verjährung von Straftaten

Nach Ablauf einer bestimmten Frist dürfen Straftaten nicht mehr verfolgt werden:
- 30 Jahre bei einer Strafandrohung einer lebenslänglichen Freiheitsstrafe
- 15 Jahre bei einer Strafandrohung von mehr als 3 Jahren Freiheitsstrafe
- 10 Jahre bei einer Strafandrohung bis zu 3 Jahren Freiheitsstrafe
- 7 Jahre bei einer anderen Strafe

Unverjährbar sind (StGB 101): Völkermord, Verbrechen gegen die Menschlichkeit, Kriegsverbrechen, schwerer sexueller Missbrauch von Kindern unter 12 Jahren usw.

Die Strafarten im Einzelnen

■ Erklärungen zu den Begriffen in der Tabelle S. 194

Busse Vor allem kleinere Delikte werden mit einer Busse bestraft. Mit Busse bedrohte Straftaten heissen Übertretungen. Die Höchstgrenze beträgt CHF 10 000.– (StGB 106).

Geldstrafe Bei Verbrechen und Vergehen können unter anderem auch Geldstrafen angedroht werden. Hier wird die Geldstrafe in Tagessätzen festgelegt. Je nach Verschulden sind mehr Tagessätze zu bezahlen, max. 360. Die Grösse eines einzelnen Tagessatzes bemisst sich aber nicht nach dem Verschulden, sondern nach der wirtschaftlichen Leistungsfähigkeit des Täters zum Zeitpunkt des Urteils (Vermögen, Einkommen). Max. beträgt er aber CHF 3000.– pro Tag (StGB 34–36).

Gemeinnützige Arbeit Mit Zustimmung des Täters kann statt einer Busse oder einer Geldstrafe gemeinnützige Arbeit angeordnet werden. Möglich sind z. B. Arbeiten in Naturreservaten, zur Beseitigung von Schäden bei Naturkatastrophen oder zur Unterstützung hilfsbedürftiger Personen (StGB 37–39).

Freiheitsstrafe Infrage kommen Freiheitsstrafen von 1 Tag bis 20 Jahren (unter Umständen lebenslänglich; StGB 40–41). Freiheitsstrafen von weniger als 6 Monaten sind aber nur zulässig, wenn eine Geldstrafe oder eine gemeinnützige Arbeit nicht infrage kommen. Ein Tagessatz entspricht dann einem Tag Freiheitsstrafe (1 Tagessatz Geldstrafe ≙ 4 Stunden gemeinnützige Arbeit ≙ 1 Tag Freiheitsstrafe; StGB 39).

Bedingte Strafe Der Vollzug von Geldstrafen, gemeinnütziger Arbeit oder Freiheitsstrafen von 6 bis 24 Monaten kann bedingt gewährt werden. Der Straffällige muss die Geldstrafe bzw. die gemeinnützige Arbeit oder die Freiheitsstrafe nicht verbüssen, wenn er während einer bestimmten Zeit (je nach der Schwere der Tat: 2–5 Jahre) keine weiteren Straftaten begeht (StGB 42). Freiheitsstrafen unter 6 Monaten sollen vermieden werden. Werden sie trotzdem ausgesprochen, können auch sie bei gegebenen Voraussetzungen bedingt gewährt werden.

Teilbedingte Strafe Das Gericht kann auch bloss einen Teil der Strafe bedingt aussprechen. Der andere Teil muss dann in jedem Fall verbüsst werden (StGB 43).

Unbedingte Strafe Die Strafe muss in jedem Fall verbüsst werden (StGB 40–41).

Vorzeitige Entlassung Hat die zu einer Freiheitsstrafe verurteilte Person ⅔ ihrer Strafzeit verbüsst, kann sie bedingt entlassen werden, falls sie sich während des Vollzugs gut aufgeführt hat und man annehmen darf, dass sie sich wieder in die Gesellschaft eingliedern kann. Bei «lebenslänglich» Verurteilten kann die bedingte Entlassung frühestens nach 15 Jahren erfolgen. Können Letztere nicht bedingt entlassen werden (z. B. wegen schlechten Verhaltens), müssen sie grundsätzlich bis «ans Lebensende» in der Strafanstalt bleiben (StGB 86–89).

■ Der Strafantrag

Eine geschädigte Person kann mittels eines Strafantrags die Bestrafung des Täters fordern (StGB 30–33). Man unterscheidet dabei zwischen Antrags- und Offizialdelikten.

Antragsdelikte Das sind Delikte vor allem leichterer Art, die nur strafbar sind, wenn jemand einen Antrag auf Strafverfolgung stellt (z. B. Sachbeschädigung).

Offizialdelikte Das sind Straftaten, die vom Staat in jedem Fall verfolgt werden müssen, sobald er davon Kenntnis erhält, ohne dass jemand eine Anzeige erstatten muss.

Unterscheidung von Raub und Diebstahl

NICE TO KNOW

Beim Raub kommt zur einfachen Wegnahme einer fremden Sache (Diebstahl) die Gewaltanwendung oder die Androhung von Gewaltanwendung (z. B. vorgehaltene Waffe) gegenüber einer Person hinzu. Es wird Gewalt gegen eine Person ausgeübt, um ihr eine Sache wegzunehmen. Deshalb wird der Raub strenger bestraft als der Diebstahl.

Jugendstrafrecht

Jugendstrafrecht: Sonderstrafrecht für Kinder und Jugendliche vom 10. bis 18. Lebensjahr (JStG 1).

- Kinder unter 10 Jahren werden strafrechtlich nicht verfolgt (JStG 4).
- Nach dem 18. Lebensjahr wird das Erwachsenenstrafrecht angewendet.

■ Zweck

- Das Jugendstrafrecht will nicht Straftaten vergelten, sondern ausschliesslich die Jugendlichen erziehen und sie von weiteren Straftaten abhalten. Man will den Kindern und Jugendlichen helfen, Schwierigkeiten und Störungen im Entwicklungs- und Reifungsprozess zu überwinden (JStG 2).
- Die gesetzlichen Grundlagen finden sich im Jugendstrafgesetzbuch (JStGB).

■ Unterschiede zum Erwachsenenstrafrecht

- Statt Strafen sollen vor allem bessernde Massnahmen angeordnet werden. Bei schuldhaftem Verhalten können aber echte Strafen hinzukommen.
- Um abzuklären, welche Massnahmen die geeignetsten sind, werden die Lebensverhältnisse des Kindes/Jugendlichen genau festgestellt (JStG 2.2 und 9).
- Bei schwersten Delikten können Jugendliche ab dem 16. Lebensjahr mit bis zu 4 Jahren Freiheitsentzug bestraft werden (JStG 25–27).
- Im Verhältnis zum Erwachsenenstrafrecht verjähren die Delikte sehr viel schneller (z. B. erfolgt bei Vergehen die Verjährung nach 3 Jahren anstelle von 7 Jahren im Erwachsenenstrafrecht; JStG 36–37).

■ Schutzmassnahmen

In erster Linie wird geprüft, ob die straffällige Person (Kind, Jugendlicher) einer besonderen erzieherischen Betreuung oder therapeutischen Behandlung bedarf. Oberstes Ziel sind Erziehung und Besserung. Die infrage kommenden Massnahmen werden als Schutzmassnahmen bezeichnet. Je nach Vergehen und Erfolgsaussichten können als Massnahmen angeordnet werden (JStG 12–20):

- Aufsicht: Der Jugendliche und allenfalls dessen Eltern werden beaufsichtigt.
- Persönliche Betreuung: Eltern werden in Erziehungsaufgaben unterstützt; der Jugendliche wird persönlich betreut.
- Ambulante Behandlung: Bei psychischen Störungen und Süchten kann eine geeignete Behandlung angeordnet werden.
- Unterbringung: In schweren Fällen erfolgt die Einweisung in eine Erziehungs- oder Behandlungseinrichtung (z. B. Erziehungsheim).

Die Massnahmen enden mit dem Erreichen des 22. Lebensjahres.

■ Echte Strafen

Echte Strafen können zwar zusätzlich ausgesprochen werden, sollen aber untergeordnete Bedeutung haben. Infrage kommen (JStG 21–35):

- Verweis: Offizielle Rüge des Jugendlichen für sein Verhalten (JStG 22)
- Persönliche Leistung: Verpflichtung zu einer Arbeitsleistung (JStG 23)
- Busse: Bis zu CHF 2000.– bei Jugendlichen ab dem 15. Lebensjahr (JStG 24)
- Freiheitsentzug: Aussprechen von Freiheitsstrafen je nach Alter (JStG 25–27)
  - für Jugendliche ab dem 15. Geburtstag bis zu einem Jahr
  - ab dem 16. Geburtstag bei schwersten Delikten bis zu vier Jahren

Institutionen

Die 26 Kantone

> **Kanton (auch Stand genannt):** Teilstaat des schweizerischen Bundesstaates. Er besitzt in dem Masse Selbstständigkeit, wie sie vom Bund nicht eingeschränkt ist (BV 3).

26 Kantone bilden in ihrer Gesamtheit die Schweizerische Eidgenossenschaft (BV 1).
- 20 Kantone haben Anspruch auf zwei Sitze im Ständerat.
- 6 Kantone (AI, AR, BS, BL, OW und NW) erhalten einen Sitz im Ständerat (BV 150).

■ Kantonsbehörden

Jeder Kanton hat sein Parlament, seine Regierung und seine Gerichte und verfügt – im Rahmen der Bundesverfassung – über eine Kantonsverfassung (BV 51), eine Gesetzgebung und eine Rechtsprechung.

Die kantonalen Behörden sind in ihren Aufgaben und Funktionen in vielerlei Hinsicht direkt mit den Bundesbehörden vergleichbar.

Die kantonalen Parlamente bestehen nur aus einer Kammer. Um Gesetzesvorlagen dennoch gründlich im Rat behandeln zu können, erfolgt dort eine erste und zu einem späteren Zeitpunkt eine zweite Lesung, in der dann unter Umständen Änderungsvorschläge aus der ersten Lesung berücksichtigt werden.

■ Konkordate/Staatsverträge

> **Konkordate/Staatsverträge:** Verträge der Kantone untereinander zur Lösung von gemeinsamen Problemen, meistens Aufgaben von regionalem Interesse (BV 48).

Kantone können einander gegenseitig helfen oder zusammenarbeiten und über Fragen, die in ihrem Kompetenzbereich liegen, Abkommen treffen. Diese müssen vom Bund überprüft und bewilligt werden. Heute werden Konkordate zum Teil auch «Staatsverträge» genannt.

■ Aufgabenteilung zwischen Bund und Kantonen

Über das, was nicht in der BV geregelt ist, können die Kantone selbst bestimmen. Das Bundesrecht geht jedoch dem kantonalen Recht vor. Man unterscheidet vier Fälle:

Bund	Bund	Geteiltes Gesetzgebungsrecht	Kantone	**Gesetzgebung**
Bund	Kantone	Geteiltes Vollzugsrecht	Kantone	**Ausführung (Vollzug)**
• BV 54: Auswärtige Angelegenheiten • BV 87: Eisenbahn • BV 90: Kernenergie	• BV 74: Umweltschutz • BV 76: Wasser • BV 80: Tierschutz • BV 122 und 123: Zivil- und Strafrecht	• BV 62 und 63: Bildung • BV 70: Sprachen • BV 124: Opferhilfe • BV 128: Steuern	• BV 69: Kultur • BV 72: Kirche und Staat • BV 78: Natur- und Heimatschutz	**Beispiele**

Kantonale Parlamente und Regierungen

1803* AG

Aargau

Parlament:
Grosser Rat
140 Mitglieder (P)

Regierung:
Regierungsrat
5 Mitglieder (M)

Eidg. Räte:
16 Nationalräte (P)
2 Ständeräte (M)

1513 AR

Appenzell Ausserrhoden

Parlament:
Kantonsrat
65 Mitglieder (M)

Regierung:
Regierungsrat
5 Mitglieder (M)

Eidg. Räte:
1 Nationalrat (M)
1 Ständerat (M)

1513 AI

Appenzell Innerrhoden

Parlament:
Grosser Rat
50 Mitglieder (M)

Regierung:
Standeskommission[1]
7 Mitglieder (M)

Eidg. Räte:
1 Nationalrat (M)
1 Ständerat (M)

1501 BL

Basel-Landschaft

Parlament:
Landrat
90 Mitglieder (P)

Regierung:
Regierungsrat
5 Mitglieder (M)

Eidg. Räte:
7 Nationalräte (P)
1 Ständerat (M)

1501 BS

Basel-Stadt

Parlament:
Grosser Rat
100 Mitglieder (P)

Regierung:
Regierungsrat
7 Mitglieder (M)

Eidg. Räte:
5 Nationalräte (P)
1 Ständerat (M)

1353 BE

Bern

Parlament:
Grosser Rat
160 Mitglieder (P)

Regierung:
Regierungsrat
7 Mitglieder (M)

Eidg. Räte:
24 Nationalräte (P)
2 Ständeräte (M)

1481 FR

Freiburg

Parlament:
Grosser Rat[2]
110 Mitglieder (P)

Regierung:
Staatsrat[2]
7 Mitglieder (M)

Eidg. Räte:
7 Nationalräte (P)
2 Ständeräte (M)

1815 GE

Genf

Parlament:
Grand Conseil[2]
100 Mitglieder (P)

Regierung:
Conseil d'État[2]
7 Mitglieder (M)

Eidg. Räte:
12 Nationalräte (P)
2 Ständeräte (M)

1352 GL

Glarus

Parlament:
Landrat
60 Mitglieder (P)

Regierung:
Regierungsrat
5 Mitglieder (M)

Eidg. Räte:
1 Nationalrat (M)
2 Ständeräte (M)

1803 GR

Graubünden

Parlament:
Grosser Rat
120 Mitglieder (M)

Regierung:
Regierung
5 Mitglieder (M)

Eidg. Räte:
5 Nationalräte (P)
2 Ständeräte (M)

1979 JU

Jura

Parlament:
Parlement[2]
60 Mitglieder (P)

Regierung:
Gouvernement[2]
5 Mitglieder (M)

Eidg. Räte:
2 Nationalräte (P)
2 Ständeräte (P)

1332 LU

Luzern

Parlament:
Kantonsrat
120 Mitglieder (P)

Regierung:
Regierungsrat
5 Mitglieder (M)

Eidg. Räte:
9 Nationalräte (P)
2 Ständeräte (M)

1815 NE

Neuenburg

Parlament:
Grand Conseil
115 Mitglieder (P)

Regierung:
Conseil d'État
5 Mitglieder (M)

Eidg. Räte:
4 Nationalräte (P)
2 Ständeräte (P)

1291 NW

Nidwalden

Parlament:
Landrat
60 Mitglieder (P)

Regierung:
Regierungsrat
7 Mitglieder (M)

Eidg. Räte:
1 Nationalrat (M)
1 Ständerat (M)

1291 OW

Obwalden

Parlament:
Kantonsrat
55 Mitglieder (P)

Regierung:
Regierungsrat
5 Mitglieder (M)

Eidg. Räte:
1 Nationalrat (M)
1 Ständerat (M)

Institutionen

1803 SG

Sankt Gallen

Parlament:
Kantonsrat
120 Mitglieder (P)

Regierung:
Regierung
7 Mitglieder (M)

Eidg. Räte:
12 Nationalräte (P)
2 Ständeräte (M)

1501 SH

Schaffhausen

Parlament:
Kantonsrat
60 Mitglieder (P)

Regierung:
Regierungsrat
5 Mitglieder (M)

Eidg. Räte:
2 Nationalräte (P)
2 Ständeräte (M)

1291 SZ

Schwyz

Parlament:
Kantonsrat
100 Mitglieder (P)

Regierung:
Regierungsrat
7 Mitglieder (M)

Eidg. Räte:
4 Nationalräte (P)
2 Ständeräte (M)

1481 SO

Solothurn

Parlament:
Kantonsrat
100 Mitglieder (P)

Regierung:
Regierungsrat
5 Mitglieder (M)

Eidg. Räte:
6 Nationalräte (P)
2 Ständeräte (M)

1803 TI

Tessin

Parlament:
Gran Consiglio
90 Mitglieder (P)

Regierung:
Consiglio di Stato
5 Mitglieder (P)

Eidg. Räte:
8 Nationalräte (P)
2 Ständeräte (M)

1803 TG

Thurgau

Parlament:
Grosser Rat
130 Mitglieder (P)

Regierung:
Regierungsrat
5 Mitglieder (M)

Eidg. Räte:
6 Nationalräte (P)
2 Ständeräte (M)

1291 UR

Uri

Parlament:
Landrat
64 Mitglieder (P)

Regierung:
Regierungsrat
7 Mitglieder (M)

Eidg. Räte:
1 Nationalrat (M)
2 Ständeräte (M)

1803 VD

Waadt

Parlament:
Grand Conseil[2]
150 Mitglieder (P)

Regierung:
Conseil d'État[2]
7 Mitglieder (M)

Eidg. Räte:
19 Nationalräte (P)
2 Ständeräte (M)

1815 VS

Wallis

Parlament:
Grosser Rat
130 Mitglieder (P)

Regierung:
Staatsrat
5 Mitglieder (M)

Eidg. Räte:
8 Nationalräte (P)
2 Ständeräte (M)

1352 ZG

Zug

Parlament:
Kantonsrat
80 Mitglieder (P)

Regierung:
Regierungsrat
7 Mitglieder (M)

Eidg. Räte:
3 Nationalräte (P)
2 Ständeräte (M)

1351 ZH

Zürich

Parlament:
Kantonsrat
180 Mitglieder (P)

Regierung:
Regierungsrat
7 Mitglieder (M)

Eidg. Räte:
35 Nationalräte (P)
2 Ständeräte (M)

Legende:

* Bundeseintritt

M = Majorzwahlverfahren

P = Proporzwahlverfahren

Normalerweise beträgt die Amtsdauer für die Kantonsparlamente und für die Kantonsregierungen bis zur nächsten Wahl 4 Jahre. Ausnahmen sind:

[1] 1-jährige Amtsdauer

[2] 5-jährige Amtsdauer

Die Gemeinden

Gemeinde: Kleinstes Element (Zelle) des schweizerischen Bundesstaates.

Am 1.1.2020 zählte die Schweiz 2202 selbstständige Gemeinden. Der Begriff «Gemeinde» umfasst Städte wie Dörfer. Erreicht eine Gemeinde 10 000 Einwohner, wird sie Stadt genannt. Mehrere Gemeinden mit mindestens 20 000 Einwohnern und einer Kernstadt werden als Agglomeration bezeichnet.

In der Schweiz leben rund 85 % der Bevölkerung in städtischen Gebieten (Statistischer Atlas der Schweiz 2018, BFS).

■ Gemeindebehörden

Jede Gemeinde verfügt im Rahmen der Bundes- und der Kantonsverfassung über eine eigene Gemeindeordnung (eine Art Gemeindeverfassung), in der sie Aufgaben selbstständig regeln darf. Diese Selbstständigkeit wird «Gemeindeautonomie genannt» (BV 50).

Behörde	Aufgaben
Gemeindeparlament • In kleineren Gemeinden treffen sich die Stimmberechtigten zur Gemeindeversammlung. • In grösseren Gemeinden wählen die Stimmberechtigten im Proporzwahlverfahren ihre Vertretung in den Einwohnerrat/Grossen Gemeinderat/Grossen Stadtrat.	• Beschlüsse über Ausgaben (Strassenbau, Bau von Schulhäusern, Sportanlagen usw.) • Genehmigung von Gemeindebudget und Rechnung • Wahlen • Festsetzung der Gemeindesteuern
Gemeinderegierung (Gemeinderat/Kleiner Stadtrat) Die Stimmberechtigten wählen die Gemeinderegierung normalerweise im Majorzwahlverfahren.	• Führung der Gemeindeverwaltung • Ausführung der Beschlüsse der Gemeindeversammlung bzw. des Einwohnerrates/Grossen Gemeinderates/Grossen Stadtrates
Schlichtungsbehörde (Friedensrichter, -richterin) • Zwei oder mehr Gemeinden können sich zu einem einzigen Friedensrichterkreis zusammenschliessen. • Bevor im Zivilrecht Klage beim Gericht eingereicht werden darf, muss in der Regel obligatorisch ein Schlichtungsverfahren durchgeführt werden.	• Schlichtungsversuch bei Streitigkeiten • Wenn keine Einigung: Klagebewilligung für die erste Gerichtsinstanz • Entscheidungsbefugnis bei Streitsachen im Wert von bis zu CHF 2000.–

Die Gemeinde ist als unterste Ebene des föderalistischen Systems ein tragendes Element der Schweizer Demokratie. Prozentual auf die Bevölkerungszahl der jeweiligen politischen Ebene gerechnet, ist der Anteil an Männern und Frauen mit einem kommunalen politischen Amt am grössten.

In kleineren Gemeinden gibt es eine Einwohnerversammlung. Jede Person, die auf dem Gemeindegebiet lebt und das Schweizer Bürgerrecht besitzt (in wenigen Gemeinden auch alle Einwohner, egal welcher Nationalität), ist direktdemokratisch eingebunden. Anlässlich der Versammlungen bilden alle Anwesenden gemeinsam das kommunale Parlament.

2 Staat

2.3 Rechtsetzung, Rechte und Pflichten

Verständnis

- In welcher Beziehung stehen Verfassung, Gesetz und Verordnung? Weshalb braucht es Ihrer Ansicht nach diese Unterscheidung?

- Wie unterscheidet sich das Volksrecht «Referendum» vom Volksrecht «Initiative»?

- Wieso sind die Hürden für eine Initiative höher als für ein Referendum?

- Wie erklären Sie sich, dass schon die blosse Androhung eines Referendums das Parlament zu einer Anpassung einer Gesetzesänderung veranlassen kann?

- Wie unterscheiden sich politische Rechte von staatsbürgerlichen Rechten und Menschenrechten?

- Welche Beispiele für Menschenrechte, staatsbürgerliche Rechte und politische Rechte kennen Sie?

Diskussion

- Soll das Stimmrechtsalter von 18 Jahren auf 16 Jahre gesenkt werden?

Rangordnung der Rechtserlasse

■ Verfassung (Bundesverfassung)

Verfassung: Grundgesetz eines Staates, das die Grundordnung, wie der Staat aufgebaut ist, sowie die Grundregeln des Zusammenlebens enthält. Die Verfassung bildet auch die Grundlage für die Schaffung von Gesetzen.

Änderungen oder Ergänzungen der Bundesverfassung müssen in jedem Fall von Volk und Ständen (Kantonen) gutgeheissen werden (BV 195).

Jeder Kanton hat seine eigene Kantonsverfassung, deren Inhalt aber der Bundesverfassung nicht widersprechen darf. Änderungen oder Ergänzungen müssen nach der Zustimmung durch die jeweilige Kantonsbevölkerung noch von National- und Ständerat genehmigt werden (BV 51).

■ Gesetz

Gesetz: Vom Parlament erlassene nähere Ausführung zu einer Verfassungsbestimmung. Das Gesetz enthält Rechte und Pflichten, Gebote und Verbote.

Ein Gesetz wird von National- und Ständerat beschlossen. Das Volk (mittels 50 000 Unterschriften) oder 8 Kantone können danach das fakultative Referendum ergreifen und eine Volksabstimmung erzwingen (BV 141). Allein das Volksmehr entscheidet, ob das Gesetz angenommen oder abgelehnt wird.

Beispiele von Gesetzen auf Bundesebene: ZGB, OR, StGB, SVG, ArG

Kantonale Gesetze werden vom jeweiligen Kantonsparlament (Grosser Rat/Kantonsrat/Landrat) erlassen. Da das Kantonsparlament aber nur aus einer Kammer besteht, erfolgt bei der Beratung eine erste und zu einem späteren Zeitpunkt eine zweite Lesung, in der dann unter Umständen Änderungsvorschläge aus der erste Lesung berücksichtigt werden.

Auf Gemeindeebene spricht man von Reglementen. Das sind Erlasse, die Gesetzescharakter haben.

Beispiele: Organisationsreglement, Kehrichtreglement, Baureglement, Kanalisationsreglement

■ Verordnung

Verordnung: Verordnungen sind untergeordnete Erlasse, die Recht setzen und die nicht dem Referendum unterstehen. Sie bedürfen einer gesetzlichen Grundlage.

Verordnungen werden vom Bundesrat (das ist der Normalfall, BV 182) oder ausnahmsweise vom Parlament selbst (BV 163) erlassen.

Auf Kantonsebene wird neben dem Begriff «Verordnung» auch der Begriff «Dekret» verwendet.

Entstehung eines Gesetzes (schematisch)

Anstoss zur Gesetzgebung

Anstoss indirekt
- Interessengruppen
- Kantone
- Parteien
- Medien

Anstoss direkt / Auslösung
- Parlamentsmitglieder mittels Motion
- Bundesrat

Vorparlamentarische Phase

Vorentwurf

Verwaltung arbeitet diesen zusammen mit Fachleuten aus.

Vernehmlassung

Die Verfassung schreibt vor, dass der Vorentwurf
- den Kantonen
- den Parteien
- den Verbänden
- und weiteren interessierten Kreisen

zur Stellungnahme geschickt werden muss.

Behandlung im Bundesrat

Definitiver Entwurf wird erstellt. Der Bundesrat erlässt die Botschaft ans Parlament. Die Botschaft umfasst den definitiven Entwurf sowie Erklärungen dazu.

Gesetze können auch ohne das Mitwirken der Verwaltung und des Bundesrates entstehen, und zwar wenn es sich um eine parlamentarische Initiative handelt.
Solche Entwürfe werden direkt den Räten zur Behandlung vorgelegt. Der Bundesrat kann dazu Stellung nehmen.

Parlamentarische Phase

Behandlung im Erstrat* z. B. Nationalrat
- Vorberatende Kommission Erstrat
- Beratung im Erstrat
- Entscheid im Erstrat

Behandlung im Zweitrat z. B. Ständerat
- Vorberatende Kommission Zweitrat
- Beratung im Zweitrat
- Entscheid im Zweitrat

Evtl. Differenzbereinigung

Bestehen zwischen den beiden Räten Differenzen, so beschränkt sich die Differenzbereinigung auf die strittigen Punkte. Das Verfahren wird bis zur Einigung wiederholt, notfalls findet eine Einigungskonferenz statt.

Schlussabstimmung

Erfolgt im National- und im Ständerat gleichzeitig.

*Die Präsidenten der beiden Kammern legen in eigener Kompetenz fest, welcher Rat welche Geschäfte als Erstrat bzw. als Zweitrat behandelt.

Nachparlamentarische Phase

a) Obligatorische Abstimmung

betrifft die Bundesverfassung

Annahme

Volk und Stände stimmen zu.

b) Fakultative Abstimmung

betrifft Gesetze

Annahme

Das Gesetz wird im Bundesblatt veröffentlicht.
a) Referendum wird nicht ergriffen oder kommt nicht zustande.
b) Referendum wird von mind. 50 000 Stimmberechtigten oder von 8 Kantonen innerhalb von 100 Tagen ergriffen und es kommt zustande. Das Volk stimmt dem neuen Gesetz zu.

Inkrafttreten

Änderung der Bundesverfassung:
Sie tritt mit der Annahme durch Volk und Stände sofort in Kraft.

Gesetz:
Der Bundesrat setzt das Gesetz zu einem bestimmten Zeitpunkt in Kraft (häufig zum 1. Januar).

Referendum

Referendum in der Schweiz
ch.ch

Optional referendum
ch.ch

> **Referendum:** Das Recht des Volkes, über wichtige Beschlüsse des Parlaments selber an der Urne endgültig zu entscheiden (Referendumsrecht, siehe S. 210 f.). Wird das Referendum angenommen, dann wird der zuvor vom Parlament gefasste Beschluss aufgehoben. Referendum ist ein anderes Wort für Volksabstimmung.

Das Volk hat zwei Möglichkeiten, bei der Gesetzgebung mitzuentscheiden:
- Mittels Stillschweigen signalisiert das Volk seine Zustimmung zu einem vom Parlament beschlossenen Gesetz.
- Mithilfe des fakultativen Referendums erzwingt das Volk eine Abstimmung über ein vom Parlament beschlossenes Gesetz (siehe unten die Bedingungen).

■ Das fakultative Referendum (BV 141)

Fakultatives Gesetzesreferendum (eingeführt 1874)
Unterliegt ein Beschluss des Parlamentes dem fakultativen Referendum, so hat das Volk die Möglichkeit, innerhalb von drei Monaten nach der Verabschiedung eines Gesetzes durch die Unterschriftensammlung eine Volksabstimmung zu verlangen.

Beispiel: Unternehmenssteuerreformgesetz III vom 12.2.2017

Fakultatives Staatsvertragsreferendum (eingeführt 1921)
Gegen völkerrechtliche Verträge, die wichtige Recht setzende Bestimmungen enthalten oder deren Umsetzung den Erlass von Bundesgesetzen erfordert, können 50 000 Stimmberechtigte oder 8 Kantone innerhalb von 100 Tagen das fakultative Staatsvertragsreferendum ergreifen.

Beispiel:
Umsetzung einer Änderung der EU-Waffenrichtlinie (Weiterentwicklung von Schengen) vom 19.5.2019

■ Bedingungen

- Innerhalb von 100 Tagen – gerechnet ab Veröffentlichung im Bundesblatt – müssen mind. 50 000 Stimmberechtigte (ab 18 Jahren) das Begehren unterschreiben.
- Innerhalb dieser Frist von 100 Tagen muss auch die Stimmrechtsbescheinigung erfolgen, d. h., in den Gemeindekanzleien müssen die Unterschriften auf ihre Rechtmässigkeit überprüft werden. Gültig sind also nur jene Unterschriften, die spätestens am 100. Tag bei der Bundeskanzlei eingetroffen sind, mitsamt den Stimmrechtsbescheinigungen der Gemeinden.
- Innerhalb der gleichen Frist können auch 8 Kantone verlangen, dass ein vom eidgenössischen Parlament verabschiedetes Gesetz vor das Volk kommen muss.
- Auf einem Unterschriftenbogen dürfen nur Stimmberechtigte unterschreiben, die in der auf dem Bogen bezeichneten Gemeinde wohnen. Stimmberechtigte müssen das Schweizer Bürgerrecht haben, volljährig und urteilsfähig sein.
- Die stimmberechtigte Person muss ihren Namen, Vornamen, das Geburtsdatum und die Wohnadresse handschriftlich und leserlich (möglichst in Blockschrift) auf die Unterschriftenliste schreiben sowie zusätzlich die eigenhändige Unterschrift beifügen (BPR Art. 61, Bundesgesetz über die politischen Rechte).
- Wer Unterschriften fälscht, streicht oder wer mehrfach unterschreibt, macht sich strafbar.

Das Volksmehr allein gibt den Ausschlag über die Annahme oder Ablehnung des Referendums. Abgestimmt wird aber immer über die Rechtsänderung, d. h., wer für die Neuerung ist, muss mit «Ja» stimmen, wer opponiert und das geltende Recht beibehalten will, muss ein «Nein» in die Urne legen.

Wird die Gesetzesänderung vom Volk gutgeheissen, setzt sie in der Regel der Bundesrat zu einem von ihm bestimmten Datum in Kraft.

Das obligatorische Referendum (BV 140)

Es wird unterschieden zwischen dem obligatorischen Verfassungsreferendum und dem obligatorischen Staatsvertragsreferendum:

Obligatorisches Verfassungsreferendum (eingeführt 1848)

Beschliesst das eidgenössische Parlament von sich aus Änderungen oder Ergänzungen der Bundesverfassung, müssen die Stimmberechtigten auf jeden Fall darüber entscheiden. Wie immer, wenn die Bundesverfassung geändert oder ergänzt werden soll, ist bei der Abstimmung das doppelte Mehr erforderlich, also das Volks- und das Ständemehr. Nehmen Volk und Stände einen Verfassungsartikel an, tritt er in der Regel sofort in Kraft.

Beispiel: Bundesbeschluss über die erleichterte Einbürgerung von Personen der dritten Ausländergeneration vom 12.2.2017

Obligatorisches Staatsvertragsreferendum (eingeführt 1977)

Der Beitritt zu einer internationalen Organisation (z. B. EU, siehe S. 231 ff.) hat den Rang einer Verfassungsänderung. Bei allen Verfassungsänderungen müssen die Stimmberechtigten obligatorisch zur Urne gerufen werden. Für die Zustimmung ist daher das doppelte Mehr erforderlich.

Beispiel: Bundesbeschluss über den Europäischen Wirtschaftsraum (EWR) vom 6.12.1992

Das Referendum, ein gewichtiges Volksrecht

Betrachtet man die Möglichkeit der Einflussnahme bei der Entstehung eines Gesetzes (siehe S. 203), stellt man Folgendes fest:

Unterschiedlichste Gruppierungen können mehrfach (in verschiedensten Phasen) auf das neu zu schaffende Gesetz Einfluss nehmen. Im politischen Alltag wird dieser Einfluss oft massiv ausgeübt. Schon die blosse Drohung einer starken Gruppe, das Referendum zu ergreifen, kann bewirken, dass das Gesetz geändert wird. Aus Furcht, das Gesetz werde zur Abstimmung gebracht und dort vom Volk abgelehnt, werden laufend Kompromisse geschlossen. Manchmal spricht man davon, das Parlament habe dem Gesetz die «Zähne gezogen».

Daraus kann auch der Schluss gezogen werden: Das Referendum ist ein gewichtiges, aber auch folgenschweres politisches Recht.

Initiative

Volksinitiative
ch.ch

Federal popular initiative
ch.ch

> **Initiative (auch Volksinitiative genannt, BV 139):** Das Recht des Volkes, neue Artikel und/oder die Änderung oder die Aufhebung bestehender Artikel in der Bundesverfassung anzuregen. Dieses Recht auf Teilrevision der Bundesverfassung besteht seit dem Jahr 1891.

Auf Bundesebene gibt es zwei Möglichkeiten, eine Volksinitiative einzureichen:

Formulierte Initiative
Der genaue Wortlaut des Textes – von den Initianten verfasst – liegt vor. Dies ist der Normalfall (in weit über 95 % der Fälle).

Allgemeine Anregung
Der genaue Wortlaut des Verfassungstextes fehlt. Nach Annahme der allgemeinen Anregung durch das Parlament oder das Volk formuliert in der Regel der Bundesrat den konkreten Textentwurf. Es gibt zwei Möglichkeiten:
- Das Parlament kann den Textvorschlag des Bundesrates unverändert verabschieden und ihn Volk und Ständen zur Annahme empfehlen.
- Das Parlament kann den Text des Bundesrates abändern. Zur Abstimmung gelangt dann nur der vom Parlament beschlossene Text.

Volk und Stände entscheiden an der Urne über Annahme oder Ablehnung aller ausformulierten Verfassungsänderungen. Seit Inkrafttreten der neuen Bundesverfassung im Jahr 2000 wurde jedoch nur selten von der allgemeinen Anregung Gebrauch gemacht. Daher ist sie praktisch bedeutungslos.

■ Bedingungen

- Innerhalb von 18 Monaten – ab Veröffentlichung im Bundesblatt – müssen mind. 100 000 Stimmberechtigte (ab 18 Jahren) das Begehren unterschreiben.
- BV 1393 verlangt: Initiativen
  a) müssen die «Einheit der Materie» wahren; d. h., eine Initiative darf nur ein Ziel anstreben. (Im Jahre 1995 haben National- und Ständerat die Initiative der SP «Für weniger Militärausgaben und mehr Friedenspolitik» für ungültig erklärt mit der Begründung, die Verknüpfung von Militär- mit Sozialausgaben verletze das Prinzip der «Einheit der Materie».)
  b) dürfen nicht gegen zwingende Bestimmungen des Völkerrechts verstossen.
  Wird eine dieser beiden Bedingungen verletzt, erklärt die Bundesversammlung die Initiative für ganz oder für teilweise ungültig.
- Die Initiative muss eine Klausel enthalten, die bestimmt, wer das Volksbegehren zurückziehen kann (Bundesgesetz über die politischen Rechte BPR 73a).
- Bei der Abstimmung über eine formulierte Verfassungsinitiative braucht es in jedem Falle das Volks- und das Ständemehr (BV 139a[4] und 142).
- Auf einem Unterschriftenbogen dürfen nur Stimmberechtigte unterschreiben, die in der auf dem Bogen bezeichneten Gemeinde wohnen.
- Die Unterschriftenliste muss von Hand ausgefüllt und unterschrieben werden.
- Wer Unterschriften fälscht, streicht oder wer mehrfach unterschreibt, macht sich strafbar.

NICE TO KNOW

> In der Geschichte der modernen Eidgenossenschaft sind erst dreimal Initiativen aufgrund mangelnder Unterschriftenzahl nicht zustande gekommen. In der Mehrheit der Fälle werden Initiativen bei den Abstimmungen nicht angenommen.

Rechtsetzung, Rechte und Pflichten

■ Prüfung der Unterschriften

Die Gemeinden prüfen, ob die Unterzeichnenden stimmberechtigt sind. Danach stellt die Bundeskanzlei fest, ob die Anzahl der erforderlichen Unterschriften erreicht worden ist.

Sind genügend Unterschriften zusammengekommen, werden folgende Schritte ausgeführt:

Der Bundesrat unterbreitet National- und Ständerat Botschaft und Antrag. Er empfiehlt:
- der Initiative zuzustimmen,
- die Initiative abzulehnen oder
- dem Gegenentwurf des Bundesrates zuzustimmen.

1. Schritt

National- und Ständerat empfehlen dem Volk:
- der Initiative zuzustimmen,
- die Initiative ohne Gegenentwurf abzulehnen oder
- dem Gegenentwurf des Bundesrates oder des Parlaments zuzustimmen.

2. Schritt

Volk und Stände entscheiden an der Urne. Wird die Initiative oder ein allfälliger Gegenentwurf angenommen, dann tritt sie bzw. er in der Regel sofort in Kraft.

3. Schritt

Nach Einreichung einer Volksinitiative haben Bundesrat und Parlament 30 Monate Zeit für deren Behandlung: 12 Monate stehen dem Bundesrat und 18 Monate den beiden Räten zur Verfügung. Der Bundesrat muss Volksinitiativen innert 10 Monaten nach der Schlussabstimmung in den Räten Volk und Ständen unterbreiten.

■ Das doppelte Ja

Gemäss BV 139[6] ist es erlaubt, in einer Doppelabstimmung sowohl zur Initiative als auch zum Gegenentwurf Ja zu sagen. Mit der Stichfrage wird ermittelt, welchen der beiden Texte die Stimmberechtigten vorziehen. Falls Volk und Ständen nebst der Initiative ein Gegenentwurf unterbreitet wird, sieht der Stimmzettel wie folgt aus:

SCHWEIZERISCHE EIDGENOSSENSCHAFT, VOLKSABSTIMMUNG VOM …	
1. Wollen Sie die Volksinitiative «…» annehmen?	Antwort: «Ja» oder «Nein» ☐
2. Wollen Sie den Gegenentwurf der Bundesversammlung vom … annehmen?	Antwort: «Ja» oder «Nein» ☐
3. Stichfrage: Falls sowohl die Volksinitiative «…» als auch der Gegenentwurf von Volk und Ständen angenommen werden: Soll die Volksinitiative oder der Gegenentwurf in Kraft treten?	Antwort: Gewünschtes im betreffenden Feld ankreuzen. So: ☒ Initiative ☐ Gegenentwurf ☐

NB: Die Fragen 1 und 2 können beide mit «Ja» oder «Nein» beantwortet werden. Bei Frage 3 darf nur ein Feld angekreuzt werden, sonst gilt die Frage als nicht beantwortet.

Menschenrechte

Menschenrechte
humanrights.ch

Swiss human rights portal
humanrights.ch

> **Menschenrechte:** Rechte, die jedem einzelnen Menschen zustehen. Ihr Ziel ist es, die Würde des Menschen gegenüber der Willkür des Staates zu schützen. Diese Rechte stehen jedem Menschen aufgrund seines Menschseins zu. Daher werden die Menschenrechte auch als angeboren, unverletzlich, unveräusserlich und unabhängig von der Staatsangehörigkeit bezeichnet.

■ Die Geschichte der Menschenrechte

Das moderne Konzept der Menschenrechte entstand in der Zeit der Aufklärung im 18. Jahrhundert. Die *Virginia Bill of Rights* (1776) in Nordamerika und die *Déclaration des droits de l'homme et du citoyen* (1789) in Frankreich waren die ersten Menschenrechtserklärungen auf nationaler Ebene und bildeten die Grundlage für die weitere Entwicklung. Sie basierten auf dem Grundsatz, dass alle Menschen frei geboren sind und angeborene Rechte besitzen.

Die Menschenrechte wurden im 19. Jahrhundert von den Liberalen in den europäischen Staaten als Grundrechte der (männlichen) Bürger verstanden, die in einer geschriebenen Staatsverfassung enthalten sein sollten.

Grundrechte in der Schweiz

Die Grundrechte in der Schweiz wurden 1848 nach den Vorbildern aus den USA und Frankreich in der Bundesverfassung aufgeschrieben.

Internationalisierung der Menschenrechte

Die Staaten entschieden aber selbst, ob überhaupt und, wenn ja, welche Rechte sie ihren Bürgern gewährten. Erst die Schrecken des 2. Weltkriegs brachten die Erkenntnis, dass Menschen auf internationaler Ebene vor Misshandlungen durch den Staat geschützt werden müssen. Man begann die Menschenrechte zu internationalisieren, um einen wirksameren Schutz des Einzelnen zu erreichen.

UN-Charta

Der Durchbruch für die internationale Menschenrechtsbewegung kam mit der Verankerung der Menschenrechte für alle in der Charta der Vereinten Nationen von 1945. Sie wurden zur internationalen Angelegenheit erklärt.

Der eigentliche Inhalt der Menschenrechte wurde in der Allgemeinen Erklärung der Menschenrechte (AEMR) definiert, die von der Uno-Menschenrechtskommission ausgearbeitet und von der Generalversammlung am 10.12.1948 verabschiedet wurde.

Sie bildet bis heute die Grundlage des internationalen Menschenrechtsschutzes. Obwohl die AEMR rechtlich nicht verbindlich ist, hat sie über die Jahre eine moralische Wichtigkeit bekommen.

Ihre Bestimmungen wurden in zahlreiche nationale Verfassungen aufgenommen und damit einklagbar gemacht. Ausgehend von der AEMR wurden in der Folge schrittweise völkerrechtlich bindende Verträge zu bestimmten Themen oder Personen mit speziellen Bedürfnissen verabschiedet.

Heute haben praktisch alle Staaten der Welt eine oder mehrere Menschenrechtskonventionen ratifiziert. Die Menschenrechte als juristisch verbindliche Konzepte sind damit universell geworden.

Rechtsetzung, Rechte und Pflichten

■ Schutz der Menschenrechte

Parallel zur internationalen Entwicklung fand auch auf regionaler Ebene eine Entwicklung der Menschenrechte statt. In Europa wurde 1950 die Europäische Menschenrechtskonvention (EMRK) unterzeichnet, sie trat 1953 in Kraft. 1959 konstituierte sich der Europäische Gerichtshof für Menschenrechte (EGMR), der seinen Sitz in Strassburg hat. Seit den Reformen von 1998 kann jede Person, die sich in einem Unterzeichnerstaat aufhält, eine Individualbeschwerde beim EGMR einreichen. Die Möglichkeit der Mitgliedsstaaten, Staatenbeschwerden einzureichen, wird nur sehr selten genutzt.

■ UNO-Menschenrechtspakte

1966 verabschiedete auch die UNO zwei verbindliche Menschenrechtserklärungen. Die Zweiteilung lag im Kalten Krieg begründet. Die Länder des kommunistischen Ostblocks betonten die sozialen, wirtschaftlichen und kulturellen Rechte, während die Länder des Westens die politischen Freiheitsrechte in den Vordergrund stellten.

So kam es zur Aufteilung in den Pakt I (Sozialpakt) und Pakt II (Zivilpakt). Beide Pakte wurden am 19. Dezember 1966 verabschiedet, traten aber erst 1976 in Kraft, nachdem sie von genügend Staaten ratifiziert worden waren.

■ Unteilbarkeit der Menschenrechte

Nach dem Ende des Kalten Kriegs 1989/1991 berief die UNO 1993 eine Menschenrechtskonferenz nach Wien ein. Dort wurde unter anderem die Unteilbarkeit der Menschenrechte festgehalten. Seither sind sowohl die politischen Grundrechte wie auch die sozialen, wirtschaftlichen und kulturellen Rechte als umfassende Menschenrechte anerkannt.

Vorschulkinder betrachten am zweiten Jahrestag (1950) der Internationalen Erklärung der Menschenrechte ein Poster des historischen Dokuments.

Rechte und Pflichten in der Schweiz

■ Die politischen Rechte

Politische Rechte: Räumen Staatsbürgerinnen und Staatsbürgern das Recht ein, im Staat mitzuentscheiden und mitzuwirken.

Voraussetzungen
Man muss:
- im Besitz des Schweizer Bürgerrechts,
- urteilsfähig und volljährig (18 Jahre alt) sein.

Die politischen Rechte kann nicht ausüben, wer:
- dauerhaft urteilsunfähig ist oder
- durch eine vorsorgebeauftragte Person vertreten wird (siehe S. 70).

■ Die staatsbürgerlichen Rechte

Staatsbürgerliche Rechte: Freiheiten und Rechte, die vorab den Schweizer Bürgerinnen und Bürgern vorbehalten sind.

Voraussetzung
Man muss im Besitz des Schweizer Bürgerrechts sein.

Die drei unten stehenden Artikel beginnen mit: «Schweizerinnen und Schweizer …» bzw. «Schweizer Bürgerin und Schweizer Bürger …»

BV 24: Niederlassungsfreiheit
BV 25: Schutz vor Ausweisung, Auslieferung, Ausschaffung
BV 37: Bürgerrechte

■ Die Grund- bzw. Menschenrechte

Grundrechte (Menschenrechte): Freiheiten und Rechte, die jede Person für sich beanspruchen kann, unabhängig von der Nationalität, dem Geschlecht, der Sprache, der Religion, der Hautfarbe, der Bildung usw. Sie sind die grundlegenden Freiheiten und Rechte eines Menschen, daher auch Menschenrechte genannt. Dafür braucht es keine Voraussetzungen. Allen Menschen stehen diese Rechte zu.

BV 7: Menschenwürde
BV 8: Rechtsgleichheit
BV 9: Schutz vor Willkür und Wahrung von Treu und Glauben
BV 10: Recht auf Leben und auf persönliche Freiheit
BV 11: Schutz der Kinder und Jugendlichen
BV 12: Recht auf Hilfe in Notlagen
BV 13: Schutz der Privatsphäre
BV 14: Recht auf Ehe und Familie
BV 15: Glaubens- und Gewissensfreiheit
BV 16: Meinungs- und Informationsfreiheit
BV 17: Medienfreiheit
BV 18: Sprachenfreiheit
BV 19: Anspruch auf Grundschulunterricht

BV 20: Wissenschaftsfreiheit
BV 21: Kunstfreiheit
BV 22: Versammlungsfreiheit
BV 23: Vereinigungsfreiheit
BV 26: Eigentumsgarantie
BV 27: Wirtschaftsfreiheit
BV 28: Koalitionsfreiheit
BV 29: Allgemeine Verfahrensgarantien
BV 30: Gerichtliche Verfahren
BV 31: Freiheitsentzug
BV 32: Strafverfahren
BV 33: Petitionsrecht
BV 35: Verwirklichung der Grundrechte
BV 36: Einschränkungen von Grundrechten

Politischen Rechte

■ BV 34: Politische Rechte

Die politischen Rechte (Stimm- und Wahlrecht, Initiativrecht und Referendumsrecht) sind garantiert. Diese Garantie umfasst:
- die Garantie der geheimen Stimmabgabe,
- den Anspruch auf korrekte Formulierung der Abstimmungsfragen,
- den Anspruch auf Wahrung der Einheit der Materie,
- den Anspruch auf korrekte und zurückhaltende Information durch die Behörden im Vorfeld von Wahlen und Abstimmungen,
- das Recht der Bürgerinnen und Bürger, dass kein Wahl- oder Abstimmungsresultat anerkannt wird, das
  - den freien Willen der Stimmenden nicht zuverlässig ausdrückt;
    Beispiel: vorzeitig unbefugte Urnenöffnung und «Durchsickern» des Wahltrends, was zur Mobilisierung der Wählerschaft unterliegender Parteien genutzt werden kann.
  - den freien Willen der Stimmenden verfälscht ausdrückt;
    Beispiele: Urnendiebstahl; Auswechseln von eingeworfenen Stimmzetteln.

Hinweis: Die Bestimmungen über die Zuständigkeit im Bereich des kantonalen Stimm- und Wahlrechts finden sich in Artikel 39 BV, diejenigen über das Stimm- und Wahlrecht auf eidgenössischer Ebene in Artikel 136 BV.

Einschränkungen
- Kantonales oder kommunales Recht kann vorsehen, dass Wahlen oder Abstimmungen bei Versammlungen (Landsgemeinde, Gemeindeversammlung) nicht geheim durchgeführt werden.
- Es ist verboten, dass von privater Seite (besonders den Medien) die freie Willensbildung der Bürgerinnen und Bürger durch irreführende Angaben beeinflusst wird, die so spät vorgebracht werden, dass sie nicht mehr widerlegt werden können.

Politische Rechte
- BV 136 Stimm- und Wahlrecht (siehe S. 164)
- BV 138/139 Initiativrecht (siehe S. 206 f.)
- BV 141 Referendumsrecht (siehe S. 204 f.)

Die staatsbürgerlichen Rechte

■ BV 38: Der Erwerb des Schweizer Bürgerrechts

Die Bürgerrechte werden auf Verfassungsebene in Art. 37 und Art. 38 (spezifisch Erwerb und Verlust) geregelt. Weitere Bestimmungen sind im Bundesgesetz über Erwerb und Verlust des Schweizer Bürgerrechts (Bürgerrechtsgesetz, BüG) enthalten.

Abstammung und Adoption
- Das Schweizer Bürgerrecht hat von Geburt an:
  a) das Kind, dessen Eltern miteinander verheiratet sind und dessen Vater oder Mutter Schweizer bzw. Schweizerin ist;
  b) das Kind einer Schweizer Bürgerin, die mit dem Vater nicht verheiratet ist.
- Ein minderjähriges ausländisches Kind eines schweizerischen Vaters, der mit der Mutter nicht verheiratet ist, erwirbt durch die Begründung des Kindesverhältnisses zum Vater das Schweizer Bürgerrecht.
- Adoptiert eine Person mit Schweizer Bürgerrecht ein ausländisches minderjähriges Kind, so erhält es das Schweizer Bürgerrecht.

Ordentliche Einbürgerung (auf Gesuch hin)
Wer eingebürgert werden will, muss bei Gesuchstellung eine Niederlassungsbewilligung besitzen und 10 Jahre in der Schweiz gewohnt haben, davon (je nach kantonaler Gesetzgebung) 2 bis 5 Jahre in dem Kanton (bzw. der Gemeinde), in dem (bzw. in der) das Einbürgerungsgesuch gestellt wird. Die zwischen dem 8. und dem 18. Lebensjahr in der Schweiz verbrachten Jahre werden doppelt gezählt. Der Aufenthalt muss aber mindestens 6 Jahre betragen.

Bewerber und Bewerberinnen:
- müssen mit den schweizerischen Lebensverhältnissen vertraut sein.
- dürfen keine Gefährdung der Sicherheit der Schweiz darstellen.
- müssen erfolgreich integriert sein, d. h.:
  - Sie beachten die öffentliche Sicherheit und Ordnung.
  - Sie respektieren die Werte der Bundesverfassung.
  - Sie können sich im Alltag in einer Landessprache verständigen.
  - Sie nehmen am Wirtschaftsleben und am Erwerb der Bildung teil.
  - Sie fördern sich gegenseitig in der Integration (Mann und Frau, eingetragene Partner, minderjährige Kinder).

Das kantonale Recht kann vorsehen, dass ein Einbürgerungsgesuch den Stimmberechtigten bei einer Gemeindeversammlung zum Entscheid vorgelegt wird.

Erleichterte Einbürgerung (auf Gesuch hin)
Über eine erleichterte Einbürgerung entscheidet das Staatssekretariat für Migration (SEM). Die materiellen Voraussetzungen/Integrationskriterien müssen wie bei der ordentlichen Einbürgerung erfüllt sein.

a) Ausländer und Ausländerinnen erhalten nach der Heirat oder in eingetragener Partnerschaft mit einem Schweizer bzw. einer Schweizerin auf Gesuch hin das Schweizer Bürgerrecht, vorausgesetzt
   - sie sind seit 3 Jahren verheiratet und leben mit ihrer Partnerin bzw. ihrem Partner zusammen, und sie haben zudem
   - insgesamt während 5 Jahren in der Schweiz gelebt, davon 1 Jahr unmittelbar vor Einreichung des Gesuchs.

b) Ist eine ausländische Person mit einer Schweizerin bzw. einem Schweizer verheiratet und lebt das Ehepaar im Ausland oder hat während der Ehe einige Zeit im Ausland gelebt, so kann sich die ausländische Person erleichtert einbürgern lassen, vorausgesetzt
   - das Ehepaar ist seit 6 Jahren miteinander verheiratet und lebt zusammen;
   - die ausländische Person ist mit der Schweiz eng verbunden.

Rechtsetzung, Rechte und Pflichten

BV 38: Der Verlust des Schweizer Bürgerrechts

Es gilt der Grundsatz: Schweizerinnen und Schweizer dürfen nicht staatenlos werden!

Verlust durch Aufhebung des Kindesverhältnisses

Wird das Kindesverhältnis zu dem Elternteil aufgehoben, der dem Kind das Schweizer Bürgerrecht vermittelt hat, so verliert das Kind das Schweizer Bürgerrecht, sofern es dadurch nicht staatenlos wird.

Verlust durch Adoption

Das minderjährige Kind, das von ausländischen Eltern adoptiert wird und damit deren Staatsangehörigkeit erwirbt, verliert das Schweizer Bürgerrecht. Der Verlust tritt nicht ein, wenn mit der Adoption auch ein Kindesverhältnis zu einem schweizerischen Elternteil begründet wird bzw. nach der Adoption ein solches bestehen bleibt.

Verlust bei Geburt im Ausland

Das Kind eines Schweizer Elternteils verliert das Schweizer Bürgerrecht, sofern es:
- das Doppelbürgerrecht hat,
- im Ausland geboren ist und
- bis zum vollendeten 25. Lebensjahr keiner schweizerischen Behörde im In- oder im Ausland gemeldet worden ist oder sich selber gemeldet oder schriftlich erklärt hat, das Schweizer Bürgerrecht beibehalten zu wollen.

Wer das Schweizer Bürgerrecht von Gesetzes wegen verliert, verliert damit auch das Kantons- und das Gemeindebürgerrecht.

Entlassung aus dem Bürgerrecht auf Begehren

- Man muss im Ausland leben und
- bereits im Besitz einer anderen Staatsangehörigkeit sein oder eine solche muss zugesichert worden sein.

Dabei werden minderjährige Kinder unter Umständen in die Entlassung miteinbezogen. Kinder jedoch, die älter als 16-jährig sind, müssen der Entlassung schriftlich zustimmen.

Entzug

Das Staatssekretariat für Migration (SEM) kann mit Zustimmung der Behörde des Heimatkantons einer Doppelbürgerin oder einem Doppelbürger das Schweizer-, Kantons- und Gemeindebürgerrecht entziehen, wenn ihr oder sein Verhalten den Interessen oder dem Ansehen der Schweiz erheblich nachteilig ist.

Nichtigerklärung der Einbürgerung

Die Einbürgerung kann vom SEM für nichtig erklärt werden, wenn sie durch falsche Angaben oder Verheimlichung erheblicher Tatsachen erschlichen worden ist. Es kann dann innert 2 Jahren, nachdem es davon Kenntnis erhalten hat, spätestens aber innert 8 Jahren nach dem Erwerb des Schweizer Bürgerrechts die Einbürgerung für nichtig erklären.

Voraussetzung: Jemand wird durch die Nichtigerklärung nicht staatenlos.

Die Behörden von Bund, Kanton und Gemeinden können im Zusammenhang mit Einbürgerungsverfahren oder Verfahren, welche die Nichtigerklärung von Einbürgerungen betreffen, sowie für die Behandlung eines Entlassungsgesuchs Gebühren erheben.

BV 24: Niederlassungsfreiheit

BV 24 garantiert ausdrücklich nur den Schweizerinnen und Schweizern das Recht, sich an irgendeinem Ort des Landes niederzulassen und aus der Schweiz aus- und jederzeit ungehindert wieder in sie einzureisen. Daraus ergibt sich, dass Gemeinden und Kantone einerseits verpflichtet sind, Schweizer Staatsbürgerinnen und Staatsbürgern zu gestatten, sich auf ihrem Hoheitsgebiet niederzulassen. Andererseits ist es den Gemeinwesen untersagt, den Wegzug in eine andere Gemeinde oder in einen anderen Kanton zu verhindern oder zu erschweren.

Einschränkungen

- Ausländerinnen und Ausländern steht dieses Recht erst mit der Erteilung der Niederlassungsbewilligung (Ausweis C) zu.
- Den der Asylgesetzgebung unterworfenen Ausländerinnen und Ausländern steht die Niederlassungsfreiheit nicht zu.
- Man muss sich innerhalb einer bestimmten Frist am neuen Wohnort anmelden. Die Frist ist kantonal geregelt, im Kanton Luzern z. B. innerhalb von 14 Tagen.

BV 25: Schutz vor Ausweisung, Auslieferung, Ausschaffung

Ausweisung

Der Staat (ein Gericht) verpflichtet eine Person verbindlich, die Schweiz zu verlassen. Die Ausweisung ist in der Regel mit einem Rückkehrverbot verbunden. Es steht der Verwaltung aber frei, zu einem späteren Zeitpunkt eine Einreise wieder zu bewilligen.

Einschränkung

Schweizer Bürgerinnen und Bürger dürfen nicht aus der Schweiz ausgewiesen werden.

Auslieferung

Eine ausländische Behörde ersucht die Schweiz, ihr eine Person aufgrund einer Strafverfolgung oder für den Strafvollzug auszuliefern.

Einschränkungen

- Gemäss Rechtshilfegesetz darf eine Auslieferung nur erfolgen, wenn gewährleistet ist, dass ein mögliches Todesurteil nicht vollstreckt wird.
- Die Auslieferung straffälliger Personen mit Schweizer Bürgerrecht darf nur mit dem Einverständnis der betroffenen Person erfolgen. Gemäss StGB 6 werden straffällige Schweizerinnen und Schweizer, die in der Schweiz für eine im Ausland begangene Tat verfolgt werden, in der Schweiz abgeurteilt und verbüssen hier ihre Strafe, sofern die Tat auch in der Schweiz strafbar ist.

Ausschaffung

Dies ist der zwangsweise Vollzug einer Ausweisung. Bei Ausschaffung in denjenigen Staat, aus dem die Person in die Schweiz eingereist ist, spricht man von Rückschaffung.

Einschränkungen

- Die Rückschaffung ist dann verboten, wenn einer Person Folter oder eine andere Art grausamer und unmenschlicher Behandlung oder Bestrafung droht.
- Flüchtlinge dürfen nicht in ein Land zurückgeschafft werden, in dem sie anschliessend verfolgt werden.

Grundrechte

Die Menschen in der Schweiz haben eine Vielzahl von Freiheiten und Rechten. Die Bundesverfassung hält diese in einem umfassenden Grundrechtekatalog fest (Art. 7 bis Art. 36 BV). Die Grundrechte sind aber nicht absolut zu verstehen. Damit nämlich jeder Mensch in grösstmöglicher Freiheit leben kann, muss es möglich sein, die Freiheiten und Rechte nach dem Prinzip der Verhältnismässigkeit einzuschränken. BV 36 schreibt daher vor, dass Einschränkungen von Grundrechten einer gesetzlichen Grundlage bedürfen, im öffentlichen Interesse stehen und im eigentlichen Sinne verhältnismässig sein müssen.

■ BV 8: Rechtsgleichheit/Gleichberechtigung

Dieser Artikel besagt:
- dass alle Personen (ausländische und schweizerische) vor dem Gesetz gleich sind,
- dass Mann und Frau gleichberechtigt sind.

Keine Person darf aufgrund ihrer Herkunft, ihrer Rasse, ihres Geschlechts, ihres Alters, ihrer Sprache, ihrer sozialen Stellung, ihrer Lebensform, ihrer religiösen, weltanschaulichen oder politischen Überzeugung oder wegen einer körperlichen, geistigen oder psychischen Behinderung diskriminiert werden.

Einschränkungen (Beispiele)

BV 8 vermag nicht zu verhindern, dass die Kantone im Rahmen ihrer Selbstständigkeit ungleiche Regelungen treffen. *Beispiele*: Steuern, Bemessung von Stipendien.

Auf Bundesebene haben Ausländerinnen und Ausländer z. B. keine politische und nur eingeschränkt staatsbürgerliche Rechte.

■ BV 10: Recht auf Leben und auf persönliche Freiheit

Das Recht auf Leben schützt vorab den Beginn des Lebens. Diese Schutzwirkung des Rechts auf Leben ist gemäss BV 119 in der Fortpflanzungsmedizin und Gentechnologie im Humanbereich bedingt ab der Kernverschmelzung zum Embryo zu finden.

Das Leben und damit auch der verfassungsrechtliche Schutz enden rechtlich mit dem Hirntod. Die aktive Sterbehilfe ist nach wie vor in jedem Fall untersagt. Gemäss Erwachsenenschutzrecht ist es jedoch möglich, über medizinische Entscheidungen am Lebensende selbst zu bestimmen (siehe S. 69).

Das Recht auf physische und psychische Freiheit ist besonders im Bereich der Inhaftierung und des Persönlichkeitsschutzes relevant. Die Körper- und die Todesstrafe in Kriegs- wie auch in Friedenszeiten sind ausnahmslos verboten. Folter und grausame, unmenschliche oder erniedrigende Behandlungen stellen Eingriffe in die körperliche Integrität dar, die den Kerngehalt der persönlichen Freiheit tangieren.

Einschränkungen
- Rechtmässige Kriegshandlungen können zum Tod eines Menschen führen.
- Die Polizei kann, wenn es eine Gefahr abzuwenden gilt, im Extremfall den Tod eines Menschen rechtmässig in Kauf nehmen.
- Wer ohne Recht angegriffen oder unmittelbar mit einem Angriff bedroht wird, ist berechtigt, den Angriff abzuwehren (Notwehr, StGB 33).
- Straffällige Ausländerinnen und Ausländer können in der Bewegungsfreiheit eingeschränkt und angehalten werden, die Schweiz zu verlassen (Verschärfung seit 1.10.2016, gestützt auf die Ausschaffungsinitiative). Andere Einschränkungen sind möglich, wenn die Rückführung nicht möglich ist (z. B. Internierung).

■ BV 13: Schutz der Privatsphäre

Privatleben bedeutet:
- den Anspruch jeder Person, vom Staat nicht an der freien Gestaltung ihres Lebens und ihres Verkehrs mit anderen Personen gehindert zu werden, sowie
- die Respektierung eines persönlichen Geheimbereichs.

Das Privatleben ist nicht nur innerhalb privater oder geschlossener Räume geschützt, sondern auch im Freien oder in öffentlichen Räumen.

Die Achtung der Wohnung, des Brief-, des Post- und des Fernmeldegeheimnisses sowie des Datenschutzes wird ausdrücklich in der Verfassung erwähnt.

Staatliche Institutionen dürfen Personendaten nur bearbeiten, wenn dies notwendig ist, wenn die Bearbeitung zweckgebunden erfolgt und verhältnismässig ist. Der Schutz vor Missbrauch wird durch Einsichts- und Berichtigungsrechte der betroffenen Person sichergestellt.

Einschränkungen
- Richterliche Behörden dürfen aber zur Aufdeckung von Straftaten anordnen, dass etwa der Briefverkehr oder Telefongespräche von Tatverdächtigen überwacht oder Wohnungen von der Polizei aufgebrochen werden.
- Im Bereich des Sozialversicherungsrechts ist die Observation von Versicherten möglich.

■ BV 14: Recht auf Ehe und Familie

Das Recht auf Ehe gemäss Bundesverfassung umfasst nur die Verbindung von Mann und Frau. Am 1.1.2007 trat das Bundesgesetz über die eingetragene Partnerschaft gleichgeschlechtlicher Paare in Kraft, das den eingetragenen Partnerschaften auf weiten Strecken ehegleiche Wirkungen verschafft.

Das Recht auf Familiengründung schliesst das Recht ein, Kinder zu haben und zu erziehen, sowie das Recht, Kinder zu adoptieren.

Einschränkung
Heiratsfähig wird man erst mit dem Erreichen der Volljährigkeit, also mit dem vollendeten 18. Lebensjahr, sofern man urteilsfähig ist.

■ BV 15: Glaubens- und Gewissensfreiheit

Die Glaubens- und Gewissensfreiheit ist gewährleistet. Jede Person hat das Recht,
- ihre Religion und ihre weltanschauliche Überzeugung frei zu wählen und allein oder in Gemeinschaft mit anderen zu bekennen,
- einer Religionsgemeinschaft beizutreten oder anzugehören und religiösem Unterricht zu folgen.

Niemand darf gezwungen werden, einer Religionsgemeinschaft beizutreten oder anzugehören, eine religiöse Handlung vorzunehmen oder religiösem Unterricht zu folgen. Daraus folgt, dass der obligatorische Religionsunterricht an Schulen verboten ist.

Einschränkungen
- Jeder Eingriff in die religiösen Freiheitsrechte muss durch ein überwiegendes öffentliches Interesse oder durch den Schutz von Grundrechten Dritter gerechtfertigt sein. Zum Beispiel überwiegt das Helmtragen im Strassenverkehr aufgrund der öffentlichen Sicherheit die persönliche religiöse Vorschrift der Kopfbedeckung.
- Erst mit 16 Jahren kann man die Religionszugehörigkeit selber bestimmen.

■ BV 16: Meinungs- und Informationsfreiheit

Jede Person hat das Recht,
- sich ihre Meinung frei zu bilden, sie ungehindert zu äussern und zu verbreiten;
- Informationen frei zu empfangen, aus allgemein zugänglichen Quellen zu beschaffen und zu verbreiten.

Die freie und ungestörte Bildung und Mitteilung von Meinungen ist das unerlässliche Fundament jeder demokratischen und rechtsstaatlichen Ordnung und liegt daher nicht nur im privaten, sondern auch im öffentlichen Interesse.

Der Schutzbereich umfasst die Gesamtheit der «Produkte» oder Mitteilungen menschlichen Denkens, seien es Gefühle, Überlegungen, Meinungen, Beobachtungen von Tatsachen, Informationen oder kommerzielle Werbung.

Geschützt sind alle Mittel, die sich zur Kommunikation eignen: das Wort, die Schrift, die künstlerische Form, Filme, Transparente, Lautsprecher, Internet, Fahnen sowie Radio und Fernsehen.

Einschränkungen

Bei der Beschränkung der Meinungsfreiheit steht die Bewahrung des guten Rufs anderer im Vordergrund. Dieser wird privatrechtlich in ZGB 28 ff. (Schutz der Persönlichkeit) und strafrechtlich in StGB 173 ff. (strafbare Handlungen gegen die Ehre, den Geheim- oder Privatbereich, z.B. Beschimpfung, Verleumdung, Ehrverletzung, üble Nachrede usw.) gewährleistet.

Weitere Einschränkungen der Meinungs- und Informationsfreiheit:
- Veröffentlichung militärischer Geheimnisse,
- Treue- und Schweigepflicht der Beamtinnen und Beamten, der Arbeitnehmerinnen und Arbeitnehmer, der Ärztinnen und Ärzte usw.,
- Bank-, Post- und Fernmeldegeheimnis,
- Notstandsrecht: Im Interesse der Staatssicherheit und der Neutralität kann der Bundesrat in Krisen- und Kriegszeiten die Pressezensur verhängen.

■ BV 17: Medienfreiheit

Die Medienfreiheit umfasst die Pressefreiheit, die Radio- und Fernsehfreiheit und andere Formen der öffentlichen und fernmeldetechnischen Verbreitung von Darbietungen und Informationen (z. B. das Internet).

Das Zensurverbot gilt für alle Kommunikationsformen der Meinungsäusserung.

Die Garantie des Redaktionsgeheimnisses erlaubt es, die journalistischen Quellen zu schützen. Die Justizorgane dürfen keinen Zugriff auf die internen Bereiche der Medien und ihrer Redaktionen haben. Dieser Grundsatz verlangt, dass Redaktoren sowie Journalisten ein Zeugnisverweigerungsrecht eingeräumt wird. Ohne diesen Schutz könnten die Informanten davon abgehalten werden, den Medien zu helfen, sodass diese über geringere Möglichkeiten verfügen würden, genaue und zuverlässige Informationen zu liefern.

Einschränkungen
Die Medienfreiheit findet ihre Grenze beim Schutz der Privatsphäre (BV 13). Der Schutz des Privat- und Familienlebens, der Wohnung, des Briefes, des Post- und des Fernmeldeverkehrs, aber auch der Schutz von Daten müssen beachtet werden.

■ BV 22: Versammlungsfreiheit

Jede Person hat das Recht, Versammlungen zu organisieren, an Versammlungen teilzunehmen oder ihnen fernzubleiben.

Unter einer Versammlung wird jedes Zusammenkommen mehrerer Menschen während einer bestimmten Zeit und mit dem Zweck, ein gemeinsames Ziel zu verfolgen, verstanden (z. B. für eine Sache demonstrieren).

Die Versammlungsfreiheit ist die Voraussetzung zur Ausübung der politischen Rechte. Sie ermöglicht den Meinungsaustausch und die Willensbildung. Sie schützt aber nicht nur politische, sondern auch freundschaftliche, wissenschaftliche, künstlerische, sportliche Zusammenkünfte usw.

Einschränkungen
- Die Versammlungsfreiheit kann nur für friedliche Versammlungen und Demonstrationen angerufen werden.
- Versammlungen auf öffentlichem Grund können für bewilligungspflichtig erklärt werden (damit z. B. verschiedene Versammlungen einander nicht stören).

■ BV 23: Vereinigungsfreiheit

Jede Person hat das Recht, Vereinigungen zu bilden, solchen beizutreten, anzugehören oder sich an den Tätigkeiten von Vereinigungen zu beteiligen. Niemand darf gezwungen werden, einer Vereinigung beizutreten oder anzugehören.

Eine Vereinigung ist ein dauerhafter Zusammenschluss mehrerer natürlicher oder juristischer Personen, um gemeinsam einen Zweck zu verfolgen. Im Gegensatz zum Zusammentreten bei der Versammlungsfreiheit bedarf es bei der Vereinigungsfreiheit eines Zusammenschlusses, d. h. man wird aktiv, um «sich zu vereinen». Für die Organisation des Personenzusammenschlusses massgebend sind insofern minimale Strukturen. Eine spezielle Rechtsform ist aber nicht notwendig.

Einschränkungen
Die Vereinigungsfreiheit kann nicht für den Schutz krimineller Taten beansprucht werden. Namentlich verbietet das Strafgesetzbuch die Gründung einer rechtswidrigen Vereinigung oder die Zugehörigkeit (z. B. zum Zweck von Verbrechen, Vergehen gegen den Staat oder verbotenem Nachrichtendienst gemäss StGB 265, 266, 266bis, 271–275bis).

BV 27: Wirtschaftsfreiheit

Unter die Wirtschaftsfreiheit fallen
- die freie Wahl des Berufs,
- die freie Wahl des Arbeitsplatzes sowie
- die freie Ausübung des Berufs.

Im Kern garantiert die Wirtschaftsfreiheit
- die Handels- und Gewerbefreiheit,
- die Freiheit der privatwirtschaftlichen Erwerbstätigkeit (die unternehmerische Freiheit) sowie
- die Vertragsfreiheit.

Darüber hinaus spricht sich die BV für eine grundsätzlich staatsfreie Wirtschaftsordnung aus, die auf dem Gedanken der Privatautonomie beruht und sich an marktwirtschaftlichen Prinzipien orientiert:
- für ein System des freien Wettbewerbs,
- für die Wettbewerbsneutralität staatlichen Handelns (z. B. darf der Staat Grossaufträge nicht systematisch der gleichen Firma erteilen),
- für den Grundsatz der Einheit des schweizerischen Wirtschaftsraumes (z. B. Verbot der Binnenzölle).

Dem Staat ist es untersagt, Massnahmen zu treffen, die den freien Wettbewerb behindern, um gewisse Gewerbezweige zu sichern oder zu begünstigen bzw. um das Wirtschaftsleben nach einem festen Plan zu lenken.

Einschränkungen

Als Einschränkungen gelten alle Massnahmen, die getroffen werden
- zum Schutz des Lebens und der Gesundheit,
- zum Schutz sogenannter Polizeigüter (besonders öffentliche Sittlichkeit, Treu und Glauben im Geschäftsverkehr),
- zur Raumplanung, zur Energiepolitik und zur Umweltpolitik,
- zur Verhinderung des unlauteren Wettbewerbs.

Weitere Einschränkungen der Wirtschaftsfreiheit:
- Monopole: Alleinrechte des Bundes (z. B. Zoll, Münzen und Banknoten)
- Regale: Alleinrechte der Kantone (z. B. Jagd und Fischerei)
- Konzessionen: Genehmigungen durch den Bund (z. B. Radio und Fernsehen, Bahnen)
- Patente: Ermächtigungen, verliehen durch die Kantone (an Lehrerinnen und Lehrer, Ärztinnen und Ärzte usw.)

Politische Pflichten

Pflicht: In der Verfassung verankerte Einschränkung der persönlichen Freiheit.

Damit wir Menschen miteinander zusammenleben können, braucht es Regeln. Die Bundesverfassung hält einerseits fest, welche Freiheiten und Rechte die Menschen in diesem Staat für sich in Anspruch nehmen können. Wer Rechte hat, muss andererseits aber auch bereit sein, ein gewisses Mass an Pflichten zu übernehmen. Wir haben in der Schweiz wesentlich mehr Freiheiten und Rechte als Pflichten.

Grundsatz: Kein Recht dispensiert von der Erfüllung der Pflichten.

BV 59: Militärdienst oder ziviler Ersatzdienst

- Die männlichen Schweizer Bürger sind verpflichtet, Militärdienst oder einen zivilen Ersatzdienst zu leisten, der anderthalbmal so lange dauert wie der Militärdienst.
- Nicht geleisteter Militärdienst, nicht geleisteter ziviler Ersatzdienst oder nicht geleisteter Dienst im Zivilschutz löst die Pflicht zur Zahlung von Militärpflichtersatz aus (eine Ersatzabgabe).

BV 61: Dienst im Zivilschutz

- Wer aus gesundheitlichen oder anderen Gründen keinen Militärdienst absolvieren kann, kann verpflichtet werden, Dienst im Zivilschutz zu leisten.
- Schweizerinnen können freiwillig Militärdienst oder Dienst im Zivilschutz leisten.
- Wer Militärdienst, zivilen Ersatzdienst oder im Zivilschutz Dienst leistet, hat Anspruch auf Erwerbsausfallsentschädigung (EO).

BV 62: Grundschulpflicht

- Mit dem Grundschulobligatorium wird sichergestellt, dass jedes Kind in den Genuss einer Grundschulbildung kommt.
- Die Schulen fallen grundsätzlich in die alleinige Kompetenz der Kantone (kantonale Schulhoheit).
- Der Grundschulunterricht steht nur unter staatlicher Leitung und Aufsicht.
- An öffentlichen Schulen ist der Schulbesuch für alle Einwohnerinnen und Einwohner unentgeltlich, unabhängig von der Staatszugehörigkeit.
- Der Schuljahresbeginn für die obligatorische Schulpflicht ist verbindlich auf den Herbst festgelegt.

BV 128: Steuerpflicht

Dem Recht des Staates, Steuern zu erheben, entspricht automatisch die Pflicht seiner Bürger, Steuern zu bezahlen. Jeder, der ein Einkommen erzielt oder Vermögen hat, soll die Lasten der Öffentlichkeit tragen helfen.

«Unechte Pflichten»

Amtspflicht Gewisse Kantonsverfassungen bestimmen, dass eine vom Volk in ein öffentliches Amt gewählte Person verpflichtet ist, mindestens eine Amtsperiode zu absolvieren.

Gehorsamspflicht Jeder und jede hat die Pflicht, Gesetze und Vorschriften einzuhalten, und soll alles unterlassen, was der Öffentlichkeit schaden könnte.

Treuepflicht Jeder hat in der Ausübung seiner Rechte und in der Erfüllung seiner Pflichten nach Treu und Glauben (siehe S. 14) zu handeln.

2 Staat

2.4 Regierungsformen

Verständnis

- Was sind die Merkmale einer Demokratie?

- Was ist der Hauptunterschied zwischen der halbdirekten Demokratie (z. B. Schweiz) und der indirekten (repräsentativen) Demokratie (z. B. Deutschland)?

- Was sind positive bzw. negative Aspekte einer Konkordanzdemokratie (z. B. Schweiz) im Vergleich zu einer Konkurrenzdemokratie (z. B. Vereinigtes Königreich)?

- Was sind die Hauptmerkmale einer Diktatur?

Diskussion

- Wieso sind Menschen Ihrer Meinung nach bereit, ihre Jobs oder gar ihr Leben zu riskieren, um für demokratische Rechte zu kämpfen (z. B. in Hong Kong, Russland)?

Die Demokratie

Demokratie: Volksherrschaft. Das Volk ist oberster Entscheidungsträger im Staat.

Merkmale der Demokratie
- Die Macht im Staat geht von der Gesamtheit der Staatsbürgerinnen und Staatsbürger aus (Wahlen, Abstimmungen). Die Staatsgewalt ist aufgeteilt in Parlament, Regierung und Gerichte (Gewaltenteilung).
- Es gilt das Prinzip der Rechtsstaatlichkeit. Dieses umfasst u. a.:
  - die Garantie der Grundrechte,
  - eine unabhängige Rechtsprechung,
  - die Rechtsweggarantie.
- Alle Bürgerinnen und Bürger haben vor dem Gesetz die gleichen Freiheiten, Rechte und Pflichten.
- Die Freiheiten und Rechte sind vielfältig und durch eine klare Rechtsordnung garantiert.
- Eine Vielzahl von Parteien politisieren demokratisch.

■ Idealformen der Demokratie

Die direkte Demokratie

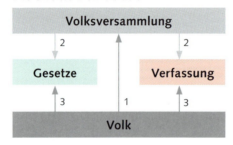

1. Das Volk trifft sich zur Volksversammlung (z. B. Gemeindeversammlung, Landsgemeinde).
2. Die Volksversammlung arbeitet Gesetze und Verfassungsänderungen aus.
3. Das Volk beschliesst über Gesetze und Verfassungsänderungen endgültig.

Beispiele: In dieser Form existiert die direkte Demokratie nirgends. Ihr am nächsten kommen die zwei Landsgemeindekantone Appenzell Innerrhoden und Glarus und alle Gemeindeversammlungen.

Die indirekte (repräsentative) Demokratie

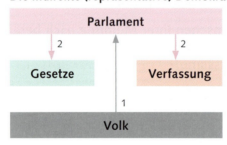

1. Das Volk wählt seine Abgeordneten ins Parlament.
2. Das Parlament arbeitet Gesetze und Verfassungsänderungen aus und beschliesst darüber endgültig. Das Volk kann nicht mehr darüber entscheiden.

Beispiele: Deutschland, Niederlande, Portugal, Frankreich, Italien

Die halbdirekte Demokratie

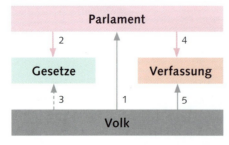

1. Das Volk wählt seine Abgeordneten ins Parlament.
2. Das Parlament arbeitet Gesetze aus und beschliesst darüber.
3. Innerhalb von 100 Tagen kann das Volk das fakultative Gesetzesreferendum ergreifen (mind. 50 000 Unterschriften). Kommt es zustande, entscheidet das Volk endgültig (siehe S. 204).
4. Das Parlament kann von sich aus eine Verfassungsänderung beschliessen. Volk und Stände entscheiden darüber endgültig (obligatorisches Verfassungsreferendum, siehe S. 205).
5. Aus dem Volk kann eine formulierte Initiative (mind. 100 000 Unterschriften in 18 Monaten) eingereicht werden. Volk und Stände entscheiden darüber endgültig (siehe S. 206 f.).

Beispiel: Schweiz

Regierungsformen

■ Die Konkordanzdemokratie

Konkordanzdemokratie: Alle massgeblichen Parteien sind in der Regierung vertreten, was hohe politische Stabilität bringt.

Die in der Regierung vertretenen politischen Kräfte können sehr unterschiedlich sein. Sie müssen daher versuchen, sich von Fall zu Fall zu einigen und so Lösungen zu finden, die von allen mitgetragen werden können. Es braucht also eine grosse Kompromissbereitschaft. Eine Regierungschefin oder ein Regierungschef fehlt in diesem System (siehe «Kollegialbehörde», S. 184 und «Konkordante Zusammensetzung des Bundesrates», S. 186).

Die Schweizer Konkordanzdemokratie

Die Regierungen auf Bundes-, Kantons- und Gemeindeebene (Bundesrat, Regierungsrat, Gemeinderat) setzen sich aus Mitgliedern verschiedener politischer Parteien zusammen. Während auf Bundesebene die Vereinigte Bundesversammlung die Regierung wählt und dabei auf die Stärke der Parteien im Parlament Rücksicht nimmt, entscheidet in den Kantonen und in den Gemeinden das Volk über die Zusammensetzung der Regierung. Dabei spielt nicht selten der freiwillige Proporz eine Rolle: Die grossen Parteien streben in der Regierung eine Sitzzahl an, die etwa ihrer Parteistärke entspricht.

Lösungen als Kompromisse

Die Problemlösung erfolgt in einem breiten, eher langwierigen Prozess des Dialogs, des Verhandelns und des Taktierens. Dabei werden auch laufend Kompromisse geschlossen.

■ Die Konkurrenzdemokratie

Konkurrenzdemokratie: Das Parlament ist aufgeteilt in eine Regierungspartei (oder auch Regierungsparteien) und Opposition.

In der Konkurrenzdemokratie wird die Regierung entsprechend dem Resultat der Parlamentswahlen gebildet.

Regierungsbildung

Eine oder mehrere Parteien (Koalition) bilden eine Regierung. Alle anderen Parteien sind in der Opposition. Der vom Parlament gewählten Regierung steht ein Regierungschef vor. Er leitet das Kabinett, das sich aus den Ministerinnen und Ministern zusammensetzt.

Regierung und Opposition

In diesem System arbeiten die Parlamentarier und Parlamentarierinnen der Regierungsparteien und die Regierung Hand in Hand: Die Regierung bringt die Gesetzesvorschläge, Gesetzesänderungen usw. vor das Parlament, und normalerweise werden diese dort problemlos beschlossen, denn die Zustimmung der Parlamentarier der Regierungsparteien wurde schon vorher in den Fraktionssitzungen ausgehandelt.

Die Opposition kritisiert die Regierung und deren Arbeit und kann versuchen, diese mittels Misstrauensvotum zu stürzen, um selber die Regierungsverantwortung übernehmen zu können. Findet ein Misstrauensvotum eine Mehrheit im Parlament, werden entweder Neuwahlen ausgeschrieben oder die Opposition übernimmt die Regierungsgeschäfte und die Regierungsparteien müssen sich in die Rolle der Opposition schicken. In den USA regieren beispielsweise seit Dezember 2017 die Republikaner, während die Demokraten die Oppositionspartei sind.

Diktatur und Monarchie

■ Die Diktatur

Diktatur: Gewaltherrschaft. Die Macht im Staat wird von einer Einzelperson («Präsident», «Führer», «General» usw.) oder einer kleinen Gruppe von Personen ausgeübt.

Merkmale der Diktatur
- Ein Mitbestimmungsrecht des Volkes im politischen Entscheidungsprozess fehlt.
- Es besteht keine Gewaltenteilung in Parlament, Regierung und Gerichte.
- Gesetze werden missachtet, und die Grundrechte sind weitgehend eingeschränkt, vor allem die Meinungsäusserungs- und die Versammlungsfreiheit.
- Das Volk wird mit verschiedenen Mitteln unterdrückt (z. B. durch Pressezensur, Verhaftung, Folter).
- Scheinwahlen gaukeln nach aussen «Demokratie» vor.
- Die Massenmedien sind in der Hand der Führung und betreiben Propaganda zu deren Gunsten.

Die Militärdiktatur
Die alleinige Macht liegt bei einem militärischen Führer, oder sie wird von einem Offizierskorps ausgeübt (z. B. Chile 1973–1990, Burma 1962–2011, Griechenland 1967–1974, Spanien 1939–1975 und Indonesien 1965–1998).

Die Parteidiktatur
Im Staat ist nur eine einzige Partei zugelassen. Die Exponenten dieser Partei sind gleichzeitig Träger der Macht (z. B. Sowjetunion bis 1991, China, Eritrea, Kuba, Nordkorea).

Die Theokratie
Eine religiöse Gruppe übernimmt die Funktion der Partei. In dieser Art der Diktatur sind es religiöse Führer, welche die Macht ausüben (z. B. Iran mit islamischer Verfassung seit 1980).

■ Die Monarchie

Monarchie: Grundsätzlich Alleinherrschaft einer Person (Monarchin/Monarch), welche die Geschicke des Staates lenkt. Die Monarchin bzw. der Monarch kommt auf den Thron entweder durch Erbrecht innerhalb eines bestimmten Geschlechts (Erbmonarchie) oder durch Wahl innerhalb eines bestimmten Kreises von Personen (Wahlmonarchie). Diese Herrschaft wird durch ein von Gott verliehenes Recht legitimiert («Gottesgnadentum») und meistens auf Lebzeiten ausgeübt.

Man unterscheidet drei Formen von Monarchien:

Die absolute Monarchie
Ein Monarch herrscht uneingeschränkt. Dies ist mit der Diktatur gleichzusetzen.

Beispiele: Saudi-Arabien, Katar, Brunei

Die konstitutionelle Monarchie
Die Herrschaftsgewalt des Monarchen ist durch die Staatsverfassung beschränkt.

Beispiele: Bahrain, Liechtenstein, Monaco und Luxemburg

Die parlamentarische Monarchie
Die Monarchin oder der Monarch hat als Staatsoberhaupt nur noch repräsentative Funktionen.

Beispiele: Königreiche Belgien, Dänemark, Grossbritannien, Niederlande, Norwegen, Schweden, Spanien und Thailand, Kaiserreich Japan

2 Staat

2.5 Die Schweiz und die Welt

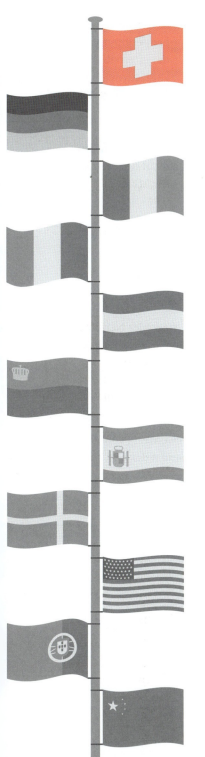

Verständnis

- Welche Handlungen sind für die Schweiz als sogenannter neutraler Staat nicht zulässig?

- Welche Mittel und Instrumente der internationalen Friedenspolitik stehen der UNO zur Verfügung, welche nicht?

- Kann der Europarat neue Gesetze beschliessen?

- Für welche Bereiche hat die Schweiz Verträge mit der EU?

- Welche Formen der Entwicklungszusammenarbeit gibt es?

- Welche Vor- und Nachteile bringt die zunehmende globale Verflechtung mit sich?

- Wer gilt als politischer Flüchtling gemäss Genfer Flüchtlingskonvention von 1951?

- Welche Aufenthaltskategorien gibt es in der Schweiz?

- Können rassistische Äusserungen in der Schweiz unter Strafe gestellt werden?

- Wie hängen Heimat und Identität zusammen?

Diskussion

- Welche Probleme können einzelne Staaten nicht alleine lösen, sodass sie auf eine Zusammenarbeit angewiesen sind?

Neutralität

Neutralität: Ein Staat verhält sich neutral, wenn er in einem Krieg zwischen Staaten nicht Partei ergreift. Die Neutralität der Schweiz ist selbst gewählt, dauernd und bewaffnet.

■ Die Elemente der Neutralität

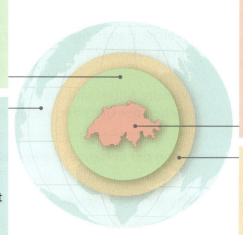

Die Politik jedes Landes stützt sich auf seine Interessen, seine **Tradition** und seine **Geschichte** ab.

Die **internationale Lage** bestimmt den Handlungsspielraum der Neutralitätspolitik mit. So war z. B. die Handlungsfreiheit der Schweiz im Zweiten Weltkrieg stark eingeengt.

Die **Neutralitätspolitik** stellt die Wirksamkeit und die Glaubwürdigkeit der Neutralität sicher. Sie orientiert sich am Recht, an den Landesinteressen, an der internationalen Lage sowie an der Tradition und der Geschichte.

Das **Neutralitätsrecht** definiert die Rechte und Pflichten eines neutralen Staates.

In Anlehnung an: Kommunikation VBS (Hrsg.): Die Neutralität der Schweiz. 4. Aufl., 2004

■ Neutralitätsrechtliche Bestimmungen

Neutralitätsrechtlich nicht zulässig ist:
- an einem bewaffneten Konflikt zwischen Staaten teilzunehmen, wenn der Neutrale nicht selber militärisch angegriffen wird,
- eine Kriegspartei militärisch zu unterstützen,
- in Friedenszeiten Truppenstützpunkte auf seinem Territorium zuzulassen und eine Beistandsverpflichtung für den Kriegsfall einzugehen, z. B. durch den Beitritt zur NATO.

Neutralitätsrechtlich zulässig ist:
- die Teilnahme an friedensunterstützenden Massnahmen und Gewährung von Transitrechten für friedensunterstützende Einsätze, die unter einem Mandat des UNO-Sicherheitsrates oder mit Zustimmung der Konfliktparteien erfolgen,
- die Mitgliedschaft in der UNO, im Europarat, in der EU
- die Teilnahme an der «Partnerschaft für den Frieden»,
- die Zusammenarbeit mit anderen Staaten in der militärischen Ausbildung, in der Rüstungsbeschaffung und in der Friedensunterstützung.

Die Neutralitätspolitik der Schweiz

■ Flexible Neutralitätspolitik

Wie die Schweiz ihre Neutralität im Einzelfall handhabt, ist eine politische Frage und wird im konkreten Fall vom Bundesrat entschieden. Im 20. Jahrhundert unterlag die schweizerische Neutralitätspolitik grossen Veränderungen. Im 21. Jahrhundert sind vor allem der internationale Terrorismus und der Links- bzw. Rechtsextremismus sowie die Kriege im Nahen Osten die grossen Herausforderungen für die Schweizer Neutralitätspolitik.

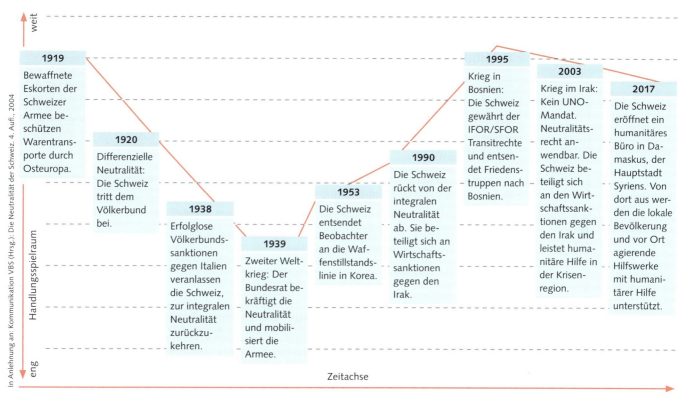

Der Handlungsspielraum der schweizerischen Neutralitätspolitik hat sich im Lauf des 20. Jh. wiederholt verändert.

■ Neutralität beibehalten oder aufgeben?

Die Schweiz hat ihre Neutralität selbst gewählt und kann daher aus eigenem Entschluss wieder auf sie verzichten. Da die Neutralität dazu dient, die äussere Sicherheit der Schweiz zu gewährleisten, darf der Entscheid über die Beibehaltung oder die Abschaffung der Neutralität keine Glaubensfrage sein. Man muss sich die Frage stellen: Welche Mittel können uns die äussere Sicherheit am besten gewähren?

Neutrale und bündnisfreie Staaten in Europa

Schweiz
Neutral seit 1516 bzw. völkerrechtlich anerkannt seit 1815. Grund: Aussenpolitisches Instrument für Kleinstaat; Zusammenhalt des Landes.

Irland
Neutral seit 1938. Grund: Distanz zum Nachbarland Grossbritannien.

Schweden
Im Jahre 2000 hat Schweden die Neutralität aus der Verfassung gestrichen. Militärisch bleibt das Land aber bündnisfrei.

Österreich
Seit 1955 neutral. 2001 wurde die Neutralität in Bündnisfreiheit umdefiniert.

Finnland
Im Jahre 2001 hat sich Finnland «allianzfrei» erklärt.

Die UNO

UNO (United Nations Organization = Vereinte Nationen): 1945 gegründeter Staatenbund mit Sitz in New York. Der UNO gehören zurzeit 193 von 194 vollständig von der UNO anerkannte souveräne Staaten als Vollmitglieder an. 2002 wurde die Schweiz das 190. Mitglied der UNO. Die UNO kann zwar nicht gesetzgeberisch wirken, hat aber aufgrund der Zwangsgewalt des Sicherheitsrates durchaus die Möglichkeit, Sanktionen zu ergreifen (selbst militärische).

UN-Charta: Urkunde, in der die Ziele der UNO formuliert sind.

■ Mitglieder

Mitglied der UNO kann jedes friedliebende Land werden, das die Verpflichtungen der UN-Charta annimmt und auf Vorschlag des Weltsicherheitsrates von der Generalversammlung mit Zweidrittelmehrheit gewählt wird. Die Mitgliedschaft kann ausgesetzt oder annulliert werden, wenn ein Mitglied die Grundsätze der Charta nicht beachtet. Der Austritt steht jedem Mitglied frei.

Nichtmitglied der UNO ist nur noch der Vatikan. Taiwan wird von der UNO wie auch von vielen Staaten der Welt diplomatisch nicht anerkannt, da nur die Volksrepublik China als legitime und alleinige Vertreterin Chinas betrachtet wird. Die UNO-Vollversammlung hat 1998 Palästina als nicht stimmberechtigtes Mitglied aufgenommen und es im November 2012 zum Beobachterstaat aufgewertet.

■ Ziele

Die UNO wurde zunächst gegründet, um künftige Generationen vor Kriegen zu bewahren. Gemäss Artikel 1 der UNO-Charta geht es aber ganz allgemein darum,
- den Weltfrieden und die internationale Sicherheit zu wahren (Hauptziel),
- Menschenrechte, Gerechtigkeit und Freiheit zu wahren,
- die internationale Zusammenarbeit zu fördern,
- internationale Probleme in wirtschaftlichen oder humanitären Bereichen zu lösen.

■ Mittel

- Die Generalversammlung kann an die Adresse der Mitgliedsstaaten oder zuhanden des Sicherheitsrates Empfehlungen abgeben, aber von keiner Regierung Massnahmen erzwingen.
- Der Sicherheitsrat kann:
  - verbindliche Beschlüsse fassen (sogenannte Resolutionen),
  - Sanktionen (Zwangsmassnahmen) ergreifen, um den internationalen Frieden und die Sicherheit wiederherzustellen. *Beispiele:*
    - 1977: Waffenembargo gegen Südafrika wegen der Apartheidpolitik
    - 1990: Handelsembargo gegen den Irak wegen Einmarsch in Kuwait
    - 1994/95: Bombardierungen serbischer Stellungen in Bosnien durch NATO-Flugzeuge auf Bitten der UNO
    - 2006–2011: immer schärfere Sanktionen gegen den Iran wegen dessen Atomprogramm
    - 2011: Einrichtung einer Flugverbotszone und Massnahmen zum Schutz der Zivilbevölkerung (mit Luftangriffen, aber ohne Bodentruppen) in Libyen.

Die Schweiz und die Welt

■ Institutionen der UNO

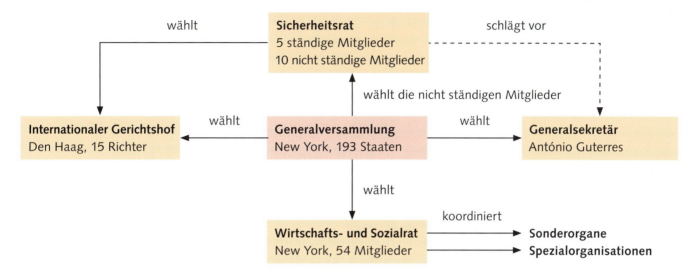

Die Generalversammlung
- Sie findet einmal jährlich statt.
- Jeder Staat hat eine Stimme.
- Bei wichtigen Fragen braucht es eine Zweidrittelmehrheit (= qualifiziertes Mehr).
- Sie erörtert alle Fragen bezüglich Weltfrieden und internationaler Sicherheit.
- Die Generalversammlung kann nur Empfehlungen zuhanden des Sicherheitsrats abgeben. Sie kann aber von keiner Regierung eines Mitgliedsstaates irgendwelche Massnahmen erzwingen. Die Empfehlungen haben daher höchstens moralisches Gewicht, weil sie die Meinung der Weltöffentlichkeit zum Ausdruck bringen.
- Sie wählt unter anderem den Generalsekretär oder die Generalsekretärin sowie die 10 nicht ständigen Mitglieder des Sicherheitsrats.

Der Sicherheitsrat
- Er besteht aus 15 Mitgliedern: 5 ständige Mitglieder – USA, Russland, China, Frankreich und Grossbritannien –, sowie 10 für je zwei Jahre von der Generalversammlung gewählte nicht ständige Mitglieder (5 aus Asien und Afrika, je 2 aus Lateinamerika und Westeuropa und eines aus Osteuropa), wobei in jedem Jahr 5 Mitglieder neu bestimmt werden.
- In der UN-Charta verpflichten sich alle Mitglieder der Vereinten Nationen, die Entscheidungen des Sicherheitsrats anzunehmen und zu befolgen.
- Er beschliesst Massnahmen bei einer Gefährdung des Weltfriedens (z. B. Handelsembargo bis hin zu militärischen Massnahmen).
- Ein Beschluss braucht die Zustimmung von mindestens 9 der 15 Mitglieder, wobei jedes der ständigen Mitglieder einen Beschluss mit seinem Veto (veto = ich verbiete) zu Fall bringen kann.
- Er kann Friedenstruppen entsenden (wegen der blauen Helme auch «Blauhelme» genannt), um zum Abbau von Spannungen in einer Krisenregion beizutragen oder um die Trennung gegnerischer Streitkräfte zu garantieren.
- Er kann andere Organisationen/Staaten mit einem Mandat zur Entsendung von Friedenstruppen legitimieren.

António Guterres (Portugal), Generalsekretär der UNO seit 2017

Norwegischer Blauhelm-Soldat während der Belagerung von Sarajevo durch die Serben

Der Europarat

Europarat: 1949 gegründete zwischenstaatliche Organisation (Staatenbund) von inzwischen 47 europäischen Staaten mit Sitz in Strassburg.

■ Mitglieder

Jeder europäische Staat kann Mitglied im Europarat werden, vorausgesetzt, er wird demokratisch regiert, akzeptiert das Prinzip der Rechtsstaatlichkeit (siehe S. 222) und garantiert seinen Bürgerinnen und Bürgern die Wahrung der Menschenrechte und der Grundfreiheiten. Der Europarat nimmt gelegentlich auch Staaten auf, welche die Bedingungen nur teilweise erfüllen, um auf den Demokratisierungsprozess Einfluss zu nehmen.

■ Ziele

- Achtung der Menschenrechte
- Wahrung der Grundfreiheiten des Einzelnen
- Bessere Lebensbedingungen in den Mitgliedsländern
- Stärkung der demokratischen Institutionen
- Kulturelle Zusammenarbeit
- Suche nach Lösungen für die aktuellen gesellschaftlichen Probleme Europas (Fremdenfeindlichkeit, Intoleranz, Umweltverschmutzung, Klonen von Menschen, Aids, Drogen, organisiertes Verbrechen usw.)

■ Mittel

Der Europarat erarbeitet Empfehlungen und Konventionen (Konventionen sind internationale Übereinkommen, Abmachungen). In über 200 Konventionen hat sich der Europarat u. a. zu folgenden Themen geäussert: Ausbau der Menschenrechte, Kulturaustausch, Medien, Demokratie auf lokaler und regionaler Ebene, Gesundheitswesen, soziale Fragen, Umweltschutz, Geldwäsche, Terrorismus, Menschenhandel.

Die zwei bedeutendsten und gewichtigsten Konventionen sind jene über die Menschen- und die Sozialrechte.

■ Die Europäische Menschenrechtskonvention (EMRK)

In ihr sind die Grund- und die Freiheitsrechte völkerrechtlich garantiert. Sie umfasst die wichtigsten unveräusserlichen individuellen Rechte und Freiheiten wie: das Recht auf Freiheit und körperliche Unversehrtheit, das Recht auf freie Wahlen, das Recht auf angemessenes rechtliches Gehör, das Recht auf Leben, das Recht auf freie Meinungsäusserung (siehe Grundrechte S. 210 und S. 215 ff.). Verboten sind: Folter, Sklaverei, Zwangsarbeit, Ausweisung oder Abschiebung eigener Staatsangehöriger usw.

■ Die Sozialcharta

Im Bereich der wirtschaftlichen und sozialen Grundrechte ist die Europäische Sozialcharta das Gegenstück zur Europäischen Menschenrechtskonvention. Sie garantiert auf der Grundlage der Gleichberechtigung folgende Sozialrechte: das Recht auf sichere und gesunde Arbeitsbedingungen, das Recht auf Arbeit, das Recht der Kinder, Jugendlichen und Arbeitnehmerinnen auf Schutz, das Recht auf Berufsausbildung usw.

Die Europäische Union (EU)

Europäische Union: 1957 gegründete internationale Organisation von 27 europäischen Staaten mit rund 446 Millionen Menschen (Stand: 1.2.2020). Der Hauptsitz der EU liegt in Brüssel. Der Sitz des Europäischen Parlaments ist in Strassburg. Das Hauptziel der EU ist, den Frieden in Europa zu sichern.

■ **EU-27 Mitgliedsländer**

Seit 1957 6 Kernländer
1 Belgien mit • Brüssel
2 Frankreich mit • Strassburg
3 Italien
4 Luxemburg
5 Niederlande
6 Deutschland

Seit 1973
7 Dänemark
8 Irland

Seit 1981
9 Griechenland

Seit 1986
10 Spanien
11 Portugal

Seit 1995
12 Finnland
13 Österreich
14 Schweden

Seit 2004
15 Estland
16 Lettland
17 Litauen
18 Malta
19 Polen
20 Slowakei
21 Ungarn
22 Tschechien
23 Zypern
24 Slowenien

Seit 2007
25 Bulgarien
26 Rumänien

Seit 2013
27 Kroatien

■ **Beitrittskandidaten**
28 Türkei
29 Montenegro
30 Serbien
31 Nordmazedonien
32 Albanien

■ **Potenzielle Beitrittskandidaten**
33 Bosnien und Herzegowina
34 Kosovo

▨ **Ehemaliges Mitglied**
35 Vereinigtes Königreich 1973–2020

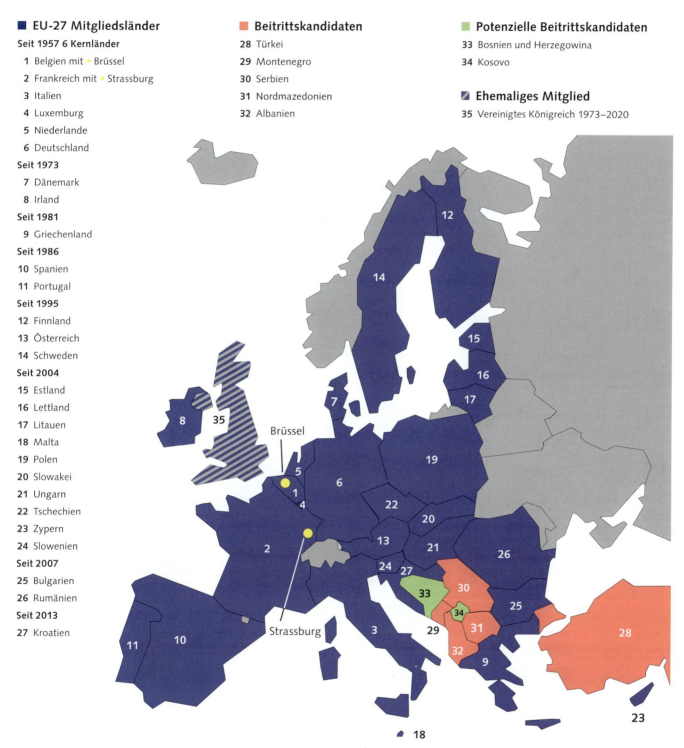

Die Schweiz hat zwar 1992 ein Beitrittsgesuch eingereicht, dieses aber 24 Jahre später definitiv zurückgezogen. Daher ist die Schweiz aus Sicht der EU ein gewöhnlicher Drittstaat. 2016 stimmten die Wähler und Wählerinnen des Vereinigten Königreichs für den Austritt aus der EU («Brexit»). Der Austrittsvorgang wurde 2017 in Gang gesetzt. Am 31. Januar 2020 trat das Vereinigte Königreich aus der EU aus. Bis Ende 2020 bleibt es noch Teil des EU-Binnenmarkts und der Zollunion.

■ Ziel

Das Hauptziel der EU ist es, in Europa die Sicherung des Friedens in Freiheit zu verwirklichen. Dieses Ziel soll zuerst über den Weg der wirtschaftlichen Zusammenarbeit (bis hin zur wirtschaftlichen Vereinigung = Wirtschaftsunion) erreicht werden. In einem weiteren Schritt will man den politischen Zusammenschluss anstreben (politische Union).

■ Das Mehrebenensystem der EU

Die EU ist ein System, das hauptsächlich zwei Ebenen umfasst, die teilweise ineinandergreifen:
1. die supranationale (überstaatliche) Ebene mit den EU-Institutionen,
2. die Ebene der einzelnen EU-Mitgliedsländer, auf der nicht nur die Regierungen eine wichtige Rolle spielen, sondern u. a. die Parlamente, die Verbände und die Parteien sowie die Regionen und die Gemeinden.

Institutionen der Europäischen Union

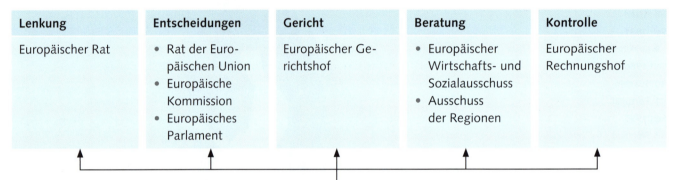

Jedes EU-Land delegiert oder wählt seine Vertreterinnen und Vertreter in die verschiedenen EU-Institutionen.

Die Vertreterinnen und Vertreter in den Ausschuss der Regionen werden von den Regionen und den Gemeinden bestimmt.

Die 27 Länder der Europäischen Union

A: Bevölkerung: rund 446 Mio. (Stand: 1.2.2020)
B: Sitze im Europäischen Parlament (Total 705)

Quelle: www.statista.com, europarl.europa.eu

Die wichtigsten Institutionen der EU

■ Der Europäische Rat

Europäischer Rat: Er ist die höchste Institution der EU. Er gibt der EU die für ihre Entwicklung erforderlichen Impulse und legt die allgemeinen politischen Zielvorstellungen für diese Entwicklung fest.

Der Europäische Rat setzt sich zusammen aus:
- 27 Staats- und Regierungschefs: Sie treffen alle wichtigen politischen Entscheidungen und wählen einen ständigen Präsidenten.
- Präsident des Europäischen Rates: Seine Amtsdauer beträgt zweieinhalb Jahre (eine einmalige Wiederwahl ist möglich). Der Präsident führt den Vorsitz im Europäischen Rat. Nach aussen soll er der Hauptentscheidungsinstitution der EU ein Gesicht geben. Er darf an den Abstimmungen nicht teilnehmen.
- Kommissionspräsident: Auch er ist nicht stimmberechtigt.

■ Rat der Europäischen Union (inoffiziell: Ministerrat)

Rat der Europäischen Union: Als Vertreter der Mitgliedsstaaten beschliesst er alle wesentlichen rechtlichen Erlasse (Verordnungen) und erlässt Richtlinien. Er verfügt über die Kompetenz, Recht zu setzen (diese Kompetenz teilt er mit dem Europäischen Parlament). Der Rat der Europäischen Union besteht aus den Fachministern aus jedem EU-Land, je nach behandeltem Politikbereich.

Zusammensetzung
Der Rat der Europäischen Union tritt je nach Politikbereich in unterschiedlicher Besetzung in Brüssel zusammen. Geht es etwa um Fragen der Umwelt, so bilden die Umweltminister aller 27 Mitgliedsstaaten den Umweltministerrat. Zudem ist jeweils das zuständige Kommissionsmitglied anwesend.
Alle im Rat der Europäischen Union vertretenen Minister sind befugt, für ihre Regierungen verbindlich zu handeln. Zudem sind die im Rat der Europäischen Union tagenden Minister und Ministerinnen ihren nationalen Parlamenten sowie ihren Bürgerinnen und Bürgern gegenüber verantwortlich. Dies garantiert die demokratische Verankerung der Beschlüsse des Rats der Europäischen Union.

Aufgaben
Der Rat der Europäischen Union hat sechs zentrale Aufgaben:
- Er verabschiedet europäische Rechtsvorschriften. In vielen Bereichen geschieht dies gemeinsam mit dem Europäischen Parlament.
- Er sorgt für die Koordination in der Wirtschaftspolitik der Mitgliedsstaaten.
- Er schliesst internationale Übereinkünfte ab zwischen der EU und einem oder mehreren Staaten oder internationalen Organisationen.
- Er genehmigt zusammen mit dem EU-Parlament den Haushaltsplan der EU.
- Aufgrund der vom Europäischen Rat festgelegten allgemeinen Leitlinien entwickelt er die Gemeinsame Aussen- und Sicherheitspolitik (GASP) der EU.
- Er koordiniert die Zusammenarbeit der nationalen Gerichte und Polizeikräfte in Strafsachen.

Vorsitz im Rat der Europäischen Union
Der Vorsitz im Rat der Europäischen Union wechselt alle 6 Monate. Dies bedeutet, dass alle EU-Staaten abwechselnd jeweils 6 Monate lang für die Tagesordnung des Rates verantwortlich sind. Das Land, das den Vorsitz hat, treibt gesetzgeberische und politische Entscheidungen voran und vermittelt Kompromisse unter den Mitgliedsstaaten.
Im Rat für Auswärtige Angelegenheiten hat der Hohe Vertreter der Europäischen Union für Aussen- und Sicherheitspolitik den Vorsitz. Er ist für 5 Jahre gewählt.

Die Europäische Kommission

Europäische Kommission: Sie ist gleichermassen die Regierung der EU, welche die Beschlüsse des Rats der Europäischen Union und des Europäischen Parlaments umsetzt. Zudem bildet sie innerhalb der EU die Antriebskraft, indem sie Rechtsvorschriften, politische Massnahmen und Aktionsprogramme vorschlägt. Die Kommission besteht aus 27 Mitgliedern (je ein Mitglied pro EU-Land).

Zusammensetzung

Die Neubesetzung der Kommission erfolgt alle 5 Jahre. Dabei wird folgendermassen vorgegangen: Das Europäische Parlament wählt zuerst den neuen Präsidenten bzw. die Präsidentin der Kommission auf Vorschlag des Europäischen Rats. Dann bestimmen der designierte Kommissionspräsident bzw. die designierte Kommissionspräsidentin und der Europäische Rat die Zusammensetzung der Kommission. Danach genehmigt das Europäische Parlament in einer Abstimmung das Gesamtgremium der Kommission. Nach der Zustimmung des Parlaments wird die neue Kommission schliesslich vom Rat offiziell ernannt.

Die Kommissionspräsidentin spielt nicht nur bei der Wahl der Kommissare und Kommissarinnen eine wichtige Rolle, sie entscheidet auch darüber, für welche Politikbereiche die einzelnen Kommissare verantwortlich sind. Sie kann diese Zuständigkeiten während seiner Amtszeit gegebenenfalls neu verteilen. Die Präsidentin hat eine Richtlinienkompetenz in der Kommission und kann selbstständig einzelne Kommissare entlassen.

Aufgaben

Die Europäische Kommission hat im Wesentlichen vier Aufgaben:
1. dem Parlament und dem Rat der Europäischen Union neue Rechtsvorschriften vorschlagen,
2. die EU-Politik umsetzen und den Haushalt verwalten,
3. gemeinsam mit dem Europäischen Gerichtshof die Einhaltung des europäischen Rechts überwachen,
4. die Europäische Union auf internationaler Ebene vertreten, etwa durch Aushandeln von Übereinkommen zwischen der EU und anderen Ländern.

Das Europäische Parlament

Europäisches Parlament: Ist die demokratisch gewählte Vertretung und das politische Kontrollorgan der Menschen in der EU. Es ist darüber hinaus am Rechtsetzungsprozess beteiligt, aber es ist nicht die gesetzgebende Institution wie die Parlamente in den einzelnen Staaten. Das Europäische Parlament zählt 705 Mitglieder, seine Amtsdauer beträgt 5 Jahre.

- Eine EU-Norm (Gesetz) kommt nur zustande, wenn der Rat und das Parlament zustimmen. In einigen Bereichen (z. B. Landwirtschaft, Wirtschaftspolitik, Visa- und Einwanderungspolitik) hat der Rat der Europäischen Union die alleinige Rechtsetzungsbefugnis. Er muss aber das Parlament anhören. Zudem ist die Zustimmung des Parlaments bei gewissen wichtigen Entscheidungen (z. B. Beitritt neuer Länder zur EU) erforderlich.
- Das Parlament übt eine demokratische Kontrolle über die anderen europäischen Institutionen aus. Es bestimmt bei der Zusammensetzung der Kommission mit und prüft deren Berichte periodisch. Die Parlamentsabgeordneten richten zudem regelmässig Anfragen an den Rat der Europäischen Union.
- Der EU-Haushalt wird jährlich von Parlament und Rat gemeinsam verabschiedet, und ein Parlamentsausschuss überwacht die Verwendung der Haushaltsmittel.

Die Schweiz und die EU

■ **Die bilateralen Verträge zwischen der Schweiz und der EU**

Bilateraler Vertrag: Ein Vertrag zwischen zwei Vertragspartnern.

Bilaterale Verträge Schweiz–EU: Verträge, die zwischen der Schweiz auf der einen Seite und der EU auf der anderen abgeschlossen wurden.
Die EU-Länder treten als Einheit wie ein einziger Staat auf.

Folien, bilaterale Abkommen
eda.admin.ch

Slide presentations, bilateral agreements
eda.admin.ch

Mit der Ablehnung zum EWR-Beitritt (1992) hat sich die Schweiz für den bilateralen Weg mit der EU entschieden.

Die Verträge sind zwar rechtlich voneinander unabhängig, aber durch Verknüpfungs- oder «Guillotine»-Klauseln miteinander verknüpft. Im Fall einer Kündigung oder einer Nichtverlängerung würde nicht nur der betreffende Vertrag, sondern alle sieben Abkommen hinfällig. Diese Regelung sollte ein «Rosinenpicken» durch die Schweiz verhindern und erklärt, weshalb die Abkommen nicht einzeln, sondern als Gesamtpaket zur Volksabstimmung gelangten.

Bilaterale I (Volksabstimmung im Jahr 2000)
Sie umfassen sieben Bereiche:
- Freier Personenverkehr: schrittweise Öffnung der Arbeitsmärkte
- Forschung: Beteiligungsmöglichkeit für Schweizer Forschende an EU-Forschungsprogrammen
- Landverkehr: schrittweise Öffnung der Märkte für Strassen- und Schienenverkehr
- Landwirtschaft: Vereinfachung des Handels mit Agrarprodukten durch Zollabbau und gegenseitige Anerkennung der Gleichwertigkeit der Vorschriften
- Luftverkehr: schrittweise Gewährung von Zugangsrechten zu den gegenseitigen Luftverkehrsmärkten für Fluggesellschaften
- Öffentliches Beschaffungswesen: Ausweitung der Ausschreibungspflicht für Beschaffungen oder Bauten des Staates und öffentlicher Unternehmen
- Technische Handelshemmnisse: Vereinfachung der Produktezulassung

Bilaterale II (wurden 2004 unterzeichnet)
Sie umfassen neun Dossiers:
- Zusammenarbeit bei Justiz, Polizei, Asyl und Migration (Schengen/Dublin)
- Automatischer Informationsaustausch AIA (ehem. Zinsbesteuerungsabkommen)
- Betrugsbekämpfung: Verbessert die Zusammenarbeit bei der Bekämpfung von Schmuggel und anderen Deliktformen
- Verarbeitete Landwirtschaftprodukte: Regelt den Handel mit verarbeiteten Landwirtschaftsprodukten (Nahrungsmittel wie Schokolade, Biskuits, Teigwaren u. a.)
- Umwelt: Zugang zu europaweiter Umweltdatenbank mit ihren zahlreichen Bereichen
- Statistik: Passt die statistische Datenerhebung der Schweiz an die Standards des Statistischen Amts der EU (Eurostat) an. Schafft Zugang zu einer europaweiten Basis vergleichbarer Daten zu wirtschaftlichen, politischen und sozialen Fragen
- Media (Kreatives Europa): Teilnahme der Schweiz am EU-Rahmenprogramm «Kreatives Europa»: Filmförderungsprogramm «MEDIA» sowie Kulturprogramm 2014–2020
- Ruhegehälter: Beseitigt die Doppelbesteuerung von Pensionen ehemaliger EU-Beamtinnen und -Beamter, die in der Schweiz wohnen
- Bildung/Forschung/Berufsbildung/Jugend: Beteiligung der Schweiz an Bildungs-, Berufsbildungs- und Jugendprogrammen der EU. «Erasmus+»: Neue Programmgeneration 2014–2020

Freier Personenverkehr

Migration, Einreise, Aufenthalt
sem.admin.ch

Migration, entry and residence
sem.admin.ch

■ Die Bestimmungen des bilateralen Vertrags mit der EU

Schweizer Bürger und Bürgerinnen sind in allen EU-Mitgliedsstaaten den EU-Bürgern gleichgestellt. Sie – wie auch die Bürger und Bürgerinnen der EU – sollen freien Zugang zu den jeweiligen nationalen Arbeitsmärkten erhalten. Voraussetzung: Die Bürger und Bürgerinnen der EU verfügen über einen gültigen Arbeitsvertrag oder sind selbstständig erwerbend oder sie haben ausreichende finanzielle Mittel und eine umfassende Krankenversicherung.

Jahresaufenthalter oder Kurzaufenthalter aus den EU-Ländern bekommen u. a. das Recht, sich in der Schweiz frei niederzulassen oder die berufliche Tätigkeit zu wechseln. Die Erwerbstätigen dürfen zudem ihre Familienangehörigen «nachziehen», d. h., diese dürfen bei dem oder der Erwerbstätigen in der Schweiz leben.

Die Schweizer Bevölkerung hat 2009 entschieden, dass sie den Vertrag zum freien Personenverkehr ab dem 1.6.2009 unbefristet weiterführen will. Zugleich hat sie ihn auf alle EU-Länder ausgeweitet.

Personenfreizügigkeit für 17 EU-Länder
Seit 2007 gilt die volle Personenfreizügigkeit für die 15 Staaten der «alten» EU (siehe S. 231) sowie für Malta und Zypern.

Personenfreizügigkeit für 25 EU-Länder
Das Parlament verlangt vom Bundesrat Massnahmen zur Eindämmung der Zuwanderung, da seit dem 1. Mai 2011 für weitere acht EU-Staaten die Personenfreizügigkeit gilt: Estland, Lettland, Litauen, Polen, Tschechien, die Slowakei, Ungarn und Slowenien.

Personenfreizügigkeit für 27 EU-Länder
Die Ausdehnung der Personenfreizügigkeit auf die beiden EU-Staaten (Bulgarien und Rumänien) erfolgt am 1. Juni 2016. Die Schweiz kann noch für weitere drei Jahre die «Ventilklausel» anrufen, falls die Zuwanderung unerwünscht stark sein sollte.

Personenfreizügigkeit für alle 28 EU-Länder
Die Ausdehnung der Personenfreizügigkeit auf Kroatien ist seit dem 1.1.2017 in Kraft.

Brexit
Das Vereinigte Königreich und die EU haben sich auf eine Übergangsphase bis am 31. Dezember 2020 verständigt. Bis zu diesem Zeitpunkt ist das Vereinigte Königreich einem EU-Mitgliedstaat gleichzusetzen.

■ Flankierende Massnahmen zum freien Personenverkehr

Um Missbräuche zu verhindern, wurden die sogenannten flankierenden Massnahmen zum freien Personenverkehr beschlossen. Damit werden die zentralen Bestimmungen zum Schutz der Arbeitnehmenden festgelegt. Da das Prinzip der Nichtdiskriminierung gilt, finden die Massnahmen auf die Schweizer und auf die EU-Bürger und -Bürgerinnen in gleichem Masse Anwendung.

Im Wesentlichen sind folgende Massnahmen beschlossen worden:
- Gesamtarbeitsverträge können leichter als vorher für allgemeinverbindlich erklärt werden, falls die Löhne mehrmals missbräuchlich unterboten wurden.
- Die zuständige Behörde kann Normalarbeitsverträge mit Mindestlöhnen erlassen, wenn keine Gesamtarbeitsverträge vorhanden sind.
- Zusätzlich ist das «Entsendegesetz» in Kraft getreten: Arbeitnehmer und Arbeitnehmerinnen eines Unternehmens aus dem EU-Raum, die vorübergehend in die Schweiz zur Arbeit entsandt werden, unterstehen neu den schweizerischen Arbeitsvorschriften (z. B. Mindestlöhne, Gesamtarbeitsverträge, Verordnungen).
- Die Kantone werden verpflichtet, den Arbeitsmarkt durch Inspektoren zu kontrollieren.

Die Schweiz und die Welt

Entwicklungszusammenarbeit

> **Entwicklungszusammenarbeit:** Ist das gemeinsame Bemühen von Industrie- und Entwicklungsländern, weltweite Unterschiede in der sozioökonomischen Entwicklung und in den allgemeinen Lebensbedingungen dauerhaft und nachhaltig abzubauen. Als Grundprinzip der Zusammenarbeit gilt dabei stets «Hilfe zur Selbsthilfe» im Gegensatz zu blosser Nothilfe in Krisensituationen.

Es gibt verschiedene Formen der Entwicklungszusammenarbeit:

Generelle finanzielle Hilfe Ein reicher Staat oder eine internationale Organisation stellt einem armen Staat (meist über die Weltbank) Geld zur Verfügung, damit dieser nach eigenen Prioritäten die Entwicklung vorantreiben kann.

Zweckgebundene finanzielle Hilfe Um mit einem im Voraus vereinbarten konkreten Projekt die Entwicklung voranzutreiben, erhält ein armer Staat Geld (meist über die Weltbank) von einem reichen Staat oder einer internationalen Organisation.

Technische Hilfe Einem armen Staat wird technische Hilfe angeboten. Dies können etwa Bewässerungsanlagen, Brunnen für Trinkwasser, Methoden zum Anpflanzen von Gemüse, Früchten und/oder Getreide auf dafür schwierigem Boden, Kraftwerke, Installation von Fabriken, Kehrrichtverbrennungsanlagen, Kläranlagen und vieles mehr sein.

Wirtschaftliche Hilfe Einem armen Staat wird beispielsweise geholfen, die Ausbildung der Bürger und Bürgerinnen zu verbessern, Staatsschulden abzubauen, Industrien anzusiedeln, Währung zu stabilisieren usw.

Humanitäre Hilfe Es wird geholfen, Krisen wie Epidemien, Spital- und Ärztemangel, Naturkatastrophen, Flüchtlingsprobleme usw. zu bewältigen. Die humanitäre Hilfe beinhaltet auch, Naturkatastrophen vorzubeugen sowie Konflikte zu vermeiden und zu lösen.

Nahrungsmittelhilfe Es wird mit der Lieferung von Nahrungsmitteln geholfen, Hungersnöte zu mildern oder zu vermeiden.

■ Staatliche Entwicklungszusammenarbeit der Schweiz

Die internationale Zusammenarbeit der Schweiz umfasst sämtliche Beiträge der Schweiz in den Bereichen humanitäre Hilfe, technische Zusammenarbeit und Finanzhilfe zugunsten von Entwicklungsländern, Wirtschafts- und Handelskooperation, Zusammenarbeit mit den Ländern Osteuropas sowie Förderung von Frieden und menschlicher Sicherheit.

Humanitäre Hilfe
eda.admin.ch

Humanitarian Aid
eda.admin.ch

Die Direktion für Entwicklung und Zusammenarbeit (DEZA) hat für 2020 ein Budget von 2 Mrd. Franken zugesagt. Das entspricht 0,5 % des BIP der Schweiz. Das Budget von Deutschland beträgt 25 Mrd., von Schweden 5 Mrd. Franken.

Lernende der Luzerner Berufsschule helfen im Rahmen eines Schulprojekts in Sri Lanka bei der Ausbildung einheimischer Elektroinstallateure.

Nichtregierungsorganisationen (NGOs)

Nichtregierungsorganisationen: Sind Organisationen, die vom Staat unabhängig sind. Zudem sind NGOs nicht gewinnorientiert.

Heute ist die Abkürzung NGO (non-governmental organization) gebräuchlich. Die Organisationen sind lokal, regional, national und international tätig. Die NGOs geniessen oft grossen Rückhalt in der Bevölkerung.

Umwelt, Entwicklung, soziale Gerechtigkeit, Menschenrechte und Frieden sind ihre wichtigsten Anliegen. Ihren finanziellen Bedarf decken die NGOs hauptsächlich mit Spenden.

■ Wichtige internationale Nichtregierungsorganisationen

Amnesty International (AI)
Seit ihrer Gründung 1961 setzt sich Amnesty International vor allem für die Gefangenenhilfe und die weltweite Förderung des Menschenrechtsschutzes ein. Die Arbeit von Amnesty International beruht auf der «Allgemeinen Erklärung der Menschenrechte» der Vereinten Nationen von 1948.

Greenpeace
Nach eigener Aussage weist Greenpeace kreativ und gewaltfrei auf weltweite Umweltprobleme hin und versucht, Lösungen durchzusetzen. Ziel ist eine grüne und friedliche Zukunft
für die Erde und das Leben auf ihr in all seiner Vielfalt.

World Wildlife Fund (WWF)
Der WWF will der weltweiten Zerstörung der Umwelt Einhalt gebieten. Er setzt sich weltweit ein für die Erhaltung der Artenvielfalt, für die nachhaltige Nutzung der Ressourcen, für die Eindämmung der Umweltverschmutzung und gegen ein schädliches Konsumverhalten.

Internationales Komitee vom Roten Kreuz (IKRK)
Das Internationale Komitee vom Roten Kreuz hat seinen Sitz in Genf und ist von dort aus weltweit tätig. Seine humanitäre Mission besteht darin, das Leben und die Würde der Opfer bewaffneter Konflikte zu schützen und menschliches Leid durch die Verbreitung humanitärer Grundsätze und des humanitären Völkerrechts zu vermindern.

UNESCO
Zu den Aufgabengebieten der UNESCO gehören die Förderung von Erziehung, Wissenschaft und Kultur sowie Kommunikation und Information. So setzt sich die Organisation etwa für Bildung in Entwicklungsländern ein und restauriert wichtige Kulturgüter (z. B. Angkor Wat, Taj Mahal, Serengeti Nationalpark, usw)

UNHCR
Das Hochkommissariat für Flüchtlinge ist mit dem Schutz von Flüchtlingen und Staatenlosen beauftragt und auch im Bereich der humanitären Hilfe tätig. Der Sitz der Organisation ist in Genf.

■ Politische Bedeutung

In der heute stark vernetzten und globalisierten Gesellschaft erlangen grosse Organisationen zunehmend an Bedeutung und gewinnen einigen Einfluss auf Entscheide staatlicher Institutionen. Sie sind somit ein ernst zu nehmender politischer und gesellschaftlicher Machtfaktor. Mit Kampagnen, zum Teil spektakulären Aktionen und gezieltem Lobbyismus setzen sie sich dabei für ihre Anliegen ein.

Globalisierung

> **Globalisierung:** Ist die zunehmende weltumspannende Verflechtung in wirtschaftlichen, sozialen, kulturellen, politischen und rechtlichen Bereichen.

Die Globalisierung hat die Produktion von Gütern und Dienstleistungen erhöht (siehe S. 312). Die grössten Unternehmen sind keine nationalen Firmen mehr, sondern Global Players, d. h. multinationale Unternehmen mit Tochtergesellschaften in vielen Ländern. Eine weltumspannende Verflechtung zeigt sich auch auf dem Gebiet der Telekommunikation: Mobiltelefone und Internet geben heute nahezu jedem die Möglichkeit, problemlos mit Freunden, Familie und Geschäftspartnern in allen Teilen der Welt zu kommunizieren.

Globalisierte Politik
Aus der weltweiten Verflechtung auf vielen Gebieten des täglichen Lebens haben sich neue internationale Probleme ergeben. Diese können von den Einzelstaaten nicht alleine gelöst werden, sondern erfordern eine internationale Verständigung und Zusammenarbeit. Für Umweltfragen oder globale Sicherheitsthemen wie z. B. die Terrorabwehr oder die Cyberkriminalität ist eine globalisierte Politik nötig.

■ Entwicklung der Globalisierung

Der globale Handel findet seit jeher statt, er hat sich jedoch in den letzten 50 Jahren stark beschleunigt. Das Wort «Globalisierung» wurde ab Mitte des 20. Jahrhunderts verwendet, um insbesondere den erheblichen Anstieg des weltweiten Warenhandels zu beschreiben. Es setzte sich aber vor allem nach 1990 im allgemeinen Sprachgebrauch durch, um das «Zusammenwachsen der Welt» durch neue weltweite Beziehungen zwischen Menschen, Gesellschaften und Ländern zu beschreiben.

Veränderte Beziehungen
Zwei einschneidende Ereignisse prägten und veränderten die weltweiten Beziehungen:
- Mit dem Zusammenbruch der Sowjetunion im Jahr 1991 und damit dem Ende des Kalten Krieges war der Weg frei für den «kapitalistischen» Freihandel (siehe S. 317). Viele Produkte wie Kleider, die in unseren Geschäften angeboten werden, kommen mittlerweile aus weit entfernten Ländern.
- Die Entwicklung der «neuen Medien» wie das Internet und Mobiltelefone veränderten die Kommunikation und den Austausch. Durch das Internet kann man innerhalb von Sekunden Bilder, Videos, Nachrichten und ganze Bücher von einem Ort der Welt zum anderen schicken oder auch Geld von einem Konto auf ein anderes überweisen. Das Internet bietet neue Wege, sich zu informieren, auszutauschen und Meinungen zu verbreiten.

■ Folgen der Globalisierung: eine Auswahl

Die Verknüpfung verschiedener Bereiche und Regionen ruft Veränderungen hervor:

Transport
Grössere Frachtschiffe und intensiver Flugverkehr führen dazu, …

… dass die Kosten für den Transport von Gütern und Personen von einem Land ins andere sinken.

Handelsfreiheit
Organisationen wie die WTO (siehe S. 314 f.) fördern den freien Handel zwischen Ländern, …

… sodass es mehr multinationale Unternehmen und eine grosse Produktevielfalt gibt.

Kommunikation
Das Internet und die Mobilfunktechnologie entwickeln sich stetig weiter, …

… wodurch die Menschen orts- und zeitunabhängig kommunizieren und arbeiten können.

Internationale Arbeitsteilung
Entwicklungsländer haben niedrigere Arbeitskosten, …

… damit verlagern sich arbeitsintensive Industrien (z. B. Bekleidungsindustrie) in diese Länder und schaffen dort Arbeitsplätze.

Verteilung der Ressourcen
Da die globalen Ressourcen ungleich verteilt sind, …

… sind Länder wie die Schweiz auf den Import von Ressourcen angewiesen.

■ Vorteile und Nachteile der Globalisierung

Von wirtschaftlicher Seite her werden meist die Chancen der Globalisierung hervorgehoben. Auf der anderen Seite fühlen sich viele Menschen durch die globale Verflechtung in der Wirtschaft, der Politik und der Kultur zunehmend verunsichert.

In den verschiedenen Bereichen, die von der Globalisierung betroffen sind, können sowohl Vorteile als auch Nachteile entstehen:

	Vorteil	Nachteil
Handel	Es gibt eine grosse Vielfalt an Produkten. Arbeitsplätze werden geschaffen und Armut reduziert.	Güter werden transportiert; lange Transportwege verursachen CO_2-Ausstoss.
Finanzströme	Dank Investitionen aus dem Ausland werden Projekte finanziert.	Die Abhängigkeit von ausländischen Investoren macht ein Land instabil.
Kultur	Es gibt einen Austausch von Ideen, Erfahrungen und Lebensstilen zwischen Menschen und Kulturen.	Die eigene Kultur kann verloren gehen.
Informationen und Kommunikation	Das Bewusstsein für Ereignisse wird verstärkt. Das Internet ermöglicht Chancengleichheit.	Die Gefahr von Fake News (siehe S. 158) besteht. Es gibt eine Überflutung von Informationen.
Umwelt	Es gibt eine Sensibilisierung für globale Probleme wie Abholzung der Regenwälder und Erderwärmung.	Die Artenvielfalt geht verloren wegen Monokulturen und Raubbau an der Natur.
Wanderbewegung	Arbeitsmigranten und -migrantinnen ermöglichen eine erhöhte Produktion und einen Wissensaustausch.	Flüchtlingsströme und Armutswanderung erschweren das soziale Zusammenleben.

Migration

> **Migration:** Ist der Oberbegriff für freiwillige oder erzwungene Wanderungen von Menschen und Menschengruppen.

Menschen, die einzeln oder in Gruppen ihre bisherigen Wohnorte verlassen, um sich an anderen Orten dauerhaft oder zumindest für eine längere Zeit niederzulassen, werden als Migranten bezeichnet. Pendler, Touristen und andere Kurzzeitaufenthalter fallen nicht darunter.

- Vom eigenen Standpunkt aus gesehen, bezeichnet man das Verlassen eines Landes als Emigration, die Einwanderung in ein Land als Immigration.
- Gemäss UNO waren Ende 2018 weltweit 70,8 Millionen Menschen auf der Flucht. Dies sind fast 28 % aller internationalen Migranten. Über 50 % der Flüchtlinge weltweit sind Kinder. Reiche Länder nehmen weniger Flüchtlinge auf als weniger reiche: Neun von zehn Flüchtlingen leben in Entwicklungsländern.
- Als Flüchtlinge werden Menschen bezeichnet, die ihre Heimat verlassen müssen, weil sie verfolgt werden und so an Leib und Leben gefährdet sind.

■ Politische Flüchtlinge/Asylbewerber und -bewerberinnen

> **Flüchtlinge:** Sind Menschen, die aus «begründeter Furcht vor Verfolgung wegen ihrer Rasse, Religion, Nationalität, Zugehörigkeit zu einer bestimmten sozialen Gruppe oder wegen ihrer politischen Überzeugung» fliehen (Artikel 1 der Genfer Flüchtlingskonvention von 1951). Diese Menschen könnten nur unter Lebensgefahr in ihr Heimatland zurückkehren.

Wer aus einem der obgenannten Gründe flieht, gilt als politischer Flüchtling. Flieht er in ein Land, das die Genfer Flüchtlingskonvention unterzeichnet hat (das sind die meisten Staaten der Erde), muss dieser Staat ihm Asyl gewähren.

> **Asyl:** Aufenthalt, den ein Staat einem Ausländer oder einer Ausländerin gewährt, um ihn oder sie dauernd oder vorübergehend vor Verfolgung zu schützen.

■ Wirtschaftsflüchtlinge

Die meisten Migranten verlassen aus wirtschaftlichen Gründen ihr Land, weil sie sich im Zielland bessere Arbeits- und Lebensbedingungen versprechen. Sie gelten nicht als Flüchtlinge im oben genannten Sinn. Ihnen muss daher auch kein Asyl gewährt werden.

Problematik

Für staatliche Behörden ist es oftmals äusserst schwierig abzuklären, ob eine Person aus politischen oder aus wirtschaftlichen Gründen ihr Land verlassen hat. Noch schwieriger wird es, wenn nicht abgeklärt werden kann, woher eine Person gekommen ist. Sie kann dann nicht in ihr Herkunftsland abgeschoben werden.

■ Wirtschaftlich erwünschte Migration

Es gibt Migranten, die beruflich hoch qualifiziert sind. Diese sind in der Regel in den Aufnahmeländern sehr willkommen. Andererseits gibt es Migrantinnen und Migranten, die bereit sind, Arbeiten zu verrichten, die von den Einheimischen eher gemieden werden. Auch diese sind im Zielland in der Regel willkommen.

In wirtschaftlichen Boom-Jahren sind fremde Arbeitskräfte jeweils mehr gefragt als in Rezessionsjahren (siehe S. 308 ff.).

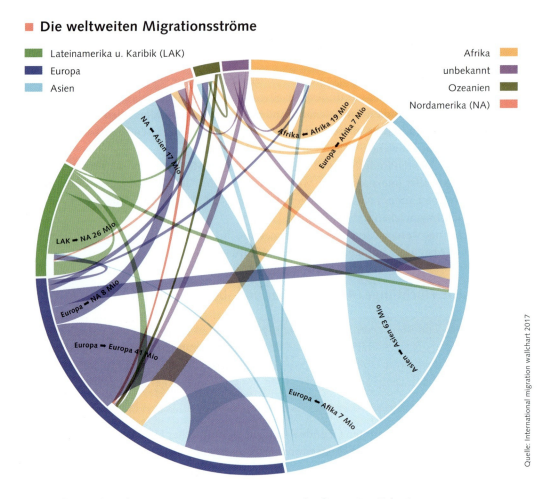

Die Grafik zeigt die weltweiten Migrationsströme von einer Herkunfts- zu einer Zielregion.

Gemäss einer Studie der UNO (International Migrant Stock 2019) sind weltweit nahezu 272 Millionen Menschen aus ihrem Geburtsland entweder freiwillig oder gezwungenermassen weggezogen. Das sind 3,5 % der Weltbevölkerung. 14 % der Migranten und Migrantinnen sind im Jahr 2019 jünger als 20 Jahre gewesen.

Mit etwa 51 Millionen leben die meisten Migranten in den USA, gefolgt von Saudi-Arabien und Deutschland (mit je 13 Mio.), Russland (12 Mio.), Grossbritannien (10 Mio.).

Die Ursachen von Migration sind vielfältig. Meistens wirken Schub- und Sogfaktoren zusammen.

Schubfaktoren

Mit Schubfaktoren (Push-Faktoren) werden Bedingungen im Herkunftsland bezeichnet, die von einzelnen Menschen oder von ganzen Gruppen von Menschen als unbefriedigend bis lebensbedrohlich empfunden werden. Ursachen für die Flucht sind: Armut, Überbevölkerung, bewaffnete Konflikte, Vertreibungen. Häufig treten mehrere dieser Ursachen gleichzeitig auf, was den Abwanderungsdruck noch erhöht.

Sogfaktoren

Als Sogfaktoren (Pull-Faktoren) bezeichnet man die Bedingungen am Zielort, von denen sich Migranten ein besseres Leben versprechen. Die Wahl der Einwanderungsgebiete wird durch die Sogfaktoren bzw. die Pull-Faktoren bestimmt: gute Wirtschaftslage, hoher Lebensstandard, Sicherheit, Bildungsmöglichkeiten, günstige Einwanderungsgesetze, Akzeptanz der einheimischen Bevölkerung.

Migration und die Schweiz

In der Geschichte der Schweiz gab es nicht nur Phasen grosser Zuwanderung, sondern auch solche starker Auswanderungen.

■ Schweizer und Schweizerinnen verlassen ihre Heimat

- Zwischen 1400 und 1850 dienten viele Schweizer als Söldner in fremden Armeen.
- In der ersten Hälfte des 16. Jahrhunderts verliessen Schweizer das Land aus religiösen Gründen.
- Zwischen 1850 und 1910 wanderten fast eine halbe Million Schweizerinnen und Schweizer aus wirtschaftlichen Gründen aus der Schweiz aus.
- Ende 2017 lebten mehr als 750 000 Schweizer Bürger und Bürgerinnen im Ausland, vorwiegend in EU-Ländern und in Nordamerika.

Inserat zur Auswanderung aus dem Appenzeller Kalender von 1911.

■ Ausländer und Ausländerinnen in der Schweiz

- Nach dem 2. Weltkrieg wanderten viele Arbeitskräfte (vorwiegend aus Südeuropa) in die Schweiz ein, weil in der aufstrebenden Wirtschaft eine grosse Nachfrage nach ihnen bestand.
- Ende 2018 zählte die Schweiz 8 544 527 Einwohner. Davon waren 2 148 275 Ausländer. Das entspricht einem Anteil von 25 %.
- Von diesen 2,1 Millionen Ausländern stammten gut 1,4 Millionen aus EU- und EFTA-Staaten, sogenannten Zweitstaaten. Für sie gilt die Personenfreizügigkeit (siehe S. 236).

■ Ständige ausländische Wohnbevölkerung am 31.12.2018 (in Tausend)

EU-/EFTA-Staaten		1415.9
• Italien	319.3	
• Deutschland	306.2	
• Portugal	263.3	
• Frankreich	134.8	
• Spanien	83.7	
• Österreich	43.0	
Übriges Europa		370.2
• Serbien	64.9	
• Montenegro	2.6	
• Türkei	67.8	
Asien		165.1
Afrika		109.5
Amerika (Nord- und Südamerika)		81.0
Australien/Ozeanien		4.1
Staatenlos/unbekannt		2.4
Total ständige ausländische Wohnbevölkerung		**2148.3**

Quelle: BFS, 2019

Die Mehrheit der ständig in der Schweiz wohnhaften Ausländerinnen und Ausländer aus einem EU-/EFTA-Mitgliedsland hat eine italienische, deutsche, portugiesische oder französische Staatsangehörigkeit.

Zusammenleben
bfs.admin.ch

Diversity and coexistence
bfs.admin.ch

■ Ausländische Arbeitskräfte in der Schweiz

Von den rund 5 Millionen Arbeitstätigen waren Ende 2018 rund 1,6 Millionen Ausländer und Ausländerinnen (BFS 2019). Die Schweizer Wirtschaft würde ohne ausländische Arbeitskräfte nicht funktionieren. Gebraucht werden vor allem Arbeiter und Arbeiterinnen sowie Hilfskräfte z. B. für den Bau und die Hotellerie. Gebraucht werden aber auch ausländische Spezialisten und Spezialistinnen wie z. B. Informatiker und Informatikerinnen oder Ärzte und Ärztinnen.

■ Aufgaben der Politik

Die Schweiz hat eine humanitäre Tradition, gemäss der sie politische Flüchtlinge aufnimmt und ihnen Asyl gewährt. Diese Tradition wird von den meisten Politikerinnen und Politikern nicht infrage gestellt.

Um den Zustrom von Asylsuchenden und von unerwünschten Wirtschaftsflüchtlingen (siehe S. 241) zu verringern bzw. unter Kontrolle zu halten, kann die Politik nicht nur strikte Einwanderungsmassnahmen ergreifen, sie kann auch versuchen, die Push-Faktoren (siehe S. 242) in den Herkunftsländern zu verringern, indem
- möglichst in jenen Ländern investiert wird, aus denen viele Wirtschaftsflüchtlinge kommen könnten, damit der wirtschaftliche Grund wegfällt;
- jene Kräfte in gefährdeten Ländern politisch unterstützt werden, die demokratische Verhältnisse anstreben, um Kriegsflüchtlinge zu vermeiden.

■ Integration

Das Ziel der Integration ist das Zusammenleben der einheimischen und ausländischen Bevölkerung. Es gründet auf gegenseitiger Achtung und Toleranz.

Die Integration soll Ausländerinnen und Ausländern ermöglichen, am wirtschaftlichen, sozialen und kulturellen Leben der Gesellschaft teilzuhaben. Dafür ist seitens der Ausländer und Ausländerinnen nötig, sich mit den gesellschaftlichen Verhältnissen und Lebensbedingungen in der Schweiz auseinanderzusetzen und eine Landessprache zu lernen.

Die Integration setzt sowohl den entsprechenden Willen der Ausländerinnen und Ausländer als auch die Offenheit der schweizerischen Bevölkerung voraus.

Soll die Integration der Ausländer in der Schweiz gelingen, müssen viele Anstrengungen in diese Richtung gemacht werden. So sollte z. B. auf dem Lehrstellen-, dem Arbeits- und dem Wohnungsmarkt sowie im Bildungswesen Chancengleichheit herrschen. Auch politische Mitbestimmungsmöglichkeiten können die Integration von Ausländern und Ausländerinnen fördern. Die Kantone Waadt, Genf und Appenzell Ausserrhoden (auf Gemeindeebene), Neuenburg und Jura (auf Gemeinde- und zum Teil auf Kantonsebene) räumen der ausländischen Wohnbevölkerung auch politische Rechte ein.

Die Schweiz und die Welt

Aufenthaltskategorien in der Schweiz

Aufenthaltskategorien: Ein Ausweis ist mehr als ein Stück Papier. Er berechtigt zum Aufenthalt in der Schweiz und bestimmt, was dessen Inhaberin oder Inhaber für Rechte hat. Dabei wird zwischen Ausländerinnen und Ausländern aus den EU- und EFTA-Staaten (Norwegen, Liechtenstein, Island) und den übrigen (Drittstaaten) unterschieden.

Die folgenden Niederlassungsbewilligungen gelten für Bürgerinnen und Bürger von EU-/EFTA-Staaten:

Ausweis L (Kurzaufenthaltsbewilligung)
Kurzaufenthalter sind Ausländerinnen und Ausländer, die sich befristet, in der Regel für weniger als 1 Jahr, für einen bestimmten Aufenthaltszweck mit oder ohne Erwerbstätigkeit in der Schweiz aufhalten.

Ausweis B (Aufenthaltsbewilligung)
Die Aufenthaltsbewilligung hat eine Gültigkeitsdauer von 5 Jahren; sie wird erteilt, wenn der EU-/EFTA-Bürger den Nachweis einer unbefristeten oder auf mind. 365 Tage befristeten Anstellung erbringt. Die Aufenthaltsbewilligung wird um 5 Jahre verlängert, wenn der Ausländer, die Ausländerin die Voraussetzungen dafür erfüllt.

Ausweis C (Niederlassungsbewilligung)
Niedergelassene sind Ausländerinnen und Ausländer, denen nach einem Aufenthalt von 10 Jahren in der Schweiz die Niederlassungsbewilligung erteilt worden ist. Das Aufenthaltsrecht ist unbeschränkt und darf nicht an Bedingungen geknüpft werden.

Ausweis G (Grenzgängerbewilligung)
Grenzgänger sind Ausländerinnen oder Ausländer, die ihren Wohnsitz in der ausländischen Grenzzone haben und innerhalb der benachbarten Grenzzone der Schweiz erwerbstätig sind.

Für Drittstaaten-Angehörige (Nicht-EU-/EFTA-Angehörige) können folgende Bewilligungen erteilt werden:

Ausweis B, C, G, L:
Es wird nur eine Bewilligung erteilt, wenn sich niemand im Inland und aus den EU-/EFTA-Staaten finden lässt. Zulässig ist nur eine bestimmte Anzahl Personen (Kontingent) und zwar Führungskräfte, Spezialistinnen und Spezialisten sowie andere qualifizierte Arbeitskräfte.

Ausweis F (vorläufig aufgenommene Ausländerinnen, Ausländer)
Vorläufig Aufgenommene sind Personen, die aus der Schweiz ausgewiesen wurden, wobei sich aber der Vollzug der Wegweisung als unzulässig (Verstoss gegen Völkerrecht), unzumutbar (konkrete Gefährdung des Ausländers) oder unmöglich (vollzugstechnische Gründe) erwiesen hat. Die vorläufige Aufnahme stellt demnach eine Ersatzmassnahme dar.

Ausweis N (Asylsuchende)
Asylsuchende sind Personen, die in der Schweiz ein Asylgesuch gestellt haben und im Asylverfahren stehen. Asylbewerberinnen und Asylbewerber, deren Gesuch gutgeheissen wurde, erhalten eine B-Bewilligung.

Das Fremde und Fremdsein

Das Fremde: Bezeichnet etwas, das als von Vertrautem abweichend wahrgenommen wird, d.h. aus der Sicht der Person, die diesen Begriff verwendet, als etwas (vermeintlich) Andersartiges oder weit Entferntes. Dabei kann es sich um einen Ort, aber auch um ein Gefühl handeln.

Der Umgang mit dem «Fremden» ist von Ambivalenz gekennzeichnet. Das Fremde weckt Neugier, fasziniert und dient als Projektionsfläche für positive Zuschreibungen und Wünsche – nicht zuletzt deshalb begeben wir uns auf Reisen. Andererseits löst die Konfrontation mit «Fremdem» und «Fremden» Ängste aus oder werden vorhandene Vorurteile aktiviert. Manchmal folgen daraus auch Aggression und Gewalt.

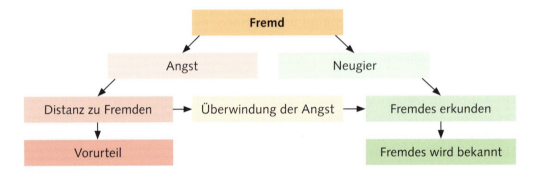

Fremdenhass: Bezeichnet eine ablehnende, häufig aggressive Haltung einer Gruppe oder einzelner Personen gegenüber Menschen aus anderen Kulturen.

Rassismus: Rassistisch sind Ideologien, welche die Menschheit in eine Anzahl von biologischen Rassen mit genetisch vererbbaren Eigenschaften einteilen und die so verstandenen «Rassen» hierarchisch einstufen.

Fremdenfeindlichkeit ist eng mit Nationalismus, Rassismus und Antisemitismus verbunden. Die eigene Gruppe und die eigene Kultur sieht sich gegenüber Fremden überlegen. Im Gegenzug werden Ausländer und Ausländerinnen sowie Fremde für Arbeitslosigkeit, Armut und andere soziale Missstände verantwortlich gemacht. Gewalttätige Konflikte zwischen In- und Ausländern brechen oft in Gegenden mit schwierigen wirtschaftlichen Verhältnissen aus. Konflikte können aber auch wegen Hautfarbe, Religion und kulturellen Besonderheiten entstehen.

Rassistisch ist jede Handlungsweise, die Menschen diskriminiert, beleidigt, bedroht, verleumdet oder an Leib und Leben gefährdet wegen:
- gruppenbezogener körperlicher Merkmale (wie Hautfarbe)
- und/oder ihrer ethnischen bzw. nationalen Herkunft
- und/oder bestimmter kultureller Merkmale (wie Sprache, Religion, Lebensstil oder Namen).

Artikel 261 des Schweizerischen Strafgesetzbuches (StGB)
In der Schweiz stellt die Strafnorm gegen Rassendiskriminierung rassistische Handlungen unter Strafe, mit denen Menschen aufgrund ihrer Hautfarbe, Ethnie oder Religion in der Öffentlichkeit das gleichberechtigte Dasein ausdrücklich oder implizit abgesprochen wird. Die Strafnorm gegen Rassendiskriminierung schützt die Würde und den Wert des Menschen.

Heimat

> **Heimat:** Land, Landesteil oder Ort, in dem man geboren und aufgewachsen ist oder sich durch ständigen Aufenthalt zu Hause fühlt. Man fühlt sich einer bestimmten Gegend verbunden (Quelle: Duden).

Der Begriff «Heimat» ist schwer zu definieren. So grenzt der Duden Heimat auf einen Ort ein, an dem man im Verlauf des Lebens für eine längere Zeit gewohnt hat. In der Brockhaus Encyclopädie wird der Begriff folgendermassen definiert: «Der Ort, der die Identität eines Menschen prägt». Einige vertreten die Ansicht, dass das Heimatgefühl nicht an einen Ort gebunden werden muss, sondern aus Beziehungen zu Menschen oder aus konkreten Lebensbedingungen, die Glücksgefühle erzeugen, entstehen kann.

Heimatgefühl

Für das Entstehen eines Heimatgefühls sind die sozialen Beziehungen und die soziale Umwelt wichtig. Es erstaunt nicht, dass Beschreibungen der persönlichen Heimat ganz und gar individuell sind, denn auch die soziale Umwelt eines jeden Menschen ist einzigartig. Die Antworten auf die Fragen: «Was ist für dich Heimat?», «Was bedeutet dir Heimat?», sind also sehr individuell. Die soziale Vernetzung ist für viele Menschen ein wichtiger Aspekt, der die Heimat ausmacht. Heimat bedeutet auch das Gegenteil von Fremde.

Heimweh

In der Heimat fühlt man sich zugehörig und geborgen. Heimat kann Orientierung geben und ein sicherer Anker in der sich stets wandelnden Welt sein. Ist man fern seiner Heimat, kann man Heimweh bekommen, also seine Heimat vermissen. Es gibt Menschen, die ihre Heimat verlassen mussten und sich dann heimatlos fühlen.

■ Geschichtliche Entwicklung

Dieselben Begriffe bedeuten nicht zu allen Zeiten dasselbe: Im Mittelalter hatte etwa Heimatrecht, wer Grundeigentum besass. Alle anderen waren heimatlos.

Während der Industrialisierung und der zunehmenden Verstädterung im 19. Jahrhundert bekam Heimat eine neue Bedeutung. Man verband «Heimat» mit Natur und idyllischem Landleben.

Die Nationalisten und später Nationalsozialisten benutzten diesen romantischen Heimatbegriff politisch.

■ Heimat und Identität

Heimat ist auch eine Frage nach der eigenen Identität. Man fragt: Wer bin ich? Was habe ich für ein Selbstbild? Wo gehöre ich hin? Was brauche ich, damit ich mich wohlfühle?

> **Identität:** bezeichnet das Selbstbild eines Menschen. Damit kann der Mensch Antwort geben auf die Frage: «Wer bin ich?» Die Identität müssen sich Menschen ständig neu erarbeiten.

Identität ist nicht von Natur aus gegeben, sondern unterliegt einem Prozess. Sie wird bewusst oder unbewusst geformt und beeinflusst. Dieser Prozess ist nie abgeschlossen, d.h., die eigene Identität ist stets vorläufig und wandelbar.

Oft wird Identität über die Zugehörigkeit zu bestimmten Gruppen definiert. Man spricht dann von «kollektiver Identität». Eine Person kann verschiedene Zugehörigkeiten haben und je nach Situation etwas anderes hervorheben. So kann sie z. B. Schweizerin, Luzernerin, Musikerin, Lehrerin, Mutter und Fussballfan sein.

Politische Europakarte

3 Wirtschaft

3.1 Grundlagen der Volkswirtschaft

Verständnis

- Was stellt das Modell des Wirtschaftskreislaufs dar?

- Worin unterscheiden sich die verschiedenen Arten von wirtschaftlichen Gütern?

- Wie misst man die wirtschaftliche Entwicklung eines Landes und wie wird diese mit anderen Ländern verglichen?

- Wie misst man, wie gerecht Einkommen und Vermögen in einem Land verteilt sind?

- Welche Produktionsfaktoren werden unterschieden?

- Was will man mit dem Modell der drei Wirtschaftssektoren darstellen?

- Auf welche Weise greift der Staat in der sozialen Marktwirtschaft in das Wirtschaftsgeschehen ein?

Diskussion

- Welche Gerechtigkeit ist für eine Gesellschaft die beste: Leistungs-, Chancen- oder Verteilungsgerechtigkeit?

Bedürfnisse

> **Bedürfnisse:** Verlangen des Menschen, einen Mangel zu beheben. Dem Menschen gelingt es nie, all seine Bedürfnisse zu befriedigen.

Wir Menschen sind nicht vollkommen. Fortwährend fehlt uns etwas. Wir haben Hunger, verspüren Durst, wir frieren oder leiden unter Krankheiten, um nur einige wenige Mangelempfindungen zu nennen. Um uns wieder wohlzufühlen, haben wir stets das Bedürfnis, diese Mängel zu beseitigen.

■ Bedürfnisbefriedigung

> **Bedürfnisbefriedigung:** Beseitigung einer Mangelempfindung.

Die Möglichkeit der Bedürfnisbefriedigung wird den meisten Menschen nicht einfach so in den Schoss gelegt. Wir müssen arbeiten, d.h. wirtschaftlich tätig werden, um ein Einkommen zu erzielen. Mithilfe des Geldes sind wir in der Lage, zunächst lebensnotwendige Bedürfnisse zu befriedigen, um überhaupt existieren zu können. Bleibt dann noch Geld übrig, können wir wahlweise andere, nicht lebensnotwendige Bedürfnisse decken.

■ Bedürfnisarten

Individualbedürfnisse

Individualbedürfnisse sind Bedürfnisse, die der einzelne Mensch hat. Bei der Befriedigung dieser Bedürfnisse entsteht eine Rangfolge:

Grundbedürfnisse Existenzbedürfnisse	Wahlbedürfnisse Luxusbedürfnisse
Die Grundbedürfnisse müssen zuerst befriedigt werden, damit der Mensch leben kann.	Aus einem breiten Angebot befriedigt der Mensch wahlweise weitere, nicht lebensnotwendige Bedürfnisse.
Mittel zur Bedürfnisbefriedigung: • Nahrung • Wohnung • Kleidung • ärztliche Versorgung	Mittel zur Bedürfnisbefriedigung: • Ferien • Auto • Schmuck • Bücher usw.

Der Mensch kann nie all seine Bedürfnisse befriedigen. Er muss eine Auswahl treffen. Diese Auswahl hängt von folgenden Faktoren ab:
- Welche Schwerpunkte setzt der Einzelne?
- Wie viel Einkommen steht dem Einzelnen zur Verfügung?
- Wie sieht die Wirtschafts- und die Versorgungslage seines Landes aus? Hat er überhaupt die Möglichkeit, sich mit den gewünschten Gütern einzudecken?

Kollektivbedürfnisse

Kollektivbedürfnisse sind Bedürfnisse, welche die Gesellschaft als Ganzes hat. Zwischen den Individual- und den Kollektivbedürfnissen besteht ein Zusammenhang.

Individualbedürfnisse	Kollektivbedürfnisse
Der Einzelne allein entscheidet, welche Bedürfnisse wann und in welcher Reihenfolge er zu befriedigen gedenkt, wobei er zuerst immer die Existenzbedürfnisse abdeckt. Je mehr Einzelpersonen die gleichen Bedürfnisse befriedigen wollen, desto grösser werden die Probleme für die Gesellschaft. Es entstehen Kollektivbedürfnisse.	Durch die Vielzahl von Menschen mit gleichen Bedürfnissen entstehen neue Bedürfnisse, die von der Einzelperson nicht mehr allein befriedigt werden können. Wenn die Einkommen steigen, können mehr und mehr Individualbedürfnisse befriedigt werden. Als Folge davon nehmen die Kollektivbedürfnisse zu.

Es gibt viele Individualbedürfnisse, die nur durch gesellschaftliche Anstrengungen befriedigt werden können.

Beispiel:
Das Bedürfnis des Individuums nach Mobilität führt zu Kollektivbedürfnissen wie dem Bau von Strassen, von Eisenbahnlinien, von Flughäfen usw.

Aufgabe der Wirtschaft

Es ist Aufgabe der Wirtschaft, eine möglichst grosse Bedürfnisbefriedigung zu ermöglichen, indem sie Güter bereitstellt.

■ Bedürfnispyramide nach Maslow

Der amerikanische Psychologe Abraham Maslow ordnet die menschlichen Bedürfnisse auf einer fünfstufigen Pyramide:

5 Selbstverwirklichung
Entwicklung der eigenen Persönlichkeit (ist von Person zu Person ganz verschieden)

4 Wertschätzungs- und Anerkennungsbedürfnisse
Stärke, Leistung, Kompetenz, Prestige, Status, Macht, Ruhm usw.

3 Soziale Bedürfnisse
Liebe, Zugehörigkeit zu Gruppen (Familie, Freunde) usw.

2 Sicherheitsbedürfnisse
Schutz, Sicherheit, Ordnung, Stabilität, Freiheit usw.

1 Grundbedürfnisse (physische Bedürfnisse)
Essen, Trinken, Schlafen usw.

Grundsätzlich gilt: Erst wenn das untergeordnete Bedürfnis (z. B. das Grundbedürfnis) befriedigt ist, tritt das nächsthöhere Bedürfnis (das Sicherheitsbedürfnis) auf.

Maslow bezeichnet die ersten vier Bedürfnisse als Defizitbedürfnisse. Werden sie nicht befriedigt, so entsteht ein Gefühl des Mangels.
Menschen, die nach Befriedigung hoher Bedürfnisse (Wertschätzung und Anerkennung sowie Selbstverwirklichung) streben können, sind gesünder, schlafen besser und leben länger.

Güter zur Bedürfnisbefriedigung

Güter: Mittel, mit denen Bedürfnisse befriedigt werden.

Wir unterscheiden zwischen freien Gütern und wirtschaftlichen Gütern.

■ Freie Güter

Freie Güter: Güter, die den Menschen in ausreichender Menge (weltweit gesehen) frei zur Verfügung stehen. Daraus folgt, dass sie unentgeltlich verfügbar sind.

Beispiele: Luft, Sonnenlicht, Wind

Der Raubbau an der Natur lässt aber z. B. saubere Luft immer knapper werden.

■ Wirtschaftliche Güter

Wirtschaftliche Güter: Güter, die beschränkt vorhanden sind und vorgängig hergestellt werden müssen. Aus diesem Grund haben sie einen Preis.

Die wirtschaftlichen Güter werden wie folgt unterteilt:

Investitionsgüter

Auch Produktions- oder Produktivgüter genannt. Mithilfe dieser Güter werden weitere Investitionsgüter und Konsumgüter hergestellt.

Beispiele: Baukran, Lastwagen, Maschinen, Taxi

Konsumgüter

Sie werden gebraucht oder verbraucht.

Beispiele: Lebensmittel, Fahrrad, Handy

Sachgüter

Sachgüter sind materielle, d. h. körperliche, Gegenstände.

Gebrauchsgüter

Bei ihnen ist mehrfache Benützung möglich.

Beispiele: privates Auto, Computer, Möbelstück, Bücher, Kleider, Ski, Schmuck

Verbrauchsgüter

Sie können nur einmal verwendet werden. Nach dem Verbrauch existieren sie nicht mehr.

Beispiele: Nahrungsmittel, Benzin, Heizöl, elektrischer Strom

Dienstleistungen

Dienstleistungen sind immaterielle, d. h. nicht körperliche, Gegenstände. Bei Dienstleistungen finden Herstellung und Verbrauch meistens gleichzeitig statt. Man kann Dienstleistungen nicht auf Vorrat produzieren.

Beispiele: Dienste von Ärzten, Lehrpersonen, Banken, Gaststätten, Versicherungen, öffentlichen Verkehrsmitteln

Das ökonomische Prinzip

> **Ökonomisches Prinzip:** Regeln, nach denen sich die Konsumenten (private Haushalte) und die Produzenten (Unternehmen) im wirtschaftlichen Geschehen verhalten. Das ökonomische Prinzip setzt sich aus dem Minimum-, dem Maximum- und dem Optimumprinzip zusammen.

Die Mittel zur Bedürfnisbefriedigung sind einerseits beschränkt, andererseits sind die Bedürfnisse des Menschen unbegrenzt. Die Knappheit der Mittel verlangt, dass man diese sorgfältig und verantwortungsvoll einsetzt. Man muss sich stets nach dem Nutzen eines Mitteleinsatzes fragen.

Das Minimumprinzip

> **Minimumprinzip:** Es wird versucht, die vorhandenen Bedürfnisse mit möglichst geringem Mitteleinsatz zu erreichen (z. B. für ein bestimmtes Sachgut möglichst wenig bezahlen müssen).

Beispiele:
- Jemand (Konsument) versucht, eine ruhige, helle 4-Zimmer-Wohnung (gegebenes Bedürfnis) zu einem möglichst tiefen Mietzins (Mitteleinsatz) zu finden.
- Die Autohersteller (Produzenten) wollen den Sicherheitsaspekt (gegebenes Kundenbedürfnis) ihrer Autos verbessern. In jedem Auto sollen Seitenaufprallschutze integriert werden. Dies wollen die Autohersteller mit möglichst wenig Arbeitsstunden (Mitteleinsatz) erreichen.

Das Maximumprinzip

> **Maximumprinzip:** Mit den vorhandenen Mitteln wird versucht, möglichst viele Bedürfnisse zu befriedigen (z. B. für eine bestimmte Summe Geld möglichst viel erhalten).

Beispiele:
- Jemand (Konsument) hat 1500 Franken (gegebene Mittel) für seine Ferien gespart. Er versucht, sich mit seinem Geld möglichst viele Ferienwünsche (Bedürfnisse) zu erfüllen.
- Ein Waschpulverhersteller (Produzent) hat ein Budget von 2 Millionen Franken (gegebene Mittel) für sein Forscherteam aufgestellt. Die Forscher haben die Aufgabe, das Waschmittel zu verbessern, wobei zugleich die Umweltfreundlichkeit wie auch das Waschergebnis (Bedürfnisse) verbessert werden sollen.

Das Optimumprinzip

> **Optimumprinzip:** Es wird ein möglichst gutes Verhältnis zwischen Mitteleinsatz (Aufwand) und grösstmöglichem Nutzen (Ertrag) angestrebt. Das Optimumprinzip ist eine Kombination aus dem Minimum- und dem Maximumprinzip.

Beispiel:
Ein Hobbybiker versucht, beim Kauf eines E-Bikes das beste Preis-Leistungs-Verhältnis zu erreichen.

Der einfache Wirtschaftskreislauf

Einfacher Wirtschaftskreislauf: Mithilfe eines Kreislaufs wird vereinfacht dargestellt, wie sich der Tausch von Sachgütern und Dienstleistungen gegen Geld zwischen den Unternehmen (Produzenten) und den privaten Haushalten (Konsumenten) abspielt.

Um die Zusammenhänge besser erkennbar zu machen, werden beim einfachen Wirtschaftskreislauf nur zwei Gruppen von Wirtschaftsteilnehmenden betrachtet, die privaten Haushalte (Konsumenten) und die Unternehmen (Produzenten). Sie bilden gleichsam zwei grosse «Pumpwerke», die den Güterstrom und den Geldstrom antreiben.

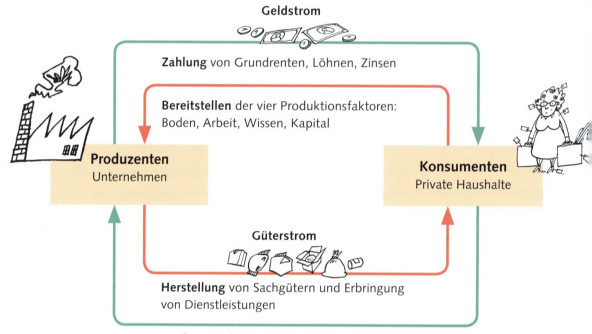

Wir alle treiben täglich in unterschiedlichen Rollen diese Ströme an, z. B. als Konsumentin und Konsument, als Arbeitnehmerin und Arbeitnehmer, als Arbeitgeberin und Arbeitgeber oder als Produzentin und Produzent.

Güterstrom (Gütermenge)

Um Sachgüter herstellen und Dienste leisten zu können, braucht es vier Produktionsfaktoren: Boden (siehe S. 263), Arbeit (siehe S. 264), Wissen (= Humankapital, siehe S. 282) und Kapital (= Sachkapital, siehe S. 282). Die Konsumenten stellen sie den Produzenten zur Verfügung. Diese Produktionsfaktoren werden auch «Produktionsmittel» genannt.
Man kann den Güterstrom messen, indem man die Preise sämtlicher Sachgüter und Dienstleistungen zusammenzählt, die in einem Jahr in der Volkswirtschaft produziert worden sind.

Geldstrom (Geldmenge)

Um die von den Produzenten hergestellten Sachgüter und erbrachten Dienstleistungen zu erwerben, benötigen die Konsumenten Geld. Die Produzenten zahlen den Konsumenten für die Arbeit und das Wissen Löhne, für das Kapital Zinsen und für die Benützung des Bodens Grundrenten. (Das Wort «Grundrente» ist ein anderes Wort für Bodenzins. Damit keine Verwechslung mit dem Kapitalzins entsteht, wird die Entschädigung für die Benützung des Bodens «Grundrente» genannt.)

Gesetzmässigkeit

Eine Volkswirtschaft befindet sich dann im Gleichgewicht, wenn der Geldstrom (die Geldmenge) gleich gross ist wie der Güterstrom (die Gütermenge). Dieses Gleichgewicht wird in der Realität praktisch nie erreicht. Daher entstehen häufig Störungen wie z. B. die Inflation (siehe S. 304 ff.).

Produzenten / Unternehmen

Produzenten werden auch Unternehmen oder Hersteller genannt. Sie stellen für die Volkswirtschaft Sachgüter her oder erbringen Dienstleistungen. Jeder Produzent ist gleichzeitig immer auch ein Konsument. Aber nicht jeder Konsument ist auch ein Produzent.

Konsumenten / Private Haushalte

Die Konsumenten werden auch private Haushalte oder Verbraucher genannt. Der Begriff umfasst alle Wirtschaftsteilnehmer, die in der Volkswirtschaft Sachgüter und Dienstleistungen nachfragen, d. h. kaufen.

Wirtschaftsteilnehmer / Wirtschaftssubjekte

Der Begriff Wirtschaftsteilnehmer umfasst:
- alle privaten Personen (Konsumenten)
- sämtliche Produzenten
- die öffentliche Hand (Bund, Kantone, Gemeinden)

Der erweiterte Wirtschaftskreislauf

Erweiterter Wirtschaftskreislauf: Zusätzlich zu den Produzenten und den Konsumenten werden der Staat, die Banken und das Ausland mit in den Kreislauf einbezogen.

Der einfache Wirtschaftskreislauf allein genügt nicht, um die komplizierten Geld- und Güterströme in ihrer Gesamtheit darzustellen. Der Staat, die Banken und das Ausland spielen im Wirtschaftsgeschehen ebenfalls eine bedeutende Rolle.

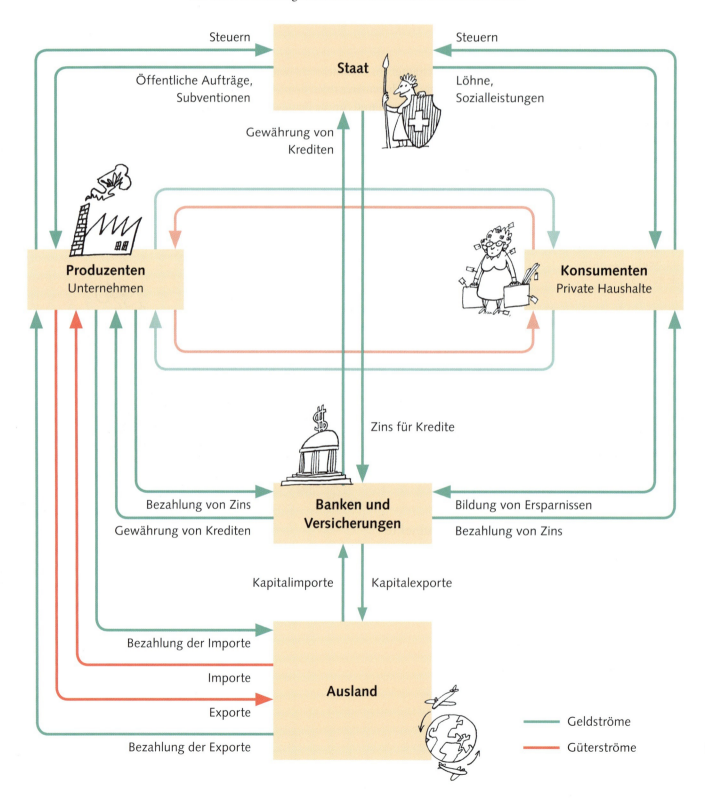

Der Staat

Die öffentlichen Haushalte (das sind Bund, Kantone, Gemeinden) erhalten von den Konsumenten, den Produzenten und den Banken Steuern, um damit die zahlreichen öffentlichen Aufgaben zu finanzieren.

Ein Teil der Staatseinnahmen fliesst an die Konsumenten zurück in Form von Löhnen (für die Beschäftigten im öffentlichen Dienst) sowie als Kindergeld, Renten und Pensionen oder als Beiträge an die Krankenversicherung usw.

Aber auch die Produzenten erhalten Staatsgelder in Form von:
- öffentlichen Aufträgen (z. B. für den Bau von Schulen, Spitälern, Altersheimen, Strassen)
- Subventionen: Dies sind zweckgebundene staatliche Gelder, womit bestimmte Branchen, Institutionen oder Organisationen unterstützt werden. Subventionen erhalten z. B. Bauernbetriebe, die Holzindustrie, Beratungsstellen, Museen usw. Diese Gelder müssen nicht mehr zurückgezahlt werden.
- Direktzahlungen: Darunter versteht man ein Entgelt des Staates für Leistungen, die im Interesse der Allgemeinheit erbracht werden, z. B. für Bauern als Landschaftspfleger oder an Bio-Bauern für umweltgerechtes Produzieren.

Die Banken und die Versicherungen

Die Banken und die Versicherungen nehmen Spargelder entgegen und bezahlen dafür Zinsen bzw. Gewinnbeteiligungen. Diese Spargelder geben sie in Form von Krediten weiter an die Produzenten und die Konsumenten, aber auch an den Staat. Von ihren Schuldnern verlangen die Banken und die Versicherungen ihrerseits Zinsen. Banken und Versicherungen kooperieren teilweise miteinander, um die Kunden ganzheitlicher beraten zu können.

Das Ausland

Jede Volkswirtschaft ist mit dem Ausland verflochten. So kaufen die Produzenten Sachgüter im Ausland (Rohstoffe, Halbfertigfabrikate und Fertigfabrikate). Sie müssen an die ausländischen Lieferanten Zahlungen leisten (Importzahlungen). Die Produzenten verkaufen aber auch Sachgüter und Dienstleistungen ins Ausland und werden dafür entschädigt (Exporterlöse). Geld- und Güterströme fliessen also auch ins Ausland und vom Ausland ins Inland.

Zentrale Gleichgewichtsbedingungen der Volkswirtschaft

Aus dem erweiterten Wirtschaftskreislauf lassen sich fünf zentrale Bedingungen ableiten, damit die Volkswirtschaft im Gleichgewicht ist:

Güterstrom	=	Geldstrom (siehe S. 254 ff.)
Bruttoinlandprodukt	=	Volkseinkommen (siehe S. 258 ff. und S. 261 f.)
Sparen	=	Investieren (siehe S. 267)
Staatseinnahmen	=	Staatsausgaben
Import	=	Export (siehe S. 320)

Diese Gleichungen sind stark vereinfachte Kernaussagen, die vorne bzw. in der Folge detaillierter ausgeführt werden (siehe Querverweise).

Bruttoinlandprodukt (BIP)

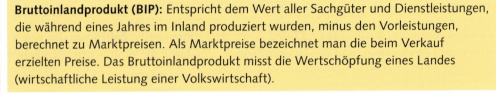

Bruttoinlandprodukt
bfs.admin.ch

Gross domestic product
bfs.admin.ch

> **Bruttoinlandprodukt (BIP):** Entspricht dem Wert aller Sachgüter und Dienstleistungen, die während eines Jahres im Inland produziert wurden, minus den Vorleistungen, berechnet zu Marktpreisen. Als Marktpreise bezeichnet man die beim Verkauf erzielten Preise. Das Bruttoinlandprodukt misst die Wertschöpfung eines Landes (wirtschaftliche Leistung einer Volkswirtschaft).

Genauso wie ein Unternehmer daran interessiert ist, zu wissen, ob sein Unternehmen wächst, Gewinne erzielt, stagniert oder gar Verluste erleidet, will dies eine Volkswirtschaft als Ganzes auch herausfinden.

■ Die Berechnung des BIP

Das BIP eines Landes wird folgendermassen berechnet:

+ Bruttoproduktionswert	Der Bruttoproduktionswert entspricht dem Wert aller Sachgüter und Dienstleistungen zu Marktpreisen, die während eines Jahres im Inland produziert wurden.
– Vorleistungen	Die Vorleistungen entsprechen dem Wert aller Sachgüter und Dienstleistungen (Energie, Miete usw.) zu Marktpreisen, die während eines Jahres verbraucht wurden, um andere Güter und Dienstleistungen herzustellen. *Beispiel:* Ein Schreiner fertigt einen Schrank an. Dazu benötigt er Holz. Das Holz ist eine Vorleistung und muss vom Bruttoproduktionswert abgezogen werden. Der Wert des Holzes wurde schon bei der Sägerei erfasst.
+ Gütersteuern	Auf gewisse Produkte wird eine Steuer erhoben (z. B. Alkohol- und Tabaksteuer).
– Gütersubventionen	Gewisse Produkte kommen in den Genuss von staatlicher Unterstützung (z. B. landwirtschaftliche Produkte).
= Bruttoinlandprodukt	

2018 betrug das BIP der Schweiz CHF 689,55 Milliarden (provisorische Zahl, BFS).

Im BIP nicht erfasste Leistungen

Das BIP ist heute national wie international die entscheidende Grösse, um die wirtschaftliche Leistung eines Landes zu messen.

Es gibt aber Sachgüter und Dienstleistungen, die im Bruttoinlandprodukt nicht erfasst werden:

- Tätigkeiten, die unentgeltlich erbracht werden, z. B. Kindererziehung, Pflege von Familienmitgliedern, ehrenamtliche Vereinsarbeit
- Schwarzarbeit, die geleistet wird, um Steuern und Sozialleistungen zu vermeiden
- Tätigkeiten, die illegal sind, z. B. Drogenhandel

Würden diese Tätigkeiten auch berücksichtigt, wäre das Bruttoinlandprodukt grösser.

Wirtschaftswachstum

Wirtschaftswachstum: Misst die langfristige wirtschaftliche Entwicklung und entspricht der langfristigen Entwicklung des Bruttoinlandprodukts.

Das BIP ist die geeignete Grösse, um die wirtschaftliche Entwicklung eines Landes aufzuzeigen. Ein Staat kann das Bruttoinlandprodukt über mehrere Jahre hinweg vergleichen und so das Wachstum seiner Volkswirtschaft berechnen.

Das Wachstum der Wirtschaft verläuft nicht gleichmässig (linear). Es nimmt manchmal schneller zu, dann stagniert es oder es bildet sich sogar zurück. Diesen Verlauf nennt man Konjunktur (siehe Seite 310 ff.). Die Konjunktur spiegelt die kurzfristige (schwankende) Entwicklung des Bruttoinlandprodukts wider.

Nominelles und reales Bruttoinlandprodukt

Man unterscheidet:
- die Veränderung des nominellen Bruttoinlandprodukts
- die Veränderung des realen Bruttoinlandprodukts

Veränderung des nominellen BIP	Veränderung des realen BIP
• Beim nominellen BIP werden die während eines Jahres produzierten Sachgüter und Dienstleistungen zu laufenden Preisen berechnet. Laufende Preise sind die im entsprechenden Jahr aktuellen Preise. • Die Veränderung des nominellen BIP, bezogen auf das Vorjahr, zeigt das nominelle Wachstum.	• Beim realen BIP wird berücksichtigt, dass die während eines Jahres produzierten Sachgüter und Dienstleistungen, bezogen auf ein früheres Basisjahr, teurer geworden sind. Durch die Umrechnung auf dieses Basisjahr wird die Teuerung eliminiert. Dadurch kann das Wachstum einer Volkswirtschaft realistischer dargestellt werden. • Die Veränderung des realen BIP im Vergleich zum Vorjahr zeigt das reale Wachstum.

Das BIP im Vergleich

▪ Das Wirtschaftswachstum der Schweiz – nationaler Vergleich

Das Wirtschaftswachstum der Schweiz wird anhand der jährlichen Wachstumsraten des realen oder des nominellen BIP berechnet. In Ländern mit hoher Einwanderung oder hohem Bevölkerungswachstum ist das BIP pro Einwohner ein geeignetes Mass, um das Wirtschaftswachstum zu analysieren.

Die Entwicklung des BIP in der Schweiz

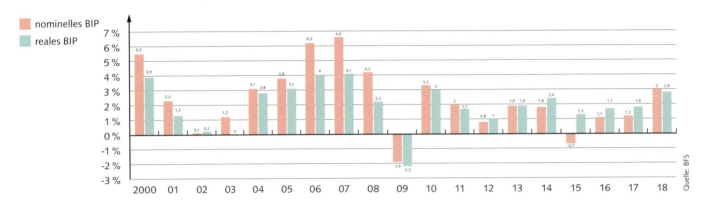

Das nominelle BIP muss um die Teuerung bereinigt werden. Dadurch erhält man das reale BIP.

▪ Das BIP im internationalen Vergleich

Damit man den Wohlstand einzelner Länder miteinander vergleichen kann, ist ein einheitliches System der Datenerfassung notwendig. Das Bruttoinlandprodukt (BIP) wurde von internationalen Organisationen wie den Vereinten Nationen (UNO), der Organisation für wirtschaftliche Entwicklung und Zusammenarbeit (OECD), dem Internationalen Währungsfonds (IWF) und dem Statistischen Amt der Europäischen Gemeinschaften (Eurostat) zur internationalen Vergleichsgrösse erklärt.

Das BIP pro Einwohner

Das Bruttoinlandprodukt von Deutschland beträgt ein Vielfaches desjenigen der Schweiz. Deutschland hat aber auch viel mehr Einwohner. Daher teilt man das BIP durch die Anzahl der Einwohner eines Staates. Erst anhand des «Bruttoinlandprodukts (BIP) pro Kopf» lassen sich der Wohlstand und der Lebensstandard von verschiedenen Ländern miteinander vergleichen. Damit ist aber noch nichts darüber ausgesagt, wie «gerecht» dieser Wohlstand unter den Bewohnern eines Landes verteilt ist.

BIP/Einwohner in USD zu Marktpreisen 2018

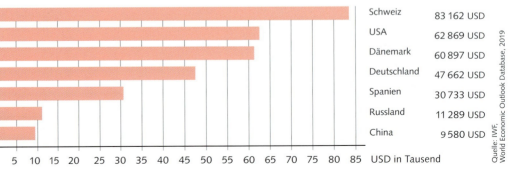

Volkseinkommen (VE)

Volkseinkommen (VE): Summe aller Einkommen, die im Laufe eines Jahres in einer Volkswirtschaft verdient worden sind.

Zur Berechnung des Volkseinkommens werden sämtliche in einem Jahr ausbezahlten Löhne (als Entschädigung für die Arbeit und das Wissen), Zinsen (als Entschädigung für das zur Verfügung gestellte Kapital) und Grundrenten (für die Benützung von Boden) zusammengezählt.

■ Einkommensverteilung/Verteilungsgerechtigkeit

Ob die Einkommen in einer Volkswirtschaft gerecht verteilt sind oder nicht, lässt sich nicht objektiv bestimmen, weil jede einzelne Person «Gerechtigkeit» anders empfindet. Was für den einen ein gerechtes Einkommen bedeutet, erscheint einem anderen als völlig ungerecht. Dennoch interessiert es, wie die Einkommen in einer Volkswirtschaft verteilt sind. Als nützliche Darstellung dient die «Lorenzkurve»:

Lorenzkurve: Mithilfe dieser Kurve kann man aufzeigen, wie die Einkommen auf die Einkommensbezüger in einem Land verteilt sind. Die Kurve wurde nach ihrem Erfinder, Max Otto Lorenz, benannt.

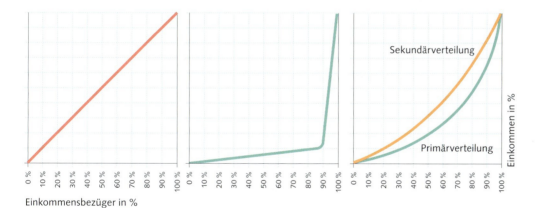

A
Wären die Einkommen in einer Volkswirtschaft völlig gleichmässig verteilt (jeder erhielte gleich viel Einkommen), ergäbe die Lorenzkurve eine Diagonale. Dieser Zustand ist unrealistisch und auch nicht erstrebenswert. Viele würden es als sehr ungerecht empfinden, wenn Arbeitseinsatz, Risikobereitschaft, vertiefte Ausbildung usw. nicht zu mehr Einkommen führen würden. Der Anreiz, mehr und Besseres zu leisten, ginge verloren.

B
Verfügen aber z. B. 90 % der Einkommensbezüger nur gerade über 10 % aller Einkommen (z. B. in einem Entwicklungsland), so besteht die Gefahr von sozialen Unruhen, von Streiks, von Bürgerkrieg usw. Diese Einkommensverteilung darf man sicher als ungerecht bezeichnen.

C
Die Staatspolitik ist daher bestrebt, die Kurve in Richtung der Diagonalen zu «drücken» (ohne die Diagonale aber effektiv erreichen zu wollen), damit die Verteilung der Einkommen als möglichst «gerecht» empfunden wird.

In der Schweiz und in vielen anderen Ländern erfolgt dies durch eine «Umverteilung» (z. B. Steuerprogression, siehe S. 123).

Primärverteilung – Sekundärverteilung

Primärverteilung	Verteilung der Einkommen aufgrund der vereinbarten Arbeitsverträge
– Umverteilung durch den Staat	– progressive Besteuerung – Abzüge für die Sozialversicherungen – staatliche Subventionen
= Sekundärverteilung	Einkommensverteilung nach den Staatseingriffen; Ziel: gleichmässigere Einkommensverteilung

Beispiel einer Umverteilung

Herr Meier (verheiratet, röm.-kath., Jahresbruttoverdienst CHF 50 000.–) und Frau Suter (verheiratet, röm.-kath., Jahresbruttoverdienst CHF 100 000.–) wohnen am gleichen Ort im Kanton Luzern.

Herr Meier zahlt 12 % Steuern und Frau Suter zahlt wegen der Progression 19,5 %. Progression: Höhere Einkommen werden prozentual stärker besteuert als niedrigere Einkommen.

	Herr Meier	Frau Suter	Differenz
Primärverteilung	CHF 50 000.–	CHF 100 000.–	CHF 50 000.–
Umverteilung 13,5 % für Sozial-versicherungen (AHV, IV, EO, ALV, NBU, BVG)	– CHF 6750.–	– CHF 13 500.–	
Es bleiben	CHF 43 250.–	CHF 86 500.–	CHF 43 250.–
Steuern	– CHF 5190.–	– CHF 16 867.–	
Sekundärverteilung	= CHF 38 060.–	= CHF 69 633.–	= CHF 31 573.–

Die Umverteilung beträgt im Beispiel CHF 18 427.– oder 36,85 %.

Flat Tax
Das Bruttoeinkommen wird mit einem fixen Prozentsatz besteuert. Dies bedeutet, dass Personen mit sehr hohem Einkommen in absoluten Zahlen immer noch mehr Steuern bezahlen als Personen mit niedrigerem Einkommen. Prozentual gesehen gibt es aber keine Abstufung bei niedrigerem oder sehr hohem Einkommen. Ab einem gewissen Betrag (Grenzsteuersatz) steigt die Steuer nicht mehr mit dem Einkommen.

Flate Rate Tax
Vom Bruttoeinkommen dürfen zuerst Abzüge gemacht werden (Berufsauslagen, Kinderabzüge, Zweitverdienerabzug usw.). Das Nettoeinkommen wird dann aber einheitlich besteuert. Dieses System wurde im Kanton Obwalden mit 1. Januar 2008 eingeführt. Der Einkommenstarif für natürliche Personen beträgt 12 %. Unternehmen müssen 6 % ihrer Gewinne abliefern.

Produktionsfaktor Boden

> **Boden (natürliche Ressourcen):** Für die Wirtschaft ist der Boden einerseits Träger von Nahrungsmitteln und Rohstoffen, andererseits bildet er den Standort für die Unternehmen. Der Begriff «Boden» umfasst aber mehr als nur die reine Fläche. Dazu gehören auch das Klima, die geografische Lage, die Bodenbeschaffenheit (Berge, Seen, Flüsse) usw.

■ Träger von Nahrungsmitteln und Rohstoffen

- Der Boden bildet die Grundlage für die Land- und die Forstwirtschaft sowie die Fischerei.
- Im Boden sind Rohstoffe verborgen.

■ Standort für Unternehmen

Der Boden übt einen Einfluss auf die Entwicklung einer Volkswirtschaft aus. Früher waren viele Unternehmen auf einen Standort, an dem Wasserkraft gewonnen werden konnte, angewiesen. Auch die Transportwege der Güter richteten sich nach den Wasserstrassen.

Heute verfügen wir über verschiedene Energiegewinnungsmöglichkeiten (Wasserkraft, Kernkraft, Sonnenenergie) und das Versorgungsnetz ist gut ausgebaut. Auch die Transportmöglichkeiten haben sich verbessert. Die Güter werden mit dem Flugzeug, der Eisenbahn, dem Schiff und dem Lastwagen transportiert. Die Unternehmen können ihre Standorte daher freier wählen. In einer modernen Dienstleistungsgesellschaft sind auch andere Standortfaktoren wie Steuerbelastung, die Rechtssicherheit und gut ausgebildete Arbeitskräfte wichtig.

■ Bodenspekulation

Das Bevölkerungswachstum sowie der wachsende Wohlstand steigern die Nachfrage nach Boden. Der Boden ist aber nicht vermehrbar und nicht transportierbar. Daher wird nutzbarer Boden immer knapper. Dies begünstigt die Bodenspekulation, d. h., Personen kaufen Boden, warten, bis er knapper wird, um ihn danach mit grossem Gewinn weiterzuverkaufen.

■ Raumplanung

Um eine geordnete Aufteilung des Bodens vorzunehmen und einer Zersiedelung vorzubeugen, hat sich der Staat der Raumplanung angenommen (siehe BV 75). Es gibt Orts- und Regionalplanungen sowie eine Landesplanung. Dabei wird der Boden aufgeteilt in Zonen, z. B. in Landwirtschaftszonen, Wohnzonen, Industrie- und Gewerbezonen, Erholungszonen usw. Zu jeder Zone werden gesetzliche Vorschriften erlassen. Das Raumplanungsgesetz (RPG) legt die Grundlagen der optimalen Bodennutzung fest.
Um der in den letzten Jahren festgestellten Zersiedelung (Bauten wachsen auf die grüne Wiese hinaus) Einhalt zu gebieten, verlangt der Bund im revidierten Raumplanungsgesetz, dass «verdichtet» gebaut wird (siehe Glossar).

■ Infrastruktur

Unter Infrastruktur versteht man öffentliche Einrichtungen als Voraussetzung für eine moderne Wirtschaft; dabei spielt der Boden eine wichtige Rolle. Zur Infrastruktur zählen: Strassen, Schulen, Spitäler, Energieversorgung, Kläranlagen usw.

Produktionsfaktor Arbeit

Arbeit: Volkswirtschaftlich versteht man unter Arbeit jede körperliche und geistige Tätigkeit, mit deren Hilfe ein Einkommen erzielt wird.

Wir unterscheiden zwischen körperlicher und geistiger Arbeit. Die Arbeit gliedert sich zudem in gelernte, angelernte und ungelernte Arbeit.

Für die meisten Menschen ist die Arbeit der einzige Produktionsfaktor, den sie der Volkswirtschaft anbieten können. Sie sind somit auf Arbeit angewiesen, um ein Einkommen zu erzielen. Aus diesem Grund wird die Arbeit vom Staat auch geschützt mittels Arbeitsgesetzen und der Sozialgesetzgebung (AHV, IV, EO, Arbeitslosenversicherung usw.).

■ Arbeitsproduktivität

Arbeitsproduktivität: Misst das Verhältnis der eingesetzten Arbeitsstunden zum gesamten Produktionsergebnis.

Beispiel:
Ein Schreiner arbeitet acht Stunden pro Tag. An einem Tag baut er 32 Stühle zusammen. Seine Arbeitsproduktivität beträgt vier Stühle pro Stunde.

■ Automatisierung

Automatisierung (Automation): Die Einrichtung (Produktionsanlage) steuert sich selbst und der Einsatz von Arbeitskräften wird überflüssig. Die Menschen nehmen nur noch überwachende Tätigkeiten wahr.

Bei der Automation wird der Faktor Arbeit teilweise durch den Faktor Kapital (Maschinen, Computer, Industrieroboter usw.) ersetzt. Dies verursacht hohe Investitionskosten und erhöht die Anforderungen an die Arbeitskräfte (z. B. höherer Ausbildungsstand oder mehr Verantwortung). Gleichzeitig können die Menschen von eintönigen Arbeiten befreit werden.

Die Automatisierung ist ein Teil der Rationalisierung.

■ Rationalisierung

Rationalisierung: Alle Massnahmen, die darauf zielen, mithilfe technischer und organisatorischer Verbesserungen Kosten einzusparen und ein Höchstmass an Leistung (Arbeitsproduktivität) zu erzielen. Zur Rationalisierung gehören die Automation, die Arbeitsteilung, die optimale Abstimmung der Arbeitsabläufe usw.

Je weiter die technischen Kenntnisse gedeihen, desto mehr werden die Unternehmen in die Lage versetzt, durch den Einsatz von Maschinen, Computern und Robotern die Arbeitsproduktivität zu erhöhen. Will man bei reduzierter Arbeitszeit einen gleichbleibenden Lohn bezahlen, muss die Arbeitsproduktivität entsprechend erhöht werden.

Durch die Rationalisierung wird teilweise ein neues Problem geschaffen: Wo finden die «wegrationalisierten» Menschen weitere Arbeit?

Arbeitslosigkeit

Arbeitslosigkeit: Arbeitsfähige und arbeitswillige Personen sind ohne Beschäftigung, die ihnen ein Einkommen garantieren würde.

Arbeitslos - was tun?
arbeit.swiss.ch

Unemployed – what now?
arbeit.swiss.ch

Auf dem Arbeitsmarkt herrscht dann ein Gleichgewicht, wenn weder Unterbeschäftigung noch Überbeschäftigung besteht. Dieses Gleichgewicht wird in der Realität selten erreicht.

Die Arbeitslosigkeit kann verschiedene Gründe haben:

■ Sockelarbeitslosigkeit

Die Sockelarbeitslosigkeit entsteht unabhängig von Konjunktur und Jahreszeit. Sie ist immer vorhanden. Man unterscheidet zwei Formen der Sockelarbeitslosigkeit:

Friktionelle Arbeitslosigkeit
Die friktionelle Arbeitslosigkeit (Sucharbeitslosigkeit) entsteht durch Stellenwechsel. Sie ist nur von kurzer Dauer und von geringem Ausmass.

Beispiele: Stellensuche, Konkurse, Verzögerungen bei der Stellenbesetzung

Strukturelle Arbeitslosigkeit
Die strukturelle Arbeitslosigkeit kann dadurch entstehen, dass einzelne Branchen an wirtschaftlicher Bedeutung verlieren oder dass diese vermehrt automatisieren und rationalisieren. Den davon betroffenen Arbeitnehmenden ist es aber nicht möglich, genügend rasch neue Arbeit zu finden.

■ Konjunkturelle Arbeitslosigkeit

In Zeiten der Rezession (siehe S. 310 ff.) nimmt aufgrund des Konsumrückgangs und des Rückgangs von Investitionen die Beschäftigung ab. Wenn konjunkturelle Arbeitslosigkeit herrscht, sind meistens alle Branchen (Wirtschaftszweige) davon betroffen.

■ Saisonale Arbeitslosigkeit

Der Wechsel der Jahreszeiten kann kurzfristig eine Veränderung in der Beschäftigungslage bringen (z. B. Bausektor im Winter, Gastgewerbe im Sommer in Wintersportgebieten).

Entwicklung der Arbeitslosigkeit in der Schweiz

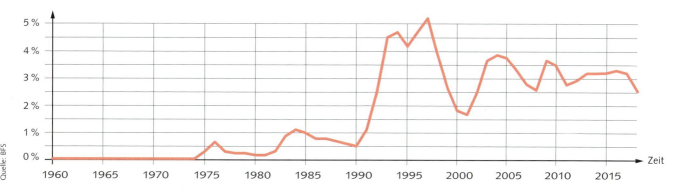

Produktionsfaktoren Wissen und Kapital

Wissen	Kapital
Wissen = Humankapital: Es umfasst • das Wissen der Arbeitgebenden und der Arbeitnehmenden (wie man etwas macht oder machen könnte) • und das Können, d. h. das erfolgreiche Ausführen dessen, was man weiss. Dieses Wissen nennt man auch Humankapital oder Know-how.	**Kapital (auch Sachkapital genannt):** Umfasst Geld und alle Sachgüter und Dienstleistungen, die eingesetzt werden, um Sachgüter herzustellen und Dienstleistungen zu erbringen. Diese Sachgüter nennt man auch Investitionsgüter oder Produktionsgüter.

Beispiele anhand einer Bäckerei:

Einstellen von Arbeitskräften mit dem notwendigen Wissen und Können, Gewährung von Aus- und Weiterbildung	Backstube, Backmaschinen, Laden und Ladeneinrichtungen, Grundprodukte (Mehl, Zucker, Kakao usw.), Arbeitskleider, Putzgeräte usw.

Die Produktionsfaktoren Kapital (Sachkapital) und Wissen (Humankapital) kann man sich mithilfe von Geld leisten (Geld ist ein Hilfsmittel). Geld muss aber zuerst gespart werden, damit es später in Kapital und in Wissen investiert werden kann.

Sparen

Sparen: Vorübergehend auf einen Teil des Konsums (den Gebrauch des Geldes) verzichten.

Für diesen Verzicht erhält man Zins.

Zins: Preis für das Zurverfügungstellen von Kapital. Die Höhe des Zinses (Zinsfuss) wird durch Angebot und Nachfrage bestimmt.

Zins ist volkswirtschaftlich nichts anderes als die Entschädigung (Belohnung) dafür, dass man vorübergehend auf einen Teil des Konsums verzichtet.
Zusätzlich stellt der Zins das Einkommen für den Produktionsfaktor Kapital dar.

Man unterscheidet:

Freiwilliges Sparen
- Sparen der privaten Haushalte: Banksparen, Versicherungssparen, Wertpapiersparen, Sachwertsparen
- Sparen der Unternehmen: Gewinne werden im Unternehmen zurückbehalten, um Investitionsgüter zu kaufen (sogenannte «Selbstfinanzierung»)

Zwangssparen
Mittels Gesetz (vom Staat verordnet) oder Vertrag (zwischen privaten Haushalten) werden die Einkommensbezüger gezwungen, ihren Konsum einzuschränken.
- Zahlen von Steuern und von AHV-Beiträgen
- Zahlen von Krankenkassen- und Nichtberufsunfallversicherungsprämien
- Zahlen von Pensionskassenbeiträgen (BVG: Berufliches Vorsorgegesetz)
- Kreditsparen (z. B. Raten für Konsumkredite) usw.

Grundlagen der Volkswirtschaft

■ Investieren

Investieren: Mit erspartem Geld werden Produktionsfaktoren (Produktionsmittel) gekauft.

Man unterscheidet:

Ersatzinvestitionen	Neuinvestitionen
Sie ersetzen nur abgeschriebene Anlagen. Es erfolgt kein Wirtschaftswachstum, da die bisherigen Produktionsmöglichkeiten lediglich erhalten bleiben.	Die bisherigen Produktionsmöglichkeiten werden erweitert durch den Kauf zusätzlicher Produktionsmittel. Es erfolgt ein Wirtschaftswachstum und unter Umständen auch ein Strukturwandel (siehe S. 269 und Glossar).

■ Sparen und Investieren

Sparen und Investieren sind untrennbar miteinander verbunden. Wenn nicht gespart wird, können auch keine Investitionen getätigt werden.

Umgekehrt macht das Sparen wirtschaftlich betrachtet keinen Sinn, wenn mit dem ersparten Geld keine Investitionen getätigt werden. Denn ohne Investitionen gibt es kein Wachstum und ohne Wachstum wird der Wohlstand nicht grösser. Wohlstand heisst: über möglichst viele und hochwertige Güter verfügen können (siehe S. 276).

Die drei Wirtschaftssektoren (Erwerbsstruktur)

Drei Wirtschaftssektoren
atlas.bfs.admin.ch

Wirtschaftssektoren: Aufteilung der Erwerbstätigen einer Volkswirtschaft auf drei Produktionsbereiche.

Die in einer Volkswirtschaft Erwerbstätigen lassen sich drei Sektoren (Produktionsbereichen) zuordnen:

1. Sektor	2. Sektor	3. Sektor
Primärer Sektor, Urproduktion	Sekundärer Sektor, Güterveredelung, Güterverarbeitung	Tertiärer Sektor, Dienstleistungen und Verwaltungen
In diesem Sektor geht es um die Beschaffung der Güter. Dazu gehören alle Unternehmen, die Sachgüter direkt aus der Natur gewinnen.	Die im primären Sektor beschafften Güter müssen verarbeitet werden.	Güter werden verteilt und verbraucht. Alle Berufe, die nicht eindeutig den ersten beiden Sektoren zugeordnet werden können, werden dem tertiären Sektor zugerechnet.
Zum 1. Sektor zählen: Landwirtschaft, Forstwirtschaft, Jagd und Fischerei sowie die Gewinnung von Bodenschätzen.	Zum 2. Sektor zählen: Industrie-, Gewerbe- und Handwerksbetriebe.	Dazu gehören u.a.: Banken, Versicherungen, Gastgewerbe, Handel, Verwaltungen, Schulen, Spitäler, Transportwesen, öffentlicher Verkehr, freie Berufe wie Anwalt, Arzt, Journalist
Dieser Sektor fordert vor allem den Einsatz von körperlicher Arbeit.	Dieser Sektor basiert auf Rohstoffen und Maschinen.	Dieser Sektor verlangt viele dienstleistungsorientierte Arbeitskräfte.
Der 1. Sektor ist arbeitsintensiv.	Der 2. Sektor ist material- und kapitalintensiv.	Der 3. Sektor ist personalintensiv.

Verteilung der Erwerbstätigen in der Schweiz

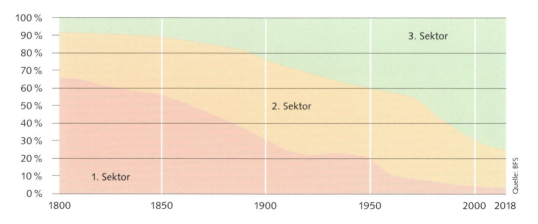

Ende 2018 zählte die Schweiz 5,054 Millionen Erwerbstätige. Davon waren rund 3,0 % im 1. Sektor, 20,8 % im 2. Sektor und 76,2 % im 3. Sektor tätig.

Grundlagen der Volkswirtschaft

■ Gesetzmässigkeiten

Die Aufteilung der Erwerbstätigen auf die drei Sektoren lässt Rückschlüsse auf die wirtschaftliche Struktur eines Landes zu:

Agrarwirtschaft   Ist nämlich der weitaus grösste Teil der Erwerbstätigen einer Volkswirtschaft im 1. Sektor beschäftigt und nur wenige im 2. und noch weniger im 3. Sektor, dann handelt es sich um ein Entwicklungsland. Die Bevölkerung ist fast ausschliesslich damit beschäftigt, mit zum Teil einfachsten Hilfsmitteln den eigenen Nahrungsmittelbedarf zu decken. Man spricht von einer Agrarwirtschaft.

Industriewirtschaft   Die zunehmende Mechanisierung in der Landwirtschaft und die Fortschritte bei der Düngung, der Schädlingsbekämpfung usw. erhöhen die Arbeitsproduktivität im 1. Sektor und setzen Arbeitskräfte des 1. Sektors zugunsten des 2. und des 3. Sektors frei. Je mehr Erwerbstätige im 2. und im 3. Sektor tätig sind, desto industrialisierter ist ein Staat. Man spricht auch von einer Industriewirtschaft.

Dienstleistungswirtschaft   Der Einsatz von viel und hoch entwickeltem Sachkapital (Maschinen, Computer, Industrieroboter) erhöht die Arbeitsproduktivität des 2. Sektors und stellt Erwerbstätige aus dem 2. Sektor frei. Da im 1. Sektor kaum weitere Erwerbstätige benötigt werden, steht ihnen nur noch der 3. Sektor, der Dienstleistungssektor, offen.

Sind mehr als 50 % der Erwerbstätigen im 3. Sektor tätig, dann handelt es sich um ein hoch entwickeltes Land. Man spricht dann von einer Dienstleistungswirtschaft.

Strukturwandel   Dieser laufende Entwicklungsprozess, ausgelöst durch den technischen Fortschritt, wird Strukturwandel genannt (siehe auch Glossar).

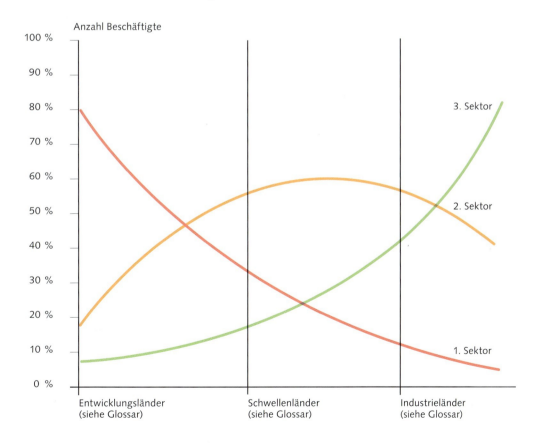

Hält man für die einzelnen Länder die Anzahl der Erwerbstätigen in den drei Sektoren fest, so kann man beobachten, dass sich die Verteilung gemäss der drei Kurven entwickelt.

Markt und Preisbildung

Markt: Jeder Ort, an dem Angebot und Nachfrage aufeinandertreffen.

Beispiele von Märkten:
- Konsummarkt (Gemüseladen, Einkaufszentren usw.)
- Finanz- und Kapitalmarkt (Aktienbörse usw.)
- Arbeitsmarkt (Stellenvermittlungsbüros usw.)
- Wohnungsmarkt (Immobiliengesellschaften usw.)

Im Schweizer Wirtschaftssystem übernimmt der Markt bei allen wirtschaftlichen Gütern die Funktion der Preisbildung.

Preis: Der in Geld ausgedrückte Tauschwert für ein Sachgut oder eine Dienstleistung.

Damit der Markt seine Funktion erfüllen kann, muss Konkurrenz herrschen. Konkurrenz heisst: Viele Anbieter des gleichen Sachgutes und viele Nachfrager nach diesem Sachgut treffen sich auf dem Markt und stehen dort im Wettbewerb zueinander.

■ Preisbildung nach Angebot und Nachfrage

Die Preisbildung auf dem Markt erfolgt aufgrund des Zusammenspiels zwischen Angebot und Nachfrage.

Angebot: Diejenige Menge an Sachgütern und Dienstleistungen, die von den Unternehmen (Produzenten) auf dem Markt zum Verkauf bereitgestellt wird.

Nachfrage: Der Wille der privaten und öffentlichen Haushalte (Konsumenten), Sachgüter und Dienstleistungen zu erwerben, um die Bedürfnisse zu befriedigen.

Der Preis übernimmt in der freien Marktwirtschaft eine Signalfunktion, indem er anzeigt, ob z. B. Sachgüter und Dienstleistungen knapper werden. Der Preis lenkt Angebot und Nachfrage.

■ Verlauf der Angebots- und der Nachfragekurve

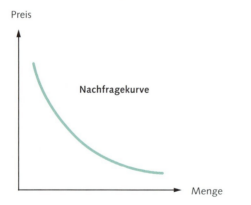
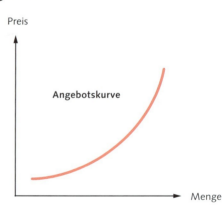

Der Gleichgewichtspreis

Die Nachfragekurve und die Angebotskurve können im gleichen Diagramm eingezeichnet werden. Der Schnittpunkt der Angebots- und der Nachfragekurve wird «Gleichgewichtspreis» oder «Marktpreis» genannt. Beim Gleichgewichtspreis wird der Markt geräumt, d.h., die angebotene Menge entspricht der nachgefragten Menge.

Die angebotene und die nachgefragte Menge

Wenn der Preis steigt, vergrössern die Anbieter die Menge ihrer Ware auf dem Markt, da die Aussicht auf einen guten Verdienst sehr gross ist.	Wenn der Preis einer Ware sinkt, sind immer mehr Nachfrager am Kauf dieser Ware interessiert.
Gleichzeitig sind immer weniger Nachfrager bereit, die Ware zu diesem Preis zu kaufen.	Gleichzeitig reduzieren die Anbieter ihre Menge, da der erzielte Gewinn kleiner wird.
Wenn die Preise steigen, wird die angebotene Menge grösser, die nachgefragte Menge aber sinkt.	**Wenn die Preise sinken, wird die nachgefragte Menge grösser, die angebotene Menge aber sinkt.**

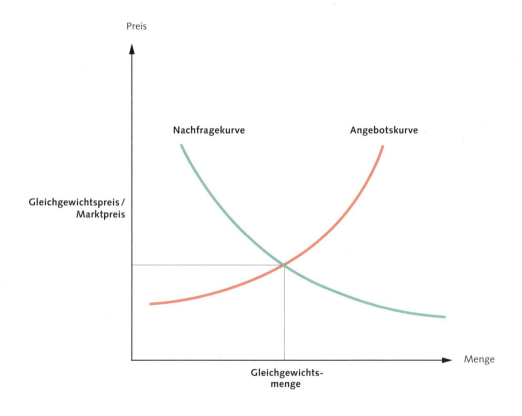

Wirtschaft und Umwelt

■ Die Umweltgüter

Umweltgüter: Güter, die uns die Umwelt zur Verfügung stellt, wie Sonne, Atmosphäre, Berge, Seen, Flüsse, Tiere, Pflanzen usw.

Wir haben die vier Produktionsfaktoren Boden, Arbeit, Wissen und Kapital kennengelernt. Jeder dieser vier Produktionsfaktoren gehört jemandem, daher hat seine Nutzung einen Preis. Weil man für die Benützung des Bodens eine Grundrente, für die Arbeit und das Wissen einen Lohn und für das Kapital einen Zins zahlen muss, setzt man die Produktionsfaktoren sparsam ein.

Für die Produktion und den Konsum von Sachgütern und Dienstleistungen wird die Umwelt beansprucht. Weil viele Umweltgüter (saubere Luft, die schützende Atmosphäre, die Sonne usw.) aber unentgeltlich genutzt werden können, wird mit ihnen nicht sparsam umgegangen. Zudem entsteht das Wunschdenken, dass sie im Überfluss vorhanden seien.

■ Nachhaltigkeit

Nachhaltigkeit ist vor allem in drei Bereichen wichtig:
- Umwelt (z. B. kein Raubbau der natürlichen Ressourcen)
- Wirtschaft (z. B. Verringerung der weltweiten Ungleichheit zwischen armen und reichen Ländern)
- Gesellschaft (z. B. gerechte Verteilung von Einkommen und Vermögen)

■ Externe Effekte

Externer Effekt: Das Handeln eines Wirtschaftsteilnehmers (z. B. Produzenten) wirkt sich auf den Nutzen einer anderen unbeteiligten Person aus.

Externe Effekte können positiv (externer Nutzen) oder negativ (externe Kosten) sein.

Externer Nutzen
Externer Nutzen entsteht, wenn nicht der gesamte Nutzen, der bei der Produktion entsteht, dem Konsumenten zugutekommt.

Beispiel:
Die Renovation eines alten Stadthauses stiftet einen externen Nutzen, indem der Stadtkern durch die Renovation verschönert wird. Dies erfreut nicht nur den Eigentümer des Hauses, sondern auch viele Betrachter, z. B. Touristen.

Externe Kosten
Externe Kosten entstehen, wenn nicht alle Kosten, die bei der Produktion anfallen, vom Verursacher getragen werden.

Beispiel:
Der Lastwagentransport von Tomaten aus Spanien belastet die Umwelt mit Schadstoffen.

Die negativen externen Kosten (z. B. Verschlechterung der Luft) werden heute noch meistens von der Allgemeinheit getragen. So bezahlt der Staat mit den eingenommenen Steuern unter anderem Massnahmen zur Verbesserung der Luft. Der Preis der Sachgüter und der Dienstleistungen beinhaltet demzufolge keine negativen externen Kosten.

Beispiel:
Würde der Preis eines Pullovers z. B. die gesamten volkswirtschaftlichen Kosten einschliessen, müsste der Preis um einiges höher liegen.

Das Verursacherprinzip

Verursacherprinzip: Derjenige Wirtschaftsteilnehmer trägt die negativen externen Kosten, der diese Kosten verursacht.

Damit der Preis eines Produkts die gesamten volkswirtschaftlichen Kosten einschliesst, müssen die negativen externen Kosten miteinbezogen werden. D. h., dass der Produzent als Verursacher der externen Kosten diese auch bezahlen soll (BV 74).

Um das Verursacherprinzip anwenden zu können, muss für die Umwelt ein Preis bestimmt werden. Die Kosten der Umweltbelastung müssen vom Verursacher getragen werden. Diese Kosten werden dann in den Preis des Sachgutes oder der Dienstleistung eingerechnet (sogenannte Internalisierung von externen Kosten). Der Preis des Sachgutes oder der Dienstleistung wird somit um die Umweltabgabe (z. B. CO_2-Abgabe) erhöht.

Mit Umweltabgaben (sogenannten Lenkungsmassnahmen) kann der Staat das Verhalten der Wirtschaftsteilnehmer lenken, ohne Sachgüter und Dienstleistungen zu verbieten und somit in die Entscheidungsfreiheit der Produzenten bzw. der Konsumenten einzugreifen.

Die Energiesteuer

Energiesteuer: Eine vom Staat auf den Verbrauch von Energie erhobene Steuer. Je mehr Energie verbraucht wird, desto mehr Steuern müssen bezahlt werden.

Die Produzenten überwälzen einen Teil dieser Kosten auf die Sachgüter und Dienstleistungen. Daher steigt deren Preis.

Zweck der Energiesteuer
Mit dem Verbrauch der Energie soll sparsamer umgegangen werden oder man soll auf Sachgüter und Dienstleistungen ausweichen, die weniger Energie benötigen.

Beispiel:
Ein Produzent stellt für Getränkedosen Aluminium her, was viel Energie benötigt. Wenn nun die Energie vom Staat besteuert wird, verteuern sich die Produktionskosten für die Herstellung von Aluminium. Der Marktpreis für die Getränkedose steigt. Dadurch nimmt die Nachfrage nach Aluminium ab. Folglich wird auch die Umweltbelastung reduziert.
Die Produzenten werden nun versuchen, den Energiebedarf zu reduzieren oder gar auf eine umweltfreundlichere Verpackung umzusteigen, damit sie weniger Abgaben bezahlen müssen.
Um die Energiesteuer bzw. die Umweltabgaben zu reduzieren, werden die Produzenten auch vermehrt Forschung betreiben. Dabei interessiert es sie, wie sich die Umweltabgaben langfristig entwickeln, um ihre Forschung und ihre langfristigen Pläne danach ausrichten zu können. Diese Vorgaben müssen der Staat und die Politik leisten.

Häufig wird der Produktionsstandort eines Unternehmens ins Ausland verlegt, um so der Energiesteuer auszuweichen.

Wirtschaftswachstum und Zielkonflikte

> **Wirtschaftswachstum:** Zeigt an, wie sich die Leistungen einer Volkswirtschaft verändern. Die Wirtschaftsleistung kann zunehmen (positives Wachstum) oder abnehmen (negatives Wachstum).

Die Leistungsfähigkeit einer Volkswirtschaft wird mit dem Bruttoinlandprodukt gemessen. (Das BIP ist die Summe aller Sachgüter und Dienstleistungen, die in einem Jahr im Inland produziert worden sind, gemessen in Marktpreisen.) Vergleicht man das BIP eines Jahres mit demjenigen des Vorjahres, erhält man die Veränderung. Die reale Veränderung widerspiegelt das reale Wirtschaftswachstum (siehe S. 259).

In den letzten Jahrzehnten hat das Wirtschaftswachstum zu einem allgemeinen Wohlstand (siehe S. 276) geführt. Jede Volkswirtschaft ist bestrebt, den Wohlstand zu erhöhen. Dadurch entstehen aber Zielkonflikte.

■ 1. Zielkonflikt: Wirtschaftswachstum – Umweltschutz

Wirtschaftswachstum heisst, dass die Produktion von Sachgütern und Dienstleistungen erhöht wird. Wenn die Produzenten ihre Produktion von Sachgütern und von Dienstleistungen erhöhen, dann benötigen sie z. B. auch mehr Rohstoffe und mehr Energie. Zugleich nehmen die Abfälle und die Schadstoffe aus der Produktion und aus der Entsorgung zu (Externe Kosten, siehe S. 272).

■ Lösungsansätze zum 1. Zielkonflikt

Staatliche Massnahmen
Die Umwelt ist ein öffentliches Gut. Bei einem öffentlichen Gut kann niemand vom Konsum ausgeschlossen werden. Wenn z. B. jemand eine Massnahme zur Verbesserung der Luftqualität ergreift, dann profitieren davon auch alle anderen. Aus diesem Grund gibt es keine privaten Anbieter von Massnahmen zum Schutz der Umwelt. Daher ist es vorderhand noch Aufgabe des Staates, die entsprechenden Massnahmen zu ergreifen, um die Umweltbelastung zu reduzieren.

Umweltgesetzgebung
Aufgrund des Umweltschutzgesetzes hat der Bund diverse Verordnungen erlassen: die Luftreinhalteverordnung, die Verordnung über Schadstoffe im Boden, die Verordnung über umweltgefährdende Stoffe, die Lärmschutzverordnung, die Verordnung über den Verkehr mit Sonderabfällen, die Verordnung über die Umweltverträglichkeitsprüfung, die Verordnung über Getränkeverpackungen, die Technische Verordnung über Abfälle usw.

Einführen des Verursacherprinzips
Eine weitere Möglichkeit, die Umweltbelastung zu reduzieren, besteht darin, dass immer derjenige die Kosten von Umweltbelastungen zu tragen hat, der sie verursacht.

Lenkungsabgaben
Der Staat kann auch Lenkungsabgaben einführen. Wenn etwas die Umwelt schädigt, wird es verteuert.

Beispiel: Schwerverkehrsabgabe

Ziel: Verlagerung des Schwerverkehrs auf die Schiene

Finanzielle Unterstützung (Subventionen, siehe S. 127)
Wer umweltgerecht produziert (z. B. Bio-Bauern) oder wer Forschung zugunsten der Umwelt betreibt (z. B. die Forschung zur Nutzung von Solar- oder Windenergie), kann vom Staat Beiträge erhalten.

Unternehmerische Massnahmen

Die Produzenten müssen nicht warten, bis sie vom Staat zu einem umweltgerechten Verhalten gezwungen werden. Sie können von sich aus innovativ sein, d. h., Produktionsverfahren entwickeln, die die Umwelt weniger stark belasten. Obwohl dies für das Unternehmen anfänglich Mehrkosten bringt, kann es langfristig davon profitieren, da die Umweltproblematik ein weltweites Problem darstellt und andere Länder früher oder später auch zu umweltschonenderen Produktionsverfahren übergehen müssen.

Private (persönliche) Massnahmen

Nicht unterschätzt werden darf, was der Einzelne zu einem umweltschonenderen Verhalten beitragen kann (im Haushalt, in der Freizeit, beim Benützen des Verkehrsmittels usw.), ohne dass sein Wohlstand dadurch stark eingeschränkt wird.

■ 2. Zielkonflikt: Wachstum – Umwelt – Arbeitslosigkeit

Die erwerbstätige Bevölkerung umfasst weltweit 3,3 Milliarden Menschen. Nach Schätzungen der Internationalen Arbeitsorganisation (ILO) sind ungefähr 172 Millionen Menschen arbeitslos. 2018 zählten 21 % der erwerbstätigen Erwachsenen zu den «Working poor», also zu jenen Menschen, die trotz Arbeit arm sind. In Entwicklungsländern sind mehr als ein Viertel der Arbeitnehmenden von prekärer Beschäftigung betroffen.

In den ärmeren Ländern sind in den Städten häufig über 50 % der erwerbsfähigen Menschen arbeitslos. Diese enorme Arbeitslosigkeit entsteht hauptsächlich durch die starke Landflucht.

Gegner des Wirtschaftswachstums sehen im Wachstum oft nur eine zunehmende Umweltverschmutzung. Sie vergessen aber, dass ohne Wachstum mehr Arbeitslosigkeit und somit mehr Armut und soziale Probleme entstehen.

Daher muss es das Ziel sein, ein Wirtschaftswachstum zu erreichen, das die Umwelt möglichst wenig belastet. Gefragt sind umweltschonendere Produktionsverfahren, wiederverwendbare bzw. leicht recycelbare Produkte, Autos mit weniger Benzinverbrauch oder Autos ohne Benzinmotoren usw.

Wohlstand und Wohlfahrt

> **Wohlstand:** Über möglichst viele und hochwertige Güter und Dienstleistungen verfügen können.

Über viele materielle Sachgüter zu verfügen, macht bekanntlich allein noch nicht glücklich. Zum Wohlbefinden des Menschen gehören auch immaterielle Güter.

> **Wohlfahrt:** Lebensqualität. Meint den Oberbegriff für alles, was zum Wohlbefinden des Menschen beiträgt.

Zu einer guten Lebensqualität (Wohlfahrt) gehören unter anderem:
- Wohlstand
- Gesundheit
- intakte Umwelt
- soziale Sicherheit
- Freiheit
- Gerechtigkeit

Unser Staat hat das Ziel, die gemeinsame Wohlfahrt zu fördern (BV 2). Das bedeutet, dass der Staat dafür sorgt, dass die Bevölkerung über immer mehr Wohlstand verfügt, in einer immer gesünderen Umwelt lebt, laufend mehr Sicherheit und mehr Freiheit geniesst und das Gefühl vorherrscht, die Gerechtigkeit im Staat nehme zu usw.

Diese Faktoren stehen aber untereinander teilweise in Zielkonflikten, was die Wohlfahrt wiederum vermindern kann.

■ Zielkonflikte

- Mehr Wohlstand heisst, immer mehr Sachgüter zu produzieren und zum Kauf anzubieten, was in Konflikt mit der Umwelt steht.
- Eine intaktere Umwelt heisst unter Umständen, dass weniger konsumiert werden darf und für Sachgüter und Dienstleistungen, welche die Natur belasten, wesentlich mehr bezahlt werden muss. Dies wiederum bedeutet, dass der Wohlstand zurückgeht.
- Mehr Wohlstand kann aber auch in Konflikt stehen mit einer besseren Gesundheit. Z. B. essen wir dank des Wohlstands zu viel, was zu verschiedenen Krankheiten führen kann.
- Wer mehr Sicherheit will, der kann nicht gleichzeitig mehr Freiheit beanspruchen. Wer z. B. will, dass ihm der Staat einen Arbeitsplatz garantiert, müsste dann auch bereit sein, dass ihm der Staat die Arbeitsstelle und den Arbeitsort zuweist und dass er nicht mehr frei auswählen könnte.
- Mehr Freiheit geht auf Kosten von mehr sozialer Sicherheit. Wer z. B. möglichst wenig Sozialabgaben dem Staat bezahlen will, um über möglichst viele Lohnanteile frei verfügen zu können, dessen Sicherheit wäre im Alter, bei Invalidität usw. weniger gross.

Eine Förderung der Lebensqualität kann daher nur heissen, dass die einzelnen Massnahmen gegeneinander abgewogen werden müssen.

Die Stimmberechtigten sind es, die letztlich darüber entscheiden, was die Lebensqualität in ihrer Volkswirtschaft fördert, sei es durch die Wahl von entsprechenden Abgeordneten, sei es bei politischen Abstimmungen über Sachfragen.

Armut

Auch in Ländern mit einem sehr hohen Volkseinkommen wie der Schweiz ist Armut ein Thema. Armut aber ist ein dehnbarer Begriff. Je nach Verhältnissen wird er anders definiert.

■ Armut von Erwerbstätigen in der Schweiz

In der Regel wird Armut finanziell definiert, wobei zwei Ansätze unterschieden werden: die Armutsgrenze und die Armutsgefährdung.

Armutsgrenze in der Schweiz

Als arm gelten Personen, wenn sie sich die Güter und Dienstleistungen für ein gesellschaftlich integriertes Leben nicht leisten können. Im Durchschnitt lag die Armutsgrenze 2017 bei einem verfügbaren Haushaltseinkommen von rund:
- CHF 2259.– pro Monat für eine Einzelperson
- CHF 3990.– pro Monat für zwei Erwachsene mit zwei Kindern unter 14 Jahren

Das verfügbare Haushaltseinkommen wird berechnet, indem man vom Bruttohaushaltseinkommen die obligatorischen Abzüge, d.h. Sozialversicherungsbeiträge (AHV, IV, EO, ALV, 2. Säule), die Steuern, die Krankenkassenprämien für die Grundversicherung und allfällige Alimente abzieht.

Im Jahr 2017 waren in der Schweiz rund 675 000 Personen von Einkommensarmut betroffen, d.h. rund 8,2 % der Bevölkerung. (Quelle: BFS)

Armutsgefährdung in der Schweiz

Als armutsgefährdet gelten Personen mit einem Haushaltseinkommen, das deutlich unter dem üblichen Einkommensniveau liegt.

Die Armutsgefährdungsgrenze lag 2017 bei rund:
- CHF 2502.– pro Monat für eine Einzelperson
- CHF 5253.– pro Monat für zwei Erwachsene mit zwei Kindern unter 14 Jahren

15 % der Bevölkerung der Schweiz oder nahezu jede siebte Person galt in der Schweiz im Jahr 2017 als armutsgefährdet (Quelle: BFS).

■ Working poor

Als «Working poor» werden erwerbstätige Personen bezeichnet, die in einem Haushalt leben, der mindestens über ein volles Erwerbspensum verfügt (d.h., alle Haushaltsmitglieder arbeiten zusammen mindestens 36 Stunden pro Woche). Sie erzielen dennoch kein Einkommen, das über der Armutsgrenze liegt.

2017 wiesen rund 165 000 Erwerbstätige ein verfügbares Haushaltseinkommen auf, das unterhalb der Armutsgrenze lag.

■ Von Armut besonders Betroffene

- Zu den am stärksten betroffenen Gruppen gehören Personen, die alleine oder in Einelternhaushalten mit minderjährigen Kindern leben.
- Personen ohne nachobligatorische Schulbildung waren deutlich häufiger arm als jene mit einem Abschluss auf der Sekundarstufe II (z.B. mit abgeschlossener Berufslehre 12,9 % gegenüber 9,0 %).
- Die Armutsquote der Frauen lag mit 8,6 % über jener der Männer mit 7,8 %.
- Die Armutsquote der Ausländer und Ausländerinnen betrug 10,9 %, jene der Schweizer und Schweizerinnen 7,2 %.

Wirtschaftsordnungen

> **Wirtschaftsordnung:** Regeln, nach denen die Wirtschaft in einem Land funktionieren soll. Die Wirtschaftsordnung wird im jeweiligen politischen System festgelegt. Die Volkswirtschaft und die Politik stehen in enger Verbindung zueinander.

Die Regeln für die Wirtschaftsordnung eines Staates werden grundsätzlich durch die Politik festgelegt.

Wirtschaftsordnungen in der Theorie

Die Theorie unterscheidet grundsätzlich zwischen zwei Wirtschaftsmodellen:
- freie Marktwirtschaft
- zentrale Planwirtschaft

Freie Marktwirtschaft
Die freie Marktwirtschaft funktioniert ausschliesslich nach dem Prinzip des freien Marktes, wo Angebot und Nachfrage aufeinandertreffen. Es gibt keine staatlichen Eingriffe.

Zentrale Planwirtschaft
Das wirtschaftliche Geschehen wird durch den Staat allein geregelt. Ihm gehören alle Produktionsfaktoren (Boden, Arbeit, Wissen, Kapital). Es herrscht totale staatliche Lenkung.

Wirtschaftsordnungen in der Realität

In den beiden genannten Modellformen funktioniert keine Volkswirtschaft auf der Erde. Wer in einem Staat über die Staatsgewalt verfügt, bestimmt, ob die Wirtschaft eher nach marktwirtschaftlichen oder mehr nach planwirtschaftlichen Grundsätzen funktioniert. In der Demokratie spielen dabei die politischen Parteien eine entscheidende Rolle (siehe Konkordanz- und Konkurrenzdemokratie, S. 223).

Bei der sozialen Marktwirtschaft kommt dem Staat die Aufgabe zu, sozial unerwünschte Auswirkungen der freien Marktwirtschaft zu korrigieren. Insbesondere soll er die Rahmenbedingungen für einen funktionsfähigen Wettbewerb schaffen, die Marktmacht der grossen Unternehmen vermindern sowie ausgleichend einwirken auf die Einkommens- und Vermögensverteilung. Die soziale Marktwirtschaft steht der freien Marktwirtschaft näher als der zentralen Planwirtschaft. Je nach Land greift der Staat mehr oder weniger stark ins Marktgeschehen ein.

Die klassischen westlichen Industrieländer (z.B. USA, Grossbritannien, Deutschland, Frankreich, Italien, die Schweiz usw.) bewegen sich alle zwischen freier Marktwirtschaft und sozialer Marktwirtschaft.

Zwei Wirtschaftsmodelle

■ Die freie Marktwirtschaft

Freie Marktwirtschaft: Wirtschaftsordnung, bei der die vier Produktionsfaktoren (Boden, Arbeit, Wissen und Kapital) in den Händen Privater sind und sich die Preise auf den Märkten aufgrund von Angebot und Nachfrage bilden. Es gibt keine staatlichen Eingriffe.

Im Zentrum der freien Marktwirtschaft steht die Einzelperson, das Individuum. Ziel ist es, die Wünsche der Einzelperson optimal zu befriedigen.

Da die Interessen sehr vielfältig und oft gegensätzlich sind, stellen Konsumenten und Produzenten ihre eigenen Wirtschaftspläne auf. Sie treffen sich auf den Märkten, wo der Austausch der Sachgüter und der Dienstleistungen gegen Geld stattfindet. Dort wird auch der Preis festgelegt. Der Staat greift nicht in dieses Geschehen ein. Er garantiert lediglich die Freiheitsrechte, da sie die Voraussetzung für das Funktionieren der freien Marktwirtschaft bilden.

■ Die zentrale Planwirtschaft

Zentrale Planwirtschaft: Wirtschaftsordnung, bei der ein zentraler Plan die Produktion und die Verteilung der Sachgüter sowie die Bereitstellung von Dienstleistungen lenkt.

Im Zentrum der wirtschaftlichen Tätigkeit steht das Wohl der Gesellschaft, die den Staat bildet. Ziel ist es, dass möglichst alle Menschen dieser Gesellschaft gleichwertig sind, dass es keine Klassenunterschiede mehr gibt. Grundsätzlich gehören alle vier Produktionsfaktoren dem Kollektiv. Daher gibt es kein Privateigentum an Produktionsfaktoren. Diese Ideen basieren auf den Theorien von Karl Marx und Friedrich Engels.

Das Kernstück der Wirtschaft bilden die Produktions- und die Verteilungspläne, die von den Produzenten erfüllt werden müssen. Planungsbehörden bestimmen über Art, Grösse, Qualität und Preis der hergestellten Sachgüter.

Die soziale Marktwirtschaft

> **Soziale Marktwirtschaft:** In dieser Wirtschaftsordnung werden die Ideen der freien Marktwirtschaft weitgehend übernommen. Zum Schutz der Schwachen (daher «soziale» Marktwirtschaft) spielt der Staat aber eine lenkende Rolle und greift ins Marktgeschehen ein.

Die soziale Marktwirtschaft bildet einen Kompromiss zwischen freier Marktwirtschaft und zentraler Planwirtschaft. Während im System der freien Marktwirtschaft der Staat praktisch keine Rolle zu spielen hat, ist er bei der zentralen Planwirtschaft die dominierende Kraft. Bei der sozialen Marktwirtschaft tritt der Staat hingegen erst dann auf, wenn das Spiel der freien Kräfte zu Fehlentwicklungen führt oder die Schwächeren Nachteile zu erleiden haben.

Die konkrete Form der sozialen Marktwirtschaft ist das Resultat von politischen Entscheidungen des jeweiligen Landes. In der Demokratie spielen dabei politische Parteien und Verbände eine zentrale Rolle (siehe S. 162 f.).

In der Schweiz stützt sich der Staat auf die BV-Artikel 94 ff., die es ihm erlauben, in das Wirtschaftsgeschehen einzugreifen.

Beseitigung von Fehlentwicklungen Würde der Staat nicht eingreifen, käme es zu Fehlentwicklungen, die den Menschen schaden.

Beispiel: Gesetzgebung im Umweltschutz

Garantie des freien Wettbewerbs Der Staat trifft Massnahmen gegen Missbräuche im Kartellwesen. Kartelle sind vertragliche Vereinbarungen von Produzenten, die mittels Absprachen den Markt zu beherrschen versuchen; vornehmlich betrifft dies Preis- oder Gebietsabsprachen.

Mit der Wettbewerbskommission (WEKO) und dem Preisüberwacher hat der Bund zwei Institutionen geschaffen, die gegen zu hohe Preise und zu wenig Wettbewerb kämpfen (siehe S. 303).

Förderung einzelner Wirtschaftszweige Der Staat will einzelne Wirtschaftszweige schützen und fördern. Z. B. die Landwirtschaft: Um den Bauern ein ausreichendes Einkommen zu garantieren, erfolgen Direktzahlungen und Zahlungen von Subventionen (siehe S. 127).

Erreichen von mehr sozialer Gerechtigkeit
Der Staat sorgt für:
- eine gewisse Umverteilung der Einkommen und der Vermögen mittels progressiver Besteuerung oder indem er Subventionen zahlt (Einkommensverteilung, siehe S. 261)
- eine genügende Einkommenssicherung der Erwerbstätigen beim Erreichen der Pensionierung (AHV), bei Invalidität, bei Arbeitslosigkeit, bei Unfall usw.
- eine kostenlose Grundschulbildung. Zusätzlich finanziert der Staat höhere Schulen weitgehend mit.

Eigenaktivitäten des Staates im Interesse des Gemeinwohls Da gewisse Aufgaben nicht von der Privatwirtschaft ausgeführt werden können, wird der Staat im Interesse des Gemeinwohls aktiv.

Beispiele: Bau von Autobahnen, Bau von Kehrichtverbrennungsanlagen, Bau von Spitälern

Die öffentliche Hand (Bund, Kantone und Gemeinden) ist der grösste Auftraggeber in der Volkswirtschaft.

Bestimmung des wirtschaftlichen Kurses durch Regierung und Parlament Die Rolle, die der Staat im Wirtschaftsgeschehen spielen soll, legt in der Demokratie das Volk fest, wenn es das Parlament und damit auch die Regierung wählt. Eine sozialdemokratische Regierung wird mehr staatliche Eingriffe tätigen als eine liberale.

Magisches Sechseck

Die für unsere heutige Gesellschaft wichtigsten wirtschaftspolitischen Ziele lassen sich in einem Sechseck darstellen, dessen sechs Eckpunkte in einer Wechselwirkung zueinander stehen. Da es nicht möglich ist, alle Ziele gleichzeitig zu erreichen, spricht man von einem magischen Sechseck.

Magisches Sechseck: Bezeichnet die Unmöglichkeit (Magie = Zauberei), alle sechs Ziele gleichzeitig zu erreichen.

Umweltqualität
Ziel: die Umweltbelastung reduzieren, siehe S. 272 ff.

Sozialer Ausgleich
Ziel: einen sozialen Ausgleich zwischen den Bürgern schaffen, z. B. durch die Umverteilung der Steuern, siehe S. 123 und 261 f.

Preisstabilität
Ziel: die Inflation bekämpfen, siehe S. 304 ff.

Aussenwirtschaftliches Gleichgewicht
Ziel: eine ausgeglichene Leistungsbilanz erreichen, siehe S. 313

Vollbeschäftigung
Ziel: die Arbeitslosigkeit bekämpfen, siehe S. 265

Wirtschaftswachstum
Ziel: ein angemessenes Wirtschaftswachstum erreichen, siehe S. 259

Neben diesen sechs können auch weitere Ziele an Bedeutung gewinnen, so ist bereits heute ein ausgeglichener Staatshaushalt sehr wichtig.

■ Beziehung zwischen den Zielen

Im magischen Sechseck bestehen folgende Beziehungen zwischen den Zielen:

Zielkonflikt
Die Massnahme für ein Ziel steht im Widerspruch mit einem anderen Ziel.

Zielharmonie
Die Massnahme für ein Ziel begünstigt auch das Erreichen eines anderen Zieles.

Zielneutralität
Die Massnahme für ein Ziel hat keinen Einfluss auf ein anderes Ziel.

Die Finanzierung der AHV

Die Grenzen der Belastbarkeit des Sozialstaates Schweiz zeigen sich in ihrer ganzen Schärfe in der Frage der Finanzierung der Alters- und Hinterlassenenversicherung (AHV).

Einen Grossteil der AHV finanziert die werktätige Bevölkerung zusammen mit den Arbeitgebern durch Lohnprozente. Doch reichen diese Beiträge nicht aus, den AHV-Bezügern eine existenzsichernde Rente zu zahlen. Erst die Subventionen des Bundes an die AHV-Kasse garantieren dieses Verfassungsrecht (BV 111/112).

Die Finanzlage der AHV hängt in grossem Masse von der gegenwärtigen Altersstruktur und der zukünftigen demografischen Entwicklung der Schweiz ab. Die Zahl der über 64-Jährigen hat sich seit 1950 mehr als verdoppelt, jene der 80-Jährigen und Älteren sogar gut verdreifacht. Die Zahl der unter 20-Jährigen hat dagegen viel weniger stark zugenommen und ist seit Anfang der 1970er-Jahre sogar rückläufig. Dieser Alterungsprozess ist die Folge steigender Lebenserwartung und niedriger Geburtenhäufigkeit. Er wird sich laut den Bevölkerungsszenarien des Bundesamtes für Statistik in den nächsten Jahrzehnten fortsetzen.

■ **Die demografische Entwicklung der Einwohner der Schweiz**

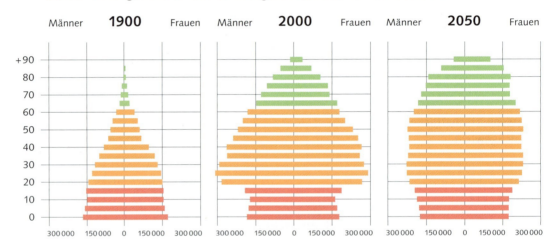

2013 war das Verhältnis von Beitragszahlenden zu einem Rentner 3:1, während es im Jahr 2030 nur noch 2:1 sein dürfte. Der Grund liegt darin, dass die sogenannte «Baby-Boomer-Generation» in Rente geht. Erschwerend kommt neuerdings die negative Kapitalmarktentwicklung hinzu, sodass der Kapitalmarkt als «dritter Beitragszahler» auf absehbare Zeit ausfällt.

In der Volksabstimmung vom 24. September 2017 wurden die Vorlagen der Reform Altersvorsorge 2020 abgelehnt: Sowohl das Bundesgesetz über die Reform als auch die Zusatzfinanzierung der AHV durch Erhöhung der Mehrwertsteuer wurden verworfen.

Mit der Reform wollte man die Altersvorsorge an die gesellschaftliche Entwicklung anpassen. Folgende Massnahmen wurden diskutiert: das Rentenalter der Frauen schrittweise von heute 64 auf 65 Jahre anzuheben und die Möglichkeit zur flexiblen Pensionierung zwischen 62 und 70 Jahren zu schaffen. Zudem hätte die Mehrwertsteuer um 0,6 Prozent zugunsten der AHV erhöht werden sollen.

Durch die 2019 vom Volk angenommene Vorlage der Steuerreform und AHV-Finanzierung (STAF) werden zwar ab 2020 jährlich über 2 Mrd. Franken zusätzlich in die AHV fliessen, eine Finanzierungslücke bleibt jedoch bestehen. Die Reformvorlage AHV 21 trägt dem Rechnung und sieht vor, die Finanzen der AHV bis im Jahr 2030 mittels verschiedener Massnahmen zu stabilisieren.

3 Wirtschaft

3.2 Geld und Konjunktur

Verständnis

- Welche Funktionen übernimmt das Geld?

- Welche Faktoren können die Höhe eines Aktienkurses bestimmen?

- Welche Vor- und Nachteile aus Schweizer Sicht bringt eine Aufwertung bzw. Abwertung des Schweizer Frankens mit sich?

- Wie unterscheiden sich die Hauptaufgaben einer Nationalbank von denjenigen einer Geschäftsbank?

- Was sind die Vor- und Nachteile der verschiedenen Formen von Geldanlagen?

- Was sind die Vor- und Nachteile der verschiedenen Formen von Zahlungsmitteln?

- Was sind die Ursachen und die Folgen eines Preisanstiegs in einem Land (Inflation)?

- Was kann einen Aufschwung bzw. einen Abschwung der Konjunktur auslösen?

Diskussion

- Soll das Bargeld abgeschafft werden?

Das Geld

> **Geld:** Hilfsmittel, um Sachgüter zu erwerben und Dienstleistungen in Anspruch zu nehmen. Als Geld gilt alles, was jeder zum Tausch von Sachgütern und von Dienstleistungen akzeptiert.

Für jede Form von Geld gelten drei Bedingungen: Akzeptanz, Vertrauen in den Wert des Geldes und Knappheit.

Die Aufgaben des Geldes

Zahlungsmittel	Wertaufbewahrungsmittel	Wertmassstab
→ zahlen	→ sparen	→ vergleichen
Man bezahlt mit Geld.	Man spart mit Geld.	Aufgrund der Preisangaben werden Waren miteinander verglichen.

Der Wert des Geldes

Kaufkraft des Geldes

Der Wert des Geldes wird mit der Kaufkraft gemessen. Die Kaufkraft zeigt, wie viele Sachgüter und Dienstleistungen mit einem bestimmten Geldbetrag gekauft werden können.

Wenn die Preise steigen, nimmt die Kaufkraft ab. Es können also mit einem Franken weniger Sachgüter und Dienstleistungen gekauft werden.	Wenn die Preise sinken, steigt die Kaufkraft. Es können also mit einem Franken mehr Sachgüter und Dienstleistungen gekauft werden.

Der Binnenwert des Geldes gibt an, wie viele inländische Sachgüter und Dienstleistungen z. B. mit 100 Franken gekauft werden können.

Der Aussenwert des Geldes gibt an, wie viele ausländische Sachgüter und Dienstleistungen z. B. mit 100 Franken gekauft werden können. Er zeigt auf, welchen Wert die einheimische Währung gegenüber einer Fremdwährung hat.

Die Formen des Geldes

Bargeld
Münzen und Noten sind Bargeld. Mit dem Aufkommen der verschiedenen Möglichkeiten des bargeldlosen Zahlungsverkehres spielt das Bargeld zunehmend eine untergeordnete Rolle.

Buchgeld
Beim Buchgeld handelt es sich um Guthaben bei den Banken und der Post, über die der Kunde ständig verfügen kann. Er kann sein Guthaben jederzeit in Bargeld umwandeln. Buchgeld entsteht:
- durch Einzahlung von Bargeld auf ein Konto,
- durch Gutschrift auf einem Konto,
- durch Überweisung (z. B. bargeldlose Lohnzahlung),
- durch Kreditgewährung der Geldinstitute.

Devisen
Devisen sind Buchgeld in ausländischen Währungen.

Die Börse

Börse: Markt, auf dem u. a. Wertpapiere wie Aktien und Obligationen, Devisen und Edelmetalle gehandelt werden.

■ Wie funktioniert die Börse?

Wer sein Geld in Wertpapiere anlegen will, geht an die Börse. Der Weg an die Börse führt über die Bank. Früher existierten in der Schweiz mehrere Börsenplätze (Zürich, Basel, Genf), die sich später zur Schweizer Börse, der «SIX Swiss Exchange», zusammengeschlossen haben.

Der Kunde kann bei seiner Bank telefonisch oder mittels E-Banking Kauf- und Verkaufsaufträge für Aktien erteilen. Die Börsenhändler der Banken geben diese Aufträge an die SIX Swiss Exchange weiter. Dort erkennt der Zentralcomputer zu jedem Zeitpunkt das Verhältnis von Angebot und Nachfrage, so dass der Preis (Aktienkurs, Obligationenkurs, Devisenkurs usw.) für die gehandelten Wertpapiere automatisch bestimmt wird.

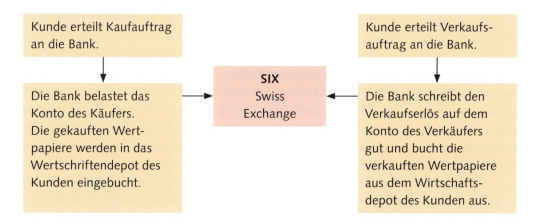

■ Welche Faktoren bestimmen den Kurs von Wertpapieren?

Die folgenden Faktoren beeinflussen die Wertschwankungen der an der Börse gehandelten Aktien, Obligationen, Devisen, Edelmetalle usw.:
- Der Wert eines Unternehmens kann schwanken. Die produzierten Güter sind plötzlich nicht mehr gefragt; das Unternehmen kann sich der wirtschaftlichen Entwicklung nicht anpassen; der Gewinn sinkt und der Wert der Aktien auch.
- Ein politisches Ereignis auf der Welt löst bei den Anlegern Angst aus. Sie stossen Aktien ab und kaufen dafür Gold oder Schweizer Franken, die in Krisenzeiten als sicher gelten.
- Vermutungen und Gerüchte können das Verhalten der Anleger beeinflussen.
- Kursschwankungen an grossen Börsenplätzen wirken sich auf andere Börsenplätze aus.
- Spekulanten verkleinern mit Massenkäufen das Angebot und verkaufen alles im richtigen Moment zu hohen Preisen. Danach ist das Angebot wieder gross und die Preise fallen.
- Steigende Zinsen für Obligationen erhöhen deren Attraktivität für die Sparer; dadurch verlagern die Sparer das Geld von Aktien in Obligationen. (Bei fallenden Zinsen steigen in der Regel die Aktienkurse.)

Währungen, Devisen und Wechselkurs

Normalerweise hat jedes Land seine Währung (19 Eurostaaten haben z. B. eine einheitliche Währung). Nicht jede Währung ist für die internationalen Finanzmärkte wichtig. Wichtige sind: USD (US-Dollar), EUR (Euro), GBP (Britisches Pfund), JPY (Japanischer Yen), CHF (Schweizer Franken), CAD (Kanadischer Dollar), AUD (Australischer Dollar).
Ausländische Währungen werden auch als «Devisen» bezeichnet.

■ Der Devisenmarkt

Devisenmarkt: Ort, an dem Devisen (fremde Währungen) gehandelt werden.

Das Wechseln von inländischem Geld in fremdes und von fremdem Geld in inländisches ist eine Dienstleistung, die in den meisten Fällen von den Banken erbracht wird. Dabei gibt es einen Wechselkurs.

■ Der Wechselkurs

Wechselkurs: Preis, zu dem Währungen gegeneinander ausgetauscht werden. Oft wird der Wechselkurs auch «Devisenkurs» genannt.

Die Bank macht mit dem Wechseln von Geld in eine andere Währung Gewinn, weil sie für den Ankauf von fremdem Geld (sie nimmt fremdes Geld entgegen und man erhält dafür inländisches Geld) und für den Verkauf von fremdem Geld (die Bank gibt fremdes Geld gegen Zahlung von inländischem) verschiedene «Preise» (Kurse) berechnet.

■ Ankauf und Verkauf von fremden Währungen

Man unterscheidet zwischen:

	Geldkurs = ich erhalte
Kauf von fremden Währungen aus der Sicht der Bank	Dieser Kurs ist massgebend, wenn die Banken fremdes Geld entgegennehmen und dafür inländisches Geld zahlen. Die Bank kauft die fremde Währung. Der Geldkurs ist immer tiefer als der Briefkurs.
	Briefkurs = ich bezahle
Verkauf von fremden Währungen aus der Sicht der Bank	Dieser Kurs gilt, wenn man inländisches Geld in eine fremde Währung wechselt. Die Bank bietet einem die fremde Währung zu diesem Kurs an. Der Briefkurs ist immer höher als der Geldkurs.

Ankaufs- und Verkaufskurs

Den Ankaufs- und den Verkaufskurs muss man immer aus Sicht der Bank betrachten.

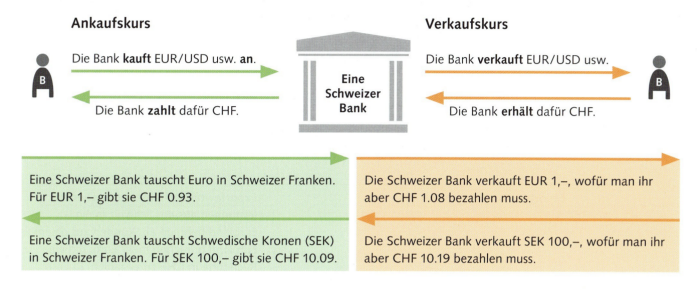

In der Schweiz wird angegeben, wie viel man für 1 oder 100 ausländische Geldeinheiten zahlen muss.

Um 1 Euro zu erhalten, müssen CHF 1.08 (Stand: 15. Januar 2020) bezahlt werden.

Mit Ausnahme des Dollars ($), des Pfunds (£) und des Euro (€), bei denen der Kurs auf eine Geldeinheit bezogen ist, wird jeweils angegeben, wie viel man für 100 ausländische Geldeinheiten zahlen muss. Um 100 Yen (¥) zu erhalten, musste man am 15. Januar 2020 CHF 0.88 bezahlen.

Aufwertung einer Währung

Eine Aufwertung des Schweizer Frankens liegt dann vor, wenn man gestern für 1 Euro CHF 1.12 bezahlte und heute nur noch CHF 1.07 bezahlen muss. Eine solche Aufwertung ist mit Vor- und Nachteilen verbunden. Nachfolgend werden diese aus der Sicht der Schweiz gegenüber den Euroländern beurteilt:

■ Folgen einer Aufwertung des CHF

	Vorteile	Nachteile
Importe	Importe aus den Euroländern werden billiger. Für Waren, die in Euro bezahlt werden müssen, benötigt man weniger CHF.	
Exporte		Exporte von Sachgütern und Dienstleistungen aus der Schweiz in ein Euroland nehmen ab. Kunden aus einem Euroland brauchen mehr Euro, um eine Rechnung in CHF zu bezahlen. In Euro umgerechnet werden Exporte aus der Schweiz teurer. Unsere Konkurrenzfähigkeit nimmt ab.
Beschäftigung		Sinkende Exporte können zu einem Abbau von Arbeitsplätzen führen.
Fremdenverkehr	Schweizer, die in ein Euroland reisen, müssen für einen bestimmten Betrag in Euro weniger CHF ausgeben. Für sie wird ein Aufenthalt in einem Euroland billiger.	Der schweizerische Fremdenverkehr verzeichnet weniger Gäste aus den Euroländern. Personen aus den Euroländern können mit Euro in der Schweiz weniger kaufen. Daher werden Ferien in der Schweiz für sie weniger interessant. Wenn weniger Leute in der Schweiz Ferien machen, nimmt die Anzahl der Beschäftigten in der Tourismusbranche ab.
Angelegtes Kapital	Der Wert der Gelder, die von Personen aus den Euroländern in CHF angelegt worden sind, steigt.	Der Wert der Gelder, die von Schweizern in Euro angelegt worden sind, sinkt.

■ Massnahme der Nationalbank gegen Aufwertung

Im Notfall interveniert die SNB auf dem Kapitalmarkt. Sie kauft fremde Währungen (z. B. Euro) gegen Abgabe von Schweizer Franken. Dadurch weitet sie die Geldmenge an Schweizer Franken aus.

Auswirkungen: Der CHF wird schwächer, die Exportwirtschaft profitiert, während die importierten Güter teurer werden.

Abwertung einer Währung

Eine Abwertung des Schweizer Frankens liegt dann vor, wenn man gestern für 1 Euro CHF 1.07 bezahlte und man heute CHF 1.12 bezahlen muss. Bei der Abwertung einer Währung ändern sich die Vorzeichen gegenüber einer Aufwertung. Wer bei der Aufwertung Vorteile geniesst, erleidet nun Nachteile, und wer Nachteile in Kauf nehmen musste, hat nun Vorteile.

■ Folgen einer Abwertung des CHF

Vorteile	Nachteile	
	Importe aus den Euroländern werden teurer. Für Waren, die in Euro bezahlt werden müssen, benötigt man mehr CHF.	Importe
Exporte von Sachgütern und Dienstleistungen aus der Schweiz in die Euroländer nehmen zu. Kunden aus den Euroländern brauchen weniger Euro, um eine Rechnung in CHF zu bezahlen. In Euro umgerechnet werden schweizerische Exporte billiger. Unsere Konkurrenzfähigkeit nimmt zu.		Exporte
Steigende Exporte schaffen im Allgemeinen mehr Arbeitsplätze.		Beschäftigung
Der schweizerische Fremdenverkehr profitiert. Personen aus den Euroländern können mit Euro in der Schweiz mehr kaufen. Daher werden Ferien in der Schweiz interessanter. Die Beschäftigung in der Tourismusbranche steigt.	Schweizer, Schweizerinnen, die in ein Euroland reisen, müssen mehr CHF in Euro wechseln. Für sie wird der Aufenthalt in diesem Land teurer.	Fremdenverkehr
Der Wert der Gelder, die von Schweizern, Schweizerinnen in Euro angelegt wurden, steigt.	Der Wert der Gelder, die von Personen aus den Euroländern in CHF angelegt wurden, sinkt.	Angelegtes Kapital

■ Massnahme der Nationalbank gegen Abwertung

Im Notfall interveniert die SNB auf dem Kapitalmarkt, indem sie fremde Währung (z. B. Euro) verkauft und CHF ankauft. Dadurch verringert sich die Geldmenge an Schweizer Franken. Auswirkungen: Der CHF wird stärker, die Importwirtschaft profitiert, während die Exportwirtschaft benachteiligt wird.

Die Banken

Man unterscheidet in der Schweiz zwischen der Schweizerischen Nationalbank und den Geschäftsbanken. Zusammen regeln und steuern sie den Geldstrom in der Volkswirtschaft (siehe S. 254 und 256).

■ Die Schweizerische Nationalbank (SNB)

Die SNB
snb.ch

Schweizerische Nationalbank (auch Zentralbank oder Notenbank genannt): Eigenständige staatliche Institution, die aufgrund der Bundesverfassung das Notenmonopol (alleiniges Recht zur Herstellung und zur Herausgabe von Banknoten) hat.
Die Schweizerische Nationalbank soll eine Geldpolitik führen, die dem Gesamtinteresse der Schweiz dient (BV 99). Sie ist von der Regierung (dem Bundesrat) unabhängig.

- Jede Volkswirtschaft hat eine Nationalbank (z. B. USA: FED, EU: EZB). Die Nationalbanken sind für die Geldpolitik ihres Landes zuständig. Sie haben die Aufgabe, die Geldmenge den Bedürfnissen der Wirtschaft anzupassen, wobei sie beachten müssen, dass einerseits nicht zu viel Geld im Umlauf ist und dass andererseits der Wirtschaft nicht zu wenig Geld zur Verfügung steht.
- In gewissen Ländern sind die Nationalbanken mehr oder weniger von ihren Regierungen abhängig, z. B. in Brasilien oder in Russland. In der Schweiz untersteht die SNB zwar der Aufsicht von politischen Behörden, da sie öffentliche Aufgaben erfüllt, in ihren Entscheidungen ist sie aber frei. Damit wird auch vermieden, dass die SNB zur Finanzierung der Staatsausgaben missbraucht werden könnte.
- Die Nationalbank versorgt die Geschäftsbanken mit Geld und gewährt ihnen Kredite. Daher wird sie auch als «Bank der Banken» bezeichnet.

■ Die Geschäftsbanken

Geschäftsbanken: Institutionen, die sich gewerbsmässig mit Geschäften des Zahlungs- und des Kreditverkehrs befassen. Sie nehmen Geld entgegen (Ersparnisse) und leihen es aus (Kredite).

- In einer Volkswirtschaft koordinieren die Geschäftsbanken das Zusammentreffen des Geldangebots und der Geldnachfrage.
- Die Geschäftsbanken sorgen zusammen mit der Post für den bargeldlosen Zahlungsverkehr. Sie erbringen Dienstleistungen bei Finanzierungs- und Anlagegeschäften.

Geld und Konjunktur

Die Schweizerische Nationalbank (SNB)	Die schweizerischen Geschäftsbanken	
Gemäss BV 99 steht dem Bund das Recht zur Herausgabe von Banknoten zu. Der Bund hat dieses Recht aber ausschliesslich der Schweizerischen Nationalbank übertragen. Die Nationalbank hat rein volkswirtschaftliche Aufgaben zu erfüllen, d. h., sie arbeitet nicht gewinnorientiert.	«Eine Bank bedarf zur Aufnahme ihrer Geschäftstätigkeit einer Bewilligung der eidgenössischen Finanzmarktaufsicht (FINMA); …» (Art. 3 des Bundesgesetzes über die Banken und Sparkassen). Die FINMA ist das Aufsichtsorgan des Bundes. Der Bundesrat wählt die Mitglieder der FINMA. Die FINMA erteilt die Bewilligung, wenn die Voraussetzungen wie Mindestreserven, Liquiditätsvorschriften (finanzielle Mittel) usw. gegeben sind.	**Gesetzliche Grundlage**
1. **Den Geldumlauf der Schweiz regeln** Die SNB regelt den Bargeldumlauf und sichert die Qualität der Banknoten (d. h., sie zieht einen Teil der abgenutzten Banknoten aus dem Verkehr und gibt neue Noten heraus, ohne dadurch die Geldmenge zu erhöhen). 2. **Den Zahlungsverkehr erleichtern** Die SNB hat für den Zahlungsverkehr, den die Geschäftsbanken unter sich tätigen, ein einheitliches Abwicklungssystem (das Swiss Interbank Clearing, SIC) geschaffen. Dadurch wurde die Abwicklung des bargeldlosen Zahlungsverkehrs wesentlich erleichtert. 3. **Eine dem Gesamtinteresse dienende Geld- und Währungspolitik führen** Die SNB versucht, mit der Steuerung der Geldversorgung die Inflation niedrig zu halten und andererseits ein stetiges Wirtschaftswachstum zu fördern. 4. **Ein stabiles Finanzsystem fördern** Die SNB analysiert die Entwicklungen an den Finanzmärkten. Sie stellt (zusammen mit dem Bund und der Finanzmarktaufsicht, FINMA) Rahmenbedingungen für den Finanzplatz auf und gewährt in letzter Instanz Liquiditätshilfen (Kreditgeberin). Die SNB berät in Währungsfragen die Bundesbehörden. Vor wichtigen geldpolitischen Entscheiden unterrichtet die SNB den Bundesrat. Häufig stimmen der Bundesrat und die SNB ihre Massnahmen gegenseitig ab.	1. **Passivgeschäfte** • Spareinlagen und Festgelder entgegennehmen • Kassaobligationen herausgeben • Sichteinlagen tätigen 2. **Aktivgeschäfte** • Kredite an Unternehmen und Privatpersonen gewähren • Hypothekargeschäfte tätigen • (Finanzierung von Immobilien) 3. **Übrige Dienstleistungen** • Zahlungsverkehr im In- und mit dem Ausland abwickeln • Wertschriften an- und verkaufen (z. B. Aktien und Anleihensobligationen) usw. • Vermögen verwalten • Geldwechsel • Nicht alle Banken bieten sämtliche Geschäfte an.	**Haupttätigkeiten**
Die Schweizerische Nationalbank ist eine Aktiengesellschaft. Rund 55 % des Aktienkapitals sind im Besitz von Kantonen, Kantonalbanken, Gemeinden und anderen öffentlich-rechtlichen Institutionen. Der Bund besitzt keine Aktien. Ungefähr 45 % des Aktienkapitals sind im Besitz von Privatpersonen und Unternehmen.	Die Geschäftsbanken können in unterschiedlichen Rechtsformen bestehen. Es gibt z. B.: • Aktiengesellschaften: Berner Kantonalbank, UBS (Union Bank of Switzerland), CS (Credit Suisse) • Genossenschaften: Raiffeisenbanken • öffentlich-rechtliche Anstalten: gewisse Kantonalbanken	**Organisation**
Kunden sind die Geschäftsbanken und der Bund. Privatpersonen sind keine Kunden der Nationalbank.	Kunden sind Privatpersonen, Unternehmen, die Kantone und der Bund.	**Kunden**

Geldanlagen

Wer mehr Geld verdient, als er ausgibt, steht vor der Frage, wo und in welcher Form er sein überschüssiges Geld aufbewahren, anlegen oder vermehren soll. Es gibt viele Möglichkeiten, Geld aufzubewahren und damit Vermögen zu bilden. Wertpapiere können u. a. als geeignetes Wertaufbewahrungsmittel dienen.

> **Wertpapiere:** Urkunden, die mit einer bestimmten Leistung oder einem bestimmten Geldwert verbunden sind.

Ein Konzertticket berechtigt beispielsweise zum Eintritt ins Konzert, ein Büchergutschein zum Bezug von Büchern in der Höhe der Gutschrift oder eine Aktie zur Teilhabe am Unternehmen und dessen Gewinn. Geht eine Urkunde verloren, geht grundsätzlich auch das darin verbriefte Recht verloren. Eine solche Urkunde wird nach OR 965 Wertpapier genannt.

Wenn es um Wertpapiere wie Obligationen, Aktien oder Anlagefonds geht, spricht man auch von Wertschriften oder ganz allgemein von Geldanlagen. Im heutigen Wertschriftengeschäft ist es nicht mehr üblich, dass sich die Urkunde im physischen Besitz des Eigentümers befindet. An der Börse gehandelte Wertpapiere werden bei der «Schweizerischen Effekten und Giro AG» (SEGA/Intersettle) zentral eingelagert.

■ Das magische Dreieck der Geldanlage

Anleger wollen ihr Geld so anlegen, dass es sicher aufbewahrt wird, einen Ertrag abwirft und innerhalb nützlicher Frist verfügbar ist. Sicherheit, Rendite und Verfügbarkeit sind denn auch die wichtigsten Beurteilungskriterien eines jeden Anlagegeschäftes. Sie werden als das sogenannte «Magische Dreieck der Geldanlage» bezeichnet.

Sicherheit
Damit sind der Werterhalt des eingesetzten Kapitals sowie die regelmässige Zahlung fälliger Kapitalerträge gemeint.

Rendite
Darunter versteht man den Ertrag, den man mit einer bestimmten Anlageform erzielt.

Verfügbarkeit
Das ist die Schnelligkeit, mit der man aus der Anlage wieder aussteigen kann.

■ Chancen und Risiken von Geldanlagen

Bei jeder Geldanlage besitzt man die Chance, dass sich der Wert des eingesetzten Kapitals vermehrt. Die Risiken bestehen darin, dass der Wert abnimmt oder gänzlich verloren geht.

Betrachtet man eine Geldanlage unter dem Aspekt der Sicherheit, sind die nachstehend beschriebenen Risiken besonders zu beachten:

Bonitätsrisiko
Wird ein Schuldner zahlungsunfähig oder geht er gar in Konkurs, kann dies den teilweisen oder den ganzen Verlust des angelegten Kapitals bedeuten.

Geldwertrisiko
Ist die Inflationsrate höher als der Ertrag, den die Geldanlage abwirft, verkleinert sich der Wert (die Kaufkraft) des eingesetzten Kapitals.

Börsenkursrisiko
Sinkt der Marktwert einer Anlage (z. B. der Kurs eines an der Börse gehandelten Wertpapiers), verkleinert sich das Vermögen oder es geht ganz verloren (vergleiche Obligationen und Aktien der ehemaligen schweizerischen Luftverkehrsgesellschaft Swissair).

Unternehmensrisiko
Mit Aktien beteiligt sich der Aktionär am wirtschaftlichen Erfolg bzw. Misserfolg eines Unternehmens. Beim Konkurs eines Unternehmens kann dies zum vollständigen Verlust des angelegten Kapitals führen.

Zinsrisiko
Veränderungen des Zinsniveaus an den Geld- und Kapitalmärkten können direkte Auswirkungen auf die Kurse von festverzinslichen Werten (Obligationen) haben.

Währungsrisiko/Devisenrisiko
Sinkende Devisenkurse verkleinern den Wert einer Geldanlage, die in einer Fremdwährung getätigt worden ist.

■ Geldanlageformen in der Übersicht

Sicherheit	Risiken	Rendite	Verfügbarkeit	Anlageform
keine	Diebstahl, Brand	keine	hoch	**Sparstrumpf**
hoch	Geldwert, Bonität	gering	mittel	**Sparkonto**
hoch	Bonität, Geldwert, Zins	mittel	mittel	Kassenobligationen
mittel/hoch	Bonität, Geldwert, Börsenkurs, Zins	mittel	hoch	Anleihensobligationen
mittel	Börsenkurs, Unternehmen	mittel/hoch	hoch	**Aktien (Blue Chips)**
mittel	Börsenkurs, Unternehmen	mittel/hoch	mittel	**Anlagefonds-Anteilscheine** Schwergewicht: Aktien
mittel/hoch	Bonität, Geldwert, Börsenkurs, Zins, Unternehmen, Währung	mittel	mittel	**Anlagefonds-Anteilscheine gemischt:** Obligationen, Aktien, Immobilien-, Rohstofffonds usw.
mittel/gering	Bonität, Geldwert, Börsenkurs, Zins, Unternehmen, Währung	mittel bis sehr hoch	mittel	Hedgefonds
hoch	Geldwert	gering/mittel	• ab Pensionsalter • mit Aufnahme selbstständiger Tätigkeit • bei Auswanderung	Sparen 3
hoch	Geldwert, Zins, Bonität	gering/mittel	mittel	**Festgeld**
mittel	Währung, Bonität, Geldwert, Börsenkurs, Zins	mittel	hoch	**Anleihen in Fremdwährungen**
hoch	Geldwert	mittel/hoch	Rückkaufswert	**Kapital-Lebensversicherungen**
hoch	Sachwertverlust, Katastrophen	mittel	mittel	Immobilien **(Häuser)**
mittel	Marktwert	gering	hoch	**Edelmetalle (Gold, Silber usw.)**
gering	Diebstahl, Brand, Marktwert	keine/gering	gering	**Kunst, Antiquitäten**

«Man soll nicht alle Eier in den gleichen Korb legen!» Ein kluger Anleger sollte wissen, dass jede Anlageart mit Risiken verbunden ist. Es ist deshalb wichtig, Anlagen zu streuen und Risiken zu verteilen. Diese Anlagestrategie bezeichnet man als Diversifikation (Aufteilung). Damit geht man zwar mehr einzelne Risiken ein, kann aber das Gesamtrisiko erheblich verringern. Setzt ein Anleger seine Gelder zu einseitig ein, geht er ein sogenanntes «Klumpenrisiko» ein.

Geldanlageformen

Die nachfolgenden Anlageformen gelten sowohl für Private wie auch für Betriebe. Falls für Betriebe andere Begriffe existieren, werden diese angegeben.

■ Sparstrumpf/Kasse

Das Bargeld bewahrt man an einem möglichst sicheren Ort zu Hause auf.

Vorteil
- Man hat jederzeit Zugriff auf die Ersparnisse.

Nachteile
- Bei einem Brand oder Diebstahl geht man das Risiko eines Totalverlustes ein. (Normalerweise ist Bargeld nur bis ca. CHF 2000.– versichert.)
- Man erhält auf die Ersparnisse keinen Zins.
- Weil die Preise für Sachgüter und Dienstleistungen über einen längeren Zeitraum üblicherweise steigen, kann man sich mit dem Ersparten immer weniger leisten.

■ Bankkonto/Postkonto

a) Privatkonto (Lohnkonto) bzw. Postkonto
Diese Konti dienen vor allem dem Zahlungsverkehr. Man lässt sich den Lohn und andere Einzahlungen auf dieses Konto gutschreiben. Rechnungen bezahlt man mittels Vergütungsauftrag (Einzahlungsschein), der auch von zu Hause aus über das Internet übermittelt werden kann. Für regelmässig wiederkehrende Ausgaben (z. B. Miete oder Prämie Krankenversicherung) kann man der Bank bzw. der Post einen Dauerauftrag erteilen.

Vorteile
- Die Sicherheit ist sehr hoch.
- Zudem kann man bei vielen Geldinstituten jeden Monat maximal CHF 100 000.– beziehen, d. h., man kann praktisch jederzeit über sein gesamtes Guthaben verfügen.
- Eine Maestro-Karte oder eine PostFinance Card ermöglicht den Bargeldbezug an einem Bancomaten (oder Postomaten) auch ausserhalb der Öffnungszeiten. Zudem kann man in vielen Geschäften mit diesen Karten bezahlen. Dabei werden einem die Beträge direkt dem Konto belastet.

Nachteile
- Die Zinserträge sind gering.
- Je nach Geldinstitut sind die Spesen (z. B. für Kontoführung, ausgeführte Vergütungen, Geldbezüge an fremden Bancomaten) ziemlich hoch.

b) Sparkonto (nur für Private)
Dieses eignet sich zum eher kurzfristigen Sparen.

Vorteil gegenüber Lohnkonto
- Die Zinssätze sind ein wenig höher.

Nachteile gegenüber Lohnkonto
- Die Rückzugsmöglichkeiten sind eingeschränkt. Diese sind je nach Bank unterschiedlich hoch (z. B. CHF 50 000.– pro Kalenderjahr).
- Es ist nicht möglich, Zahlungsaufträge über das Sparkonto abzuwickeln.

c) Einlegerschutz bei Banken (Konkursprivileg)
Der Einlegerschutz (siehe S. 148) gilt neu für alle Arten von Konten und für deponierte Kassenobligationen. Er beträgt maximal CHF 100 000.– pro Kunde (nicht pro Konto) und pro Bank. Dieser Maximalbetrag wird von der Schweizerischen Bankiervereinigung garantiert und nach der Zahlungsunfähigkeit einer Bank möglichst bald ausbezahlt.

■ Obligationen (Forderungspapiere)

a) Kassenobligation

Eine Kassenobligation ist ein Forderungspapier gegenüber einer Bank.
Der Bank wird für eine bestimmte Zeit (2 bis 8 Jahre) eine gewisse Summe (mindestens CHF 1000.–) zur Verfügung gestellt. Nach Ablauf der vereinbarten Zeit wird das Geld zurückbezahlt. Beim Kaufabschluss wird auch der während der Laufzeit gleichbleibende Jahreszins festgelegt.

Vorteil
- Bei einer Kassenobligation erhält man einen höheren Zinssatz als beim Sparkonto.

Nachteile
- Während der Laufzeit kann man über sein Geld nicht verfügen.
- Steigt während der Laufzeit das generelle Zinsniveau an, kann es sein, dass man mit einer Obligation weniger Zins erhält als auf einem Sparkonto, bei dem der Zinssatz laufend dem allgemeinen Zinsniveau angepasst wird.

b) Anleihensobligation

Im Gegensatz zur Kassenobligation stellt die Anleihensobligation ein Forderungspapier gegenüber einem Unternehmen (z. B. ABB) und nicht gegenüber einer Bank dar. Die Wahrscheinlichkeit, dass man bei einem allfälligen Konkurs des Unternehmens das investierte Kapital verliert, ist sehr gross. Anleihensobligationen werden teilweise an der Börse gehandelt. Daher muss man beim Kauf einer Anleihensobligation das Konkursrisiko für das Unternehmen beurteilen, dem man sein Geld zur Verfügung stellt.

■ Aktien (Beteiligungspapiere)

Mit dem Kauf von Aktien eines Unternehmens gehört einem ein Teil dieses Unternehmens. Man hat an der Generalversammlung ein Stimmrecht, z. B. bei der Wahl des Verwaltungsrates oder bei der Gewinnverwendung. Oft wird ein Teil des Unternehmensgewinns an die Aktionäre verteilt (Dividende). Bei den Aktien hofft man jedoch nicht nur auf eine möglichst hohe Dividende, sondern man spekuliert darauf, dass der Aktienkurs steigt und damit Kursgewinne erzielt werden können.

Aktien kann man nicht selber an der Börse kaufen oder verkaufen. Dazu muss man einer Bank den Auftrag geben. Dabei fallen Spesen an, sogenannte Courtagen (pro Transaktion CHF 20.– bis CHF 120.–).

Anlagehorizont
Wer in Aktien investieren will, braucht einen Anlagehorizont von 10 bis 15 Jahren, d. h., man muss während dieser Zeit auf das Geld verzichten können.

Vorteil
- Mit Aktien kann eine hohe Rendite erzielt werden.

Nachteile
- Die Entwicklung von Aktienkursen hängt von vielen, nicht vorhersehbaren Faktoren ab. Entsprechend hoch ist das Kursrisiko.
- Bei einem Konkurs des Unternehmens droht der Totalverlust des eingesetzten Kapitals.
- Die Spesen (Courtagen, Depotgebühren) sind relativ hoch.

Anlagefonds

Ein Fonds ist mit einem Korb zu vergleichen, in dem viele verschiedene Aktien und/oder Anleihensobligationen sind. Je nach Fonds ist die Zusammensetzung, die durch den Fondsmanager der Bank getroffen und laufend angepasst wird, sehr unterschiedlich. Der Käufer erwirbt einen Anteil an diesem Korb. Kostengünstiger sind sogenannte ETFs (Exchange Traded Fund). Ein ETF ist ein Fonds, der die Wertentwicklung eines Börsenindex wie z. B. des SMI (Swiss Market Index) abbildet. Anteile an Anlagefonds und ETFs können an der Börse gekauft und verkauft werden.

Anlagehorizont
Bei einem Fonds sollte man mindestens während 8 bis 10 Jahren auf sein Geld verzichten können.

Vorteile
- Durch die Diversifikation wird das Risiko minimiert.
- Es gibt praktisch für jedes Bedürfnis einen geeigneten Fonds.

Nachteil
- Die Verwaltungskosten sind – vor allem bei Anlagefonds – oft nicht transparent und können sehr hoch ausfallen.

Hedgefonds

Hedgefonds wollen unabhängig von der Börsenentwicklung einen positiven Ertrag erzielen und werden daher zur Diversifikation (Risikostreuung) verwendet. Es werden Anlagen getätigt, die herkömmlichen Fonds nicht erlaubt sind, z. B. Finanzierung der Anlagen durch Kredite, Verkauf einer Aktie auf einen bestimmten Termin, die man noch gar nicht besitzt, sogenannte Leerverkäufe.

Vorteil
- Es ist möglich, eine sehr hohe Rendite zu erzielen, auch wenn sich die Börse negativ entwickelt.

Nachteile
- Die Anlage birgt ein sehr hohes Verlustrisiko.
- Die Verwaltungskosten sind oft nicht transparent und können hoch ausfallen.

Kontoauszug

Je nach Bankinstitut erhalten die Inhaber der Konten am Ende des Monats einen Kontoauszug mit der Auflistung des Zahlungsverkehrs während der monatlichen Rechnungsperiode. Ein Konto ist eine Tabelle mit beliebig vielen Zeilen und Spalten. Die wichtigsten drei Spalten werden mit Einnahmen/Gutschrift, Ausgaben/Belastung und Saldo (Kontostand) bezeichnet.

In diesen Spalten werden die Geldbeträge verbucht. Diese drei Spalten werden durch Hilfsspalten ergänzt, die Informationen wie die Valuta (Buchungsdatum) und erläuternde Texte (Zahlung an wen, evtl. wofür) enthalten. Das Konto wird durch eine Kontonummer identifiziert und vom Bankinstitut verwaltet.

■ Beispiel eines Kontoauszugs

BEZB Bezirksbank AG

BEZB AG, Postfach
Postfach 1850   **8**
CH-8058 Zürich

Für Auskünfte **9**

Herr Fritz Dober
Bahnhofstr 23   **1**
6353 Weggis

BEZB Privatkonto
Konto Nr. 14-7223-8 **10**
MwSt.-Nr.

Kontoauszug 01.04.2020–30.04.2020

Ihr Konto auf einen Blick

Anfangssaldo			4542.00
Total Gutschriften		5685.30	
Total Belastungen	2529.95		
Schlusssaldo			7697.35

Datum	Informationen	Belastung **2**	Gutschrift **3**	Valuta **4**	Saldo **5**
01.04.20	Anfangssaldo			03.04.20	4542.00
	Vergütung swisscom	124.45		03.04.20	4417.55
04.04.20	Zahlung Stadt Luzern	244.95		06.04.20	4172.60
18.04.20	Bezug Bancomat	300.00		20.04.20	3872.60
25.04.20	Saläreingang		5685.30	25.04.20	9557.90
28.04.20	Lastschrift Visa	260.55		28.04.20	9297.35
30.04.20	Dauerauftrag Immohai	1600.00		30.04.20	7697.35
	Spesen Kontoführung **6**	0.00			
	Umsatztotal	2529.95	5685.30		
30.04.20	**Schlusssaldo**				**7** 7697.35

1 Adresse des Kunden
2 Belastungen (Geldbeträge, die dem Konto abgezogen werden)
3 Gutschriften (Geldbeträge, die auf das Konto eingehen)
4 Valuta: Datum, von dem aus Zinsgutschriften oder Zinsbelastungen laufen
5 Saldokolonne. Kontostand an diesem Datum
6 Spesenbelastung für die Dienstleistungen der Bank (je nach Kontostand und Bankinstitut werden Gebühren verlangt oder nicht)
7 Schlusssaldo (Kontostand Ende des Monats)
8 Adresse der Bank
9 Name der Kontaktperson bei der Bank
10 Kontonummer des Kunden und evtl. weitere Kennnummern für die Bank

> **TIPP**
> Der Kontoauszug in Papierform ist zum Teil kostenpflichtig. Daher lohnt es sich, den Kontoauszug elektronisch zu bestellen (bzw. zu hinterlegen).

Geld ausgeben: Direkte Zahlung

Unter direkter Bezahlung versteht man, dass der Geldbetrag gleichzeitig mit dem Kauf der Ware oder dem Kauf der Dienstleistung dem Konto belastet wird.

▸ Barzahlung

Die Barzahlung war für lange Zeit die einzige Möglichkeit der Bezahlung mittels Geld. Bei der Barzahlung werden Noten und Münzen gegen Güter oder Dienstleistungen getauscht.

Vorteil
- Die Schuld kann ohne Verursachung von Spesen sofort beglichen werden.

Nachteil
- Es besteht das Risiko, dass das Geld gestohlen wird oder verloren geht.

▸ Bezahlung mit Maestro-Karte oder PostFinance Card

Viele Banken bieten für den bargeldlosen Zahlungsverkehr eine Maestro-Karte an. Dabei handelt es sich um eine Debitkarte, d. h., der geschuldete Geldbetrag wird umgehend beim Bankkonto abgebucht. Die PostFinance nennt diese Karte «PostFinance Card».

Mittels Maestro-Karte oder der PostFinance Card kann in der Schweiz und in immer mehr Geschäften auf der ganzen Welt bargeldlos bezahlt werden. Zudem ermöglichen diese Karten den Bargeldbezug an allen Bancomaten und Postomaten in der Schweiz sowie an unzähligen Geldautomaten weltweit.

Vorteile
- Der bargeldlose Zahlungsverkehr und die geheime PIN bieten mehr Sicherheit.
- Die monatliche Höchstgrenze für Geldbezüge kann individuell angepasst werden.
- Pro Tag kann man mit der Maestro-Karte maximal CHF 5000.– (davon am Bancomat max. CHF 1000.–) und mit der PostFinance Card maximal CHF 1000.– beziehen.

Nachteil
- Bei unachtsamem Gebrauch oder bei Skimming kann ein Dieb die gesamte Monatslimite abheben, da eine Verbindung zu einem Konto besteht.

▸ Bezahlung mit V-Pay-Karte

Die Maestro-Karte oder die PostFinance Card funktionieren beim Geldabheben oder beim bargeldlosen Bezahlen mit einem Magnetstreifen und einem Chip. Die V-Pay-Karte in CHF steht für modernste und sicherste Technologie, da sämtliche Transaktionen ausschliesslich über den Chip abgewickelt werden.

Raiffeisen Schweiz hat diese Karte als erste Bank am 1.1.2014 eingeführt. Andere Banken werden folgen. In Europa wird die V-Pay-Karte bereits seit Jahren eingesetzt.

Vorteile
- Die V-Pay-Karte funktioniert im Unterschied zur Maestro-Karte ausschliesslich mit dem EMV-Chip. Dadurch soll das Skimming nicht möglich sein, bei dem die Kartendaten vom Magnetstreifen missbräuchlich kopiert werden.
- Die Ausgabelimite beträgt im Monat zwischen CHF 5000.– (Standard) und maximal CHF 20 000.– (nach Absprache mit der Bank).

Nachteile
- Aufgrund des fehlenden Magnetstreifens kann die V-Pay-Karte nur innerhalb Europas verwendet werden.
- Es kann sein, dass die V-Pay-Karte noch nicht in allen Geschäften akzeptiert wird.

Geld ausgeben: Indirekte Zahlung

Die Bezahlung der Waren oder Dienstleistungen erfolgt nicht beim Kauf der Ware. Der Geldbetrag wird zu einem späteren bzw. früheren Zeitpunkt dem Konto belastet.

Kreditkarte

Mit Kreditkarten (Visa, Mastercard, American Express usw.) kann weltweit bargeldlos bezahlt werden. Im Gegensatz zur Debitkarte (Maestro-Karte oder PostFinance Card) wird hier der Betrag nicht sofort dem Konto belastet. Man erhält Ende des Monats eine Abrechnung und überweist dann den offenen Betrag.

Vorteile
- Man kann bargeldlos bezahlen (Sicherheit: Unterschrift oder eine PIN).
- Der geschuldete Betrag muss erst Ende des Monats bezahlt werden.

Nachteile
- Die Verzugszinsen sind hoch, wenn man den geschuldeten Betrag nicht rechtzeitig einzahlt.
- Es besteht die Gefahr, dass man unüberlegt Geld ausgibt und sich verschuldet.

Prepaid-Kreditkarte

Die Prepaid-Karte ist ideal für Menschen, die aufgrund ihrer finanziellen Situation (z.B. wegen fehlenden regelmässigen Einkommens) oder weil sie noch nicht volljährig sind, keine Kreditkarte erhalten. Man kann per Banküberweisung die Karte mit dem gewünschten Betrag aufladen und damit weltweit wie mit einer herkömmlichen Kreditkarte bezahlen.

Vorteile
- Man kann nie einen grösseren Betrag abbuchen, als auf der Karte befindlich ist.
- Man kann z.B. online shoppen.

Nachteile
- Für die Karte wird meist eine (geringe) Jahresgebühr erhoben.
- Diese Karten werden von den alten Kartenterminals nicht angenommen.

Travel-Cash-Karte für Ferienreisende

Die Travel-Cash-Karte ist eine Weiterentwicklung der Travelers Cheques. Mit Travel Cash kann weltweit an mehr als 1,5 Millionen Bancomaten Lokalwährung bezogen und in über 11 Millionen Geschäften bargeldlos bezahlt werden. Man erhält diese Prepaid-Karte bei zahlreichen Banken, der PostFinance und den Wechselbüros der SBB und kann sie dort mit Euro, US-Dollar oder Schweizer Franken aufladen. Man kann nur das ausgeben, was vorher auf die Karte geladen wurde. Es besteht keine Verbindung zu einem Konto.

Vorteile
- Grosse Sicherheit: Bei Verlust oder Diebstahl wird die Travel-Cash-Karte samt Restwert weltweit kostenlos ersetzt.
- weltweiter Bargeldbezug

Nachteil
- Es fallen Gebühren an.

Kundenkarte

Kundenkarten werden nicht von den Banken, sondern von Geschäften herausgegeben, folgen aber dem gleichen Prinzip wie die Kreditkarten.

Zahlung nach Erhalt eines Einzahlungsscheins

Für die Bezahlung von Rechnungen erhält man oft Einzahlungsscheine per Post (immer mehr gebührenpflichtig) oder per E-Mail (kostenlos). Es gibt unterschiedliche Möglichkeiten, den Betrag nach Erhalt eines Einzahlungsscheins zu begleichen:

▪ Einzahlung am Postschalter

Man zahlt auf der Post den auf dem Einzahlungsschein eingetragenen Betrag bar ein. Die Post überweist dann das Geld auf das entsprechende Konto. Für diese Dienstleistung zieht die Post beim Geldempfänger für ihren Aufwand einen kleinen Geldbetrag von der Rechnung ab. Für den Einzahler ist die Überweisung kostenlos. Allerdings verrechnen immer mehr Unternehmen dem Einzahler, der eine Rechnung am Postschalter begleicht, eine Gebühr.

Vorteile
- Am Postschalter ist eine persönliche Beratung gewährleistet.
- Die Postangestellten überprüfen das vollständige Ausfüllen der Einzahlungsscheine.

Nachteile
- Für den Zahlenden ist diese Art der Einzahlung umständlich und zeitraubend, für den Zahlungsempfänger kostenpflichtig.
- Um die Rechnungen bar am Postschalter einzahlen zu können, sind zuerst Barbezüge bei der Bank nötig. Dieses Geld muss dann von der Bank zur Post getragen werden, was ein erhöhtes Diebstahlrisiko darstellt. Ausnahme: Man hat ein Konto bei der PostFinance.

▪ Zahlungsauftrag (Vergütungsauftrag)

Bequemer ist die Bezahlung mittels Einzahlungsschein von zu Hause aus. Dazu wird der Hausbank oder der PostFinance ein Zahlungsauftrag mit sämtlichen zu zahlenden Einzahlungsscheinen zugestellt. Auf dem Zahlungsauftrag bestätigt der Zahlende mit seiner Unterschrift, dass die Bank oder die PostFinance den von ihm auf dem Zahlungsauftrag angegebenen Betrag von seinem Konto abbuchen darf.

Vorteile
- Die Bezahlung von zu Hause aus ist bequem, sicherer und man spart Zeit.
- Man kann den Auftrag bereits mehrere Monate vor der Zahlungsauslösung erteilen.

Nachteile
- Für die Briefsendung an die Bank entstehen Portogebühren (bei der Post: gratis).
- Für die Bearbeitung erheben gewisse Bankinstitute beim Zahlenden Gebühren.

▪ E-Banking

Am schnellsten kann man über das Internet zahlen. Da der Kunde die Arbeit für seine Hausbank oder für die PostFinance direkt am PC erledigt, fallen normalerweise weder beim Zahlungsempfänger noch beim Zahlenden Kosten an. E-Banking ist heute eine verbreitete Methode der Zahlung von Rechnungen. Um eine hohe Sicherheit zu gewähren, sind die Bank- und Postinstitute auf den vorsichtigen Umgang mit Passwörtern und Identifikationsnummern angewiesen. Zudem wird aktuelle Virensoftware dringend empfohlen.

Vorteil
- Die Bezahlung von zu Hause ist bequem und kostengünstig.

Nachteil
- Ein gewisses Sicherheitsrisiko besteht bei unvorsichtigem Umgang mit den Zugangsdaten. Falls eine Sicherheitslücke beim Geldinstitut vorliegt, sind die Kunden aber im Normalfall geschützt.

Regelmässige Zahlung an denselben Empfänger

Gewisse Beträge müssen regelmässig an denselben Empfänger überwiesen werden. Dafür stehen drei Varianten zur Verfügung:

■ Dauerauftrag

Mittels eines Dauerauftrags kann die Überweisung von festen Geldbeträgen an gleichbleibende Empfänger sowohl bei der Bank wie bei der PostFinance in Auftrag gegeben werden. Das Finanzinstitut garantiert die termingerechte (z. B. monatliche) Überweisung. Daueraufträge werden z. B. für die Bezahlung von Wohnungsmieten ausgestellt.

Vorteile
- Die Bezahlung ist einfach, übersichtlich und bequem.
- Der Dauerauftrag ist für Privatpersonen kostenlos.

Nachteil
- Die Überweisung kann ausgeführt werden, auch wenn nicht mehr der ganze Geldbetrag auf dem Konto verfügbar ist. Dadurch kann das Privatkonto ins Minus geraten. In diesem Fall schuldet man dem Finanzinstitut teilweise hohe Zinsen.

■ Lastschriftverfahren (LSV+)

Bei variablen Geldbeträgen ist das Lastschriftverfahren (abgekürzt LSV+) der einfachste Weg. Mittels LSV+ übergibt der Schuldner dem Geldempfänger das Recht, regelmässig (z. B. monatlich) den geschuldeten Betrag von seinem Konto abbuchen zu lassen. Häufig wird dieses Verfahren bei Kreditkartenabrechnungen (aber auch bei den Krankenkassen usw.) eingesetzt. Falls der Zahlende mit dem Abrechnungsbetrag nicht einverstanden ist, kann er innerhalb von 30 Tagen bei seiner Bank vom Widerspruchsrecht Gebrauch machen.

Vorteile
- Die Zahlung variabler Beträge ist einfach und bequem.
- Bei ungerechtfertigten Belastungen besteht ein Widerspruchsrecht.

Nachteile
- Die Abrechnung sollte sofort nach Erhalt kontrolliert werden, damit nicht fälschlich ein Geldbetrag abgebucht ist, der nicht geschuldet wird.
- Zudem gilt dasselbe wie beim Dauerauftrag: Die Zahlung kann auch ausgeführt werden, wenn nicht der ganze Geldbetrag auf dem Konto verfügbar ist.

■ E-Rechnung mit PayNet

PayNet ist eine zukunftsweisende Dienstleistung. Mittels PayNet werden Rechnungen nicht mehr auf dem Briefweg, sondern auf elektronischem Weg versandt (sogenannte E-Rechnungen). Mithilfe des E-Bankings der Bank oder der PostFinance können diese E-Rechnungen eingesehen werden. Die Rechnungsdaten sind bereits gespeichert. Mit drei Mausklicks kann die Geldüberweisung ausgelöst werden.

Vorteile
- Die Bezahlung ist einfach und bequem.
- Die Rechnungen werden nicht mehr auf dem Postweg, sondern nur noch über das E-Banking versendet und bezahlt.

Nachteile
- Folgende Voraussetzung muss erfüllt sein: Der Rechnungssteller muss an Telekurs PayNet AG angeschlossen sein.

Landesindex der Konsumentenpreise

Landesindex der Konsumentenpreise (LIK): Massstab, der die allgemeine Preisentwicklung von all jenen Sachgütern und Dienstleistungen aufzeigt, die für die Konsumenten von Bedeutung sind.

Preisstatistik
Der Landesindex ist eine Preisstatistik. Mit diesem Index werden die Preise der von den Konsumenten gekauften Güter und Dienstleistungen gemessen.

Ermittlung der Preisstatistik
Zur Ermittlung eines Preisindexes braucht es drei Elemente:
- den Warenkorb (die Verbrauchsgewohnheiten der Konsumenten müssen zunächst ermittelt werden)
- die Preiserhebung (die Preisentwicklung muss mitverfolgt und festgehalten werden)
- den Berechnungsmodus (die Preisänderungen müssen gewichtet werden)

Der Index der Konsumentenpreise enthält nicht alle Ausgaben, welche die Konsumenten tätigen. So fehlen die direkten Ausgaben und Versicherungsprämien (z. B. Motorfahrzeugsteuern, Haftpflichtversicherungen, Krankenkassenprämien) sowie Unterhaltsbeiträge und Geldspenden.

Der Warenkorb

Warenkorb: Beinhaltet sämtliche Sachgüter und Dienstleistungen, die der Berechnung des Indexes der Konsumentenpreise zugrunde liegen, z. B. Nahrungsmittel, Kleider, Wohnungsmiete. Ein Warenkorb ist das Abbild von Waren und Dienstleistungen, die ein Schweizer Durchschnittshaushalt konsumiert.

Verbrauchserhebung
Das Ziel besteht darin, den privaten Konsum möglichst genau in einem Warenkorb abzubilden. Um den Warenkorb zusammenzustellen und zu gewichten, wird eine Verbrauchserhebung vorgenommen.

Die Verbrauchserhebung gibt Auskunft, wie ein durchschnittlicher Schweizer Haushalt sein Einkommen in einem Jahr verwendet.

Wettbewerbskommission (WEKO)/Preisüberwacher (Siehe S. 280)

	Wettbewerbskommission	Preisüberwacher
Gewählt durch	Bundesrat	Bundesrat
Tätigkeitsgebiet	• Schutz des Wettbewerbs • Bekämpfung von schädlichen Kartellen und Preisabsprachen • Fusionskontrolle • Verhinderung staatlicher Wettbewerbsbeschränkungen	• Überwachung der Preise von marktmächtigen Unternehmen und Monopolen sowie administrierter Preise und Gebühren von öffentlichen Unternehmen • schreitet ein bei missbräuchlichen Preisen
Sanktionen	• Sie trifft Verfügungen gegen Firmen, die den Wettbewerb unzulässig beschränken. • Sie gibt Empfehlungen und Stellungnahmen an politische Behörden ab. • Sie kann Bussen aussprechen.	• Er unterbreitet Preis- und Politikempfehlungen. • Er kann Preissenkungen verfügen.

Der ab 2000 gültige Warenkorb

Im Jahre 2000 wurde der Landesindex überarbeitet: Es fand eine Ausweitung der Hauptgruppen von 9 auf 12 statt. Diese werden jährlich neu gewichtet. Im Dezember 2015 (auf der Basis Dezember 2015 = 100) wurde der Warenkorb zum 10. Mal seit seiner Einführung 1922 revidiert, um die veränderten Markt-, Sortiments- und Konsumstrukturen angemessen zu berücksichtigen.

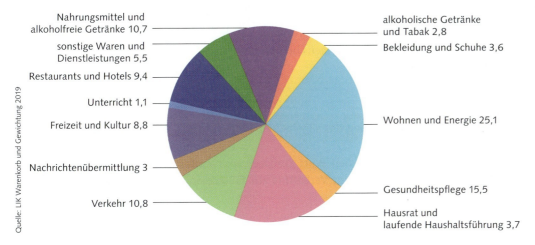

Quelle: LIK Warenkorb und Gewichtung 2019

■ Die Datenerfassung

- Das Marktforschungsinstitut GfK Switzerland und das Bundesamt für Statistik (BFS) führen die Haushaltsbudgeterhebungen (HABE) durch.
- Der Warenkorb erfährt jedes Jahr eine neue Gewichtung. Dadurch können die sich laufend verändernden Marktsituationen und Konsumgewohnheiten berücksichtigt werden.
- In der gesamten Schweiz werden an rund 2500 Verkaufsstellen monatlich rund 70 000 Preise erfasst.
- Bei rund 3000 aus dem Telefonverzeichnis zufällig ausgewählten Haushalten werden die Ausgaben detailliert erhoben und zu einer durchschnittlichen Ausgabenstruktur hochgerechnet.

■ Die Gewichtungen

- Die verschiedenen Waren- und Dienstleistungsgruppen sind unterschiedlich gewichtet. Steigen beispielsweise die Mietzinse, schlägt sich das im Index kräftiger nieder, als wenn Früchte teurer werden.
- Innerhalb jeder Gruppe werden wiederum Gewichtungen vorgenommen. Es fällt z. B. stärker ins Gewicht, wenn Milch oder Brot teurer werden, als wenn für Orangen oder Straussenfilets mehr bezahlt werden muss.

Das Bundesamt für Statistik ist bestrebt, eine möglichst weitgehende Übereinstimmung mit dem Konsumentenpreisindex der Europäischen Union zu erreichen. Erst dadurch wird es möglich sein, die Preisentwicklung in der Schweiz mit jener in der EU zu vergleichen.

■ Teuerungsausgleich

Bei Lohnverhandlungen bzw. beim Entscheid für Rentenerhöhungen wird der Landesindex der Konsumentenpreise als Massstab für den Teuerungsausgleich herangezogen. Falls der Teuerungsausgleich nicht gewährt werden sollte, obwohl der Landesindex der Konsumentenpreise gestiegen ist, sinkt die Kaufkraft der Einkommen, d. h., Arbeitnehmende und Rentner könnten sich weniger leisten.

Geldwertstörung: Die Inflation

Geldwertstörung: Die Kaufkraft des Geldes ist gestört.

Wenn der Geldstrom und der Güterstrom um die gleichen Beträge zu- oder abnehmen, bleibt die Wirtschaft immer noch im Gleichgewicht. Das Gleichgewicht wird dann gestört, wenn die beiden Ströme nicht mehr übereinstimmen.

Man unterscheidet bei den Geldwertstörungen zwischen Inflation und Deflation. (Die Deflation wird in diesem Buch nicht eigens behandelt.)

▪ Die Inflation

Inflation: Anhaltender Anstieg des allgemeinen Preisniveaus. Der Wert des Geldes sinkt.

Inflation kommt vom lateinischen Wort «inflare», was «aufblähen» heisst. Bei einer Inflation bläht sich die Geldmenge im Verhältnis zur Gütermenge auf, womit die Geldmenge grösser wird als die Gütermenge.

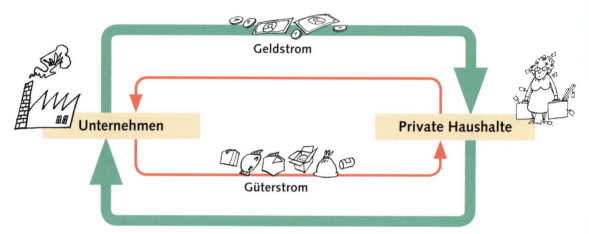

Für die gleiche Summe Geld erhält man weniger Sachgüter und Dienstleistungen. Anders ausgedrückt: Für die gleiche Menge Sachgüter und Dienstleistungen muss man mehr Geld zahlen. Somit sinkt die Kaufkraft des Geldes. Die Preise steigen.

Die Wahrscheinlichkeit, dass ein solcher Prozess allgemeiner Preissteigerungen eintritt, ist dann besonders gross, wenn
- die Unternehmen in ihren Produktionsmöglichkeiten ausgelastet sind,
- Vollbeschäftigung herrscht oder
- die Geldmenge gleichzeitig steigt.

▪ Gefahren der Inflation

- Sinkt die Kaufkraft des Lohnes ständig, sind davon untere und mittlere Einkommensschichten besonders stark betroffen.
- Familien und Rentner mit kleinem Einkommen können zum Teil die teuren Güter für den täglichen Bedarf nicht mehr bezahlen, während hohe Einkommen den Kaufkraftverlust des Geldes eher verschmerzen.
- Durch die Geldentwertung verlieren auch die Ersparnisse an Wert.
- Hält der Prozess der Teuerung über längere Zeit an, kann dies die sozialen Gegensätze verschärfen, zu politischen Unruhen führen und das Vertrauen in das Funktionieren der Wirtschaft zerstören.

Ursachen der Inflation

■ Inflation von der Geldseite her

Erhöhung der Geldmenge durch die Nationalbank

- **Defizitfinanzierung des Staates**
  Der Staat bzw. die Regierung verlangt, dass die Nationalbank Staatsdefizite finanziert, indem sie die Notenpresse in Gang setzt. (In der Schweiz ist dies wegen der Unabhängigkeit der Schweizerischen Nationalbank nicht möglich.)

- **Stützungskäufe**
  Wenn z. B. der Dollar gegenüber dem Schweizer Franken übermässig an Wert verliert, werden unsere Produkte auf dem Weltmarkt zu teuer. Um die Exportwirtschaft nicht in eine schwierige Lage zu bringen, erfolgen sogenannte Stützungskäufe. Die Nationalbank kauft z. B. grosse Mengen an Dollar auf und bezahlt mit Schweizer Franken. Dadurch hat sich die Geldmenge (der Geldstrom) vergrössert.

- **Zu lockere Geldpolitik der Nationalbank**
  Die Nationalbank weitet die Geldmenge als Folge einer zu lockeren Geldpolitik übermässig aus.

Erhöhung der Geldmenge durch die Geschäftsbanken (Geldschöpfung)

Weil die Wirtschaftslage optimistisch eingeschätzt wird, stellen die Unternehmen und die privaten Haushalte viele Kreditbegehren an die Geschäftsbanken. Durch die Kreditvergabe wird die Geldmenge ausgeweitet. Die Geschäftsbanken können durch die Kreditvergabe zusätzliches Buchgeld schaffen.

Erhöhung der Umlaufgeschwindigkeit

> **Umlaufgeschwindigkeit:** Gibt an, wie häufig eine Geldeinheit (z. B. innerhalb eines Jahres) verwendet wird, um Sachgüter und Dienstleistungen zu finanzieren.

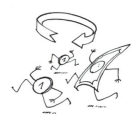

Wenn die Geld- und die Gütermenge gleich bleiben, die Umlaufgeschwindigkeit des Geldes sich aber erhöht, steigt das Preisniveau.

Je schneller das Geld die Hand wechselt, desto eher entsteht die Illusion, dass sich mehr Geld im Umlauf befindet. Die Unternehmen wollen davon profitieren. Die Preise werden erhöht.

Die Umlaufgeschwindigkeit hängt vor allem von den Zahlungsgewohnheiten ab. Das Vertrauen, das man in eine Währung hat, beeinflusst, wie schnell das Geld weitergegeben wird.

Inflation von der Güterseite her

Verringerung der Gütermenge

- Wenn die Arbeitszeit verkürzt wird, der Lohn aber gleich bleibt und die Arbeitsproduktivität (z. B. mittels Rationalisierungsmassnahmen) nicht gesteigert wird, dann führt dies zu einem Rückgang der Produktion von Sachgütern.
- Bei Missernten geht der Ertrag aus dem Boden zurück. Ganz verheerend sind die Auswirkungen für Staaten mit Monokulturen. Die Einnahmen dieser Staaten hängen sehr stark von einem Ernteprodukt ab, z. B. von Kaffee.
- Fallen etliche Arbeitstage aus, z. B. aufgrund von Streiks, vermindert dies die Produktion von Gütern.
- Im Krieg werden Arbeitskräfte an die Kriegsfront beordert und somit dem Wirtschaftsprozess entzogen. Zudem werden in einem Krieg Produktionsanlagen und Infrastrukturen zerstört.

Weitere Ursachen der Inflation

Nachfrageinflation

Ein allgemeiner Gütermangel kann entstehen, wenn die gesamtwirtschaftliche Nachfrage nach Sachgütern und Dienstleistungen überdurchschnittlich zunimmt (z. B. Bund, Kantone und Gemeinden vergeben viele und grosse Aufträge oder die Unternehmen investieren sehr viel). Dieser Gütermangel verursacht Preissteigerungen.

Angebotsinflation

Wenn die Produktionskosten für die Unternehmen steigen (z. B. höhere Steuern, höhere Löhne, teurere Rohstoffe) oder die Unternehmen höhere Gewinne realisieren wollen, dann steigen die Preise für die Sachgüter und die Dienstleistungen. Dadurch entsteht Inflation (Angebotsinflation).

Lohn-Preis-Spirale

> **Lohn-Preis-Spirale:** Prozess, bei dem sich die Erhöhung der Löhne auf die Preise und die gestiegenen Preise sich wiederum auf die Löhne auswirken.

In der Hochkonjunktur werden z. B. Lohnerhöhungen gewährt, die über die Produktivitätssteigerung hinausgehen. Dadurch erhöhen sich die Lohnkosten im Unternehmen. Die erhöhten Lohnkosten bewirken, dass sich die Preise für die Sachgüter und Dienstleistungen erhöhen. Dies führt zu einem Steigen des Landesindexes der Konsumentenpreise. Die Löhne steigen erneut. Dadurch ist die Lohn-Preis-Spirale in Gang gesetzt worden.

Importierte Inflation

Im Ausland sind Sachgüter teurer geworden. Sobald solche verteuerten Sachgüter importiert werden (Import von Rohstoffen, Halbfertigprodukten und Endprodukten), steigen die Preise für diese Sachgüter im Inland.

Gründe für steigende Preise im Ausland:
- Im Ausland herrscht eine höhere Inflation als im Inland. Folglich steigen die Preise für Sachgütern und Dienstleistungen im Ausland stärker an.
- Die ausländische Währung wird teurer, ihr Kurs steigt gegenüber der inländischen Währung. Ausländische Sachgüter und Dienstleistungen werden für das Inland kostspieliger. Dies wird auch «wechselkursinduzierte Inflation» genannt.

Folgen der Inflation

■ Vorteile geniessen

Eigentümer, Eigentümerin
Die Sachwerte (Liegenschaften, wertvolle Gegenstände usw.) haben die Eigenschaft, wertbeständig zu sein. Daher erfolgt während der galoppierenden Inflation eine Flucht in die Sachwerte. Dadurch erhöht sich aber der Preis dieser Sachgüter, weil die Nachfrage steigt.

Schuldner, Schuldnerin
Die Schulden werden real kleiner. Zwar bleibt die Schuldsumme gleich (z. B. CHF 50 000.–), aber da die Einkommen sich laufend erhöhen, fällt es immer leichter, die Schuld zurückzuzahlen.

Der Staat
Höhere Einkommen führen zu höheren Steuereinnahmen und die Staatsschuld verringert sich.

Unternehmen
Weil die privaten Haushalte in die Sachwerte fliehen, können die Unternehmen mehr produzieren, ihre Produktionskapazitäten voll auslasten und höhere Gewinne erzielen.

■ Nachteile erleiden

Arbeitnehmer, Arbeitnehmerin
Die Kaufkraft des Lohnes nimmt ab und die Arbeitnehmenden sind darauf angewiesen, dass ihnen die Teuerung voll ausgeglichen wird. Da Lohnanpassungen meistens jährlich nur einmal erfolgen, hinken die Löhne immer der Teuerung nach. Wird den Arbeitnehmenden die Teuerung ausgeglichen, so verfügen sie zwar nicht über mehr Kaufkraft, rutschen aber in eine höhere Steuereinkommensklasse und müssen nun mehr Steuern bezahlen (kalte Progression).

Gläubiger, Gläubigerin
Da das Geld an Wert verliert, vermindert sich der Wert eines Darlehens ebenfalls.

Rentner, Rentnerin
Die Kaufkraft der Rente (AHV, Pensionskasse) nimmt ab. Eine allfällige Anpassung an die Teuerung erfolgt verspätet.

Sparer, Sparerin
Die Kaufkraft der Ersparnisse nimmt ab. Wenn der Zinssatz auf einem Sparkonto 4 % und die Inflation 1 % beträgt, dann ist der reale Zinsertrag nur 3 %. Ist die Inflationsrate sogar höher als der ausbezahlte Zins, nimmt der Wert der Ersparnisse ab. Es erfolgt erst recht eine Flucht in die Sachwerte (z. B. in Aktien).

Konjunktur und Konjunkturzyklus

Konjunkturforschungsstelle ethz.ch

Konjunktur: Widerspiegelt die Gesamtsituation einer Volkswirtschaft. Sie bezeichnet den schwankenden Verlauf der Wirtschaft bzw. des Wirtschaftswachstums. Das Wirtschaftswachstum wird anhand des realen Bruttoinlandprodukts gemessen.

Konjunkturzyklus: Es wird ein Zeitraum der Wirtschaftsentwicklung betrachtet, entweder eine Periode von einem Wellental zum nächsten Wellental oder von einem Wellenberg zum nächsten Wellenberg.

Die Wirtschaftsentwicklung kann man mittels einer wellenförmig verlaufenden Kurve darstellen, genannt Konjunkturzyklus.

In der Realität folgt die Konjunktur aber nur bedingt den Gesetzen des Konjunkturzyklus. Untersuchungen haben gezeigt, dass sich die einzelnen Phasen des Konjunkturzyklus bezüglich ihrer Länge (Zeitdauer) und ihrer Intensität (Ausschlag nach oben und nach unten) unterscheiden.

In der Schweiz werden die Konjunkturzyklen anhand der jährlichen Veränderungsraten des Bruttoinlandprodukts gemessen.

■ Hauptelemente des Konjunkturzyklus

Die Hauptelemente des Konjunkturzyklus sind:
- der Konjunkturaufschwung (mit der eigentlichen Erholung und der Hochkonjunktur) und
- der Konjunkturabschwung (mit der Rezession und der Depression)

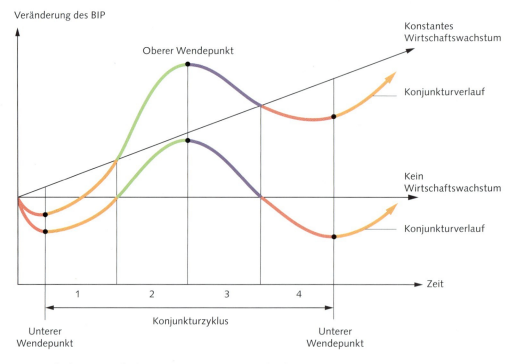

1 = Aufschwung/Erholung
2 = Hochkonjunktur/Boom
3 = Abschwung/Rezession
4 = Depression/Krise

Würde die Wirtschaft gleichmässig wachsen (d. h., hätten wir eine konstante Wachstumsrate des BIP), käme dies der abgebildeten Geraden «Konstantes Wirtschaftswachstum» gleich.

Würde die Wirtschaft nicht wachsen (d. h., wäre das BIP immer genau gleich gross), käme dies der abgebildeten Geraden «Kein Wirtschaftswachstum» gleich.

Konjunkturaufschwung

Das Wirtschaftswachstum nimmt zu. Bei den nachfolgenden Beschreibungen handelt es sich um Tendenzen.

Aufschwung (Erholung)	Hochkonjunktur (Boom)	
Es herrscht eine optimistische Stimmung.	Die Zukunftsaussichten sind euphorisch.	**Zukunftsaussichten**
Die Nachfrage nach Sachgütern und Dienstleistungen nimmt zu.	Die Nachfrage nach Sachgütern und Dienstleistungen ist sehr gross. Die Produktion und der Absatz erreichen einen Höchststand.	**Nachfrage**
Die Produktion wird ausgeweitet.	Die Produktionsanlagen sind voll ausgelastet.	**Angebot**
Die Preise der Sachgüter und Dienstleistungen steigen.	Die Preise steigen stark an.	**Preise**
Die Investitionen werden ausgeweitet. Die Gewinnerwartungen der Unternehmen nehmen zu.	Die Gewinnerwartungen sind weiterhin sehr günstig. Daher erhöhen die Unternehmen die Investitionen.	**Investitionen**
Das Kreditvolumen der Banken ist nicht ausgeschöpft. Zu Beginn des Aufschwungs können Unternehmen noch zu niedrigen Zinsen Kredite beziehen. Mit fortschreitendem Aufschwung steigen die Zinsen für die Kredite.	Es herrschen hohe Zinsen für Kredite, da die Geldnachfrage grösser ist als das Geldangebot. Die Banken haben ihre Kreditmöglichkeiten ausgeschöpft.	**Zinsen**
Es werden neue Arbeitsplätze geschaffen.	Es herrscht ein Mangel an Arbeitskräften. Es werden viele Überstunden geleistet.	**Beschäftigungslage**
Die Löhne der Arbeitnehmenden und die Gewinne der Unternehmen nehmen zu.	Die Löhne der Arbeitnehmenden steigen immer noch. Die Gewinne der Unternehmen sind sehr gross.	**Löhne/Gewinne**
Die privaten Haushalte sparen weniger, da die Zukunftsaussichten gut sind. Es wird mit höheren Einkommen gerechnet.	Die privaten Haushalte sparen sehr wenig.	**Sparverhalten der privaten Haushalte**

Konjunkturabschwung

Das Wirtschaftswachstum nimmt ab. Bei den nachfolgenden Beschreibungen handelt es sich um Tendenzen.

	Abschwung (Rezession)	Depression (Krise)
Zukunftsaussichten	Es herrscht eine unsichere Stimmung.	Es herrscht eine allgemein pessimistische Stimmung.
Nachfrage	Die Nachfrage nach Sachgütern und Dienstleistungen nimmt ab.	Die Nachfrage nach Sachgütern und Dienstleistungen ist sehr gering.
Angebot	Die Produktion wird vermindert.	Die Produktion wird weiter vermindert. Die Produktionsanlagen werden zum Teil nicht genutzt.
Preise	Die Preise der Sachgüter und Dienstleistungen stagnieren oder nehmen ab.	Mit fortschreitendem Abschwung sinken die Preise für Sachgüter und Dienstleistungen.
Investitionen	Die Unternehmen investieren weniger. Es werden höchstens noch Ersatzinvestitionen getätigt.	Die Unternehmen tätigen sehr wenige Investitionen.
Zinsen	Die Geldnachfrage sinkt, folglich sinken auch die Zinssätze.	Es herrschen niedrige Zinsen, da das Geldangebot grösser ist als die Geldnachfrage.
Beschäftigungslage	Es werden Arbeitskräfte abgebaut oder nicht mehr ersetzt, was einem Abbau gleichkommt.	Die Wirtschaft wird durch hohe Arbeitslosigkeit geplagt. Es werden vermehrt Unternehmen stillgelegt.
Löhne/Gewinne	Die Löhne stagnieren und die Gewinne nehmen ab.	Die Löhne der Arbeitnehmenden sind tief. Die Gewinnaussichten der Unternehmen sind schlecht. Häufig werden Verluste erzielt.
Sparverhalten der privaten Haushalte	Die privaten Haushalte sparen vermehrt, da die Zukunftsaussichten unsicher sind und mit Lohnkürzungen oder mit Kurzarbeit gerechnet oder gar Arbeitslosigkeit befürchtet wird.	Die privaten Haushalte sparen vermehrt, da sie z. B. Angst vor der Arbeitslosigkeit haben.

Die Finanzpolitik (auch Fiskalpolitik genannt)

Die öffentliche Hand (Bund, Kantone, Gemeinden) sollte sich bei ihrer Ausgaben- und Einnahmenpolitik konjunkturgerecht, d. h. antizyklisch, verhalten.

In Zeiten der Hochkonjunktur nehmen die Steuereinnahmen zu. Als grösster Auftraggeber in einer Volkswirtschaft sollte die öffentliche Hand in dieser Phase jedoch mit Ausgaben und Aufträgen zurückhaltend sein, um die Wirtschaftsentwicklung nicht noch zusätzlich anzuheizen. In Zeiten der Rezession/Depression sollte sie das während der Hochkonjunktur ersparte Geld einsetzen, um mit öffentlichen Aufträgen, Steuersenkungen und Subventionen den Unternehmen zu helfen und so die Wirtschaft wieder anzukurbeln (antizyklisches Verhalten).

3 Wirtschaft

3.3 Wirtschaftsbeziehungen nach aussen

Verständnis

- Was wird mit der Zahlungsbilanz eines Landes dargestellt?

- Welche Funktionen erfüllt die in Genf ansässige Welthandelsorganisation WTO?

- Welche Vorteile bringt der freie Warenverkehr in der EU für die Konsumentinnen und Konsumenten?

- Welche Vor- und Nachteile schafft ein starker bzw. schwacher Euro für die Schweiz?

Diskussion

- Wie könnten die Gelder für Entwicklungszusammenarbeit noch sinnvoller eingesetzt werden?

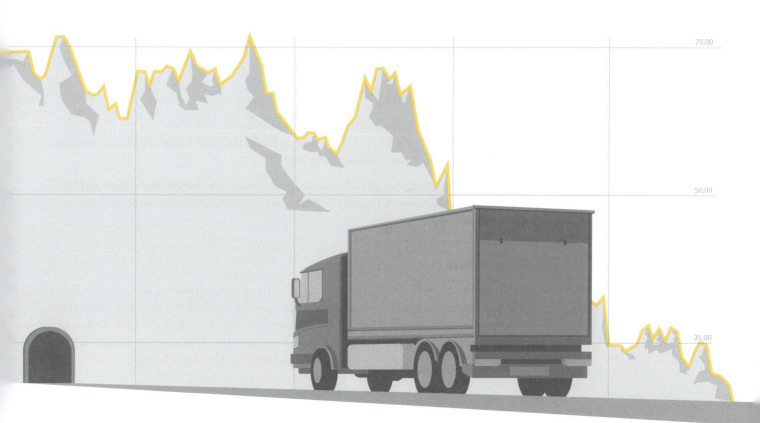

Globalisierung der Wirtschaft

Globalisierung: Zunehmende weltumspannende Verflechtung in wirtschaftlichen, sozialen, kulturellen, politischen, wissenschaftlichen und rechtlichen Bereichen (globalisieren = auf die ganze Welt ausrichten).

Die zunehmende weltweite Verflechtung der Wirtschaft, der Kulturen, der Informationen und der Politik stellt eine bedeutende Entwicklung in der Menschheitsgeschichte dar (siehe S. 239).

Die Wirtschaft vermag problemlos nationale Grenzen zu überwinden (durch Fusionen, Gründung von Tochtergesellschaften usw.) und ist sehr flexibel. Die Binnenmärkte verlieren zunehmend an Bedeutung zugunsten der Weltmärkte. Als Folge davon findet ein weltweiter Konkurrenzkampf um die Vorherrschaft auf den Weltmärkten statt.

Um auf den Weltmärkten präsent sein und bestehen zu können, sehen sich die Unternehmen gezwungen, zu wachsen oder sich mit anderen Unternehmen zusammenzuschliessen.

Es gibt schweizerische Unternehmen, die nur noch einen kleinen Teil ihres Umsatzes in der Schweiz erwirtschaften.

Beispiel:
Die Zementgruppe Holcim, weltweit grösstes Unternehmen in diesem Markt, erwirtschaftet im Inlandgeschäft nur noch 5 % ihres Umsatzes, den Rest in der übrigen Welt.

■ Finanzmärkte (Kapital)

Eine Globalisierung hat auch auf den Finanzmärkten stattgefunden, weil das Kapital relativ einfach von einem Land in ein anderes transferiert werden kann.

Beispiel:
Schweizerische Kapitalanleger können von höheren Zinsen profitieren, indem sie ihr Geld auf ausländischen Kapitalmärkten anlegen. Dabei muss allerdings das Risiko der einzelnen Kapitalanlagen auf den internationalen Kapitalmärkten abgewogen werden.

Problem:
Geht es einer Wirtschaft schlechter (z. B. Griechenland, Spanien, Italien, USA), reagieren die Kapitalanleger panikartig und ziehen ihr Kapital im grossen Stil zurück. Dadurch verschärft sich die wirtschaftliche Krise im entsprechenden Land. Diese Krise kann augenblicklich auf andere Finanzplätze übergreifen.

■ Arbeitsmärkte (Arbeit)

Im Gegensatz zu den Finanzmärkten ist der Arbeitsmarkt stärker auf die einzelne Volkswirtschaft begrenzt. Aber auch von den Arbeitnehmenden wird heute vermehrt Mobilität verlangt, da die Unternehmen weltweit tätig sind.

Durch die Globalisierung hat sich die Konkurrenz unter den Arbeitnehmenden weltweit verschärft. Für qualifizierte Arbeitskräfte haben sich die Möglichkeiten verbessert, im Ausland zu arbeiten.

■ Gütermärkte

Die offensichtlichste Art der Globalisierung ist der weltweit schnelle Austausch von Sachgütern und Dienstleistungen. Diese werden häufig nicht mehr in der Schweiz produziert und dann exportiert, sondern im Ausland hergestellt, wo vor allem die Lohnkosten tiefer sind. Die im Ausland von schweizerischen Unternehmen produzierten Sachgüter und Dienstleistungen übersteigen wertmässig die gesamten Exporte der Schweiz.

Zahlungsbilanz

> **Zahlungsbilanz:** Erfasst den geldmässigen Wert aller Leistungs- und Finanztransaktionen einer Volkswirtschaft mit dem Ausland und zeigt so die internationale Verflechtung dieses Landes auf. Sie wird von der Schweizerischen Nationalbank (SNB) geführt.

Die Zahlungsbilanz erfasst den Handel mit Sachgütern, Austausch von Dienstleistungen, die Übertragung von Arbeits-, Kapitaleinkommen und Vermögen sowie internationale Kapitalflüsse.

Beispiele: Der Kauf eines deutschen Autos in der Schweiz führt zu einem Devisenabfluss (Güterimport), der Verkauf von Schweizer Präzisionswerkzeugen nach Europa zu einem Devisenzufluss (Güterexport). Der Winterurlaub einer deutschen Familie in der Schweiz bringt einen Zustrom, der eines Schweizer Ehepaares in Kanada einen Abfluss an Devisen.

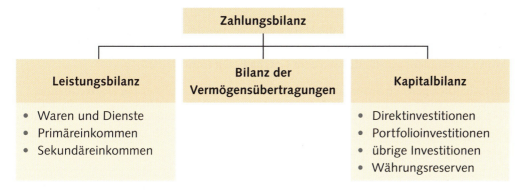

■ Die Leistungsbilanz

Die Leistungsbilanz umfasst grenzüberschreitende Transaktionen in vier Teilbilanzen:
Die Teilbilanz der Waren stellt die Exporte (Güterausfuhr) den Importen (Gütereinfuhr) gegenüber.
Die Teilbilanz der Dienstleistungen (z.B. Fremdenverkehr, Bank-, Versicherungsdienstleistungen) weist die Einnahmen von exportierten Dienstleistungen und Ausgaben für importierte Dienstleistungen aus.
In der Teilbilanz der Primäreinkommen werden einerseits die Arbeitseinkommen von Schweizern und ausländischen Grenzgängern erfasst. Andererseits zeigt die Teilbilanz der Kapitaleinkommen die Erträge (z.B. Dividenden, Zinsen) von Kapitalien, die im Ausland bzw. im Inland investiert worden sind.
Die Teilbilanz der Sekundäreinkommen berücksichtigt die von Ausländern in der Schweiz verdienten Einkommen, die diese ins Ausland überweisen, sowie ausbezahlte AHV- und Pensionskassengelder an in ihre Heimatländer zurückgekehrte Ausländer (laufende Übertragungen).

■ Die Kapitalbilanz

Die Kapitalbilanz erfasst die folgenden grenzüberschreitenden Finanztransaktionen:
- Direktinvestitionen (Beteiligungen eines inländischen Investors an einem ausländischen Unternehmen und umgekehrt, z.B. Tochtergesellschaften, Filialen)
- Portfolioinvestitionen (Handel mit Wertpapieren, z.B. Aktien, Obligationen)
- übrige Investitionen (v.a. Kredite von Banken, Unternehmen und des Bundes)
- Währungsreserven (v.a. ausländische Devisen und Goldbestände der SNB)

■ Die Bilanz der Vermögensübertragungen

Diese Bilanz weist unregelmässig auftretende, einseitige Übertragungen (z.B. Kauf/Verkauf von Marken-/Lizenzrechten, Finanzhilfegeschenke des Bundes ins Ausland) auf.

Die WTO

WTO (World Trade Organization = Welthandelsorganisation): basiert auf einem 1995 in Kraft getretenen völkerrechtlichen Vertrag. Die WTO ist eine internationale Organisation, der 164 Staaten angehören, darunter auch die Schweiz. Die Mitgliedsstaaten decken über 90 % des Welthandels ab. Sitz ist Genf.

■ Die Ziele der WTO

- den weltweiten Handel mit Sachgütern und Dienstleistungen regeln
- den freien Welthandel garantieren
- Handelsschikanen abbauen
- faire Spielregeln im Welthandel schaffen

■ Die drei Funktionen der WTO

Rechtlich gesehen ist die WTO die «Strassenverkehrsordnung des Welthandels». Wer das Vertragswerk verletzt, muss dafür «bezahlen» und sich regelkonform verhalten oder in Form von Handelszugeständnissen dem Geschädigten Ersatz leisten.

Wirtschaftlich gesehen dient die WTO der schrittweisen Liberalisierung des Welthandels.

Politisch gesehen ist die WTO eine Plattform für die Zusammenarbeit zwischen Staaten und Regierungen und sie ermöglicht die friedliche Beilegung von Differenzen im Handelsbereich zwischen einzelnen WTO-Mitgliedsstaaten.

■ Aufgaben der WTO

Die WTO verwaltet internationale Handelsverträge und stellt ein Forum dar für die Weiterentwicklung bestehender und die Verhandlung neuer Verträge im Bereich des Welthandelsrechts. Dank des WTO-Streitschlichtungsverfahrens besitzen die WTO-Regeln gegenüber den Vertragsparteien auch Verbindlichkeit. Zudem werden in der WTO gegenseitig die Handelspolitiken der Mitgliedsländer überprüft (Trade Policy Review).

Die schrittweise Liberalisierung des Welthandels

Wirtschaftsbeziehungen nach aussen

■ Die drei Pfeiler der WTO

Die WTO bildet die Dachorganisation für:
- das Güter- und Zollabkommen (GATT)
- das Dienstleistungsabkommen (GATS)
- das Abkommen über geistiges Eigentum (TRIPS)

Neben diesen drei für die WTO-Mitglieder verbindlichen Abkommen gibt es auch noch Abkommen, denen nur ein Teil der WTO-Mitglieder beigetreten ist, z. B. das WTO-Abkommen über das Öffentliche Beschaffungswesen (zurzeit 46 Mitglieder, u. a. auch die Schweiz).

WTO

Güter- und Zollabkommen (GATT)	Dienstleistungsabkommen (GATS)	Abkommen über geistiges Eigentum (TRIPS)
Die Landwirtschaft wird vom Vertragswerk erfasst. Das Agrarabkommen führt zu einer Verbesserung der gegenseitigen Marktzutrittsmöglichkeiten, zu einem Abbau der staatlichen Unterstützung und zu einer Verminderung der Exportsubventionen. **Zölle auf Industriegüter werden abgebaut.** Die Zölle wurden um mehr als 30 % abgebaut. Dadurch wurden Importe günstiger und Exporte erleichtert. Bei gewissen Produkten gelang es gar, die Zölle vollständig zu eliminieren (Pharmaprodukte, medizinische Ausrüstungen, Baumaschinen usw.). **Handelsverzerrungen werden abgebaut.** Gegen Produkte, die unter den Produktionskosten verkauft werden (sogenanntes «Dumping»), und gegen subventionierte Produkte (der Staat verbilligt bestimmte Produkte mit Subventionen, damit sie auf dem Weltmarkt konkurrenzfähiger sind) können Massnahmen getroffen werden. **Technische Vorschriften, die den Handel behindern, werden vermehrt harmonisiert.** Die technischen Normen in den unterschiedlichen Ländern sollen vereinheitlicht werden. Sicherheitsnormen, die in unterschiedlichen Ländern das gleiche Niveau haben, sollen gegenseitig anerkannt werden.	Um die Marktzutrittsmöglichkeiten auch im Dienstleistungsbereich zu erreichen, wurden grundsätzlich alle Bereiche der Dienstleistungswirtschaft dem Abkommen unterstellt (u. a. freie Berufe, Baugewerbe, Telekommunikation, Finanzdienstleistungen, Transport). Die gegenwärtig geltenden Verpflichtungen im Finanzdienstleistungsbereich (Banken-, Versicherungs- und Wertpapierdienstleistungen) wurden 1997 ausgehandelt.	Ziel des Übereinkommens über handelsbezogene Aspekte der Rechte des geistigen Eigentums (TRIPS) ist es, den Schutz des geistigen Eigentums weltweit zu harmonisieren und zu verstärken. Dadurch sollen Handelshemmnisse abgebaut werden. Das TRIPS enthält einen internationalen Mindeststandard, den die WTO-Mitglieder in ihren nationalen Rechtsordnungen gewährleisten müssen.

Entwicklungszusammenarbeit

> **Entwicklungszusammenarbeit:** Umfasst alle Leistungen von Industrieländern an Entwicklungsländer mit dem Ziel, die Lebensbedingungen in den Entwicklungsländern zu verbessern (siehe S. 237).

Oberstes Ziel der Entwicklungszusammenarbeit ist die «Hilfe zur Selbsthilfe».

> **Entwicklungsland:** Bezeichnung für ein Land
> - mit einem niedrigen Pro-Kopf-Einkommen mit vielen Analphabeten bzw. niedrigen Einschulungsraten
> - mit niedrigem Kalorienverbrauch pro Kopf
> - mit einer schlechten medizinischen Versorgung
> - mit einem starken Bevölkerungswachstum
> - mit einer hohen Säuglingssterblichkeit und niedriger Lebenserwartung

Diese Kriterien treffen vorwiegend auf Staaten in Afrika, Asien, Mittel- und Südamerika zu. Durch die fortschreitende Globalisierung werden das Gefälle zwischen Arm und Reich und die gegenseitige Abhängigkeit verstärkt. Daher ist die Entwicklungszusammenarbeit ein wichtiger Ausdruck der Solidarität mit den Ärmsten dieser Welt.

■ Die Entwicklungszusammenarbeit des Bundes

Die Entwicklungszusammenarbeit ist ein wichtiger Bestandteil der schweizerischen Aussenpolitik. Das Leitbild des Bundesrates für die Entwicklungszusammenarbeit stützt sich auf vier Hauptziele:
- Wahrung und Förderung von Frieden und Sicherheit; Förderung der Menschenrechte; Demokratie und Rechtsstaat
- Förderung der Wohlfahrt und bessere Rahmenbedingungen für ein nachhaltiges Wachstum
- Erhöhung der sozialen Gerechtigkeit
- Schutz der natürlichen Lebensgrundlagen

Der Bundesrat setzt vier Mittel ein, um die Entwicklungszusammenarbeit zu fördern:
- technische Zusammenarbeit: Projekte, die unter schweizerischer Aufsicht durchgeführt, überwacht und finanziert werden (z. B. Bau einer Käserei)
- Finanzhilfe: Kredite zu besonders günstigen Bedingungen und Beiträge à fonds perdu (diese müssen nicht zurückbezahlt werden)
- wirtschafts- und handelspolitische Massnahmen: Hilfe an die Entwicklungsländer durch verstärkte Handelsbeziehungen (z. B. Gewährung günstigerer Zollbedingungen)
- humanitäre Hilfe: Lieferung von Nahrungsmitteln, Medikamenten, Zelten usw.

Leistungen

2018 betrug die öffentliche Entwicklungshilfe der Schweiz CHF 3,022 Milliarden. Dies entspricht einem Anteil von 0,44 % des BIP. Damit belegte die Schweiz den 8. Rang. Im Jahr 1970 legte die UNO 0,7 % des BIP als gewünschtes Ziel für die Entwicklungshilfe fest. Im Jahre 2017 erreichten nur Schweden, Norwegen, Luxemburg, Dänemark und Grossbritannien dieses Ziel.

Private Hilfswerke sammelten 2018 CHF 1,81 Milliarden. In diesem Betrag sind Spenden für gemeinnützige Organisationen im Inland wie auch Spenden an die Entwicklungs- und die Katastrophenhilfe im Ausland zusammengefasst. Die von Privaten unentgeltlich geleistete Arbeit zugunsten von Bedürftigen wird zusätzlich auf eine weitere Milliarde Franken geschätzt.

EU-Binnenmarkt

Binnenmarkt: Der EU-Binnenmarkt umfasst einen einheitlichen Wirtschaftsraum, in dem vier Grundfreiheiten gewährleistet sind, nämlich freier Warenverkehr, freier Dienstleistungsverkehr, freier Personenverkehr und freier Kapitalverkehr.

■ Die vier Grundfreiheiten im EU-Binnenmarkt

Freier Warenverkehr
- Der freie Verkehr von Waren ist dann sichergestellt, wenn Zölle und Zollformalitäten sowie mengenmässige Beschränkungen von Waren wegfallen (Zollunion).

Zollunion: Staaten betreiben in Bezug auf Zölle und Kontingente eine einheitliche Handelspolitik:
a) Massnahme nach innen: Unter den beteiligten Volkswirtschaften werden die Zölle und die Kontingente (Mengenbeschränkungen) abgeschafft.
b) Massnahme nach aussen: Gegenüber Drittstaaten werden einheitliche Zölle erhoben und Kontingente festgelegt.

- Ebenfalls hat man für die Steuer auf Waren (z. B. Mehrwertsteuer) einen einheitlichen Mindestsatz von 15 % festgelegt. Die einzelnen Länder dürfen aber einen höheren Satz erheben (2019: Deutschland 19 %, Ungarn 27 %).
- Die technischen Vorschriften (z. B. gesundheitliche Vorschriften für Lebensmittel) wurden weitgehend durch neue EU-Vorschriften ersetzt.
- Die technischen Anforderungen an ein Produkt wurden durch die EU klar definiert.

Freier Personenverkehr Dieser beinhaltet (siehe S. 236)
- die freie Einreise in ein EU-Land und die freie Ausreise aus einem EU-Land
- den freien Aufenthalt in einem EU-Land
- das freie Wohnrecht in einem EU-Land
- die Niederlassungsfreiheit und
- die freie Wahl des Arbeitsplatzes in jedem Mitgliedsland der EU

Freier Dienstleistungsverkehr Sämtliche Dienstleistungen (z. B. im Luftverkehr) dürfen in jedem EU-Land angeboten werden. Beschränkungen sind nicht mehr zulässig.

Freier Kapitalverkehr Das Kapital kann in allen EU-Ländern ungehindert transferiert werden. Die Kapitalanleger können sich überall in der EU die günstigsten Möglichkeiten auswählen.

■ Der Binnenmarkt und seine Folgen

Situation mit Binnenmarkt
- Der Wettbewerb zwischen den Unternehmen nimmt zu.
- Aufgrund der verschärften Konkurrenz sinken die Preise tendenziell.
- Das Angebot an Sachgütern und Dienstleistungen wird ausgeweitet.
- Durch den freien Warenverkehr können die Sachgüter schneller und kostengünstiger transportiert werden.
- Die Mobilität der Arbeitnehmenden steigt.

Situation ohne Binnenmarkt
- Grenzkontrollen sind aufwendig (z. B. Ausfüllen von Zolldokumenten).
- Unterschiedliche Produktvorschriften hemmen den Austausch von Waren.
- Nicht alle Dienstleistungen können in der ganzen EU angeboten werden (z. B. Dienstleistungen des Transportgewerbes, von Ärzten, Physiotherapeuten).
- Mit protektionistischen Massnahmen schützt sich eine Volkswirtschaft vor ausländischer Konkurrenz, z. B. dürfen während der Haupterntezeit von Schweizer Tomaten nur kleine Mengen ausländischer Tomaten eingeführt werden.

Europäische Währungsunion (EWU)

Währungsunion: Raum mit einer einheitlichen Währung.

Europäische Währungsunion (EWU): Raum von zurzeit 19 (Stand Februar 2020) von 27 EU-Staaten, die den Euro als einheitliche Währung führen.

Mitglieder

19 EU-Länder bilden den Euro-Raum.

Anfang 2002 wurde der Euro als gemeinsame Währung in 12 Mitgliedsstaaten der EU eingeführt, und zwar in Belgien, Deutschland, Finnland, Frankreich, Griechenland, Irland, Italien, Luxemburg, den Niederlanden, Österreich, Portugal, Spanien. 2007 führte Slowenien als 13. EU-Land den Euro ein und 2008 vollzogen Zypern und Malta diesen Schritt. 2009 wurde die Slowakei als 16. und 2011 Estland als 17. Land Mitglied der EWU. 2014 hat Lettland als 18. und 2015 Litauen als 19. EU-Land den Euro eingeführt.

Montenegro und der Kosovo haben den Euro als gesetzliches Zahlungsmittel eingeführt, obwohl sie nicht Mitglieder der EU sind.

Die Europäische Zentralbank (EZB)

Die Europäische Zentralbank (EZB): Eigenständige Institution, die in der europäischen Währungsunion die geldpolitischen Aufgaben erfüllt. Der Vertrag von Maastricht sichert der Europäischen Zentralbank die notwendige Unabhängigkeit zu, damit diese die geldpolitischen Aufgaben wahrnehmen kann. Sitz ist Frankfurt.

Die Europäische Zentralbank hat folgende Aufgaben:
- die 19 Mitgliedsstaaten mit Geld zu versorgen (die EZB verfügt über das Notenmonopol)
- die Geldmenge zu steuern (oberstes Ziel ist die Preisstabilität)
- eine gemeinsame Wechselkurspolitik zu betreiben

Der Einfluss des Euro auf die Schweiz

- Die Schweizer Industrie hat bei Exporten von Investitionsgütern eine starke Stellung und profitiert vom Erneuerungs- und Rationalisierungsschub, der im EWU-Raum aufgrund des erhöhten Wettbewerbs erfolgt.
- Der verschärfte Wettbewerb dämpft den konjunkturellen Preisauftrieb.
- Die Einführung des Euro führt tendenziell zu verstärktem Wettbewerb in den 19 Euroländern. Dies erhöht auch den Wettbewerbsdruck auf die Schweizer Unternehmen.
- Der erhöhte Wettbewerbsdruck in der Schweiz bewirkt mehr Innovationen.

Für die Schweiz ist es sehr wichtig, dass der Euro stabil und stark bleibt.

Wirtschaftsbeziehungen nach aussen

Starker Euro	Schwacher Euro	
Wenn eine Währung stabil und gefragt ist, spricht man von einer starken Währung. Jeder hat Vertrauen in die Währung. Der Binnenwert und der Aussenwert einer starken Währung bleiben von kleinen Schwankungen abgesehen konstant. *Beispiele von starken Währungen:* • amerikanischer Dollar • Euro • Schweizer Franken	Wenn eine Währung instabil und nicht gefragt ist bzw. abgestossen wird, spricht man von einer schwachen Währung. Da kein Vertrauen besteht, erfolgt die Flucht in eine starke Währung. *Beispiele von schwachen Währungen:* • Cedi (Ghana) • Belarus-Rubel (Weissrussland) • Irak-Dinar	
• Die Nachfrage nach CHF nimmt nicht zu. Folglich findet keine Aufwertung des Schweizer Frankens statt. • Die von der Schweiz exportierten Güter und Dienstleistungen bleiben konkurrenzfähig. • Schweizerische Unternehmen, die in die Euroländer exportieren, müssen nur noch eine Währung (Euro) verwalten.	• Die Sachgüter und die Dienstleistungen aus dem EU-Raum werden tendenziell billiger. • Es wird für Schweizerinnen und Schweizer günstiger, im Euro-Raum Ferien zu machen.	Vorteile
• Die aus dem EU-Raum importierten Sachgüter und Dienstleistungen werden tendenziell teurer. (Das betrifft z. B. Sachgüter aus Ländern mit bisher starken Kursschwankungen, siehe importierte Inflation, S. 306.) • Für Schweizerinnen und Schweizer werden Ferien im EU-Raum teurer.	• Die Nachfrage nach CHF nimmt zu. Dadurch findet eine Aufwertung des Schweizer Frankens statt. • Durch die Aufwertung des Schweizer Frankens werden die schweizerischen Sachgüter und Dienstleistungen (Exportgüter) für das Ausland teurer. Folglich können die schweizerischen Unternehmen weniger exportieren.	Nachteile
• Die Schweizerische Nationalbank wird versuchen, den Wechselkurs des Euro stabil zu halten. • Ein starker Euro erfordert keine weiteren Massnahmen der SNB.	• Die Schweizerische Nationalbank wird versuchen, der Aufwertung des Schweizer Frankens entgegenzuwirken, indem sie die Geldmenge vergrössert. Durch die Erhöhung der Geldmenge entstehen aber wiederum Inflationstendenzen. • Die letzte aller Massnahmen wäre, den Schweizer Franken an den Euro zu binden. Dadurch würde die SNB die Möglichkeit verlieren, eine eigenständige Geldpolitik zu betreiben, und sie müsste die möglicherweise schlechte Geldpolitik der Europäischen Zentralbank übernehmen.	Massnahmen der SNB

Unabhängig davon, ob ein starker oder ein schwacher Euro besteht, haben die Schweizer Unternehmen den Nachteil, dass sie nicht von der Europäischen Währungsunion profitieren können. Für sie besteht weiterhin ein Wechselkursrisiko.

NICE TO KNOW

Handelspartner der Schweiz

Diese Länder sind die wichtigsten Handelspartner der Schweiz:

2018: Warenimporte in die Schweiz   CHF 202 Mrd.

Davon:
1. Deutschland — 27,1 %
2. Italien — 9,3 %
3. Frankreich — 8,0 %
4. China — 7,1 %
5. USA — 6,2 %
6. Irland — 4,3 %

2018: Warenexporte aus der Schweiz   CHF 233 Mrd.

Davon:
1. Deutschland — 18,8 %
2. USA — 16,3 %
3. Frankreich — 6,5 %
4. Italien — 6,2 %
5. China — 5,2 %
6. Vereinigtes Königreich — 4,0 %

Quelle: Eidgenössische Zollverwaltung/BFS 2019

■ Die Bedeutung der EU für die Schweiz

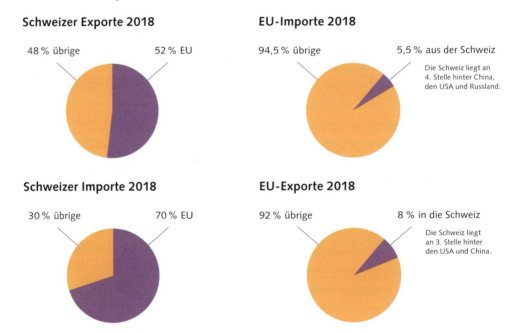

Schweizer Exporte 2018: 48 % übrige, 52 % EU

EU-Importe 2018: 94,5 % übrige, 5,5 % aus der Schweiz. Die Schweiz liegt an 4. Stelle hinter China, den USA und Russland.

Schweizer Importe 2018: 30 % übrige, 70 % EU

EU-Exporte 2018: 92 % übrige, 8 % in die Schweiz. Die Schweiz liegt an 3. Stelle hinter den USA und China.

Quelle: EDA 2019

Die Gegenüberstellungen zeigen:
- Der Handel mit den EU-Ländern ist für die Schweiz von existenzieller Bedeutung.
- Als Nichtmitglied der EU muss die Schweiz sich beim Handel mit der EU den EU-Normen anpassen.
- Die Schweiz ist für die EU zwar nicht existenziell wichtig, aber dennoch, gemessen an der Grösse der Schweiz, von einiger Bedeutung. Dies belegen Rang 3 bei den Exporten und Rang 4 bei den Importen der EU.
- Nicht für alle EU-Länder spielt die Schweiz eine gleich wichtige Rolle. Für ihre direkten Nachbarn ist die Schweiz von erheblicher Bedeutung, speziell für Deutschland (siehe oben: Rangfolge der Handelspartner).

3 Wirtschaft

3.4 Das Unternehmen

Verständnis

- Welche Umweltbereiche muss ein Unternehmen oder ein Betrieb in seiner Tätigkeit beachten und warum?

- Was sind die Anspruchsgruppen in Ihrem oder in einem Ihnen bekannten Betrieb?

- Welche Zielkonflikte unter den Anspruchsgruppen gibt es? Welche Beispiele können Sie dazu aus einem Ihnen bekannten Betrieb nennen?

- Was ist die Wertschöpfung in Ihrem oder in einem Ihnen bekannten Betrieb?

Diskussion

- Sollen Unternehmen dazu verpflichtet werden, die Rahmenbedingungen für Frauen in Führungspositionen zu verbessern?

Das Unternehmensmodell

Unternehmensmodell: Eine mehr oder weniger vereinfachte Darstellung eines Unternehmens. Es gibt nie vollständig die Realität wieder.

Auch wenn Modelle vereinfacht darstellen, sind sie doch wertvolle Hilfen, um die komplexe Wirklichkeit besser verständlich zu machen. Ein solches Modell ist das von Hans Ulrich entwickelte Unternehmensmodell, das hier vereinfacht dargestellt wird.

Das Unternehmen und seine Umweltbereiche

Die gesamte Umwelt, in der sich ein Unternehmen befindet, kann in fünf Bereiche (Umweltsphären) unterteilt werden. Jeder dieser Bereiche löst zentrale Anliegen aus und beeinflusst dadurch das Unternehmen in seinen Tätigkeiten und Entscheidungsprozessen. Die Reihenfolge dieser Umweltsphären ist zufällig gewählt und soll nicht hierarchisch interpretiert werden.

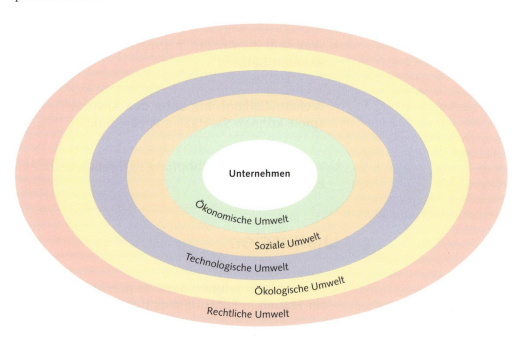

Die fünf Umweltsphären

Die ökonomische Umwelt
Das Unternehmen ist immer Teil einer Volkswirtschaft und deshalb von der wirtschaftlichen Entwicklung eines Landes, eines Kontinents oder sogar von der ganzen Welt abhängig. Diese Entwicklungen können von einem einzelnen Unternehmen praktisch nicht beeinflusst werden.

Beispiele:
- Aufgrund einer Inflationstendenz erhöht die Nationalbank den Leitzinssatz.
- Die öffentliche Hand, der grösste Auftraggeber der Schweiz, senkt aus sparpolitischen Gründen die Ausgaben.
- Ein Konjunkturabschwung in den USA hat eine Abwertung des Dollars zur Folge.
- In der Schweiz herrscht eine relativ hohe Arbeitslosigkeit.

Deshalb ist es für jedes Unternehmen von Bedeutung, sich anhand von Daten über den aktuellen und den zu erwartenden Zustand der Volkswirtschaft ein Bild zu machen, um angemessene Strategien festzulegen.

Die soziale Umwelt
Die Normen und Werte, welche die vorherrschenden Ansichten und das Handeln des Individuums und der Gesellschaft bestimmen, sind einem dauernden Wandel unterworfen. Diesen gesellschaftlichen Veränderungen müssen auch die Unternehmen Rechnung tragen.

Beispiel:
Die Familie mit der traditionellen Rollenverteilung wird durch alternative Modelle ersetzt. Es gibt den Wunsch nach Teilzeitarbeitsstellen, Einrichtungen für Kinderbetreuung usw.

Die technologische Umwelt
Die Forschung wartet in sehr kurzen Zeitabständen mit neuen Ergebnissen auf, der technologische Fortschritt ist nicht aufzuhalten. Um mit der Konkurrenz Schritt halten zu können, müssen Unternehmen innovativ sein. Dies bedingt oft kapitalintensive Investitionen und Geld, das in die Forschung und Entwicklung gesteckt werden muss.

Beispiel:
Die Präsenz in sozialen Medien ist für ein Unternehmen zu einem Muss geworden und die Digitalisierung zwingt die Unternehmen zu Investitionen in ihre Produktionsmittel (Roboter).

Die ökologische Umwelt
Im Zentrum dieses Bereichs steht die Natur mit ihren beschränkten Ressourcen. Auch bisher freie Güter (z. B. sauberes Wasser, reine Luft) entwickeln sich mehr und mehr zu knappen Gütern. Umweltschädigende Einflüsse müssen aufgrund rechtlicher Bestimmungen oder des Drucks der Gesellschaft eliminiert bzw. vermieden werden.

Beispiel:
Einführung einer Entsorgungsgebühr beim Kauf elektronischer Geräte.

Die rechtliche Umwelt
Von den Unternehmen wird erwartet, dass sie sich an die Gesetze halten. Da unsere Rechtsordnung kein starres Gebilde ist, sondern sich laufend den neuen gesellschaftlichen, politischen und technologischen Gegebenheiten anpasst, müssen sich die Unternehmen den neuen Rechtsnormen angleichen.

Beispiele:
- Datenschutz
- internationaler Handel
- Arbeitsrecht

Das Unternehmen und seine Anspruchsgruppen

Anspruchsgruppen: Gruppen, die unterschiedlichste Erwartungen und Ansprüche an ein Unternehmen haben.

Diese Erwartungen und Ansprüche sind einem dauernden Wandel unterworfen und müssen von der Unternehmensleitung erfasst und beobachtet werden.

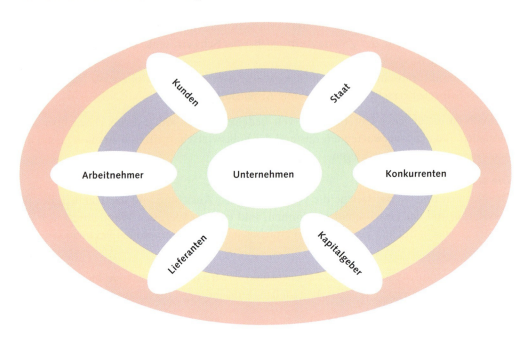

Erwartungen der Anspruchsgruppen (Wirtschaftsteilnehmende)

Arbeitnehmer
hohes Einkommen, sicherer Arbeitsplatz, angenehmes Arbeitsklima

Lieferanten
regelmässige und grosse Bestellungen, gute Konditionen, pünktliche Zahlung

Kapitalgeber
Sicherheit, hohe Verzinsung des eingesetzten Kapitals, Vermögenszuwachs

Konkurrenten
faires Verhalten, Kooperation (z. B. beim Betrieb einer Einkaufsgenossenschaft)

Staat
Steuereinnahmen, Erhöhung der Attraktivität einer Region, Angebot an Arbeitsplätzen

Kunden
qualitativ hochwertige Produkte, günstige Angebote, kompetente Beratung, Neuheiten

Zielkonflikte eines Unternehmens

Die unterschiedlichen Ansprüche und Erwartungen der Anspruchsgruppen und der Umweltsphären haben zur Folge, dass ein Unternehmen dauernd verschiedenen Zielkonflikten ausgesetzt ist. Diese Konflikte stellen die Unternehmensleitung täglich vor schwierige Entscheidungssituationen.

Häufige Zielkonflikte sind:

Kunden ↔ Kunden
Die Kunden erheben Anspruch auf kompetente Beratung und gute Serviceleistungen. Dies setzt geschultes Personal und ein umfangreiches Ersatzteillager voraus. Beides belastet die Ausgabenseite eines Unternehmens. Trotzdem erwarten die Kunden preisgünstige Produkte.

Arbeitnehmer ↔ Kunden
Die Arbeitnehmer erwarten ein hohes Einkommen. Hohe Lohnkosten verteuern die Produktion. Die Kunden hingegen wollen möglichst preisgünstig einkaufen.

Lieferanten ↔ Kunden
Die Lieferanten fordern hohe Preise. Teure Rohstoffe erhöhen die Herstellungskosten. Die Kunden erwarten billige Produkte.

Kapitalgeber ↔ Arbeitnehmer
Die Kapitalgeber erwarten eine hohe Rendite ihres investierten Kapitals. Die Verzinsung des Kapitals und die Ausschüttung einer Dividende erfolgt aus dem Gewinn des Unternehmens. In vielen Unternehmen machen die Lohnkosten einen sehr grossen Anteil am Gesamtaufwand aus. Hohe Lohnkosten vermindern den Gewinn und somit den Ertrag der Kapitalgeber.

Arbeitnehmer ↔ Technologie
Die Arbeitnehmer verlangen einen sicheren Arbeitsplatz und ein Mitspracherecht. Die schnellen technischen Fortschritte ziehen häufig Umstrukturierungen und Rationalisierungen nach sich, die oft verbunden sind mit einem Personalum- oder -abbau.

Technologie ↔ Gesellschaft
Der technologische Wandel zwingt die Unternehmen zu innovativem Verhalten, um konkurrenzfähig zu bleiben. Die Neuerungen können durch die Rechtsordnung behindert oder gar verunmöglicht werden.

Das Unternehmen: Teil der Volkswirtschaft

Unternehmen: Wirtschaftliche Organisation, die ein Geschäft ausübt.

Unternehmen werden unterteilt in:
- privatwirtschaftliche Unternehmen (gehören normalerweise einem oder mehreren Eigentümern und streben in der Regel die Maximierung des Gewinns an)
- öffentliche Unternehmen (gehören dem Staat – der Gemeinde, dem Kanton oder dem Bund – und versorgen die Bevölkerung mit öffentlichen Gütern)
- gemischtwirtschaftliche Unternehmen (Skyguide, diverse Kantonalbanken usw.)

Grundsätzlich funktioniert jedes Unternehmen nach dem gleichen Prinzip: Es erhält einen Input in Form von Einkäufen. Unter Einsatz der Produktionsfaktoren (Boden, Arbeit, Wissen und Kapital) versucht es, den Wert des Produkts zu steigern und dieses anschliessend wieder zu verkaufen.

Die Wertschöpfung

Wertschöpfung (im betriebswirtschaftlichen Sinn): Beitrag, den jedes einzelne Unternehmen im Inland zum Volkseinkommen beisteuert.

Die Unternehmen sind in einer Vielzahl von Märkten tätig:
- Der Beschaffungsmarkt besteht aus dem Rohstoffmarkt, wo Rohstoffe oder Halbfabrikate gekauft werden, aus dem Arbeitsmarkt, wo Arbeitskräfte rekrutiert werden, aus dem Finanzmarkt, wo Geldmittel beschafft werden, usw.
- Auf dem Absatzmarkt werden Produkte an Käufer, Konsumenten oder Wiederverkäufer veräussert.

Auf jedem Markt herrscht Konkurrenz.

Beispiel:
Eine Schreinerei kauft von einer Sägerei Holz und bezahlt dafür einen Preis. Die Arbeiter dieser Schreinerei (Produktionsfaktoren Arbeit und Wissen) stellen mithilfe von Maschinen (Produktionsfaktor Kapital) in den Räumlichkeiten der Schreinerei (Produktionsfaktor Boden) aus dem Holz Stühle her. Diese Stühle werden nun an ein Möbelhaus verkauft. Aus dem Verkaufserlös bezahlt das Unternehmen das Holz der Sägerei sowie die Entschädigungen für den Einsatz der Produktionsfaktoren.

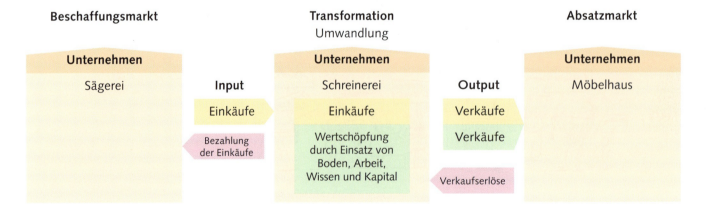

4 Ethik

Verständnis

- Was ist eine moralische Norm im Gegensatz zu einer gesetzlichen Norm?

- Wie unterscheiden sich Werte von moralischen Normen?

- Was ist der Unterschied zwischen negativer Freiheit («Freiheit von…») und positiver Freiheit («Freiheit für….»)?

- Welchen Hauptthemen können die Bereiche der angewandten Ethik zugeordnet werden?

- Welche moralischen Dilemmas kennen Sie?

- Weshalb kann ein glaubhaftes Bekennen von schlechtem Gewissen und Schuldgefühlen strafmindernd wirken?

- Was sind die zentralen Werte, die in allen fünf Weltreligionen zu finden sind?

- Wie stark prägt eine vorherrschende Religion – beispielsweise das Christentum in der Schweiz – die Kultur eines Landes, auch wenn die Mehrheit der Bevölkerung nicht mehr aktiv praktizierend ist?

- Inwiefern können Religionen im Umgang mit dem Tod helfen?

Diskussion

- Auf welche minimalen Grundwerte sollte man sich Ihrer Einschätzung nach in einer Gesellschaft einigen?

- Welchen Sinn hat die lebenslange Verwahrung im Strafrecht?

- Gibt es Alternativen zu Religion, um sein Leben glücklich und sinnvoll zu gestalten?

4.1 Grundlagen

■ Ethik

Die Menschen sollen untereinander als Gemeinschaft gut zusammenleben können – in der Familie, in der Schule, in verschiedenen Gruppen, am Arbeitsplatz, in einem Dorf, in einer Stadt, in einem Land oder auf der ganzen Welt.

Dazu reichen jedoch Gesetze, Verbote und Gebote nicht aus. Es bedarf auch einer guten persönlichen, inneren Einstellung jedes Einzelnen, die das Handeln entsprechend leiten sollte.

> **Ethik:** In ihr wird über Grundsätze der Moral, über ihre Begründung (worauf basiert diese?) und über ihre Anwendung nachgedacht.

Ethik bezieht sich immer auf Fragen, die alle Menschen betreffen. Es geht also um die Frage, wie wir leben sollen. Konkret: Was darf ich tun? Wie soll ich mich verhalten? usw.

Auch wenn die Ethik sich mit menschlichem Handeln beschäftigt, so ist sie keine Handlungstheorie. Es geht ihr vielmehr um solche Handlungen, die als moralisch bezeichnet werden können. In diesem Zusammenhang beschäftigt sie sich mit Begriffen wie Moral, Werte, Freiheit und Gerechtigkeit.

Die angewandte Ethik setzt sich ihrerseits mit moralischen Fragen in speziellen Lebensbereichen auseinander (siehe S. 332 ff.).

■ Moral

Der Begriff Moral kann sich auf die Gesellschaft oder auf die einzelnen Menschen beziehen.

> **Moral in der Gesellschaft:** Sie umfasst alle Werte und Normen, die das zwischenmenschliche Verhalten bestimmen (z. B. dass man grundsätzlich Achtung vor den Mitmenschen hat).
>
> **Moral für den Einzelnen:** Sie bestimmt das persönliche Verhalten aufgrund individueller Werte (z. B. dass ich meine Eltern im Alter pflegen werde).

Bei der Moral stehen also Normen und Werte im Zentrum.

■ Moralische Normen

> **Moralische Normen:** Sie sind verbindliche moralische Forderungen, was sein und was gelten soll. Sie legen also fest, wie Werte zu realisieren sind.

Beispiel:
Die modernen Menschenrechte sind allgemeingültige Normen. Ihnen liegt u. a. die Norm «Alle Menschen sind gleich» zugrunde.

Nicht zu verwechseln sind die moralischen Normen mit anderen Normen, bei denen es sich um verbindliche Bestimmungen handelt (gesetzliche Normen, Industrienormen usw.).

■ Werte

Werte: Orientierungsmassstab, an dem Menschen ihr Handeln ausrichten.

In unterschiedlichen Kulturen gibt es verschiedene Werte mit unterschiedlichen Bedeutungen.

Wertepluralismus
In früheren Zeiten gaben autoritäre Instanzen wie die Kirche und der Staat den Menschen eine Vielzahl von verbindlichen Werten vor. In den heutigen pluralistischen Gesellschaften der westlichen Welt gelten Werte jedoch zunehmend als etwas Persönliches. Die Menschen entwickeln aus sich heraus ihre eigenen Werte, die vor allem ihren persönlichen Bedürfnissen entsprechen. Darum spricht man heute auch vom Wertepluralismus. Dennoch gibt es bei uns Werte, die allgemein gelten (z. B. Ehrlichkeit, Fürsorge).

Bevorzugte Werte junger Berufslernender
Eine Untersuchung zu den bevorzugten Werten von jungen Berufslernenden in der Schweiz hat ergeben, dass vier Werte für beinahe alle von grosser Bedeutung sind:
- wahre Freundschaft
- Fröhlichkeit
- Ehrlichkeit
- Offenheit

Vier weitere Werte sind für viele, wenn auch nicht für alle, bedeutend: Frieden in der Welt, Fürsorge in der Familie, Hilfsbereitschaft, erfüllte Liebe.

Folgende Tugenden aus früheren Zeiten sind mittlerweile etwas aus der Mode geraten: Disziplin, Gehorsamkeit, Leistungsbereitschaft und Weisheit.

Freundschaft und Fröhlichkeit sind jungen Menschen wichtig.

Freiheit

In Zusammenhang mit der Moral spielt die Freiheit eine grosse Rolle.

■ Moral und Handlungsfreiheit

Moralisches und unmoralisches Handeln ist nur möglich, wenn ein Mensch ein bestimmtes Mass an Freiheit besitzt, d. h., wenn er aus verschiedenen Handlungsmöglichkeiten auswählen kann.

Beispiele:
- Wenn eine gesunde Frau während einer Autofahrt am Steuer einen Hirnschlag erleidet und dabei einen Unfall verursacht, bei dem eine vierköpfige Familie stirbt, dann wird ihr niemand unmoralisches Handeln vorwerfen können. Die Frau hatte weder eine bewusste Entscheidung gefällt noch hatte sie aus einer möglichen Zahl von Handlungsalternativen auswählen können.
- Wenn ein verzweifelter Geschäftsmann vor dem Konkurs sich das Leben nimmt, indem er in einen entgegenfahrenden Lastwagen fährt, dann ist dies unmoralisch, weil er damit dem Lastwagenfahrer schwere körperliche und/oder psychische Schäden verursacht. Der Geschäftsmann hatte sich frei für diese Form des Selbstmordes mit unfreiwilliger Beteiligung anderer Menschen entschieden. Er hätte aber auch andere Formen des Freitodes wählen können.

■ Negative und positive Freiheit

Negative Freiheit: Bereich des Menschen, in dem er von äusseren Eingriffen nicht behindert wird und in dem er tun und lassen kann, was er will.

Bei der negativen Freiheit spricht man oft auch von der «Freiheit von …» (äusserem Zwang).

Liberalismus
Verfechter und Verfechterinnen der negativen Freiheit betonen besonders die Rechte des Individuums gegenüber dem Staat. Freiheit bedeutet für sie vor allem Schutz vor Eingriffen des Staates. Auch die Wirtschaftsfreiheit wird vor allem als möglichst geringe Einflussnahme des Staates (z. B. Arbeitsrecht, Steuern) verstanden. Diese Position wird als liberal bezeichnet.

Positive Freiheit: Ermöglicht dem Menschen die Gestaltung seines Lebens in einer Gemeinschaft.

Die positive Freiheit wird häufig als «Freiheit zu …» (einem selbstbestimmten Leben) bezeichnet.

Diese beiden Verständnisse von Freiheit spielen in der politischen Diskussion eine bedeutende Rolle.

Kommunitarismus
Für Anhängerinnen und Anhänger der positiven Freiheit steht das Leben in der Gemeinschaft im Vordergrund. Dieses Leben schränkt zwar das Individuum ein, doch durch ein grosses Mitbestimmungsrecht gewinnt man viel (positive) Freiheit. Hier gilt ein starker, von allen mitgestalteter Staat (der z. B. für die sozial Schwachen sorgt) als ideale Gemeinschaft. Dies ist die kommunitaristische Haltung (d. h., Gemeinsinn und soziale Tugenden stehen im Vordergrund).

Gerechtigkeit

Gerechtigkeit ist ein Begriff, der sich nicht auf das Gesetz beschränkt. Die Gerechtigkeit ist ein zentrales Element der Ethik.

> **Gerechtigkeit:** Grundhaltung, nach der jemand Richtig und Falsch sorgfältig abwägt und danach handelt.

Gerechtigkeit spielt in vielen Bereichen eine wichtige Rolle, unter anderem in der Rechtsprechung, im gesellschaftlichen Leben und im Sport.

■ Gerechtigkeit in der Rechtsprechung

Recht und Gerechtigkeit sind nicht das Gleiche, aber das eine ist ohne das andere nicht denkbar: Solange Gerechtigkeit in Gesetzen nicht festgeschrieben wird, ist sie unverbindlich; und Gesetze, die ungerecht sind, darf es in einem Rechtsstaat nicht geben.

Beispiel: Die Bundesverfassung enthält zwar den Begriff Gerechtigkeit nicht. Doch die in Artikel 7 bis 34 garantierten Grundrechte für alle Menschen sind die staatliche Sicherung von Gerechtigkeit. Und nach Artikel 2 setzt sich die Schweiz «für eine friedliche und gerechte internationale Ordnung» ein.

■ Gerechtigkeit im gesellschaftlichen Leben

Die soziale Gerechtigkeit wird in verschiedene Bereiche unterteilt:

Chancengerechtigkeit
Nach dem Prinzip der Chancengerechtigkeit soll jeder Mensch dieselben Chancen und Möglichkeiten haben, am politischen (z. B. an Wahlen), am wirtschaftlichen (z. B. als Aktionär) und am gesellschaftlichen Leben (z. B. an kulturellen Anlässen) teilzunehmen.

Beispiel: Ganz wichtig ist die Chancengerechtigkeit in der Bildung: Es sollten alle Kinder entsprechend ihren Begabungen und Fähigkeiten in der Schule gefördert werden.

Chancengleichheit
Die Chancengleichheit gibt allen Menschen das Recht auf eine gerechte Verteilung von Zugangs- und Lebenschancen (z. B. medizinische Versorgung).

Beispiel: Das in den Menschenrechten festgehaltene Diskriminierungsverbot aufgrund des Geschlechtes, der Religion oder der Herkunft garantiert die Chancengleichheit.

Verteilgerechtigkeit
Grundsätzlich heisst Verteilgerechtigkeit: Alle erhalten gleich viel. In unserer Gesellschaft besteht diese Gerechtigkeit nicht. Dennoch gibt es im sozialen Ausgleich Elemente der Verteilgerechtigkeit.

Beispiel: Über die Steuern nimmt der Staat jenen, die viel verdienen und besitzen, einen Teil davon weg, um es jenen zu geben, die schlechter gestellt sind. Dahinter liegt die Grundidee des Sozialstaates, wonach jedem Menschen zumindest eine existenzsichernde Grundversorgung zusteht (Prinzip der Umverteilung).

■ Gerechtigkeit im Sport

Im Sport wird anstelle des Wortes Gerechtigkeit der englische Begriff «Fairness» verwendet. Er bedeutet, dass man sich im Spiel an die Regeln hält, den Gegner achtet und anständig spielt. Es gibt im Sport auch viele ungeschriebene Fairness-Regeln.

Beispiel: Im Curling verlangt es die Fairness, dass ein unabsichtlich verschobener eigener Stein vom Feld genommen wird, auch wenn die Gegner und die Schiedsrichter den Verstoss nicht bemerkt haben.

4.2 Angewandte Ethik

Angewandte Ethik: Beschäftigt sich mit der Anwendung von Werten und von moralischen Normen auf konkrete moralische Konfliktfälle und Entscheidungen.

Oft spricht man auch von praktischer Ethik. Diese lässt sich in viele Untergebiete aufteilen.

■ Ordnung der angewandten Ethik

Am besten ordnet man die vielen Untergebiete nach vier Hauptthemen:

Thema	Untergebiet
Natur	Umweltethik (ökologische Ethik)
Leben	Bioethik, Medizinethik, Tierethik
Verantwortung	Berufsethik, Gen-Ethik, Medienethik, Technikethik, Wissenschaftsethik, pädagogische Ethik
Gleichheit/Gerechtigkeit	Geschlechterethik, Rechtsethik, Wirtschaftsethik, Sozialethik

Nachfolgend werden drei der Themen (Natur, Leben, Verantwortung) mit ihren wichtigsten Fragestellungen vorgestellt.

■ Thema: Natur

Umweltethik

Die ökologische Ethik hat stark an Bedeutung zugenommen. Grund dafür ist die vielfältige, weltweite Bedrohung durch Umweltverschmutzung, Treibhauseffekt, Ozonloch, Klimaveränderungen usw. Der Mensch als ein Wesen, das seine Umwelt stark verändert, muss sich folgende Fragen stellen:
- Wie soll man mit Umweltverschmutzung umgehen?
- Sind Industrialisierung und Wirtschaftswachstum mit dem Schutz der Umwelt vereinbar?
- Dürfen wir Müll in die Dritte Welt exportieren? Dürfen wir ihn im Meer, tief in der Erde (Atommüll) oder im Weltall entsorgen?
- Wie viel Energieverbrauch pro Kopf ist vernünftig?

■ Thema: Leben

Bioethik

In der Bioethik wird die richtige Handlungsweise des Menschen gegenüber dem Leben allgemein diskutiert:
- Ist das Aussterben von Pflanzen bedenklich?
- Wie wichtig ist die Erhaltung der Artenvielfalt (Biodiversität)?
- Können Pflanzen empfinden?
- Dürfen wir Tiere schlachten und essen?

Medizinethik

Früher war die Medizinethik auf das Arzt-Patienten-Verhältnis beschränkt. Heute sind es auch allgemeine Fragen zum Umgang mit Kranken, dem Sterben und dem Tod, zur Organtransplantation und zur Fortpflanzungsmedizin, die zu Diskussionen Anlass geben:

- Soll der Patient immer für sich entscheiden oder soll der Arzt als Experte selbstständig entscheiden?
- Ist der Verzicht auf Nahrung und Flüssigkeit auf Verlangen des Patienten passive oder aktive Sterbehilfe?
- Darf die Abgabe von Medikamenten aus Kostengründen verweigert werden?
- Welche Art Sterbehilfe darf von einem Menschen im Voraus bestimmt werden?
- Ist Beihilfe zum Selbstmord erlaubt?
- Sind Hirntote (alle messbaren Hirnfunktionen sind vollständig ausgefallen, obwohl der Kreislauf noch künstlich erhalten wird) Lebende oder Tote?
- Ist aktive Sterbehilfe bei schwerstbehinderten Neugeborenen erlaubt?
- Ist die Organentnahme nur nach schriftlicher Verfügung des Spenders zulässig?
- Wie stellt man eine gerechte Verteilung der gespendeten Organe sicher?
- Unter welchen Bedingungen ist künstliche Befruchtung vertretbar?
- Dürfen Leihmütter die befruchteten Eier anderer Frauen austragen?
- Ist die gezielte Geschlechtswahl des zukünftigen Kindes erlaubt?
- Ist ein Schwangerschaftsabbruch zulässig (Selbstbestimmungsrecht der Frau) oder verletzt er das Recht auf Leben des Ungeborenen?
- Ist Embryonenforschung erlaubt?
- In welcher Reihenfolge sollen Patienten behandelt werden (z. B. im Notfall)?
- Wie wird medizinische Grundversorgung bestimmt?
- Was gilt als Zusatzversorgung, die nicht allen zusteht?

■ Thema: Verantwortung

Wissenschaftsethik

Wissenschaftler und Wissenschaftlerinnen werden bei ihrer Berufsausübung oft vor ethische Probleme gestellt:

- Soll das wissenschaftliche Wissen allen oder nur einer kleinen Gruppe zugänglich gemacht werden?
- Sollen Wissenschaftler in ihren Forschungen beschränkt werden?
- Sind Wissenschaftler verantwortlich für die Verwendung ihrer Entdeckungen (durch andere)?
- Soll alles erforscht werden, was möglich ist?

Technikethik

Neue technische Produkte haben oft auch negative Folgen, die erst nach einer grossen Verbreitung erkannt werden. Daraus ergeben sich auch ethische Fragen:

- Soll die Einführung von neuen Technologien dem Markt überlassen werden?
- Sollen nur neue Produkte zugelassen werden, die im Störfall keine dramatischen Schäden anrichten?
- Müssen technische Neuerungen so gestaltet sein, dass sie im Falle erkennbarer Fehlentwicklungen ohne bleibende Folgen zurückgenommen werden können?

Medienethik

Für die Medien steht neben der Wahrhaftigkeit immer auch die Frage im Zentrum, was verbreitet werden darf:

- Wo überwiegt der Persönlichkeitsschutz und wo ist das Informationsbedürfnis der Allgemeinheit wichtiger?
- Ist der sogenannte Checkbuchjournalismus (Informationen gegen Bezahlung der Informanten) zulässig?
- Dürfen Bilder von Hinrichtungen gezeigt werden?

Moralische Dilemmas

> **Moralisches Dilemma:** Moralischer Konflikt, in dem Menschen unausweichlich mit einer Entscheidung mindestens einen moralischen Wert verletzen müssen, um einem anderen moralischen Wert nachzuleben.

Klassisch für ein Dilemma ist die berühmte Situation mit dem Rettungsboot: Im Boot befinden sich drei Personen, obwohl es nur Platz für zwei hat. Das Dilemma besteht nun darin, dass entweder eine Person geopfert wird oder dass alle drei untergehen.

Wichtig an solchen Dilemmas ist, dass wir ihnen nicht ausweichen können: Wie auch immer wir uns verhalten, wir verletzen mindestens einen unserer Werte.

Wir müssen uns immer wieder solchen Situationen stellen. Wichtig dabei ist, dass wir ob diesem inneren Konflikt nicht verzweifeln, sondern dass wir uns nach gutem Überlegen für eine Handlung und die dahinterstehenden Werte entscheiden.

■ Beispiel: Autounfall

Ein junger Medizinstudent sieht nachts auf einer abgelegenen Landstrasse die Opfer eines schrecklichen Verkehrsunfalls, der sich soeben ereignet haben muss.
Der junge Mann entscheidet sich anzuhalten. Grund dafür ist nicht so sehr die Angst vor der Strafe wegen unterlassener Hilfeleistung. Vielmehr veranlassen ihn moralische Beweggründe anzuhalten und Hilfe zu leisten. Ein solcher Wert ist für ihn: «Man muss in Not geratenen Menschen helfen.»
Zuerst verschafft sich der Autofahrer einen Überblick: Der Unfall, in den zwei Autos verwickelt sind, hat fünf Menschen verletzt: Eine offensichtlich muslimische schwangere Frau mit ihrem Ehemann, ein etwa zehnjähriges Mädchen, einen knapp 20-Jährigen und einen alten Mann.
Sehr rasch erkennt der Student, dass die Lage verzweifelt ist: Er hat sein Mobiltelefon zu Hause vergessen. Es gibt keine Möglichkeit, Hilfe zu holen. Die Wahrscheinlichkeit, dass um die späte Nachtstunde ein anderes Auto auf der abgelegenen Strasse vorbeifährt, ist ausserordentlich gering. Das nächste Spital ist etwa eine Autostunde entfernt. Alle Opfer sind so schwer verletzt, dass sie nach der Einschätzung des Medizinstudenten ohne ärztliche Versorgung kaum eine Stunde überleben. In seinem kleinen Auto kann der Helfer höchstens zwei Verletzte ins Spital im nächstgelegenen Ort fahren.

Dilemma: Wer soll gerettet, wer zurückgelassen werden?
In diesem Beispiel steht der Student vor dem Dilemma, dass der für ihn wichtige Wert «Rette Menschenleben» nicht für alle Opfer gelten kann. Schlimmer noch: Mit der Entscheidung, zwei Menschen das Leben zu retten, entscheidet er sich gleichzeitig dafür, drei Menschen sterben zu lassen.

Auch kann der junge Mann nicht lange überlegen, sonst besteht die Gefahr, dass zu viel Zeit verstreicht, bis zumindest zwei Opfer im Spital behandelt werden können.

Wie immer sich der Helfer entscheidet, es gibt vernünftige Gründe für den getroffenen Entscheid. Es gibt aber auch gute Gründe für eine andere Wahl. Leider geht es hier nicht um eine Geschmackssache, sondern um Leben und Tod.

Das Gewissen

Gewissen: Fähigkeit des Menschen, sich selbst, sein Wollen und sein Verhalten am Massstab von Gut und Böse zu prüfen und zu bewerten.

Das Gewissen eines Menschen entwickelt sich im Laufe seiner Lebensjahre und nährt sich aus seinen bewussten und unbewussten Erfahrungen.

Gesetze, Regeln, Gebote und Verbote reichen nicht, damit man ein gutes Leben führen kann. Der Mensch braucht ein inneres Bewusstsein, wie er sein Handeln beurteilen soll – das Gewissen. Dabei drängt es ihn, bestimmte Handlungen zu tun oder zu lassen. Normalerweise fühlt man sich gut, wenn man nach seinem Gewissen handelt, bzw. man fühlt sich schlecht, wenn man sich entgegen seinem Gewissen verhalten hat.

Handeln oder Verhalten kann zu einem reinen Gewissen führen. Ein schlechtes Gewissen kann jedoch einen Gewissenskonflikt oder sogar Gewissensbisse und Schuldgefühle verursachen.

Beispiele:
- Einige haben ein schlechtes Gewissen, wenn sie mit dem Flugzeug nach Übersee in den Urlaub reisen, weil damit die Umwelt und das Klima belastet werden. Andere sehen darin kein Problem.
- Manche haben ein schlechtes Gewissen, wenn sie Bananen oder Kaffeebohnen kaufen, weil beim Anbau dieser Erzeugnisse angeblich Menschen ausgenutzt werden. Sie kaufen nach Möglichkeit Max-Havelaar-Produkte. Andere kümmern sich nicht darum.
- Einige werden beim Lügen rot oder können dem Gesprächspartner nicht in die Augen schauen. Sie geraten in einen Gewissenskonflikt. Andere lügen wie gedruckt, ohne dass man ihnen etwas anmerkt.

■ Gewissen und Wehrpflicht

Dass das Gewissen etwas Persönliches und Individuelles ist, zeigt das Beispiel der Wehrpflicht. Lange hat der Gesetzgeber diesem Umstand nicht genügend Rechnung getragen. Etliche Militärdienstverweigerer kamen ins Gefängnis. Erst seit 1996 ist es in der Schweiz möglich, aus Gewissensgründen anstelle des Militärdienstes Zivildienst oder unbewaffneten Militärdienst zu leisten.

4.3 Die fünf Weltreligionen

Jede der fünf Weltreligionen nimmt für sich in Anspruch, das menschliche Zusammenleben durch Gesetze, Gebote und Verheissungen zu regeln. Ihr Ziel ist, dass die Menschen glücklich miteinander zusammenleben können. So vertreten sie denn auch zum Teil gleichlautende oder ähnliche Werte, die das Zusammenleben der Menschen erst ermöglichen.

Nachfolgend werden die wichtigsten Elemente der fünf Weltreligionen kurz vorgestellt.

■ Das Christentum ✝

St. Petersplatz im Vatikan in Rom

Gründung
Diese Religion wurde von Christus (etwa 0–33 nach Christus) und seinen Aposteln gegründet. Christus ist der Sohn Gottes, auch Messias (Gesalbter, Erlöser) genannt.

Verbreitung
Mit weltweit knapp 2 Milliarden Gläubigen ist das Christentum die grösste Religionsgemeinschaft. Die Christen unterteilen sich in römisch-katholische, orthodoxe, protestantische, anglikanische und freikirchliche.

Merkmale
Das Christentum ist eine Ein-Gott-Religion. Nach der Überlieferung zog Jesus von Nazareth, der Sohn Gottes, in den drei letzten Jahren seines Lebens in Palästina (in Israel) umher, predigte und wirkte Wunder. Er wurde gekreuzigt. Die Christen glauben, dass Gott seinen Sohn von den Toten zum ewigen Leben erweckt hat.

Lehre (Grundlagen)
Nach christlichem Glauben besteht eine Dreieinigkeit: Gott der Vater, Jesus (Sohn Gottes) und der Heilige Geist. Diese Dreiheit bildet eine Einheit.

Für die Christen ist die Bibel die Heilige Schrift. Jesus selber hat kein Wort aufgeschrieben. Seine Lehre und sein Leben sind in den vier Evangelien überliefert, die das in Griechisch geschriebene Neue Testament bilden. Das Alte Testament (vor Christi Geburt entstanden und in Hebräisch abgefasst) ist für die Christen wie für die Juden eine heilige Schrift. Gemäss der Bibel gibt es ein irdisches, zeitlich beschränktes Leben und ein ewiges, unvergängliches Leben nach dem Tod.

Wichtige Texte für das Christentum

- Du sollst den Herrn, Deinen Gott lieben mit Deinem ganzen Herzen und mit Deiner ganzen Seele und mit all Deinen Gedanken. Dies ist das grösste und erste Gebot. Das zweite ist ihm gleich: Du sollst Deinen Nächsten lieben wie Dich selbst. (Matthäus 22, 37–39)
- Wer Dich auf die rechte Backe schlägt, dem biete auch die andere dar, und dem, der gegen Dich den Richter anruft und Dir den Rock nehmen will, dem lass auch den Mantel, und wer Dich nötigt, eine Meile weit zu gehen, mit dem gehe zwei. Gib dem, der Dich bittet, und wende Dich nicht von dem ab, der von Dir borgen will. (Matthäus 5, 39–42)
- Wer gross sein will unter Euch, der soll Euer Diener sein; und wer unter Euch der Erste sein will, der soll aller Knecht sein. (Markus 10, 43–44)
- Geben ist seliger als nehmen. (Apostelgeschichte 20, 35)

Das Judentum

Gründung
Nach der Überlieferung entstand das Judentum etwa 1400 vor Christus. Es ist besonders durch Moses geprägt, durch den die Israeliten am Berg Sinai Gottes Gebote, die Tora, erhalten haben. Das Judentum gilt als älteste Weltreligion.

Verbreitung
Weltweit zählt man rund 14 Millionen Mitglieder, davon 5,7 Millionen in den USA und 6,1 Millionen in Israel.

Klagemauer in Jerusalem

Merkmale
Die jüdische Religion ist eine Ein-Gott-Religion. Ihr Gott ist der Schöpfer des Universums.

Lehre (Grundlagen)
Das Judentum gründet im Glauben an den einen Gott, der das Volk Israel unter der Führung Moses aus der ägyptischen Knechtschaft befreit hat.

Die Hebräische Bibel umfasst drei Elemente: Das Hauptelement ist die Tora (entspricht den ersten 5 Büchern Mose im Alten Testament). Die beiden anderen Elemente sind Newiim (Propheten) und Ketuwim (Erzählungen). Von den Christen wird die Hebräische Bibel als Altes Testament bezeichnet.

Anders als im Christentum sind Jüdinnen und Juden der Ansicht, der Messias (der Erlöser) komme erst noch, und zwar am «Ende aller Tage». Juden und Jüdinnen haben im Gegensatz zum Christentum und zum Islam auf das Missionieren von Andersgläubigen verzichtet. Nach Ansicht des Judentums können auch Angehörige anderer Religionen Anteil am Leben nach dem Tode haben, vorausgesetzt, sie haben ein moralisches Leben geführt.

Die Zehn Gebote des Judentums

Ich bin der Herr, Dein Gott.
1. Du sollst keine anderen Götter neben mir haben.
2. Du sollst Dir kein Gottesbild machen.
3. Du sollst den Namen des Herrn, Deines Gottes, nicht missbrauchen. Gedenke des Sabbattages, dass Du ihn heilig haltest.
4. Ehre Deinen Vater und Deine Mutter.
5. Du sollst nicht töten.
6. Du sollst nicht ehebrechen.
7. Du sollst nicht stehlen.
8. Du sollst nicht falsches Zeugnis reden wider Deinen Nächsten.
9. Du sollst nicht begehren nach dem Hause Deines Nächsten.
10. Du sollst nicht begehren nach dem Weibe Deines Nächsten, nach seinem Sklaven oder Sklavin, nach seinem Rinde oder seinem Esel, noch irgendetwas, was Dein Nächster hat.

(Exodus 20,1–21)

Kaaba in Mekka

Der Islam ☪

Gründung
Der Überlieferung nach hat der Prophet Mohammed (571–632 nach Christus) den Islam gegründet. Der Islam ist die jüngste der Weltreligionen.

Verbreitung
Es gibt rund 1,6 Milliarden Muslime und Musliminnen, die vorwiegend im Mittleren Osten, in der Türkei, in Afrika, in Südostasien, in Indien und in Zentralasien leben.

Merkmale
Der Islam (Islam heisst Unterwerfung, aber auch Hingabe an Gott) ist eine Ein-Gott-Religion. Die Muslime haben sich in Glaubensrichtungen aufgespalten. Die wichtigsten beiden sind die Sunniten (rund 90 %) und die Schiiten (vor allem im Iran, im Jemen und im Irak).

Bei den Sunniten heisst der oberste Führer «Kalif». Er wird von seinen Anhängern aufgrund seiner Führungsfähigkeiten gewählt (er ist ein weltlicher Führer der Religionsgemeinschaft), während bei den Schiiten der oberste Führer – ein Imam – als rechtmässiger Nachfolger Mohammeds gilt. Er stellt im Glauben der Schiiten ein unfehlbares geistliches Oberhaupt dar.

Lehre (Grundlagen)
Die dem Propheten Mohammed vom Engel Gabriel offenbarten Einsichten sind im Koran niedergeschrieben. Der Koran ist für die Muslime das göttliche Wort. Der Islam kennt keine Trennung von Kirche und Staat.

Muslime und Musliminnen verpflichten sich, an sechs Grundsätze zu glauben: an den einzigen Gott (Allah), an die heiligen Bücher (Koran und andere), an die Engel, an die Propheten (Abraham, Moses, Jesus und Mohammed), an das jüngste Gericht sowie an das Leben nach dem Tod und an die göttlichen Vorherbestimmungen.

Fünf Pflichten des Korans muss jeder Muslim, jede Muslimin erfüllen: das Glaubensbekenntnis, das Gebet (fünfmal pro Tag), das Almosengeben, das Einhalten des Fastenmonats Ramadan und die mindestens einmal im Leben durchgeführte Pilgerreise nach Mekka.

> **Der islamische Pflichtenkodex**
>
> Im Namen des barmherzigen und gnädigen Gottes.
> Setz nicht dem einen Gott einen anderen Gott zur Seite.
> Und Dein Herr hat bestimmt, dass Ihr ihm allein dienen sollt.
> Und zu den Eltern sollst Du gut sein.
> Und gib dem Verwandten, was ihm zusteht, ebenso dem Armen und dem, der unterwegs ist.
> Und tötet nicht Eure Kinder aus Furcht vor Verarmung.
> Und tötet niemand, den Gott zu töten verboten hat.
> Und lasset Euch nicht auf Unzucht ein.
> Und tastet das Vermögen der Waisen nicht an.
> Und erfüllt die Verpflichtung, die Ihr eingeht.
> Und gebt, wenn Ihr zumesst, volles Mass und wägt mit der richtigen Waage.
> Und geh nicht einer Sache nach, von der Du kein Wissen hast.
> Und schreite nicht ausgelassen auf der Erde einher.
> (Koran, Sure 17,22–38)

Die fünf Weltreligionen

■ Der Hinduismus

Gründung
Der Hinduismus wurde etwa 2000–1000 vor Christus durch die vier Veden (die heiligen Schriften des Hinduismus) gegründet.

Verbreitung
Er ist mit knapp 1 Milliarde Mitgliedern die drittgrösste Religionsgemeinschaft. Diese Religion ist vorwiegend in Indien zu finden.

Merkmale
Es gibt keinen eigentlichen Religionsgründer, aber Millionen von Göttern. Der Hinduismus umfasst eine vielfältige Sammlung verschiedener Kulte und religiöser Vorstellungen. Er vertritt daher keine einheitliche Lehre. Die meisten Hindus glauben an einen Gott, an etwas Absolutes. Dies verbinden sie – je nach Richtung – mit einer ganz bestimmten Gestalt, etwa mit Shiva (der Gütige), mit Vishnu (der Erhalter) oder mit Shakti (die weibliche Urkraft des Universums).

Lehre (Grundlagen)
Nach Ansicht der Hinduisten besteht das Leben in einem endlosen Rad von Wiedergeburten. Die Seele ist ewig und durchläuft nach dem Gesetz des Karmas viele irdische Existenzen. Karma heisst, dass alle guten oder schlechten Taten des jetzigen Lebens eine Auswirkung auf das nächste haben.

Die vier Veden gelten als die heiligen Schriften. Äusserst populär ist das Bhagavad-Gita (ein wichtiger Leitfaden humanistischer Ethik).

Im Gegensatz zu den anderen Weltreligionen kann man nicht zum Hinduismus konvertieren (übertreten). Mitglied der hinduistischen Gesellschaft kann nur sein, wer in eine Kaste hineingeboren worden ist. Diese Kasten stellen die hinduistische Gesellschaftsordnung dar: Brahmanen sind Priester, Kshatriyas sind Adlige, Vaishyas Kaufleute und Sudras Arbeiter. Auf der untersten Stufe der Gesellschaft stehen die Kastenlosen, die Unberührbaren.

Tempel in Trincomalee in Sri Lanka

Die vier klassischen Lebensziele eines Hindus

- Das Streben nach Nützlichem und der Erwerb von Wohlstand (artha)
- Das Streben nach Angenehmem und nach Sinnengenuss (kama)
- Das Bemühen um Rechtschaffenheit und um Tugend (dharma)
- Das Streben nach Erlösung oder nach geistiger Befreiung (moksha)

Tugenden des Yoga-Weges

- Gewaltlosigkeit, Nichtverletzen (a-himsa)
- Wahrhaftigkeit (satya)
- Nichtstehlen (a-steya)
- Keuschheit, reiner Lebenswandel (brahmacharya)
- Begierdelosigkeit (a-parigraha)
- Man sollte nicht nehmen, was anderen gehört, das ist eine ewige Verpflichtung. (aus dem Mahabharata)

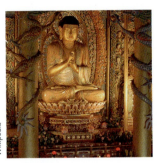
Buddha-Statue in einem Tempel in Jeju-do, Südkorea

Der Buddhismus

Gründung
Gautama Siddharta (etwa 560–480 vor Christus) gilt als Gründer des Buddhismus.

Verbreitung
Auf der Welt gibt es rund 350 Millionen Buddhistinnen und Buddhisten, aufgeteilt in die Schulen des Theravada (Sri Lanka, Burma, Thailand, Kambodscha, Laos) und des Mahayana (Vietnam, China, Korea, Japan, Tibet).

Merkmale
Gautama Siddharta hatte Mühe mit dem Hinduismus, in dem er aufgewachsen war. Die unzähligen Gottheiten im Hinduismus störten ihn ebenso wie das ihm ungerecht erscheinende Kastensystem.

Man kann nur Buddhist, Buddhistin werden, wenn man die drei Juwelen annimmt: Buddha (der «Erleuchtete»), Dharma (die Lehre Buddhas) und Sangha (die Mönchsgemeinschaft).

Der Buddhismus unterscheidet sich von den Ein-Gott-Religionen (Judentum, Christentum und Islam) grundlegend, weil die buddhistische Lehre weder einen allmächtigen Gott noch eine ewige Seele kennt. Vom Hinduismus unterscheidet er sich, weil es für ihn kein Kastensystem gibt.

Lehre (Grundlagen)
Ziel der Buddhistinnen und Buddhisten ist es, sich vom ewigen Kreislauf des Leidens zu befreien, indem sie sich moralisch gut verhalten, Tugenden pflegen, Mitgefühl und Weisheit entwickeln und Meditation praktizieren.

Siddharta Gautama lehrte in den «Vier Edlen Wahrheiten» die Einsicht in die Ursache menschlichen Leidens und zeigte mit dem «Achten Pfad» einen Weg zur Überwindung des Leidens auf. Durch diese Einsicht wurde Siddharta Gautama zu Buddha, zum Erleuchteten. Nach dem buddhistischen Glauben herrscht im Nirvana der Zustand vollständiger Freiheit. Man ist befreit vom Leid, also z. B. von Hass oder von Gier. An Karma und Wiedergeburt (Reinkarnation) glauben sowohl die Buddhisten wie die Hinduisten.

Die fünf Grundgebote des Buddhismus

Ich gelobe, mich des Tötens zu enthalten.
Ich gelobe, mich des Stehlens zu enthalten.
Ich gelobe, mich des unrechten Wandels in Sinneslust zu enthalten.
Ich gelobe, mich des Lügens zu enthalten.
Ich gelobe, mich des Rausches zu enthalten.

Das Lassen allen Übeltuns

Beschäftigung mit gutem Werk,
Reinigung des eigenen Sinns,
Das ist, was der Buddha lehrt.
(Dhammapada 183)

5 Ökologie

Verständnis

- Welche Aspekte der Umwelt können «verschmutzt» bzw. beeinträchtigt werden?

- Wozu dient es, die Ökobilanz eines Produktes zu kennen?

- Was wird mit dem ökologischen Fussabdruck genau gemessen?

- Welche Vor- und Nachteile haben die verschiedenen Energiequellen (Atomenergie, erneuerbare Energien, Erdgas, Erdöl und Kohle)?

- Wie entsteht der von Menschen verursachte Treibhauseffekt?

- Was sind die Folgen einer langfristig steigenden Durchschnittstemperatur (Klimawandel)?

- Welche Gesetze und Massnahmen zur Verbesserung der Luftqualität gibt es in der Schweiz?

- Wie viel Wasser wird zur Produktion eines Kilogramms Rindfleisch im Vergleich zu einem Kilogramm Reis verbraucht? («virtuelles Wasser»)

- Welchen Nutzen erbringt der Erhalt einer biologischen Artenvielfalt (Biodiversität)?

Diskussion

- Wie kann man Menschen dazu bewegen, sich umweltfreundlicher zu verhalten?

- Welche Argumente brauchen wir Menschen, um unseren Energieverbrauch zu rechtfertigen?

- Welche Möglichkeiten sehen Sie, um Ihren Fleischkonsum zur reduzieren?

5.1 Grundlagen

■ Ökologie

Ökologie: Wissenschaft von den Wechselbeziehungen zwischen den Lebewesen und ihrer Umwelt.

Der Mensch verändert die Umwelt in sehr starkem Masse: Bergbau, Landwirtschaft, Industrie, Städtebau usw. verbrauchen sehr viel Energie und natürliche Ressourcen. Damit werden Eigenschaften der Umgebung verändert. Dies hat schwer abschätzbare Folgen für Pflanzen, Tiere und den Menschen.

■ Ökosystem

Ökosystem: Kleinste ökologische Einheit eines Lebensraumes mit in ihm wohnenden Lebewesen (z. B. ein See, der Wald).

Der Begriff Ökosystem wird einerseits abstrakt verwendet, man spricht z. B. vom Ökosystem See. Andererseits spricht man z. B. konkret vom Ökosystem Zugersee. Die Gesamtheit aller Ökosysteme auf der Erde nennt man Öko- oder Biosphäre.

Ökosysteme sind keine abgeschlossenen Systeme. So können z. B. die Grenzen zwischen dem Waldökosystem und dem Wiesenökosystem nicht genau festgelegt werden.

■ Stoffkreislauf

Stoffkreislauf: Bezeichnet einen Kreislauf von chemischen Verbindungen, die über eine Reihe von Prozessen und Formen wieder zu ihren Ursprungsstoffen werden.

Es gibt viele verschiedene Stoffkreisläufe in Ökosystemen. Für das Leben wichtig sind der Wasserstoff-, der Sauerstoff-, der Kohlenstoff-, der Stickstoff-, der Schwefel- und der Phosphorkreislauf.

In den Kreisläufen der Biosphäre ergänzen sich Prozesse gegenseitig so, dass kein Rest entsteht. Man spricht daher von geschlossenen Kreisläufen.

Beispiel:
Über den Nährstoffkreislauf gelangen Stoffe von den Produzenten (Pflanzen) zu den Konsumenten (Menschen, Tiere). Von den Konsumenten gelangen sie an die Destruenten (Bakterien, Pilze) und von diesen gehen die Stoffe wieder zu den Produzenten (Pflanzen). Durch menschliche Tätigkeiten (z. B. Abholzung von Tropenwäldern) werden die Stoffkreisläufe häufig aufgebrochen.

■ Nachhaltigkeit

Nachhaltigkeit: Umschreibt allgemein den sorgfältigen Umgang mit Ressourcen. Abbauen und Nachwachsen der Ressourcen sollten im Gleichgewicht stehen, sodass der Lebensraum seine Funktionen, z. B. Bereitstellung von Nahrung und sauberem Trinkwasser, weiterhin erfüllen kann.

Nachhaltige Produktionsmethoden und Lebensweisen basieren auf möglichst geringem Ressourcenverlust und zeichnen die Grüne Wirtschaft aus.

Beeinträchtigung von Umweltaspekten

Das natürliche Umfeld des Menschen ist vielfältig beeinträchtigt:

Aspekt	Beeinträchtigungen durch	Folgen
Luft	• Verbrennung von Treibstoffen • Verbrennung von Haushalt- und Industrieabfällen • Herstellungsprozesse (z. B. chemische Industrie, Stahlindustrie)	• Bildung von Ozon an wärmeren Tagen in der bodennahen Luftschicht (Atemwegserkrankungen bei Mensch und Tier, Schädigung der Pflanzen) • Bildung von Feinstaub (Atemwegs- und Krebserkrankungen) • Ozonabbau in der Atmosphäre, verstärkte UV-Strahlung (Hautkrebs)
Boden	• Versiegelung (z. B. Strassen, Gebäude) • Abholzung • Einsatz von schweren Maschinen • Transport von Schadstoffen über die Luft und Ablagerung im Boden	• Geringere landwirtschaftliche Erträge • Bodenerosion (erhöhte Überschwemmungsgefahr) • Bodenverdichtung (Abnahme der Fruchtbarkeit, erschwerte Wasseraufnahme) • Abnahme der Bodenfruchtbarkeit
Wasser	• übermässiger Wasserverbrauch • Verschmutzung der Wasserreserven	• Absinken des Grundwasserspiegels (Austrocknung des Bodens) • Zunahme der Wüsten • Schädigung von Wasserpflanzen und Wassertieren
Biodiversität	• Zerstörung von Lebensräumen (z. B. durch Überbauung, Monokulturen) • Klimaveränderung • Übernutzung	• Verschwinden von Arten und deren Lebensräume • Verringerung der genetischen Vielfalt
Klima	• Verbrennung fossiler Brennstoffe • Abholzen von Wäldern • intensive Nutzung in der Landwirtschaft (z. B. Viehzucht)	Klimaerwärmung durch Treibhauseffekt (mehr Stürme, Überschwemmungen, Abschmelzen des Polareises und der Gletscher, Wüstenbildung usw.)
Abfall/Littering	Herstellung und Konsum von zu vielen und nicht nachhaltig produzierten Gütern (Energie, Nahrung, Kleidung, Bauten usw.)	• Verlust von Rohstoffen/Ressourcen • Beeinträchtigung von Boden, Wasser und Luft (z. B. durch Verbrennung)
Lärm	• Verkehr (Strassen-, Schienen- und Luftverkehr) • Industrie	Lärmbelastung (Schlafstörungen, Konzentrationsschwächen, verminderte Lernfähigkeit bei Kindern usw.)
Elektromagnetismus	• Hochspannungsleitungen • Eisenbahnfahrleitungen • elektrische Geräte (z. B. Mobiltelefone) • Mobilfunkantennen • Radio- und Fernsehsender • Radaranlagen • Mikrowellenöfen	Gesundheitliche Einbussen (Nervosität, Schlafstörungen, Gliederschmerzen usw.)

Ökobilanz und Energieeffizienz

■ Ökobilanz

Ökobilanz: Methode zur Abschätzung der Umweltbeeinträchtigungen eines Produkts während seiner gesamten Lebensdauer.

Bei der Ökobilanz werden der Energie- und der Rohstoffverbrauch sowie die Schadstoffemissionen bei der Herstellung, beim Gebrauch, beim Transport und bei der Entsorgung des Produkts berücksichtigt.
Die Erstellung einer detaillierten Ökobilanz ist eine sehr aufwendige Angelegenheit. Deshalb beschränkt man sich oft auf die Ermittlung des Energieverbrauchs für die Produktherstellung und für die Gebrauchsphase.

■ Graue Energie und Energieeffizienz

Graue Energie: Energiemenge, die für die Herstellung, den Transport, die Lagerung (inkl. aller Vorprodukte), den Verkauf sowie die Entsorgung eines Produkts verbraucht wird.

Beispiel:
In 1 kg Schokolade oder in 1 kg Papier stecken 2,5 KWh Graue Energie. Das entspricht etwa der Energiemenge, mit der ein sparsamer Kühlschrank in einem 2-Personen-Haushalt während zehn Tagen betrieben werden kann (Annahme: Gesamtenergieverbrauch in einem Jahr 90 KWh).

Graue Energie ist ein wesentliches Element zur Berechnung der Energieeffizienz.

Energieeffizienz: Allgemein zeigt sie das Verhältnis zwischen der Energie, die in einem Energieträger vorkommt (z. B. Kohle, Holz, Erdöl) und der Energie, die daraus gewonnen wird (z. B. Heizenergie in einem Haus).

Die Energieeffizienz wird auch für die Umwandlung einer Energieform in eine andere Energieform verwendet (z. B. Umwandlung des elektrischen Stroms in Lichtenergie).

Beispiel:
Bei der Gebäudeheizung kann man verschiedene Energieformen (z. B. Holz, Öl, Gas) miteinander vergleichen. Dabei ist bei der Energiebilanz alles zu berechnen, von der Gewinnung des Rohstoffs über den Transport bis zur Verfügbarkeit beim Nutzer.

Labels
labelinfo.ch

■ Ökolabels (Gütesiegel)

Produkte, welche die Belastungen für die Umwelt gering halten, können sogenannte Ökolabels erhalten.

Nahrungsmittel

Büroelektronik

Bau- und Wohnprodukte

Strom

Ressourcenverbrauch

Die moderne Konsumgesellschaft verbraucht viele Ressourcen (Erdöl, Erze, Holz, Boden, Wasser usw.). Heute werden bereits mehr Ressourcen verbraucht als die Natur im gleichen Zeitraum nachliefern kann. Bei Fortschreiten dieser nicht nachhaltigen Nutzung werden viele Stoffe für die kommenden Generationen knapper. Ausserdem fallen während des Lebenszyklus von Konsumgütern Stoffe («Abfall») an, die sich in der Luft, im Boden und in den Gewässern anreichern und das ökologische Gleichgewicht verschieben.

Beispiel:
Für die Produktion von Kunststoffen für Ess- und Trinkbehälter werden vor allem Erdölderivate verwendet. Bei der Verbrennung entstehen Stoffe, wie zum Beispiel Kohlendioxid und Dioxine, die sich in der Atmosphäre, im Wasser und im Boden anreichern. Dadurch wird einerseits ein nicht nachwachsender Rohstoff verbraucht (Erdöl), andererseits werden die Lebensgrundlagen gefährdet.

■ Ökologischer Fussabdruck – Mass für Ressourcenverbrauch

Footprint-Rechner
wwf.ch

Der ökologische Fussabdruck zeigt auf, wie stark der Naturverbrauch zur Bedürfnisbefriedigung der Menschen ist. Dabei wird berechnet, wie viel produktive Fläche der Erde (Ackerland, Weide, Wald, Flüsse usw.) durchschnittlich ein Mensch für seine Nahrung, für die Energie, für das Wohnen und für andere Sachgüter, aber auch zum Abbau seines Abfalls verbraucht.

Bereits heute ist der weltweite Bedarf an produktiver Fläche um 23 % grösser als tatsächlich zur Verfügung steht. Durchschnittlich braucht jeder Mensch heute 2,3 Hektaren Nutzfläche. Im Durchschnitt gibt es für einen Menschen jedoch nur 1,8 Hektaren. Somit werden die Ressourcen der Erde nicht nachhaltig genutzt: Es wird mehr verbraucht, als die Erde produzieren kann.

Mithilfe des ökologischen Fussabdrucks kann auch aufgezeigt werden, wie gross der Ressourcenverbrauch eines Landes, einer Stadt oder eines Projekts ist.

Land	Fussabdruck	Land	Fussabdruck
Qatar	14,4	China	3,6
Luxemburg	12,9	Panama	2,3
Australien	6,6	Ecuador	1,7
Österreich	6,0	Sierra Leone	1,2
Russland	5,2	Indien	1,1
Deutschland	4,8	Kenya	1,0
Schweiz	4,6	Haiti	0,7
Vereinigtes Königreich	4,4	Eritrea	0,5

Quelle: www.footprintnetwork.org

Ökologischer Fussabdruck pro Person (in globalen Hektar) in ausgewählten Ländern.

Prognosen für den weltweiten Ressourcenverbrauch bis 2030

Aufgrund von Prognosen verschiedener Organisationen der UNO zu Bevölkerungs- und Konsumtrends und der Steigerung von Ernteerträgen zeigt sich, dass ohne tief greifende Massnahmen bis im Jahr 2030 mit einem Ressourcenverbrauch von zwei Planeten zu rechnen ist.

Abfall und Abfallstrategie

Die Schweiz kämpft beim Abfall hauptsächlich mit zwei Problemen:
- Die Abfallmenge: Die Menge des Abfalls hat mittlerweile riesige Dimensionen angenommen.
- Das Littering: Immer mehr Getränke- und Take-away-Verpackungen und andere Abfälle landen auf den Strassen, auf öffentlichen Plätzen oder in der Natur anstatt im Abfalleimer. Ebenfalls gross ist der Anteil der Gratiszeitungen.
Dieses als Littering bezeichnete Verhalten vieler Menschen führt zu stark erhöhten Reinigungskosten für den Staat. Das Problem des achtlosen Wegwerfens von Abfall versucht man in den Kantonen und Gemeinden mit Littering-Bussen zu lösen. Der Erfolg ist bis anhin jedoch gering.

Um dem Problem der Abfallmenge Herr zu werden, hat der Bund eine Abfallstrategie entwickelt. Sie beruht auf den drei Säulen Abfallvermeidung, Abfallverminderung und Abfallentsorgung.

■ Abfallvermeidung

Es ist das Ziel, Abfall möglichst zu vermeiden. Dafür sollen vor allem Produkte hergestellt werden, die vollständig verbraucht werden. Zudem soll darauf geachtet werden, dass unvermeidlicher Abfall gering gehalten wird (z. B. bei Verpackungen).

Als Instrument der Abfallvermeidung wird vor allem das Verursacherprinzip (siehe S. 273) angewendet: Die Kosten der Abfallentsorgung müssen vom Hersteller und vom Konsumenten eines Produkts getragen werden.

■ Abfallverminderung

Abfallverminderung kann vor allem durch Recycling und Wiederverwendung erreicht werden.

Recycling
Das entsorgte Material kann durch Aufbereitung für dasselbe Produkt oder für einen anderen Zweck verwendet werden.

Beispiel: Aus den entsorgten PET-Getränkeflaschen wird ein PET-Granulat hergestellt. Damit werden wieder PET-Flaschen produziert oder man verwendet das Granulat für die Herstellung von Textilfasern.

Weiterverwendung
Das entsorgte Material kann wieder verwendet werden.

Beispiel: Verpackungsmaterial landet nicht im Abfall, sondern wird wieder als Verpackungsmaterial genutzt.

■ Abfallentsorgung

Nicht verwertbare Siedlungsabfälle werden in den Kehrichtverbrennungsanlagen verbrannt. Die Verbrennungsreste (Filterschlämme) gelten als Sonderabfall und müssen speziell entsorgt werden. Zu den Sonderabfällen zählen auch der Atommüll, Batterien, Abfälle aus der Medizin usw.

Altlasten
In der Schweiz gibt es etwa 35 000 belastete Standorte (Deponien, Industrie- und Gewerbestandorte, Tankstellen usw.), die mit Schadstoffen belastet sind. Bis ins Jahr 2025 müssen 4000 dieser Standorte von den Schadstoffen befreit werden, da sie für die Menschen und die Umwelt eine grosse Gefahr darstellen (z. B. durch Grundwasserverschmutzung).

Ressourcenpolitik der Schweiz

In der Schweiz wurde ein gut funktionierendes Abfallentsorgungssystem geschaffen (siehe S. 346). Es zeigt sich aber, dass die angestrebte Reduktion es Abfalls ungenügend ist. Die negativen Auswirkungen auf die Umwelt sind immer noch zu stark.

Grüne Wirtschaft

Die Schweiz hat sich im Rahmen der Agenda 21 und weiterer internationaler Abkommen verpflichtet, die sogenannte Grüne Wirtschaft zu etablieren. Damit wird sich die bisherige Abfallpolitik in eine Ressourcenpolitik wandeln: Im Zentrum steht nicht mehr die Abfallproblematik, sondern der nachhaltige Umgang mit Rohstoffen.

Die neue Technische Verordnung über Abfälle

Für die neue Ressourcenpolitik wurde die Technische Verordnung über Abfälle (TVA) aus dem Jahr 1990 vom Bundesrat überarbeitet. Sie stellt sicher, dass:
- erneuerbare Rohstoffe (z. B. Holz, Wasser) und nicht erneuerbare Rohstoffe (z. B. Erdöl) nachhaltig genutzt werden.
- Umweltbelastungen (z. B. Lärm, Schadstoffeintrag in Gewässer) verringert werden.
- der Rohstoffverbrauch reduziert wird, indem Kreisläufe noch besser geschlossen bzw. kleiner und gleichzeitig Schadstoffe aussortiert werden.
- der gesamte Abfall umweltverträglich entsorgt wird.
- Schadstoffemissionen in die Umwelt noch weiter gesenkt werden, sofern dies technisch möglich und wirtschaftlich tragbar ist.
- die Entsorgungssicherheit gewährleistet bleibt.

Abfallmengen und Recycling in der Schweiz

Abfalltyp	Gesamtmenge	Jährliche Menge pro Kopf	Erläuterungen	Beispiele:
Siedlungsabfälle verbrannt (ohne Importe)	2.86 Mio. t	333 kg	Abfälle aus dem Haushalt und anderer Herkunft (Gewerbe, öffentlicher Raum), die in der Kehrichtverbrennungsanlage (KVA) landen	• Papier, Glas, PET • Elektronikschrott • Organische Abfälle (Haushaltkompost usw.)
Siedlungsabfälle verwertet	3.16 Mio. t	368 kg (davon 147 kg Altpapier)	Abfälle aus Privathaushalten, Gewerbe und öffentlichen Institutionen, die separat gesammelt werden	• Papier, Karton • PET • Glas • Weissblech • Alu • Batterien
Sonderabfälle (Inland und Export)	1.9 Mio. t	216 kg	Abfälle, die aufgrund ihrer Zusammensetzung oder ihrer chemisch-physikalischen Eigenschaften eine spezielle Behandlung benötigen	• Verunreinigtes Erdmaterial • Schredderabfälle • Filterschlämme • Atommüll • Batterien
Klärschlamm (zur Entsorgung anfallend)	178000 t	21 kg	Verbrennung	

Quelle: BAFU, Abfallmengen und Recycling 2018 im Überblick

5.2 Energie und Klima

■ Die Energieträger (Energiequellen)

	Kernenergie (Atomenergie)	erneuerbare Energien/alternative Energien
Vorrat	• weniger lang als Kohle	
Abbau/Bereitstellung	• geringe Konzentrationen von Uran erfordern grossen Tagbau (für wenig Uran muss viel Erdmaterial umgesetzt werden) • Anreicherung ist mit hohem Energieaufwand verbunden	• Wasserkraft direkt zu Strom • Wind direkt zu Strom • Sonne direkt zu Strom oder Wärme • Geothermie (Erdwärme) zu Strom oder Wärme • Holz, hauptsächlich zur Wärmeerzeugung durch Verbrennung • Biomasse (Mais, Chinaschilf, Ölpflanzen), mit Verarbeitung zu Kraftstoffen • Wasserstoff (aus klimaneutraler Produktion)
Folgen beim Abbau	• grosser Flächenbedarf bei der Gewinnung von Uran und Thorium • radioaktive Emissionen durch Abraumhalden (Radon)	• Verbauung von Flüssen • Landverlust durch Stauseen • geringe Restwassermengen in Bergbächen und -flüssen • verstärkte Erdbebengefahr bei Geothermie • Luftverschmutzung durch Holzverbrennung • Monokulturen bei grossflächigem Anbau von Biomasse; ferner Umweltbelastung (vor allem Boden, Wasser) durch den Einsatz von Düngemitteln und Pestiziden
Auf dem Weg zur Verwendung	• lange Transportwege (Kanada, Australien, Russland) • Risiko beim Transport der Brennelemente zu den Aufbereitungsstätten • Mitverarbeitung von Plutonium bei der Brennstoffherstellung • Risiko von Spaltproduktfreisetzung bei Unfällen	• Einspeisung ins bestehende Stromnetz anspruchsvoll
Sonstige Folgen und Bemerkungen	• problematische Entsorgung der verbrauchten Brennelemente • grosse spezifische Energiedichte • eingeschränkte Portabilität (Transportfähigkeit)	• eher geringe spezifische Energiedichte (mit Ausnahme von Wasserstoff) • CO_2-emissionsneutral • eingeschränkte Portabilität (Transportfähigkeit)

Energie und Klima

Fossile Energieträger

Erdgas	Erdöl	Stein- und Braunkohle
• um 100 Jahre	• weniger als 100 Jahre • Peak Oil (= jährliches Fördermaximum)	• für 100 Jahre und mehr
• Offshore- und Festlandgewinnung	• Offshore- oder Festlandgewinnung • Senkung der Erdoberfläche	• Untertagebau und Tagbau • grosse unterirdische Kavernen und dadurch Bodenabsenkung • Berghalden
• Methangasemission (Treibhauseffekt)	• Methangasemission (Treibhauseffekt)	• hoher Wasserverbrauch sowie Grundwasserverunreinigung • Grundwasserabsenkung • Methangasemissionen • grosser Flächenbedarf
• grosser Energiebedarf für den Transport über Pipeline, für Verdichter und für die Verflüssigung	• risikoreicher Transport (Tanker, Pipeline)	• einfach zu lagern und zu transportieren (lange Transportwege auf dem Wasser, zum Beispiel bezieht Europa Kohle aus Australien)
• zunehmende Wichtigkeit in der Industrie und im Haushalt • Treibhausgase • mittlere Energiedichte • kleine bis mittlere Portabilität (Transportfähigkeit)	• grosse weltpolitische Wichtigkeit • Treibhausgase • gegenwärtige Hauptanwendung weltweit als Treibstoff und in der Chemie • hohe Energiedichte • hohe Transportfähigkeit der Erdölprodukte (z. B. Benzin, Diesel)	• oftmals Bedarf, die Verbrennungsgase (Schwefeldioxid, Wasserstoffschwefel) zu behandeln • CO_2-Emissionen (Treibhausgase) • mittlere bis grosse Energiedichte

Energieverbrauch

Energie
bfe.admin.ch

Faktenblätter Energie
energieschweiz.ch

■ Die Energieträger in der Welt und in der Schweiz

Global wird der Energiebedarf zu 80 % durch die Verbrennung fossiler Brennstoffe (Kohle, Erdöl, Erdgas) gedeckt. In der Schweiz liegt dieser Anteil bei ca. 50 %. Der weltweite Energiebedarf bis 2040 wächst angesichts des Bevölkerungs- und Wirtschaftswachstums zwar weniger als in der Vergangenheit, aber immer noch um 30 %.

Der Anteil der erneuerbaren Energien liegt in der Schweiz gegenüber dem Weltdurchschnitt höher. Für die Elektrizitätsversorgung stützt sich die Schweiz vor allem auf die Wasserkraftnutzung, während weltweit die elektrische Energie vor allem aus der Verbrennung von Kohle gewonnen wird.

■ Die Anteile der Energieträger in der Welt (2018)

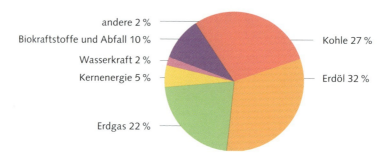

Quelle: IEA, World Energy Balances, 2019

■ Die Anteile der Energieträger in der Schweiz (Bruttoverbrauch 2018)

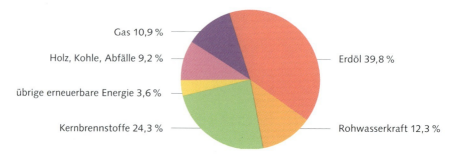

Quelle: BFE, Energiestatistik 2018

■ Energieverbrauch nach Verbrauchergruppen (in der Schweiz 2018)

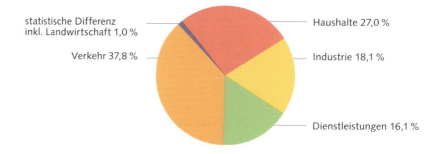

Quelle: BFE, Energiestatistik 2018

Treibhauseffekt

Treibhauseffekt: Treibhausgase (Kohlenstoffdioxid, Methan, Wasserdampf usw.) bewirken, dass die Wärme von der Atmosphäre verstärkt zurückgehalten wird. Dadurch wird das Klima beeinflusst.

Nicht alle von der Erdoberfläche reflektierten Sonnenstrahlen können als Wärmestrahlen ins kalte Weltall entweichen. Sie verbleiben in der Erdatmosphäre und erwärmen diese. Wie in einem Treibhaus oder in einem an der Sonne stehen gelassenen Auto kommt es zur Erwärmung der Luft.

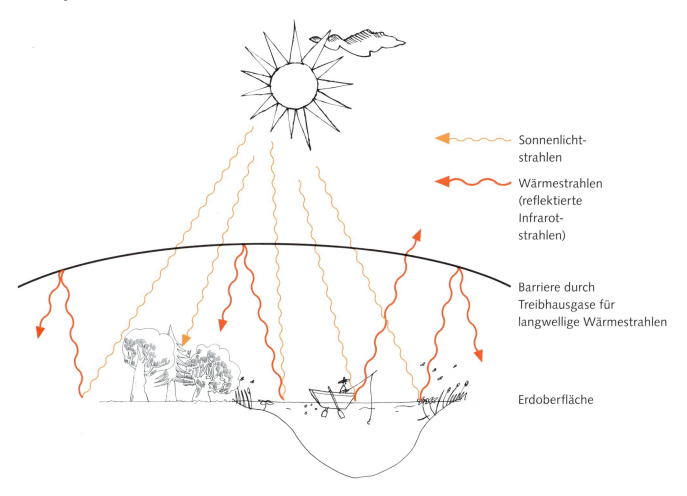

■ Der natürliche Treibhauseffekt

Auf der Erde gibt es einen natürlichen Treibhauseffekt. Dafür verantwortlich ist in erster Linie der Wasserdampf in der Atmosphäre. In geringerem Masse trägt auch das atmosphärische Kohlenstoffdioxid (CO_2) dazu bei. Nur dank diesem natürlichen Treibhauseffekt ist Leben auf der Erde überhaupt möglich. Ohne ihn läge die durchschnittliche Temperatur auf der Erde bei etwa 15 °C unter null.

■ Beeinflussung des natürlichen Treibhauseffekts

Menschliche Tätigkeiten führen dazu, dass Treibhausgase in die Atmosphäre gelangen:
- Durch die Verbrennung von fossilen Brennstoffen (Kohle, Erdöl, Erdgas) und durch das Abholzen der Regenwälder wird die CO_2-Konzentration in der Atmosphäre erhöht.
- Durch landwirtschaftlichen Anbau werden weitere Treibhausgase (vor allem Methan und Lachgas) freigesetzt. Hauptsächlich sind die Rinderzucht und der Reisanbau dafür verantwortlich. Damit wirkt sich das rasante Bevölkerungswachstum und der weltweit wachsende Fleischkonsum auch direkt auf den Treibhauseffekt aus: Mehr Menschen brauchen mehr Nahrungsmittel, und dies vergrössert den Methananteil in der Atmosphäre.

Klimawandel: die Erwärmung der Erde

■ Die Zunahme der globalen Temperatur

In den vergangenen Jahrzehnten hat sich das Klima weltweit erwärmt. Von den Wissenschaftlern wird kaum mehr bestritten, dass ein Zusammenhang zwischen der Klimaerwärmung und der Zunahme des CO_2-Gehalts in der Atmosphäre besteht. Daneben gibt es allerdings vereinzelt skeptische Meinungen, in welchem Ausmass die Erwärmung stattfindet.

Abweichung der globalen Lufttemperatur vom Durchschnitt

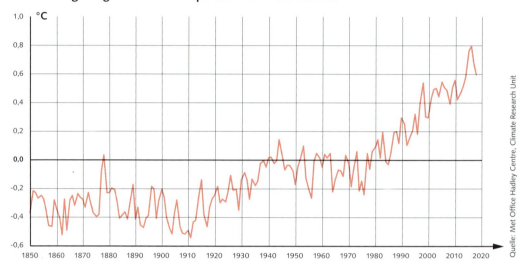

Quelle: Met Office Hadley Centre, Climate Research Unit

Die Nulllinie entspricht dem globalen Temperaturdurchschnitt der Jahre 1961 bis 1990 (Referenzperiode). Dieser liegt bei 14,0 Grad.

■ Folgen des Klimawandels

Die globalen Folgen des Klimawandels sind bereits gut untersucht.
- Die Verfügbarkeit von Wasser wird sich in vielen Regionen verändern. Allgemein werden Regionen, die heute bereits an Wasserknappheit leiden, in Zukunft noch weniger Wasser zu Verfügung haben.
- Die Gletscher gehen weiter zurück und die Schneebedeckung nimmt ab. Die Polkappen schmelzen weiter ab.
- Zahlreiche Tier- und Pflanzenarten sind infolge zu langsamer Anpassungsfähigkeit gefährdet.
- Anfangs global steigende Erträge der Landwirtschaft werden bei einem stärkeren Temperaturanstieg (1–3 °C) abnehmen.
- Das Grundwasser wird zunehmend versalzt durch den Anstieg des Meeresspiegels und die Überflutungsgefahr von Küstengebieten nimmt zu.
- Die räumliche Verbreitung von temperaturabhängigen Krankheitsüberträgern bzw. -erregern verändert sich.
- Wirtschaftliche und soziale Kosten nehmen in Gebieten mit einer Zunahme an Extremereignissen (Starkniederschläge, Dürren, Hitzewellen, Stürme, Überschwemmungen, Erdrutsche usw.) zu.

Energiepolitik der Schweiz

In der Schweiz wird schon seit den 1970er-Jahren eine nationale Energiepolitik betrieben. Grundsätzlich werden dabei zwei Hauptziele verfolgt, die im Energiegesetz verankert sind:
- der sparsame Verbrauch und die effiziente Nutzung von Energie
- die Förderung erneuerbarer Energieträger

Neben dem Energiegesetz wurden in den vergangenen Jahren eine Reihe weiterer Gesetze erlassen (CO_2-Gesetz, Kernenergiegesetz, Stromversorgungsgesetz usw.).

■ Das CO_2-Gesetz

Die Schweiz hat die internationale Vereinbarung zur Beschränkung des globalen Temperaturanstiegs (Kyoto-Protokoll) unterzeichnet. Sie musste den Ausstoss von CO_2 bis 2020 um 20 % gegenüber dem Ausstoss im Jahr 1990 verringern. Um dieses Ziel zu erreichen, sieht das CO_2-Gesetz verschiedene Massnahmen vor: CO_2-Abgabe, technische Massnahmen (Gebäudeprogramm, CO_2-Vorschriften für Personenwagen), Emissionshandel. Derzeit wird über eine CO_2-Gesetzes-Revision debattiert.

Die CO_2-Abgabe

Die CO_2-Abgabe auf Herstellung, Gewinnung und Einfuhr von Brennstoffen (Erdöl, Erdgas, Kohle) beträgt ab 2018 CHF 96.– pro Tonne CO_2, was 25 Rappen pro Liter Heizöl entspricht. Sie kann vom Bundesrat auf maximal 120 Franken pro Tonne erhöht werden.

Ein Drittel der Einnahmen fliesst in die Technologieentwicklung und in das Gebäudeprogramm, mit dem Bund und Kantone energetische Sanierungen bestehender Gebäude unterstützen. Der übrige Ertrag wird anteilmässig den natürlichen Personen und der Wirtschaft über die Krankenversicherungen und die AHV-Ausgleichskassen zurückerstattet.

■ Energie 2050 und EnergieSchweiz

Unter dem Eindruck der Nuklear-Katastrophe in Fukushima (Japan) beschloss der Bundesrat im Jahre 2011 den langfristigen Ausstieg aus der Atomenergie. Es sollen keine neuen Atomkraftwerke mehr gebaut und die fünf bestehenden sollen am Ende ihrer sicherheitstechnischen Betriebsdauer stillgelegt und nicht ersetzt werden.

Dieser Entscheid erfordert einen schrittweisen Umbau des schweizerischen Energiesystems bis ins Jahr 2050. Um dieses und die anderen Ziele (Reduktion der Treibhausgasemissionen, Erhöhung der Energieeffizienz, Erhöhung des Anteils erneuerbarer Energien) erreichen zu können, hat der Bundesrat die Strategie 2050 beschlossen. Eine wichtige Funktion bei der Umsetzung dieser Strategie kommt dem Programm EnergieSchweiz zu: Die öffentliche Hand, die Unternehmen, Verbände und Organisationen sowie die Bevölkerung sollen mit dieser Plattform über Energiefragen informiert und dafür sensibilisiert werden. Ein weiteres Ziel ist die Vernetzung dieser Gruppen und der Austausch von Know-how in Bezug auf effiziente und sparsame Energienutzung.

Stossrichtungen von EnergieSchweiz
- Effizienz von Geräten, Gebäuden und Fahrzeugen erhöhen, um denselben Zweck mit weniger Energie zu erreichen.
- Erneuerbare Energieträger anstelle von nicht erneuerbaren einsetzen.
- Eine genügsame Lebens- und Wirtschaftsweise, um die Ressourcen zu schonen und (kombiniert mit Effizienzmassnahmen) eine nachhaltige Entwicklung und das gleiche Mass an Lebensqualität zu ermöglichen.

5.3 Luft

■ Luftschadstoffe

Luftschadstoffe: Stoffe, die über die Luft in die Umwelt gelangen. Sie haben direkte schädliche Auswirkungen auf Pflanzen und auf die Gesundheit von Mensch und Tier sowie auf die Umwelt.

Emission, Transmission und Immission von Stoffen

Im Zusammenhang mit der Untersuchung der Auswirkungen von Schadstoffen sind die Vorgänge Emission, Transmission und Immission wichtig:

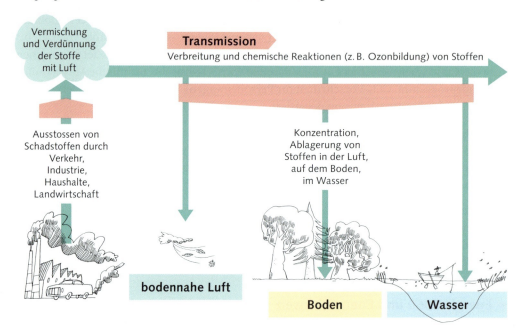

Die Messung der Luftqualität in der Schweiz und europaweit

In städtischen und ländlichen Gebieten werden die Feinstaub-, Stickoxid-, Schwefeloxid- und Ozonkonzentrationen täglich gemessen. Mit diesen Daten kann der aktuelle Stand und die Entwicklung des Luftzustands beobachtet werden.

Überschreitung der Immissionsgrenzwerte

Die Schweiz kennt wie viele Länder verschiedene Grenzwerte für Schadstoffe. Diese Grenzwerte werden durch die Politik festgelegt und sind oft Kompromisse zwischen wirtschaftlichen und ökologischen Interessen. Dies erklärt auch, warum in den verschiedenen Ländern oft unterschiedliche Grenzwerte gelten.

Die Luftreinhalteverordnung enthält Grenzwerte für die einzelnen Luftschadstoffe. Werden diese Grenzwerte überschritten, so ergreifen der Bund und die Kantone Massnahmen zur Reduktion der Emissionen.

Beispiel: Temporeduktion beim Strassenverkehr zur Verminderung des Feinstaubs.

Kosten der Luftverschmutzung

Die Kosten, welche die Luftverschmutzung jährlich in der Schweiz verursacht, liegen im Milliardenbereich (z. B. menschliche Gesundheit, Schäden an Gebäuden und Materialien). Diese Kosten werden nur zu einem geringen Teil von den Verursachern (z. B. Staat, Haushalte, Industrie, Verkehr, Landwirtschaft) getragen.

Die wichtigsten Luftemissionen

In die Luft werden verschiedene Stoffe emittiert.

Emission	Entstehung	Quellen	Folgen
Feinstaub	• Bei Produktionsprozessen • Bei Verbrennungsprozessen • Bei mechanischen Prozessen (Abrieb)	• Industrie/Gewerbe (Baustellen) • Verkehr • Land- und Forstwirtschaft	• Erkrankungen der Atemwege und des Herz-Kreislauf-Systems • Zunahme der Sterblichkeit und des Krebsrisikos • Weitere Belastungen für den Menschen über die Nahrungskette (Pflanzen–Tiere–Mensch)
Flüchtige organische Verbindungen	• Bei Verdunsten von Lösungsmitteln und Treibstoffen • Bei der unvollständigen Verbrennung	• Industrie, Gewerbe • Strassenverkehr	Leukämie durch Benzol
Stickoxide (NOX)	Beim Verbrennen von Brenn- und Treibstoffen (bei hohen Verbrennungstemperaturen)	• Strassenverkehr • Ölfeuerung • Kehrichtverbrennungsanlage	• Erkrankung der Atemwege • Schädigung von Pflanzen und empfindlicher Ökosysteme bei gleichzeitiger kombinierter Einwirkung mehrerer Schadstoffe
Schwefeldioxid (SO_2)	Beim Verbrennen von schwefelhaltigen Brenn- und Treibstoffen	Industrie- und Hausfeuerungen	• Erkrankung der Atemwege • Schädigung der Pflanzen und empfindlicher Ökosysteme • Schädigung von Bauwerken und Materialien
Ammoniak (NH_3)	Beim Lagern und Ausbringen von Hofdünger (hauptsächlich Gülle)	Nutztierhaltung in der Landwirtschaft	Versauerung und Überdüngung der Böden mit schädlichen Folgen für die Ökosysteme

Ozon

Unter der Einwirkung von Sonnenlicht entsteht aus Stickoxiden (Schadstoff aus der Verbrennung von Brenn- und Treibstoffen) und aus flüchtigen organischen Verbindungen (VOC-Schadstoff aus Industrie und Gewerbe) Ozon (O_3). Ozon reizt die Schleimhaut der Atemwege und vermindert die Leistungsfähigkeit der Lunge. Zudem schädigt es die Pflanzen.

Das Ozonloch in der Stratosphäre

Das Ozonloch (Abbau der Ozonschicht in der Stratosphäre) hat nichts mit dem bodennahen Reizgas Ozon zu tun. Sogenannte Treibgase (FCKW-Gase aus Gewerbe und Industrie) schädigen die Ozonschicht in der Stratosphäre. Die Schutzwirkung der Ozonschicht verringert sich, wodurch vermehrt UV-Strahlen von der Sonne auf die Erde gelangen und dort Menschen (z. B. Hautkrebs), Tiere und Pflanzen schädigen.
Eine internationale Konferenz hat die Herstellung und die Verwendung von FCKW-Gasen ab dem Jahr 2000 verboten. Doch die früher ausgestossenen Treibgase werden noch über längere Zeit die Ozonschicht schädigen, da sie eine mittlere Verweildauer von etwa 50 bis 150 Jahren haben.

Massnahmen des Einzelnen zur Verbesserung der Luftqualität

Die folgenden, auch ökonomisch sinnvollen, Massnahmen führen zu einer Verbesserung der Luftqualität.

Fortbewegung	Heizung	Arbeitsplatz	Haushalt/Konsum
• Unnötige Fahrten vermeiden • Ferien in der Nähe planen • Öfter zu Fuss gehen, Velo fahren • Öffentlichen Verkehr benutzen • Fahrgemeinschaften bilden • Tempo drosseln (Ecodriving)	• Raumtemperatur senken (in den Wohnräumen auf 19–21 °C, in den Schlafzimmern auf 16–18 °C) • Nur kurz und kräftig lüften (3 bis 5 Minuten mit Durchzug) • Fenster, Türen und Fassaden besser isolieren • Nachts die Läden schliessen • Heizung richtig warten • Alte Heizanlagen durch moderne Technik ersetzen (Erdsonden usw.) • Individuelle Heizkostenabrechnung bei Mehrfamilienhäusern verlangen	• Recycling fördern • Emissionsarme Stoffe einsetzen (z. B. schadstoffarme Lacke statt herkömmliche Dispersionsfarben) • Umweltfreundliche Technologien einsetzen • Energie sparen (Strom, Heizöl, Erdgas)	• Abfall vermeiden (schon beim Einkaufen darauf achten) • Abfälle separat sammeln • Organische Abfälle kompostieren • Sondermüll fachgerecht entsorgen (Batterien, Altöl, Leuchtstofflampen, Lösungsmittel) • Regionale Produkte (ohne lange Transportwege) kaufen • Lösungsmittelfreie Farben, Lacke, Reinigungsmittel, Spraydosen und Holzschutzmittel verwenden

Veloaktion biketowork.ch Bike to work: Mit dem Velo zur Arbeit fahren und sich zu einem nachhaltigen Mobilitätsverhalten bekennen.

5.4 Wasser

■ Der globale Wasserkreislauf (Modell)

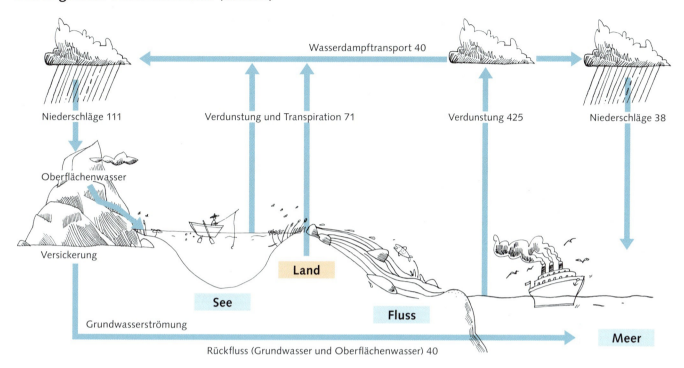

Angaben in 1000 km³ Wasser pro Jahr. Quelle: Abgeändert von Horst Bickel, Bernhard Knauer, Inge Kornberg (2006), Natura, Biologie für Gymnasien, Teil Ökologie. Ernst Klett Verlag GmbH, Stuttgart.

Das Wasser zirkuliert in einem von der Sonne angetriebenen Kreislauf zwischen den Ozeanen, der Atmosphäre und dem Land. Etwa 97 % des Wassers auf der Erde befinden sich in den Ozeanen. Nur 2,6 % ist Süsswasser. Davon befindet sich ein Grossteil im Eis auf den Polkappen, in Gletschern in den Gebirgen und als Grundwasser, wo es für die Lebewesen nicht einfach genutzt werden kann. Nur 0,014 % der Gesamtwassermenge ist in Flüssen, Seen und in der Bodenfeuchtigkeit für die Landlebewesen zugänglich.

Rund 425 000 Kubikkilometer Wasser verdunsten jährlich über den Ozeanen. Etwa 40 000 Kubikkilometer davon werden mit dem Wind zum Festland transportiert und gehen dort in Form von Tau, Regen und Schnee nieder. Der jährliche Transport des Wassers vom Land zurück in die Ozeane über Flüsse und Grundwasser beträgt auch 40 000 Kubikkilometer, womit ein riesiger, dauernd strömender Wasserkreislauf geschlossen ist.

Wegen der Klimaerwärmung verdunstet mehr Wasser. In der Folge kommt es zu mehr Niederschlägen und mehr Überschwemmungen.

■ Niederschläge in der Schweiz

Für die Schweiz sind Daten zum Klima vorhanden, die zeigen, dass in den vergangenen 100 Jahren die Niederschläge im Winter um bis zu 30 % zugenommen haben und hohe Niederschlagsintensitäten im Herbst und Winter markant häufiger geworden sind.

Dies wird von der Bevölkerung kaum wahrgenommen, da nach einem ersten Unwetter (z. B. 1987 in der Innerschweiz) die Schutzmassnahmen gegen hohe Niederschlagsmengen verbessert werden. Somit wird die Wahrscheinlichkeit für nachfolgende Überschwemmungen trotz zunehmenden Niederschlagsmengen und Niederschlagsintensitäten herabgesetzt.

Die Nutzung des Süsswassers

Rund 70 % des Süsswassers wird weltweit zur Bewässerung der landwirtschaftlichen Kulturen gebraucht. Die Anteile für die Industrie und die Haushalte betragen rund 20 % bzw. 10 %. Bereits heute haben einige Länder (darunter China, Indien und die USA), in denen zusammen fast die Hälfte der Weltbevölkerung lebt, eine negative Wasserbilanz. Das heisst, die Süsswassernutzung ist grösser als die Wassermenge, die der Wasserkreislauf ständig nachliefert.

Virtuelles Wasser («verborgenes» Wasser)

> **Virtuelles Wasser:** Jene saubere Trinkwassermenge, die bei der Erzeugung eines Produkts verbraucht, verdunstet oder verschmutzt wird.

Diese Mengen sind je nach Anbaugebiet (regenreiche Gebiete oder Trockengebiete) und Einsatz der Technologie (Wasser sparende moderne oder veraltete Technologien) unterschiedlich.

1 Tasse Tee	27 l	1 kg Rindfleisch	15 415 l	1 durchschnittlicher PKW	20 000 bis 300 000 l
1 Tasse Kaffee	132 l	1 kg Papier	750 l		
1 kg Mais	1222 l	1 Mikrochip (~ 2 g)	32 l		
1 kg Reis	2497 l	1 Baumwoll-T-Shirt	2495 l		

Quelle: www.waterfootprint.org

Durchschnittliche Wassermengen zur Produktion verschiedener Produkte.

Nachhaltige Wassernutzung

Damit nachfolgenden Generationen genügend sauberes Süsswasser zur Verfügung steht, muss versucht werden, das weltweit vorhandene Wasser möglichst sparsam zu nutzen und eine Anreicherung von Schadstoffen zu verhindern. Gemäss einer Studie der WHO und Unicef hatten 2017 2,1 Milliarden Menschen zu Hause keinen Zugang zu sauberem Trinkwasser. Davon haben 844 Millionen nicht einmal Zugang zu elementarer Wasserversorgung. Als Folge sterben jedes Jahr 361 000 Kinder unter 5 Jahren an Durchfallerkrankungen.

Beeinträchtigung der Wasserqualität

Wassertyp	Beeinträchtigung durch	Folgen
Seen, Flüsse, Bäche	• Luftschadstoffe • Oberflächlichen Abfluss (Pestizide, Düngemittel) • Wasser aus der Kläranlage (Chemikalien wie Antibiotika und Hormone)	• Veränderung in der Zusammensetzung der Tier- und Pflanzenarten (Aussterben von einzelnen Arten) • Akutes Fischsterben
Ozeane	• Belastete Flüsse • Die Erhöhung des CO_2-Gehalts in der Luft führt auch zu einem Konzentrationsanstieg des CO_2 im Meer • Die Erwärmung führt zu Veränderungen in der Zusammensetzung der Arten (Haie wandern ins Mittelmeer)	• Stoffe häufen sich am Meeresgrund (abgestorbenes pflanzliches Plankton) • Schädliche Stoffe gelangen über den Fischverzehr zum Menschen • Durch die Versauerung gehen verschiedene Lebewesen zugrunde (z. B. die sehr empfindlichen Korallenriffe)
Grundwasser	Auswaschung und Versickerung von Schadstoffen aus dem Boden	• Quellen sind verunreinigt und können nicht als Trinkwasser genutzt werden. • Aufnahme der Schadstoffe durch die Pflanzen (Pestizide)

5.5 Boden

■ Die Entstehung und die Entwicklung von Böden

Boden entsteht aus der Verwitterung und aus der Umwandlung von Gestein unterschiedlicher Herkunft. Unter Mitwirkung der Bodenlebewesen und der Pflanzenwurzeln sind bei uns seit der letzten Eiszeit Böden von bis zu maximal 1,50 m Dicke entstanden. Für eine landwirtschaftliche Nutzung sind nicht alle Böden in gleichem Ausmass geeignet.

■ Funktionen des Bodens

Grundlage für die Nahrungsmittelproduktion

Auf guten (sogenannt fruchtbaren) Böden kann die Landwirtschaft mit einem minimalen Energieaufwand hohe Ernteerträge erwirtschaften. Solche Böden liegen in der Schweiz im Mittelland und sie besitzen unzählige – allerdings von Auge kaum sichtbare – Lebewesen (Bakterien, Fliegenlarven, Pilzfäden usw.).
Der übermässige Einsatz schwerer Landmaschinen bei nicht optimalen Witterungsverhältnissen führt zu Verdichtungen im Boden. Infolge der gestörten Luftzufuhr kommt es zu Wachstumsstörungen bei den Pflanzen.

Aufnahme und Filterung des Niederschlagswassers

Der Boden nimmt die Niederschläge wie ein Schwamm auf und wirkt gleichzeitig als Reinigungsfilter für die im Regen enthaltenen Luftschadstoffe. Die Schadstoffe werden im Boden wie in einem Teesieb zurückgehalten.
In der Schweiz spielen insbesondere die ganzjährig durchwurzelten und humusreichen Waldböden eine wichtige Rolle für die gute Qualität des Grundwassers.

Lebensraum unzähliger Lebewesen

Eine zentrale Funktion kommt dem Boden als Lebensraum und Lebensgrundlage für Bakterien, Pilze, Tiere und Pflanzen zu. Durch die Vielfalt der Lebewesen verfügt er über eine grosse Biodiversität. In jedem Gramm Erde gibt es Millionen von Lebewesen!
Boden ist ein wichtiger Faktor im ständigen Nährstoffkreislauf und Energiefluss des Ökosystems. In ihm werden verschiedenste Stoffe gefiltert, gereinigt, gespeichert, um- und abgebaut.

■ Qualitative und quantitative Beeinträchtigung des Bodens

Eine nicht bodenschonende landwirtschaftliche Produktionsweise, aber auch die Luftverschmutzung führen zu einer Verminderung der Fruchtbarkeit der Böden.

Folgende Schädigungen stehen im Vordergrund:
- Erosion (z. B. Erdrutsche nach heftigen Niederschlägen, nach Abholzung)
- Verdichtung (durch Befahren mit schweren Landwirtschaftsmaschinen)
- Versauerung der Böden (z. B. durch Stickstoff-Überdüngung)
- Anreicherung von Schadstoffen (z. B. durch Schwermetalle)
- Verunreinigung des Grundwassers (z. B. Auswaschung von Nitrat)
- Versalzung infolge Austrocknung (z. B. schlechte Bewässerungstechnik in der Landwirtschaft)

Die geltende Gesetzgebung (Bundesverfassung, Raumplanungsgesetz) führt dazu, dass immer noch bester Landwirtschaftsboden überbaut werden kann. In der Schweiz wird pro Sekunde ein Quadratmeter Boden neu überbaut.

Die ökologischen Folgen sind:
- Verminderung der Speicherung und der Filterung des Niederschlagswassers
- Zerstörung von Lebensraum für Pflanzen und Tiere
- höherer Energieverbrauch beim Import von Nahrungsmitteln

5.6 Biodiversität

Biodiversität: Bedeutet «biologische Vielfalt». Man spricht von Artenvielfalt, der genetischen Vielfalt oder der Vielfalt des Lebens ganz allgemein.

Zur Biodiversität gehören Tiere, Pflanzen, Pilze und Mikroorganismen, Ökosysteme und Landschaften – und auch der Mensch.

Nutzen

Biodiversität ist in verschiedener Hinsicht von Bedeutung. Sehr wichtig ist die Schutzfunktion: Je grösser die Vielfalt ist, desto mehr Möglichkeiten bestehen zum Beispiel, einen Schadenerreger in der Landwirtschaft in Schach zu halten. Deshalb ist es wichtig, dass in der Land- und in der Forstwirtschaft nicht nur eine Sorte (Monokultur), sondern verschiedene Sorten von Nutzpflanzen angebaut werden.

Eine grosse Bedeutung hat die genetische Vielfalt vor allem auch im Zusammenhang mit der Gewinnung von Wirkstoffen für Medikamente sowie als Reservoir für die landwirtschaftliche Züchtung.

■ Artenvielfalt und Ursachen für das Aussterben

Etwa 1,75 Millionen Arten von Lebewesen sind weltweit bekannt. In der Schweiz gibt es rund 3000 Farn- und Blütenpflanzenarten sowie schätzungsweise 40 000 Tierarten. Hinzu kommen gut 1000 bekannte Moos- und 800 Flechten- sowie rund 5000 Pilzarten.

Arten sterben tausend Mal häufiger aus infolge von Eingriffen in die Ökosysteme als auf natürliche Art.

Die wichtigsten Ursachen für das Aussterben der Arten sind:
- die Zerstörung und die Veränderung von Lebensräumen (z. B. durch Strassenbau, künstliche Beleuchtung; in den Tropen vor allem durch Abholzung der Wälder)
- globale Klimaveränderungen (in der Arktis z. B. die Bedrohung des Eisbären, bei uns der Rückgang verschiedener hochalpiner Pflanzenarten)
- Verschmutzung der Umwelt (z. B. Wasser, Boden)
- das Einführen exotischer Arten, die als Räuber (z. B. Haifische im Mittelmeer), als Konkurrenten oder als Krankheitserreger einheimische Arten bedrohen.

Die Zerstörung der tropischen Regenwälder (vor allem in Lateinamerika und in Südostasien) beeinträchtigt die globale Vielfalt am meisten. Zwar bedecken die tropischen Regenwälder nur etwa 7 % der Erdoberfläche, sie enthalten aber vermutlich mehr als 50 % aller Tier- und Pflanzenarten.

■ Übereinkommen über die biologische Vielfalt

Das Übereinkommen über die biologische Vielfalt (CBD/Convention on Biological Diversity) ist das erste völkerrechtlich verbindliche internationale Abkommen, das den Schutz der Biodiversität global und umfassend behandelt. Diese Konvention wurde im Rahmen des Weltgipfels in Rio de Janeiro 1992 verabschiedet.

Die drei Ziele der Konvention sind:
- die Erhaltung der biologischen Vielfalt
- die nachhaltige Nutzung von Teilen der biologischen Vielfalt
- die ausgewogene und gerechte Aufteilung der sich aus der Nutzung von genetischen Ressourcen ergebenden Vorteile.

6 Gesundheit

Verständnis

- Welche körperlichen und seelisch-sozialen Faktoren beeinflussen unsere Gesundheit?

- Wie unterscheidet sich Eustress von Disstress?

- Was sind die vier Säulen der staatlichen Drogenbekämpfung?

- Wieso wirkt die gleiche Menge Alkohol bei Frauen in der Regel stärker als bei Männern?

- Welche Krankheiten kann übermässiges Rauchen verursachen?

- Weshalb wird Cannabis oft als weniger gefährlich erachtet als Alkohol oder Nikotin?

- Was unterscheidet die Magersucht von der Bulimie?

- Was besagt die Lebensmittelpyramide?

Diskussion

- Sollen Menschen mit ungesundem Lebensstil vermehrt selber für Folgekosten aufkommen? Was ist heikel an einer solchen Forderung?

Gesundheit und Gesundheitsfaktoren

Gesund leben
bag.admin.ch

Gesundheit: Zustand des körperlichen, geistigen und sozialen Wohlergehens. Gesund sein bedeutet also nicht nur, dass man frei von Krankheiten oder Gebrechen ist (Definition nach WHO).

Ratgeber
Unfallverhütung
bfu.ch

In den industrialisierten Ländern sind die meisten Menschen von Geburt an gesund. Daher wissen sie die Gesundheit meist erst dann zu schätzen, wenn sie krank werden. Dann können sie sich ein Leben ohne Gesundheit nicht mehr vorstellen. Nicht umsonst heisst es im Sprichwort «Gesundheit ist nicht alles, aber alles ist nichts ohne Gesundheit». Trotz dieser Erkenntnis wird in unserer Gesellschaft mit der Gesundheit oft nicht gerade vorsichtig umgegangen.

■ Gesundheitsfaktoren und tägliches Verhalten

Gewisse Gesundheitsfaktoren sind gegeben, andere kann man selber beeinflussen.

Körperliche Faktoren

Erbliche Voraussetzungen	Der einzige Faktor, der nicht durch das eigene Verhalten beeinflussbar ist, sind die erblichen Voraussetzungen, die ein Mensch von Geburt an mit sich bringt.
Ernährung	Eine ausgewogene, vielseitige Ernährung ist wichtig.
Kleidung	Die von der Mode diktierte Kleidung ist oft zu eng und zu wenig warm, was zu gesundheitlichen Problemen führen kann.
Schlaf, Erholung	Das Schlaf- und Erholungsbedürfnis ist zwar bei jedem Menschen anders. Dennoch muss auf genügend Schlaf und Erholung geachtet werden.
Bewegung, Sport	Viel Bewegung im Alltag fördert die Gesundheit.
Natürliche Umwelt	Gute Luft, sauberes Wasser, Licht und Ruhe stärken das Immunsystem und damit die Gesundheit.
Künstliche Umwelt	Räume ohne Elektrosmog, rauchfreie Zonen (auch private) usw. fördern die Gesundheit des Einzelnen.

Seelisch-soziale Faktoren

Liebe	Geliebt werden und lieben können in der Familie und der Partnerschaft löst Spannungen.
Anerkennung	Bestätigung am Arbeitsplatz durch Lob und aufbauende Kritik gehören zu einem guten Arbeitsklima, was sich auch auf die Gesundheit auswirkt.
Gruppenzwang	Manches Verhalten in der Gruppe unterliegt einem Zwang. Dieser Druck belastet die persönliche Freiheit und ist ungesund.

Diese Liste ist keineswegs vollständig. Durch ein gezieltes Beachten dieser Faktoren kann die Gesundheit jedoch gefördert werden.

Stress

> **Stress:** Grundsätzlich der Antrieb des Menschen zu einer Handlung, um ein Bedürfnis zu befriedigen.

Stress
feel-ok.ch

Stress wird in Eustress (positiver Stress) und Disstress (negativer Stress) aufgeteilt.

Eustress	Disstress
Die Anforderung einer Aufgabe wird als Herausforderung, freudige Erregung aufgenommen. Man ist überzeugt, die Situation erfolgreich zu meistern.	Die Anforderung oder Situation wird als zu gross angesehen. Man glaubt, der Belastung nicht gewachsen zu sein. Man fühlt sich hilflos.

Entscheidend ist immer, wie man eine Situation einschätzt. Je mehr Fähigkeiten ein Mensch in Bezug auf die entsprechende Anforderung hat, desto weniger wird er die Situation als «negativ-stressig» empfinden. In der Umgangssprache wird heute «Stress» vorwiegend mit «Disstress» gleichgesetzt. Disstress wird hervorgerufen durch die Angst, etwas nicht schaffen zu können. Er wird nicht von Ereignissen hervorgerufen, sondern von der Einschätzung der Ereignisse durch die Person selbst.

■ Stressoren

Stressoren sind die Faktoren, die Stress (Disstress) auslösen. Dazu gehören z. B.:
- hohe Erwartungen von aussen
- familiäre Probleme
- hohe Ansprüche an sich selbst
- Dauerlärm
- Krankheit
- Minderwertigkeitsgefühle
- Behinderungen (Stau im Verkehr)

Der Wechsel zwischen Anspannung und Entspannung ist im Leben wichtig. Wenn das Leben jedoch über weite Strecken aus Anspannung besteht, können daraus unmittelbare oder sogar dauerhafte gesundheitliche Störungen entstehen.

Unmittelbare Stressreaktionen	Dauerhafte Störungen
• Zittern • Zähneknirschen • erhöhter Puls • Schwitzen • Gereiztheit • Konzentrationsmangel • Gefühl der Unfähigkeit	• Verspanntheit • Leistungsabfall • dauerhafte Kopfschmerzen • Verdauungsprobleme • Schwindel • Bluthochdruck • Nervenzuckungen

■ Stressmanagement und Stressbewältigung

Wichtig ist vor allem, dass man die Stressoren erkennt, die einen beeinflussen. So kann man ihnen auch besser begegnen, indem man z. B.:
- positiv denkt
- sich keine zu hohen Ziele setzt
- sich genügend Bewegung verschafft
- die eigenen Grenzen akzeptiert
- sich gesund ernährt
- für genügend Schlaf sorgt
- grosse Aufgaben in kleine zerlegt

Sucht und suchtgeprägte Verhaltensweisen

Abhängigkeit
suchtschweiz.ch

Sucht: Seelischer, eventuell auch körperlicher Zustand, der dadurch charakterisiert ist, dass ein dringendes Verlangen oder unbezwingbares Bedürfnis besteht, sich die entsprechende Substanz fortgesetzt, in steigender Dosierung periodisch zuzuführen. (Definition nach WHO)

■ Vom Genuss zur Sucht

Der Weg zur Sucht erfolgt in der Regel in Etappen. Viele Drogen werden anfänglich als Genussmittel konsumiert. Die Übergänge von Genuss, Gewöhnung, Missbrauch und Sucht sind fliessend und bauen auch nicht unbedingt aufeinander auf. Deshalb ist die Gefahr sehr gross, unbemerkt süchtig zu werden.

Der Weg zur Sucht

Einleitende Phase	**Genuss**	• gelegentlicher Konsum • kurzfristig angenehme Wirkung
Grenz-Phase	**Gewöhnung**	• wiederholter Konsum • psychische Bindung
Kritische Phase	**Missbrauch**	• zu häufiger Konsum • grössere Mengen • häufiger Missbrauch
Chronische Phase	**Sucht** Abhängigkeit	• immer grössere Mengen • kürzere Zeitabstände • Entzugserscheinungen

Die unkontrollierte Einnahme von Medikamenten (z. B. Schmerztabletten, Schlaftabletten) oder von Muskelaufbaupräparaten kann ebenso süchtig machen. Der auslösende Suchtfaktor ist nicht Genussempfinden, sondern das Erreichen von körperlichem Wohlbefinden.

■ Legale und illegale Drogen

Legale Drogen	Tabak, Nikotin, Alkohol, Schmerzmittel, Beruhigungsmittel, andere Medikamente, Koffein usw.
Illegale Drogen	Cannabis (Marihuana, Hanf, Haschisch), Ecstasy, LSD, Kokain, Heroin usw.

Ob es sich nun um legale (gesetzlich erlaubte) oder illegale (gesetzlich unerlaubte) Drogen oder Suchtstoffe handelt, der Weg zur Sucht ist der gleiche.

TIPP

Ein Test, ob man süchtig ist oder nicht, kann so vorgenommen werden: Gelingt es einem, einen Monat lang ohne die Droge oder die suchtgeprägte Verhaltensweise zu leben und verspürt man dabei weder körperliche noch seelische Probleme, dann ist man wohl nicht süchtig.

Suchtgeprägte Verhaltensweisen

Suchtgeprägte Verhaltensweisen: Zwanghaftes Verhalten ohne Einnahme von Suchtstoffen.

Sucht wird fast immer mit irgendwelchen Suchtstoffen (Drogen) in Verbindung gebracht. Dabei wird vergessen, dass es auch suchtgeprägte, suchtartige oder zwanghafte Verhaltensweisen oder Tätigkeiten gibt, die den Menschen ebenso unter Druck setzen können wie Drogen.

Stark verbreitete, suchtgeprägte Verhaltensweisen sind: Arbeits-, Reinigungs-, Internet-, Game-, Kauf-, Ess-, Fernseh-, Spielsucht (um Geld) usw.

Auswirkungen einer Sucht

Ein süchtiger Mensch wird körperlich und seelisch von der Sucht betroffen:
- Der Lebensinhalt ändert sich.
- Der ganze Körper wird geschädigt.
- Alles dreht sich um das Suchtmittel.
- Jede Motivation geht verloren.
- Beziehungen geraten aus dem Blickfeld.
- Die Sucht kann tödlich enden.
- Die Sucht kann auch zum finanziellen Ruin führen.

Süchte haben auch viele negative Auswirkungen auf die Gesellschaft:
- Die Verluste für die Wirtschaft durch Arbeitsausfälle sind riesig.
- Die Kosten aus drogenbedingten Unfällen trägt die Gemeinschaft.
- Arbeitsunfähige Drogenkonsumenten fallen dem Steuerzahler zur Last.
- Gesundheits- und Therapiekosten bezahlen die Mitmenschen.

Staatliche Drogenpolitik – das Vier-Säulen-Modell

Die Politik bemüht sich sehr stark, die Drogen- und Suchtproblematik unter Kontrolle zu halten. Mit dem Vier-Säulen-Modell zur Drogenbekämpfung erzielte sie auch Erfolge.

1. Prävention Vorbeugung	2. Therapie	3. Risikominderung und Überlebenshilfe	4. Repression Unterdrückung
• Gesundheit der Jugendlichen fördern • Verantwortung des Einzelnen festigen • Zukunftsperspektiven eröffnen • Probleme ohne Drogen lösen • Information über Drogen fördern	• Beim Entzug helfen • Psychologische und medizinische Unterstützung anbieten • Ersatzmedikamente zur Verfügung stellen • Das Nachholen der Ausbildung fördern • Geschützte Wohn- und Arbeitsplätze schaffen	• Gegen AIDS, Hepatitis usw. vorbeugen • Zur Therapie ermutigen • Anlauf- und Beratungsstellen schaffen • Sterile Spritzen verteilen und verkaufen • Beschäftigungsprogramme anbieten	• Den Drogenhandel bekämpfen • Strassenhandel und Bildung von Drogenszenen einschränken • International mit der Polizei zusammenarbeiten • Dealende Ausländer ausweisen • Das Betäubungsmittelgesetz ausbauen

Alkohol

Alkohol abbauen
kenn-dein-limit.info

Alkohol: Wasserhelle Flüssigkeit mit einem Siedepunkt von 78,3 °C und einem Schmelzpunkt von minus 114,5 °C, die für Menschen eine berauschende Wirkung hat.

Alkoholische Getränke sind seit Jahrtausenden bekannt. Schon die Sumerer brauten im 3. Jahrtausend vor Christus Bier. Griechen und Römer bevorzugten Wein. Die Chinesen stellten alkoholische Getränke aus Reis her. Die Germanen tranken Bier und Met (Honigwein). Bier galt bis ins 16. Jahrhundert als ein Grundnahrungsmittel.

■ Jugendliche und Alkohol

Gemäss der Schweizerischen Gesundheitsbefragung 2017 (BfS, 2019) trinken bei den 15- bis 24-Jährigen 40 % mind. einmal pro Woche Bier und 23 % mind. einmal wöchentlich Wein. Jugendliche und junge Erwachsene trinken im Vergleich zu anderen Alterskategorien am meisten Spirituosen und hauptsächlich Alcopops. Der Unterschied zwischen den Geschlechtern hat sich in den letzten zehn Jahren verringert: Der Anteil der jungen Frauen, die sich mind. einmal pro Monat betrinken, hat sich verdoppelt (von 12 % auf 24 %), während jener der jungen Männer unverändert blieb (jeweils 30 %).

■ Konsummotive

Eine Vielzahl von Gründen ist dafür verantwortlich, wenn Jugendliche zum Alkohol greifen.

■ Gesetzliche Grundlagen

Die Jugendschutzgesetze verbieten den Verkauf von:
- Alcopops, Spirituosen und Aperitifs an unter 18-Jährige
- Wein, Bier und gegorenem Most an unter 16-Jährige
- Das Personal darf einen Ausweis mit Altersangabe verlangen.

■ Wirkungen des Alkohols

Der Alkohol gelangt sehr rasch über die Schleimhäute ins Blut. Innerhalb einer Stunde werden ca. 0,15 ‰ Alkohol abgebaut, d. h., bei einem Blutalkoholgehalt von 1,5 ‰ dauert es 10 Stunden. Diese Vorgänge können mit keinem Mittel ausgetrickst werden.

Der Alkoholkonsum beeinflusst die körperlichen und die geistigen Funktionen. Mit steigendem Alkoholgehalt vermindert sich das Sehvermögen, die Konzentrationsfähigkeit, das Reaktionsvermögen, die Einschätzung von Distanzen, das Gleichgewichtsvermögen und vieles mehr. Diese Einschränkungen werden vor allem im Strassenverkehr gefährlich, und dies nicht nur für Autofahrer.

Auf die Individuen hat der Alkohol sehr unterschiedliche Wirkungen. Gewisse Personen werden aggressiv und gewalttätig, andere ruhig und schläfrig, wieder andere beklagen Übelkeit und müssen gar erbrechen. In extremen Fällen kann man das Bewusstsein verlieren, und es kann auch der Tod eintreten.

Da der Gehalt an Körperflüssigkeit bei Frauen kleiner ist (ca. 55 %) als bei Männern (ca. 68 %), konzentriert sich die konsumierte Menge Alkohol bei Frauen auf weniger Flüssigkeit und der Promillegehalt im Blut steigt bei gleicher Menge Alkohol höher als bei Männern.

■ Risiken des Alkoholkonsums

Verschiedene Faktoren beeinflussen die Wirkung und damit auch die Risiken beim Konsum von Alkohol. Körpergewicht, Alter, Menge, Trinkgeschwindigkeit usw. wirken sich bei jedem Menschen unterschiedlich aus. Grundsätzlich sind jedoch mehr oder weniger die folgenden Risiken des Alkoholmissbrauchs für alle gleich.

Risiken bei akutem Alkoholmissbrauch	Risiken bei chronischem Alkoholmissbrauch	
• Unfallgefahr • Alkoholvergiftung	Schädigung fast aller Organe (ganz besonders der Leber)	Körperliche Risiken
• Selbstüberschätzung • Enthemmung • Unterschätzung von Gefahren	• Abhängigkeit • psychische Probleme • Persönlichkeitsveränderungen	Psychische Risiken
• Unfallgefahr • Gewalttätigkeit • Ausfälligkeit gegenüber Mitmenschen	• Probleme in der Familie • Probleme am Arbeitsplatz • Probleme in der Gesellschaft	Risiken für die Umgebung

Tabelle nach SFA

■ Der Alkohol im Strassenverkehr

Wer angetrunken fährt, muss mit folgenden Strafen und Massnahmen rechnen:

Alkoholgehalt	Freiheitsstrafe/Geldstrafe	Ausweisentzug
0,5 ‰–0,79 ‰	bis 3 Jahre/Busse	Verwarnung/bis 1 Monat
0,8 ‰ oder mehr	bis 3 Jahre/Busse	mindestens 3 Monate

Seit 2014 gilt das absolute Alkoholverbot mit der 0,1-Promille-Grenze für Junglenker in der Probezeit, Berufschauffeure, Fahrschüler, Fahrlehrer sowie Begleitpersonen von Lernfahrten. Sanktionen: Busse, Führerausweisentzug oder Freiheitsstrafe.

Rauchen

> **Rauchen:** Inhalieren von Tabakrauch, der durch das Verbrennen tabakhaltiger Erzeugnisse, z. B. Zigaretten, Zigarillos, entsteht. Zigarren und Pfeifen werden eigentlich «gepafft» (nicht inhaliert). In der Umgangssprache wird aber auch hier vom Rauchen gesprochen.

Als Columbus die Tabakpflanze von Amerika nach Europa gebracht hatte, verbreitete sich das Rauchen sehr schnell über ganz Europa. Das Tabakrauchen wurde auch als Heilmittel gegen verschiedene Krankheiten gepriesen und gleichzeitig als Teufelszeug verflucht.

■ Ursachen für den Tabakkonsum

Gründe für den Tabakkonsum sind die gleichen wie jene beim Konsum anderer Suchtstoffe:
- Neugierde
- Gruppendruck (man will dabei sein)
- Genuss, aber auch Stress
- Erwachsene als Vorbilder
- Bluff, Angeberei
- Probleme in der Familie, am Arbeitsplatz

■ Risikofaktoren und Wirkung

Die Liste der Risikofaktoren für Raucher wird jedes Jahr länger. Im Zigarettenrauch können etwa 4800 Schadstoffe nachgewiesen werden. Davon sind 70 krebserregend. Krebs ist jedoch nur ein Risikofaktor. Blutkreislauf-Krankheiten und ihre Begleiterscheinungen sind mindestens ebenso dramatisch.

Rauchen verursacht vor allem folgende Krankheiten:
- Rachen-, Kehlkopf-, Speiseröhren-, Lungen-, Bauchspeicheldrüsenkrebs
- Chronische Bronchitis, Asthma, Raucherhusten
- Durchblutungsstörungen (Hirnschlag, Herzinfarkt, Fuss- und Beinamputation)
- Potenzstörungen

■ Entwöhnung vom Rauchen

Rauchstopp
portal.at.-schweiz.ch

Viel wird über die Entwöhnung gesprochen. Es existieren auch sehr viele Rezepte. Die Praxis aber zeigt, dass eine Entwöhnung nicht leicht fällt. Manchmal braucht es auch mehr als einen Anlauf.

■ Prävention

Um die Bevölkerung (Aktiv- und Passivraucher) vor zu viel Rauch zu schützen, haben Bund und Kantone verschiedene Vorschriften erlassen:
- In öffentlichen Gebäuden und in Restaurants, Bars, Diskotheken soll nur noch in abgetrennten Zonen geraucht werden dürfen (Schutz der Passivraucher).
- Werbung für Tabakwaren ist in Kinos und in der Nähe von Schulen verboten.
- Tabakwaren dürfen nicht mehr an Jugendliche verkauft werden.
- Zigarettenautomaten sind nur noch mit Jetons bedienbar, die nicht an Jugendliche verkauft werden dürfen.
- Auf den Packungen sind Hinweise auf die gesundheitlichen Folgen gedruckt.

Kiffen, Cannabis-Konsum

Kiffen: Konsum von Cannabis (Haschisch oder Marihuana) durch Rauchen.

Cannabis
feel-ok.ch

Laut Betäubungsmittelgesetz (BetmG 81d) ist der Konsum und der Anbau von Cannabis (auch für den Eigenbedarf) verboten.

■ Ursachen für den Cannabis-Konsum

Die Gründe für den Konsum von Cannabis sind die gleichen wie für den Konsum von Tabak, wobei beim Cannabis der Reiz des Verbotenen stärker zu gewichten ist.

■ Wirkungen beim Cannabis-Konsum

Aus medizinischer Sicht macht Cannabis im Gegensatz zu Alkohol und Nikotin körperlich nicht abhängig. Aus diesem Grund meinen viele, dass Cannabis weniger gefährlich ist als der Konsum von Alkohol oder Nikotin.

In psychischer Hinsicht sieht es anders aus. Da die Wirkstoffe der Cannabisprodukte sehr angenehm sind, ist das Gewöhnungspotenzial gross. Der Konsument will gar nicht mehr verzichten. Er wird psychisch vom Stoff abhängig.

Bei übermässigem Cannabis-Konsum kennt man folgende Wirkungen:
- Gefühle und Stimmungen werden gedämpft oder verstärkt.
- Reaktions- und Konzentrationsvermögen werden herabgesetzt. Dies bedeutet Gefahr beim Autofahren und bei der Bedienung von Maschinen.
- Die Leistung des Kurzzeitgedächtnisses lässt nach (Lernschwierigkeiten).
- Die Atemwege und Atemorgane werden bis zu 100-mal (!) stärker geschädigt als beim Tabak-Rauchen.

Regelmässiges und starkes Kiffen bewirken zudem:
- einen plötzlichen, starken Leistungsabfall (am Arbeitsplatz, in der Schule)
- Rückzug in sich selbst
- ein starkes Bedürfnis nach Entspannung und Schlaf

Cannabis macht nicht körperlich abhängig, aber psychisch.

Essstörungen

Essstörung
feel-ok.ch

Zwei Arten von Essstörungen werden unterschieden: Magersucht und Ess-Brechsucht.

■ Magersucht

Magersucht: Essstörung, die vor allem Mädchen und junge Frauen im Alter von 12 bis 25 Jahren betrifft. Die Betroffenen verweigern die Nahrungsaufnahme fast ganz und unternehmen alles, um abzunehmen.

Magersucht beginnt oft vor oder in der Pubertät. In jüngster Zeit hat sich die Altersgrenze jedoch nach unten verschoben. Betroffen von der Magersucht sind zirka 1% der jungen Frauen und 0,1% der jungen Männer. Die Dunkelziffer ist jedoch hoch.

Ursachen
Ursachen für diese Krankheit sind in verschiedenen Bereichen zu finden:

Familie	Überforderung, Überbehütung, Konfliktvermeidung
Werbung	Schlankheitswahn in der Mode, Models als Vorbilder
Biologische Bedingungen	Störungen im Sättigungsgefühl oder im Magen-Darm-Trakt
Persönlichkeit	Mangelndes Selbstbewusstsein, Angst vor Versagen, Angst vor dem Erwachsenwerden, Trennungserlebnisse

Auswirkungen
Sie können im körperlichen und/oder im seelischen Bereich auftreten.

Körperlich	Der Mangel an notwendigen Mineralien, wie Kochsalz, Magnesium, Kalium sowie fehlende Vitamine führen zu Herzrhythmusstörungen, Muskelkrämpfen, Kreislaufstörungen, Nervenschädigungen, Knochenschwund usw.
Seelisch	Angstzustände, Depressionen, Abweisen von Hilfe oder gewisse Zwangsverhalten verunmöglichen oft eine normale Lebensweise.

Therapien gibt es heute viele. Je früher Hilfe einsetzt, desto eher ist ein Heilungserfolg möglich. Die Einsicht und die Mithilfe der betroffenen Person ist wichtig.

■ Ess-Brechsucht (Bulimie)

Ess-Brechsucht: Fressanfälle ohne Kontrolle der Menge und des Sättigungsgefühls wechseln ab mit Erbrechen, mit der Einnahme von Abführmitteln und von harntreibenden Mitteln sowie von tagelangem Fasten.

Gemäss einer Studie der Universität Zürich im Jahre 2011 leiden 4,1% der Schweizer Bevölkerung an Diätwahn, an Ess-Brech-Sucht oder an periodischen Fressanfällen. 10% der Betroffenen sterben daran. Die Quote der Ess-Brech-Süchtigen ist in der Schweiz fast 3-mal so hoch wie in Deutschland. Ungefähr ein Drittel der Fälle betrifft Männer. Die Studie kommt zum Schluss, dass Personen mit chronischen Essstörungen dringend Angebote wie eine Unterstützung beim Einkaufen oder beim Kochen sowie Ess- und Wohngruppen benötigen. Ursachen, Wirkungen und Therapien sind sehr ähnlich denen der Magersucht.

Ernährung

Ernährung: Bezeichnet bei Lebewesen die Aufnahme von lebenswichtigen Nährstoffen, die sowohl in flüssigen als auch in festen Nahrungsmitteln enthalten sind. Diese dienen dem Wachstum wie auch der Aufrechterhaltung der Lebensfunktionen.

Abwechslungsreiche Ernährung führt zu einer optimalen Nährstoff- und Energieversorgung des Körpers.

Eine ausgewogene und genussvolle Ernährung ist wichtig für das Wohlbefinden des Menschen und kann Stress und Krankheiten vorbeugen.

Die Schweizer Lebensmittelpyramide stellt die ausgewogene Ernährung grafisch dar. Von den Nahrungsmitteln in der untersten Stufe benötigt der menschliche Körper grössere, von jenen in der obersten Stufe kleinere Mengen. Wichtig ist, dass sich die Ernährung aus Lebensmitteln der verschiedenen Stufen im richtigen Verhältnis zusammensetzt.

■ Die Schweizer Lebensmittelpyramide

Life-Balance

Life-Balance (engl. für «Lebens-Gleichgewicht»): Umschreibt das Verhältnis zwischen den Phasen der Belastung und der Entlastung, der Anspannung und der Entspannung oder der Leistung und der Erholung.

Ein ausgeglichenes Verhältnis dieser Phasen fördert das Wohlbefinden, wirkt vorbeugend gegen Stress (Disstress, siehe S. 363) und reduziert folglich die Gefahr, in ein Burnout zu geraten. Der Begriff Life-Balance ist umfassender als der oft verwendete Begriff Work-Life-Balance (engl. für «Arbeits-Lebens-Gleichgewicht»), da die Arbeit nur ein Teilbereich des Lebens ist.

Das Gleichgewicht (engl. balance) zwischen Belastungen und Entlastungen im Leben eines Menschen ist ein wichtiger Faktor für das Wohlbefinden. Damit dieses Gleichgewicht erhalten oder erreicht werden kann, muss man sich gelegentlich Gedanken über den Ist-Zustand machen. Basierend auf dieser Analyse können Ziele für ein Gleichgewicht formuliert werden.

Belastung	Entlastung
Perfektionismus, hohe idealistische Ziele	Realistische, erreichbare Ziele
Verdrängung der persönlichen Lebenswünsche	Bewusstes Umsetzen von Lebenswünschen
Unorganisiertes, unstrukturiertes Privatleben (zu wenig Zeit)	Geplantes, strukturiertes Privatleben (genügend Zeit)
Stress am Arbeitsplatz, Einzelkämpfertum usw. (Disstress)	Angemessene Arbeitsbelastung, gute Teamarbeit usw. (Eustress)

■ Zielsetzung

Zielsetzung: Mittels Zielsetzung wird bestimmt, was erreicht werden soll.

Für die Realisierung eines Vorhabens stehen verschiedene Methoden der Zielformulierung zur Verfügung, z. B. KÜR (konkret, überprüfbar und realistisch) oder SMART (spezifisch, messbar, akzeptiert, realistisch und terminiert).

■ Burnout

Burnout (engl. to burn out = ausbrennen), auch Burnout-Syndrom genannt: Steht für einen starken geistigen, körperlichen und emotionalen Erschöpfungszustand, der sich schleichend einstellt. Das Burnout bezeichnet den Tiefpunkt einer Monate oder gar Jahre andauernden Phase der stetigen Überlastung und Überforderung.

Eine unausgewogene Life-Balance kann zu einem Burnout führen, was grundsätzlich jeden Menschen treffen kann. Besonders gefährdet sind Personen, die hohe Ansprüche an sich selbst und an ihre Umwelt stellen. Kurzzeitige Erschöpfung nach intensiver körperlicher oder geistiger Arbeit ist normal. Gefährlich wird es erst dann, wenn sich Körper und Geist trotz ausreichendem Schlaf und Ruhephasen nicht mehr erholen können.

7 Kunst und Kultur

Verständnis

- Wie unterscheiden sich die Begriffe «Kunst» und «Kultur»?

- In welche vier Hauptgruppen kann die sogenannt «Schöne Kunst» eingeteilt werden?

- Weshalb werden die beiden Künstler Claude Monet und Auguste Renoir als «Impressionisten» bezeichnet? Welche Merkmale kennzeichnen ihre Bilder?

- Welchen neuen Stil hat der berühmte Künstler Picasso geschaffen?

- Welche zeitgenössischen Künstler der bildenden Kunst kennen Sie?

- Was charakterisiert den Architekturstil «Bauhaus»?

- Welche Musikrichtungen entwickeln sich im 20. und 21. Jahrhundert?

- Was ist der Ursprung des Blues?

- Wann und wo ist der erste Film entstanden?

Diskussion

- Soll der Staat Kunst mehr fördern? Wenn ja, welche und warum?

Kultur

> **Kultur:** Der Begriff stammt aus dem Lateinischen («cultura»: Bearbeitung, Pflege) und bezeichnet alles, was der Mensch im weitesten Sinne gestaltend hervorbringt. Die Kultur unterscheidet sich von der Natur, die sich selbst gestaltet.

Der Begriff «Kultur» bezieht sich also auf die Menschen, die sich durch die Kultur von der Natur unterscheiden.

Kulturelle Leistungen

Der Mensch stellt sowohl materielle als auch geistige Produkte her. Man spricht von der Kulturleistung, die durch Technik, bildende Kunst, Sprache oder Musik erbracht oder in der Wissenschaft oder Religion vollzogen wird. Die kulturellen Leistungen einer Gesellschaft verändern und entwickeln sich ständig weiter. Deshalb kann die Bezeichnung «Kultur» in Verbindung mit anderen Begriffen auch als Ausdruck einer bestimmten Epoche oder als «Zeitgeist» verstanden werden (z. B. die im 20. Jahrhundert entstandene «Konsumkultur»).

Kulturbegriffe der Moderne

In modernen, aufgeklärten Gesellschaften hat sich der Kulturbegriff in den letzten hundert Jahren differenziert. So gibt es verschiedene Kulturbereiche, die einander gegenüberstehen, sich aber auch überschneiden können:

Elitekultur
Unsere Gesellschaft kategorisiert Lebensformen oft nach wirtschaftlichen Aspekten. Dabei wird zwischen «Elite» und «Volk» unterschieden. Zur Elite (von lateinisch «eligere», auslesen) werden jene Personen gezählt, die aufgrund ihrer Bildung, ihrer Fähigkeiten oder finanziellen Möglichkeiten an der Spitze der Gesellschaft stehen. Dieser Elite wird der kulturelle Genuss (wie ein Jazzkonzert oder Kunstausstellungen) und dem Volk die Unterhaltung zugewiesen (wie ein Blockbuster Film oder ein Popkonzert).

Massenkultur
Der Elite stehen die «Massen» oder der «Mainstream» gegenüber. Man spricht deshalb auch von «Massenkultur». Der Begriff bezeichnet kulturelle Ereignisse und Alltagspraktiken, die sich im Zuge der gesellschaftlichen Modernisierung verbreitet haben. Dabei spielt der Massenkonsum, den es seit dem späten 19. Jahrhundert als Folge der Industrialisierung gibt, eine entscheidende Rolle.

Alltagskultur
Mit dem Begriff der «Alltagskultur» werden Gebräuche und Gegenstände des Alltags bezeichnet. Zur Alltagskultur gehören z. B.: Kino, Fernsehen, Essen und Trinken, Mode oder Fussball. Dieser Teilbereich der Kultur, der das Alltägliche umfasst, überschneidet sich mit der Massenkultur und grenzt sich dadurch auch von der Elitekultur ab.

Jugendkultur
Die Jugendkultur versteht sich als Ausdruck kultureller Aktivitäten von Jugendlichen in bewusster Abgrenzung innerhalb der Kultur der Erwachsenen. Die Jugendkultur wird deshalb auch als «Subkultur» bezeichnet. Strömungen innerhalb der Jugendkultur, die es seit den 1960er-Jahren vor allem im westlichen Kulturraum gibt, sind: Beats, Hippies, 68er, Punk, Gothic, Raver, Hip-Hop, Popper, Grunger, Emos, Surfer und Skater usw.

Kunst

> **Kunst:** Allgemein bezeichnet das Wort Kunst alle menschlichen Tätigkeiten, die auf Wissen und spezifischem Können basieren. Im engeren Sinne bedeutet das Wort Kunst das Ergebnis einer menschlichen kreativen Tätigkeit, aber es erfüllt keine Aufgabe.

Wenn also eine Person etwas aussergewöhnlich gut beherrscht, eine Meisterin ihres Fachs ist, dann kann sie zur Künstlerin werden. Kunst ist eine wesentliche Ausdrucksform für Gefühle und Gedanken, die den Menschen bewegen.

In jeder Epoche der Geschichte haben Menschen Kunstwerke hervorgebracht. Die Absicht, Gedanken, Ideen, Vorstellungen, Wahrnehmungen sowie religiöse Gefühle oder literarische Vorlagen in eine künstlerische Form zu bringen, scheint einem grundlegenden menschlichen Bedürfnis zu entsprechen. Ein Kunstwerk bietet dem Betrachter, der Betrachterin die Möglichkeit, sich mit den Ideen anderer Menschen auseinanderzusetzen.

Kunst ist also Teil unserer Lebenswelt. Sie beeinflusst die menschliche Wahrnehmung und prägt so das Weltbild der Menschen entscheidend mit. In früheren Zeiten stand die Kunst – mit geringen Ausnahmen – ganz im Dienst der Religion und der Herrschaft: Die Werke der Künstler (Gemälde, Gedichte, Bauwerke, Musikstücke, Skulpturen usw.) veranschaulichten und verherrlichten die religiösen Botschaften oder machten die grossartige Herrschaft der Könige, Fürsten usw. für alle sichtbar. Kunstwerke waren damals meistens Auftragswerke.

Seit der Aufklärung vor über 200 Jahren hat sich das Bild der Kunst langsam gewandelt. Die Künstler befreiten sich zunehmend von der Religion und der Herrschaft. Sie schufen selbstständig Werke, mit denen sie persönliche Anliegen ausdrückten. Solche Anliegen können privater Natur sein (z. B. ein Gedicht über den Verlust eines geliebten Menschen) oder gesellschaftliche Ziele verfolgen (z. B. in einem Lied die Armut anprangern).
Kunst ist heute ein Spiegel der Gesellschaft. Wir sehen in ihm vieles, was uns im täglichen Leben nicht auffällt oder was wir leicht verdrängen, weil es eine unangenehme Wahrheit ist.

Epochen und Stile

> **Epoche:** Eine Epoche ist eine allgemeine Bezeichnung für einen Abschnitt in der Geschichte bzw. in der Zeitrechnung. Epochen weisen zeitliche und formale Merkmale auf, die sich in jedem Kunstwerk wiederfinden. Epochen sind zeitlich aufeinander bezogen.

Die Kunstgeschichte gliedert die Kunstphasen in Epochen und unterscheidet Kunststile, um eine gewisse Ordnung in die immense Vielfalt der Kunst zu bringen.

Damit Epochen und verschiedene Kunstwerke unterschieden werden können, definiert man gemeinsame allgemeine Merkmale. Solche Merkmale nennt man Stil. Ein typisches Stilmerkmal in der Architektur z. B. ist die Form des Bogens von Fenstern und Gewölben: Die Romanik verwendet den Rundbogen, die Gotik den Spitzbogen. Stile können sich auch auf Techniken beziehen. So ist z. B. der Pointillismus ein Malstil, bei dem nur Punkte in den Grundfarben aufgetragen werden. Der Betrachter sieht aber trotzdem Mischfarben.

«Die Schönen Künste» – ein Überblick

Seit über 200 Jahren spricht man auch von den «Schönen Künsten», die in vier Hauptgruppen unterteilt werden können:
- **Bildende Kunst** mit den klassischen Gattungen: Malerei und Grafik, Bildhauerei und Architektur
- **Musik** mit den Hauptsparten: Komposition und Interpretation in Vokal- und Instrumentalmusik
- **Literatur** mit den Hauptgattungen: Epik, Dramatik und Lyrik
- **Darstellende Kunst** mit den Hauptsparten: Theater, Tanz und Film

Kunstepochen im Überblick

Geschichte

Antike (1000 v. Chr.–500 n. Chr.)
- Griechen: Demokratie in Athen; Blütezeit der Kunst und Wissenschaft in Athen; Alexander der Grosse
- Römer: Rö
- mische Republik; Kaiserzeit; Römisches Grossreich; christliche Religion als Staatsreligion

Mittelalter (500–1500)
- Völkerwanderung; Lehenswesen und Feudalismus; Heiliges Römisches Reich; Karl der Grosse
- Streit zwischen Kaiser und Papst; Kreuzzüge; Klosterleben und Städtegründungen; Hexenverfolgung
- Parlament in England; Pest; Blüte der Handelsstädte in Norditalien; Erfindung des Buchdrucks; Entdeckung Amerikas

Frühe Neuzeit (1500–1800)
- Reformation/Glaubensspaltung; Bauernkriege; Dreissigjähriger Krieg; Gründung von Kolonialreichen; Ludwig XIV. als «Sonnenkönig» in Frankreich
- Wissenschaftliches Denken; Beginn der Industrialisierung; Sklavenhandel; Aufstieg Russlands und Preussens
- Unabhängigkeitserklärung der USA; Französische Revolution

1800–1900
- Frankreich und Europa unter Napoleon; Restauration; Unabhängigkeit der südamerikanischen Staaten; Industrialisierung und Massenelend; 48er-Revolutionen
- Bürgerkrieg in den USA; Entstehung von Nationalstaaten (Einigung von Italien, Deutsches Kaiserreich); Imperialismus (Eroberung und Ausbeutung Afrikas und Südostasiens); Aufstieg der USA zur wirtschaftlichen Grossmacht; Aufstände in den Kolonien; Aufrüstung der Grossmächte

1900–1945
- Erster Weltkrieg; Russische Revolution (Kommunistisches Russland); Aufstieg Japans zur Kolonialmacht
- zunehmend Diktaturen in Europa (Mussolini in Italien, Hitler und Naziherrschaft in Deutschland); Weltwirtschaftskrise; Zweiter Weltkrieg; Atomwaffeneinsatz

1945 bis heute
- Kalter Krieg: Teilung Deutschlands; USA gegen UdSSR; Teilung Europas (Eiserner Vorhang); Kommunismus in China unter Mao; Korea-Krieg; atomare Aufrüstung; Vietnam-Krieg
- Entkolonisierung (Unabhängigkeit der ehemaligen Kolonien, neue Staaten in Afrika und Südostasien); Gründung Israels; Kriege zwischen Israel und arabischen Staaten
- Europäische Einigung: Montanunion; Europäische Wirtschaftsgemeinschaft; Europäische Union; Osterweiterung der EU
- Entspannung und Abrüstung; Ende der Sowjetunion; Demokratie in Ostmitteleuropa; Kriege in Jugoslawien; Terroranschläge
- Globalisierung

Bildende Kunst

Antike (1000 v. Chr.–500 n. Chr.)
- Griechen: geometrische Muster auf Töpfen; Tempelbauten mit Säulen; Skulpturen (männlicher Akt in freier Haltung); Figurengruppen
- Römer: Tendenz zur Nachahmung der Griechen; Plastiken und Malerei im Dienst der Architektur

Mittelalter (500–1500)
- Frühmittelalter: Buchmalerei; Klosterwerkstätte
- Romanik: Reliquienkult, Bauplastiken; Fantasiefiguren, Dämonen usw.; Teppichmalerei
- Gotik: Farbige, bunte Architektur (im Innern); freie Bauplastiken, grosse Altarbilder für Kirchen
- Giotto di Bondone, Jan van Eyck, Hieronymus Bosch

Renaissance (1400–1600)
- Neu erwachtes Interesse an der klassischen Antike
- Filippo Brunelleschi, Donatello, Sandro Boticelli, Leonardo da Vinci, Raffael, Michelangelo, Tizian, Albrecht Dürer, Pieter Brueghel

Barock und Rokoko (1600–1800)
- Naturgetreue Darstellungen; dynamische Bewegungen und theatralische Effekte; Landschaftsbilder
- Caravaggio, Peter Paul Rubens, Diego Vélazquez, Rembrandt, Jan Vermeer

Klassizismus und Romantik (1750–1850)
- Rückbesinnung auf die Antike; Landschaftsportraits; Ausdruck des persönlichen Erlebens
- Caspar David Friedrich, William Turner, Eugène Delacroix, Francisco Goya

Frühmoderne (1850–1900)
- Realismus (möglichst wirklichkeits- und naturgetreue Darstellung); Impressionismus (Ausdruck der Sinneswahrnehmungen, die von der Natur ausgelöst werden); Symbolismus; Jugendstil
- Camille Pissarro, Claude Monet, Auguste Renoir, Édouard Manet, Vincent van Gogh, Paul Cézanne, Auguste Rodin, dvard Munch, Henri de Toulouse-Lautrec

Klassische Moderne (1900–1945)
- Kubismus (Zerlegung des Volumens in geometrische Formen, gleichzeitig verschiedene Ansichten eines Motivs); Expressionismus (einfache Bildsprache, perspektivisch verzerrte Darstellung); Abstrakte Kunst; Surrealismus (Bilder aus der Tiefe des Unbewussten)
- Pablo Picasso, Georges Braque, Ernst Ludwig Kirchner, Max Beckmann, Wassily Kandinsky, Marc Chagall, Franz Marc, Paul Klee, Max Ernst, Kurt Schwitters, Salvador Dalí, Juan Miró, Piet Mondrian

Zeitgenössische Kunst (nach 1945)
- Action Painting; Pop Art; Objekt-Kunst, Konzept-Kunst; Aktionskunst; Minimal Art
- zunehmend offene Kunstszene (z. B. Einflüsse aus Afrika, Asien und der Karibik)
- Jackson Pollock, Andy Warhol, Roy Lichtenstein, Marcel Duchamp, Joseph Beuys, Donald Judd

Literatur

Antike (1000 v. Chr.–500 n. Chr.)
- Griechen: Heldengedichte (Homer: Illias und Odyssee); Tragödien (Aischylos, Sophokles); Komödien (Aristophanes); Gedichte (Sappho, Pindaros)
- Römer: Heldengedichte (Vergil, Ovid); Gedichte (Horaz)

Mittelalter (500–1500)
- Zauberdichtung; Heldengedichte; Minnelieder; Weihnachts- und Passionsspiele; Fabeldichtungen
- Hartmann von Aue, Walther von der Vogelweide, Wolfram von Eschenbach, Gottfried von Strassburg

Renaissance und Reformation (1450–1600)
- Geistige Erneuerung; Rückgriff auf Werke der Antike
- Martin Luther, Ulrich von Hutten, Hans Sachs

Barock und Rokoko (1600–1720)
- Gegensatz von Prunksucht und menschlichem Elend
- Andreas Gryphius, Martin Opitz, von Grimmelshausen

Aufklärung, Sturm und Drang (1720–1785)
- Grundideen: Freiheit, Gleichheit und Brüderlichkeit; Gefühle und Vernunft; der Mensch als Genie
- Gotthold Ephraim Lessing, Johann Christoph Gottsched, Christoph Friedrich Kloppstock, Johann Wolfgang Goethe, Friedrich Schiller

Klassik (1785–1832)
- Ideal: der in sich harmonische und schöne Mensch
- Johann Wolfgang Goethe, Friedrich Schiller

Romantik (1798–1835)
- Hinwendung zur Nacht- und Traumseite des Lebens; schöpferische Naturkraft; Märchen
- von Eichendorff, E. T. A. Hoffmann, Gebrüder Grimm

Realismus (1815–1890)
- Vormärz (gegen ungerechte Herrschaft und Unterdrückung der Menschen); Poetischer Realismus (genaue Beschreibung der Gesellschaft und der Menschen)
- Georg Büchner, Heinrich Heine, Eduard Mörike, Adalbert Stifter, Theodor Storm, Conrad Ferdinand Meyer, Theodor Fontane, Jeremias Gotthelf

Naturalismus (1880–1900)
- Im Vordergrund: die dunklen Seiten der Zivilisation
- Gerhard Hauptmann, Arno Holz

Expressionismus (1905–1925)
- Veränderung der Welt und des Menschen
- Gottfried Benn, Georg Trakl

Zwischenkriegszeit (1920–1940)
- Grosses Experimentierfeld; neue Sachlichkeit
- Alfred Döblin, Robert Musil, Franz Kafka, Rainer Maria Rilke, Stefan Zweig, Thomas Mann, Bertolt Brecht

Zeitgenössische Literatur
- Trümmerliteratur; Radikalisierung; Rückzug ins Private
- Wolfgang Borchert, Paul Celan, Max Frisch, Günther Grass, Heinrich Böll, Friedrich Dürrenmatt, Thomas Bernhard, Elfriede Jellinek, Herta Müller

Musik

Antike (1000 v. Chr.–500 n. Chr.)
- Griechen: Harfen- und Leierspiel; Gesang mit Saitenspielen zum Vortrag von Heldengedichten; erste eigenständige Musikstücke; Gesang zu Gedichten (Lyrik); Chorgesänge in den Theaterstücken, verbunden mit Tanz und Pantomime
- Römer: Musik für religiöse Feiern, Musik in der Gesellschaft, Musik an der Tafel usw.; Unterhaltungsmusik an den Schauveranstaltungen

Mittelalter (500–1500)
- Gregorianischer Choral; gesungene geistliche Spiele (Mysterien); Liedervortrag durch Troubadours und Minnesänger; Meistersinger; Mehrstimmigkeit

Renaissance und Reformation (1450–1600)
- Dreiklangharmonien; lebendiger Rhythmus; gesungene Messen; Chansons; Musikdrama
- Orlando di Lasso, Giovanni Palestrina

Barock (1600–1750)
- Blumige, emotionale Musik; Experimente; Kontrapunktmusik
- Claudio Monteverdi, Antonio Vivaldi, Johann Sebastian Bach, Georg Friedrich Händel

Klassik (1750–1830)
- Einfachheit, Schlichtheit; harmonisch ausgeglichen; stille Grösse; Sonaten, Symphonien, Streichquartette
- Joseph Haydn, Wolfgang Amadeus Mozart, Ludwig van Beethoven, Carl Maria von Weber

Romantik (1830–1900)
- Ausdruck des Gefühlvollen, Träumerischen; Symphonien, Lieder, Opern
- Franz Schubert, Felix Mendelssohn, Frédéric Chopin, Robert Schumann, Franz Liszt, Richard Wagner, Giuseppe Verdi, Anton Bruckner, Johannes Brahms, Giaccomo Puccini, Gustav Mahler, Richard Strauss

Moderne Musik (ab 1900)
- Bruch mit der Geschichte; 12-Ton-Musik, Aufgabe der Tonalität; Stilpluralismus
- Claude Debussy, Arnold Schönberg, Maurice Ravel, Béla Bartók, Igor Stravinsky, Anton Webern, Alban Berg

Zeitgenössische Musik
- Afro-Amerikanischer Einfluss; Stilpluralismus; Musikindustrie; Massenkonsum
- Ragtime, Jazz, Blues, Country, Swing, Rock'n'Roll, R & B, Schlager, Milieu-Musik (Flower-Power, Punk, Heavy Metal, Hip-Hop, Rap, Techno, Gothic Rock, House, Reggae usw.)

Malerei

> **Malerei:** Bei der Malerei trägt der Künstler mit einem Pinsel, einem Spachtel oder einem anderen Werkzeug feuchte Farbe auf einen Malgrund auf und gestaltet so ein Bild. Verwandt mit der Malerei sind die Zeichnung (Verwendung von Linien und Strichen) und die Grafik (eine Zeichnung oder ein Bild, das vervielfältigt werden kann, z. B. mittels Druckverfahren).

Korinthische Vase

■ Vasen und Mosaike in der Antike

Die Bildkünste werden in der Antike auf Vasen, Wänden und Mosaiken angewendet. Die Bildthemen sind vor allem aus der antiken Mythologie (Götter und Helden) und der Geschichte (vor allem aus Schlachten) entnommen.
Die Mosaikkunst kam aus dem Orient (aus Persien) nach Griechenland und Rom.

■ Buchmalerei im Mittelalter

Zu Beginn des Mittelalters begann man, Bibeln zu illustrieren. Die Maler in den Schreibstuben der Klöster waren Meister in der flächigen Figurendarstellung und der Komposition der Bilder mittels Farbe. Der Bildgrund wurde als Fläche angesehen, in dem die Motive entweder übereinander oder nebeneinander angeordnet werden sollten.

■ Räumliche Perspektiven und Porträts in der Renaissance

Die im heutigen Sinne als Kunst verstandene Malerei begann während der Renaissance in Italien. In Florenz entwickelten die Künstler neue Darstellungsweisen wie die Zentralperspektive, die auf der mathematisch begründeten Perspektivenlehre beruhte. Die nächste grosse Errungenschaft der Renaissance war die Erfindung des Porträts.

■ Die Barock-Maler Rembrandt und Rubens

Der Amsterdamer Künstler Rembrandt van Rijn (1606–1669) griff die Hell-Dunkel-Malerei des Barock in seinen Werken auf. Für ihn stand der Mensch im Vordergrund und seine Malerei ist geprägt von Schlichtheit. Im Gegensatz dazu stehen die pompösen Gemälde des Antwerpener Malers Peter Paul Rubens (1577–1640), der die Fürstenhöfe mit religiösen Gemälden aus seiner Werkstatt belieferte.

Der Künstler in seinem Atelier, gemalt 1626–1628 von Rembrandt

Bacchus, der römische Gott des Weines, gemalt um 1638 von Rubens

■ Impressionismus und Aufbruch in die Moderne

Die neue Generation von Kunstschaffenden verband sich in der Gruppe der Impressionisten, die 1874 zum ersten Mal in Paris ausstellte. Grosse Namen wie Claude Monet, Pierre-Auguste Renoir, Paul Cézanne oder Camille Pissarro waren mit dieser Bewegung verbunden. Die impressionistischen Maler zogen es vor, statt im Atelier in der freien Natur zu malen. Als Motive wählten sie alltägliche Strassenszenen oder Landschaften. Die Bilder der Impressionisten zeigten, vergleichbar mit der Fotografie, Momentaufnahmen. Das Besondere der Bilder lag in der Anwendung reiner Farbe, die mit bewegten Pinselstrichen und ohne Vorzeichnung direkt auf die Leinwand aufgetragen worden ist. Thematisch waren es einfache Alltagsszenen, die die Impressionisten malten.

Impressionismus:
Abendstimmung in Venedig,
gemalt 1908 von Claude Monet

Kubismus:
Die weinende Frau,
gemalt 1937 von Pablo Picasso

■ Kubismus, abstrakte Malerei und Surrealismus

Zu Beginn der Moderne stand vor allem ein Künstler im Mittelpunkt der damaligen Kunstwelt: Pablo Picasso, der im Jahre 1907 den Kubismus ins Leben gerufen hat. Er zeigte in seinen Werken den Bildgegenstand von verschiedenen Seiten. Damit legte Picasso eine neue Bildsprache vor, bei der die klassische Perspektive keine Rolle mehr spielte. 1910 entdeckte Wassily Kandinsky die Abstraktion. 1924 kam der Surrealismus auf. Er thematisierte vor allem die Welt des Unbewussten. Damit erweiterte er die künstlerischen Ausdrucksmöglichkeiten um eine weitere Dimension, die ausserhalb des Vernünftigen und Logischen lag. In vielen surrealistischen Werken werden menschliche Aggressionen, Triebe und zerstörerische Träume thematisiert, die indirekt auf die schrecklichen Geschehnisse in Europa (die beiden Weltkriege) verweisen.

■ Pop Art und neue Medien

Nach dem Zweiten Weltkrieg entwickelte sich die Malerei in Amerika eigenständig weiter. Abstrakter Expressionismus, Pop Art oder Minimal Art waren führende Bewegungen der fünfziger und sechziger Jahre. Die neuen Medien Fotografie und Film wurden seit den siebziger Jahren von Künstlern gezielt eingesetzt, um auf Manipulationen, die auf die Gesellschaft in Form von Werbung und Unterhaltung einwirkten, kritisch hinzuweisen. Es sind vor allem amerikanische Kunstschaffende wie Cindy Sherman, Jenny Holzer oder Bruce Nauman, die das Abgründige des Massenkonsums in ihren Werken verarbeiteten.

Architektur

> **Architektur:** Der Begriff stammt aus dem Lateinischen. Einfach übersetzt heisst «architectura» Baukunst. Die Architektur umfasst das Entwerfen und Gestalten von Bauwerken. Dazu gehören nicht nur Gebäude, sondern auch Brücken, Strassen, Staudämme usw.

■ Antike (1000 v. Chr.–500 n. Chr.)

Tempelbau der Griechen

Die Griechen verstanden den Tempel als Wohnhaus eines Gottes. Seine Statue war im Innern des Tempels aufgestellt. Dieser innere Raum wurde von einer Säulenhalle umgeben. Der griechische Tempelbau erlebte seine Blüte in Athen. So entstand auf der Akropolis (Burgberg) ab 480 v. Chr. ein neuer Tempelbezirk in dessen Zentrum sich der 447–438 v. Chr. errichtete Parthenon-Tempel befand, der in seiner klaren architektonischen Gestaltung zu den schönsten griechischen Tempeln gehörte.

Die Erfindung des Rundbogens

Die Römer entwickelten den Gewölbebau weiter. Dafür erfanden sie den Rundbogen, das Tonnengewölbe und das Gussmauerwerk. Das bedeutendste römische Gebäude ist das im 2. Jahrhundert n. Chr. entstandene Pantheon in Rom, dessen Kuppel während 1700 Jahren als die grösste Kuppel der Welt galt.

Basiliken: die ersten Kirchen

Unter Kaiser Konstantin (270/280–337 n. Chr.) entstanden die ersten grossen Kirchenbauten in Rom, Konstantinopel (heute Istanbul), Trier, Jerusalem und Bethlehem. In der christlichen Architektur wurde das antike Erbe aufgegriffen und weiterentwickelt. So orientierte sich der frühchristliche Kirchenbau an der römischen Basilika, die als Versammlungs- und Gerichtshalle gedient hatte.

■ Mittelalter (500–1500 n. Chr.)

Während des Mittelalters bildeten sich zwei grosse Baustile heraus:

Romanik (800–1150)

Die Romanik war nach dem Niedergang des weströmischen Reichs die erste europäische Kunstbewegung mit einem einheitlichen Erscheinungsbild. Wichtigste Erkennungsmerkmale der Romani sind die massiven Mauern mit den kleinen Fenstern und die Rundbogen.

Beispiele: Kaiserdome Speyer, Mainz und Worms, Kloster Cluny im Burgund

Gotik (1150–1500)

Die Gotik hat ihren Ursprung in Frankreich. In Saint-Denis (bei Paris) baute man ab 1140 die erste Kirche in der neuen Leichtbauweise. Mit der Gotik kam die Ablösung der romanischen Rundbögen, die in der Gotik als Spitzbögen geformt waren. Dadurch war es möglich geworden, hohe, spitzbogige Fenster zu bauen, die viel Licht in das himmelwärtsstrebende Kircheninnere liessen.

Beispiele: Königskathedralen Chartres, Reims, Amiens, Strassburger Münster

■ Renaissance (1400–1560)

Im Gegensatz zur mittelalterlichen Bauweise setzte die Architektur der Renaissance auf Schönheit, harmonische Proportionen und künstlerische Gestaltung. Auftakt für diese Epoche bildete die von Filippo Brunelleschi 1420 errichtete Kuppel des Florentiner Doms. Die Renaissance griff zurück auf die Antike. Besonderes Merkmal sind die mehrgeschossigen Säulengänge.

Barock (1560–1770)

Die barocke Kirchenarchitektur nahm ihren Ausgangspunkt in Rom. Hier entstand zwischen 1568 und 1575 die Jesuitenkirche «Il Gesù», die als «Prototyp» aller Barockkirchen verstanden werden kann.

Im Gegensatz zum überschaubaren Proportionssystem der Renaissance strebte der Barock nach umfassender Ordnung. Im Hochbarock werden der Baustil und die Figuren überbordend (üppig).

Die Herrschaft des «Sonnenkönigs» Ludwig XIV. brachte in Frankreich eine Blüte der Kunst mit sich. Eine besondere Leistung war die königliche Neukonzeption von Schloss Versailles. Es wurde ab 1661 errichtet.

Klassizismus (1770–1840)

Die klassizistische Architektur nahm ihren Anfang in Frankreich und verbreitete sich in Deutschland vor allem durch die Architekten Karl Friedrich Schinkel (in Berlin) und Leo von Klenze (in München). Ausgangspunkt für den Klassizismus bildete die Revolutionsarchitektur in Frankreich. Die Architekten des Klassizismus planten gigantische öffentliche Gebäude, die allen Bürgern zur Verfügung stehen sollten.

Historismus (1840–1900)

Der ab 1840 einsetzende Historismus war eng mit den Stilen der Vergangenheit verbunden. Gleichzeitig verband er sich mit der neuen Technik. Der wohl bedeutendste Architekt des mittleren 19. Jahrhunderts war der Deutsche Gottfried Semper. Er erbaute z. B. das ETH-Hauptgebäude in Zürich und das nach ihm benannte Opernhaus in Dresden. Zudem prägte er in der Schweiz eine ganze Architektengeneration und zahlreiche Bundesbauten, wie z. B. das Bundeshaus in Bern.

Moderne (1900–2000)

Die Architektur der ersten Hälfte des 20. Jahrhunderts reagierte auf die grossen gesellschaftlichen Veränderungen ihrer Zeit. Sie interessierte sich auch für die industrielle Fertigung, was im Fabrik- und Maschinenbau zum Ausdruck kam.

Freie Formen nach dem Zweiten Weltkrieg

Die Entwicklung nach dem Zweiten Weltkrieg (1939–1945) wurde stark von der Architektur Le Corbusiers geprägt. Eines seiner letzten Werke, die Kapelle in Ronchamp, ebnete den Weg für eine freie künstlerische Interpretation von Bauaufgaben, die den Vorgaben aus der Architekturgeschichte nicht mehr folgten. Die Entwicklung der Architektur ist seit den sechziger Jahren von verschiedenen Strömungen geprägt.

Unité d'habitation in Berlin, erbaut 1956–1958 von Le Corbusier

Musik

> **Musik:** Kunstgattung, die aus Tönen und Geräuschen erzeugt wird. Als eine der ältesten Kunstformen nimmt sie in jeder Gesellschaft einen wichtigen Stellenwert ein. Musik ist, wenn Menschen Klänge und/oder Rhythmen organisieren. Gestaltungselemente der Musik sind Rhythmus, Klangfarbe, Melodie und Harmonie.

■ Klassische Musik (17. Jh. bis heute)

Die Bezeichnung klassische Musik kann je nach Kontext und nach Kulturraum unterschiedliche Bedeutungen haben. Der europäische Musikstil Klassik beginnt etwa ab 1700. Die verschiedenen Epochen sind: Barockmusik (Johann Sebastian Bach, Georg Friedrich Händel, Antonio Vivaldi), Frühklassik (Wolfgang Amadeus Mozart, Johann Sebastian Bach) und Wiener Klassik (Josef Haydn). Ab Anfang 1900 spricht man auch von zeitgenössischer Musik.

■ Musikrichtungen des 20. und 21. Jahrhunderts

Populäre Musik ist im 20. Jahrhundert ein wichtiger Bestandteil der Gesellschaft geworden und allgegenwärtig. Im Folgenden wird eine Auswahl dieser Musikgenres vorgestellt:

Blues

Der Musikstil des Blues wird abgeleitet vom englischen Wort «blue» (blau). Die Farbe blau steht symbolisch für Traurigkeit und gedrückte Stimmung. Die Lieder, welche die Sklaven und Sklavinnen im 19. Jahrhundert auf den Baumwollplantagen bei ihrer Arbeit sangen, haben sich zum heutigen «Blues» entwickelt. Diese Lieder, auch Worksongs genannt, wurden zuerst nur gesungen. Inhaltlich ging es überwiegend um die miserablen Arbeitsbedingungen.

Beispiele: B. B. King, Etta James, John Lee Hooker, Billie Holiday

Jazz

Jazz ist eine ungefähr um 1900 in den Südstaaten der USA entstandene, ursprünglich überwiegend von Afroamerikanern hervorgebrachte Musikrichtung, die in vielfältiger Weise weiterentwickelt wurde. Der Jazz wird im Hinblick auf seine künstlerische Bedeutung häufig als amerikanisches Pendant zur klassischen europäischen Musik verstanden. In den letzten 50 Jahren hat sich aber auch ein europäischer Stil entwickelt.

Beispiele: John Coltrane, Miles Davis, Charlie Parker, Ella Fitzgerald

Christy Doran, Jazz-Gitarrist

Rock'n'Roll

Entstanden in den 1950er-Jahren in den USA verbindet der Rock'n'Roll Blues- und Country-Elemente. Kennzeichnend für die meisten Rock'n'Roll-Bands ist die Besetzung mit einem Sänger oder einer Sängerin, begleitet von Gitarre und/oder Klavier, Kontrabass oder E-Bass und Schlagzeug. Rock'n'Roll gilt als die Ursprungsform der Rockmusik.

Beispiele: Elvis Presley, Chuck Berry, Wanda Jackson

Rock

Aus Rock'n'Roll der 1950er-Jahre und aus Beatmusik entstand in den 1960er-Jahren die Rockmusik. Rockmusik klingt im Vergleich mit anderen Musikrichtungen eher rau. Dominierend sind Gitarre und Schlagzeug.

Beispiele: Jimi Hendrix, Nirvana, The Rolling Stones, The Police, PJ Harvey, Joan Jett

Pop

Popmusik bezeichnet Musik, die vorwiegend seit den 1950er-Jahren aus dem Rock'n' Roll, der Beatmusik, dem Folk, aber auch dem Jazz entstand. Häufig wird Popmusik im Gegensatz etwa zur Kunstmusik mit Attributen wie «Einfachheit» oder «Trivialität» belegt.

Beispiele: Michael Jackson, Prince, Madonna, The Beatles, U2, Pink, Tina Turner

Reggae

Reggae ist eine Stilrichtungen der populären Musik, die ursprünglich aus Jamaika stammt. Sie entstand dort Ende der 1960er-Jahre. Charakteristisch für den Reggae ist die Offbeat-Phrasierung («vor» und «hinter» dem Schlag).

Beispiele: Bob Marley, Jimmy Cliff, Peter Tosh, Etana

Funk und Soul

Funk ist der Oberbegriff für eine Spielart ursprünglich afroamerikanischer Musik, die sich Ende der 1960er-Jahre aus verschiedenen Einflüssen des Soul, Rhythm and Blues und Jazz entwickelt hat. Charakterisierend für den Funk wurde eine dem Gesang in Melodik ebenbürtige Basslinie und ein Schlagzeug das minimalistisches minimalistisch und trocken zum Einsatz kommt.

Beispiele: James Brown, Aretha Franklin, Eddie Harris, Beyoncé, Alicia Keys

Punk

Punk ist eine Stilrichtung der Rockmusik, die Mitte der 1970er-Jahre in New York und London zusammen mit der Subkultur des Punks entstanden ist. Punk zeichnet sich durch einfache, jedoch originelle Kompositionen aus, was mit dem Schlagwort «drei Akkorde» treffend umschrieben wird.

Beispiele: Sex Pistols, Ramones, The Clash, Green Day, Avril Lavigne

Rap

Rap ist ein schneller, rhythmischer und markanter Sprechgesang in der populären Musik und Teil der Kultur des Hip-Hops.

Beispiele: Missy Elliott, Beastie Boys, Eminem, Cypress Hill, Lauryn Hill

Techno und Elektro

Techno ist eine Musikrichtung, die in der zweiten Hälfte der 1980er-Jahre durch die Verschmelzung mehrerer Stilarten der elektronischen Tanzmusik entstanden ist.

Beispiele: Daft Punk, Kraftwerk, Aphex Twin, The Prodigy, Miss Kittin, Magda

Film

> **Film:** Abfolge von bewegten Bildern, die mit einer Kamera aufgenommen worden sind. Heutzutage handelt es sich bei den Filmen des Kinos und des Fernsehens meist um farbige Bilder, die vertont und musikalisch untermalt sind.

■ Vom stehenden zum bewegten Bild

Ausgangspunkt für den Film bildete die 1839 begründete Fotografie. Die Geschichte der bewegten Bildmedien mit Bildsequenzen, welche die Illusion einer Bewegung hervorriefen, begann mit der Aneinanderreihung fotografischer Bilder. Der Durchbruch des bewegten Bildes gelang im Jahr 1872. Bereits 1893 wurde der erste «Photochronographe» patentiert, ein Vorläufer der späteren Filmkamera.

■ Die Stummfilmzeit

Die Geburtsstunde des Films war am 28. Dezember 1895 in Paris, als die Brüder Lumière in einem Saal des «Grand Café» nahe dem Place de l'Opéra eine filmische Vorstellung gaben. Nachdem die technischen Probleme soweit gelöst waren, mussten Darsteller gefunden werden, die sich nach einem Drehbuch vor der Kamera bewegten. Parallel dazu entstanden erste Filmgesellschaften, die das wirtschaftliche Potential des bewegten Bildes erkannten.

■ Der Aufstieg Hollywoods

Ab 1910 entwickelte sich Hollywood zum Anziehungspunkt von Filmschaffenden. Während des Ersten Weltkriegs konnte sich die US-amerikanische Filmwirtschaft fern von den europäischen Schlachtfeldern entwickeln. Sehr beliebt beim Publikum waren Slapstick-Komödien. Die bekanntesten Vertreter waren Charlie Chaplin und Buster Keaton.

Der Tonfilm löste 1927 den Stummfilm relativ schnell ab. Dies ermöglichte nun der «Traumfabrik» Hollywood die Produktion von grossen, episch angelegten Spielfilmen, die beim Publikum auf grossen Anklang stiessen. Um 1939 erreichte das klassische Hollywoodkino seinen Höhepunkt.

■ Der kunstvolle Film

Nach dem Zweiten Weltkrieg stand der europäische Film vor einem Neuanfang. In den 1960er-Jahren war der Niedergang des «Golden Age of Hollywood» überall zu spüren. In Europa entwickelten sich im Gegenzug neue kreative Filmströmungen durch Regisseure wie Roberto Rosselini, Luchino Visconti oder Federico Fellini.

■ Der neue Glanz des Films

In den 1990er-Jahren erhöhten sich die Budgets der Hollywood-Produktionen um ein Mehrfaches. Zudem entwickelten sich neue technische Möglichkeiten und computergenerierte Spezialeffekte, um die Action- und Fantasy-Filme noch virtueller und aktionsgeladener werden zu lassen. Besonders teuer produzierte Filme wie «Titanic» und «Jurassic Park» wurden zu Kassenschlagern des Jahrzehnts.

8 Sprache und Kommunikation

8.1 Sprachkompetenz

Verständnis

- Welche Funktionen kann die Sprache erfüllen?
- Welche Möglichkeiten der sprachlichen Gleichberechtigung gibt es?
- Wie lauten die fünf Grundregeln der Kommunikation des Kommunikationswissenschaftlers Paul Watzlawick?
- Wie unterscheiden sich Bewerbungsschreiben und Lebenslauf in Bezug auf Zweck, Inhalt und Form?
- Aus welchen Teilen besteht ein Argument?
- Was ist ein Nebensatz?
- Wie lauten die Regeln der Gross- und Kleinschreibung?

Diskussion

- Welchen Einfluss haben die Schreibweisen in sozialen Medien oder Messenger-Apps auf die Rechtschreibung?

Die Funktionen der Sprache

Sprache
Kommunikation
Schreiben
Sprechen

■ Bestandteile des Sprechmusters

Man benützt die Sprache in verschiedenen Formen. *Beispiele:* Vortrag, Gespräch unter vier Augen, Geplauder mit Kollegen, Nörgeln. Diese Formen nennt man Sprechmuster. Und diese Sprechmuster haben normalerweise sieben Bestandteile:

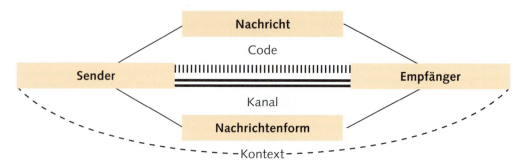

Sender	Person, die spricht
Empfänger	Person, die zuhört
Nachrichtenform	Art und Weise, wie etwas gesagt wird (z. B. in rüdem Ton)
Kanal	Medium, über das gesprochen wird (z. B. Luft, Telefon)
Code	Sprache, die verwendet wird (z. B. Deutsch, Englisch, Gebärden)
Nachricht	Inhalt, worüber gesprochen wird
Kontext	Zusammenhang, in dem gesprochen wird (z. B. Beziehung der Kommunikationspartner)

■ Sieben Funktionstypen der Sprache

Je nachdem, welcher Bestandteil des Sprechmusters im Vordergrund steht, kann man sieben verschiedene Funktionstypen unterscheiden.

Ausdrucksfunktion   Hier steht der Sender im Vordergrund.
Beispiel: Wenn man das Schweigen nicht mehr erträgt, beginnt man vom schönen Wetter zu reden, ohne dass man der anderen Person wirklich eine Mitteilung machen will. Die extremste Form ist das Fluchen.

Befehlsfunktion   Bei dieser Funktion steht der Empfänger im Vordergrund.
Beispiel: «Komm endlich!»

Poetische Funktion   Die Nachrichtenform ist hier zentral.
Beispiel: In gewissen Gedichten ist die Form viel wichtiger als der Inhalt; so ergeben Dada-Gedichte inhaltlich meist keinen Sinn.

Kontaktfunktion   Es geht um den Kanal, also um die Versicherung, dass man einander akustisch versteht.
Beispiel: Am Telefon sagen Hörer immer wieder «ja» oder «hm». Damit drücken sie aus, dass sie immer noch verbunden sind und den Sprecher hören.

Metasprachliche Funktion   Bei dieser Funktion steht der Code im Zentrum.
Beispiel: «Das Wort ‹spüren› schreibt man ohne ‹h›.» Hier spricht man über die Sprache selbst.

Gegenstandsfunktion   Hier steht der Gegenstand, der Inhalt im Vordergrund. Oft wird die Sprache nur unter diesem Gesichtspunkt betrachtet.
Beispiel: In einem Vortrag wird die Funktionsweise des Internets erklärt.

Kontextfunktion   Ohne konkreten Zusammenhang kann man das Gesprochene nicht verstehen, der Kontext ist also entscheidend.
Beispiel: Zwei sehr gute Freunde sprechen miteinander. Einer äussert ein Wort, und beide brechen in schallendes Gelächter aus. Ein Aussenstehender versteht nichts.

Gleichberechtigung in der Sprache

Die Sprache ist nicht neutral. Wertvorstellungen, Vorurteile, aber auch Klischees sind in allen Sprachen zu finden, und diese prägen ihrerseits das Bewusstsein der Menschen. Aus diesem Grund wird die gendergerechte Sprache gefordert – auch als aktiver Beitrag zur Umsetzung der Gleichberechtigung.

Sprache
Kommunikation
Schreiben
Sprechen

■ Möglichkeiten der Gleichberechtigung in der Sprache

Beidnennungen
Kolleginnen und Kollegen, Schülerinnen und Schüler
In dieser Variante werden beide Geschlechter gleichberechtigt erwähnt. Texte, in denen solche Formulierungen sehr häufig vorkommen, wirken jedoch sehr ermüdend.

Grosses I
KollegInnen, SchülerInnen
Diese schriftliche Variante ist weit verbreitet. Allerdings kann sie nur in der Mehrzahlform verwendet werden, denn in der Einzahl gibt es Schwierigkeiten mit dem Artikel und den Adjektiven: «Eine aktive SchülerIn» oder «Ein aktiver SchülerIn» oder gar «EinE aktiveR SchülerIn»?

Schrägstrich/Klammer
Schüler/-innen, Arbeiter/-in, Lehrer(-in), Musiker(-innen)
Bei dieser Schreibung ergeben sich dieselben Probleme wie beim grossen I. Wie soll man den folgenden Satz schreiben? De(m/r) besten Schüler/-in winkte ein Preis von 300 Franken.

«Männer sind mitgemeint»
Alle Schülerinnen müssen darauf achten, dass ...
Das Argument, dass die Frauen in der männlichen Formulierung mitgemeint sind, wird umgekehrt: In der weiblichen Form sind die Männer mitgemeint.

Möglich ist auch eine Abwechslung zwischen weiblichen und männlichen Formulierungen. Schwierigkeiten können sich hier allerdings dann ergeben, wenn man tatsächlich nur die Männer oder nur die Frauen meint.

Partizipien und Adjektive
Mitarbeitende, Lernende, Studierende, Geschädigte, Freiwillige
Solche Formulieren sind in gehäufter Form stilistisch schlecht.

Geschlechtsneutrale Bezeichnungen
Lehrkraft, Schülerschaft, Mitglieder des Nationalrats
Der Nachteil dieser Form ist, dass Menschen als leblose Wesen erscheinen.

Nicht personalisierte Form
- *Diese Personen wurden in den Kantonsrat gewählt.* Statt: Diese Personen wurden als Kantonsräte gewählt.
- *Ausbildung in Heilpädagogik.* Statt: Ausbildung zum Heilpädagogen. Kommen solche Formen in einem Text oft vor, wirkt er recht leblos.

■ Allgemeine Umformulierungen

Ich bediene alle nacheinander. Statt: Ich bediene einen nach dem anderen.
Nicht immer lassen sich einseitige Geschlechtsbezeichnungen sprachlich gut umschreiben.

Egal welche Formulierung man wählt, jede Form hat ihre Nachteile.

INFO

Grundregeln der Kommunikation

Sprache
Kommunikation
Schreiben
Sprechen

Der österreichische Kommunikationswissenschaftler Paul Watzlawick hat fünf Grundregeln (Axiome) der Kommunikation definiert. Damit kann man Kommunikationsvorgänge besser verstehen.

■ 1. Man kann nicht nicht kommunizieren

Oft denkt man, dass nur mittels Sprache kommuniziert wird. Aber Kommunikation besteht nicht nur aus Worten, sondern aus Verhalten aller Art. Und da man sich immer irgendwie verhält, kommuniziert man auch immer auf irgendeine Weise.

Beispiel:
In einem überfüllten Wartesaal starrt ein Mann zu Boden. Sein Verhalten zeigt an, dass er nicht angesprochen werden möchte. Die Leute reagieren darauf, indem sie ihn in Ruhe lassen.

■ 2. Jede Kommunikation hat Inhalts- und Beziehungsaspekte

Es gibt keine reine Informationskommunikation. Die Beziehungen spielen immer auch eine Rolle. In der Regel dominiert sogar der Beziehungsaspekt. Dies kann zu Missverständnissen und Unstimmigkeiten führen.

Beispiel:
Ein Mann fragt seine Frau: «Wann können wir losfahren?» Die Frau antwortet ungehalten: «Warum musst du mich immer so zur Eile drängen?» Darauf erwidert der Mann: «Nimm dir Zeit, ich wollte nur wissen, wann du bereit bist.»

Während der Mann auf der Inhaltsebene kommuniziert (oder so tut), reagiert seine Frau auf der Beziehungsebene und gibt darum keine Antwort auf die Frage (auf der Inhaltsebene). Wahrscheinlich hat es schon früher Unstimmigkeiten in ähnlichen Situationen gegeben. Mit seiner Antwort versucht der Mann, das Gespräch wieder auf die Inhaltsebene zu bringen.

■ 3. Kommunikation unterliegt der Interpretation der Teilnehmer

In einem Kommunikationsablauf ist das Verhalten der Teilnehmer bzw. Teilnehmerinnen einerseits Reaktion auf das Verhalten des anderen und andererseits gleichzeitig Reiz/Verstärker für das Verhalten des anderen. Dabei spielt die Interpretation der Kommunikationsteilnehmer eine entscheidende Rolle.

Beispiel:
Ein Mann nörgelt ständig, seine Frau schweigt und zieht sich zurück. Für beide ist das Verhalten des Partners Ursache des eigenen Verhaltens. Der Mann sagt sich: Ich nörgele, weil sie mich meidet. Die Frau sagt sich: Ich meide ihn, weil er nörgelt. Bei solchen Kommunikationsverhältnissen gerät man oft in einen Teufelskreis.

4. Kommunikation besteht aus digitalen und analogen Elementen

- Die digitalen Elemente sind die sprachlich ausgedrückten Informationen.
- Die analogen Elemente bestehen aus der Gestik, aus der Mimik, aus dem Tonfall usw. Sie sind eng mit der Beziehungsebene verknüpft. Es existiert auch eine nonverbale Kommunikation, also eine Kommunikation ohne Worte, die oft mehr aussagt als gesprochene Sprache.

Die analogen Elemente sind viel echter; man kann sich nicht so leicht verstellen. Darum ist es viel einfacher, in einer E-Mail zu lügen als in einem direkten Gespräch.

Beispiel:
Aus Versehen schüttet ein Servicefachangestellter einem Gast Wein über die Kleider. Er entschuldigt sich in aller Form. Die Frau antwortet: «Macht nichts, kann jedem mal passieren.» Dennoch merkt der Mann, dass der Gast verärgert ist und ihn als ungeschickt und für den Beruf nicht tauglich ansieht. Die analoge Kommunikation widerspricht in diesem Fall der digitalen und ist stärker.

5. Kommunikation ist symmetrisch oder komplementär

Beruht die Beziehung zwischen Kommunikationspartnern auf Gleichheit, so ist die Kommunikation symmetrisch. Gibt es Unterschiede zwischen ihnen, findet eine komplementäre Kommunikation statt. Hier gibt es in der Regel ganz bestimmte Rollenverteilungen und Rollenerwartungen.

Beispiele:
- Ein Gespräch zwischen Freunden ist symmetrisch: Mal fragt der eine etwas und der andere antwortet, dann umgekehrt. Der eine erzählt, der andere hört zu. Letzterer kann aber jederzeit unterbrechen und selber etwas erzählen. Kurz: Es findet ein ungezwungenes Gespräch statt.
- Ein mündlicher Rapport einer Mitarbeiterin an die Abteilungsleiterin ist ein komplementäres Gespräch. Die Mitarbeiterin antwortet möglichst präzise auf die Fragen der Abteilungsleiterin. Die Rollen sind klar verteilt. Die Chefin fragt, die Mitarbeiterin antwortet nur auf diese Fragen.

Beim komplementären Gespräch (z. B. Rapport) sind die Rollen klar verteilt: Die Chefin fragt, die Mitarbeiterin antwortet.

Die Textsorten

■ Übersicht

Textart

Dokumentierende Texte

Beschreibung (S. 391)
- anschauliche Darstellung eines Inhalts
- objektiver und sachlicher Stil (Tatsachen)
- genaue (Fach-)Begriffe
- treffende Adjektive
- im Präsens

Bericht (S. 392)
- präzise Darstellung eines Ereignisses
- objektiver und sachlicher Stil (Tatsachen)
- Beantwortung von W-Fragen
- Beachtung der Zeitabfolge
- Darstellung von Zusammenhängen
- meist im Präteritum

Zusammenfassung (S. 393)
- knappe Übersicht über einen Inhalt
- objektiver und sachlicher Stil
- keine direkte Rede
- eigene Worte
- nüchterner und distanzierter Stil
- Beachtung der Zeitabfolge
- im Präsens

Interview (S. 479)
- Befragung einer Person
- Wechsel von offenen und geschlossenen Fragen
- Vorbereitung guter Fragen
- genaue Wiedergabe von Antworten
- Kontrolle des Textes
- meist im Präsens

Fingierende/erfindende Texte

Erzählung (S. 394)
- lebensnahe Wiedergabe einer Geschichte
- fantasievoller, persönlicher Stil
- direkte Rede
- Aufbau und Lösung von Spannung
- Personen und Handlungen im Zentrum
- im Präteritum oder im Präsens

Schilderung (S. 395)
- Stimmungsbild einer Landschaft, Person usw.
- persönlicher, emotionaler Stil
- Wiedergabe von Stimmungen und Gefühlen
- Einbau von Bildern und Vergleichen
- meist im Präteritum

Argumentierende/appellierende Texte

Kommentar (S. 396)
- persönliche Meinung zu einer Sachfrage
- sachlicher Stil
- gute Sachkenntnisse als Voraussetzung
- logische Argumente
- Stützung der Argumente mit Beweisen und mit Beispielen
- meist im Präsens

Erörterung (S. 397 f.)
- Auseinandersetzung mit einer Sachfrage
- sachlicher Stil
- umfassende Pro- und Kontra-Argumente
- Begründung der eigenen Meinung
- meist im Präsens

Stellungnahme
(siehe Glossar)

Texte in Beruf und Alltag

Geschäftsbrief (S. 399 ff.)
- Aufbau: Anlass, Absicht, Begründung, Schlusssatz
- kurz, bündig, sachlich
- formale Vorgaben

Bewerbungsschreiben (S. 403)
- Bezug zu den Anforderungen der Arbeitsstelle
- Darlegung der eigenen Motivation
- Vermittlung eines professionellen Eindrucks
- sauber, fehlerlos

Lebenslauf (S. 404 f.)
- lückenlose Dokumentation
- Betonung von Wichtigem
- aktuelle Version
- in Stichworten
- sauber, fehlerlos

E-Mail (S. 455)
- nichts Überflüssiges
- knappe Formulierung
- Betreff, Kopien, Signatur

Protokoll (S. 406)
- Wesentliches
- nachvollziehbar
- objektiv, neutral
- keine direkte Rede
- Datum, Name des Protokollführers
- im Präsens

Sprachkompetenz

Beschreibung

Beschreibung: Eine auf genauer Beobachtung beruhende, sachliche und anschauliche Darstellung eines Gegenstandes, eines Bildes, einer Person, eines Vorgangs usw.

Sprache
Kommunikation
Schreiben
Sprechen

■ Herstellungskriterien

- ein Bild, eine Zeichnung, einen Inhalt sachlich und detailliert so wiedergeben, dass Aussenstehende sich davon eine genaue Vorstellung machen können
- kein persönliches Urteil abgeben
- Präsens verwenden
- klarem Aufbau folgen (z. B. bei der Bildbeschreibung: Vordergrund, Mitte, Hintergrund; von links nach rechts)

■ Strategien und Schreibhilfen

- genau beobachten
- wesentliche Merkmale erkennen und Fachausdrücke verwenden
- Stichworte notieren
- Stichworte ordnen (logischer Aufbau, Reihenfolge einhalten)
- sachlich schreiben
- Nomen und Adjektive sammeln
- dem Vordergrund, der Mitte, dem Hintergrund zuordnen
- vorherrschende Verben festlegen (z. B. «sehen», «sein», «befinden»)
- Synonyme suchen (mithilfe des Dudens)
- jemanden auffordern, zu zeichnen, was man ihm, ihr vorliest

■ Anwendung

- Gebrauchsanleitung/Bedienungsanleitung/Anleitung
- Bildbeschreibung
- Arbeitsablauf
- Aufnahme von Tatsachen aus Fotografien, Darstellungen usw.
- Lebensgeschichte (z. B. Biografie, Arbeitsbiografie)

■ Stolpersteine

- Durcheinander (falsche Abfolge)
- ungenaue Begriffe
- Präteritum anstelle von Präsens
- persönliche Kommentare

■ Beispiel

Blitz

Ein Blitz dauert durchschnittlich $\frac{1}{1000}$ bis $\frac{1}{100}$ Sekunde. Er gleicht dabei Spannungen bis zu 400 Millionen Volt aus. Es werden Stromstärken bis zu 100 000 Ampere gemessen. Der Donner wird durch Lufterschütterungen ausgelöst, die vom Blitz verursacht werden. Da die Geschwindigkeit des Lichts viel grösser ist als diejenige des Schalls, folgt der Donner erst einige Zeit nach dem Blitz.

Bericht

> **Bericht:** Beschreibt objektiv, ohne persönliche Wertung, einen Sachverhalt, eine Handlung oder ein Ereignis.

■ Herstellungskriterien

- wichtigste Information am Anfang
- Hauptteil: sechs W-Fragen: Was ist geschehen? Wo ist etwas geschehen? Wann ist es geschehen? Wer ist beteiligt gewesen? Wie ist es geschehen? Was sind die Gründe dafür?
- Schluss: Frage oder Feststellung
- Beachten des Zeitablaufs der Ereignisse
- indirekte und direkte Rede
- Fakten im Präsens – Abläufe, Ereignisse im Präteritum
- keine unwichtigen Details

■ Strategien und Schreibhilfen

- Begründung: weil, denn, deshalb, nämlich
- Gegensatz: doch, aber, trotzdem, obwohl
- Zeit: bevor, nachdem, als, wie

■ Anwendung/Zweck

- Bericht in den Medien (über Politik, Wirtschaft, Sport usw.)
- Polizeibericht
- Jahresbericht der Firma, des Vereins
- Erlebnisbericht (Ferien, Ausflug)
- Handlungsbericht (Arbeit, Sport usw.)
- Unfallhergang
- Lebensgeschichte (Biografie, siehe Glossar)

■ Stolpersteine

- zu emotional, wenn man sachlich schreiben sollte
- persönliche Vermutungen statt Fakten
- direkte Rede ohne Personenangabe
- Abläufe nicht in der richtigen Abfolge
- W-Fragen vergessen

■ Beispiel

Millionenschaden bei Brand in Zürich

Bei einem Brand in der obersten Etage eines Geschäftshauses beim Bahnhof Zürich-Enge ist gestern ein Millionenschaden entstanden. Verletzt wurde niemand. Wie die Stadtpolizei Zürich heute bekannt gab, war das Feuer kurz vor 20.30 Uhr ausgebrochen. Brandursache waren Renovationsarbeiten am Dach. Durch eine Unachtsamkeit beim Verschweissen ist es in einem Hohlraum hinter der Fassade zu einem Glimmbrand gekommen, der sich später zu einem Vollbrand entwickelte. Der Feuerwehr gelang es rasch, den Brand zu löschen. […]

Zusammenfassung

Zusammenfassung: Gibt eine knappe Übersicht zum Inhalt eines Sachtextes, eines Buches, eines Filmes usw. Oft spricht man auch von einer Inhaltsangabe.

■ Herstellungskriterien

- Wiedergabe von wesentlichen Elementen eines Inhalts
- in eigenen Worten
- keine direkte Rede
- keine Ich-Form
- Präsens
- chronologisch (zeitlich logische Folge)
- sachlicher Schreibstil

■ Strategien und Schreibhilfen

- Zahlen, Erklärungen, Absichten im Text markieren
- Markiertes mit einem Stichwort am Rand versehen
- aus den Stichwörtern die Zusammenfassung schreiben
- vor dem Schreiben überlegen, wie man den Inhalt gegenüber einem Kollegen, einer Kollegin wiedergeben würde

■ Anwendung/Zweck

- Prüfungsstoff bearbeiten
- sich das Verständnis eines schwierigen Textes erarbeiten
- gegenüber anderen Kolleginnen, Kollegen einen Sachverhalt oder den Inhalt eines Buches, eines Filmes usw. wiedergeben
- Vertiefungsarbeit: Zitate nicht wörtlich übernehmen, sondern in eigenen Worten schreiben

■ Stolpersteine

- persönliche Meinung einfliessen lassen
- zu viele Details wiedergeben
- Durcheinander in der Abfolge anrichten
- Spannung aus einem Text wiedergeben
- verschiedene grammatische Zeiten verwenden (z. B. Präsens und Präteritum)

■ Beispiel

«Die Verwandlung» von Franz Kafka: Zusammenfassung

Gregor ist Handelsreisender, arbeitet für eine Firma und unterhält so mit seinem Lohn seine Eltern und seine Schwester. Der Vater arbeitet nicht. Eines Tages klopfen seine Eltern an seiner Tür und wollen sich nach ihm erkundigen, doch Gregor bringt nur noch tierisch verzerrte Laute heraus, was er selber aber noch nicht merkt. Als Gregors Mutter ihn erblickt, weicht sie entsetzt in die Küche aus und der Vater wendet sich ab. Nur die Schwester kümmert sich in der Folge um ihren in einen Käfer verwandelten hilflosen Bruder.

Eines Tages bewirft der aufgebrachte Vater Gregor mit Äpfeln und verletzt ihn. Gregor wird in der Folge immer schwächer und stirbt schliesslich. Nachdem Gregors Familie den Leichnam aus dem Haus transportiert hat, macht sie einen Ausflug ins Grüne und plant ihre Zukunft neu.

Erzählung

Sprache
Kommunikation
Schreiben
Sprechen

> **Erzählung:** Gibt erlebte, gehörte oder erfundene Geschehnisse ausführlich, handlungsreich und spannend wieder.

■ Herstellungskriterien

- nicht Informationen, sondern Spannung und Fantasie stehen im Vordergrund
- Präsens (direkte Rede) und Präteritum (eigentliche Handlung) im Wechsel verwenden
- direkte und indirekte Rede im Wechsel einbauen
- Aufbau:
  - Einleitung: Heranführen an das Geschehen und die Personen
  - Hauptteil: Aufbau von Spannung mit Höhepunkt
  - Schluss: Auflösung der Spannung
- aus Ich-, Sie-, Er- oder Wir-Perspektive schreiben

■ Strategien und Schreibhilfen

- sich an einen Film oder an einen spannenden Roman erinnern. (Wie beginnt er? Wie wird Spannung erzeugt?)
- Personen und Handlungen auflisten
- Personen und Handlungen ordnen (z. B. mit Mindmap, siehe S. 462)
- Gefühle, Vermutungen usw. ausdrücken

■ Anwendung/Zweck

- Erlebnisse erzählen
- Geschichten nacherzählen
- Fantasiegeschichten erzählen
- Fabeln, Anekdoten, Witze erzählen
- Menschen unterhalten
- Fantasie anregen
- aus der Literatur Nutzen für das eigene Leben ziehen
- Menschenkenntnis entwickeln

■ Stolpersteine

- kein klares Konzept
- alles schon am Anfang verraten
- keine Spannung
- Handlungen nicht nachvollziehbar
- plötzlicher Wechsel, z. B. von der Ich- zur Wir-Form

■ Beispiel

«Barthli der Korber» von Jeremias Gotthelf (Ausschnitt)

«Sieh, dort kommt er, und es pressiert ihm!», sagte die Nachbarin. «Hätte nicht geglaubt, dass Barthli noch so schnelle Beine hätte.» Da flammte es vor ihren Augen, […] dass beide die Hände vor die Augen schlugen, ein entsetzlicher Donner betäubte die Menschen, die Erde erzitterte, und ehe sie noch zueinander gesagt
«Gott, mein Gott!», […]

Schilderung

> **Schilderung:** Eine bildhafte und gefühlvolle persönliche Darstellung einer Sache, einer Landschaft oder einer Person.

Sprache
Kommunikation
Schreiben
Sprechen

■ Herstellungskriterien

- persönlich und gefühlvoll Stimmungen oder Gefühle wiedergeben
- von einer Erinnerung oder einem Erlebnis ausgehen
- sich überlegen, ob beim Lesen ein inneres Bild entsteht
- schildern = malen

■ Strategien und Schreibhilfen

- eigene Fantasie brauchen
- viele Adjektive einflechten
- Bilder (Metaphern) verwenden (siehe Beispiel unten: «Ein überraschender Wind jaulte auf»)
- Vergleiche anstellen (siehe Beispiel unten: «Der Himmel wurde gelb wie Gift»)

■ Anwendung/Zweck

- Stimmungsbild
- Charakteristik
- Erlebnisschilderung

■ Stolpersteine

- zu sachlich
- wenig Adjektive
- viele Wortwiederholungen
- zu kitschig, zu übertrieben

■ Beispiel

«Das Gewitter» von Wolfgang Borchert (Ausschnitt)

Der Himmel war grün. Und es roch nach Angst. Der Abend roch nach Bier und gebratenen Kartoffeln. Die engen endlosen Strassen rochen nach Menschen, Topfblumen und offenen Schlafzimmerfenstern.

Der Himmel wurde gelb wie Gift. Die Welt verstummte vor Beklemmung. Nur ein Riesenautobus schnob urweltlich und asthmatisch vorbei. Er liess eine Andeutung von Ölruch in der Luft […]

Ein überraschender Wind jaulte auf, hob einen Fetzen Papier auf, schepperte eine leere Konservendose gegen die Steine und hetzte wie hundert hungrige Hunde durch die gelähmte Stadt.

Riesige Regentropfen klatschten kalt und rhythmisch auf die Strassen. Als der erste Blitz wie ein Riss über den Himmel ging, griff das Mädchen nach der Hand des jungen Mannes und drückte sie gegen ihre Brust. Der Donner bellte gereizt über den Dächern. Die beiden Menschen schlossen für Sekunden die Augen.

Kommentar

Sprache
Kommunikation
Schreiben
Sprechen

Kommentar: Darin wird eine persönliche Meinung zu einem Sachverhalt oder zu einem Ereignis geäussert.

■ Herstellungskriterien

- als Voraussetzung: gute Sachkenntnisse erwerben
- Ausgangslage objektiv darlegen
- persönliche Ansicht äussern
- Beispiele und Beweise anfügen
- Schlussfolgerung ziehen
- keine direkte Rede verwenden
- im Präsens schreiben

■ Strategien und Schreibhilfen

- erklären, worum es geht
- Hinweise geben
- eigene Meinung kundtun
- Schlussfolgerungen ziehen

(In Zeitungskommentaren wird die Ich-Form vermieden.)

■ Anwendung/Zweck

- Diskussionen bei Abstimmungen, Wahlen, kontroversen Themen
- Schlusswort in der Vertiefungsarbeit
- eigene Meinung zu (politischen) Fragen

■ Stolpersteine

- zu persönlich, zu emotional
- mangelnde Sachkenntnisse
- unlogische Argumentation

■ Beispiel

Im Rausch des Sammelns von Einsen und Nullen (NZZ, 11.11.2019, Ausschnitt)

Daten sind heute – wie Karl Marx vielleicht gesagt hätte – voll metaphysischer Spitzfindigkeit und theologischer Mucken. Und haben sicher auch ein Stück weit Fetischcharakter. Nur dass bei ihnen, im Vergleich zur Ware, der Nutzwert vielleicht weniger selbstverständlich ist als der Tauschwert. Ja, man könnte sogar sagen, dass ihr Nutzwert fetischisiert wird – alle wissen, dass sie etwas wert sind, nur noch nicht genau, wie viel es sein soll. Zahlreiche Unternehmen Silicon Valleys horten sie in der Hoffnung, sie zu Geld machen zu können; Staaten sammeln sie und kontrollieren sie in der Hoffnung, sie zur Verbrechensbekämpfung einsetzen zu können; reiche Investoren subventionieren Unternehmen, die zwar ständig mit ihrem Hauptgeschäft Geld verlieren, aber eben nebenher auch eifrig Daten produzieren.

Sprachkompetenz

Erörterung

Erörterung: Darin wird ein eigener Standpunkt zu einer Sachfrage gefunden und mit Argumenten begründet.

Sprache
Kommunikation
Schreiben
Sprechen

■ Herstellungskriterien

- sich sachlich für etwas entscheiden
- Einleitung: das Thema vorstellen
- Hauptteil: Pro und Kontra einander gegenüberstellen
- Schluss: eigene Meinung äussern

■ Strategien und Schreibhilfen

- Argumente aus Zeitungen, Onlinemedien usw. sammeln
- Liste mit Argumenten anfertigen
- Argumente auswählen: pro und kontra
- eigene Meinung mit Argumenten stützen
- Argumente mit Beispielen belegen und stützen
- Einleitung: auf die Vergangenheit zurückgreifen: «Schon früher …» / «Immer wieder hört man …»
- Hauptteil gliedern: erstens, zweitens, jedoch, weil, trotzdem, ausserdem
- Schlusspunkt setzen: meiner Meinung nach, deshalb finde ich …

■ Anwendung/Zweck

- sich in einer Sache kundig machen und eine eigene Meinung bilden
- Diskussionen vorbereiten
- sich bei Abstimmungsvorlagen entscheiden
- lernen, sich zu entscheiden; auf sachliche Argumente zurückgreifen
- Vertiefungsarbeit: Vor- und Nachteile einer Sache darlegen

■ Stolpersteine

- einseitige Darstellung
- keine Argumente, nur Behauptungen
- Fake News
- zu wenig Beispiele

■ Beispiel zur Frage: Soll das Rauchen verboten werden?

1. Stoffsammlung

Pro	Kontra
Man sollte das Rauchen verbieten, denn:	Man sollte das Rauchen nicht verbieten, denn:
1. Rauchen ist ungesund. 2. Rauchen ist sinnlos. 3. Staat muss seine Bürger schützen. 4. Nichtraucher rauchen passiv mit. 5. Rauchen macht abhängig.	6. Der Staat nimmt eine Menge Steuern ein. 7. Raucher unterstützen das Rentensystem, da sie früher sterben. 8. Es ist die Freiheit jedes Einzelnen. 9. Rauchen macht Spass.

Argumente 1, 3, 4, 5 und 6, 8, 9 werden im Folgenden aufgegriffen.

2. Ausformulierung der Argumente

Pro 1	Rauchen ist ungesund.
Beleg	Es führt zu schweren Erkrankungen (wissenschaftlich nachgewiesen).
Beispiel	Pro Tag sterben in der Schweiz 25 Menschen daran.
Pro 3	Der Staat muss seine Bürger schützen.
Beleg	Der Staat ist dazu da, für unser Wohlergehen zu sorgen.
Beispiel	Verkehrsregeln, Verbot von harten Drogen
Pro 4	Nichtraucher rauchen passiv mit.
Beleg	Passiv rauchen führt ebenfalls zu schweren Erkrankungen. Nichtraucher können aber nichts dafür!
Beispiel	In den USA klagen viele Passivraucher, die Lungenkrebs haben, obwohl sie noch nie geraucht haben.
Pro 5	Rauchen macht abhängig.
Beleg	Das im Tabakblatt enthaltene Nikotin verursacht eine Abhängigkeit.
Beispiel	Bei einem Rauchstopp müssen die körperliche sowie die psychische Abhängigkeit überwunden werden.
Kontra 6	Der Staat nimmt eine Menge Steuern ein.
Beleg	Auf jede Schachtel werden rund 5 Franken Steuer erhoben.
Beispiel	In gewissen Ländern sind Zigaretten viel billiger, weil kaum Steuern bezahlt werden müssen.
Kontra 8	Es ist die Freiheit jedes Einzelnen.
Beleg	Ich habe das Recht, zu tun und zu lassen, was ich will, solange ich andere damit nicht schädige (Grundrecht!).
Beispiel	Ich darf mich ja auch in der Disco volllaufen lassen oder jede Nacht nur zwei Stunden schlafen.
Kontra 9	Rauchen macht Spass.
Beleg	Nikotin ist eine Droge; wenn man eine Zigarette raucht, fühlt man sich sofort wohler und entspannter.
Beispiel	Alle Raucher, die ich kenne, rauchen gerne.

3. Eigene Meinung zum Schluss

Ich bin dafür:
- stütze meine Meinung mit Pro 1, 4 und 5
- widerlege Kontra 6: Der Staat soll bessere Steuerquellen finden.
- widerlege Kontra 8: Die Freiheit (der Raucher) endet dort, wo die Freiheit (der Nichtraucher) eingeschränkt wird.
- pointierter Schlusssatz

Korrespondenz

Korrespondenz: Bezeichnung für den schriftlichen Austausch von Mitteilungen.

■ Geschäftskorrespondenz

In der Geschäftswelt werden nach Möglichkeit elektronische Kommunikationsmittel wie etwa E-Mails eingesetzt. Das geschriebene Wort hat aber auch im Geschäftsverkehr mehr Gewicht als das gesprochene:

- Abmachungen werden genauer eingehalten.
- Bei Meinungsverschiedenheiten dient der Brief als sichere Grundlage oder vor Gericht als Beweis.
- Schriftlichkeit gibt dem Absender, der Absenderin und dem Empfänger, der Empfängerin mehr Sicherheit und Klarheit.
- Für gewisse Briefe (z. B. Kündigung einer Mietwohnung) schreibt das Gesetz sogar die schriftliche Form vor.

■ Aufbau eines Geschäftsbriefes

Einen Geschäftsbrief schreibt man, weil man ein Ziel erreichen will. Ein klarer inhaltlicher Aufbau ist dazu erforderlich. Der Inhalt eines solchen Briefes besteht neben dem Titel aus vier Textbausteinen:

Geschäftsbrief
muster-vorlage.ch

1. Anlass	Warum schreibe ich? Was veranlasst mich zu schreiben? Hier nehme ich Bezug auf eine Situation, eine Ausgangslage.
2. Absicht	Was will ich mit dem Brief erreichen? Die Absicht oder das Ziel muss klar und verständlich beschrieben werden.
3. Begründung	Wie will ich meine Absicht begründen? Überzeugend begründete Absichten erreichen ihr Ziel eher.
4. Schlusssatz	Ein Schlusssatz rundet den Brief ab.

Die Reihenfolge dieser vier Teile ist nicht zwingend. Logischerweise steht der Anlass jedoch am Anfang.

Nicht jeder Geschäftsbrief besteht aus vier Teilen. Es gibt auch dreiteilige Briefe. Was sicher nicht fehlen darf, ist die Absicht.

■ Sprache und Stil

- Ein Brief wird kurz, bündig, sachlich, präzise und höflich geschrieben. Der Stil soll aber nicht allzu trocken wirken.
- Der Empfänger, die Empfängerin muss sofort erkennen können, welche Absicht der Absender, die Absenderin verfolgt.
- Der Text muss frei von orthografischen und grammatikalischen Fehlern sein.
- Höflichkeitspronomen wie «Sie», «Ihnen», «Ihr» werden grossgeschrieben.
- «Du», «Deiner» usw. können gross- oder kleingeschrieben werden.

Regeln für die Form des Geschäftsbriefes

Für Geschäftsbriefe gibt es verschiedene Darstellungsarten. Viele Firmen verwenden eigene Layouts. Das folgende Beispiel zeigt einen Geschäftsbrief einer Privatperson.

Linksbündiges Schema (ein Vorschlag)

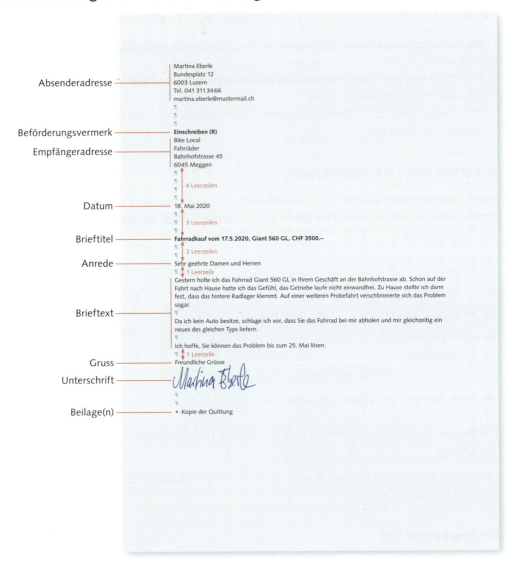

Papier	Man verwendet ein sauberes, unlineriertes A4-Blatt. Findet der Brief nicht auf einer Seite Platz, muss ein zusätzliches Blatt Papier verwendet werden (die Rückseite eines Geschäftsbriefes bleibt immer leer!).
Ränder	• oben und unten mind. 2,5 cm • links 3,0 cm • rechts 2,5 cm
Abstände	Zwischen den einzelnen Teilen des Briefes werden Abstände gemacht. Je nach Textlänge dienen die Abstände dazu, dem Brief ein ansprechendes Aussehen zu geben.
Absenderadresse	• Vorname, Name (ohne Herr oder Frau) • Adresse, PLZ, Ort • Telefon und E-Mail-Adresse

Datum	Der Ort muss vor dem Datum nicht wiederholt werden. Der Monat soll ausgeschrieben (keine Abkürzung) oder mit einer Ordnungszahl bezeichnet werden.
Beförderungsvermerke	• **Einschreiben (R):** bedeutet erhöhte Sicherheit, z.B. wenn Fristen und Termine eingehalten werden müssen. Zudem haftet die Post generell bis zu CHF 500.–, falls der Inhalt von Wert ist. Der Empfänger, die Empfängerin muss den Empfang schriftlich bestätigen. • **Express:** bedeutet besondere Dringlichkeit
Empfängeradresse	Wird die Empfängerin vor der Firma genannt, so wird der Brief direkt und ungeöffnet an diese geliefert. Die Anrede (Frau/Mann) steht in diesem Fall nicht auf derselben Zeile wie der Name. Wenn die Firma zuerst genannt wird, öffnet der Empfang die Sendung zuerst. *Frau* *Schindler AG* *Noemi Bühler* *Frau Noemi Bühler* *Schindler AG* *Zugerstrasse 13* *Zugerstrasse 13* *6030 Ebikon* *6030 Ebikon*
Brieftitel	Der Brieftitel gibt ganz kurz an, worum es im Brief geht. Darum ist es wichtig, dass er treffend gewählt wird. Der Brieftitel wird nicht unterstrichen, aber fett ausgezeichnet.
Anrede	Steht der Name einer Einzelperson in der Empfängeradresse, gehört eine persönliche Anrede zum Brief. • *Sehr geehrte Frau Bühler* • *Guten Tag Frau Bühler* Ist der Brief unpersönlich adressiert, ist eine allgemeine Anrede üblich. • *Sehr geehrte Damen und Herren* • *Guten Tag (ist auch in unpersönlichen Geschäftsbriefen zu finden)*
Text	Der Text ist sauber geschrieben und wird in Abschnitte gegliedert. Korrekturen sind nicht erlaubt. Der Ton ist immer freundlich. Der Schlusssatz ist immer ein ganzer Satz. Beispiele sind: • *Wir danken Ihnen für Ihre Bemühungen.* • *Wir hoffen, dass die Angelegenheit bis zum 3. November 2020 erledigt werden kann, und danken Ihnen für Ihr Verständnis.*
Gruss	• *Freundliche Grüsse* • *Liebe Grüsse*
Unterschrift	Die Unterschrift muss leserlich sein.
Beilagen	Das Wort «Beilagen» ist überflüssig. Die Bemerkung «Beilagen erwähnt» gehört in keinen Brief. Beispiele sind: • *Kopie Schulzeugnis der Berufsfachschule* • *Kopie Arztrechnung*

■ Am Computer geschriebener Brief (Couvert mit Sichtfenster rechts)

Bewerbungsschreiben

Im Bewerbungsschreiben (siehe S. 32) macht man diskret Werbung für seine berufliche Qualifikation. Man legt ausführlich dar, was aus den Daten im Lebenslauf nicht unbedingt hervorgeht:

- warum man geeignet für die Stelle ist und
- was einen besonders daran reizt.

Ziel des Bewerbungsschreibens ist in der Regel die Einladung zu einem Vorstellungsgespräch.

■ Vorbereitung

- Zuerst analysiert man das Stelleninserat. Man markiert alle wichtigen Informationen, insbesondere alle geforderten Fähigkeiten sowie die Vorzüge der Stelle für einen selbst.
- Dann informiert man sich über die Stellenanforderungen und das Unternehmensprofil (z. B. Website, Telefongespräch mit dem oder der Personalverantwortlichen oder der aktuellen Stelleninhaberin).

■ Umsetzung

- In der Anrede wird die Personalverantwortliche mit Namen angesprochen.
- Man nimmt kurz Bezug auf das Stelleninserat bzw. das Telefongespräch.
- Man zeigt konkret und vollständig, dass man über die wesentlichen Fähigkeiten verfügt. Man soll nicht denken: «Das steht ja im Lebenslauf.»
- Man erläutert, weshalb man sich genau für diese Stelle interessiert. Man legt deutlich seine eigene Motivation dar, warum man die Stelle haben will. Dieser Punkt interessiert den Empfänger sehr. Daher wird das Bewerbungsschreiben auch «Motivationsschreiben» genannt. Man darf aber nicht übertreiben. Nicht gut ist es, wenn man zum Beispiel schreibt: «Dies ist meine Traumstelle.»
- Das Bewerbungsschreiben muss eine persönliche Note haben.
- Es gelten die Anforderungen an einen Geschäftsbrief: Kürze, Prägnanz, Übersichtlichkeit und eine natürliche, floskellose Sprache.
- Das Erscheinungsbild des Begleitbriefs soll mit dem Layout des Lebenslaufs übereinstimmen.
- Wichtig ist der erste Eindruck, den das Dossier macht. Personalverantwortliche verwenden für die erste Durchsicht nur 1 bis 2 Minuten.
- Bevor man das Bewerbungsschreiben absendet, soll man sich von mehreren Personen eine Rückmeldung auf den Brief geben lassen.

■ Form

- Der Brief ist in Abschnitte gegliedert:
    - Anlass mit Bezug auf die Stellenausschreibung (evtl. auf Telefongespräch)
    - eigene Fähigkeiten
    - persönliche Motivation
    - Interesse an der Stelle
    - Schluss mit Angebot zu einem persönlichen Gespräch
- Hochtrabende Wörter und Übertreibungen sind zu vermeiden.
- Die Darstellung muss sauber und übersichtlich sein.
- Der Brief ist fehlerfrei verfasst.
- Alle Beilagen sind vermerkt (siehe Geschäftsbrief, S. 399 ff.).
- Das Bewerbungsschreiben verfasst man nur handschriftlich, wenn dies ausdrücklich verlangt wird.

Lebenslauf

Sprache
Kommunikation
Schreiben
Sprechen

Der Lebenslauf (siehe S. 32) dokumentiert in tabellarischer Übersicht die beruflichen und sonstigen Fähigkeiten einer Person, die im Zusammenhang mit einer bestimmten Tätigkeit wichtig sind. Zusammen mit dem Bewerbungsschreiben ist der Lebenslauf ein unverzichtbares Instrument bei der Stellensuche. Er enthält alle persönlichen Daten: die Personalien, die Berufserfahrung, die Stationen der schulischen und beruflichen Ausbildung und die Weiterbildungen sowie die persönlichen Fähigkeiten.

Die Europäische Union hat als Hilfsmittel ein Lebenslauf-Muster entwickelt: den Europass. Er kann individuell angepasst werden.

Lebenslauf
europass.cedefop.
europa.eu

Curriculum vitae
europass.cedefop.
europa.eu

■ Vorbereitung

- Zuerst lädt man die Vorlage eines Lebenslaufs herunter.
- Dann trägt man alle Daten und Dokumente zusammen, die man für das Erstellen des Lebenslaufs brauchen könnte.

■ Umsetzung

- Alle Rubriken des Lebenslaufs, die für die Stelle wichtig sind, werden ausgefüllt. Sparten, die nicht auf einen zutreffen oder unwichtig sind, werden gelöscht. Im Zweifelsfall listet man eher zu viele als zu wenige Daten auf. Es muss aber darauf geachtet werden, dass das Wichtige klar hervortritt.
- Lücken im Lebenslauf (Jahre oder Monate, über die nichts ausgewiesen ist) sind zu vermeiden.
- Die Tätigkeiten ordnet man in den Rubriken «Berufserfahrung» und «Schul- und Berufsbildung» in umgekehrter chronologischer Reihenfolge: Man beginnt mit der am kürzesten zurückliegenden Tätigkeit bzw. Ausbildung.
- Der Text wird überprüft: Er muss inhaltlich, sprachlich und grammatikalisch absolut fehlerlos sein.
- Man sollte den Text gegenlesen lassen.
- Ein ästhetisch gelungenes, qualitativ hochwertiges und aktuelles Foto (direkt in das Dokument eingefügt) gehört zu einer Bewerbung.
- Das Layout gestaltet man attraktiv und übersichtlich. Die Bewerbung soll ein eigenes Gesicht haben, darf aber nicht verspielt wirken. Wenn nicht ausdrücklich etwas anderes gefordert ist, wird die tabellarische Form verwendet.
- Die Dokumente werden zu einem übersichtlichen Dossier geordnet:
  1. Bewerbungsschreiben
  2. Lebenslauf
  3. übrige Dokumente (z. B. Kopien von Schul- und von Arbeitszeugnissen, Referenzen). Referenzen sind Auskünfte über Personen. Diese Auskünfte werden bei Leuten eingeholt, die aufgrund ihrer Funktion einen vertieften Einblick über eine Person gewonnen haben.
  Bei Stellenbewerbungen gibt der Stellenbewerber zwei bis drei Referenzpersonen an, die solche Auskünfte über ihn erteilen können. Im Bewerbungsschreiben nennt man deren vollständige Adresse mit Telefonnummer, evtl. E-Mail-Adresse und gibt ihre Funktion an (z. B. Arbeitgeber, Sporttrainerin). Bei Referenzpersonen wird vorher angefragt, ob man sie als Referenz im Bewerbungsschreiben angeben darf. Arbeitskolleginnen und -kollegen und Familienmitglieder eigenen sich nicht als Referenzpersonen.
- Vorhandene gespeicherte Dateien müssen jeweils dem neuesten Stand angepasst werden.

Lebenslauf-Muster gemäss Europass (vereinfacht)

Lebenslauf

[Foto]
Porträt, eingescannt in guter Qualität, farbig

Angaben zur Person
- Nachname(n)/Vorname(n)
- Adresse(n)
- Telefon
- Handy
- E-Mail
- Staatsangehörigkeit
- Geburtsdatum
- Geschlecht

Berufserfahrung
- Zeitraum (mit der am kürzesten zurückliegenden Berufserfahrung beginnen und für jeden relevanten Arbeitsplatz separate Eintragungen vornehmen)
- Beruf oder Funktion
- Wichtigste Tätigkeiten und Zuständigkeiten
- Name und Adresse des Arbeitgebers
- Tätigkeitsbereich oder Branche

Schul- und Berufsbildung
- Zeitraum
- Bezeichnung der erworbenen Qualifikation
- Hauptfächer/berufliche Fähigkeiten
- Name und Art der Bildungs- oder Ausbildungseinrichtung
- Stufe der nationalen oder internationalen Klassifikation

Persönliche Fähigkeiten und Kompetenzen
- Muttersprache(n)
- Sonstige Sprache(n) mit Selbsteinschätzung (Verstehen, Sprechen, Schreiben)
- Soziale Fähigkeiten und Kompetenzen
- Organisatorische Fähigkeiten und Kompetenzen
- Technische Fähigkeiten und Kompetenzen
- PC-Anwenderkenntnisse
- Künstlerische Fähigkeiten und Kompetenzen
- Sonstige Fähigkeiten und Kompetenzen
- Führerschein(e)
- Zusätzliche Angaben
- Beilagen

Sprache
Kommunikation
Schreiben
Sprechen

Protokoll

Das Protokoll ist die Zusammenfassung der Abmachungen, die bei einer Zusammenkunft (Arbeitsbesprechung, Generalversammlung, Vereinssitzung, Gerichtsverhandlung, Lektion usw.) getroffen worden sind. Als verbindliche Informationsquelle muss das Protokoll für alle Beteiligten, auch Abwesende, verständlich sein.

■ Drei Protokollarten

Man unterscheidet nach Ausführlichkeit drei Arten von Protokollen:

Wörtliches Protokoll
Es wird jedes gesprochene Wort im Protokoll festgehalten.
Wörtliche Protokolle werden vor allem in Gerichten und Parlamenten verfasst.

Verlaufsprotokoll
Die Entwicklungen werden dokumentiert, wichtige Bemerkungen und Voten der Teilnehmenden werden knapp zusammengefasst.
Verlaufsprotokolle finden besonders bei Diskussionen und im Unterricht Verwendung.

Beschlussprotokoll/Ergebnisprotokoll
Es werden lediglich die Beschlüsse aufgeschrieben. Beschlussprotokolle werden bei Verhandlungen erstellt.

■ Vorbereitung

Für Sitzungen beispielsweise können Vorbereitungen zum Schreiben des Protokolls getroffen werden:
- Ein Dokument (z. B. Word) wird vorher angelegt.
- Bezeichnung, Ort, Datum und Uhrzeit, Teilnehmende sowie Traktanden werden bereits aufgeschrieben.
- Unterlagen werden mit Nummern den einzelnen Traktanden zugeordnet.

■ Umsetzung

- Das Protokoll hat einen übersichtlichen Aufbau:
  - Bezeichnung der Zusammenkunft
  - Ort, Datum, Uhrzeit (Beginn, Ende)
  - Teilnehmende: Anwesende, Abwesende (entschuldigt/unentschuldigt)
  - Name der/des Protokollierenden
  - Traktanden-/Themenliste
  - Protokolltext, gegliedert nach Traktanden-/Themenliste (bei grossen Traktanden nimmt man eine numerische Gliederung vor: 1.1, 1.2, 1.3 usw.)
  - Datum der Abfassung und Unterschrift der/des Protokollierenden
- Der Stil ist neutral und objektiv.
- Die Beiträge werden in indirekter Rede wiedergegeben, nur in Ausnahmefällen verwendet man die direkte Rede (z. B. Protokoll einer Zeugeneinvernahme).
- Das Protokoll wird erst rechtskräftig, wenn es in der folgenden Sitzung vom zuständigen Gremium genehmigt worden ist.

Diskussion

Eine Diskussion (von lat. discutio: zertrümmern, beseitigen, vertreiben) ist ein Gespräch zwischen zwei oder mehreren Teilnehmenden, in dem über ein bestimmtes Thema gesprochen (diskutiert) wird, wobei jede Seite ihre Argumente vorträgt.

Sprache
Kommunikation
Schreiben
Sprechen

■ Grundlegende Diskussionsformen

Diskussionen werden normalerweise in einer der folgenden vier Formen durchgeführt:

Interview

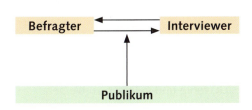

Streitgespräch

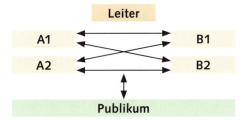

Besprechung

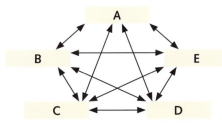

Podiumsdiskussioin

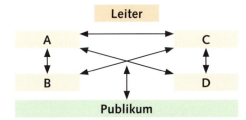

■ Diskussionsanlässe

Diskussionsform	Beschreibung	Ziel
Interview	Es geht darum, herauszufinden, was die Teilnehmenden bevorzugen. Man fragt einander aus. Im Vordergrund steht die Darlegung.	Meinungen/ Haltungen klären
• Rundgespräch • Besprechung • Freies Gespräch	Die Teilnehmenden legen ihre Meinung dar. Gegebenenfalls versuchen sie, sich zu einigen. Im Vordergrund steht die Auslegung der Gedanken.	Gedanken austauschen
• Podium • Debatte • Streitgespräch	Die Teilnehmenden nehmen feste Positionen ein, die sie vertreten. Sie versuchen zu überzeugen, meistens nicht das Gegenüber, sondern das Publikum. Im Vordergrund stehen möglichst überzeugende Argumente.	Positionen vertreten
• Einigungsgespräch • Beschlussfassung	Verschiedene Positionen müssen zusammengeführt werden (z. B. wenn gemeinsam etwas unternommen werden soll). Vor- und Nachteile werden abgewogen. Im Vordergrund steht der Entscheid, der möglichst viele (alle) Teilinteressen abdeckt.	Entscheid finden

Leitfaden: Diskussion

Sprache
Kommunikation
Schreiben
Sprechen

Diskussionen sollten möglichst zu einem Ziel führen. Die Diskussionsleitung hat dafür zu sorgen, dass alle Teilnehmenden zu Wort kommen und niemand dominiert. In der Regel wird die Diskussionszeit begrenzt.

■ Tipps zur erfolgreichen Gesprächsführung

1. Bereiten Sie sich auf das Gespräch vor. Werden Sie sich darüber klar, was Sie erreichen wollen. Stellen Sie sich auf Ihre Gesprächspartner ein. (Welche Argumente werden sie vorbringen?)
2. Hören Sie den anderen geduldig zu. Nehmen Sie sie ernst und bemühen Sie sich, sie zu verstehen.
3. Lassen Sie den anderen ausreden – seinen Ärger abladen. Warten Sie, bis alle «Dampf abgelassen» haben.
4. Erheben Sie nicht die Stimme. Bemühen Sie sich, ruhig und gelassen zu bleiben. Wirklich gehört wird nur eine ruhige, bestimmte Stimme.
5. Verteidigen und rechtfertigen Sie sich nicht, sondern beschreiben Sie, was Sache ist.
6. Fällen Sie keine Werturteile, sondern beschreiben Sie Ihre Eindrücke. Nicht: «Deine Haltung ist unverständlich», sondern: «Ich verstehe deine Haltung nicht.»
7. Bleiben Sie beim aktuellen (Streit-)Punkt.
8. Behaften Sie den anderen nicht auf seiner früheren Meinung. Nicht: «Aber du hast doch selbst gesagt, …»
9. Fahren Sie keine Geschütze auf, die der Situation unangemessen sind. Nicht: «Du bist ja bekannt dafür, dass …»
10. Vermitteln Sie den anderen das Gefühl, dass Sie wirklich zugehört haben.
11. «Ich verstehe dich gut, auch mir ist …»
12. Lassen Sie sich nicht überrumpeln. Lassen Sie sich Zeit zum Nachdenken. Fragen Sie nach.
13. Verweisen Sie auf Gemeinsamkeiten. «Hierin sind wir uns einig.»
14. Bieten Sie Alternativen an. «Wenn du …, dann könnten wir doch …»
15. Fassen Sie zusammen, was bisher erreicht wurde.

Nach Hohenadl, Christa: Kommunikationstraining: richtig hören, verstehen, reden. Stuttgart (Klett) 2001, 4. Auflage, S. 55.

Das Argument

Ein Argument begründet oder widerlegt eine Aussage. Eine zusammenhängende Darlegung von Argumenten nennt man Argumentation. Werden verschiedene Argumente zu einem Sachverhalt zusammengetragen und geprüft, spricht man von Erörterung (siehe S. 397).

■ Begründung

Diese vier jungen Leute erklären, welche Berufswahl sie getroffen haben. Sie «begründen» die eigene Wahl jedoch auf sehr unterschiedliche Weise.

David:
«Als Hoko-Lernender kann ich mit den Gästen Japanisch reden. Zudem reise ich gerne.»

Nalia:
«Mein Beruf hat mich schon immer interessiert, weil er so vielfältig ist»

Baban:
«Ich kann gut mit Menschen kommunizieren. Darum habe ich die ideale Lehre.»

Nadine:
«Ich bin gerne mit Menschen zusammen. In meiner Lehre in einem Hotel sehe ich jeden Tag viele Menschen.»

- Dass David seine Japanisch-Kenntnisse an der Rezeption gut gebrauchen kann, ist ein gutes Argument. Reisen hat jedoch nichts mit der Ausbildung zu tun.
- Von Nalia erfährt man zwar, was ihr an ihrem Beruf gefällt, aber nicht was sie tut.
- Baban begründet gut, aber auch er nennt seine Berufswahl nicht.
- Nadine begründet gut und gibt ein Beispiel aus dem Alltag ihrer Lehre.

Gültigkeit von Argumenten

■ Die drei Teile eines Arguments

Jedes Argument besteht aus den drei Teilen:
- These (Behauptung, persönliche Meinung)
- Begründung; manchmal genügt ein einziger Begründungssatz nicht, oft benötigt man mehr als einen.

Beispiel:

These	Begründung	Beispiel
Die Senkung der Löhne drosselt den Konsum.	Begründung 1: Wenn das Einkommen der Arbeitnehmenden sinkt, sinkt auch der Konsum. Begründung 2: Wenn der Lohn sinkt, wird aus Angst vor der Zukunft mehr gespart.	Wer weniger verdient, kann weniger ausgeben. Wenn man nur noch 20 Franken statt 25 Franken pro Stunde bekommt, kauft man weniger.

Es ist auch häufig der Fall, dass statt des Beispiels ein Beleg oder ein Beweis (z. B. die Ergebnisse einer Untersuchung oder einer Befragung) herangezogen wird.

■ Tatsachenaussage – Behauptung – Urteil

Zu unterscheiden ist zwischen objektiv gültigen Tatsachen und subjektiven Ansichten und Urteilen.

Tatsachenaussage	objektiv gültig	In Discos ist es laut.
Behauptung	subjektive Meinung	In Discos werden nur Stummelsätze gesprochen.
Urteil	subjektives Urteil	Der Disco-Slang der Jugendlichen ist schrecklich.

■ Scheinbare Tatsachenaussage

Vorsicht: Viele Argumente gaukeln Tatsachenaussagen vor, ohne es zu sein.

Richtige Tatsachenaussage	objektiv gültig	In Discos ist es laut, weil Musik gespielt wird.
Falsche Tatsachenaussage	subjektive Meinung	In Discos ist es laut. Das mögen alle Jugendlichen.

Manipulation

Soll das Publikum überzeugt werden und erhält es nachvollziehbare Argumente? Oder will der Sprecher seine Zuhörer manipulieren? Appelliert er an die Gefühle? Mit dem Wissen um Manipulationsformen kann man besonders bei politischen Diskussionen besser zwischen echten Argumenten und reiner Rhetorik unterscheiden.

Sprache
Kommunikation
Schreiben
Sprechen

■ Das Abc der Manipulation

Abwertung	Der Redner wertet andere Positionen ab.	**Auf die Person zielend**
Angriff auf die Person	Die Rednerin attackiert ihren Gegner persönlich.	
Aufwertung	Der Redner stellt die Sachverhalte, die seiner Position nützen, übermässig heraus.	
Erzeugen eines Wir-Gefühls	Der Redner bezieht die Zuhörer so in seine Rede ein, dass sie seine Position unversehens übernehmen.	
Gefühlsappell	Der Redner appelliert an die Gefühle seiner Zuhörer und versucht, sie damit für sich und seine Sache zu gewinnen.	
Ethische Argumentation	Die Rednerin appelliert an das Pflichtgefühl ihrer Zuhörerinnen.	
Schmeichelei	Die Rednerin versucht die Zuhörerinnen für sich zu gewinnen, indem sie ihnen schmeichelt.	
Ablenkung	Die Rednerin äussert sich zu Sachverhalten, die für die Aussage unerheblich sind.	**Tatsachen verdrehend**
Bewusste Täuschung	Die Rednerin macht falsche Angaben oder blendet Sachverhalte aus.	
Gemeinplatz	Die Rednerin flüchtet sich in allgemeine Aussagen, weil ihr die Argumente fehlen.	
Pauschalisierung	Der Redner gebraucht unsachliche Verallgemeinerungen.	
Tabuisierung	Der Redner verschweigt Wichtiges oder verbietet, darüber zu sprechen.	
Totschlag-Argument	Die Rednerin gebraucht ein Argument, das scheinbar überzeugend und unwiderlegbar klingt (ohne es jedoch zu sein), um ihr Gegenüber zum Schweigen zu bringen.	
Über-/Untertreibung	Der Redner macht bei den Zuhörern Eindruck durch Überzeichnung der Realität.	
Verdrehung	Die Rednerin reisst einen objektiv richtigen Sachverhalt aus dem Zusammenhang und stellt ihn so dar, dass er ihre Argumentation stützt.	
Verschleierung	Der Redner täuscht seine Zuhörer durch bewusst ungenaue Aussagen über seine wirklichen Ziele.	

Nach Gigl, Claus: Abiturwissen Deutsch. Referat, Präsentation, Rhetorik. Stuttgart (Klett) 2006, S. 125 f.

Wortlehre

Wortlehre
Satzlehre
Zeichensetzung
Rechtschreibung

■ Die fünf Wortarten

In der deutschen Sprache werden fünf Wortarten unterschieden:

- **Verb**
- **Nomen**
- **Adjektiv**
- **Pronomen**
- **Partikel**

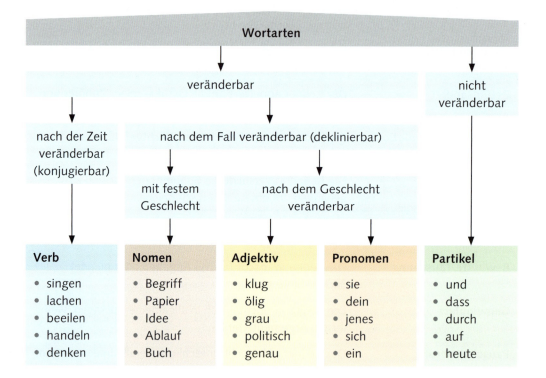

Das Verb

> **Verben:** Wörter, die eine Tätigkeit, einen Vorgang oder einen Zustand ausdrücken. Die Veränderbarkeit der Verben wird als Konjugation bezeichnet. Verben werden kleingeschrieben (siehe S. 439).

Wortlehre
Satzlehre
Zeichensetzung
Rechtschreibung

gehen, regnen, dauern, schreiben, lesen, kochen, schlafen, arbeiten, ruhen, liegen

Verben sind eine veränderbare Wortart:
- Sie können ihre Form nach Person und Zahl anpassen.
- Sie können Aktiv- oder Passivformen bilden.
- Sie können in eine grammatische Zeit gesetzt werden.
- Sie können in ihrer Aussageweise verändert werden.

■ Die Stammformen der Verben

Die Veränderung der Verben folgt Regeln. Nach welchen Regeln diese Veränderungen vorgenommen werden, kann aus den drei Stammformen abgeleitet werden:

Infinitiv	Präteritum	Partizip II
lachen	lachte	gelacht
finden	fand	gefunden
wissen	wusste	gewusst

■ Person und Zahl

Nach Zahl und Person veränderte Verbformen werden «Personalformen» genannt. Jede Personalform hat dabei eine eigene Endung (unten fett/schwarz hervorgehoben).

Zahl	Person	suchen (Infinitiv)	finden (Infinitiv)	wissen (Infinitiv)
Singular	1. Person	ich such**e**	ich find**e**	ich weiss
	2. Person	du such**st**	du find**est**	du weiss**t**
	3. Person	er/sie/es such**t**	er/sie/es find**et**	er/sie/es weiss
Plural	1. Person	wir such**en**	wir find**en**	wir wiss**en**
	2. Person	ihr such**t**	ihr find**et**	ihr wiss**t**
	3. Person	sie such**en**	sie find**en**	sie wiss**en**

■ Handlungsrichtung

Verben können in die Aktiv- oder in die Passivform gesetzt werden.

Aktiv	Der Fuchs frisst einen Feldhasen.
Passiv	Ein Feldhase wird vom Fuchs gefressen.

Die grammatischen Zeiten

Die deutsche Sprache kennt im Indikativ sechs grammatische Zeiten:

Person	Präsens Gegenwart	Präteritum Vergangenheit	Perfekt Vorgegenwart	Plusquamperfekt Vorvergangenheit	Futur I Zukunft	Futur II Vorzukunft
ich	gehe	ging	bin gegangen	war gegangen	werde gehen	werde gegangen sein
du	gehst	gingst	bist gegangen	warst gegangen	wirst gehen	wirst gegangen sein
er/sie/es	geht	ging	ist gegangen	war gegangen	wird gehen	wird gegangen sein
wir	gehen	gingen	sind gegangen	waren gegangen	werden gehen	werden gegangen sein
ihr	geht	gingt	seid gegangen	wart gegangen	werdet gehen	werdet gegangen sein
sie	gehen	gingen	sind gegangen	waren gegangen	werden gehen	werden gegangen sein

Präsens und Präteritum werden mit einfachen, nicht zusammengesetzten Verbformen gebildet. Für die Perfekt- und die Plusquamperfektformen sowie für die Futurbildung werden die Hilfsverben **sein, haben** und **werden** gebraucht.

ANWENDUNG DER GRAMMATIK

Die Vorzeitigkeit

1. Wird etwas im Präsens erzählt, so wird das, was vor dieser Gegenwart geschehen ist, im Perfekt erzählt.
   **Als Lino ins Zimmer kommt, bemerkt er sofort,
   dass jemand die schöne Vase aus dem Zimmer genommen hat.**

2. Wird etwas im Präteritum erzählt, so wird das, was vor dieser Vergangenheit geschehen ist, im Plusquamperfekt erzählt.
   **Auf der Strasse traf Max seinen Freund Luca; von diesem erfuhr er,
   dass Lino vor drei Tagen seine Weltreise angetreten hatte.**

Die Aussageweisen von Verben

Verben besitzen vier Aussageweisen: Indikativ, Konjunktiv I, Konjunktiv II, Imperativ.

■ Indikativ

Der Indikativ wird vor allem für neutrale und sachliche Aussagen verwendet und wird daher auch als «gewöhnliche Aussageweise» bezeichnet.

Er geht fort. Es schneit heute. Gestern schien die Sonne.

■ Konjunktiv I

Der Konjunktiv I ist die Aussageweise der indirekten Rede. Daneben findet er auch Verwendung bei Wünschen, Aufforderungen und Anweisungen.

Der Konjunktiv I setzt sich aus Wortstamm und Konjunktivendungen zusammen.

Zahl	Person	gehen (Infinitiv)	haben (Infinitiv)	mögen (Infinitiv)
Singular	1. Person	ich gehe	ich habe	ich möge
	2. Person	du gehest	du habest	du mögest
	3. Person	er/sie/es gehe	er/sie/es habe	er/sie/es möge
Plural	1. Person	wir gehen	wir haben	wir mögen
	2. Person	ihr gehet	ihr habet	ihr möget
	3. Person	sie gehen	sie haben	sie mögen

Die Bildung der indirekten Rede
- Grundsätzlich wird die indirekte Rede mit dem Konjunktiv I gebildet:
  Direkte Rede: **Er sagt: «Ich will morgen kommen.»**
  Indirekte Rede: **Er sagt, er wolle morgen kommen.**

- Unterscheidet sich die Form des Konjunktivs nicht von der Indikativ-Form, dann verwendet man den Konjunktiv II:
  Direkte Rede: **Er sagt: «Wir haben viel gelacht.»**
  Indirekte Rede: **Er sagt, sie hätten viel gelacht.**
  (Indikativ = Konjunktiv I: Er sagt, sie haben viel gelacht.)

- Wenn die Form des Konjunktivs I sich nicht von der Indikativ-Form unterscheidet und die Form des Konjunktivs II sehr ungewöhnlich ist, kann man die «würde»-Form verwenden:
  Direkte Rede: **Er sagt: «Wir bieten das billig an.»**
  Indirekte Rede: **Er sagt, sie würden das billig anbieten.**
  (Indikativ = Konjunktiv I: Er sagt, sie bieten das billig an.
  Konjunktiv II: Er sagt, sie böten das billig an.)

Wortlehre
Satzlehre
Zeichensetzung
Rechtschreibung

Konjunktiv II

Der Konjunktiv II wird gebraucht, um Unwirkliches, Vorgestelltes oder Erwünschtes auszudrücken. In der indirekten Rede kann er den Konjunktiv I ersetzen.

Er ginge fort. Hätten wir Geld, reisten wir in die Ferien.

Der Konjunktiv II wird aus der Präteritum-Form und den Konjunktivendungen gebildet.

Zahl	Person	ging (Präteritum)	hatte (Präteritum)	mochte (Präteritum)
Singular	1. Person	ich ginge	ich hätte	ich möchte
	2. Person	du gingest	du hättest	du möchtest
	3. Person	er/sie/es ginge	er/sie/es hätte	er/sie/es möchte
Plural	1. Person	wir gingen	wir hätten	wir möchten
	2. Person	ihr ginget	ihr hättet	ihr möchtet
	3. Person	sie gingen	sie hätten	sie möchten

Imperativ

Der Imperativ dient der direkten Aufforderung oder dem Befehl an eine oder mehrere Personen.

Geh fort! Seid ruhig! Friss oder stirb!

INFO

Verben

Bei starken und unregelmässigen Verben führt der Duden eine Reihe von Zusatzangaben auf.

Beispiel:
finden; du fandst (fandest); du fändest; gefunden; find[e]!
- Verb im Infinitiv
- 2. Person Singular im Indikativ des Präteritums
- 2. Person Singular im Konjunktiv II
- Partizip II
- Imperativform im Singular

Bei allen anderen Verben wird nur der Infinitiv angegeben.

Das Nomen

Nomen: Bezeichnen Dinge, Orte und Zustände, sie benennen Abläufe, Geschehnisse und können für Gefühle, Abstraktes und Geistiges stehen. Die Veränderbarkeit nach Fällen wird als Deklination bezeichnet. Nomen werden immer grossgeschrieben.

Wortlehre
Satzlehre
Zeichensetzung
Rechtschreibung

Baum, Liebe, Ereignis, Vernunft, Garten, Erkenntnis

Die Nomen
- haben ein festes grammatisches Geschlecht,
- stehen im Singular oder im Plural,
- können in die vier Fälle gesetzt werden.

■ Das grammatische Geschlecht

Nomen haben ein festes grammatisches Geschlecht:

männlich	der Schüler, der Hausmann, der Mann
weiblich	die Schülerin, die Hausfrau, die Frau
sächlich	das Boot, das Geschlecht, das Mädchen, das Kind

Schwierigkeiten
- Es gibt Nomen, die Schwankungen im grammatischen Geschlecht kennen.
  der oder das Knäuel, der oder das Joghurt, der oder die Gischt, der oder das Spital, der oder die Spargel
- Gewisse Nomen haben im Schweizerdeutschen ein anderes Geschlecht als in der Standardsprache.
  Richtig ist: die Giraffe, die Kartoffel, der Käfig, die Butter, das Harz (Absonderung im Holz) usw.
- Eine kleine Anzahl Nomen besitzt je nach Geschlecht eine andere Bedeutung.
  der Tessin (Fluss), das Tessin (Kanton), der Kristall (Stoffform), das Kristall (geschliffenes Glas), der See (Binnengewässer), die See (Meer) usw.

Bei Unsicherheit muss im Duden nachgeschaut werden.

Nicht immer ist das grammatische Geschlecht mit dem wirklichen Geschlecht identisch.

ANWENDUNG DER GRAMMATIK

Beispiel:
Das Mädchen ist grammatisch sächlich. Wird es in einem Text durch ein Pronomen ersetzt, so muss man dafür das sächliche Pronomen verwenden, also **es, ihm** usw.

Singular/Plural

Nomen stehen entweder im Singular (Einzahl) oder im Plural (Mehrzahl).

Singular	der Mann	die Frau	das Mädchen
Plural	die Männer	die Frauen	die Mädchen

Besondere Pluralformen
Einige wenige Nomen bilden spezielle Pluralformen.

Der Betrug, die Betrügereien / das Erbe, die Erbschaften / der Rat, die Ratschläge / der Kaufmann, die Kaufleute / das Verhalten, die Verhaltensweisen / der Zimmermann, die Zimmerleute

Aber: der Milchmann, die Milchmänner / der Schutzmann, die Schutzmänner / der Vordermann, die Vordermänner

Bei Unsicherheit, besonders bei der Mehrzahlbildung der Fremdwörter, muss im Duden nachgeschaut werden.

ANWENDUNG DER GRAMMATIK

Hinter gewissen Abkürzungen verstecken sich Begriffe im Plural. Darum müssen auch die Verben, die mit ihnen verwendet werden, im Plural konjugiert werden. Ebenso sind die entsprechenden Pronomen im Plural zu verwenden.

Beispiele:
Die USA **wollen** das Kyoto-Protokoll unterschreiben. Viele Länder misstrauen **ihnen** aber.
Erneut melden **die SBB** einen Passagierrekord. **Sie** verzeichneten **im letzten Jahr** eine Zunahme von 10 Prozent.

INFO

Nomen
Der Duden macht zu den Nomen immer mindestens drei Angaben.

Beispiel:
Direktor, der; -s, -oren
- Nomen im Nominativ Singular
- bestimmter Artikel zeigt das Geschlecht an (hier: männlich)
- Endung des Genitivs im Singular (hier: Direktors)
- Endung des Plurals im Nominativ (hier: Direktoren)

Weitere Angaben macht der Duden zu sprachregionalen Varianten und zur Herkunft sowie zur Bedeutung der Fremdwörter.

Sprachkompetenz

■ Die Fallformen

Nomen stehen immer in einem der vier Fälle:

Nominativ Werfall/wer oder was?	der Adler	die Maus	das Pferd
Genitiv Wesfall/wessen?	des Adlers	der Maus	des Pferdes
Dativ Wemfall/wem?	dem Adler	der Maus	dem Pferd
Akkusativ Wenfall/wen oder was?	den Adler	die Maus	das Pferd

Wenn wir die Nomen in die vier Fälle setzen, verändern sie sich zum Teil gar nicht oder nur gering. Eindeutig erkennbar ist der Fall nur an den begleitenden Pronomen von männlichen und sächlichen Nomen.

■ Die Bestimmung der Fälle

Fälle können auf zwei verschiedene Arten bestimmt werden.

Sie können durch die Fragepronomen erfragt werden:
- wer oder was?
- wessen?
- wem?
- wen oder was?

Der Taxifahrer gibt der Frau des Ministers einen Rat.	
Wer gibt der Frau des Ministers einen Rat?	Taxifahrer: **Nominativ**
Der Taxifahrer gibt **wessen** Frau einen Rat?	Ministers: **Genitiv**
Der Taxifahrer gibt **wem** einen Rat?	Frau: **Dativ**
Der Taxifahrer gibt der Frau des Ministers **wen** oder **was**?	Rat: **Akkusativ**

Die Fälle können auch durch eine Ersatzprobe bestimmt werden. Dabei wird das fragliche Nomen durch ein männliches Nomen mit dem Artikel ersetzt. Am Artikel erkennt man dann den Fall.

Die Frau überreicht ihrer Freundin ein Geschenk der Chefin.	
Der Hund überreicht …	Frau: **Nominativ**
Die Frau überreicht ihrer Freundin ein Geschenk **des** Hundes.	Chefin: **Genitiv**
Die Frau überreicht **dem** Hund …	Freundin: **Dativ**
Die Frau überreicht ihrer Freundin **den** Hund …	Geschenk: **Akkusativ**

Wortlehre
Satzlehre
Zeichensetzung
Rechtschreibung

Das Pronomen

Wortlehre
Satzlehre
Zeichensetzung
Rechtschreibung

Pronomen: Sind Begleiter oder Stellvertreter von Nomen. Die Pronomen sind deklinierbar, d. h., sie werden nach Zahl, Geschlecht und Fall verändert. Pronomen werden immer kleingeschrieben. Einzige Ausnahme bilden die Höflichkeitspronomen: Sie, Ihr, Ihnen, Ihren.

Die Pronomen werden in zehn Unterarten eingeteilt:

■ 1. Personalpronomen

Das Personalpronomen steht stellvertretend für Personen und Sachen.

ich, meiner, mir, mich; du, deiner, dir, dich; er, sie, es, ihn usw.

Sie kannte ihn nicht mehr.

■ 2. Reflexivpronomen

Das Reflexivpronomen bezieht sich jeweils auf das Subjekt (siehe S. 426) im gleichen Satz.

Ich kämme mich.　　Peter kämmt sich.
Subjekt　Reflexivpronomen　Subjekt　Reflexivpronomen

■ 3. Possessivpronomen

Das Possessivpronomen drückt ein wirkliches oder ein übertragenes Besitzverhältnis aus.

sein Heft, ihr Vater, unser Haus

■ 4. Demonstrativpronomen

Das Demonstrativpronomen weist auf etwas Besonderes hin.

dieser Hund, jene Frucht, derselbe Tag, solche Angelegenheiten

■ 5. Relativpronomen

Das Relativpronomen leitet Nebensätze ein und bezieht sich auf ein Element im übergeordneten Satz.

Das Buch, von dem du sprichst, kenne ich nicht.

→ Das Pronomen **dem** bezieht sich auf **Buch.**

6. Interrogativpronomen

Das Interrogativpronomen leitet Fragesätze ein.

Wer bist du? Was machen Sie hier? In welchem Schulhaus gehst du zur Schule?

7. Indefinitpronomen

Indefinitpronomen drücken einen unbestimmten Zahlbegriff aus.

etwas, nichts, man, irgendwer, jemand, niemand, jeder, jede, einige, etliche

8. Bestimmtes Zahlpronomen

Bestimmte Zahlpronomen drücken einen ganz bestimmten Zahlbegriff aus. Man erkennt sie daran, dass sie sich auch als Ziffern schreiben lassen.

Besser zwei Spatzen in der Hand als vier Tauben auf dem Dach.

9. Bestimmter Artikel

Die bestimmten Artikel **der, die, das** begleiten Nomen. Sie sind unbetont – also nicht hinweisend.

der Mann, die Frau, das Mädchen

10. Unbestimmter Artikel

Die unbestimmten Artikel **ein, eine** sind unbetont und geben an, dass das Nomen als unbestimmt zu kennzeichnen ist.

ein Mann, eine Frau, ein Mädchen

Wortlehre
Satzlehre
Zeichensetzung
Rechtschreibung

Pronomen: Überblick

Personalpronomen			Reflexivpronomen		Possessivpronomen
ich	mir	mich	mir	mich	mein
du	dir	dich	dir	dich	dein
wir	uns		uns		unser
ihr	euch		euch		euer
er	ihm	ihn	sich		sein
sie	ihr	sie	einander		ihr
es	ihm	es			sein
sie	ihnen	sie			ihr

Personalpronomen	Reflexivpronomen	Possessivpronomen
dieser	wer was	wer was
jener		
	welcher	welcher
derselbe	was für (ein)	
derjenige		
solcher	**Bestimmter Artikel**	
der die das	der die das	der die das

Best. Zahlpronomen	Unbestimmter Artikel	Indefinitpronomen
ein eine ein	ein eine ein	ein eine ein
zwei, drei, vier …	einige	etliche	manche
zehn, elf, zwölf …	man	irgendein	allerlei
zwanzig, dreissig …	jedermann	irgendwelche	mancherlei
einunddreissig …	jemand	beide	genug
hundert …	niemand	kein	ein bisschen
tausend …	nichts	alle	ein wenig
hunderttausend …			ein paar
999 999			

Nach Walter Heuer, Max Flückiger, Peter Gallmann: Richtiges Deutsch, Vollständige Grammatik und Rechtschreiblehre, 2015

Es gilt zu beachten, dass gewisse Pronomen je nach Gebrauch mehreren Unterarten zugeordnet werden können.

Das Adjektiv

Adjektive: Bestimmen in der Regel Nomen näher. Sie können sich aber auch auf Verben, Pronomen oder Partikeln beziehen und diese umschreiben. Adjektive können dekliniert werden, d. h., sie können nach Fall, Zahl und Geschlecht angepasst werden. Sie werden in der Regel kleingeschrieben. Adjektive, die wie Nomen gebraucht werden, schreibt man jedoch gross (siehe S. 440).

schön, alt, intelligent, schnell, kalt, nass, genau, gesund, schwarz, abstrakt

■ Die Steigerung der Adjektive

Adjektive können in drei Steigerungsformen gesetzt werden.

Grundstufe (Positiv)	Höher- oder Vergleichsstufe (Komparativ)	Höchststufe (Superlativ)
laut	lauter	am lautesten
brav	braver	am bravsten
bedeutend	bedeutender	am bedeutendsten
einleuchtend	einleuchtender	am einleuchtendsten
gross	grösser	am grössten
alt	älter	am ältesten
stark	stärker	am stärksten

Unregelmässige Steigerung

Es gibt Adjektive, die bei der Steigerung Unregelmässigkeiten zeigen:

viel, mehr, am meisten; gut, besser, am besten; fit, fitter, am fittesten

Viele Adjektive bilden in der Höherstufe und in der Höchststufe Umlaute:

hoch, höher, am höchsten   nah, näher, am nächsten

rot, röter, am rötesten   jung, jünger, am jüngsten

Aber: genau, genauer, am genau(e)sten; schlau, schlauer, am schlau(e)sten

Einige wenige Adjektive lassen sich nicht steigern:

maximal, tot, viereckig, rechtwinklig, steinhart, kinderlos

Adjektive
Der Duden nennt zu einem Adjektiv Besonderheiten in der Bildung der Steigerungsformen, unter anderem die Umlautbildung.

Beispiel:
kurz; kürzer, kürzeste

INFO

Partikel

Wortlehre
Satzlehre
Zeichensetzung
Rechtschreibung

Partikel: Ist ein Sammelbegriff für Wörter, die unveränderbar sind. Partikeln werden also weder dekliniert noch konjugiert (Einzahl: die Partikel, Mehrzahl: die Partikeln). Partikeln werden kleingeschrieben.

in, nach, bei, vor, zwischen, und, oder, weder … noch, aber, sondern, wie, als, denn

■ Präposition

Präpositionen stehen nie alleine in einem Satz. Sie bestimmen den Fall von Wörtern und Wortgruppen.

Präpositionen mit Genitiv	Präpositionen mit Dativ	Präpositionen mit Akkusativ
abseits der Strasse ausserhalb des Areals statt des Fahrrads	von einem Tier bei einer Party mit meiner Mutter	durch ein Land ohne ausserordentliches Glück gegen die Anstandsregeln

INFO

Präpositionen
Bei den Präpositionen steht jeweils der von ihnen regierte Fall.

Beispiel:
für; Präposition mit Akkusativ

■ Konjunktion

Konjunktionen haben die Aufgabe, Wörter, Wortgruppen oder Teilsätze zu verknüpfen.

und, oder, aber, sondern, weil, wenn, als, wie, dass

Lena **und** Lara. Nicht sie, **sondern** du musst das machen.

■ Adverb

Adverbien sind jene Partikeln, die sich nicht eindeutig den Präpositionen oder den Konjunktionen zuordnen lassen.

sofort, heute, sehr, hier, nicht, fast, eilends, zusehends

Heute ist sie **nicht hier,** was ich **sehr** bedaure.

■ Interjektion

Interjektionen sind Ausrufewörter.

ja, au, bravo, wauwau, plumps, knurrrr (z. B. in Comics)

Satzlehre

Die wichtigsten Bausteine des einfachen Satzes sind
- das Prädikat und
- die Satzglieder.

Wortlehre
Satzlehre
Zeichensetzung
Rechtschreibung

■ Prädikat

Prädikat: Bildet das Zentrum des Satzes und besteht aus einem Verb, das nach Person und Zahl bestimmt ist und mit dem Subjekt (Satzgegenstand) übereinstimmt.

Laubbäume **verlieren** im Herbst ihre Blätter. Das **hat** ihn äusserst **erstaunt.**

■ Satzglieder

Satzglieder: Alle Wörter oder Wortgruppen, die als Ganzes innerhalb eines Satzes umgestellt oder verschoben werden können.

Die meisten Sätze haben ein oder mehrere Satzglieder.

Die Bewohner bemerkten kurz vor dem Abend den Feuerschweif eines gewaltigen Brandes.

Die einzelnen Satzglieder werden mit der Umstell- oder Verschiebeprobe ermittelt.

Kurz vor dem Abend | bemerkten | die Bewohner | den Feuerschweif eines gewaltigen Brandes.

Die Bewohner | bemerkten | den Feuerschweif eines gewaltigen Brandes | kurz vor dem Abend.

Den Feuerschweif eines gewaltigen Brandes | bemerkten | die Bewohner | kurz vor dem Abend.

Prädikat ist das Verb **bemerkten**.

Satzglieder sind:
- **die Bewohner**
- **kurz vor dem Abend**
- **den Feuerschweif eines gewaltigen Brandes**

Wortlehre
Satzlehre
Zeichensetzung
Rechtschreibung

■ Das Satzglied: Das Subjekt

Subjekt: Steht im Nominativ und bestimmt die Personalform des Verbs.

Der Wanderer bleibt bei schlechtem Wetter zu Hause.

Der Wanderer → Subjekt → bestimmt die Personalform des Verbs → **bleibt**

■ Das Satzglied: Die Objekte

Objekte: Vervollständigen bzw. ergänzen einen Satz.

Bei den Objekten unterscheidet man:

Er gibt dem Hund **einen freundlichen Klaps**.	**Akkusativergänzung** (steht im Akkusativ)
Ihm wird es im Auto oft übel.	**Dativergänzung** (steht im Dativ)
Dies ist **meines Erachtens** eine Fälschung.	**Genitivergänzung** (steht im Genitiv)
Nach wenigen Tagen hatte sie den Vorfall vergessen.	**Präpositionalergänzung** (wird mit einer Präposition eingeleitet)
Heute verlässt er das Haus **sehr spät**.	**adverbiale Ergänzung** (steht in keinem Fall und hat keine Präposition)

ZEICHENSETZUNG

Satzglieder (Subjekt und Objekte) werden nicht durch Kommas vom Rest des Satzes abgegrenzt.

Beispiel:
Trotz des schon lange andauernden Schneefalls und der damit verbundenen erheblichen Lawinengefahr setzen die Alpinisten ihre Bergtour fort.

Trotz des schon lange andauernden Schneefalls und der damit verbundenen erheblichen Lawinengefahr ist ein Satzglied und darum darf kein Komma gesetzt werden.
Man kann das ganze Satzglied verschieben: Die Alpinisten setzen ihre Bergtour **trotz des schon lange andauernden Schneefalls und der damit verbundenen erheblichen Lawinengefahr** fort.

Haupt- und Nebensätze

■ Hauptsätze

Hauptsätze: Hängen von keinen anderen Sätzen ab und sind keinen anderen Sätzen untergeordnet.

Hauptsätze können alleine stehen. In der Regel steht die Personalform des Verbs in der Reihe der Satzglieder an zweiter Stelle.

Die viel beschäftigte Personalchefin **benötigt** **Ferien.**
       Satzglied   Verb   Satzglied

■ Nebensätze

Nebensätze: Hängen von anderen Teilsätzen ab und sind diesen untergeordnet.

Nebensätze können nicht alleine stehen. Das Verb steht meistens am Ende des Nebensatzes.

Wenn es lange regnet, schauen selbst die wilden Tiere missmutig in die Gegend.

Man unterscheidet zwischen fünf Nebensatzformen:

- **Der Konjunktionalnebensatz:** Er wird durch eine Konjunktion eingeleitet.

Ich hoffe, dass wir uns bald sehen werden.   «**dass**» ist eine Konjunktion.

- **Der Relativnebensatz:** Er wird durch ein Relativpronomen eingeleitet.

Die Familie wohnt in dem Haus, das du dort siehst.   «**das**» ist ein Relativpronomen.

- **Der Fragenebensatz oder indirekte Fragesatz:** Er beginnt mit einem Fragewort.

Der Lehrer möchte gerne wissen, wer die Idee zu diesem Streich hatte.   «**wer**» ist ein Fragewort.

- **Der uneingeleitete Nebensatz:** Er hat kein einleitendes Wort. Sowohl indirekte Reden wie auch Bedingungssätze sind uneingeleitete Nebensätze.

Er sagte, er habe das nicht so gemeint.
Hätte ich das gewusst, wäre ich gekommen.   Nebensätze sind **nicht** eingeleitet.

- **Der Infinitivnebensatz:** Er hat als Prädikat einen «zu-Infinitiv».

Er ist bereit, diese Aufgabe zu übernehmen.   «**übernehmen**» steht in der «zu-Infinitiv-Form».

Alle Nebensätze werden vom Hauptsatz oder von anderen übergeordneten Sätzen mit einem Komma abgetrennt.

Wortlehre
Satzlehre
Zeichensetzung
Rechtschreibung

ZEICHENSETZUNG

Satzzeichen

Wortlehre
Satzlehre
Zeichensetzung
Rechtschreibung

Satzzeichen: Haben die Aufgabe, einen Text mit Einschnitten so zu gliedern, dass sich die Leserin, der Leser darin zurechtfindet.

Satzzeichen können mit Wegmarken verglichen werden, die angeben, was zusammengehört und wo der Leser innezuhalten hat.

■ Der Punkt

Der Punkt hat vier Funktionen:
- Er markiert das Ende eines einfachen oder zusammengesetzten Satzes.

  Die Sonne scheint und schmilzt den letzten Schnee weg.

- Punkte werden auch nach Abkürzungen gesetzt.

  usw. (und so weiter), bzw. (beziehungsweise), vgl. (vergleiche), ca. (circa)

- Punkte stehen auch nach Ordnungszahlen.

  17.10.2019, 1. Preis, 5. Stockwerk, König Ludwig II., 25. Geburtstag

- Auslassungspunkte deuten an, dass eine Rede abgebrochen oder ein Gedanke verschwiegen wird.

  Wer anderen eine Grube gräbt …

  Gerne würde ich dich als … bezeichnen.

■ Das Fragezeichen

Das Fragezeichen steht bei Fragen oder Fragewörtern.

Hast du schon gegessen? Würden Sie gerne unser Gast sein? Ist dieser Platz frei? Wer beisst in den sauren Apfel? Wann fährt der Zug ab? Wie geht es dir? Warum?

■ Das Ausrufezeichen

Das Ausrufezeichen ist ein Zeichen des Erstaunens, des Ausrufes, des Wunsches, der Aufforderung, des Befehls oder der Warnung.

Das hätte ich nie gedacht! Viel Glück! Bitte nicht berühren! Ruhe! Achtung Glatteis!

Ausrufezeichen stehen aber auch nach Interjektionen.

Au! Hoppla! Pst! Oje! Pfui! Uff!

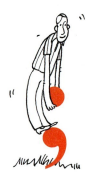

■ Der Strichpunkt

Der Strichpunkt dient der übersichtlichen Gliederung von langen Sätzen, da er schwächer als der Punkt und stärker als das Komma ist.

Die Feuerwehr traf kurz nach Eingang der Meldung auf dem Brandplatz ein; doch das Haus stand bereits in Vollbrand.

Der Doppelpunkt

Der Doppelpunkt hat folgende Funktionen:

- Er kündigt Nachfolgendes an.

  Nun will ich euch mein Geheimnis preisgeben: Ich habe gestern geheiratet.

- Er markiert den Beginn einer Aufzählung.

  Zu einem schönen Ferienaufenthalt gehören: viel Sonne, ein blaues Meer, eine nette Begleitung und ein volles Portemonnaie.

- Er steht vor der direkten Rede oder vor Zitaten.

  Der Philosoph Sokrates stellte fest: «Ich weiss, dass ich nichts weiss.»

Die Klammern

Klammern schliessen Erklärungen oder Bemerkungen oder Zusätze zu Wörtern oder Sätzen ein.

Konrad Duden (1829–1911) ist der Verfasser eines orthografischen Wörterbuchs der deutschen Sprache.

Hergiswil (Kanton Luzern) liegt am Fusse des Napfs (Bergzug der Voralpen).

Die Anführungszeichen

Anführungszeichen stehen
- bei der direkten (wörtlichen) Rede.

  «Ich werde dich», sagte er wutentbrannt, «im Testament nicht berücksichtigen.» Besonders zu beachten ist die Stellung des schliessenden Anführungszeichens in der direkten Rede. Das Komma steht nach, der Punkt vor dem schliessenden Anführungszeichen.

- bei Zitaten und bei besonderer Kennzeichnung von Buch-, Werk- und Zeitungstiteln.

  Das Märchen «Rotchäppli» hat mich Weisheiten fürs Leben gelehrt.

  Die «Neue Zürcher Zeitung» liest er als erste Zeitung.

Der Gedankenstrich

Gedankenstriche können anstelle von Kommas – einfach oder doppelt – gesetzt werden, um im eigentlichen Sinn des Wortes einen Gedanken einzustreuen, kurz innezuhalten oder um die Leserin, den Leser auf etwas Unerwartetes vorzubereiten.

Ich habe heute – was ich nie gedacht hätte – aufs Rauchen verzichtet.

Wortlehre
Satzlehre
Zeichensetzung
Rechtschreibung

Komma

Wortlehre
Satzlehre
Zeichensetzung
Rechtschreibung

Das Komma ist das wichtigste und zugleich auch gebräuchlichste Satzzeichen. Es wird in folgenden drei Bereichen angewendet:

■ Aufzählungen ohne Konjunktionen

Das Komma steht zwischen den Teilen einer Aufzählung oder einer Reihung (einzelne Wörter, Wortgruppen, gleichrangige Teilsätze).

In der ersten Bankreihe sitzen Nora, Lars, Alessia, Max.

Er sah einen farblosen Teppich, stinkende Zigarettenkippen, eine leicht angerostete Waffe.

Ein grosser, alter Bauer zeigte dem Wanderer den Weg.

Schnee liegt in der Luft, der Wind frischt auf, spärliches Sonnenlicht taucht die Landschaft in ein mattes Licht, ein dumpfes Grollen kündigt das ferne Unwetter an.

■ Aufzählungen mit Konjunktionen

Kein Komma steht, wenn Teile einer Aufzählung mit **und/oder/beziehungsweise/bzw./entweder – oder/sowie/sowohl – als auch/weder – noch/als** (in einem Vergleich)/**wie** (in einem Vergleich) verbunden werden.

Nur Mereth und Hadi wussten das.

Er musste sich für sie oder ihn entscheiden.

Unterschriftsberechtigt ist die Direktorin bzw. ihr Stellvertreter.

Du musst entweder den Bus oder die S-Bahn nehmen.

Man kann sowohl zu Fuss als auch mit der Seilbahn den Aussichtspunkt erreichen.

Dieses Getränk schmeckt kalt besser als heiss.

Ein Komma muss gesetzt werden bei Reihungen mit den entgegensetzenden Konjunktionen **aber/jedoch/sondern**.

Die traurige, aber wahre Nachricht erreichte ihn gestern.

Der Sporttag findet am nächsten Montag statt, jedoch nur bei schönem Wetter.

Nicht sie, sondern er hat das Gerücht verbreitet.

Zusätze und Einschübe

Zusätze

Ein Komma steht vor Zusätzen mit besonderen Einleitungen. Als besondere Einleitungen gelten:

und zwar / besonders / insbesondere / und das / also / nämlich / namentlich / vor allem / das heisst

Geht der Satz nach dem Zusatz weiter, ist am Ende des Zusatzes ebenfalls ein Komma zu setzen.

Ich liebe Schweizer Krimiautoren, **besonders** Friedrich Glauser.

Wir werden morgen in die Ferien verreisen, **und zwar** nach Spanien.

Tiere, **vor allem** Elefanten und Ratten, spüren herannahende Naturkatastrophen.

Einschübe (Appositionen)

Mit Kommas werden auch Einschübe vom Rest des Satzes abgegrenzt, und zwar an deren Anfang und am Ende. Einschübe verweisen in der Regel auf ein Bezugswort und bestimmen dieses näher.

Wir bauen unser Haus mit Bruchsteinen, **dem traditionellen Baumaterial.**

Luzern, **der kulturelle Mittelpunkt der Zentralschweiz,** liegt am Fusse des Pilatus.

Wir werden uns am kommenden Samstag, **16. Mai 2020,** in der Kapelle St. Jost das Jawort geben.

Spezialfall

Zwischen zwei Adjektiven steht kein Komma, wenn sich das erste auf das zweite Adjektiv bezieht und zwischen die beiden Adjektive kein «und» gesetzt werden kann.

Beispiele:

Die **leicht abfallende** Strasse ist bei Schneefall gefährlich.

Leicht bezieht sich auf **abfallend**.

Der **ausserordentlich grosse** Mann war eine Zirkusnummer wert.

Ausserordentlich bezieht sich auf **grosse**.

■ Nebensätze

Nebensätze werden mit Komma vom übergeordneten Satz – meist Hauptsatz – abgetrennt (siehe S. 427).

Hauptsatz, Nebensatz

Ich weiss, dass die Strassenarbeiter bereits in aller Früh mit den Arbeiten beginnen.

Hauptsatz, Nebensatz 1, Nebensatz 2

Der Mann erinnerte sich sehr genau, was die Frau sagte, als sie sich kennenlernten.

Ist der Nebensatz eingeschoben, darf das Komma am Ende nicht fehlen.

■ Hauptsatz (1. Teil), eingeschobener Nebensatz, Hauptsatz (2. Teil)

Er soll, wie er mir versichert hat, noch heute kommen.

Nebensätze werden oft eingeleitet mit:

Konjunktionen	dass/weil/obwohl/da/nachdem/wenn	Er hofft, dass das Gewitter bald vorbeigeht.
		Emilie geht schon, weil sie Valentin nicht mag.
Relativpronomen	der/dem/den/die/das/welcher/welche	Das ist eine Person, der du vertrauen kannst.
		Ich bilde ein Team mit Adam, mit dem ich schon oft gut zusammengearbeitet habe.
Fragewörtern	wer/was/wann/wie/warum/wo	Ich weiss nicht, wie man das regelt.
		Einmal mehr ist nicht klar, wer die Arbeit leisten soll.

Sprachkompetenz

Wortlehre
Satzlehre
Zeichensetzung
Rechtschreibung

■ Kommasetzung bei «und» sowie «oder»

Im Regelfall steht bei «und» sowie «oder» kein Komma. Ein Komma muss aber in den folgenden Fällen gesetzt werden:

- Ein Komma steht vor den besonderen Einleitungen «und zwar», «und das».

Wir freuen uns auf die Ferien, **und zwar** schon seit Monaten.

- Wird ein Satz nach einem Einschub fortgeführt, steht danach ein Komma.

Meine Frau, **eine Katzennärrin,** und ihre Freundin füttern die herumstreunenden Katzen im Quartier.

- Am Ende eines eingeschobenen Nebensatzes wird ein Komma gesetzt, wenn der Hauptsatz mit einem «und» bzw. einem «oder» fortgesetzt wird.

Wir hoffen, **es geht Ihnen gut,** und wünschen Ihnen für die Zukunft nur das Beste.

■ Besonders zu beachten: Komma bei «als» und «wie»

Leiten die beiden Konjunktionen «als» und «wie» Nebensätze ein, so muss ein Komma gesetzt werden.

Als sie ging, war ich traurig.

Als sie ging ist ein Nebensatz.

Ich kann mich noch gut daran erinnern, **wie er jeweils schnell erschrak.**

wie er jeweils schnell erschrak ist ein Nebensatz.

Werden «als» und «wie» bei Reihungen oder Vergleichen verwendet, steht kein Komma.

Das Brett ist ebenso **lang wie breit.** Peter ist **grösser als** Anna.

wie verbindet die beiden Adjektive **lang** und **breit**.
als bringt einen Vergleich zum Ausdruck.

■ Unterschiedliche Kommasetzung – unterschiedliche Bedeutung

Die Kommasetzung kann sehr entscheidend für den Inhalt eines Satzes sein, wie das folgende Beispiel zeigt:

Marie, meine Mutter und **ich** werden heute Gartenarbeiten erledigen.

Drei Personen erledigen die Gartenarbeit: **Marie und meine Mutter und ich.**

Marie, meine Mutter, und **ich** werden heute Gartenarbeiten erledigen.

Zwei Personen erledigen die Gartenarbeit: **meine Mutter, die Marie heisst, und ich.**

Trennregeln

Trennregel: Die Worttrennung folgt dem Lautprinzip, d. h., Wörter werden nach Sprechsilben getrennt. Sprechsilben lassen sich durch langsames und rhythmisches Sprechen erkennen.

Wörter sind so zu trennen, dass keine Schriftbilder entstehen, welche die Lesbarkeit der Wörter beeinträchtigen oder zu Fehllesungen verleiten.

falsche Trennung	bein-halten	Urin-sekt
korrekte Trennung	be-inhalten	Ur-insekt

■ Die wichtigsten Trennregeln im Einzelnen

- Ein einzelner Konsonant zwischen Vokalen wird auf die folgende Zeile gesetzt.

    Buchstabenkombination: V(okal)-K(onsonant)V(okal)

V-KV	Bru-der, dre-hen, schla-fen, Tü-re, Re-gen, Mei-nung, Fle-gel, Spa-ten

- Stehen mehrere Konsonanten zwischen zwei Vokalen, kommt nur der letzte auf die neue Zeile.

VK-KV	Was-ser, nied-rig, meis-tens, Gip-fel, Hit-ze
VKK-KV	Fens-ter, gräss-lich, wenigs-tens
VKKK-K	Bestimmt-heit

- Nicht getrennt werden: **ck, ch, sch,** in Fremdwörtern auch **sh, ph, th, gh, rh.** Für die Trennung gelten sie als ein Konsonant.

    man-che, Dra-chen, De-cke, herr-schen, Stro-phe, Men-thol

- Vokale können getrennt werden, wenn sie keine Klangeinheit bilden.

    Bau-er, Verdau-ung, Muse-um
    Nicht aber: lieb, breit, laut, Freud

- Zusammengesetzte Wörter werden nach ihren Bestandteilen getrennt.

    Mass-einheit, Schaden-freude, ver-einigen, Miss-achtung

- Vorsilben werden ebenfalls abgetrennt.

    be-fristen, Ver-stand, be-suchen

- Nicht getrennt werden:

    Kürzel
    NATO, UNESCO, IKRK

    einzelne Vokale am Anfang eines Wortes
    aber, oder, Ader, Ehe, Igel, Ekel

Rechtschreibung (Orthografie)

Die Rechtschreibung regelt die korrekte und richtige Schreibung der Wörter. Wer schreibt, steht immer wieder vor der Frage, aus welchen Buchstaben oder Buchstabenketten die einzelnen Wörter gebildet sind.

■ Lautprinzip: Schreibe so, wie du sprichst!

Die Schreibung der Wörter ist wesentlich durch die Laut-Buchstaben-Zuordnung bestimmt. Es gilt deshalb: Schreibe so, wie du sprichst! Schreibe das Wort Baum so, wie die einzelnen Laute den Buchstaben zugeordnet sind, also B-a-u-m.

Nicht jedem Laut der gesprochenen Sprache entspricht aber ein Buchstabe oder eine Buchstabenkombination des Alphabets. So kann ein Laut auf verschiedene Weise wiedergegeben werden.

In den drei Wörtern

Wal Saal fahl

wird das «a» jeweils lang ausgesprochen. Dies wird in der Schrift jedoch auf drei verschiedene Arten wiedergegeben.

■ Stammprinzip: Schreibe Gleiches gleich!

Das Stammprinzip besagt, dass der Stamm verwandter Wortformen möglichst unverändert bleiben soll.

halten, ich halte, du hältst, er hält, wir halten, ihr haltet, sie halten, der Halt, anhalten

schaffen, er schafft, Schaffung, Beschaffung, Anschaffung

Stängel (wegen Stange)

nummerieren (wegen Nummer)

■ Unterscheidungsprinzip: Schreibe Ungleiches ungleich!

Unterschiedliche Bedeutung soll unterschiedlich geschrieben werden. Deshalb: Schreibe Ungleiches ungleich!

scharen	eine Gruppe bilden, sich zusammenfinden
scharren	den Boden aufkratzen, mit den Hufen Staub aufwirbeln
Laib	ein Laib Brot
Leib	Körper
wieder	nochmals, erneut
wider	gegen, entgegen
Weise	Methode oder Art
Waise	Kind, das die Eltern verloren hat

Wortlehre
Satzlehre
Zeichensetzung
Rechtschreibung

■ Wortstammregel: Schreibe einen Wortstamm überall gleich!

In einigen Wörtern wird der Stamm lautlich verändert. Anstelle des Vokals wird ein Umlaut geschrieben.

Raum, räumen, ich räume, ich räumte, geräumt, räumlich

grau, grauen, das Grauen, gräulich

Schnauz, Schnauze, schnäuzen

■ Die 3-Buchstaben-Regel: Schreibe immer alle Buchstaben!

Treffen in einer Wortzusammensetzung drei Buchstaben aufeinander, werden alle drei Buchstaben geschrieben.

Schritt + Tempo = Schritttempo

Schiff + Fahrt = Schifffahrt

Stress + Situation = Stresssituation

see + erfahren = seeerfahren

Bei drei Vokalen wird bei Nomen ein Bindestrich gesetzt (bessere Lesbarkeit).

See + Ende = See-Ende; Kaffee + Ersatz = Kaffee-Ersatz

■ Konsonantenverdoppelung: Schreibe nach kurzem Vokal Doppelkonsonanten!

- Nach kurzem Vokal folgt sehr oft ein verdoppelter Konsonant.

  die Ratte, das Gramm, die Qualle, scharren

- **Aber:** Nach langem Vokal folgt ein einfacher Konsonant.

  die Rate, der Gram (Kummer), die Qual, scharen

- Da ein k nicht verdoppelt werden kann, folgt nach kurzem Vokal ein **ck**.

  die Blöcke, die Hacke, der Deckel, die Spucke

- **Aber:** Nach langem Vokal ein einfaches **k**.

  blöken, der Haken, der Spuk, der Makel

- Nach kurzem Vokal steht ein **tz**.

  der Platz, platzieren, Dutzend, sitzen

- **Aber:** Nach langem Vokal ein einfaches **z**.

  Strapaze, duzen, siezen (zu jemandem Sie sagen)

Stolpersteine

■ Dehnungen mit h

Nicht in allen, aber in vielen Fällen wird ein Langvokal durch ein Dehnungs-h gekennzeichnet. Das Dehnungs-h steht oft vor l, m, n oder r.

Bühne, Stuhl, mahlen, nehmen, Lehm, Zahn, zehn, Röhre

■ Unterschiedliche Dehnungen

Mit **e** bzw. **ee**, **eh** schreibt man:	Schere, See, stehlen
Mit **a** bzw. **ah** schreibt man:	Schal, Denkmal, Fahne
Mit einfachem **o** bzw. **ö** schreibt man:	schonen, Strom, stören
Mit **oh** bzw. **öh** schreibt man:	Rohr, Bohne, Föhn
Mit blossem **u** bzw. **ü** schreibt man:	spulen, spüren, spülen
Mit **uh** bzw. **üh** schreibt man:	blühen, Stuhl, wühlen
malen (streichen) das Merkmal	mahlen (zerreiben) das Mahl (Essen)
er, sie, es war, sie waren; die Ware	wahr, die Wahrheit, wahrscheinlich

■ das/dass

Das Haus, das einsam im Walde steht, ist schon seit Jahren unbewohnt und verlottert langsam.

das = bestimmter Artikel und Relativpronomen (Ersatzprobe: Kann das Wörtchen «das» durch «welches» ersetzt werden, handelt es sich um ein Pronomen und es wird darum mit einem «s» geschrieben.)

Ich glaube, dass die Wahlen im nächsten Jahr eine gewaltige Veränderung bringen werden.

dass = Konjunktion, die einen Nebensatz einleitet. Häufig werden dass-Nebensätze mit Verben des Denkens, Meinens, Fühlens oder Glaubens eingeleitet.

Wortlehre
Satzlehre
Zeichensetzung
Rechtschreibung

■ viel/fiel

An Weihnachten lag viel Schnee in den Strassen.

viel = Adjektiv

Mitten in der Nacht fiel ein Schuss.

fiel (Infinitiv fallen) = Verb, 3. Person Singular, Präteritum

■ wider/wieder

Widerstand, wider besseres Wissen, Widerrede, erwidern

wider in der Bedeutung von «gegen»

Wiederholung, wieder, Wiedergabe, wiedergeben, wiedersehen

wieder in der Bedeutung von «noch einmal, nochmals»

■ seid/seit

Ich habe euch immer wieder gesagt: «Seid doch bitte still!»

seid = Verb, Imperativ, 2. Person Plural, Präsens (Grundform: sein)

Seit Urzeiten leben in den Alpen Wildtiere.

seit = fallbestimmende Präposition

Ich mache wieder täglich Sport, seit es mir besser geht.

seit = unterordnende Konjunktion

■ tod/tot

Zusammensetzungen mit dem Nomen **Tod** werden mit **d** geschrieben. Meist handelt es sich um Adjektive.

todelend, todkrank, todernst, tödlich

Zusammensetzungen mit dem Adjektiv **tot** werden mit **t** geschrieben. Meist handelt es sich um Verben.

totbeissen, totfahren, totschlagen, Totschlag

Gross- und Kleinschreibung

■ Grundregel

Grossgeschrieben werden:

Satzanfang	Er kommt. Sie geht. Wir lachen.
Nomen	Ich sehe Bäume, satte Wiesen und Felder.
Eigennamen	Anouk, «Neue Zürcher Zeitung», Rotes Meer
Höfliche Anrede	Ich grüsse Sie und Ihre Frau.
Nominalisierung Adjektive und Verben, die wie Nomen gebraucht werden	Sie verdient ihr Geld mit Spielen. Zum Essen will er etwas Spezielles.

Wortlehre
Satzlehre
Zeichensetzung
Rechtschreibung

■ Höflichkeitspronomen

Die Pronomen für die höfliche Anrede schreibt man gross. Dies trifft besonders auf Briefe, E-Mails usw. zu:

Ich begrüsse Sie freundlich und freue mich, dass Sie Ihren Weg zu uns gefunden haben.

Ich wünsche Ihnen und Ihren Angehörigen einen schönen Aufenthalt. Lassen Sie sich verwöhnen!

■ Nominalisierte Partikeln

Ein paar wenige Partikeln können als Nomen verwendet werden. Es gilt dann die Grossschreibung.

Sie erledigten die Hausaufgaben ohne Wenn und Aber.

Dieses ständige Hin und Her macht mich noch krank.

Im Nachhinein weiss man es immer besser als im Voraus.

■ Nominalisierte Verben

Ein Verb im Infinitiv (Grundform) ist nominalisiert,
- wenn es nach einem Pronomen, einem Adjektiv oder nach einer Präposition steht.

    Mein Essen gebe ich nicht her.

    Dieses Jammern muss nun aufhören.

    Mit Schreiben und Lesen werden jungen Menschen viele Türen geöffnet.

    Er achtet auf gepflegtes Auftreten.

- wenn ein Artikel vor das Verb gesetzt werden könnte.

    Er sagte, Rauchen schade der Gesundheit.
    Er sagte, **das** Rauchen schade der Gesundheit.

Wortlehre
Satzlehre
Zeichensetzung
Rechtschreibung

■ Nominalisierte Adjektive

Adjektive, die wie Nomen gebraucht werden, gelten als nominalisierte Adjektive. Es kommt deshalb – wie bei Nomen – die Grossschreibung zur Anwendung.

Die Schere zwischen Reichen und Armen öffnet sich immer mehr.

Im Übrigen hat da die Klasse den Kürzeren gezogen.

Es ist besser, im Trüben zu fischen als im Klaren herumzuirren.

Der Erste und der Zweite waren dem Letzten um drei Nasenlängen voraus.

Im Allgemeinen gefällt mir das Einfache.

Im Folgenden wollen wir noch etwas Besonderes festhalten.

Des Weiteren kann sie sich auf Chinesisch verständigen.

Häufig stehen vor nominalisierten Adjektiven Mengenwörter wie **viel, etwas, nichts, alles, wenig.** Danach schreibt man die Adjektive gross.

Er tat alles Mögliche.

Der Nachbar hielt etwas Merkwürdiges in der Hand.

Seine Ankunft lässt nichts Gutes erhoffen.

Geografische Bezeichnungen, die auf -er auslauten, werden grossgeschrieben.

Schweizer Berge, Luzerner Hinterland, Glarner Alpen

Sprachkompetenz

Wortlehre
Satzlehre
Zeichensetzung
Rechtschreibung

■ **Ausnahmen**

- Kleingeschrieben werden Adjektive, die sich auf Nomen beziehen, die aus sprachlichen Gründen wegfallen bzw. im Text nur einmal vorkommen.

  Die ungefärbten Hosen gefallen mir besser als die gefärbten.

  gefärbten bezieht sich auf das Wort Hose.

  Im Garten stehen viele Bäume; die grossen im Hintergrund, die kleinen auf der linken Seite.

  grossen/kleinen bezieht sich auf Bäume.

- Superlative nach «am» werden auf die Frage «wie …?» kleingeschrieben.

  Kerim hat die Kleinschreibung schnell begriffen, Loresa aber am schnellsten.

  Wie schnell? (**Antwort: am schnellsten**)

  Olga hat sich im Wald schon immer gut orientieren können, mit einer Karte findet sie sich noch besser zurecht, am besten aber mit einem Kompass.

  Wie gut? (**Antwort: am besten**)

  Aber: In der Schule hat Olga sich immer am Besten orientiert.

  An wem? (**Antwort: am besten Schüler**)

- Die Zahladjektive «viel», «wenig», der «eine» und der «andere» schreibt man in allen Formen klein.

  Denn viele tanzten bis früh in den Morgen, andere konnten mit Tratschen nicht aufhören(,) und die meisten genossen den Abend in vollen Zügen.

  Der eine sagt dies, der andere das.

Getrennt- und Zusammenschreibung

Wortlehre
Satzlehre
Zeichensetzung
Rechtschreibung

Mit der Getrennt- und der Zusammenschreibung wird die Rechtschreibung sprachlich verschmolzener Wörter geregelt, die einander im Text folgen. Sie ist ein umstrittener Teil der Rechtschreibung, weshalb im Zweifelsfall die Freiheit des Schreibenden Vorrang haben soll. Die Wahl der Getrennt- oder der Zusammenschreibung legt in einigen Fällen sogar die Bedeutung eines Wortes fest.

■ Grundregeln Getrenntschreibung

Verbindungen mit dem Hilfsverb **sein** werden immer getrennt geschrieben.

da sein, beisammen sein, weg sein, vorbei sein, zusammen sein, dabei sein, fertig sein

Infinitiv plus Verb werden in der Regel getrennt geschrieben.

spazieren gehen, spazieren gegangen, einkaufen gehen

Nomen plus Verb schreibt man getrennt, wenn das Nomen als eigenständig angesehen wird.

Angst haben, Auto fahren, Sorge tragen, Not leiden

Für Verbindungen mit den Partikeln **wie, zu, so, ebenso, genauso, allzu** und Adjektiven gilt die Getrenntschreibung.

wie viel, so wenig, ebenso gut, allzu schön, zu viel

Die folgenden Verbindungen aus Präpositionen und Nomen werden getrennt geschrieben.

auf Abruf, im Grunde, zu Recht, zu Unrecht, zur Seite, zur Not, in Bezug auf, zu Fuss

■ Verbindungen mit Tag und Tageszeit

Verbindungen mit Tag und Tageszeit werden zusammengeschrieben.

Montagmorgen; Samstagabend; Mittwochnachmittag

Aber: heute Morgen, gestern Abend

Sprachkompetenz

Wortlehre
Satzlehre
Zeichensetzung
Rechtschreibung

■ Grundregeln Zusammenschreibung

Nomen mit Verb schreibt man zusammen, wenn das Nomen als verblasst angesehen wird.

leidtun, teilhaben, preisgeben, heimkehren, eislaufen

Ist ein Infinitiv zusammengeschrieben, bleiben auch die Partizipien zusammen.

herunterfallen – herunterfallend, heruntergefallen

Die folgenden Wortgruppen aus Nomen und Adjektiv/Partizip werden zusammengeschrieben:

milieubedingt, angsterfüllt, freudestrahlend, nikotinabhängig, durstlöschend, herzerquickend

Zwei aufeinanderfolgende Adjektive schreibt man zusammen, wenn das erste Adjektiv die Bedeutung des zweiten verstärkt oder schwächt.

lauwarm, bitterböse, volljährig, vollreif, hellgrün

Die folgenden Verbindungen aus Präpositionen und Nomen werden zusammengeschrieben.

infolge, zufolge, anhand, zuhanden

Erhält ein Wort durch die Zusammenschreibung eine neue Bedeutung, muss es zusammengeschrieben werden.

krankschreiben	jemanden mit ärztlichem Zeugnis von einer Arbeitsleistung freistellen
freisprechen	jemanden von einer Beschuldigung befreien
richtigstellen	berichtigen

■ Wahl: Getrennt- oder Zusammenschreibung

Bei folgenden Zusammensetzungen kann man frei wählen:

auf Grund – aufgrund

im Stande sein – imstande sein

sich zu Schulden kommen lassen – sich zuschulden kommen lassen

Bei gewissen Zusammensetzungen entscheidet die Getrennt- oder Zusammenschreibung über die Bedeutung des Wortes.

dünn machen	wenig Platz beanspruchen, eine Flüssigkeit mit einer anderen Flüssigkeit vermischen
dünnmachen	verschwinden
sitzen bleiben	auf dem Stuhl sitzen bleiben
sitzenbleiben	in der Schule den Klassenübertritt nicht schaffen

Stolpersteine

Wortlehre
Satzlehre
Zeichensetzung
Rechtschreibung

so viel und soviel

Er hat so viel gelernt, dass er die Prüfung sicher besteht.

so viel = Partikel und Adjektiv (siehe S. 442)

Soviel ich weiss, hat der Politiker das Land schon wieder verlassen.

soviel = Konjunktion, die einen Nebensatz einleitet

nach dem und nachdem

Nach dem Essen genossen wir bei einem Glas Wein einen gemütlichen Abend.

nach = fallbestimmende Präposition

Dies konnten wir aber erst tun, nachdem wir unsere Arbeit erledigt hatten.

nachdem = Konjunktion, leitet einen Nebensatz ein

zur Zeit und zurzeit

Als Bauer zu leben, war zur Zeit Karls des Grossen kein Vergnügen.

zur (zu der) Zeit = fallbestimmende Präposition

Es ist mir zurzeit nicht möglich, Ihnen die gewünschten Angaben zu liefern.

zurzeit = Partikel/Adverb in der Bedeutung von jetzt, im Moment

mal und Mal

einmal, zehnmal, x-mal

Wird die Verbindung zusammengeschrieben, gilt die Kleinschreibung.

Das schaffst du beim ersten Mal.

Werden die Wörter getrennt geschrieben, gilt die Grossschreibung.

8 Sprache und Kommunikation

8.2 Selbst- und Sozialkompetenz

Verständnis

- Was versteht man unter Zielkonflikt, Verteilungskonflikt und Beziehungskonflikt?

- Inwiefern können sich Konflikte auch positiv auswirken?

- Welches Vorgehen eignet sich bei Konflikten im Lehrbetrieb?

- Welche Fähigkeiten und Haltungen sind hilfreich beim Lösen eines Konflikts?

- Weshalb können Ich-Botschaften in Konflikten sinnvoller sein als Du-Botschaften?

Diskussion

- Wie wichtig ist Konfliktfähigkeit?

Konflikte

> **Konflikt (lateinisch confligere: zusammenschlagen, zusammenprallen, zusammentreffen):** Bezeichnet das Zusammentreffen von gegensätzlichen Interessen, Zielen oder Werten, die nicht in Einklang gebracht werden können.

■ Konfliktsituationen

In einer Konfliktsituation treffen Personen bzw. zwei oder mehrere Konfliktparteien aufeinander, die aus einem oder mehreren Gründen miteinander im Konflikt stehen. Solche Konfliktsituationen zeigen sich:

- **zwischen Personen**
  Beispiele: Geschwister, Eheleute, Arbeitskolleginnen und -kollegen

- **innerhalb und zwischen gesellschaftlichen Gruppen**
  Beispiele: Arm ↔ Reich; Einheimische ↔ Zugewanderte

- **innerhalb und zwischen Organisationen**
  Beispiele: innerhalb einer politischen Partei; Gewerkschaften ↔ Arbeitgeberverbände

- **innerhalb und zwischen Unternehmen**
  Beispiele: zwischen zwei Abteilungen in einem Unternehmen: Microsoft ↔ Bing

- **innerhalb und zwischen Staaten**
  Beispiele: Katalanen ↔ spanische Regierung; Nordkorea ↔ USA

- **innerhalb und zwischen Religionen**
  Beispiele: liberale Katholiken ↔ konservative Katholiken; Hindus ↔ Muslime in Indien

Konfliktsituationen können auch innerhalb einer Person bestehen.

Beispiel: Ein Familienvater möchte sich um seine Kinder kümmern und gleichzeitig wird er von seiner Arbeit beansprucht. Diese Situation kann einen innerseelischen Widerstreit oder ein moralisches Dilemma (siehe S. 334) auslösen.

■ Ursachen von Konflikten

Mögliche Ursachen eines Konflikts können sein:

Zielkonflikt
Von einem Zielkonflikt spricht man, wenn ein Ziel anzustreben das Erreichen eines anderen Ziels beeinträchtigt oder gar verhindert.

Beispiel: Freizeit und Lernen stellen einen klassischen Zielkonflikt dar.

Verteilungskonflikt
Beim Verteilungskonflikt sind nicht genügend Mittel vorhanden.

Beispiel: Für eine freie Stelle stehen mehrere qualifizierte Bewerber zur Auswahl.

Beziehungskonflikt
Diese Art des Konflikts wird häufig auch «emotionaler» Konflikt genannt. Menschen wollen von anderen Menschen akzeptiert, anerkannt, geliebt werden. Hat eine Person nur schon das Gefühl, das Gegenteil treffe zu, oder erlebt sie wirkliche Ablehnung, führt dies zu einem Konflikt, den sie existenziell erlebt und auf den sie daher überdurchschnittlich stark emotional reagiert.

Beispiel: Ein junger Mann ist verliebt. Seine Liebe wird jedoch nicht erwidert.

Oftmals gibt es für einen Konflikt mehr als nur eine Ursache. Diese Ursachen können über längere Zeit andauern und dann aufgrund eines einzelnen Ereignisses zum Ausbruch eines Konflikts führen. Daher kann sich die Analyse der Ursache für einen Konflikt als äusserst kompliziert erweisen.

Die zwei Seiten eines Konflikts

Negative Auswirkungen

Konflikte erlebt man meistens als belastend. Sie nehmen einen «gefangen» und lähmen einen in der eigenen Aktivität. Konflikte sind unangenehme und belastende Erlebnisse, die Stress, Ängste, Antipathien, Misstrauen und Aggressionen erzeugen.

Häufig ist das Negative eines Konflikts nicht der Konflikt selbst, sondern die Unfähigkeit der Beteiligten, konstruktiv damit umzugehen. Häufig vermeidet man aus Angst-, Schuld- oder Minderwertigkeitsgefühlen eine offene Auseinandersetzung mit dem Konfliktthema und/oder mit dem Konfliktpartner.

Konflikte sollten deshalb nicht einfach «unter den Teppich gekehrt», sondern sie sollten rechtzeitig deutlich und transparent gemacht werden.

Beispiel: An ihrem Arbeitsplatz wird eine Arbeitnehmerin ständig von einer Kollegin angesprochen. Dadurch wird sie in ihrer Konzentration gestört. Statt aus Rücksichtnahme gegenüber der Kollegin zu schweigen, sollte die Arbeitnehmerin ihre Kollegin höflich darauf hinweisen, dass sie nicht dauernd gestört werden will.

Positive Auswirkungen

Oft wird vergessen, dass Konflikte durchaus auch positive Aspekte beinhalten können. Sie können belebend wirken und Wandel, Lernprozesse, Innovation und Anpassung fördern. Gewisse soziale Errungenschaften und Entwicklungen hätten ohne vorhergehende Auseinandersetzungen gar nicht stattfinden können.

Beispiel: Ein Konflikt mit einem aussenstehenden Gegner kann die Mitglieder einer Gruppe verbinden und zusammenschweissen.

Umgang mit Konflikten

Man muss und kann nicht alle Konflikte lösen. Es kann bereits ein Erfolg sein, wenn man einen Konflikt aushält und damit leben kann. Konflikte sind und bleiben dennoch Bestandteil unseres Lebens. So muss man sich – ob man will oder nicht – Konflikten stellen, diese austragen und bewältigen.

Trennmauer zwischen dem palästinensischen und dem israelischen Teil in Jerusalem

Vorgehen bei Konflikten im Lehrbetrieb

■ 1. Konflikte wahrnehmen

- Wenn man ungute Gefühle hat und spürt, dass sich Spannungen im Lehrbetrieb aufbauen, sollte man möglichst früh reagieren und sofort handeln.
- Zuerst versucht man herauszufinden, womit diese Gefühle zu tun haben und was die Gründe der Spannungen sein könnten.
- Als Nächstes bemüht man sich, Klarheit in die Sache zu bringen. Man notiert sich Vorfälle, die stören, beunruhigen, verletzen.
- Das Gespräch mit Arbeitskolleginnen und -kollegen, mit Freunden, Eltern oder anderen Vertrauenspersonen ist wichtig. Vielleicht hilft es auch, eine Beratungsstelle der Schule oder des Betriebs zu beanspruchen. Erfahrungen und Befindlichkeit müssen mitgeteilt werden. Es soll «nichts anbrennen.» Ein Gespräch mit Menschen, die ehrlich sind, die «über der Sache stehen» und die vielleicht bereits ähnliche Erfahrungen gemacht haben, kann viel helfen.

■ 2. Sich dem Konflikt stellen und Vereinbarungen treffen

- Haben sich die Spannungen bereits zu einem handfesten Konflikt ausgewachsen, müssen der oder die Beteiligten direkt auf die Probleme angesprochen werden. Es gilt, einen Gesprächstermin mit der betroffenen Person zu vereinbaren.
- Gespräch wird vorbereitet: Was soll besprochen werden und wie soll es gesagt werden? Auch muss man sich schon vor dem Gespräch Gedanken darüber machen, welche Lösungen oder Vorschläge zum Spannungsabbau oder zur Konfliktlösung vorgeschlagen werden. Ich-Botschaften (siehe S. 450) sind dabei wichtig.
- Unter Umständen ist es sinnvoll, eine Vertrauensperson zum Gespräch mitzunehmen. Dies muss aber der Gegenpartei im Voraus mitgeteilt werden.

■ 3. Klärung schaffen und Entscheidungen herbeiführen

Falls das Gespräch keine Lösung herbeiführt und die Probleme wiederholt auftreten, muss eine aussenstehende Fachperson beigezogen werden. Gemeinsam mit dieser müssen weitere Schritte abgeklärt werden. Diese könnten sein: Gespräch mit dem Vorgesetzten der am Konflikt beteiligten Person, Einbezug von Fachpersonen des Amtes für Berufsbildung und als äusserster Schritt: Lehrstellenwechsel.

Gibt es Konflikte im Lehrbetrieb, sollte man sofort handeln und das Gespräch suchen.

Konfliktbewältigungsstrategien

Grundsätzlich lässt sich die Konfliktbewältigung in drei Strategien (Vorgehen, Lösungsansätze) einteilen:
- Die Verlierer-Verlierer-Strategie
- Die Gewinner-Verlierer-Strategie
- Die Gewinner-Gewinner-Strategie

■ Die Verlierer-Verlierer-Strategie

Bei der Verlierer-Verlierer-Strategie gehen beide Konfliktparteien als Verlierer aus dem Konflikt hervor. Alle Beteiligten erleiden einen Verlust. Beide müssen sich mit einem Teil des Angestrebten begnügen oder erreichen letztlich gar nichts. Es kann sogar so weit gehen, dass zwei verfeindete Parteien, die sich im Streit mit so viel Hass und Feindseligkeit begegnen, die Vernichtung des anderen zum Preis ihrer eigenen Vernichtung in Kauf nehmen.

■ Die Gewinner-Verlierer-Strategie

Bei der Gewinner-Verlierer-Strategie gibt es einen Sieger und einen Verlierer. So enden viele Konflikte. Positionen und Interessen des einen werden auf Kosten des anderen durchgesetzt, häufig ohne Rücksichtnahme auf eigene und/oder fremde Verluste. Oft zielt diese Strategie darauf ab, den Gegner zu vernichten, sicher aber entscheidend zu schwächen. Der Verlierer gewinnt in diesem Konflikt nichts, der Gewinner alles.

■ Die Gewinner-Gewinner-Strategie

Bei der Gewinner-Gewinner-Strategie verlassen beide Beteiligten den Konflikt als Gewinner. Dies wird erreicht durch eine kooperative und einvernehmliche Lösungssuche, bei der beide Seiten ihre Interessen und Positionen vollumfänglich einbringen können und eine Einigung erarbeitet wird, die alle Beteiligten zufriedenstellt. Ziel und Ergebnis dieser Strategie ist eine Übereinkunft, die für alle annehmbar ist. Ein Kompromiss kann dieser Strategie unter Umständen sehr nahe kommen.

■ Ansprüche an eine vernünftige Konfliktbewältigung

Lösungsorientiert und gewinnbringend mit Konflikten umzugehen, ist sehr anspruchsvoll und erfordert verschiedene Fähigkeiten und Haltungen. Dazu gehören u. a.:

Erkennen des Konflikts
Die Fähigkeit und die Bereitschaft, sich die Ursache des Konflikts bewusst zu machen und zu verstehen, worin der Konflikt eigentlich besteht.

Aktives Zuhören
Das ehrliche Bestreben, durch aufmerksames Zuhören dem Gegenüber zu zeigen, dass man es ernst nimmt.

Empathie
Die Fähigkeit, sich in die Lage des anderen zu versetzen, sich in ihn «einzufühlen» und den Konflikt aus dessen Perspektive zu betrachten.

Sachliche Kommunikation
Die Fähigkeit, sich auf der Sachebene zu verständigen, ohne dabei den oder die Konfliktbeteiligten abzuwerten oder anzugreifen (siehe folgende Seite).

Verständnis und Respekt
Eine Haltung, die das Gegenüber als gleichwertig und gleichrangig betrachtet. Man achtet darauf, fair zu sein und den anderen nicht zu verletzen.

Suche nach Gemeinsamkeiten
Die Bereitschaft, Punkte zu suchen, in denen man übereinstimmt. So kann man Vertrauen aufbauen und Aggressionen abbauen.

Zukunftsgerichtetes und lösungsorientiertes Denken
Die Bereitschaft, Vergangenes ausser Acht zu lassen und sich auf eine konstruktive Lösungsfindung zu konzentrieren.

Kreativität
Die Fähigkeit, die Lösung des Konflikts mittels neuer und ungewohnter Ideen zu finden und dabei Wege zu beschreiben, die ausserhalb der Norm liegen.

Selbstironie
Das Geschick, über sich selbst zu lachen und sich nicht durchwegs als das Zentrum der Welt zu verstehen.

Inanspruchnahme von Hilfe
Die Bereitschaft, Hilfe von Aussenstehenden (Beratungsstellen, Fachleuten, Mediatoren usw.) anzunehmen.

Ganz wichtig für eine erfolgreiche Konfliktbewältigung sind Ich-Botschaften.

■ Du- und Ich-Botschaften

	Du-Botschaften: Äusserungen, mit denen man direkt auf andere Menschen zielt.	**Ich-Botschaften:** Äusserungen, mit denen man eigene Gefühle, Betroffenheit und Bedürfnisse ausdrückt.
	Mit Du-Botschaften greift man den anderen Menschen und dessen Selbstwertgefühl an. Solche Äusserungen sind oftmals absolut formuliert. Es finden sich darin Wörter wie: immer, nie, nur du usw. Der andere fühlt sich dadurch herausgefordert und geht selbst zum Angriff über.	Mit Ich-Botschaften zeigt man, dass man sich verletzt fühlt oder dass man unsicher ist. Dies erfordert ein gewisses Mass an Mut. Wenn man seine Verletzlichkeit, seine Ängste oder seine Entmutigung ausdrückt, könnte dies als Schwäche ausgelegt werden.
Beispiele	«Du redest fortwährend und hörst mir nie zu.»	«Ich möchte dazu etwas sagen.»
	«Du willst mich mit deiner Äusserung nur verletzen.»	«Diese Äusserung hat mich sehr getroffen.»
	«Du verdrehst meine Worte stets.»	«Ich fühle mich nicht verstanden.»
	«In diesem Punkt liegen Sie falsch.»	«Ich habe Sie in diesem Punkt nicht verstanden.»

8 Sprache und Kommunikation

8.3 Methodenkompetenz

Verständnis

- Welche Massnahmen zur Datensicherung sind empfehlenswert?

- Aus welchen Informationsquellen stammen die Nachrichten der Medienhäuser (wie z. B. SRF)?

- Anhand welcher Fragen kann die Qualität von Informationsquellen überprüft werden?

- Was ist der Unterschied zwischen einem wörtlichen und einem sinngemässen Zitat?

- Welche Arbeitsschritte sind bei der Vertiefungsarbeit zu beachten?

- Weshalb eignen sich geschlossene Fragen bei Umfragen?

Diskussion

- Weshalb sollte man sich bemühen, Quellen korrekt anzugeben?

Datensicherheit

ICT-Kompetenz
Lesetechnik
Medienkompetenz
Präsentationstechnik
Arbeitstechnik
Lerntechnik

■ Jederzeit und überall verfügbar – aber …

Der Vorteil von elektronisch gespeicherten Daten liegt auf der Hand: Sie sind einfach zu bearbeiten, zu verbreiten und zu kopieren. Man hat Zugriff von überall her, so können etwa Lagerbestände über das interne Netzwerk abgerufen werden und man schont die Ressourcen, indem z. B. Papier gespart wird.

Die Nachteile darf man aber nicht ausser Acht lassen: Die Daten müssen vor Veränderung, Diebstahl oder Viren geschützt werden. Ebenso wichtig ist z. B. bei der Lagerverwaltung die Kontrolle (wer hat zuletzt auf ein Dokument zugegriffen und was wurde geändert?).

Um jederzeit die Vollständigkeit und Korrektheit der Daten zu gewährleisten, müssen vorbeugende Massnahmen getroffen werden. Dazu gehören etwa:
- ein Passwortschutz (Zugriffsberechtigung)
- eine Firewall (Schutz vor einem Zugriff von aussen auf das Netzwerk einer Unternehmung)
- das sichere Aufbewahren von wichtigen Daten (Feuerschutz, Zugriffsschutz)
- Virenschutz
- Datensicherung (Backup, Speicherung auf externe Datenträger)

■ Datensicherung

Mit der Datensicherung ist das Anlegen von Sicherungskopien aller wichtigen Datenbestände gemeint. Damit stellt man sicher, dass – im Fall von Datenverlust oder Datenverfälschung – die Daten rasch und zuverlässig wiederhergestellt werden können. Dafür kommen privat (abhängig von der Datenmenge) USB-Stick, DVD-R/RW oder externe Festplatten sowie Cloud-Speicher infrage. In Unternehmungen werden hauptsächlich Bandsicherungen, externe Festplatten oder Netzwerkfestplatten (NAS) sowie geschäftseigene Cloud-Speicher verwendet.

■ Virenschutz

Computerviren bedrohen alle Geräte, die ans Internet angeschlossen sind und mit denen externe Daten gespeichert oder geöffnet werden.

> **Computerviren:** Programme, die sich selbstständig und unbemerkt kopieren (duplizieren) und anschliessend oder zu einem späteren Zeitpunkt unerwünschte, zumeist zerstörerische Aktionen ausführen.

Ein Computervirus lässt sich mit einem Grippevirus beim Menschen vergleichen: Man steckt sich unbemerkt an – und wenn die Krankheit ausbricht (das Virus wirksam wird), ist es für vorbeugende Massnahmen (Prävention) zu spät.

■ Antivirenprogramm

Einen guten, wenn auch nicht vollständigen Schutz erreicht man durch die Installation eines Antivirenprogramms. Wichtig ist, das Antivirenprogramm so zu konfigurieren, dass es sich automatisch aktualisiert und regelmässige Virenscans der Festplatte(n) ausführt.

Achtung: Keine Datei, die man erhält oder aus dem Internet herunterlädt, darf einfach geöffnet werden. Sie muss (sollte!) vor dem Öffnen immer mit einem Antivirenprogramm auf Viren geprüft werden. Damit verhindert man das Einschleppen von Spyware (ausspionieren persönlicher Daten wie z. B. Nutzerverhalten im Internet) oder von «Keyloggern» (verfolgt die Tastatureingabe mit und kommt so etwa problemlos an das E-Banking-Passwort).

Methodenkompetenz

Internet

Das Internet ist aus dem heutigen Leben nicht mehr wegzudenken. Man benutzt es
- zur Kommunikation (z. B. WhatsApp, Chats)
- für die Suche nach Informationen (z. B. Wikipedia, Routenplaner)
- für den Online-Handel (z. B. Onlineshopping, Hotel- und Reisebuchungen)
- für Apps (Zusatzprogramme für spezielle Funktionen wie etwa Terminkalender), die sich auch auf Smartphones und Tablets installieren lassen
- für E-Banking, Onlinespiele usw.
- für eigene Produktionen (z. B. Webseiten, Blogs)

Es vereinfacht vieles: Man gelangt z. B. schnell und unkompliziert an Informationen oder kann sich bequem Waren nach Hause liefern lassen. Da man anonym bleiben kann, birgt es aber auch Gefahren, die oft unterschätzt werden.

| ICT-Kompetenz |
| Lesetechnik |
| Medienkompetenz |
| Präsentationstechnik |
| Arbeitstechnik |
| Lerntechnik |

■ Herausforderungen und Gefahren

Das Internet gehört niemandem – oder jedem? Es ermöglicht grundsätzlich jedem den freien Zugriff auf Informationen, die im Netz stehen. Gleichzeitig kann man auch eigene Beiträge ins Netz stellen. Da die Kontrolle weitestgehend fehlt, findet man im Web neben vielen nützlichen auch problematische, gefährliche und kriminelle Inhalte.

Weil man sich im Netz ziemlich anonym bewegen kann, kann es sehr einfach für illegale Zwecke genutzt werden: Cyberkriminalität (z. B. Ransomware: Erpressen von Nutzern durch Blockieren des Computers), Cybermobbing, Austausch und Verbreitung von kinderpornografischem Inhalt – um nur einige Stichworte zu nennen. Aufgrund der Funktionsweise des Netzes sind strafrechtliche Ermittlungen oft schwierig.

■ Der Internetzugang

Für die Internetnutzung mit dem Computer braucht es bestimmte Hardware und Software.

Hardware-Ausstattung
- PC mit Bildschirm oder ein Notebook
- Smartphone, Tablet
- Internetanschluss und -zugang (Netzwerkkarte mit einem Router, WLAN-Zugang)

Browser als Software
Um die Dokumente im Web lesen zu können, braucht es ein spezielles Programm, einen Browser (engl. to browse = durchsehen). Marktführende Browser sind Internet Explorer und Edge (Microsoft), Firefox (Mozilla), Chrome (Google), Safari (Apple).

■ WWW – World Wide Web

Das World Wide Web (WWW oder W3, auch schlicht Web genannt) ist eine riesige, auf Computern in der ganzen Welt verteilte Ansammlung von Webseiten. Diese Webseiten können Texte, Bilder, Töne, Filme usw. enthalten. Die einzelnen Inhalte können Querverweise (sog. Links oder Hyperlinks) auf andere Webseiten enthalten. Durch diese Verknüpfung entsteht ein Netz von Webseiten.

Diese Netzstruktur führt zu einem neuen Leseverhalten: Im Web liest man nicht linear von vorne bis hinten bzw. von oben nach unten, sondern man hüpft in den Dokumenten umher. Dies wird auch als «Surfen» bezeichnet.

Internetrecherche

ICT-Kompetenz
Lesetechnik
Medienkompetenz
Präsentationstechnik
Arbeitstechnik
Lerntechnik

■ Suchdienste

Um im Web Informationen zu einem bestimmten Thema zu finden, gibt es verschiedene Suchdienste. Die bekanntesten sind: Google, Yahoo und Bing. Nützlich sind zudem das riesige Nachschlagewerk Wikipedia oder Wörterbücher wie z. B. leo.org, duden.de, canoo.net (deutsche Wörterbücher und Grammatik).

> **Suchdienst:** Besteht aus einer riesigen Datenbank, in der Millionen von Links und Informationen gespeichert sind.

■ Die Abfrage

Gibt man in einem Suchdienst einen zu allgemeinen Begriff ein, so werden Hunderttausende von Seiten angezeigt. Um das zu vermeiden, muss man gezielt suchen. Das geschieht durch präzise Suchbegriffe oder eine Einschränkung der Suche.

Beispiel:
Gesucht wird ein Office Kurs-Word 2019 mit einem anerkannten Diplomabschluss in Luzern. Versuch: Die Suchanfrage «Office 2019 Kurs» ergibt einige Millionen Webseiten mit Angeboten. Mit «Word 2019 Kurs» wird nur noch ein Viertel der Seiten gefunden. Die Reihenfolge spielt also eine Rolle! Erst die Suche mit weiteren Stichwörtern «Office Kurs Word 2019 anerkannter Diplomabschluss Luzern» führt noch zu knapp 10 Ergebnissen.

■ Die Verwendung von Informationen aus dem Internet

Webseiten-Inhalte können problemlos aus dem Internet kopiert oder heruntergeladen und so z. B. für eine schriftliche Arbeit einfach benutzt werden. Darf man das? Unter bestimmten Voraussetzung ja, aber …

Urheberrechte (Copyright) beachten

Für Ausbildungen – solange die Arbeiten nicht veröffentlicht, also z. B. erneut ins Web gestellt werden – gelten besondere Bedingungen: Man darf Texte, Bilder oder Diagramme unter Angabe der genauen Quelle für schriftliche Arbeiten oder Referate benutzen. Bei Texten, Musik, Videos oder Bildern, die man veröffentlichen will, muss zwingend die Autorin oder der Autor um Erlaubnis gebeten werden.

Schweizer Recht: Das Copyright – also der Schutz des geistigen Eigentums – gilt laut URG Art. 29 während 70 Jahren über den Tod des Urhebers oder der Urheberin hinaus. Dies gilt auch für Webseiten und deren Inhalte.

Internetseite wiederfinden

Wenn man zufällig auf eine interessante Webseite stösst, die man später vielleicht benötigt, setzt man einen Favoriten. Diese Lesezeichen werden von jedem Browser verwaltet und können somit wieder aufgerufen werden.

■ Downloads – Free-/Shareware

Das Internet ist bezüglich Software (Free- und Shareware, Demo- und Testversionen sowie Apps für besondere Aufgaben oder Plug-ins und Add-ins für Browser) ein Eldorado. Ein sorgfältiger Umgang mit solchen Downloads ist sinnvoll, tummeln sich doch neben Nützlichem auch viele schädliche Programme im Internet.

E-Mail

E-Mail (Electronic Mail) ist immer noch der meistverwendete Dienst im Internet.

E-Mail: Der elektronische Briefverkehr über das Internet.

E-Mail funktioniert wie die normale Briefpost: Brief schreiben, adressieren, senden. Jeder Provider bietet den Kunden neben dem Zugang zum Web auch eine E-Mail-Adresse und ein Postfach an. Neben den Providern (z. B. von Swisscom: Bluewin-Mail) gibt es auch eigene E-Mail-Dienste (z. B. GMX, Gmail). Solche Onlinedienste bieten den Benutzerinnen und Benutzern eine frei wählbare E-Mail-Adresse inklusive Mailbox.

ICT-Kompetenz
Lesetechnik
Medienkompetenz
Präsentationstechnik
Arbeitstechnik
Lerntechnik

■ Vorteile

Vor allem im Businessbereich hat die E-Mail die herkömmliche Briefpost (und auch das Fax) vielfach verdrängt. Die Vorteile liegen auf der Hand: E-Mails brauchen meist nur wenige Sekunden vom Sender zum Empfänger, egal ob einige wenige oder mehrere tausend Kilometer zwischen ihnen liegen. Sie sind auch preiswerter, als etwa eine Anfrage für Büromaterial per Brief zu versenden.

E-Mails erlauben es, Dateien (Attachments) in beliebigen Dateiformaten (Text, Bild, Video, Ton, Applikationen) anzuhängen, sodass sie sich auch für den individuellen Austausch eignen. Mehrere Dateien können gezippt (komprimiert zu einer einzigen Datei) mitgeschickt werden, damit sie schneller übertragen und heruntergeladen werden können.

■ Nachteile

Das heutige E-Mail-System hat mit einigen Problemen zu kämpfen:
- Eine normale E-Mail ist auf dem Weg vom Sender zum Empfänger etwa so geheim wie eine Ansichtskarte. Für vertrauliche Mitteilungen und sensible Daten ist sie daher wenig geeignet. Mittlerweile gibt es Verschlüsselungsverfahren, die das unbefugte Lesen einschränken. Daneben gibt es die Möglichkeit einer elektronischen Signatur, die gewährleistet, dass die damit gesendete Nachricht authentisch und unverfälscht ist.
- E-Mails haben noch wenig Beweiskraft. Darum gilt bei wichtigen privaten und geschäftlichen Vereinbarungen die Regel: Brief mit Unterschrift (evtl. eingeschrieben).

■ Gefahren

Mit E-Mails werden Computerschädlinge oder Angriffe auf die Persönlichkeit verbreitet:
- Würmer (Schadsoftware) bedienen sich unbemerkt in den Kontakten mit E-Mail-Adressen und versenden sich selbstständig weiter – ohne Wissen der Anwenderinnen und Anwender.
- Spam-Mails blockieren (überfüllen) als Werbe-E-Mails die Firmennetze und Mail-Konten.
- Phishing-Mails (betrügerische E-Mails) geben sich als harmlose Anfrage-Mails aus, indem sie als Absender einer Bank Nutzerinnen und Nutzer auf eine gefälschte Internetseite locken. Dort werden sie aufgefordert, Konto-Zugangsdaten anzugeben. Sobald dies geschehen ist, wird das Bankkonto geplündert.

ICT-Kompetenz
Lesetechnik
Medienkompetenz
Präsentationstechnik
Arbeitstechnik
Lerntechnik

■ Cc, Bcc, RE, AW, FW

Sollen mehrere Personen eine E-Mail erhalten, gibt es verschiedene Möglichkeiten:
- Verteilergruppen eignen sich, wenn man immer wieder den gleichen Personen schreiben muss (z. B. Protokolle versenden).
- Cc steht für «Carbon copy»; damit erhält eine zweite oder mehrere Personen dieselbe E-Mail.
- Bcc steht für «Blind carbon copy»; im Unterschied zu Cc wird der zusätzliche Empfänger in der Adresszeile nicht angezeigt.
- RE oder AW erscheint in der Betreffzeile, wenn man auf eine E-Mail antwortet (dann muss man keinen neuen Betreff eingeben).
- FW erscheint ebenfalls in der Betreffzeile und zeigt an, dass eine E-Mail weitergeleitet wurde.

■ Netikette: Regeln im E-Mail-Verkehr

Auch für den E-Mail-Verkehr gelten wie für den Briefverkehr gewisse Regeln:
- Eine Betreffzeile gehört zu jeder E-Mail. Sie gibt möglichst kurz, knapp und treffend Auskunft über den Inhalt (Schlagzeile).
- Eine Anrede und ein Grusswort mit Nennung seines ganzen, ausgeschriebenen Namens gehören sich.
- Die Mitteilung soll kurz und knapp sein. Sie ist in ganzen Sätzen und nicht im SMS-Stil verfasst.
- Längere Texte gehören in den Anhang (im PDF-Format sind sie zudem weniger virenanfällig). Mehrere Anhänge sollen gezippt werden.
- Private Dateien, z. B. Fotos von der letzten Party, sollten nicht wild verschickt werden.
- Schreibt man E-Mails ins fremdsprachige Ausland, vermeidet man Sonderzeichen (wie ä, ö, ü), da sie nicht oder falsch angezeigt werden.
- Vertrauliche Informationen schickt man in der Regel keine. Man weiss nie, ob die Empfängerin oder der Empfänger die E-Mail nicht weiterleitet … Das gilt auch für Selfies!
- Eine Portion Misstrauen kann nicht schaden: Wenn man nicht sicher ist, ob die E-Mail tatsächlich von der im Absender genannten Person stammt, fragt man lieber nach, bevor die E-Mail und deren Anhänge geöffnet werden.
- E-Mails sollen sehr gezielt versandt werden. Dasselbe gilt für Kopien. Massenmails sind absolut zu vermeiden.
- E-Mails beantwortet man in nützlicher Frist (24–48 Stunden).

■ Persönliche und geschäftliche E-Mail-Adressen

1. Empfehlenswert ist, sich mehrere E-Mail-Adressen zuzulegen:
   - Eine private E-Mail-Adresse ist für die wenigen guten Freunde und Bekannten da.
   - Eine zweite E-Mail-Adresse wird für die breite Öffentlichkeit verwendet.
2. Erhält man viele Spam- und Werbemails, lässt man die Adresse «einfrieren», d. h., man beachtet und liest die E-Mails nicht mehr und macht sich einfach eine neue E-Mail-Adresse.
3. Die Trennung zwischen geschäftlichen und privaten E-Mails ist sehr wichtig. Private Mitteilungen haben in der Mailbox der Geschäfts-E-Mail-Adresse nichts zu suchen.

Lesen und Verstehen

■ Lesetechnik: Erste Tipps

Vorwissen aufbauen
Je grösser das Vorwissen ist, desto leichter versteht man einen Text. Muss man einen Text zu einem neuen Thema lesen, liest man dazu zuerst einen einfachen und knappen Überblickstext (z. B. im Internet auf Wikipedia oder in einem anderen Lexikon).

Wortschatz erweitern
Ein grosser Wortschatz erleichtert es, einen Text zu lesen. Der Wortschatz muss also bewusst erweitert werden: Man merkt sich neue Wörter und verwendet diese aktiv, indem sie in eigene Sätze eingebaut werden. Damit wird man auch schneller beim Lesen.
Wer sich aktiv um seinen Wortschatz kümmert, wird bald ein bekanntes Phänomen erfahren: Jedes neu erlernte Wort erleichtert das Erlernen von zwei weiteren neuen Wörtern erheblich.

Randbemerkungen aufschreiben
Randbemerkungen helfen, konzentriert zu lesen und den Überblick zu behalten.

Einfache, eindeutige Zeichen verwenden
Es sollten keine langen Kommentare neben den Text geschrieben werden. Einfache Zeichen reichen (z. B. ein Ausrufezeichen für wichtige Stellen, ein Fragezeichen für Unklarheiten). Wichtig ist, dass diese Zeichen immer dasselbe bedeuten. Man sollte die Textstelle nicht nochmals lesen müssen, um die Bedeutung des Zeichens herauszufinden.

Textstellen markieren
Wichtige Stellen im Text können markiert werden. Damit diese Technik wirksam ist, müssen einige Regeln gut beachtet werden (siehe S. 460).

Notizen anlegen
Gute Notizen sind wohl das wirksamste Mittel, um den Inhalt eines Textes zu erfassen. Die Kunst besteht dabei in der Beschränkung (siehe S. 461).

■ Konzentration und Lesetempo

Ziele setzen
Man nimmt sich eine bestimmte Textmenge in einer bestimmten Zeit vor. 200 Wörter pro Minute oder 20 Seiten pro Stunde sind kein ehrgeiziges Ziel, anders sieht es aus bei 300 Wörtern oder 30 Seiten pro Stunde. Man muss sich so einrichten, dass man in dieser Zeit nicht gestört wird. Falls die Lesemenge in der vorgesehenen Zeit bewältigt wurde, gönnt man sich eine Pause oder eine Belohnung.

Nicht zurückblicken
Die Abschnitte werden nur einmal gelesen. Dafür liest man von Anfang an «richtig», d. h. aufmerksam.

Ganze Zeilen ins Auge fassen
Man folgt mit den Augen nicht den einzelnen Wörtern, sondern konzentriert sich auf die Mitte der Zeile und erfasst die ganze Zeile mit einem Blick. Bei langen Zeilen schaut man höchstens ein zweites Mal hin.

Diagonal lesen (querlesen)
Manchmal reicht es, sich einen groben Überblick zu verschaffen. Ein Verfahren dazu ist das «diagonale» Lesen. Es werden nur die Hauptwörter (Substantive und Verben) gelesen. Den Rest denkt man sich dazu. Mit der Zeit steigert man das Tempo.

Fragen zu erzählenden Texten

ICT-Kompetenz
Lesetechnik
Medienkompetenz
Präsentationstechnik
Arbeitstechnik
Lerntechnik

Wer erzählende Texte (Romane, Erzählungen, Novellen) liest und diese verstehen will, darf nicht nur den Inhalt erfassen. Die Analyse weiterer erzählerischer Mittel ist dafür unerlässlich.

Die folgenden Fragen können bei der Analyse eines erzählenden Textes helfen:

■ Erzähler

- Wer erzählt?
- Ist der Erzähler selber eine Person in der Geschichte?
- Ist der Erzähler ein neutraler Beobachter?
- Ist der Erzähler allwissend?
- Beschreibt der Erzähler auch das Innenleben der Personen?

■ Zeit

- Wie ist die Zeitstruktur der Erzählung? Ist sie chronologisch (normale zeitliche Abfolge)? Gibt es Rückblenden oder Vorblenden?
- In welcher geschichtlichen Zeit spielt die Handlung?
- Haben die Jahreszeiten eine symbolische Bedeutung?

■ Ort

- An welchen Orten, in welchen Räumen (z. B. in einer Grossstadt, in den Bergen, in einem Schloss) spielt die Handlung?
- Herrscht an den Schauplätzen eine besondere Stimmung?
- Spielen die Schauplätze für den Handlungsverlauf eine besondere Rolle?

■ Personen

- Welche Personen kommen vor?
- Welche Beziehungen haben die Personen zueinander? Verändern sich die Beziehungen im Verlauf der Handlung?
- Gibt es Gruppen, Bekanntschaften, Gegnerschaften?
- Welches sind die Eigenschaften (Charaktere) der Personen? Verändern sich diese?
- Erkennen wir Motive für das Verhalten der Personen?

■ Handlung

- Wie ist der Handlungsablauf (was passiert im Verlauf der Erzählung)?
- Gibt es entscheidende Ereignisse?
- Gibt es überraschende Wendungen?
- Wird Spannung aufgebaut?
- Wird die Spannung gelöst und wie?

■ Sprache

- Wird in der Alltagssprache erzählt oder ist die Sprache sehr anspruchsvoll?
- Ist die Sprache modern oder wirkt sie altertümlich?
- Gibt es Besonderheiten in der Sprache (z. B. Vergleiche, Wiederholungen)?
- Wie sprechen die Personen (bei direkter Rede)?

Die SQ3R-Methode

Die SQ3R-Methode eignet sich besonders für das Lesen und für die Erarbeitung umfangreicher Fachtexte. Sie besteht aus fünf aufeinanderfolgenden Schritten.

■ 1. Survey – Überblick verschaffen

Als Erstes verschafft man sich einen Überblick über den Text. Wichtig dafür sind:
- das Inhaltsverzeichnis
- der Klappentext
- Überschriften
- Bilder, Grafiken, Tabellen

Mit diesem Schritt aktiviert man sein Vorwissen und seine Erfahrungen.

■ 2. Questions – Fragen an den Text stellen

Im zweiten Schritt überlegt man, was man vom Text erwartet. Mögliche Fragen sind:
- Wovon ist die Rede?
- Was erfährt man Neues?
- Welche Fakten sind für die Fragen wichtig?
- Welches Vorwissen muss man sich erwerben?
- Welche Ansichten vertritt die Autorin oder der Autor?

Wer vor der Lektüre Fragen stellt, liest den Text mit mehr Interesse.

■ 3. Read – Lesen

Die Hauptaufgabe ist die Lektüre des Textes. Man liest den Text in Abschnitten, wobei der Text selber diese Abschnitte vorgibt (z. B. Kapitel). Man folgt bei der Lektüre also dem logischen Aufbau des Textes. Den Text bearbeitet man am besten mit Randbemerkungen, mit Markierungen und man macht sich Notizen (siehe S. 460). Wenn Schlüsselbegriffe nicht verstanden werden oder wesentliche Informationen fehlen, schlägt man diese in einem Wörterbuch bzw. einem Lexikon nach.

■ 4. Recite – Wiederholen

Von dem, was man einmal schnell durchgelesen hat, bleibt auf längere Zeit kaum etwas im Gedächtnis. Man muss sich also das Gelesene auch bewusst merken.

Mittel dazu sind:
- Wiederholung der wichtigsten Gedanken jedes Sinnabschnitts
- Beantwortung der anfangs gestellten Fragen (siehe Punkt 2 oben)
- Anfertigung von Gedächtnisstützen wie Notizen, Mindmap, Cluster (siehe S. 461 f.)

■ 5. Review – in Erinnerung rufen

Der kürzeste Schritt ist die Repetition. Zuerst ruft man sich den Inhalt mithilfe der Notizen (siehe S. 461) oder der Visualisierungen (siehe S. 462) in Erinnerung. Später wiederholt man diesen Schritt ohne die Hilfen, indem man den Inhalt frei zusammenfasst (siehe S. 393) oder die Visualisierungen aus der Erinnerung aufzeichnet und deren Elemente kurz erklärt.

Die SQ3R-Methode ist aufwendig und zeitintensiv. Der Erfolg rechtfertigt den Aufwand jedoch deutlich.

Markierungen

Lesetechnik (ICT-Kompetenz, Lesetechnik, Medienkompetenz, Präsentationstechnik, Arbeitstechnik, Lerntechnik)

■ Markierungen als Lesehilfen

Eine Lesehilfe stellt das Markieren dar. Markierungen
- helfen, einen Text zusätzlich zu strukturieren,
- erleichtern beim Lernen und Wiederholen die Orientierung,
- fördern die bessere visuelle Aufnahme und das Behalten.

■ Methode

Am besten verfährt man beim Markieren nach folgenden Grundsätzen:
- Den Text liest und bearbeitet man abschnittweise.
- Wenn man Antworten zu den Leitfragen (siehe 2. Schritt der SQ3R-Methode) gefunden hat, markiert man die Schlüsselbegriffe oder Kerngedanken.
- Man ordnet seine Markierungen nach Farbe, Schriftdicke, Nummerierungen oder einem ähnlichen Element (Wichtigkeit, Neuheit, Funktion usw.).
- Markierungen müssen sparsam eingesetzt werden, dies gilt besonders für den Leuchtstift, aber auch für das Unterstreichen. Faustregel: Wenn mehr als 10 % eines Textes markiert sind, verliert die Markierung ihren gliedernden Sinn.

■ Mögliche Fehler

- Man markiert zu viel. Diese Gefahr droht besonders dann, wenn man schon beim ersten Lesen markiert. Es erscheinen alle Sätze oder Begriffe als neu und wichtig. Das Markieren verliert seinen Wert als Strukturierungshilfe.
- Vollständig markierte Sätze mindern die Übersichtlichkeit.
- Das erste Lesen dient dem Verstehen. Das Markieren dient dem Gliedern, Hervorheben und Lernen. Deshalb setzt es eine bewusste Entscheidung voraus. Diese kann nicht gleichzeitig mit dem Verstehen erfolgen.

■ Erweiterung: marginale Bemerkungen

Nachdem man den ganzen Text markiert hat, fasst man die markierten Stellen mit Stichworten zusammen und notiert diese an der entsprechenden Stelle am Rand des Textblattes.

Beispiel

Wahrung des Amtsgeheimnisses

Die Ratsmitglieder sind **an das Amtsgeheimnis gebunden, wenn sie als Parlamentarier Dinge erfahren, die geheim gehalten werden müssen,** weil es im Interesse der Öffentlichkeit ist oder weil die Persönlichkeit einer oder mehrerer Personen geschützt werden soll.

Offenlegung der Interessenbindungen

Um die Interessenbindungen offenzulegen, **muss jedes Ratsmitglied** beim Eintritt in den Rat und jeweils zum Jahresbeginn das Ratsbüro unter anderem **über seine berufliche Tätigkeit und seine Verwaltungsratsmandate informieren.**

INFO — Zusammenfassende Regeln
- Erst lesen, dann markieren.
- Sparsam und gezielt markieren.
- Überprüfen, ob die Markierung den Text sinnvoll strukturiert.
- Das Markierungssystem beibehalten und konsequent anwenden.

Notizen

■ Notizen erleichtern das Verstehen

- Notizen dienen der Erinnerung. Die Erfahrung zeigt, dass Gelesenes schnell vergessen wird. Notizen helfen, es bei Bedarf rasch in Erinnerung zu rufen.
- Die Lernpsychologie lehrt, dass Informationen erst dann zu einem dauerhaften Besitz werden können, wenn man sie zu seinen eigenen macht. Notizen vollziehen diesen Schritt vom fremden zum eigenen Besitz.
- Notizen entlasten das Gedächtnis.
- Notizen erhöhen die Aufmerksamkeit. Wer Notizen anlegt, liest aufmerksamer.

■ Anfertigen von Notizen

Niemals ist es notwendig, alles mitzuschreiben. Notizen beschränken sich auf:
- Hauptpunkte
- Schlüsselwörter
- Daten, Namen
- Fachausdrücke

■ Abstract

Als Abstract bezeichnet man eigenständige Kurzfassungen von Sachtexten. Abstracts sind:
- objektiv (sie enthalten keine Wertung),
- so kurz wie möglich (sie sind in der Regel nicht länger als eine halbe Seite),
- verständlich (sie sind in einer klaren, nachvollziehbaren Sprache verfasst),
- vollständig (sie enthalten alle wesentlichen Sachverhalte des zusammengefassten Textes),
- genau (sie geben Inhalte und Meinungen des Originals wieder).

Oft schreiben Verfasser und Verfasserinnen von Sachtexten am Anfang ein Abstract. Dies erleichtert dem Leser, der Leserin die Entscheidung, ob sie den ganzen Text lesen wollen.

Bei der Vertiefungsarbeit wird in der Regel auch ein einleitendes Abstract verlangt.

Notizen zwingen, Wesentliches vom Unwesentlichen zu trennen.
Zu achten ist besonders auf:
- Neues
- besonders betonte Sachverhalte
- Fakten wie Namen, Zahlen, Daten, die kaum aus dem Gedächtnis rekonstruiert werden können

Visualisierungen

- ICT-Kompetenz
- Lesetechnik
- Medienkompetenz
- Präsentationstechnik
- Arbeitstechnik
- Lerntechnik

Aneignung von Wissen

Man spricht davon, dass man sich Wissen «aneignet», also fremdes Wissen zu eigenem Wissen macht. Das Visualisieren eignet sich wie kaum eine andere Methode dazu, fremdes Wissen zu durchdringen. Es gibt eine Reihe von Möglichkeiten, wie man Sachverhalte und Informationen visualisieren kann.

1. Mindmap

Die ursprünglich englische Bedeutung des Begriffs offenbart Sinn und Ziel des Mindmaps: Es geht um das Kartografieren von Gedanken. Es handelt sich um eine Methode, Gedanken zu sammeln und zu ordnen.

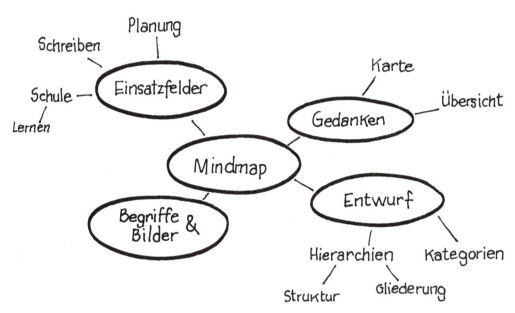

2. Konzeptkarte

Die sogenannte Konzeptkarte verzeichnet die Abhängigkeiten zwischen Begriffen oder Informationen.

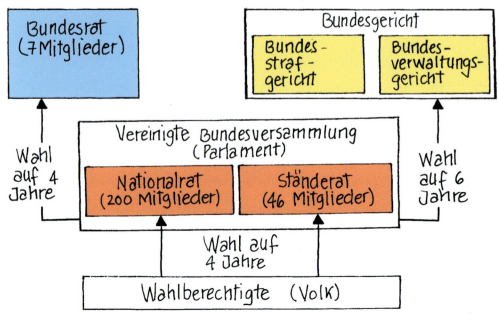

Medium und Medien

Das Wort «Medien» wird vielfältig eingesetzt, u. a. als Sammelbezeichnung für alle Kommunikationsmedien im Alltag, vor allem aber für die aktuellen Massenmedien wie Social Media, aber auch für die traditionellen Printmedien.

Medien und Kommunikation sind eng miteinander verknüpft. Bereits das lateinische Wort «medium» (Mitte) spielt auf das Transportieren und Vermitteln von Botschaften an, denn Medien sind Mittel oder Vermittler.

ICT-Kompetenz
Lesetechnik
Medienkompetenz
Präsentationstechnik
Arbeitstechnik
Lerntechnik

■ Informationsflut

Medien prägen unseren Beruf und Alltag. Sie sollen uns dabei unterstützen, die Komplexität der Ereignisse zu verstehen. Gleichzeitig wird man aber über das Internet und andere Medien mit einer ungeheuren Informationsflut konfrontiert, in der man sich zurechtfinden muss.

Der Einsatz und die Wirkung der Medien sind zudem wesentlich für die Meinungsbildung der Menschen verantwortlich. Doch welcher Internetseite kann man trauen? Wie glaubwürdig sind die Informationen in der Tagespresse? Ein kritischer Umgang mit den Massenmedien und die Überprüfung von Informationen sind unerlässlich.

■ Medien und Wirklichkeit

«Das Schlimmste, was den Medien passieren kann, ist, dass nichts passiert.»
Ernst Reinhardt, Schweizer Publizist, Mitte 20. Jh.

«Was wir über unsere Gesellschaft, ja über die Welt, in der wir leben, wissen, wissen wir durch die Massenmedien.»
Niklas Luhmann, Gesellschaftstheoretiker, 1996

«Massenmedien vermitteln nicht die Wirklichkeit, sondern sie schaffen sie.»
Prof. Querulix, Deutscher Satiriker, Anfang 21. Jh.

«Uninformierte Meinungsäusserungen gelten zunehmend genauso viel wie diejenigen eines Experten, der sich intensiv mit einem bestimmten Problem beschäftigt hat.»
Douglas Rushkoff, Dozent für Medientheorie, 2014

■ Medien- und Informationskompetenz

Unter «Informationskompetenz» versteht man die Fähigkeit, mit Inhalten jeglicher Art vernünftig, eigenständig und zielgerichtet umzugehen. Die «Medienkompetenz» hingegen setzt den Fokus auf die Dienste und Formen der Kommunikation, die kritisch eingesetzt werden sollen.

> **TIPP**
>
> Informationsquellen können anhand der folgenden Fragen kritisch überprüft werden:
> - Woher stammt die Information?
> - Ist diese Information aktuell?
> - Entspricht sie den Tatsachen?
> - Wo kann ich die Information überprüfen?
> - Kann ich dahinterstehen und sie weiterverbreiten?
> - Über welches Medium wird sie verbreitet?
> - Ist dieses Medium vertrauenswürdig?

Journalistische Nachrichten

ICT-Kompetenz
Lesetechnik
Medienkompetenz
Präsentationstechnik
Arbeitstechnik
Lerntechnik

Man hört, liest und sieht täglich in Zeitungen und Zeitschriften, sei es online oder in gedruckter Form, im Radio und im Fernsehen wichtige und weniger wichtige Nachrichten aus der nächsten Umgebung, aber auch aus der ganzen Welt. Woher kommen eigentlich die journalistischen Nachrichten?

▪ Ressorts und Redaktionen

Auf Nachrichten spezialisierte Medien unterteilen ihre Informationsprodukte (Zeitungen, Nachrichten, «Tagesschau» usw.) in Ressorts, z. B. Stadt, Region, Kanton, Inland, Ausland, Wirtschaft, Kultur, Sport. Dort arbeiten Redaktorinnen und Redaktoren. Diese beschaffen sich die Informationen auf verschiedenen Wegen und verarbeiten sie zu Artikeln und Nachrichten.

In der Regel «machen» nur die regionalen und zum Teil die nationalen Redaktionen die Informationen selber, indem sie direkt vor Ort recherchieren. In den anderen Fällen kommen die Nachrichten von Reportern, Korrespondenten, Nachrichtenagenturen, Pressemitteilungen und Pressekonferenzen.

▪ Reporterinnen und Reporter

Reporterinnen und Reporter sind freischaffende Journalisten. Sie sind nicht in einer Redaktion angestellt. Sehr bekannte Reporter recherchieren selbstständig «Geschichten» und verkaufen diese an Zeitungs-, Radio- oder Fernsehredaktionen. Die grosse Mehrheit der Reporter arbeitet jedoch im Auftrag von Redaktionen.

▪ Korrespondentinnen und Korrespondenten

Reporter in fernen Ländern, aber auch bei wichtigen Institutionen (z. B. im Bundeshaus, am UNO-Hauptsitz in New York) nennt man Korrespondenten. Sie sind auswärtige Berichterstatter und meist für mehr als ein Medienorgan tätig.

Korrespondentinnen und Korrespondenten sind teuer, daher sind sie oft für grosse Gebiete verantwortlich. So ist es möglich, dass ein Korrespondent aus Kairo (Ägypten) über die Unruhen in Syrien berichtet. Qualitätsnachrichtenmedien zeichnen sich durch ein dichtes Netz an Korrespondenten aus, die nahe am Geschehen sind.

▪ Nachrichtenagenturen

Nachrichten- und Presseagenturen sammeln Nachrichten, verarbeiten diese zu fertigen Meldungen und beliefern die Medien damit rund um die Uhr. Die Dienste der Nachrichtenagenturen werden von den Medienhäusern abonniert. Sehr oft übernehmen die Medien die Meldungen unverändert.

Agenturmeldungen werden meist mit einem Kürzel gekennzeichnet. Wichtige internationale und nationale Agenturen sind: AP (The Associated Press, USA), Thomson Reuters (USA und Kanada), dpa (Deutsche Presse-Agentur), AFP (Agence France-Presse), Keystone-SDA (Nachrichtenagentur der Schweiz).

▪ Pressemitteilungen, Pressekonferenzen

Oft wenden sich Institutionen (z. B. der Bundesrat), Parteien, Verbände, Unternehmen und andere Gruppierungen direkt an die Redaktionen mittels schriftlicher Medienmitteilung. Für wichtige Anlässe werden Pressekonferenzen einberufen, bei denen Journalistinnen und Journalisten nicht nur (schriftliche und mündliche) Informationen erhalten, sondern auch nachfragen können.

Social Media

Noch stärker als vor 150 Jahren das Telefon haben Social Media die heutige Kommunikation revolutioniert. Der Alltag kann nun in real time (Echtzeit) mit Texten, Fotos und Videos abgebildet und anderen mitgeteilt werden. Dieses Kommunizieren und Interagieren über einen bestimmten Inhalt dank digitaler Medien und Technologien wird Social Media genannt. Social Media ist, anders gesagt, eine Sammelbezeichnung für Medienformen, die erst im gemeinsamen Gebrauch, also durch Gemeinschaft, entstehen.

Auch die Icons der verschiedenen Social Media sind heute weltweit bekannt:

Social Media sind aber keine grundsätzlich neue Erfindung, sondern nur eine neue Bezeichnung für ein altes Phänomen, das sich durch das Internet grundlegend verändert hat. Neu ist hingegen, dass öffentlich über private Inhalte diskutiert wird. Und dass über die Smartphones Social Media jederzeit verfügbar sind.

Vor- und Nachteile von Social Media

Die Nutzung der meisten Social Media bringt neben vielen Vorteilen aber auch Nachteile mit sich:

Vorteile	Nachteile
ständiger Kontakt mit Freunden	Abnahme realer Beziehungen
direkte, immer verfügbare Kommunikation	Suchtpotenzial
schnelles Feedback	Cybermobbing
kostenlos	Datenmissbrauch, Werbeplattform
Kreativität	Gruppendruck
ablenkende Wirkung (positiv)	ablenkende Wirkung (negativ)

Visualisierung von Präsentationen

ICT-Kompetenz
Lesetechnik
Medienkompetenz
Präsentationstechnik
Arbeitstechnik
Lerntechnik

Es macht eine Präsentation wirkungsvoller, wenn der Inhalt über unterschiedliche Sinne vermittelt wird. Was man hört und sieht, bleibt stärker im Gedächtnis haften. Eine sinnvolle Visualisierung spricht die Sinne an, d. h., sie schafft sinnliche Erlebnisse – das ist das Gegenteil von Langeweile.

■ Zwei wichtige Regeln

Es macht nichts, wenn man Neuland beschreibet, solange zwei Regeln beachtet werden:
- Die Visualisierung soll den Vortrag unterstützen – nicht umgekehrt. Es wäre verkehrt, die Vortragsaussage zu verbiegen, nur damit sie zur Veranschaulichung passt.
- Visualisiert wird vor allem das, was die Zuhörerin oder der Zuhörer dauerhaft behalten soll: Kernaussagen, Methoden, Abläufe, Ergebnisse, Beziehungen, Massnahmen …

Am besten eignet sich eine Zeichnung von Hand. Sie umfasst alle Optionen, die bei der Gestaltung am PC nicht oder nur mit grossem Aufwand zur Verfügung stehen. Die Handzeichnung wirkt auch viel unmittelbarer und persönlicher als eine vorgefertigte Grafik – und sie passt sich in den allermeisten Fällen der Rede genauer an. Ausserdem ist die Handzeichnung in der Regel viel schneller erstellt.

■ Methoden

- Abläufe sollten von links nach rechts und von oben nach unten dargestellt werden.
- Pfeile kennzeichnen Abläufe, Linien Verbindungen. Mit der Dicke von Linien und Pfeilen kann eine Rangfolge dargestellt werden.
- Farben sind wirksam. Sie heben Unterschiede hervor. Mit Farben kann man die Aufmerksamkeit steuern. Leuchtende helle Farben schaut man zuerst an.
- Strichmännchen genügen in den meisten Fällen durchaus.
- Wo immer es möglich ist, ersetzt man Worte durch Zeichen und Piktogramme.

■ Beispiel: Der globale Wasserkreislauf (Modell)

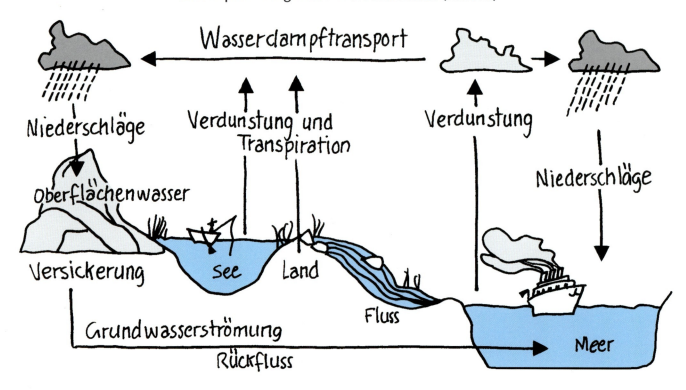

Methodenkompetenz

Einsatz von Medien

Ein Bild sagt mehr als tausend Worte? Diese Aussage stimmt nur, wenn das Bild das Wort unterstützt und nicht konkurrenziert. Es gibt verschiedene Methoden, Anschauungsmaterial, Bilder, Darstellungen und Visualisierungen in die Präsentation zu integrieren.

ICT-Kompetenz
Lesetechnik
Medienkompetenz
Präsentationstechnik
Arbeitstechnik
Lerntechnik

■ Visualizer (Dokumentenkamera)

Sie verbindet die Vorzüge der Videokamera mit denen der Webcam und des Hellraumprojektors. Bilder, Dokumente oder andere Gegenstände können via Kamera an die Wand projiziert werden. Man muss allerdings den richtigen Standort finden, um etwas auf der Folie zu zeigen und doch nicht im Sichtfeld zu stehen.

Vorteile	Nachteile
Einfach und vielfältig einsetzbar (Bücher, Dokumente, Bilder usw.)	Lenkt von der eigentlichen Präsentation ab
Viele technische Möglichkeiten	Gefahr, dass zu viel Text gezeigt wird
Können spontan ergänzt werden	Kamera steht zu sehr im Blickfeld

■ Wandtafel

Dieses klassische Medium eignet sich in erster Linie für den spontanen Einsatz, Wandtafelbilder und für kurze Texte (Schlüsselwörter).

Vorteile	Nachteile
Für die schrittweise Entwicklung eines Ablaufs geeignet	Kann nicht aufbewahrt werden
In den meisten Schulzimmern vorhanden	Farbige Kreide schwer zu löschen
Erlaubt die spontane Entwicklung einer Idee	Rücken dem Publikum zugewandt; kein Blickkontakt mit dem Publikum

TIPP

Wichtig ist: Man entscheidet sich vorab für ein Medium! Eine Kombination der Medien verstärkt die Schwierigkeiten der Handhabung. Alle visuellen Medien haben ihre Tücken. Daher muss man sich gut überlegen, ob die Vorteile die möglichen Schwierigkeiten überwiegen.

ICT-Kompetenz
Lesetechnik
Medienkompetenz
Präsentationstechnik
Arbeitstechnik
Lerntechnik

■ Flipchart

Als Flipchart bezeichnet man grosse Plakate, die vor der Präsentation vorbereitet wurden oder im Laufe der Präsentation beschriftet werden.

Vorteile	Nachteile
• Technisch einfach • Benötigt weder Strom noch Verdunkelung	• Mühevolles Vor- und Zurückblättern • Papier und Stifte kostspielig
• Vertrauenerweckendes Medium • Arbeit an einem Bild • Erlaubt Spontaneität • Als Gedankenstütze verwendbar	Qualität abhängig von der Handschrift und dem grafischen Talent des Schreibenden
Kann lange zur Verfügung stehen	Archivieren wegen des Formats schwierig

■ PowerPoint-Präsentation

Für PowerPoint-Präsentationen (PPP) gelten dieselben Regeln wie für Rednerinnen und Redner – sonst wird das Publikum überfordert oder es langweilt sich.

Vorteile	Nachteile
Vielfältige Darstellungsmöglichkeiten	• Handhabung muss gelernt werden • Vorbereitung aufwendig • Nur für wiederholte Präsentationen lohnend
Vielfalt durch Ton, Bild, Animation, Video	Bei Tageslicht schlecht erkennbar
Relativ schnelle Anpassung und Aktualisierung	• Teuer in der Anschaffung • Technik kann Probleme machen
Erlaubt viele Details	Oft überfüllt
Signalisiert Kompetenz	Spielereien lenken vom Wesentlichen ab
Entwicklung kann Schritt für Schritt dargestellt werden	Gleichzeitig Gesprochenes und Visualisiertes behindert die Aufnahme

Lese- und Verarbeitungshilfen

■ Eigene Worte

Chronologie
Was tun, wenn in einem Text viele Jahreszahlen ungeordnet vorkommen?

Beispiel: 1980 verliess er die Schweiz …, seine Urgrossmutter lebte von 1878 bis 1900 in Paris, 1924 wurde er geboren.
→ Eine Zeitachse erstellen und diese mit Stichwörtern versehen:
   1878 bis 1900 …   1924 …   1980 …
→ Mithilfe der Zeitachse fasst man den Text zusammen.

Schwieriger Text
Was tun, wenn ein Text wichtig, aber sehr schwierig ist?

Beispiel: viele Fremdwörter, lange Sätze, Klammern
→ Klammern zuerst erschliessen.
→ Markieren, was man, ohne nachzuschlagen, versteht.
→ Gezielt restliche Fremdwörter nachschlagen.
→ Achtung: Fremdwörter werden oft in den nachfolgenden Sätzen aufgeschlüsselt.
→ Abschnitte suchen, erstes Wort markieren.
→ Namen markieren, googeln oder auf Wikipedia suchen (oft werden dort Theorien und Erfindungen verständlich erklärt).

Viel Lernstoff
Was tun, wenn man in einem Lehrmittel 20 Seiten zu einem Thema lernen muss?
→ Ein Exzerpt schreiben: Man übernimmt 20 bis 30 Sätze wortwörtlich. Die Sätze werden so geordnet, dass man den Rest des Textes nicht braucht. Bestenfalls bemerkt man gar nicht, dass der Text eigentlich viel länger ist.

   Vorteil: Begriffe und Erklärungen werden korrekt wiedergegeben.

→ Aus dem Exzerpt eine Zusammenfassung schreiben.

   Vorteil: Man kann kontrollieren, ob man den Inhalt versteht.

Eigene Zusammenfassung
Was tun, wenn man einen Text zusammenfassen muss und dabei Gefahr läuft, viel abzuschreiben?
→ Text lesen, dann weglegen.
→ Sich überlegen, wie man den Inhalt für eine Kollegin oder den Grossvater zusammenfassen würde.

■ Wörtlich übernehmen, Zitate verwenden

Ganzes wörtliches Zitat
Was tun, wenn man in einem Buch von Esther Leuppi (fiktives Beispiel) einen Satz entdeckt, den man sehr gut findet?

Beispiel: Die meisten Menschen erkennen den Wert einer Beziehung erst, wenn der Partner gestorben ist.
→ Man schreibt seinen Text und führt dann wie folgt in das Zitat ein:
   Auch Esther Leuppi (2019) sagt dazu: «Die meisten Menschen erkennen den Wert einer Beziehung erst, wenn der Partner gestorben ist.» (S. 24)
→ Über Frau Leuppi weiss die Leserin oder der Leser nun, dass sie diese Aussage im Jahr 2019 auf der Seite 24 eines Buches gemacht hat, das am Ende der Arbeit mit dem Titel aufgeführt ist.
→ Dann verlässt man das Zitat mit einem stützenden Kommentar für die Leserinnen und Leser, damit diese nachvollziehen können, weshalb man die Aussage gewählt hat.
   Diese Aussage beeindruckt mich, weil ich vor vielen Jahren ein seltsames Erlebnis hatte.

> ICT-Kompetenz
> Lesetechnik
> Medienkompetenz
> Präsentationstechnik
> **Arbeitstechnik**
> Lerntechnik

Teile eines wörtlichen Zitats

Was tun, wenn man nicht das ganze Zitat von Frau Leuppi übernehmen möchte?
Vorgehen wie oben, aber:
«(…) Menschen erkennen den Wert einer Beziehung (…), wenn der Partner gestorben ist.»
→ Der Leser erfährt nun, dass Frau Leuppi eigentlich noch mehr gesagt hat, man aber nicht alles übernehmen wollte.

Zitat mit eigenen Ergänzungen

Was tun, wenn man das Zitat von Frau Leuppi übernehmen möchte, aber zusätzlich etwas ergänzen will?
Vorgehen wie oben, aber:
«Die meisten Menschen erkennen den Wert einer Beziehung erst, wenn der Partner» oder die Partnerin *«gestorben ist.»*
→ Man stützt sich zwar auf die Aussage von Frau Leuppi, macht aber eine zusätzliche Aussage.

Sinngemässes Zitat

Was tun, wenn man auf das Zitat von Frau Leuppi hinweisen möchte, ohne es zu übernehmen?
Man schreibt seinen Text und macht folgende Aussage:
Auch Esther Leuppi erwähnt in ihrem Buch «Zuversicht in der Ehe» (2019, S. 24), dass man den Wert einer Beziehung oft erst nach dem Tod des Partners erkennt.
→ Der Leser weiss, dass er am Ende der Arbeit die vollständige Identifikation des Buches findet.

Literaturhinweis

Was tun, wenn man das zitierte Werk am Schluss der Arbeit aufführen muss?
Die Angaben zum Werk findet man ganz am Anfang des Buches im Impressum.
→ Man führt folgende Punkte in der exakten Reihenfolge auf: Name, Vorname (Erscheinungsjahr): Titel. Erscheinungsort: Verlag.
Beispiel: Leuppi, Esther (2019): Zuversicht in der Ehe. Weinheim/Basel: Beltz Verlag.

Online-Zitate

Was tun, wenn man ein Zitat aus dem Internet übernehmen will?
Man schreibt in seinem Text:
Eine Schwierigkeit ist, «dass die Grenze zwischen literarischen und ‹privaten› Texten bei Kafka nicht immer klar zu ziehen ist». (www.franzkafka.de/franzkafka/das_werk/einfuehrung/457387, Zugriff am 12.1.2020)
→ In die Literaturliste gehört auch ein Verzeichnis der Online-Quellen, wo man die oben angegebene URL und das Zugriffsdatum nochmals aufführt.

■ Zweck des korrekten Zitierens

- Menschen freuen sich, wenn man ihre Sätze weiterverwendet und sie namentlich erwähnt.
- Menschen ärgern sich, wenn man ihre Texte übernimmt und sich so mit fremden Federn schmückt.
- Menschen haben ein Anrecht darauf, dass man ihre Texte als Arbeit, Handwerk schätzt und auch klar deklariert, dass man sich von ihnen in der persönlichen Schreibarbeit unterstützt fühlt.
- Menschen, die Arbeiten von anderen lesen, möchten vielleicht das eine oder andere Buch, das verwendet wurde, auch lesen. Sie sind dankbar, wenn man ihnen genau angibt, wer das Buch verfasst hat, wann es erschienen ist und welcher Verlag es herausgegeben hat.
- Dasselbe gilt für Bilder, die man z. B. im Internet findet. Hier macht man auch eine Quellenangabe mit der genauen Adresse; www.google.ch sagt nicht viel aus, wenn man das Bild auch ausdrucken möchte.
- Hinter jedem Text steckt stellvertretend ein Mensch.

> **TIPP** Quellenangaben können auch als Verweis in einer Fussnote aufgeführt werden.

Vorgehen bei der Vertiefungsarbeit (VA)

■ 1. Ein Thema für eine umfangreiche Arbeit finden

Was tun, wenn man kein Thema findet oder das Thema schon viele Male gewählt worden ist?
- Homepages und soziale Netzwerke studieren: www.geo.de, www.youtube.com, www.zeit.de, Instagram usw.
- Sich Fragen stellen: Was ärgert einen? Was freut einen? Was möchte man gerne wissen? Was ist heute anders als früher? Was würde man sofort ändern?
- Fragen ebnen den Weg zu Themen.
- VA-Themen sollen einen Bezug zur Gegenwart haben.
- Bei der Bearbeitung sind Kontakte zu Menschen und Spezialisten ausserhalb der Schule wichtig.
- Eine VA soll viel originale Anteile aufweisen.
- Beim Erstellen der Arbeit sollte man möglichst viel lernen. Im Idealfall kann das Ergebnis der VA sinnvoll genutzt werden.

■ 2. Thema gefunden, Material zusammenstellen

Was tun, wenn man das Thema bestimmt hat und Material sammeln will?

Verschiedene Aspekte
Man stellt sich zwei bis drei Fragen zum Thema unter verschiedenen Blickwinkeln (Aspekten), die man aus dem allgemeinbildenden Unterricht kennt. Aspekte: Ethik, Identität/Sozialisation, Wirtschaft, Ökologie, Politik, Recht, Kultur, Technik und zusätzlich Geschichte, Nachhaltigkeit usw.

Beispiel für das Thema Haie:
Mögliche Fragen zu Aspekten:
- Darf man Haie jagen (Ethik)?
- Welche Massnahmen treffen Länder, in denen Haie ausgerottet werden (Politik, Recht)?
- Welche Fangmethoden kennt man (Technik)?
- Welche Auswirkungen haben die Eingriffe in den Lebensraum der Haie (Ökologie)?

Material vorsortieren
- Man informiert seinen Bekanntenkreis darüber, dass man eine Vertiefungsarbeit schreibt, und bittet alle, einem z. B. Zeitungsartikel zuzustellen oder Links weiterzuleiten.
- Man lässt sich auf die Mailing-Liste eines Newsletters zu seinem Thema setzen. So erhält man immer die neuesten Informationen.
- Surfen im Internet: Man notiert zuerst einige Suchwörter und erklärt dann, wie man zu einem Ergebnis gekommen ist.

ICT-Kompetenz
Lesetechnik
Medienkompetenz
Präsentationstechnik
Arbeitstechnik
Lerntechnik

3. Material gesammelt, mit dem Ordnen beginnen

Was tun, wenn man viele Links hat und nicht weiss, wie man beginnen soll?

Ordnen nach verschiedenen Kriterien

- Man sortiert in seinen Links die gesammelten Artikel:
  - Welche beantworten die Frage gezielt?
  - Welche weiten das Problem aus, geben zusätzliche Hinweise, verweisen auf andere Personen, die sich auch dazu äussern?
  - Zu welchen Artikeln findet man zusätzliche Bilder? Gibt es Filme?
    Vorteile:
    - Einen Filmausschnitt kann man für die Präsentation verwenden.
    - Auf den Film kann man z. B. verweisen, wenn man einen Artikel verarbeitet:
      «Wie ich auch in der Sendung ‹X› vom … gesehen habe …»
- Nun notiert man, wie man die Fragen beantworten will.
- Fazit: Man beantwortet die Frage mit dem oben erwähnten Material.

4. Material geordnet, mit dem Schreiben beginnen

Was tun, nachdem man das Material geordnet hat und nicht weiss, wie man es schriftlich verarbeiten kann?

Inhaltsverzeichnis

- Man ordnet seine Links nach Inhalten.
- Die Frage wird in eine Aussage umgewandelt: Das ergibt das Oberkapitel.
  Beispiel: Das Verhalten der Haie
- Der Inhalt wird nach Gemeinsamkeiten sortiert: So erhält man die Unterkapitel.
  Beispiel:
  - Ein Interview und ein Filmausschnitt dokumentieren das Verhalten der Haie aus der Sicht von Forschenden.
    Unterkapitel: *Die Sicht der Wissenschaft*
  - Die Zeitungsartikel berichten über Angriffe von Haien auf Menschen.
    Unterkapitel: *Haie greifen Menschen an*

Das steht schliesslich im Inhaltsverzeichnis:

1. *Das Verhalten der Haie*
1.1 *Die Sicht der Wissenschaft*
1.2 *Angriffe auf Menschen*

Verbinden der Kapitel

Die Kapitel müssen sprachlich miteinander verbunden werden, damit ersichtlich wird, weshalb sie zusammengehören.

Illustrationen und Begriffserklärungen

- Man überlegt sich, zu welchem Unterkapitel man Bilder einfügen kann, die das Geschriebene unterstützen.
- Man denkt darüber nach, ob man Begriffe speziell erklären muss, weil sie schwer verständlich sind.

Methodenkompetenz

Leserführung
- Der Leser, die Leserin müssen durch die Arbeit geführt werden.

Beispiel:
Zu 1. (Das Verhalten der Haie):
In diesem Kapitel gehe ich speziell auf das Verhalten der Haie ein. Immer wieder liest man, dass Haie intelligente Tiere seien, aber manchmal auch Menschen angreifen.

Zu 1.1:
In einem Interview mit der Haiforscherin Esther Sibler («Tages-Anzeiger» vom 3. Januar 2020, S. 15–18) habe ich gelesen, dass … Sibler erklärt die Voraussetzungen … Erstaunlicherweise haben Reporter im Film (Titel, Datum, Fernsehsender, evtl. Link, Zugriffsdatum) Ähnliches festgestellt, weil …

Zu 1.2:
In den Medien (Zeitung, Datum, Seite; Link, Zugriffsdatum) liest man aber auch immer wieder, dass Haie Menschen angreifen, wie z. B. in …

- Man steigt aus den Kapiteln aus: *Zusammenfassend kann man also sagen …*

ICT-Kompetenz
Lesetechnik
Medienkompetenz
Präsentationstechnik
Arbeitstechnik
Lerntechnik

5. Schreibarbeit beendet, das Schlusswort verfassen

Was tun, nachdem man das Material verarbeitet hat und die Arbeit beenden möchte?

Schluss mit Zusammenfassung
- Man liest den Text nochmals durch und fasst ihn zusammen.
  Beispiel: *«Haie sind für uns Laien also schwer einzuschätzen, denn …»*
- Den Schlussteil beendet man mit einem Spruch, einem Zitat oder einem persönlichen Kommentar.
- Falls man eine zusätzliche Schlussbetrachtung, einen Kommentar schreiben muss, dann geht man darauf ein, welche Schwierigkeiten man hatte oder wer einen speziell unterstützt hat (Hilfe: Arbeitsjournal).

6. Arbeitsjournal

Was tun, wenn man ein Arbeitsjournal verfassen muss?

Strukturiertes Vorgehen
- Man hält sich strikt an ein Raster.
- Man notiert jede Aktivität, die etwas mit der Vertiefungsarbeit (VA) zu tun hat.
- Die Aktivität muss etwas darüber aussagen, was sich an der Arbeit ändert.
  Beispiel:
  - Nicht: *3.1.2020: Text im Buch gelesen und zusammengefasst*
  - Besser: *(Datum/Zeitaufwand) 3.1.2020, 14–17 Uhr, (Aktivität und Strategie) Im Buch «Das Leben der Haie» habe ich die Seiten 11–50 gelesen, am Rand Notizen gemacht und daraus die Zusammenfassung erstellt. Dabei ist mir aufgefallen, dass ich eigentlich gut vorankomme, da ich die Seiten zuerst überflogen habe. (Nächster Schritt) Nun werde ich zu dieser Zusammenfassung einige Bilder suchen.*
- *Vorteil:* Das Arbeitsjournal ist eine gute Vorlage für die Schlussbetrachtung, wenn man den Prozess und nicht den Inhalt darstellen muss.

> ICT-Kompetenz
> Lesetechnik
> Medienkompetenz
> Präsentationstechnik
> **Arbeitstechnik**
> Lerntechnik

■ 7. Vortragen, was man erarbeitet hat

Was tun, wenn man seine Arbeit vor der Klasse alleine oder im Team präsentieren muss?

Geschicktes Vorgehen
- Man wählt einen Teil aus,
  - der einen guten Einblick ermöglicht,
  - der eine Visualisierung auf verschiedene Arten erlaubt: Filmausschnitt, Bilder, Musikbeiträge usw.

Einbindung der Klasse
- Man bindet die Klasse ein. Man verteilt ein Frageblatt zur Präsentation und kontrolliert mit der Klasse die Lösungen. So sind alle aufmerksam.
- Während des Vortrags reicht man keine Bilder, Schaustücke usw. herum (Aufmerksamkeit wird abgelenkt, es entsteht Unruhe).

Arbeitsteilung bei der Präsentation
- Regel für das Team: Niemand steht herum. Wenn X redet, visualisiert Y (legt ein Bild auf, zeichnet eine Grafik).
  Beispiel für die Kommunikation:
  - Ich habe euch erklärt, wie …
  - Mein Kollege zeigt euch jetzt ein Beispiel dazu.
  - Wie schon meine Kollegin gezeigt hat, gibt es eben noch andere Beispiele …

■ 8. Gespräch mit der Lehrperson

Was tun, wenn man nicht genau weiss, was und wie man fragen soll?

Gespräch vorbereiten
- Man notiert sich Unsicherheiten, Erfahrungen, die man schon einmal gemacht hat.
- Man fragt die Lehrperson, ob der eingeschlagene Weg richtig ist. Die Antwort wird festgehalten.
- Man fragt nach Material.
- Man nimmt die Hinweise der Lehrperson auf und verarbeitet diese.
- Die Ergebnisse des Gesprächs werden im Arbeitsjournal festgehalten.
- Man geht nie ohne Notizen in ein Gespräch.

Gestaltung mit Bild und Text: Lesbarkeit

Die Lesbarkeit ist bei längeren Texten wie einer Vertiefungsarbeit das wichtigste Kriterium. Sie wird durch verschiedene Faktoren bestimmt.

■ **Schriftwahl**

Grundsätzlich gilt bei längeren Texten: gute, seriöse Schriften mit Serifen (Füsschen) sind besser lesbar als serifenlose – besonders, wenn die Zeilen lang sind.

Schriften mit Serifen   Schriften ohne Serifen

Die Serifen leiten das Auge und verbinden die Buchstaben visuell miteinander. Sie halten so das Auge auf der Zeile, wodurch der Lesefluss unterstützt wird.

Textbeispiel mit Serifenschrift (Minion)
Die Wahl einer Schrift ist eine ernste Angelegenheit. Der Gestalter muss logisch vorgehen und sich auf das Wesentliche konzentrieren. Er entscheidet nach verlässlichen Kriterien wie Lesbarkeit und Kontrast der Schrift.

Textbeispiel mit serifenloser Schrift (Syntax)
Die Wahl einer Schrift ist eine ernste Angelegenheit. Der Gestalter muss logisch vorgehen und sich auf das Wesentliche konzentrieren. Er entscheidet nach verlässlichen Kriterien wie Lesbarkeit und Kontrast der Schrift.

Beispiele für gute …

… Schriften mit Serifen	… Schriften ohne Serifen
Garamond	Helvetica
Caslon	Syntax
Times	Univers
Minion	Myriad

Auf zu ausgefallene Schriften sollte eher verzichtet werden, da sie vom Inhalt ablenken und schlecht lesbar sind. Auch sollten nicht zu viele verschiedene Schriften kombiniert werden, damit die Gestaltung nicht zu unruhig wird.

■ **Grauwert**

> **Grauwert eines Textes:** Der Grauton, der beim verschwommenen Betrachten eines Textblocks mit zusammengekniffenen Augen entsteht. Für eine gute Lesbarkeit sollte der Wert einem mittleren Grau entsprechen.

Deshalb sind fette und halbfette Schriften eher nicht für längere Texte geeignet. Sie sollten nur für Auszeichnungen, Titel oder sehr kurze Texte (z. B. Marginalien) eingesetzt werden.

Textbeispiel mit Minion Bold
Die Wahl einer Schrift ist eine ernste Angelegenheit. Der Gestalter muss logisch vorgehen und sich auf das Wesentliche konzentrieren. Er entscheidet nach verlässlichen Kriterien wie Lesbarkeit und Kontrast der Schrift.

ICT-Kompetenz
Lesetechnik
Medienkompetenz
Präsentationstechnik
Arbeitstechnik
Lerntechnik

■ Zeichen- und Zeilenabstand

Neben der Schrift bestimmen der Zeichen- und Zeilenabstand (auch Laufweite bzw. Durchschuss genannt) den Grauwert eines Textes. Werden diese Abstände zu weit gewählt, wirkt der Text zu luftig oder gestreift und fällt auseinander. Werden sie eng gewählt, wird der Text ein undifferenzierter schwarzer Block.

Der ideale Zeilenabstand hängt von der gewählten Schriftart, der Schriftgrösse und der Zeilenlänge im Text ab. Die Grundeinstellungen für den Zeilenabstand sind in den meisten Textverarbeitungsprogrammen zu eng. Generell lässt sich sagen: Eine fettere Schrift braucht etwas mehr Zeilenabstand als eine schlanke, und kleinere Schriftgrössen benötigen im Verhältnis ebenfalls mehr «Durchschuss» als grosse.

Textbeispiel mit zu wenig Durchschuss: Das Auge gleitet aus der Zeile.
Die Wahl einer Schrift ist eine ernste Angelegenheit. Der Gestalter muss logisch vorgehen und sich auf das Wesentliche konzentrieren. Er entscheidet nach verlässlichen Kriterien wie Lesbarkeit und Kontrast der Schrift.

Textbeispiel mit zu viel Durchschuss: Die Zeilen verlieren den Zusammenhalt.
Die Wahl einer Schrift ist eine ernste Angelegenheit. Der Gestalter muss logisch vorgehen

und sich auf das Wesentliche konzentrieren. Er entscheidet nach verlässlichen Kriterien wie

Lesbarkeit und Kontrast der Schrift.

■ Kontrast

Kontraste spielen bei der Lesbarkeit ebenfalls eine wichtige Rolle: Sind sie zu stark, wird der Text unruhig und ermüdet das Auge, sind sie zu wenig ausgeprägt, muss zu angestrengt hingesehen werden.

Versalien
So erschweren Texte in Grossbuchstaben (Versalien) die Lesbarkeit, da das Auge nicht einzelne Buchstaben erfasst, sondern ganze Wort- oder Silbenformen, an die es gewohnt ist. Ist ein Text rein versal gesetzt, unterscheiden sich die Wörter weniger stark voneinander, sodass man genauer (sprich: angestrengter) hinschauen muss.

Textbeispiel in Versalien
DIE WAHL EINER SCHRIFT IST EINE ERNSTE ANGELEGENHEIT. DER GESTALTER MUSS LOGISCH VORGEHEN UND SICH AUF DAS WESENTLICHE KONZENTRIEREN. ER ENTSCHEIDET NACH VERLÄSSLICHEN KRITERIEN WIE LESBARKEIT UND KONTRAST DER SCHRIFT.

Schrift und Farbe
Der Kontrast von schwarzer Schrift auf weissem Hintergrund wird für die Lesbarkeit als ideal empfunden. Wenn man das eine oder das andere – Hintergrund- oder Schriftfarbe – ändert, muss man sich bewusst sein, dass man vom Ideal abweicht: Der Kontrast von Schrift zu Hintergrund wirkt für unsere Sehgewohnheit schwächer oder unruhiger, das Lesen wird anstrengender. Deshalb empfiehlt es sich, farbige Schrift nur als Auszeichnung einzusetzen, da sie genauso wie farbige oder unruhige Hintergründe das Lesen von grösseren Textmengen erschwert.

Textbeispiel farbig auf Weiss
Die Wahl einer Schrift ist eine ernste Angelegenheit. Der Gestalter muss logisch vorgehen und sich auf das Wesentliche konzentrieren. Er entscheidet nach verlässlichen Kriterien wie Lesbarkeit und Kontrast der Schrift.

Textbeispiel farbig auf Farbe

Die Wahl einer Schrift ist eine ernste Angelegenheit. Der Gestalter muss logisch vorgehen und sich auf das Wesentliche konzentrieren. Er entscheidet nach verlässlichen Kriterien wie Lesbarkeit und Kontrast der Schrift.

Textbeispiel Weiss auf Schwarz (Negativtext)

Die Wahl einer Schrift ist eine ernste Angelegenheit. Der Gestalter muss logisch vorgehen und sich auf das Wesentliche konzentrieren. Er entscheidet nach verlässlichen Kriterien wie Lesbarkeit und Kontrast der Schrift.

Bei Negativtext überstrahlt das Weiss, sodass die Formen weniger gut erkennbar sind. Mehr Durchschuss und Laufweite könnten das Problem etwas lindern.

Textbeispiel vor Bildhintergrund

Die Wahl einer Schrift ist eine ernste Angelegenheit. Der Gestalter muss logisch vorgehen und sich auf das Wesentliche konzentrieren. Er entscheidet nach verlässlichen Kriterien wie Lesbarkeit und Kontrast der Schrift.

ICT-Kompetenz
Lesetechnik
Medienkompetenz
Präsentationstechnik
Arbeitstechnik
Lerntechnik

■ Satzart

Es gibt verschiedene Satzarten, am häufigsten stellt sich die Frage, ob man Block- oder (linksbündiger) Flattersatz verwenden soll. Beide haben ihre Vor- und Nachteile.

Blocksatz

Beim (automatischen) Blocksatz wird der übrig gebliebene Platz am Ende einer Zeile auf alle Wortzwischenräume der jeweiligen Zeile verteilt, sodass der Text die volle Satzbreite ausfüllt. Das ermöglicht zwar harmonische Textränder, der Preis dafür kann aber löchriger Satz sein, was vom Text ablenkt und damit der Lesbarkeit schadet. Das ist besonders bei kurzen Zeilen, beispielsweise in schmalen Spalten, der Fall, wo es nur wenige Wortzwischenräume pro Zeile gibt, auf die verteilt werden kann. Wichtig beim Blocksatz ist, die Silbentrennung zu aktivieren.
Der Blocksatz wird häufig für grössere Textmengen verwendet.

Hier ist der Blocksatz löchrig, es bilden sich gar Gassen, in welchen das Auge nach unten wandert, anstatt von links nach rechts.

Flattersatz

Beim Flattersatz sind die Wortzwischenräume alle gleich gross, das heisst so, wie von der Schriftgestalterin oder vom Schriftgestalter vorgesehen – was in der Regel gut auf die Schrift abgestimmt ist. Beim Flattersatz muss jedoch ein unruhiger Textrand in Kauf genommen werden (beim zentrierten Flattersatz gar zwei), was ebenfalls vom Text ablenken kann. Als unschön gelten Ränder, bei denen sich kurze und lange Zeilen nicht rhythmisch abwechseln, sondern unbeabsichtigte Formen zu bilden beginnen. Schöner Flattersatz bedingt deshalb meist eine manuelle Nachbearbeitung.
Flattersatz wird angewendet, wenn eine zu schmale Satzbreite oder eine zu geringe Textmenge im Blocksatz Löcher oder – noch schlimmer – ganze Gassen verursachen würde. Ausserdem wird Flattersatz oft für (persönliche) Briefe gewählt, da er dem handgeschriebenen Brief näherkommt als Blocksatz.

Bei diesem Flattersatz beginnen die Zeilenenden unschöne Formen und Treppen zu bilden.

■ Zeilenlänge

Eine optimale Zeilenlänge trägt ebenfalls zur Lesbarkeit bei. Ist die Satzbreite zu schmal, muss das Auge oft in der Zeile springen, was die Gefahr erhöht, dass man in der Zeile verrutscht. Ist die Zeile zu lang, kann es passieren, dass man beim Lesen aus der Zeile fällt. Beides erfordert eine erhöhte Konzentration und macht das Lesen anstrengender.
Als Richtwert wird für längeren Fliesstext eine Zeilenlänge zwischen 60 und 70 Zeichen (Leerzeichen eingeschlossen) empfohlen.

Gestaltung mit Bild und Text: Gliederung

ICT-Kompetenz
Lesetechnik
Medienkompetenz
Präsentationstechnik
Arbeitstechnik
Lerntechnik

■ Titel

Texte werden meist durch Titel gegliedert. Titel unterteilen den Text in überschaubare Einheiten, die thematisch zusammengehören. Titel sollen schnell als solche erkennbar sein, weshalb sie sich vom übrigen Text abheben sollten. Da sie als eigene kurze (!) Texteinheiten wahrgenommen werden, müssen sie sich nicht ganz so streng an die Lesbarkeitskriterien halten. Sie dürfen auch fett, versal, serifenlos oder – wenn es passt – auch mal in einer etwas frecheren Schrift gesetzt werden. Für die Titel sollte eine Schrift gewählt werden, die einen guten Kontrast zur Grundschrift bildet. Beispielsweise wird oft mit einer Serifenschrift im Absatz eine serifenlose Schrift kombiniert.

Bei grösseren Textmengen gibt es häufig mehrere Titelebenen, man spricht dann von einer Titelhierarchie. Diese soll sich auch in der Gestaltung widerspiegeln, d.h. die Titelebenen variieren in der Grösse, im Schriftschnitt (fett, kursiv, eng usw.), der Farbe und/oder Abständen vor und nach dem Titel. Ausserdem empfiehlt es sich, die Anzahl unterschiedlicher Titel(-ebenen) überschaubar zu halten, damit der Text nicht zu unruhig und verwirrend wirkt.

■ Auszeichnungen

Zur Auszeichnung (Hervorhebung) von Textstellen oder einzelnen Wörtern innerhalb des Textes stehen verschiedene Auszeichnungsarten zur Verfügung. Die gebräuchlichsten sind **fett** und *kursiv*. Denkbar sind auch Unterstreichungen, Farbauszeichnungen, VERSALIEN oder Grösserstellungen. Innerhalb des Absatzes sollten keine Schriften gemischt werden.

■ Absätze: Einzüge und Initialen

Um die Lesefreundlichkeit und Übersichtlichkeit von grösseren Textmengen zu unterstützen, muss der Textblock nicht nur durch Titel, sondern auch durch Absätze gegliedert werden. Einzüge markieren dabei die Textabschnitte und dienen der Orientierung in grossen Textmengen. Der Einzug sollte im ganzen Text immer gleich gross gesetzt werden und gross genug sein, dass er auffällt. Einzüge stellt man über die Funktionen der Textverarbeitung ein, niemals mittels Leerschlägen. Nach einem Titel oder einer Blindzeile erfolgt kein Einzug.

Textbeispiel mit Einzug
Die Wahl einer Schrift ist eine ernste Angelegenheit. Der Gestalter muss logisch vorgehen und sich auf das Wesentliche konzentrieren. Er entscheidet nach verlässlichen Kriterien wie Lesbarkeit und Kontrast der Schrift.
    Die Wahl einer Schrift ist eine ernste Angelegenheit. Der Gestalter muss logisch vorgehen und sich auf das Wesentliche konzentrieren. Er entscheidet nach verlässlichen Kriterien wie Lesbarkeit und Kontrast der Schrift.

TIPP
> All diese Faktoren beeinflussen die Lesbarkeit und prägen die Stimmung, die ein Text vermittelt. Die hier gemachten Angaben dienen als Richtwerte und Empfehlungen. Es gilt: Der Text muss gut lesbar bleiben.

Methodenkompetenz

Interview

Interview: Ein Fragesteller befragt eine Person zu einem Sachverhalt, zur persönlichen Meinung usw.

ICT-Kompetenz
Lesetechnik
Medienkompetenz
Präsentationstechnik
Arbeitstechnik
Lerntechnik

■ Herstellungskriterien

- Fragen zu einem Thema, zu einer Sache oder zu einer Person zusammenstellen
- Fragen unterteilen in: offene Fragen: Beginnen mit einem Fragewort («Was erwarten Sie von …?»); geschlossene Fragen: Erlauben eine Antwort mit «Ja» oder mit «Nein» («Haben Sie Freude empfunden …?»)

■ Strategien und Schreibhilfen

- Fachperson, Expertin zu einem Gebiet suchen, die einem etwas gut erklären kann
- sich informieren, ob die Person schon Bücher veröffentlicht hat
- Interviews in Radio oder Fernsehen verfolgen: Fragen daraus entnehmen
- Fragen wählen, deren Beantwortung einem selber Schwierigkeiten bereitet
- schriftlich anfragen, ob man ein Interview machen darf
- Fragen vorher senden
- fragen, ob man das Interview vor der Reinschrift zum Gegenlesen schicken soll/darf

Vorgehen bei der Vertiefungsarbeit
- Datum/Ort/Zeit des Interviews: per E-Mail angeben
- Person kurz vorstellen, evtl. mit Foto
- Fragen und Antworten mit Abkürzungen der Namen versehen
- am Schluss einen Dank aussprechen
- Interview der Person zur Kenntnis zustellen
- Inhalt des Interviews in der Vertiefungsarbeit verarbeiten
- hervorheben, was einen erstaunt, gefreut oder verärgert hat

■ Anwendung/Zweck

- persönliche Informationen
- persönliche Meinungsbildung
- Aussenkontakt für die Vertiefungsarbeit
- Abwechslung in einer Arbeit

■ Stolpersteine

- nur geschlossene Fragen (man kann nur mit «Ja» oder «Nein» antworten)
- viele beeinflussende Fragen («sind Sie nicht auch der Meinung, dass …?»)

Beispiel aus einem Interview der NZZ mit dem Zürcher Musiker Faber alias Julian Pollina:

Was ist eigentlich mit Ihnen schiefgelaufen, dass Sie Musiker geworden sind?
Ich finde es schon ziemlich toll, dass es geklappt hat. Und wenn ich ehrlich bin, hätte ich auch gar nichts anderes werden können. Als Kind wollte ich vielleicht Fussballer oder Pirat werden, aber nach dieser Phase war mir schnell klar, dass es Musiker sein muss.

Umfrage

- ICT-Kompetenz
- Lesetechnik
- Medienkompetenz
- Präsentationstechnik
- **Arbeitstechnik**
- Lerntechnik

> **Umfrage:** Gilt es zu planen, durchzuführen und auszuwerten. Bei einer Umfrage holt man Daten ein, was häufig mithilfe eines Fragebogens geschieht. Die erfassten Daten werden in einem zweiten Schritt ausgewertet und in geeigneter Weise visualisiert. Schliesslich werden die Ergebnisse analysiert, um Aussagen zu formulieren und Zusammenhänge herzustellen. Umfrage-Ergebnisse zeigen Meinungen, Wissen und Verhaltensweisen zu einem Thema auf.

■ Thema und Ziel klären

Umfragen sind aufwendige Verfahren zur Informationsgewinnung. Deshalb lohnt es sich, eine Umfrage möglichst zielspezifisch auszurichten und Fragen so zu konzipieren, dass man sie auch auswerten kann. Geschlossene Fragen mit Auswahlantworten erleichtern die Befragung und Auswertung, und die Anzahl der Fragen ist auf das Nötige zu beschränken. Dazu muss man sich darüber klar werden, was man am Ende tatsächlich herausfinden möchte.

■ Das Zielpublikum definieren

Nachdem das Thema eingegrenzt und konkrete Inhalte benannt wurden, stellt sich die Frage, welches Publikum in Bezug auf die Fragestellung relevant ist. Mit anderen Worten: Wen genau müssen Sie befragen, um geeignete Informationen zu erhalten?

■ Fragen formulieren

Die Wahl der Frage hat einen Einfluss auf das Ergebnis. Dabei werden folgende Fragetypen unterschieden: Ja/Nein-Fragen, Häufigkeitsfragen, Skalierungsfragen/Zustimmung oder offene Fragen.

■ Fragebogen kreieren und durchführen

Schriftliche Umfrage bzw. Online-Umfrage
Bei schriftlichen oder Online-Umfragen beantworten die Teilnehmerinnen und Teilnehmer die Fragen ganz alleine. Die Fragen dürfen keinen Zweifel lassen; der Fragebogen muss sauber, fehlerfrei, präzise und verständlich aufbereitet sein. Es lohnt sich, einen Testlauf durchzuführen, um Unklarheiten zu erkennen und zu beheben.

Mündliche Umfrage
In mündlichen Umfragen werden die Personen persönlich befragt. Auch hier muss der Fragebogen sehr übersichtlich sein, damit die Antworten schnell und eindeutig notiert werden können. Mündliche Befragungen sollten sich auf 3–5 Fragen (max. 10 Minuten) beschränken. Einleitend muss kurz erklärt werden, worum es geht: Was ist Thema und Zweck der Umfrage? Warum ist dieses Thema aktuell? Und: Was passiert mit den Ergebnissen? Und am Ende der Befragung bedankt man sich (mündlich oder schriftlich) für die Mitarbeit bei der Umfrage. Es hilft, wenn man das auch aufschreibt.

■ Umfrage darstellen und auswerten

Eine grafische Darstellung in einer Umfrage muss gelesen und interpretiert werden. Dabei ist die Unterscheidung zwischen Beobachtung und Interpretation äusserst wichtig. Die Beobachtung stützt sich auf beobachtbare Fakten. Sie entspricht einer Beschreibung dessen, was Sie in der Grafik sehen können. Dabei werden nur Fakten und Zahlen genannt, die der Grafik zu entnehmen sind.

Interpretation der Grafik
Erst wenn Sie die Aussagen einer Grafik erfasst haben, bringen Sie Ihre eigenen Überlegungen an. Dabei greifen Sie hauptsächlich Aussagen heraus, die besonders auffallen.

Grafische Darstellung

Grafische Darstellung: Visualisieren von Informationen (siehe S. 462) durch das Zeichnen von Linien, Kreisen, Balken, Säulen oder Farbflächen. Somit können Daten schneller überblickt und in eine Beziehung zueinander gebracht werden.

■ Das Kreisdiagramm (Kuchendiagramm)

Der Kreis wird verwendet, wenn man einzelne Anteile eines Ganzen, häufig in Prozenten, darstellen will. Es werden somit die Verhältnisse der einzelnen Bestandteile zueinander aufgezeigt. Der Kreis vermittelt dem Betrachter das Gefühl der Vollständigkeit.
Aus diesem Grund eignet er sich besonders gut für die Darstellung der Teile eines Ganzen (z. B. sämtliche Ausgaben eines Staates).

Exportländer eines Unternehmens

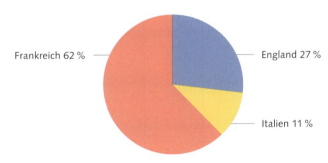

Beispiel: Ein Unternehmen exportiert nach England 27 % seiner Produkte, nach Italien 11 % und nach Frankreich 62 %. Im Kreisdiagramm kann dargestellt werden, wie gross der Anteil an den Produkten ist, die das Unternehmen in diese drei Länder exportiert.

■ Das Balkendiagramm (Säulendiagramm)

Beim Balkendiagramm oder beim Säulendiagramm werden absolute Zahlen miteinander verglichen (z. B. der Export verschiedener Länder in Milliarden USD). Das Balkendiagramm und das Säulendiagramm sind identisch. Der einzige Unterschied besteht darin, dass die Darstellung beim Balkendiagramm horizontal und beim Säulendiagramm vertikal ist. Das Balkendiagramm wird häufig gewählt, um eine Rangfolge darzustellen.

BIP in Mrd. USD im Jahr 2018

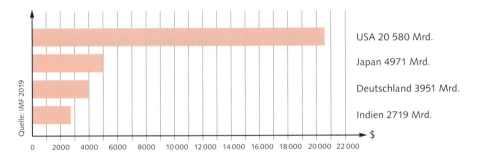

Beispiel: Damit man das Bruttoinlandprodukt verschiedener Länder vergleichen kann, trägt man die absoluten Zahlen (z. B. BIP in Mrd. USD) in ein Balkendiagramm ein. Dabei entsteht eine Rangordnung. Damit eine sinnvolle Aussage möglich wird, muss das Bruttoinlandprodukt in den einzelnen Ländern nach den gleichen Grundsätzen berechnet werden.

ICT-Kompetenz
Lesetechnik
Medienkompetenz
Präsentationstechnik
Arbeitstechnik
Lerntechnik

Das Kurvendiagramm (Liniendiagramm)

Das Kurvendiagramm wird am häufigsten eingesetzt. In ein Kurvendiagramm können auch mehrere Kurven eingezeichnet werden. Dadurch lassen sich die Kurven miteinander vergleichen. Es muss aber darauf geschaut werden, dass nicht zu viele Kurven in ein Diagramm gezeichnet werden, da sonst die Übersicht verloren geht. Das Kurvendiagramm kann eine Entwicklung gut darstellen.

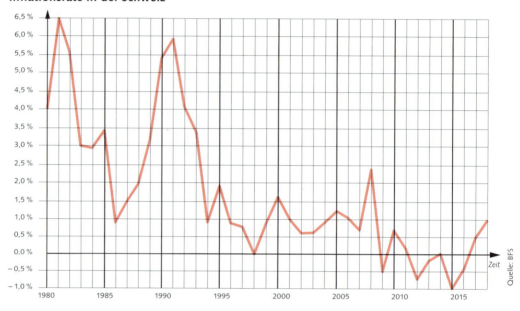

Beispiel: Um die Entwicklung der Inflationsraten darzustellen, wird ein Kurvendiagramm gewählt.

- 1980 betrug die Inflation 4 %. Im folgenden Jahr erreichte sie sogar mehr als 6 %. Nach einem Abfall bis 1986 und einem erneuten deutlichen Anstieg 1991 bis auf 5,9 % sank die Inflation tendenziell und fiel 2009 erstmals unter 0 %.
- 2018 betrug die Inflationsrate 0,9 %.

Die Veränderung der Darstellung (Manipulation)

Es muss beachtet werden, dass grafische Darstellungen sehr einfach missbraucht werden können, um den Betrachter absichtlich irrezuführen (zu manipulieren).

Beispiel: Die Umsatzkurve eines Unternehmens vermittelt einen anderen Eindruck, je nachdem, wie man die Einteilung der Achsen verändert.

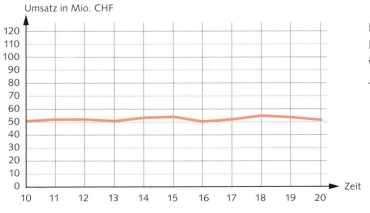

Realität:
Der Umsatz bleibt während mehrerer Jahre relativ konstant.

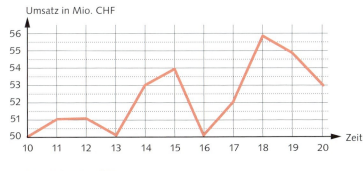

Die Einteilung der vertikalen Achse beginnt nicht mehr bei 0. Der Eindruck entsteht, es hätte viel grössere Umsatzschwankungen gegeben.

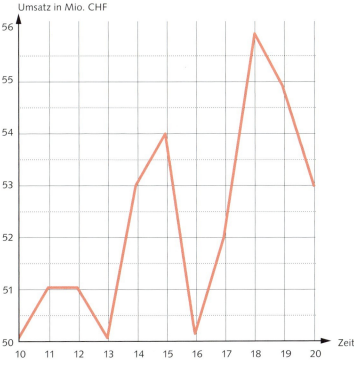

Die Einteilungen der vertikalen Achse sind vergrössert worden. Dadurch sind die Ausschläge noch markanter.
Der Eindruck entsteht, es hätte gewaltige Umsatzschwankungen gegeben.

Die Wahl der Achseneinheit ist entscheidend. Wer eine Grafik liest, muss sich zuerst fragen, ob die Einteilung der Achsen sinnvoll gewählt worden ist. Die gleiche Feststellung trifft auf das Säulen- und das Balkendiagramm zu.

Richtig lernen

■ Lernumgebung: Wo lernt man?

- ruhiger Ort
- gute Beleuchtung
- bequemer Stuhl
- übersichtliche Ordnung
- alles griffbereit

■ Lernzeiten: Wann lernt man?

- Lernstoff auf mehrere Tage verteilen (kleine, verdaubare Portionen bilden)
- Vor dem Nachtessen: eher mündlicher Lernstoff
- Nach dem Nachtessen: eher schriftlicher Lernstoff (ein voller Magen studiert nicht gern)
- Vor dem Schlafengehen: Bereits Gelerntes nochmals kurz und konzentriert anschauen (das Unterbewusstsein verarbeitet das Gelernte während des Schlafens). Neue Inhalte nicht zu später Stunde lernen (Müdigkeit, geringe Konzentration)
- Nach dem Aufstehen: den Lernstoff vom Vorabend nochmals kurz anschauen (sich bewusst werden, was man gelernt hat)

■ Lernstrategien: Wie lernt man?

- Sich vor dem Beginn des Lernens motivieren:
  - Man will etwas wissen.
  - Man kann das Gelernte später einmal gebrauchen.
  - Man will mit anderen fundiert mitdiskutieren können.
  - Man will Gelesenes, Gehörtes oder Gesehenes verstehen können.
  - Immer daran denken: Wenn man mit Widerwillen ans Lernen geht, gibt man seinem Hirn den Befehl, alle Türen zu schliessen. Demnach ist es nicht verwunderlich, wenn das Hirn nichts mehr aufnimmt, auch wenn man drei Stunden lang «büffelt».
- Öfters mündlich Gelerntes repetieren (am Anfang häufig, dann in immer grösseren Zeitabständen repetieren).
- Kurze Zeiten nutzen (15 Minuten vor dem Nachtessen können sehr fruchtbar sein).
- Zuerst Mündliches lernen (nicht länger als 30 Minuten, danach Schriftliches erledigen).
- Zuerst das lernen, was man am wenigsten gern tut.
- In Büchern wichtige Stellen markieren (siehe S. 460).
- Saubere, übersichtliche (strukturierte) Zusammenfassungen erstellen (siehe S. 393).
- Struktursskizzen erstellen (siehe S. 462).
- Eventuell mit Karteikarten arbeiten.
- Zusammenfassungen, Karteikartentexte, Lernstoff langsam laut vorlesen.
- Keine Ablenkung, wenn man lernt (Musik, Video, Anruf, Chats usw.).

Stichwortverzeichnis

A

Abfall 343, **345**, 346, 347, Glossar
Abredeversicherung 140
Absicht 151, Glossar
absolutes Mehr 165, 166, Glossar
Abstract 461
Abwertung (einer Währung) 289
Adjektiv 412, 422, 440, 441, Glossar
Adoption 51, 68
AGB (Allgemeine Geschäftsbedingungen) 76, **Glossar**
Agglomeration 200, Glossar
AHV (Alters- und Hinterlassenenversicherung) 41, 59, **141**, 150, **282**, Glossar
Akkusativ 419
Aktie 293, **296**, Glossar
aktives Wahlrecht 164
Aktivgeschäft 291, Glossar
Alkohol 366, 367, 369
Allgemeine Geschäftsbedingungen (AGB) 76, **Glossar**
Allgemeine Versicherungsbedingungen (AVB) 133
Allgemeinverbindlicherklärung (AVE) 44
Alltagskultur 374, Glossar
alternative Energien 348
Alters- und Hinterlassenenversicherung (AHV) 41, 59, **141**, 150, **282**, Glossar
ALV (Arbeitslosenversicherung) 145, Glossar
Amnesty International (AI) 238
Amt für Berufsbildung 28, 29
Amtsgericht 175, 193
Amt (Verwaltungseinheit im Kanton) 175
anfechtbarer Vertrag 20
Anfrage (Kauf) 76
Anführungszeichen 429
Angebot **76**, 270, **279**, Glossar
Angebotsinflation 306
Anlagefonds **296**, Glossar
Anleihensobligation 293, **295**
Anleitung 391, Glossar
Annahme (Kauf) 77, Glossar
Annahmeverzug (Kauf) 78, Glossar
Anspruchsgruppe 324, Glossar
Antivirenprogramm 452
antizyklisches Verhalten 310
Antrag (beim Kauf) 76, Glossar
Antragsdelikt 195
Arbeit 31, 254, 261, **264**, 272, 279, **Glossar**
Arbeitgeber/-in 37, Glossar
Arbeitgeberverband 44, **162**
Arbeitnehmer/-in 31, 324, 325, **Glossar**
Arbeitnehmerverband 44, **162**
Arbeitsbestätigung 39
Arbeitsbiografie 391, Glossar
Arbeitsgericht 191
Arbeitsgesetz (ArG) 28, 31, 45, **46**, Glossar
Arbeitsjournal (VA) 473
Arbeitslosenentschädigung 139, **145**
Arbeitslosenversicherung (ALV) 145, Glossar
Arbeitslosigkeit 145, 265, 275, Glossar
Arbeitsproduktivität 264, 269
Arbeitsvertrag 25, 100
Arbeitszeitvorschrift 47
Arbeitszeugnis 39, Glossar
Architektur 380, Glossar
ArG (Arbeitsgesetz) 28, 31, 45, **46**, Glossar
Argument 409, 410, 411
Armut 277
Armutsgefährdung 277
Armutsgrenze 277
Artenvielfalt (Biodiversität) 343, 360
Artikel 421, 439
Ästhetik Glossar

Asyl **241**, 245, Glossar
Attest 27
Aufbewahrung (Quittung) 80
Aufenthaltskategorien 245
Aufsichtskommission 181
Auftrag (einfacher) 98, 100
Auftrag (sprachlicher) Glossar
Aufwertung (einer Währung) 288
Ausgaben 94, **97**, Glossar
Ausgaben des Bundes 126
Ausland 256, **257**, Glossar
Ausländer/-in 243, **244**
Auslieferung 214
Ausrufezeichen 428
Ausschaffung 214
Aussenpolitik 185
Aussenwert (Geld) 284
aussereheliche Geburt 53
Aussteuerung **Glossar**
Ausweisung 214
Automatisierung 264
AVB (Allgemeine Versicherungsbedingungen) 133

B

Balkendiagramm 481
Bank 256, 257, 286, **290**, 295, Glossar
Bankkonto 294
Bargeld 284, Glossar
Barkauf 81, Glossar
Barkredit 85, 86, 97, Glossar
Barzahlung 298
Bauhandwerkerpfandrecht 84
BBG (Berufsbildungsgesetz) 28, 174, Glossar
Bedürfnis 250, 252, 253, Glossar
Bedürfnisbefriedigung 250, 251, 252, 253
Bedürfnispyramide (Maslow) 251
Begleitbeistandschaft **70**
Begnadigung 182
Begründung 410
Behauptung 410
Beistandschaft 69, **70**
Beitragslücke (AHV) 141
Beratungsstelle (Budget) 96
Bericht 392, Glossar
berufliches Vorsorgegesetz (BVG) 59, 147, 150, Glossar
berufliche Vorsorge (2. Säule) 59, **147**
Berufsbildungsgesetz (BBG) 28, 174, Glossar
Berufsbildungssystem 26
Berufsfachschule 26, Glossar
Berufskrankheit 139
Berufslehre 28
Berufsmaturität (BM) 26, **27**, 29
Berufsunfall (BU) 138, **139**, Glossar
Berufsunfall-Versicherung (BUV) 41
Berufung (Gericht) 193
Beschäftigungspflicht 35, 38
Beschimpfung 217
beschränkte Handlungsunfähigkeit 17, Glossar
Beschreibung 390, **391**, Glossar
Beschwerde (Steuern) 125
Beschwerde (Zivilprozess) 193
Besitz 75
Bestellung 77
Betreibung 81, **90**, 91, 92, Glossar
Betreibungsamt **90**, 91
Betreibungsbegehren 90
Betreuungsvertrag 69
Beurkundung (öffentliche) 19, 56, 84
bewegliche Sache 104
Beweislast 14
Bewerbung 32, 33, **403**, 404, Glossar

Bezirksgericht 175, 193
Bezirk (Verwaltungseinheit im Kanton) 175
bilateraler Vertrag 235, Glossar
bildende Kunst Glossar
Bildhauerei 375, Glossar
Bildungssystem 26, Glossar
Bildungsverordnung (BiVo) 28, Glossar
Bindestrich 436
Binnenmarkt 317
Binnenwert (Geld) 284
Biodiversität (Artenvielfalt) 343, 360
Biografie 391, **Glossar**
BIP (Bruttoinlandprodukt) 128, 257, **258**, 259, 274, Glossar
BiVo (Bildungsverordnung) 28, Glossar
Boden 254, 261, **263**, 279, 343, 345, 359, Glossar
Bodenspekulation 263
Bonus (Versicherung) 154, Glossar
Boom (Konjunktur) 309
Börse 285
Botschaft (Gesetzgebung) 203
Branche Glossar
Brauch 11
Brauchtum Glossar
Brief (Geschäftsbrief) 399, 400, 402, 403, Glossar
Briefkurs 286
Bruttoinlandprodukt (BIP) 128, 257, **258**, 259, 274, Glossar
Bruttoinlandprodukt (BIP, nominell) **259**, 260
Bruttoinlandprodukt (BIP) pro Einwohner 260
Bruttoinlandprodukt (BIP, real) **259**, 260
Bruttolohn 37, 40, Glossar
BU (Berufsunfall) 41, 138, **139**, Glossar
Buchgeld 284, 305, Glossar
Buddhismus 340
Budget 94, 95, 96, 97, 179, **Glossar**
Bulimie 370
Bund 117, 126, 127, 173, 175, 179, 197, Glossar
Bundesanwältin/-anwalt 182
Bundesanwaltschaft 192
Bundesblatt 203, 204, 206
Bundesfinanzen **126**
Bundesgericht 166, **175**, 182, **192**, 193, Glossar
Bundeskanzler/-in 166, 182, 186, **187**
Bundespräsident/-in 166, 182, **186**, 187
Bundesrat 166, **175**, 182, **183**, 184, 185, 186, 187, Glossar
Bundesrat/Bundesrätin (Amtsperson) 188
Bundesratssitzung 186
Bundesstaat 172, 197
Bundesstrafgericht 192
Bundesverfassung (BV) 174, **177**, 202, 203, 205, 206, Glossar
Bundesversammlung 126, 175, **176**, 179, 183, 185, Glossar
Bundesverwaltung 179, **187**
Bundesverwaltungsgericht 192
Bürgerblock 161
Bürgerlich-Demokratische Partei (BDP) **160**, 161, 178, 180
bürgerliche Partei 161
Bürgerrecht 55, 68, Glossar
Burnout 372, Glossar
Busse 124, **194**, 195, Glossar
BUV (Berufsunfall-Versicherung) 41
BV (Bundesverfassung) 174, **177**, 202, 203, 205, 206, Glossar
BVG (berufliches Vorsorgegesetz) 147, 150, Glossar

C
Christentum 336
Christlich-demokratische Volkspartei (CVP) **160**, 161, 178, 180
CO_2 348, 349, 351, 352, 353

D
Darlehen 103
darstellende Kunst 375, Glossar
Darstellung (grafische) 481

das/dass 427, **437**, Glossar
Datensicherung 452
Dativ 419
Dauerauftrag 301, Glossar
Debitkarte 298, Glossar
definitiver Entwurf (Gesetzgebung) 203
Dehnung 437, Glossar
Deklination 417
Dekret 202
Deliktsfähigkeit 17
Demografie 282, Glossar
Demokratie 200, **222**, 280, Glossar
Demonstration 218
Departement 184, 187, **188**
Departementalprinzip 184
Depression (Krise) 308, **310**
Devisen 284, **286**
Devisenmarkt 286
Diebstahl 195, Glossar
Die Liberalen (FDP) **159**, 161, 178, 180
Dienstleistung 252, 254, 257, 258, 259, 268, 279, **291**, Glossar
Dienstleistungsverkehr 317
Dienstpflicht 220, Glossar
Differenzbereinigung **203**
Diktatur 224, Glossar
Dilemma (moralisches) 334, Glossar
direkte Bundessteuer 118, 123
direkte (reine) Demokratie 222
direkte Steuern 118, Glossar
Direktinvestitionen 313
Direktion (Departement) 184
Diskussion 407, 408, Glossar
dispositives Recht 13
Doppelpunkt 429
doppeltes Ja 207
doppeltes Mehr 165, 205
Doppelversicherung 153
Drei-Säulen-Prinzip 150, Glossar
Drittperson (Haftpflichtversicherung) 151
Drogenpolitik 365
duales Berufsbildungssystem 26
Du-Botschaft 450
Duden 416, 418, 423
Dumping 315

E
EAV (Einzelarbeitsvertrag) 25, 34, 44, 45, Glossar
E-Banking 300, Glossar
Ehe 54, 55, 56, **57**, 58, 59, 216, Glossar
Ehefreiheit 54
Ehescheidung 55, 58, **59**, 62, 93, Glossar
Ehevertrag **56**
Ehrverletzung 217
Eidg. Departement des Innern (EDI) 188
Eidg. Departement für auswärtige Angelegenheiten (EDA) 188
Eidg. Departement für Umwelt, Verkehr, Energie und Kommunikation (UVEK) 188
Eidg. Departement für Verteidigung, Bevölkerungsschutz und Sport (VBS) 188
Eidg. Departement für Wirtschaft, Bildung und Forschung (WBF) 188
Eidgenössisch-Demokratische Union (EDU) **160**, 161, 178, 180
eidgenössische Räte **176**
Eidg. Finanzdepartement (EFD) 188
Eidg. Justiz- und Polizeidepartement (EJPD) 188
Eidg. Volkswirtschaftsdepartement (EVD) 188
Eigengut 56, **57**, 58, 62, Glossar
Eigenhändiges Testament 64
Eigenkapital 84, **Glossar**
Eigentum 75, 76, 77, 81, 82, 84, 100
Einbürgerung **212**, 213
einfacher Auftrag 98, 100

einfacher Wirtschaftskreislauf 254
einfache Schriftlichkeit 19
eingetragene Partnerschaft 51, 54, Glossar
Einheitsstaat 172
Einigungskonferenz 203
Einkommen 40, 120, 121, Glossar
Einkommenssteuer 118, 120
Einkommensverteilung 261
Einlegerschutz 91, 294
Einnahmen 94, 95, Glossar
Einnahmen des Bundes 126
Einschreiben (R) 401
Einsprache (Steuern) 122, 125, Glossar
Einwohnerrat 167, 175, 200
Einzahlungsscheine 300
Einzelarbeitsvertrag (EAV) 25, 34, 44, 45, Glossar
EL (Ergänzungsleistung) 141, 143, 150
Elitekultur 374, Glossar
elterliche Sorge 53, 59, 65, 66, 67, 71
Eltern 55, 63, 65, 66, 67, 68, 71
E-Mail 390, 455, 456, Glossar
Emigration 241
Energie 347, 348, 350, 353
Energieeffizienz 344
Energiepolitik 353
Energiequelle 348, Glossar
EnergieSchweiz 353
Energiesteuer 273
Enterbung 63
Entstehung eines Gesetzes 185, 203, 205
Entwicklungsland 269, 316, Glossar
Entwicklungszusammenarbeit 237, 316, Glossar
EO (Erwerbsersatzordnung) 41, 144, Glossar
Epoche 375, 376, Glossar
Erbanteil 61, 62, 63
Erbe 60
Erblasser 64
Erbrecht 60, Glossar
Erbschaft 61, 62, 64
Erbteilung 62, Glossar
Erbvertrag 60, 64
E-Rechnung mit PayNet 301
E-Recruiting 33
Ergänzungsleistung (EL) 141, 143, 150
Erlass 202
Erlebniskultur Glossar
Ernährung 371, Glossar
erneuerbare Energie 353
Erörterung 397, 409, Glossar
Errungenschaft 56, 57, 58, 62, Glossar
Errungenschaftsbeteiligung 56, 57, Glossar
Ersatzabgabe 116, 220, Glossar
Ersatzdienst (ziviler) 144
Ersatzinvestitionen 267
Ersatzlieferung 79, Glossar
Ersatzmieter 109
Erstreckung des Mietverhältnisses 112
Erwachsenenschutz 70, 71
Erwachsenenschutzbehörde 69, 71
erweiterter Wirtschaftskreislauf 256
Erwerbsersatzordnung (EO) 41, 144, Glossar
Erwerbsstruktur 268
Erzählung 394, Glossar
Erziehung 66, Glossar
Ess-Brechsucht 370
Essstörung 370
Ethik 328, 331, 332, Glossar
EU (Europäische Union) 226, 232, 235, 317, 320, Glossar
EU-Mitgliedsländer 232
Euro (EUR) 288, 289, 318, 319
Europäische Kommission (EU) 232, 234

Europäische Menschenrechtskonvention (EMRK) 209, 230
Europäischer Gerichtshof (EU) 232
Europäischer Gerichtshof für Menschenrechte (Europarat) 192
Europäischer Rat (EU) 232
Europäische Sozialcharta 230
Europäisches Parlament (EU) 232, 234
Europäische Union (EU) 231, Glossar
Europäische Währungsunion (EWU) 318
Europäische Zentralbank (EZB) 318
Europarat 226, 230
Evangelische Volkspartei (EVP) 160, 161, 178, 180
Exekutive 175
Existenzbedürfnis 250
Existenzminimum 93
Export 257, 288, 289, 313, 320, Glossar
externe Kosten 272, 273, Glossar
externer Effekt 272
externer Nutzen 272
Exzerpt 469
EZB (Europäische Zentralbank) 318

F

Fachgericht 191
Fähigkeitszeugnis 27
Fahrlässigkeit 151, Glossar
Fahrniskauf 76
Fake News 158
fakultatives Referendum 202, 204, Glossar
Familie 51, 70, 216, Glossar
Familienname 55
Familienpolitik Glossar
Familienrecht 50, Glossar
Faustpfand 89
Ferien 39
Film 384, Glossar
Filmbeitrag Glossar
Finanzierungsleasing 88
Finanzierungsrechnung 126, 127
Finanzmarktaufsicht (FINMA) 133, 291
Finanzpolitik 310
Finderlohn 12
fiskalpolitischer Zweck 117, Glossar
Fiskalquote 128, Glossar
Fixkosten 96, Glossar
Flate Rate Tax 262
Flat Tax 262, Glossar
Flüchtling 241, 244, Glossar
Föderalismus 172, 173, Glossar
formgebundener Vertrag 19
formloser Vertrag 19
Fortsetzungsbegehren (Betreibung) 90
Fragezeichen 428
Fraktion 180, 181
Franchise 136, 138, Glossar
freie Güter 252, Glossar
freie Marktwirtschaft 278, 279, 280, Glossar
freie Quote 63
freier Personenverkehr 236
freie Vorsorge 3b 148, 150
Freihandel Glossar
Freiheiten 210, 220
Freiheit (in der Moral) 330
Freiheitsstrafe 124, 194, 195
freiwilliges Sparen 266
Freizügigkeit 135
Fremd 246
Fremdenhass 246
Fremdwort Glossar
Friedenspflicht 44
Friedensrichter/-in 175, 193, 200
friktionelle Arbeitslosigkeit 265

Fristerstreckung 122, Glossar
fristlose Kündigung (Arbeitsvertrag) 43
Fristverlängerung 122
Fürsorgepflicht 38, 46
fürsorgerische Unterbringung 70, **71**
Futur I 414, Glossar
Futur II 414

G
1. Gewalt 157
2. Gewalt 157
3. Gewalt 157
4. Gewalt 157
G7/G8/G20 Glossar
Garantie (Gewährleistung) 78
Gattungskauf 75, 77, 79
GAV (Gesamtarbeitsvertrag) 25, **44**, 236, Glossar
Gebäudeversicherung 152
Gebrauch 103, 104
Gebrauchsgut 252
Gebrauchsleihe 103
Gebrauchsüberlassung 103
Gebühr Glossar
Gedankenstrich 429
Gedicht Glossar
Gegenentwurf 207, Glossar
Gehorsamspflicht 220
Geld 97, **284**, 290, **292**, 298, 299, 304, Glossar
Geldinstitut Glossar
Geldkurs 286
Geldmenge **255**, 288, 289, 290, 304, 305, 318, 319
Geldpolitik 290, 305, 319
Geldschöpfung 305
Geldstrafe 194, 195
Geldstrom 254, **255**, 256, 257, 290, 304, 305, Glossar
Geldwertstörung 304
Gemeinde 117, 175, **200**, 204, 206, 207, 212, 214, 223, Glossar
Gemeindebehörde 200
Gemeindeversammlung 175, **200**
General/-in 182
Generalsekretär/-in (UNO) 229
Generalversammlung (UNO) **228**, **229**
Genitiv 419
Gerechtigkeit 331
Gericht 175, 189, **191**, 192, 195, 197, Glossar
Gesamtarbeitsvertrag (GAV) 25, **44**, 236, Glossar
Geschäftsbank 290, 291, 305, Glossar
Geschäftsbrief 399, 400, 402, 403
Geschäftsfähigkeit 17
Geschichte 376
geschriebenes Recht **12**, 13
Gesetz 174, 175, 179, 189, **202**, **203**, 204, 205, 335, Glossar
gesetzliche/-r Vertreter/-in 28, 67
Gesundheit 362, Glossar
Getrenntschreibung **442**, 443
Gewährleistung (Garantie) 78, Glossar
Gewalt Glossar
Gewaltenteilung 175, 224, Glossar
Gewerkschaft 162, Glossar
Gewissen 335
Gewohnheitsrecht 12
Glaube Glossar
Glaubens- und Gewissensfreiheit 216
Gläubiger/-in 18, 114, Glossar
Gleichberechtigung 387, Glossar
Gleichgewichtspreis 271
Globalisierung 239, **312**, Glossar
Grafik 481, Glossar
grafische Darstellung 481
grammatische Zeit 414, Glossar
Gratifikation 37

Graue Energie 344
Grauwert 475
Greenpeace 238
grobe Fahrlässigkeit 151
Grosser Rat 167, **175**, **198**, 199, 202
Grossschreibung 439, Glossar
Grundbedürfnis 250, Glossar
Grundbuch 84
Grundpfand 89
Grundrecht 210, Glossar
Grundrente 254, **255**, 261, 272
Grundstückkauf 84
Grundversicherung (Krankenkasse) 135, Glossar
Grüne Partei der Schweiz (GPS) **159**, 161, 178, 180
Grüne Wirtschaft 347
Grünliberale Partei Schweiz (glp) **160**, 161, 178, 180
Gut 251, Glossar
Gütergemeinschaft 56
Gütermenge **255**, 304, 306
Güterrecht Glossar
Güterstand 56
Güterstrom 254, **255**, 256, 257, 304, Glossar
Gütertrennung 56

H
Haftpflichtversicherung 130, **151**, Glossar
Haftung 35, 55, **151**
Halbamtsparlament 176
halbdirekte Demokratie 222
Handelsregister 89
handlungsfähig 64
Handlungsfähigkeit 16, 70, Glossar
handlungsunfähig 17, 69, 70
Hauptsatz 427, 432, Glossar
Hausarzt-Modell 137
Haushaltsbudget 94
Hauskauf 84
Hausrat (Versicherung) 152, Glossar
Haustür (Kaufvertrag) 82
Hedgefonds 293, **296**
Heimat 247, Glossar
Heimatschein 54
Heirat 54, 57, 212
Hinduismus 339
HMO-Modell 137
Hochkonjunktur 306, 308, **309**, 310
Höflichkeitspronomen 439, Glossar
Humankapital (Wissen) 254, **255**, **266**, 279, Glossar
Hypothek 84

I
Ich-Botschaft 450
Identität 247, Glossar
IKRK (Internationales Komitee vom Roten Kreuz) 238, Glossar
Immigration 241
Immobilie 104, 293
Imperativ 416
Import 257, 288, 289, **313**, 320, Glossar
Impressionismus 379
Indikativ 415, Glossar
indirekte Rede 415
indirekte Steuern 118, Glossar
Individualbedürfnis 250, 251, Glossar
Industrieland 269, **Glossar**
Infinitiv **413**, 416, 439
Inflation 123, **304**, 305, 306, 307, Glossar
Informationsfreiheit 156, **217**, Glossar
Informationsstelle für Konsumkredite (IKO) 85
Infrastruktur 263
Initiative 206, 207, Glossar
Initiativrecht 211, Glossar

Inkasso **89**, Glossar
Inserat Glossar
Insolvenz 92
Insolvenzentschädigung 146
Instanz (Gericht) 193
Integration 244
Integritätsentschädigung 140
Internationaler Gerichtshof (UNO) 229
Internationales Komitee vom Roten Kreuz (IKRK) 238, Glossar
Internet 453
Internet (Kaufvertrag) 83
Internetrecherche 454
Interpellation 178
Interview 390, **479**, Glossar
Invalidenversicherung (IV) 41, **142**, 150, Glossar
Invalidität 142
investieren 257, **267**
Investitionsgut 252, 266, Glossar
Islam 338
IV (Invalidenversicherung) 41, **142**, 150, Glossar

J

JStGB (Jugendstrafgesetzbuch) 196, Glossar
Judentum 337
Judikative 175
Jugendarbeit 39
Jugendgericht 191
Jugendkultur 374, Glossar
Jugendstrafgesetzbuch (JStGB) 196, Glossar
Jugendstrafrecht 196
Jugendurlaub 39
juristische Person 17, 89, 117, Glossar

K

Kalte Progression 123
Kandidatenstimme **167**, 168
Kanton 165, 175, 177, **197**, Glossar
Kantonsbehörde 197
Kantonsgericht 175, 193
Kantonsrat 167, 175, 202
Kantonsverfassung **197**, 202
Kapital 254, 261, 264, **266**, 272, 324, 325, Glossar
Kapitaldeckungsverfahren **147**, Glossar
Kapitalgeber/-in 85, **324**, 325, Glossar
Kapitalverkehr 317
Karenzfrist 137
Kartell 280, Glossar
Kaskoversicherung 152
Kassenobligation 293, **295**
Kauf **76**, 81, 82, 83
Käufer/-in 76, Glossar
Kaufkraft 284, 304, 307, Glossar
Kaufvertrag 76, 79, 100, Glossar
Kauf Zug um Zug 74
Kausalhaftung 151, Glossar
Kaution 105, Glossar
KESB (Kindes- und Erwachsenenschutzbehörde) 69
kiffen 369
Kind 53, **65**, 66, 67, 68, 212, 216
Kinderzulage 41
Kindesanerkennung 53
Kindesrecht 65
Kindesschutzbehörde 67, 69, **71**
Kindes- und Erwachsenenschutzbehörde (KESB) 69
Kindesverhältnis 53, 65, Glossar
Kindesvermögen 67
kirchliche Trauung 54
KKG (Konsumkreditgesetz) 85, Glossar
Klage 190, 193
Klammern (Zeichensetzung) 429
Klima 343, 351, 352, 357

Koalition 223
Kollegialbehörde 184
Kollegialsystem 184
Kollektivbedürfnis 251, Glossar
Kollokationsplan 91
Komma 430, 431, 433, Glossar
Kommentar 396, Glossar
Kommission 180, **181**, 203
Kommunikation 388, 389, 449
Kompetenzstück 92
Kompromiss **156**, 223, 280, 449
Konflikt 226, 325, **446**, 447, 448, 449, **Glossar**
Konfliktbewältigung **449**, 450
Konjugation 413
Konjunktion 424
Konjunktiv I 415, Glossar
Konjunktiv II **416**, Glossar
Konjunktur 259, 265, **308**, Glossar
Konjunkturaufschwung 308
konjunkturelle Arbeitslosigkeit **265**, Glossar
Konjunkturzyklus 308, Glossar
Konkordanz 186
Konkordanzdemokratie 223
Konkordat 197
Konkubinat 52, 53, 113, 114, Glossar
Konkubinatsvertrag 52
Konkurrenz 270, 312, 323, 326, Glossar
Konkurrenzdemokratie 223
Konkurs 89, **91**, 92, Glossar
Konkursamt 91
Konkursbegehren 91
Konkursprivileg 294
konservativ (politisch) 161
Konsonant **434**, 436
Konsonantenverdoppelung 436, Glossar
Konsum 95, 266, Glossar
Konsum (privater) 302
Konsument 254, **255**, 256, 279, Glossar
Konsumentenschutz 85, 162, **Glossar**
Konsumgut 252, Glossar
konsumieren 93
Konsumkredit 85, Glossar
Konsumkreditgesetz (KKG) 85, Glossar
Konsumkultur 374
Konto 297, Glossar
Kontoauszugs 297
Konzeptkarte 462
Konzession 219
Kopfsteuer 118, Glossar
Korrespondenz 399
Krankenkasse 135
Krankentaggeld 41, **136**, Glossar
Krankenversicherung 134, **135**, 137, 138, 140, 143, Glossar
Krankenversicherungsgesetz (KVG) 134
Krankheit 135, Glossar
Kreditkarte 299, Glossar
Kreditkauf 81, 82, Glossar
Kreis (Verwaltungseinheit im Kanton) 175
Kreisdiagramm 481
Kubismus 379
Kuchendiagramm 481
Kultur 374, Glossar
Kulturleistung 374
kumulieren 168, **169**, Glossar
Kunde/Kundin 78, 82, 257, 324, 325, Glossar
Kundenkarten 299
Kündigung (Arbeitsvertrag) 42, 43, Glossar
Kündigung (Grundversicherung, Krankenkasse) 138
Kündigung (Miete) 109, 110, Glossar
Kündigungsfrist (Arbeitsvertrag) 42, Glossar
Kündigungsfrist (Miete) 109, Glossar

Kündigungsschutz (Arbeitsvertrag) 43, Glossar
Kündigungsschutz (Miete) **112**, Glossar
Kündigungstermin (Arbeitsvertrag) 42, Glossar
Kündigungstermin (Miete) **109**, Glossar
Kündigung zur Unzeit Glossar
Kündigung (Zusatzversicherung, Krankenkasse) 138
Kunst 375, 376, Glossar
Kurvendiagramm 482
Kurzarbeit 145, **146**
Kurzgeschichte Glossar
KVG (Krankenversicherungsgesetz) 134

L

Landesindex der Konsumentenpreise (LIK) **302**, 306
Landesregierung 183
Landrat 167, **175**, **198**, 199, 202
Landsgemeinde **175**, 177
Lastschriftverfahren 301, Glossar
Leasing 87, Glossar
Leasingvertrag 85, **88**
Lebenslauf 32, 390, 403, **404**, 405, Glossar
Lebensmittelpyramide 371
Lebensversicherung **148**, **149**, 150
leere Liste 168
Lega dei Ticinesi (Lega) **160**, 161, 178, 180
Legislative 175
Legislaturperiode 176, **183**, 185
Lehrbetrieb 26, Glossar
Lehrvertrag 25, 28, 29, 30, Glossar
Leihe 103
Leistung (Versicherungen) 133, 135, 137, 140, 141, 142, 143, 144, 145, 147, Glossar
Lenkungsabgabe 274, **Glossar**
Lernort 26, Glossar
Lernstrategien 484
Lesehilfe 460, **468**, **469**
lesen 413, **457**, 459, 460
letztwillige Verfügung (Testament) 64, Glossar
liberal (politisch) 161
Lieferant/-in 88, 324, 325, Glossar
Liefermahnung 78
Lieferungsverzug 78, Glossar
Life-Balance 372, Glossar
LIK (Landesindex der Konsumentenpreise) **302**, 306
Liniendiagramm 482
Links-rechts-Schema 161, Glossar
Literatur 375, **377**, Glossar
Literaturhinweis 470
Littering 343, 346, Glossar
Lobby 163, 182, Glossar
Lohn 37, 67, 254, **255**, 261, 306, Glossar
Lohnabrechnung 29, 37, **40**
Lohnfortzahlung 38
Lohnkonto (Privatkonto) 294, Glossar
Lohnpfändung 92
Lohn-Preis-Spirale 306
Lorenzkurve 261
Lösen von Rechtsfällen 21, 22
Luft 343, 345, 354, 355
Luftschadstoffe 354

M

Maestro-Karte 298
Magersucht 370
magisches Sechseck 281
Mahnung 78, 80, 108, **Glossar**
Majorz 166
Majorzwahl 166, 170, 177, Glossar
Malerei 376, **378**, Glossar
Malus 154, Glossar
Mangel 78, **79**, 100, 105, 106, 110

mangelhafte Lieferung Glossar
Mängelrüge 79, 110, Glossar
Manipulation 411, **483**, Glossar
Marketing Glossar
Markierung 460
Markt 270, 271, 280, 285, 326, Glossar
Marktöffnung Glossar
Marktpreis 258, 271
Marktwirtschaft 278, **279**
Massenkultur 374, Glossar
Massenmedien 157, 158, 224, Glossar
Maximumprinzip 253
Medien **463**
Medienfreiheit 156, **218**, Glossar
Mehrwertsteuer (MwSt.) 118, **119**, Glossar
Meinungspluralismus 156
Meinungs- und Informationsfreiheit 156, 217, Glossar
Menschenrecht 208, **210**, 230, 238, **Glossar**
Miete 102, **104**, 105, 107, 108, Glossar
Mieterschutz 111
Mieterverband 104, 110, Glossar
Mietgericht 191
Mietkauf 82
Mietkautionsversicherung 105
Mietvertrag 104, Glossar
Mietzins 102, 104, **107**, 111, Glossar
Migration 241, 242, 243, Glossar
Militärdienst 138, 144, **220**
Militärdiktatur 224
Militärpflichtersatz 118
minderjährig 16
Minderung (Preisminderung) 79, Glossar
Mindestlohn 45
Mindmap 462
Minimumprinzip 253
missbräuchliche Kündigung 42, Glossar
missbräuchlicher Mietzins 111, Glossar
Misstrauensvotum 223
Mitgliedsländer (EU) 231
Mitwirkungsbeistandschaft **70**
Mobilität 312, **Glossar**
Monarchie 224
Monopol **219**, Glossar
Moral **11**, **328**, 330, Glossar
moralische Normen 328
moralisches Dilemma **334**
Motion 178
Motorfahrzeugversicherung 154
Multikulturalität Glossar
Musik 377, 382, 383, Glossar
Mutter **53**, 65

N

Nachfrage 270, Glossar
Nachfrageinflation 306
Nachhaltigkeit 272, 342, Glossar
Nachlass **60**, 61, 62, 63, 64, 72
Nachrichtenagentur 464
Nachsteuer 124
Nachtarbeit 48
Nationalbank 305
Nationalrat 175, **177**, 178, 179, 180, 202, 203, Glossar
Nationalratspräsident/-in **177**, 182
natürliche Person 17, 117, Glossar
NAV (Normalarbeitsvertrag) 25, 31, **45**, 236
NBU (Nichtberufsunfall) 138, 139, **140**, Glossar
Nebenkosten 107, Glossar
Nebensatz 427, 432, 433, Glossar
Nettolohn 37, 40, Glossar
Neuinvestitionen 267
Neutralität 217, **226**, Glossar

Neuwert 153
NGO (Nichtregierungsorganisation) 238, Glossar
Nichtberufsunfall (NBU) 138, 139, 140, Glossar
nicht bestellte Ware 84
nichtiger Vertrag 20
nicht pfandgesicherte Forderungen 91
Nichtregierungsorganisation (NGO) 238, Glossar
nicht zwingendes Recht 13
Niederlassungsbewilligung 214
Niederlassungsfreiheit 214, Glossar
Nomen 412, 417, Glossar
Nominalisierung 439, Glossar
Nominativ 419
nonverbale Kommunikation 389, Glossar
Normalarbeitsvertrag (NAV) 25, 31, 45, 236
Notar/-in 19, 64, 84
Notenbank 290
Notizen 461, 474, Glossar
Nutzen und Gefahr 77

O

Obergericht 175, 193
Objektivität Glossar
Objekt (Satzglied) 426
Obligationenrecht (OR) 18, 19, 31, 151, 174, Glossar
Obligation (Forderungspapier) 295, Glossar
Obligation (Vertrag) 18, Glossar
obligatorisches Referendum 205, 222, Glossar
obligatorisches Verfassungsreferendum 222
OdA (Organisationen der Arbeitswelt) 28, Glossar
öffentliche Beurkundung 19, 56, 84
öffentliche Hand 117, 128, 255, 310
öffentliche Meinung 157
öffentliches Recht 13, Glossar
öffentliches Testament 64
Öffentlichkeit 156, Glossar
Offerte 76, 77
Offizialdelikt 195
Ökobilanz 344
Ökolabel 344, Glossar
Ökologie 342, Glossar
ökologischer Fussabdruck 345
ökologische Umwelt 323, Glossar
Ökonomie Glossar
ökonomisches Prinzip 253
ökonomische Umwelt 323, Glossar
Ökosystem 342, 360
Onlineshop 83
Opposition 223
Optimumprinzip 253
ordentlicher Güterstand 56, 57
ordentliches Gericht 191
Organisationen der Arbeitswelt (OdA) 28, Glossar
OR (Obligationenrecht) 18, 31, 151, 174, Glossar
Orthografie 435, Glossar
Ortsgebrauch 12
Ozon 355

P

Pacht 103
panaschieren 168, 169, Glossar
Parlament 175, 176, 185, 187, 197, 198, 199, 206, Glossar
parlamentarische Initiative 178
parlamentarische Instrumente 178
Partei (politische) 159, 161, 163, 180, Glossar
Partei der Arbeit der Schweiz (PdA) 160, 161, 178, 180
Parteidiktatur 224
Parteistimme 167, 168, 170
Partikel 412, 423, 424, 439, Glossar
Partnerschaft 51, Glossar
Partnerschaft für den Frieden (PfP) 226

passives Wahlrecht 164
Passivgeschäft 291, Glossar
Patchworkfamilie 51, Glossar
Patientenverfügung 69
Pauschalbesteuerung Glossar
PayNet 301
Pensionskasse 41, 59, 147, 150, Glossar
Perfekt 414, Glossar
Personalblatt 32
Personalien Glossar
Personenfreizügigkeit 243
Personenrecht 16
Personenverkehr 236, 317
Personenversicherung 130, 134, Glossar
persönliche Freiheit 215
Petitionsrecht 210, Glossar
pfandgesicherte Forderungen 91
Pfändung 90, 92, Glossar
Pfandverwertung 90
Pflicht 220, Glossar
Pflichtteil 63, 64
Planwirtschaft 278, 279, 280, Glossar
Pluralismus 156
Plusquamperfekt 414, Glossar
Police 133, Glossar
Politik 156, 157, 175, 244, Glossar
politischer Pluralismus 156
politisches Recht 164, 205, 210, 211, 218, Glossar
Polizei 72, 189, 190, 215, 216
Pop Art 379
Portfolio Glossar
Portfolioinvestitionen 313
PostFinance Card 298
Postkonto 294
Postulat 178
Prädikat 425, Glossar
Prämie 133, 138, Glossar
Prämienverbilligung 137
Prämienvergleich Glossar
Präsens 414, Glossar
Präsentation 466, Glossar
Präteritum 414, Glossar
Preis 270, 271, 272, 302, 304, Glossar
Preisminderung 79
Preisüberwacher 280
Prepaid-Kreditkarte 299
Primäreinkommen 313
primärer Wirtschaftssektor 268, Glossar
Priorität Glossar
privater Haushalt 254, 255, 256, 305
privater Konsum 302
privates (ziviles) Recht 13, 15, 136, Glossar
private Vorsorge 148
Privathaftpflicht 110, 151, Glossar
Privatkonkurs 92
Privatkonto (Lohnkonto) 294, Glossar
Probezeit 30, 34, 42
Produktionsfaktor 254, 255, 263, 264, 266, 267, 272, 279, 326, Glossar
Produktionsgut 252, 266
Produktivgut 252
Produzent 254, 255, 256, 257, Glossar
Progression 123, Glossar
progressiv (politisch) 161
Pronomen 412, 420, 422, 423, 439, Glossar
Proporz 167, 170, 223
Proporzwahl 167, 168, 170, 177, 200, Glossar
Protokoll 406
Prozessfähigkeit 17
Prozess (Gericht) 189

Q

Qualifikationsverfahren (QV) Glossar
qualifizierte Schriftlichkeit 19
qualifiziertes Mehr 165
Quellenangabe 470
Quellensteuer **118**, Glossar
Quittung (Zahlungsbestätigung) 80
QV (Qualifikationsverfahren) Glossar

R

Radiobeitrag Glossar
Rassismus 246
Rat der Europäischen Union 232, **233**
Rationalisierung 264
Raub 195
rauchen 368
Raumplanung 263, **Glossar**
RAV (Regionales Arbeitsvermittlungszentrum) 145, **Glossar**
Rechnung 80
Recht 11, 12, 13, 15, 331, Glossar
Recht auf Leben 215
Rechte **215**, 220, 222
Rechte und Pflichten 210, 220, Glossar
rechtliche Umwelt 323, Glossar
Rechtsanwendung 175
Rechtschreibung 435
Rechtsetzung 175, 185
Rechtsfähigkeit 16, Glossar
Rechtsfall 21
Rechtsgleichheit 14, **215**
Rechtsgrundsatz 14, Glossar
Rechtslehre 12
Rechtsmittel (Gericht) 193
Rechtsöffnung 90
Rechtsordnung 11, 222
Rechtsprechung 12, 175, **189**, 197, 222
Rechtsquelle 12, 14
Rechtsschutz 154, Glossar
Rechtsvorschlag 90, Glossar
Recycling 346
Referendum 204, 205
Referendumsrecht 204, **211**, Glossar
Referenz 32, **404**, Glossar
Regierung 175, **183**, 197, Glossar
Regierungsrat (Staatsrat) 175, 184, 193, 198, 199
Regionales Arbeitsvermittlungszentrum (RAV) 145, **Glossar**
Registereintrag 19
Reglement 202
Regress 151, 154, Glossar
Rekurs (Steuer) 125
relatives Mehr 165, 166, Glossar
Religion 66, **336**
religiöse Volljährigkeit 16
Reportage Glossar
repräsentative Demokratie 222
Ressourcen 272, 342, 345, Glossar
Ressourcenpolitik 347
Rezession 308, **310**
rezyklieren 346
richterliches Ermessen 14
Risiko 131, **132**, 348, 365, 368, **Glossar**
Risk Management Glossar
Rolle 254, **Glossar**
Rückgabeprotokoll 105, **110**, Glossar
Rückkaufswert 149
Rückstellung 96, **97**, Glossar
Rücktrittsrecht **85**, 86, 87

S

1. Säule (staatliche Vorsorge) 141, 142, **150**
2. Säule (berufliche Vorsorge) 150
3. Säule (Selbstvorsorge) 148, 150
Sachgut 252, 254, 279, Glossar
Sachkapital 266, 269
Sachtext Glossar
Sachversicherung 130, **152**, 153, Glossar
saisonale Arbeitslosigkeit **265**, Glossar
Satzglied 425, 426, Glossar
Satzlehre 425
Satzzeichen 428
Säule 3a 148, Glossar
Säule 3b 148, Glossar
Säulendiagramm 481
Schadstoffemissionen 344
Schärfung Glossar
Schaufensterauslage 76
Scheidung 59
Schilderung 395
Schlechtwetterentschädigung 146
Schlichtungsbehörde (Gericht) 111, **175**, 193, **200**, Glossar
Schlichtungsbehörde (Miete) 104, **112**, Glossar
Schriftlichkeit 19
Schriftwahl 475
Schubfaktor 242, Glossar
Schuldenberatung 93, Glossar
Schuldenfalle 93
Schuldenruf 91
Schuldner/-in 18, 114, Glossar
Schulpflicht 16, **220**, Glossar
Schutz der Privatsphäre 218
Schutz vor Auslieferung 214
Schutz vor Ausschaffung 214
Schutz vor Ausweisung 214, Glossar
Schwangerschaft 38, 43, 48
Schweigepflicht 35
Schweizer Bürgerrecht **212**, 213, 214
Schweizerische Nationalbank (SNB) 288, 289, **290**, **291**, 319, Glossar
Schweizerische Volkspartei (SVP) **159**, 161, 178, 180
Schwellenland 269, Glossar
Sekundäreinkommen 313
sekundärer Wirtschaftssektor 268, Glossar
Selbstbehalt 136, Glossar
Selbstvorsorge (3. Säule) 148, 150
Session 176
Sicherheitsrat (UNO) 228
Single Glossar
Singlehaushalt 113, Glossar
Sitte 11
SNB (Schweizerische Nationalbank) 288, 289, **290**, **291**, 319, Glossar
Social Media 465
Sockelarbeitslosigkeit 265
Sogfaktor 242, Glossar
Solidarhaftung 114, Glossar
Solidaritätsprinzip 131, 144, Glossar
Sonntagsarbeit 48
Sorgerecht 53, 59, **66**, 67, **Glossar**
Sorgfaltspflicht (Arbeit) 35
Sorgfaltspflicht (Miete) 108
Souverän 164
Sozialabzug 120, Glossar
Sozialdemokratische Partei (SP) **159**, 161, 178, 180
soziale Marktwirtschaft 278, Glossar
soziale Medien 158
soziale Umwelt 323, Glossar
Sozialhilfe Glossar
Sozialisation Glossar
Sozialpartner Glossar
sozial (politisch) 161
sozialpolitischer Zweck 117, Glossar
Sozialversicherungen 134
sparen 95, 257, **266**, 267, Glossar
Sparen 3 293

Sparkonto **294**, Glossar
Sperrfrist 43
Spesen 36
Spezieskauf 75, 77, 79
Sprache **386**, 387
SQ3R-Methode 459
Staat 128, **172**, 222, 256, 257, 272, 278, 279, Glossar
Staatenbund 173, 228
staatlicher Eingriff 280, **Glossar**
staatliche Vorsorge (1. Säule) 150
Staatsanwaltschaft 190, 193
staatsbürgerliches Recht 210, **212**, 215, Glossar
Staatsform 172
Staatsgewalt **175**, 222
Staatsquote **128**, Glossar
Staatsrat 198, 199
Staatsrechnung **126**, 185
Staatsvertrag 197
Ständemehr 165, 206, Glossar
Ständerat 166, 175, **177**, 178, 179, Glossar
Stand (Kanton) 165, **197**
Standortbestimmung Glossar
Standortvorteil Glossar
Stellenmarkt Glossar
Stellungnahme 390, **Glossar**
Steueramnestie 124
steuerbares Einkommen 120
steuerbares Vermögen 121
Steuerbelastung 117, 123
Steuerbetrug 124
Steuererklärung 120, Glossar
Steuerhinterziehung 119, **124**
Steuerhoheit 117, Glossar
Steuern 117, 118, 119, 121, 124, Glossar
Steuerpflicht 117, **220**, Glossar
Steuerprogression 123
Steuerstundungsgesuch 125
Steuerveranlagung 118, **122**, 125, Glossar
Steuerwettbewerb Glossar
StGB (Strafgesetzbuch) 13, 189, 190, 194, Glossar
Stichentscheid 186
Stil Glossar
stille Wahl **166**, Glossar
stimmen 164
Stimmengleichheit 186
Stimmrecht 164, 211, Glossar
Stoffkreislauf 342
Strafart **194**
Strafe 195
Strafgericht 191
Strafgesetzbuch (StGB) 13, 189, 190, 194, Glossar
Strafprozess **189**, 193
Strafrahmen 194
Strafsteuer 124
Straftat 216
Strassenverkehrsgesetz (SVG) 189, 190, Glossar
streichen **168**, Glossar
Stress 363, 372, Glossar
Strichpunkt 428
strukturelle Arbeitslosigkeit **265**, Glossar
Strukturwandel 267, 269, Glossar
Stundung 122, 125, **Glossar**
Subjekt 426, Glossar
Subjektivität Glossar
Subkultur 374
Subvention 127, 128, **257**
Sucht 364, 365, Glossar
Surrealismus 379
SVG (Strassenverkehrsgesetz) 189, 190, Glossar

T
Taggeld (bei Lohnausfall) 140
Täuschung 20
technologische Umwelt 323, Glossar
Teilbilanz der Dienstleistungen 313
Teilbilanz der Waren 313
Teilkaskoversicherung 152
tertiärer Wirtschaftssektor 268, Glossar
Testament 17, 60, **64**, 72
Teuerung 123, 259, 260, **304**, 307
Teuerungsausgleich 303
Textgliederung Glossar
Textsorte 390
Textzusammenhang Glossar
Theater 375, Glossar
Theokratie 224
Tod 16, 58, **72**, 215
Tod des Mieters / der Mieterin 109
Todesfallrisiko-Versicherung 149
Trauung 55
Travel-Cash-Karte 299
Treibhauseffekt 351
Treuepflicht (Arbeit) 35
Treu und Glauben **14**, 30, 112

U
überbetrieblicher Kurs (üK) 26, Glossar
Überstundenarbeit 36
Übertretung 194
Überversicherung 153
Überziehungskredit 87, Glossar
üble Nachrede 217
üK (überbetrieblicher Kurs) 26, Glossar
umfassende Beistandschaft 70
Umfrage 480
Umlageverfahren **141**, 142, Glossar
Umlaufgeschwindigkeit 305
Umverteilung 123, **262**, 280
Umweltgut 272
Umweltschutz 274
Umweltsphäre 322, **323**, 325, Glossar
unbestellter Ware 76
UN-Charta 208, **228**, 229, Glossar
Unfall 135, 138, **139**, 140, Glossar
Unfallversicherung 139, 140, Glossar
Unfallversicherungsgesetz (UVG) 139
UNO (Vereinte Nationen) 226, **228**, 229, Glossar
Unterhalt 106, Glossar
Untermiete 107, Glossar
Unternehmen **255**, 256, **322**, 323, 324, 325, 326
Unternehmensmodell 322
Unterversicherung 153
urkundsberechtigte Person **19**
Urkundsperson 64
Urproduktion 268
Urteilsfähigkeit 16, 17, Glossar
urteilsunfähig **16**, 70, 71, 164, 210
UVG (Unfallversicherungsgesetz) 139

V
variable Kosten 96, Glossar
Vater **53**, 65
Vaterschaftsklage 53
Verantwortung 53, **Glossar**
Verb 412, **413**, Glossar
Verband 156, **162**, 163, 203
Verbrauchsgut 252
Verbrechen 194
verdichtetes Bauen **263**, **Glossar**
Vereinigte Bundesversammlung 166, **182**, 186, 187, 192, Glossar
Vereinigungsfreiheit 218

Vereinte Nationen (UNO) 226, **228**, 229, Glossar
Verfassung 165, **202**
verfügbare Quote 63
Vergehen 194
Verjährung (Steuern) 124
Verjährung (Strafrecht) 194
Verkäufer/-in 76, Glossar
Verkaufstrick 83
Verkehrs-Rechtsschutz 154
Verleumdung 217
Verlobung 54
Verlustschein 89, 90, **92**, Glossar
Vermittler/-in 175, 193
Vermögen 121, Glossar
Vermögenssteuer 121
Vernehmlassung 163, 203
Veröffentlichung 19
Verordnung 202, Glossar
Verrechnungssteuer (VST) 118, **119**, Glossar
Versammlungsfreiheit 218
Verschuldenshaftung 151, Glossar
Verschuldung **93**, 128
Versicherer 133
Versicherte/-r 133
Versicherung 131, 256, 257, Glossar
Versicherungsgericht 191
Versicherungspflicht 130, Glossar
Verteilungsgerechtigkeit 261, Glossar
Vertiefungsarbeit (VA) **461**, **471**
Vertrag 19, 20, Glossar
Vertragsform 19, Glossar
Vertragsmangel 20, **Glossar**
Vertragsverletzung 78, Glossar
Vertretungsbeistandschaft 70
Verursacherprinzip 273, 274, 346, Glossar
Verwaltung 187
Verwaltungsgericht 191
Verwaltungsprozess 189, 193
Verwandte 60
Verwandtschaft 54, **60**, **Glossar**
Verzugszins 80
vierte Gewalt 157, Glossar
Virenschutz (IT) 452
Visualisierung 462
Vokal 434, 436
Volk 222, 223
Volkseinkommen (VE) 257, **261**
Volksinitiative 206, 207
Volksmehr 165, 202, 204, 206, Glossar
Volks- und Ständemehr 165
Volkswirtschaft 326
Volljährigkeit 16, 17, Glossar
Vollkaskoversicherung 88, **118**, **152**
Voraussetzungen zur Ehe 54, Glossar
Vorbehalt (Krankenversicherung) 137
Vorentwurf 203
Vormund 67, **71**
Vorschlag (Güterrecht) 62
Vorsitz 186
Vorsorge 3a **148**, 150
Vorsorge 3b **148**, 150
Vorsorgeauftrag 69
Vorstellungsgespräch 33, Glossar
Vorstoss (aus dem Parlament) 180

W

Wahlbedürfnis 250, Glossar
Wahlen **162**, 163, 180, 182
wählen 164
Wahlrecht 164, 211, Glossar
Wahlzettel 165, 166, 168, 169

Währung **286**, 319
Währungsreserven 313
Währungsunion 318
Wandelung 79, Glossar
Warenkorb 302, 303
Warenverkehr 317
Wasser 357, 358
Wechselkurs 286, 319
WEF (Weltwirtschaftsforum) Glossar
Wegleitung (Steuern) 122, **Glossar**
Wehrpflicht 335
Wehrpflichtersatz 118
Weiterbildung 26, Glossar
Welthandelsorganisation (WTO) 314, 315, Glossar
Weltwirtschaftsforum (WEF) Glossar
Werbung Glossar
Werkvertrag 99, 100
Wertaufbewahrungsmittel 284, Glossar
Werte 329, Glossar
Wertmassstab 284, Glossar
Wertpapiere 285, **292**
Wertschöpfung 258, **326**, Glossar
Wettbewerbskommission (WEKO) 280, **302**
Widerrufsrecht 82, 86, 87
wirtschaftliches Gut 252, Glossar
Wirtschaftsfreiheit 219
Wirtschaftskreislauf 254, 256, Glossar
Wirtschaftsmodelle 279
Wirtschaftsordnung 278, 279, 280
wirtschaftspolitischer Zweck 117, Glossar
Wirtschaftssektor 268, Glossar
Wirtschaftsteilnehmer/-in 255, 272, 273, 324, Glossar
Wirtschaftswachstum 259, 267, **274**, 275, 308, 309, 310
Wissen (Humankapital) 254, 255, **266**, 279, Glossar
Wohlfahrt 128, **276**, Glossar
Wohlstand 260, 263, 267, 274, **276**, Glossar
Wohnform 113
Wohngemeinschaft 113, 114, Glossar
Wohnung Glossar
Wohnungsmarkt 113, Glossar
Wohnungsmiete 105, 109
Wohnungssuche 113
Wohnungsübergabe 106
Working poor 277
World Wildlife Fund (WWF) 238
Wortart 412, Glossar
Wortschatz Glossar
WTO (Welthandelsorganisation) 314, 315, Glossar

Z

Zahlungsauftrag 300
Zahlungsbefehl 89, 90, Glossar
Zahlungsbilanz 313
Zahlungsmittel 284, Glossar
Zahlungsrückstand (Miete) 107
Zahlungsverzug 80, Glossar
Zauberformel 186
Zeichensetzung 428, Glossar
Zeitgeist 374
Zeitwert 153
Zensur 224, Glossar
zentrale Planwirtschaft 278, **279**
Zentralismus 172
Zersiedelung 263, **Glossar**
ZGB (Zivilgesetzbuch) 15, 174, Glossar
Zielsetzung 372, Glossar
Zins 254, 255, 261, **266**, 272, Glossar
zitieren **470**
ziviler Ersatzdienst 144, **220**
ziviles Recht 13, 15
Zivilfall 190

Zivilgericht 191
Zivilgesetzbuch (ZGB) 15, 174, Glossar
Zivilprozess 189, 193
Zivilschutz 144, **220**
Zivilstandsamt 53, **54**, 55, 72
Zoll 83, **317**, **Glossar**
Zollunion 317
Zusammenfassung 390, **393**, 469, Glossar
Zusammenschreibung **442**, 443
Zusatzstimme **167**, 168, 170
Zusatzversicherung (Krankenkasse) 136, Glossar
Zwangssparen 266
zwingendes Recht 13, 45